THE MAGUS:

KUNDALINI AND THE GOLDEN DAWN

UN COMPLETO SISTEMA DE MAGIA QUE UNE LA ESPIRITUALIDAD ORIENTAL Y LOS MISTERIOS OCCIDENTALES

NEVEN PAAR

TRADUCIDO POR RUSTIN HOLMES

Portada de Emily Paar
Ilustraciones de Neven Paar
Traducido al Español por Rustin Holmes

Impreso en Canadá
Primera Impresión: Abril 2023
Por Winged Shoes Publishing

ISBN—978-1-7388170-9-2

Dedico esta obra al buscador del Conocimiento Oculto, con la esperanza de que ilumine los muchos temas de los Misterios Occidentales, y te dé las herramientas necesarias para emprender tú mismo el proceso de la Alquimia Espiritual -la Gran Obra.

–Neven Paar

Otros libros de Neven Paar

Serpent Rising: The Kundalini Compendium

www.nevenpaar.com

Winged Shoes Publishing
Toronto, Ontario

Lista de Figuras:

Lista de Tablas:

THE MAGUS: KUNDALINI AND THE GOLDEN DAWN
Por Neven Paar

Contenido

INTRODUCCIÓN DEL AUTOR

DESPERTAR EL ÁRBOL DE LA VIDA

El Caduceo de Hermes es un símbolo de los Misterios Occidentales que se utiliza en la medicina de la sociedad actual. Lo haz visto muchas veces cuando haz ido a ver a un médico, pero la mayoría de ustedes probablemente desconocen que el Caduceo tiene varios significados ocultos. Simboliza la curación, pero también indica un mecanismo o proceso de despertar Espiritual que los Orientales llaman Kundalini.

Después de experimentar un despertar de la Kundalini y buscar respuestas, me llevó algún tiempo determinar cómo se correspondía con el Caduceo de Hermes. Sin embargo, una vez que lo descubrí, pude obtener más respuestas sobre la Kundalini, pero a través de una lente Occidental, lo cual me resultó útil ya que vivo en Norteamérica y no en algún lugar de la parte Oriental del mundo.

De la escuela de Misterio Occidental de la que formé parte durante muchos años, la Aurora Dorada (The Golden Dawn), aprendí que el Caduceo de Hermes es el Árbol de la Vida de la Qabalah. Con esta información, me di cuenta de que no necesitaba estudiar la Kundalini a través de libros y prácticas Hindúes (como es la norma en la época actual), sino que tenía todas las respuestas que necesitaba en la Qabalah y las tradiciones Occidentales. Además, una vez que hice otros paralelismos entre la Kundalini y el Árbol de la Vida, concluí que un despertar de la Kundalini es un despertar completo del Árbol de la Vida dentro del individuo.

Los Diez Sephiroth, o Esferas, en el Árbol de la Vida son estados de conciencia, siendo el más bajo el llamado Malkuth (la Tierra) y el más alto el llamado Kether-la *Luz Blanca.* (Obsérvese que los términos que aparecen en cursiva se definen con más detalle en el Glosario que figura al final del libro.) El Mundo Interior de un ser humano consiste en los estados de conciencia entre Malkuth y Kether, siendo Kether la manifestación más elevada de la energía Divina.

El despertar completo de la Kundalini conlleva una activación de todo el Árbol de la Vida dentro del individuo. A través de esta experiencia, la conciencia obtiene acceso a todas las Esferas instantáneamente. Sin embargo, como las Leyes internas son mentales, uno debe viajar mentalmente hacia las Esferas superiores del Árbol de la Vida para alinear su conciencia con su *Ser Superior* y transformarse completamente. Por lo tanto, es un proceso, no un esfuerzo de una noche. Pero el despertar de la Kundalini inicia este proceso.

El Kybalion: Filosofía Hermética es un libro oculto escrito a principios del siglo XX que dilucida los Principios de la Creación. Afirma la verdad de nuestra existencia: "Todo es Mente, el Universo es Mental". En los últimos años, la ciencia ha aprendido que la naturaleza del Universo físico es prácticamente un espacio vacío y que lo que vemos y clasificamos como *Materia* puede ser un Holograma. Muchos científicos y filósofos dicen incluso que podemos vivir en una simulación digital.

Si la naturaleza del mundo que nos rodea es un Holograma dentro de una simulación, entonces mi teoría de que vivimos dentro del "Sueño de Dios" puede ser correcta. Esta realidad se nos recuerda cada noche mientras soñamos, al igual que Dios nos sueña, a través de la mente. Sólo que nuestra mente es finita, mientras que la mente de Dios es infinita. Mientras soñamos, nuestro Creador nos sueña. La diferencia es una cuestión de frecuencia de vibración, pero la sustancia es la misma. Los Antiguos llamaban a esta sustancia Espíritu. El Espíritu es la realidad sustancial que subyace a todas las cosas que existen.

Curiosamente, el despertar completo de la Kundalini (cuando la energía se localiza en el cerebro de forma permanente) produce un estado de existencia en el que la persona despierta puede percibir el mundo que le rodea como un mundo mejorado digitalmente. Visualmente, se percibe un brillo plateado y una mayor nitidez en los objetos de la misma manera que se percibe una simulación de realidad virtual inmaculada - esto ocurre debido al despertar de la Luz interior que impregna todas las cosas que los ojos físicos ven.

Después del intenso despertar de la Kundalini que tuve al principio de mi vida, veo el mundo de esta manera. Puedo atestiguar personalmente que el mundo que nos rodea tiene una naturaleza Holográfica, que puede muy bien ser una simulación mejorada digitalmente. Sea cual sea su verdadera naturaleza, una cosa es segura: es una ilusión *Maya*.

Aunque nuestro mundo sea ilusorio, es a través del Espíritu (que conecta todos los aspectos del mundo a un nivel profundo) que experimentamos el amor incondicional. El amor incondicional une a todos los seres vivos y no tiene límites, al igual que la energía del Espíritu. Es un tipo de energía de amor Espiritual sin condiciones, limitaciones o expectativas. Este amor incondicional es lo que todos buscamos en lo más profundo de nuestro ser, seamos o no conscientes de ello.

El despertar de la Kundalini es un despertar a la Cuarta Dimensión, la *Dimensión de la Vibración.* Aquí, la mente se convierte en el vínculo de conexión entre la realidad Espiritual y la material, mientras que el cuerpo físico es el vehículo de la conciencia. La mente es el receptor que puede sintonizar con los diferentes niveles de vibración que componen los Planos Cósmicos. Estos Planos Cósmicos consisten, entre otros, en el Plano Astral Inferior (Etérico), el Plano Astral Superior (Emocional), el Plano Mental Inferior, el Plano Mental Superior y el Plano Espiritual. Estos cinco Planos se agrupan comúnmente en los tres Planos Cósmicos del Astral, Mental y Espiritual. Y los Sephiroth del Árbol de la Vida son encarnaciones de esos Planos y de los Planos intermedios. Al fin y al cabo, cada Plano tiene Subplanos relacionados con su naturaleza.

"Todo en el Universo, en todos sus Reinos, es consciente: es decir, dotado de una conciencia propia y en su propio Plano de percepción". - H. P. Blavatsky; extracto de "La Doctrina Secreta: La Síntesis de la Ciencia, la Religión y la Filosofía"

Volviendo al viaje de mi vida después del despertar de la Kundalini y aprendiendo sobre el Árbol de la Vida, he sacado ciertas conclusiones sobre mi propia vida y sobre cómo accedí a las diferentes Esferas del Árbol de la Vida en el pasado, a menudo inconscientemente. La experiencia de polarizar mi conciencia en la Esfera de Hod (el dominio de Mercurio o Hermes) condujo a mi despertar de Kundalini en primer lugar. Compartiré brevemente algunas otras experiencias de vida que coincidieron con las Esferas del Árbol de la Vida, las cuales condujeron a este grandioso evento.

SUPERAR EL DESEO

Experimenté la Esfera de Netzach y el Planeta Venus cuando estaba con mi primer amor en la escuela secundaria - fue cuando comenzó mi viaje Espiritual. Tenerla en mi vida me permitió viajar hacia arriba en la conciencia. Estaba enamorado, y el sentimiento de amor me conectó con mi *Santo Ángel de la Guarda* (Genio Superior), que me guiaba en ese momento. En ese momento, me di cuenta intuitivamente de que los pensamientos regulaban cómo me sentía con respecto a la vida, por lo que quería ganar control sobre ellos a un nivel más profundo.

Vi el proceso del destino, que me permitió seguir la corriente de la vida sin apegarme emocionalmente a nada. Comprendí que el apego daría lugar al miedo a perder el objeto o los objetos de mi deseo; éste era un enfoque muy Budista para eliminar el deseo y acallar el Ego. Tenía que eliminar el miedo de mi vida si quería alcanzar *el Nirvana*. Ese fue mi objetivo final después de conectar con el Espíritu por primera vez.

Tomé cada momento de la vida como una prueba de mi fe en Dios, el Creador y la realidad superior, que parecía comprender a un nivel profundo. A medida que superaba más pruebas, me llevaba a niveles más altos de conciencia hasta que todo mi mundo se transformaba por completo. La superación de estas pruebas tuvo un efecto acumulativo, aumentando la energía positiva y el impulso necesarios para alcanzar mi meta. Recuerdo que me dije a mí mismo: "Si el resto de la gente del mundo pudiera ver lo que yo vi y creer lo que yo creí, el mundo sería un lugar mejor, y no se dudaría del poder de la Divinidad".

Vivía en un estado de felicidad perpetua. Nada podía perturbar mi nueva visión del mundo. Gracias a este acto de soltar todas las expectativas, sentí un amor incondicional por todos y por todo. Empecé a replantear los acontecimientos cotidianos para verlos a través de una lente positiva, lo que fue la clave para construir y mantener mi impulso, transformando cualquier cosa negativa en positiva.

A lo largo del día ocurren muchas cosas que al Ego no le gustan y, a su vez, quiere convencernos de que nos alteremos de alguna manera. Aprender a regular el Ego y a utilizar el Yo intelectual y racional al procesar los acontecimientos de la vida es la clave para superar las emociones negativas. Según *El Kybalion*, de esta manera podemos neutralizar las emociones, que naturalmente oscilan de lo positivo a lo negativo y viceversa de forma rítmica y constante a lo largo del día. Esta oscilación rítmica de las emociones se debe a la percepción del Ego. Como un niño que no consigue lo que quiere, se enfada. Siendo realistas, reaccionamos como niños toda nuestra vida; la única diferencia es que aprendemos a frenar nuestras emociones y a actuar de forma lógica y racional cuando somos adultos. Aun así, experimentamos un bajón en las emociones cuando no nos salimos con la nuestra.

La Esfera de la mente lógica y racional se llama Hod en el Árbol de la Vida. Su opuesto es Netzach, que es la Esfera de la emoción. Hod contiene puntos de vista positivos y negativos sobre la vida; es nuestro deber como seres humanos Espirituales reconciliar los dos aplicando la energía del amor incondicional. Podemos elegir un punto de vista optimista en cualquier momento si sólo enfocamos nuestra mente en la dirección correcta y aplicamos correctamente nuestra fuerza de voluntad. De esta manera, superamos la atracción en la dirección negativa, hacia la que el Ego trata de inclinarnos para poder aprovechar nuestros miedos. El Ego se alimenta del miedo de la misma manera que el Ser Superior se alimenta del amor incondicional. Ambos son opuestos entre sí.

Después de acceder a la Esfera de Netzach a través de estar enamorado, sentí curiosidad por otras posibilidades. Al terminar la relación con mi primer amor, conocí a nuevas personas y retomé el contacto con algunos amigos que tenían características comunes que les permitían ejercer poder sobre los demás y sobre su propia realidad. Busqué aprender lo que ellos sabían y más allá. Ya sea porque mi Ego buscaba el poder o por curiosidad sobre lo que es posible y alcanzable en el mundo, decidí explorar esta idea de poder personal, aprender de ella y crecer. De este modo, me polaricé por completo en la Esfera Hod, distanciándome de mis emociones.

En 2004, *El Kybalion* llegó a mis manos. Como ya he mencionado, este libro describe los Principios que rigen la *Creación* y cómo operan en todos los Planos de existencia. Después de leerlo innumerables veces y practicar sus Principios en el mundo real, empecé a comprender sus ideas y conceptos a un nivel profundo. Y esa era la clave: la comprensión. Vi la sabiduría de los Principios en los niveles más profundos de mi capacidad intuitiva. En particular, me atrajo *el* Principio de Vibración del *Kybalion* y cómo encaja con la Polaridad, el Ritmo, y el Género, los otros Principios del libro.

A medida que seguía leyendo este libro, quedé totalmente absorbido por la Esfera de Hod y mi mentalidad. Mi existencia se desvaneció de mi corazón y mi emoción, y empecé a vivir exclusivamente de mi cabeza y mi intelecto. En ese momento sólo podía intelectualizar mis emociones, ya que había perdido la capacidad de sentirlas. Puede parecer una degradación al principio, pero lo sentí como una mejora mientras sucedía, ya que alcancé un grado de control sobre mi realidad que antes era imposible. Al fin y al cabo, la percepción determina tu realidad. Por lo tanto, al controlar cómo percibes el mundo exterior y los acontecimientos que ocurren en él, puedes controlar tu propia experiencia de lo que es la realidad para ti.

Y así, me convertí en un hechicero de la mente. Aplicando mi fuerza de voluntad, mis capacidades imaginativas aumentaron, y pude controlar mi percepción de la realidad hasta un grado insondable para la mayoría de la gente. Así, ejercí el dominio sobre el Plano Mental, reencuadrando cada acontecimiento adverso en uno positivo. Como dice el viejo axioma Hermético, "Como es Arriba, es Abajo": al controlar mi mente, dirigía mis emociones y manifestaba cualquier realidad que deseara.

Con esta nueva capacidad de controlar mi realidad, manejé cada situación de la vida y la interacción con otras personas de una manera en la que mi realidad salía ganando. Aprendí que, dentro de cualquier grupo de personas en la misma longitud de onda, sólo hay una realidad, y esa realidad pertenece a la persona que hace vibrar su fuerza de voluntad más alto que los demás. En otras palabras, creen en sí mismos más que los demás. Mientras aprendía estos Principios, mi confianza se elevó a un nivel extraordinario. Siempre utilizaba mi mente racional y rápida para decir lo correcto en el momento adecuado. Me sentía en la cima del mundo y veía que todo era posible con esta nueva mentalidad.

Me di cuenta de que sólo podía sentirme derrotado si creía que lo estaba, ya que mi percepción de los acontecimientos de la vida era sólo una cuestión de polaridad, nada más. Si creía que podía hacer algo, estaba en lo cierto. Y si creía que no podía, también tenía razón. Mi mente podía darme todas las razones por las que tenía razón o por las que estaba equivocado; todo dependía de lo que le pidiera. Así que nunca perdí la calma en ninguna situación, centrándome siempre en el resultado positivo. Esta forma de controlar tu mente puede lograr maravillas, y a mí me pasó.

"El pensamiento es una fuerza -una manifestación de energía- que tiene un poder de atracción similar al de un imán". - William Walker Atkinson; extracto de "Poder Mental: El Secreto de la Magia Mental"

Desarrollé una fuerte afinidad con Hermes Trismegisto, ya que los Principios del *Kybalion* son sus enseñanzas. Se le llama Trismegisto por ser "Tres Veces Grande", lo que significa que tiene control sobre los tres Planos Internos de la existencia. Para gobernar tu realidad, debes controlar tus pensamientos ya que el pensamiento es anterior a todas las cosas. Y como las emociones son un subproducto de los pensamientos, al controlar tus pensamientos, también tienes autoridad sobre cómo quieres sentirte. Además, al estar a cargo de tus pensamientos, creas un vínculo con la energía del Espíritu y el campo del potencial infinito. Así, la vida se vuelve muy emocionante y agradable ya que invariablemente estás aprendiendo a vivir en el momento presente, el *Ahora.* ¿Y qué mayor regalo hay de la Divinidad que este conocimiento?

El verano de 2004 se fue desenvolviendo como una película, conmigo como protagonista. Las cosas que sucedían en mi vida se volvieron tan irreales que empecé a creer que yo era realmente especial. Era difícil no hacerlo. Acababa de desarrollar habilidades de superhéroe al dominar los Principios del *Kybalion* y ponerlos en práctica. Aprendí que el conocimiento es la más excelente fuente de poder. Todo es posible en la vida, y puedes manifestar tus sueños más profundos cuando maximizas tu poder personal mediante la aplicación del conocimiento.

Si estás interesado en leer más sobre los detalles de los extraordinarios acontecimientos que tuvieron lugar y desenredaron mi destino, te animo a que leas mi autobiografía, *El Hombre de la Luz,* en la que trabajé al mismo tiempo que este libro. Es la única manera de que comprendas el nivel de impulso que generé al aprender y aplicar los Principios *del Kybalion,* ya que este impulso iba a alcanzar su cúspide ese mismo año con un acontecimiento que cambió mi vida.

MI DESPERTAR KUNDALINI

Después del grandioso verano de 2004, volví a leer regularmente *El Kybalion,* obteniendo algo nuevo de él cada vez. Una noche, en Octubre de 2004, tuve algunas realizaciones profundas sobre los Principios que me llevaron a un despertar de Kundalini muy intenso esa noche. Este evento fue una activación espontánea ya que en ese momento no sabía nada de este tema. Pero en retrospectiva, todo en el viaje de mi vida me llevó a ese evento, así que no fue una coincidencia.

La energía Kundalini subió hasta la Corona (Sahasrara), activando los Siete Chakras en el camino. El proceso de despertar se completó una vez que la Kundalini vigorizó los *Setenta y Dos Mil Nadis,* o canales energéticos, de los que habla la tradición hindú, activando así completamente mi *Cuerpo de Luz* (o Cuerpo Luz) y despertando todo su potencial latente. Me elevé al nivel de la *Conciencia Cósmica en* cuestión de pocos minutos. En términos del Árbol de la Vida, había despertado todas sus diez Esferas a la vez. Después, pude experimentar los Sephiroth utilizando mi Cuerpo de Luz como vehículo (para viajar en esos Planos Internos). Además, al despertar todo el Árbol de la Vida, había despertado las Esferas energéticas superiores y Espirituales. Así comenzó el proceso transformador de integrar todas las partes del Ser con el Espíritu.

Sin embargo, mi condicionamiento pasado hasta ese momento tenía que ser limpiado. Había llegado el momento de aprender una nueva forma de vivir. Era necesaria una transformación completa de la mente, el cuerpo y el alma para poder integrarme con la nueva Conciencia Cósmica que se convirtió en parte de mi vida cotidiana. Y aunque no era una tarea fácil, era necesaria.

El despertar de la Kundalini activó todo el potencial latente dentro de mí. Debido a que despertó los Siete Chakras simultáneamente, el Karma negativo almacenado en cada Chakra pasó al primer plano de mi conciencia. Hay que tener en cuenta que además de los Siete Chakras, también llamados Chakras Mayores o Comunes, hay varios Chakras Menores a lo largo de los puntos energéticos del cuerpo, que también se activaron al despertar la Kundalini. Los Chakras Menores son centros energéticos auxiliares que trabajan con los Chakras Mayores como conductores y reguladores del flujo energético. Asisten a los Chakras Mayores en el desempeño de sus funciones; por lo tanto, están interconectados con ellos. Sin embargo, para simplificar, ya que este libro trata sólo de los siete Chakras Mayores, me referiré a ellos sólo como Chakras, a menos que distinga que son Chakras Menores.

Debido a que todo el Árbol de la Vida se despertó dentro de mí, surgió mucho miedo y ansiedad. Todo en la vida empezó a preocuparme. Tener el despertar de la Kundalini antes de estar preparado para recibir tal afluencia de energía puede ser, y será, muy desafiante porque, para sintonizar con las Esferas superiores del Árbol de la Vida, tendrás que superar el Karma negativo de las Esferas inferiores. No hay otro camino. El proceso de Evolución Espiritual es Universal.

"La preocupación es el hijo del miedo: si matas el miedo, la preocupación morirá por falta de alimento". - William Walker Atkinson; extracto de "La Vibración del Pensamiento o la Ley de Atracción en el Mundo del Pensamiento"

Aunque me sentí bendecido por haber tenido una experiencia tan profunda, con muchas transformaciones de la mente, el cuerpo y el alma desde el principio, todavía tenía el miedo y la ansiedad presentes en mí. Podía sentirlo en cada acción que realizaba, y se volvió crucial que encontrara una manera de ayudarme a mí mismo. Nadie podía entender lo que me había pasado cuando les contaba mi experiencia. Algunos incluso me sugirieron que buscara terapia y que me medicara porque mis pensamientos y emociones estaban desordenados. Decidí no seguir sus consejos y busqué otra forma de ayudarme.

Mi cerebro se sentía roto, y el miedo y la ansiedad constantes me dificultaban la vida. El antiguo modelo de funcionamiento dejó de existir, y yo parecía perdido. Ya no tenía control sobre mis pensamientos o emociones. La depresión no tardó en aparecer porque estaba a merced de una energía que no entendía - la Kundalini. Muchas noches lloré hasta quedarme dormido y me sentí solo.

Sin embargo, debido a los profundos cambios en la forma en que empecé a percibir el mundo, me decidí a ayudarme a toda costa. Así que empecé a buscar y buscar prácticas Espirituales para ayudar a que mi Yo mental y emocional volviera a estar en equilibrio. Iba a superar el miedo y la ansiedad y a aprender a disfrutar de mi nuevo Yo, y nada me detendría.

EL SISTEMA DE LA AURORA DORADA

Después de dedicarme a aprender más sobre la Kundalini y el *Hermetismo* a través de los libros, me sentí atraído por una escuela de Misterio Occidental llamada la *Orden Esotérica de la Aurora Dorada.* El Aura Dorada es una escuela de ciencias ocultas que enseña a sus estudiantes Qabalah, Hermetismo, Tarot, Astrología, *Geomancia*, los

Misterios Egipcios y Cristianos, y lo más importante, Magia Ceremonial. Digo lo más importante porque el *Adepto* Principal (del Templo de Toronto) me dijo que el propósito de la Magia Ceremonial dentro de la escuela es someterse a un proceso de Alquimia Espiritual para limpiar y purificar los Chakras, eliminando así el Karma negativo almacenado en cada uno. Como necesitaba exactamente lo que la Aurora Dorada podía ofrecer, decidí unirme a la Orden.

Como a todo nuevo miembro de la Orden se le da un nombre Mágico, a mí me llamaron Frater Prudentia de Animus Lux, o Frater P.A.L. para abreviar. El nombre es Latín, y su traducción al Inglés es "Wisdom of Spiritual Light". El Adepto Principal me dijo que había canalizado el nombre desde los Reinos Divinos, lo que me inspiró. A partir de ese momento, decidí que era mi deber solemne estar a la altura de mi nombre Mágico a toda costa.

Era el momento de cambiar quién era y en quién me había convertido hasta ese momento. Utilizar a los demás para beneficio personal y buscar el poder sobre ellos se convirtió en algo que tenía que neutralizar dentro de mí para sintonizar mis Chakras. Aprendí que cada acción que no proviene de un lugar de amor incondicional es una acción Egoica que conlleva consecuencias Kármicas. En ese momento, había estado experimentando mi Karma en tiempo real, momento a momento, porque el despertar de la Kundalini hizo que todos mis pensamientos y emociones negativas parecieran más reales que nunca.

La energía Kundalini tiende un puente entre la mente consciente y la subconsciente para que ya no puedas esconderte de tus pensamientos. Todo tiene que ser tratado y superado. Ya no podía andar con más energía que no fuera pura y de la Luz ya que estimulaba el miedo dentro de mí. El proceso del despertar de la Kundalini me obligó a cambiar, a aclarar mis pensamientos y a aquietar mi mente como nunca antes.

Como todavía estaba polarizada en Hod y vivía una existencia un tanto mental hasta ese momento, inicié un cambio de vuelta a Netzach para volver a estar en contacto con mis emociones y con el poder del amor. Como la Esfera de Hod filtra las energías de las Esferas anteriores antes de que se manifiesten, este aspecto de mi personalidad tenía que ser modificado. Los ejercicios rituales diarios que me presentó la Aurora Dorada empezaron a tener un impacto positivo en mí de inmediato. Después de buscar durante un año, finalmente encontré mi herramienta de autocuración.

En el primer grado de la Aurora Dorada, el de Neófito, se me presentó el Ritual de Destierro Menor del Pentagrama (LBRP, por sus cifras en Inglés). Su propósito era limpiar mi Aura (campo energético personal en forma de huevo) de influencias energéticas positivas y negativas y ponerme en contacto con mi Alma a través del silencio y la paz mental. También me dieron el ejercicio del Middle Pillar (MP) que trajo Luz al Aura invocando las Esferas Medias del Árbol de la Vida. Trabajé directamente con el Árbol de la Vida a través del Middle Pillar mientras tenía esta energía Kundalini activa dentro de mí. El ejercicio del Middle Pillar es un proceso gradual para atraer la

Luz, pero muy poderoso. Hice estos dos ejercicios rituales durante aproximadamente un mes, y por primera vez desde que desperté la Kundalini, me sentía cada vez mejor. Descubrí que el uso de estos dos ejercicios no tenía consecuencias negativas. Tuve alineaciones energéticas en mi Cuerpo de Luz casi todas las noches mientras la energía Kundalini trabajaba a través de mí.

Al mes siguiente, empecé a trabajar en mi Karma y en los propios Chakras después de ser iniciado en el Grado de Zelator, el grado del Elemento Tierra. Este Elemento se corresponde con el Chakra Base-Muladhara. Me dieron el Ritual de Invocación Menor del Pentagrama (LIRP), mediante el cual invocaba el Elemento Tierra directamente en mi Aura. El LIRP se utiliza para invocar las cuatro energías elementales. El propósito del LIRP es activar la energía Kármica y afinar el Chakra correspondiente a la energía Elemental que se invoca.

En Zelator, también me dieron el Banishing Ritual of the Hexagram (BRH) que eliminó las influencias Planetarias Kármicas de mi aura y me puso más en contacto con mi alma. El Lesser Banishing Ritual of the Pentagram trabaja para limpiar el Microcosmos, mientras que el Banishing Ritual of the Hexagram limpia las influencias negativas del Macrocosmos. El Microcosmos es el mundo interior del hombre, mientras que el Macrocosmos es el mundo exterior. Uno refleja y afecta al otro: Como Es Arriba, Es Abajo.

"Todo lo que se puede encontrar en el Universo a gran escala se refleja en un ser humano a pequeña escala". - Franz Bardon; extracto de "Iniciación al Hermetismo"

En el grado Zelator, tuve muchos alineamientos energéticos en mi Cuerpo de Luz, principalmente a través de la conexión a tierra de mis pensamientos y de las líneas de energía que conectan con los Chakras Menores en las plantas de los pies. Las líneas de energía en las Plantas de los Pies necesitan conectarse de nuevo con la Tierra sobre la que caminamos, lo que significa que tiene que haber una alineación en el Chakra Muladhara. La Kundalini continuó transformándome, y los ejercicios rituales con los que estaba trabajando estaban ayudando considerablemente a la transformación.

En el siguiente Grado de Theoricus, empecé a trabajar con el Elemento Aire. El Aire me permitió conectar más con mis pensamientos; resultó ser una experiencia enormemente transformadora y eliminó gran parte del miedo y la ansiedad que tenía antes. El Elemento Aire conecta directamente con el Ego y los pensamientos y deseos inferiores. Invocar el Aire me permitió conectar con mi Chakra del Corazón-Anahata, y afinarlo y purificarlo.

Me puse muy en sintonía con mis sueños y estaba soñando lúcidamente casi todas las noches. Los *Sueños Lúcidos* fueron mi primer contacto con las Experiencias Fuera del Cuerpo (EFC) desde que mi conciencia encarnó mi Cuerpo de Luz para viajar en estos enigmáticos Reinos Cósmicos internos. Mis pensamientos se volvieron mucho más calmados y pacíficos después de pasar tres meses trabajando con el Elemento Aire y superando los desafíos Kármicos presentes en él.

En Theoricus, me conecté más con la energía del Espíritu. Experimenté alineaciones energéticas en mi recién formado Cuerpo de Luz mientras una energía refrescante del Espíritu impregnaba los Chakras Menores en las plantas de mis pies y las palmas de mis manos. Esta experiencia me permitió despertar nuevos poderes psíquicos y convertirme en Uno con todo lo que miraba en el Mundo Físico. Purificar el Elemento Aire dentro del Ser es crucial cuando se experimenta el proceso de despertar de la Kundalini. De hecho, el Caduceo de Hermes es el emblema representativo del Elemento Aire. El Aire está conectado con la curación, así como con la Luz, el sanador por excelencia.

El siguiente grado, Practicus, fue cuando empecé a entrar en sintonía con el amor incondicional a través del Elemento Agua, que corresponde a Swadhisthana-el Chakra Sacro. Sentí la energía calmante y amorosa del Agua impregnar mi Cuerpo de Luz que puso mi mente en un estado de profunda calma. El miedo y la ansiedad desaparecieron en presencia de esta hermosa y amorosa energía del Agua. Pasé muchas noches llorando en el cálido abrazo de este proceso de transformación espiritual que estaba experimentando. Todo lo que estaba experimentando con estos ejercicios rituales hizo maravillas para elevar mi experiencia de Kundalini y promover mi Evolución Espiritual.

Después de estar en Practicus durante dos meses, estaba preparado para abrazar el Elemento Fuego y afinar mi Chakra del Plexo Solar-Manipura; así, entré en el siguiente grado de Filosofar. Manipura era el último de los cuatro Chakras inferiores. El dominio del Elemento Fuego y mi fuerza de voluntad significaban que estaba preparado para las invocaciones del Espíritu. Esta energía de Fuego parecía (en cierto sentido) similar a la energía de la Kundalini cuando la desperté por primera vez, pero más equilibrada. Hasta este punto, debido a que había hecho tanto trabajo en la sintonización de los Chakras inferiores y en la eliminación del miedo y la ansiedad de mi sistema energético, trabajar con el Fuego era divertido y relativamente fácil. Mi mayor reto en el grado de Fuego fue superar cualquier problema de ira.

Como estaba trabajando en la sintonización de mi fuerza de voluntad, tenía que alinearla con mi Yo Superior y no con mi Ego. El reto de distinguir entre los impulsos de ambos era parte del trabajo que estaba realizando. La dicotomía del Ego y el Espíritu está presente en todo momento. Tenemos que utilizar el Elemento Agua y el amor incondicional como ancla y fundamento de nuestras acciones.

En este punto de mi viaje Mágico, dejé la Orden de la Aurora Dorada, ya que la política dentro de la organización estaba empezando a eclipsar el crucial trabajo personal que estaba realizando. A partir de ese momento, decidí ser un Mago solitario.

Una vez que había pasado siete meses trabajando con el Elemento Fuego, estaba preparado para emprender las invocaciones del Espíritu. Utilicé el Ritual de Invocación Suprema del Pentagrama (SIRP, por sus cifras en Inglés) para invocar los Cuatro Elementos bajo la presidencia y dirección de la energía del Espíritu. El Espíritu no es un Elemento en sí mismo, ya que trabaja a través de los otros Cuatro Elementos. Los Chakras del Elemento Espíritu son los tres más elevados: Vishuddhi, Ajna y Sahasrara.

En realidad, aprendes a funcionar a través de los tres Chakras más elevados despertando la Kundalini. A medida que te pones en sintonía con tu Ser Superior (a través de Sahasrara), aprendes a operar a través de la intuición y la experiencia directa de la energía -también conocida como Gnosis. Debes dejarte llevar y convertirte en un canal para que la Luz hable a través de ti. Aprender a sintonizar los cuatro Chakras más bajos y eliminar el Karma negativo de cada uno de ellos es primordial para avanzar en tu Evolución Espiritual después de despertar la Kundalini.

Trabajé con el Ritual Supremo del Pentagrama durante nueve meses antes de llevar mi viaje Mágico al siguiente nivel empezando a trabajar con la Magia Enoquiana. El sistema de Magia Enoquiana me permitió avanzar en mi proceso de Evolución Espiritual y Alquimia Espiritual. Encontré que la experiencia con este sistema era invaluable, especialmente trabajando con los Treinta Aethyrs. Estos círculos concéntricos dentro del Aura estimularon y trabajaron directamente con los Ida y Pingala *Nadis*-las corrientes masculina y femenina que regulan la energía Kundalini.

Tuve muchas experiencias místicas y trascendentales profundas mientras trabajaba con la Magia Enoquiana. Encontré que los Treinta Aethyrs eran la clave para llevar mi conciencia a través del Abismo, que es un proceso que discutiré en gran detalle en este libro debido a su importancia. Sin embargo, en este libro presento las prácticas de la Magia Enoquiana sólo para el aspirante avanzado. Explicaré el porqué más adelante.

También he incluido la Magia Planetaria como parte del plan de estudios presentado en *The Magus*. En mi experiencia, la Magia Planetaria ha sido muy útil para aislar las diferentes partes de mi psique que pertenecen a las fuerzas Arquetípicas que conforman mi carácter y personalidad. Estas pueden ser vistas como los poderes superiores de los Chakras, aunque están más relacionados con los poderes de los Sephiroth en el Árbol de la Vida. A través del uso de la Magia Planetaria, construí mi ética y moral, lo que ayudó a dar forma a mis nuevas creencias sobre mí mismo y el mundo en el que vivo. Este trabajo fue esencial para mi proceso de Alquimia Espiritual con Magia Ceremonial.

COMPARTIR CONOCIMIENTOS Y SABIDURÍA

Trabajé con rituales Mágicos durante más de cinco años y luego pasé dos años dirigiendo mi propio grupo de la Aurora Dorada en Toronto, Canadá. Después, me separé del sistema organizado, pero continué enseñando Magia Ceremonial a muchas personas que se habían acercado a mi camino buscando la Evolución Espiritual. Me había enamorado de los temas de este libro mientras viajaba por los Misterios Occidentales. Debido a mi pasión, dediqué toda mi energía a dominarlos todos. Ahora estoy presentando esta obra tan esperada aquí para ti, el lector. Quiero que otros buscadores (como yo) obtengan todo el beneficio del uso de la Magia Ceremonial. Por lo tanto, estoy presentando los ejercicios rituales mencionados, junto con sus conocimientos teóricos complementarios.

Como heraldo de buenas noticias, un mensajero de los Dioses, estoy emocionado de compartir mis descubrimientos con otros, especialmente con los individuos que han despertado a la Kundalini. Espero bendecir sus vidas de la misma manera que fui bendecido cuando entré en ese Templo de la Aurora Dorada en Toronto hace dieciséis años, buscando la curación interior después de despertar la energía Kundalini. A lo largo de los años, acepté que el nombre mágico que se me dio dentro de la Orden de la Aurora Dorada (Frater P.A.L.) es también simbólico de mi papel como "compañero" o "amigo" de todas las personas que buscan orientación y enseñanzas espirituales. Como la encarnación de la "Sabiduría de la Luz Espiritual", ha sido mi deber compartir esta Luz con otros en su búsqueda del conocimiento sagrado y la trascendencia Espiritual.

Mi viaje de diecisiete años viviendo con la Kundalini despierta es un testimonio del poder de las enseñanzas Herméticas, desde el *Kybalion* hasta la Qabalah y la Magia Ceremonial. Estas tres poderosas herramientas tienen un valor incalculable para cualquier aspirante que desee evolucionar Espiritualmente y realizar su verdadero potencial. Estoy encantado de compartir esto contigo, el lector, sabiendo que si dedicas el tiempo recomendado a aprender sobre estos temas y a practicar los ejercicios rituales por ti mismo, evolucionarás Espiritualmente.

Tanto si eres un individuo que ha despertado a la Kundalini y buscas una práctica que te ayude a lidiar con el miedo y la ansiedad que surgen al despertar (como me ocurrió a mí), como si quieres ayudarte a crecer Espiritualmente y expandir tu conciencia, estos ejercicios rituales y enseñanzas son para ti. Por lo tanto, me siento honrado de presentar esta información a ti y emocionado al mismo tiempo de tomar parte en ayudar a tu Evolución Espiritual.

Cuando se trata de practicar Magia Ceremonial, el mejor consejo que he recibido es ser determinado, persistente y consistente en trabajar en los ejercicios rituales diariamente porque el efecto acumulativo de la práctica diaria produce los resultados más positivos. Si te limitas a echar un vistazo a los ejercicios pero no los intentas, o los intentas unas pocas veces y los consideras demasiado tediosos para ser constante con ellos diariamente, no obtendrás nada de ellos. Sin embargo, si te aferras a ellos y sigues el programa prescrito, obtendrás grandes beneficios en muchos sentidos.

He presentado todo de forma clara y concisa para que puedas seguir los pasos fácilmente y puedas conseguir los resultados deseados. Se persistente en tu estudio y en el trabajo diario con los ejercicios rituales, y permíte unas semanas o un mes para empezar a ver algunos resultados. Te garantizo que no te decepcionarás a largo plazo. Lo más probable es que desarrolles un profundo amor y admiración por estos ejercicios debido al efecto positivo que tendrán en tu vida y en tu capacidad para alcanzar tu verdadero potencial.

UN HOMBRE CON UNA MISIÓN

He tratado aquí de condensar mi viaje Espiritual en tan pocas palabras como sea posible para que tengas una idea de quién soy y cómo llegué aquí. Quería que conocieras el trasfondo de mi despertar de la Kundalini y mi viaje en la Magia, y cómo me había ayudado cuando más lo necesitaba. Después del despertar de la Kundalini, fui forzado por la Divinidad a transformarme en todos los niveles del Ser para poder convertirme en un conducto y recipiente para esta nueva energía Kundalini. El silencio de la mente se convirtió en mi principal objetivo. Ya no me preocupaba por controlar mi realidad, como era el caso antes del despertar. Aprendí a superar mi Ego para poder alinearme con mi Ser Superior, ya que éste se convirtió en mi destino después del despertar.

Escribí este libro durante un período de escritura de tres años que comenzó en Octubre de 2016, precisamente doce años después del despertar de la Kundalini. Durante esos tres años, también trabajé en otras tres obras. Este período de escritura continúa hasta el día de hoy y puede resultar ser un esfuerzo de por vida. Sin embargo, durante esos tres años, mis ideas se solidificaron y se escribió la mayor parte del texto de cada uno de los cuatro cuerpos de trabajo.

Man of Light es mi autobiografía, el viaje de mi vida. Es una mirada en profundidad a mi vida hasta el despertar y todo lo que siguió. Es una secuencia cronológica de los acontecimientos de mi vida que me convirtieron en lo que soy ahora. En estas páginas, te he dado sólo una versión pequeña y diluida de la historia completa de mi vida. Hay mucho más en mi viaje de lo que has leído hasta ahora, pero al menos ahora entiendes cómo llegué a escribir *The Magus.*

Man of Light se presenta en una serie de novelas en las que cuento todas las historias de mi vida, algunas entretenidas e informativas, y otras difíciles de creer.

Aunque el contenido de los libros de *Man of Light* puede percibirse como ficción, no lo es. Cada historia y cada acontecimiento de la serie me ocurrió en algún momento. Mi transformación continúa, incluso después de diecisiete años de vivir con una Kundalini despierta, y *Man of Light* trata de cómo he integrado estos cambios monumentales en mi vida personal.

Mi segunda obra, *Serpent Rising: The Kundalini Compendium*, presenta todo lo que necesitas saber sobre el tema de la Kundalini, incluyendo la ciencia de la bioenergía cruzada con la anatomía humana, la filosofía y la práctica del Yoga (con el Ayurveda), los Cristales, los Diapasones, la Aromaterapia, los Tattvas, los Misterios de Merkaba, y mucho más. También discuto el proceso de despertar y transformación de la Kundalini en detalle, incluyendo los despertares permanentes y parciales de la Kundalini, los Sueños Lúcidos, el papel de la comida, el agua, los nutrientes y la energía sexual durante la integración, y los eventos máximos en el proceso general de transfiguración.

Este libro contiene todo mi conocimiento y experiencia adquirida durante los últimos diecisiete años, incluyendo las meditaciones más importantes sobre diferentes puntos de energía dentro y alrededor del área de la cabeza que descubrí al encontrarme con estancamientos y bloqueos de energía. Saber cómo operan Ida, Pingala y Sushumna dentro del sistema Kundalini te permitirá ser tu propio mecánico y "arreglar el motor" cuando funcione mal. Puedes utilizar estas meditaciones especiales de Kundalini para reparar el sistema si tienes un cortocircuito, lo que puede ocurrir después de un evento traumático o con drogas, alcohol u otras sustancias.

Por último, al haber ayudado a lo largo de los años a muchas personas que han despertado a la Kundalini y que andaban "a tientas en la oscuridad" buscando respuestas, he incluido también en el libro sus preguntas y preocupaciones más comunes. *Serpent Rising: The Kundalini Compendium* es una exposición completa y avanzada sobre la Kundalini que es una lectura obligada para cualquier persona interesada en el tema y en su crecimiento Espiritual. Como adelanto de este libro y para que te hagas una idea del tipo de dones psíquicos que puedes recibir al despertar la Kundalini, he incluido unos artículos que escribí para un blog en la parte posterior de *The Magus*.

Serpent Rising II: Kundalini in the Ancient World continúa mi viaje de exploración de la Kundalini; incluye la investigación histórica que demuestra que nuestros Antepasados tenían pleno conocimiento de la Kundalini como se representa simbólicamente en su arte, escultura y escrituras. Además, al examinar las tradiciones y religiones Antiguas, he encontrado que la Kundalini es un hilo común que une sus sistemas Espirituales, prácticas y creencias. Me entusiasma compartir este trabajo junto con la primera parte, que pasará la prueba del tiempo como el cuerpo de trabajo más completo del mundo sobre el potencial energético humano.

Mi tercera obra, *Cosmic Star-Child*, aborda quizá la cuestión más crítica sobre la

Kundalini: ¿por qué la tenemos en primer lugar? ¿Por qué no nacemos con una Kundalini despierta sino que tenemos que activarla nosotros mismos en esta vida? Para responder a estas difíciles preguntas, he viajado por el mundo a sitios Antiguos para obtener información sobre la Kundalini de nuestros Antepasados. Averiguando de dónde venimos, podemos averiguar hacia dónde vamos. Mis hallazgos a lo largo de los años me han hecho cuestionar nuestra historia y los orígenes de la humanidad. Mucho de lo que he visto y experimentado de primera mano no concuerda con lo que nos han hecho creer que es la verdad sobre lo que somos.

En *Cosmic Star-Child,* desafío las viejas creencias impuestas por la teoría Darwiniana de la evolución y ofrezco una versión más esotérica de las raíces de la humanidad con Ancestros que no son de este mundo. Esta obra contiene una exploración e investigación rigurosas, apoyadas por los últimos hallazgos científicos y arqueológicos. Todas las conclusiones de esta obra están verificadas, y se corresponden con lo que muchos eruditos de la época moderna aceptan como la verdad respecto a la historia y los orígenes de la humanidad. Creo que sólo llegando a la verdad del asunto en lo que se refiere a quiénes somos y cómo hemos llegado hasta aquí podemos responder honestamente a las preguntas más críticas relacionadas con la existencia y el propósito de la energía Kundalini.

En las cuatro obras he expuesto mis propias experiencias vitales y los temas que más me apasionan para compartir mis conocimientos contigo, el lector. En conjunto, todos mis libros van de la mano, aunque cada uno de ellos aborda temas diferentes en detalle.

Gracias por decidirme a formar parte de tu viaje Espiritual. Estoy seguro de que te beneficiarás enormemente de mis conocimientos y experiencia y de que, si te dedicas al trabajo que se presenta en este libro, avanzarás en tu Evolución Espiritual. Para acceder a las imágenes en color de *The Magus: Kundalini and the Golden Dawn,* visite www.nevenpaar.com y siga el enlace del libro en la navegación principal. La contraseña para acceder a la página es Youarethemagus

Fiat Lux,
Neven Paar

"¡Oh pueblo de la Tierra, hombres nacidos y hechos de los Elementos, pero con el Espíritu del Hombre Divino dentro de vosotros, levantaos de vuestro sueño de ignorancia! Sed sobrios y reflexivos. Comprended que vuestro hogar no está en la Tierra sino en la Luz. ¿Por qué os habéis entregado a la muerte, teniendo el poder de participar en la Inmortalidad? Arrepentíos y cambiad de opinión. Apartaos de la Luz Oscura y abandonad la corrupción para siempre. Preparaos para ascender a través de los Siete Anillos (Chakras) y para fundir vuestras Almas con la Luz Eterna".

-Hermes Trismegisto

de "Poimandres", la "Visión de Hermes"

PARTE I: LA QABALAH

SISTEMAS ESPIRITUALES ORIENTALES Y OCCIDENTALES

KUNDALINI Y MAGICK (MAGIA CEREMONIAL)

Kundalini es una palabra Sánscrita que significa "enroscada": se refiere a una forma de energía primigenia llamada *Shakti*, de la que los Hindúes dicen que está situada en la base de la columna vertebral, y que se enrosca tres veces y media en un estado de potencial. Este centro energético se corresponde con Muladhara, el Chakra de la Tierra. Cuando la Kundalini se eleva, Shakti se encuentra con *Shiva* en la parte superior de la cabeza, y su Matrimonio Divino representa la unión de la conciencia individual con la Conciencia Cósmica. La energía Kundalini es la energía de la Vida, y su propósito general es expandir la conciencia humana. Está latente en la mayoría de las personas y puede ser despertada a través de técnicas de meditación, o incluso espontáneamente, sin ningún esfuerzo consciente del individuo.

"Cuando consigues despertar la Kundalini, para que empiece a moverse fuera de su mera potencialidad, necesariamente empiezas un Mundo que es totalmente diferente de nuestro Mundo. Es el Mundo de la Eternidad". - Carl Gustav Jung; extracto de "La Psicología del Kundalini Yoga: Notas del seminario impartido en 1932 por C. G. Jung"

La Kundalini es intercambiable con el término occidental "Poder de la Serpiente" y se ha comparado con una serpiente por varias razones. En primer lugar, cuando la energía se eleva, para la persona que experimenta el despertar, el sonido interior que produce es similar al siseo de una serpiente. En segundo lugar, su movimiento y expansión se producen en la columna vertebral, que tiene forma de serpiente erguida. En tercer lugar, la serpiente muda su piel mensualmente, renovándose así continuamente. La Kundalini, una vez activada, permite transformarse continuamente y "mudar de piel" hasta perfeccionarse Espiritualmente.

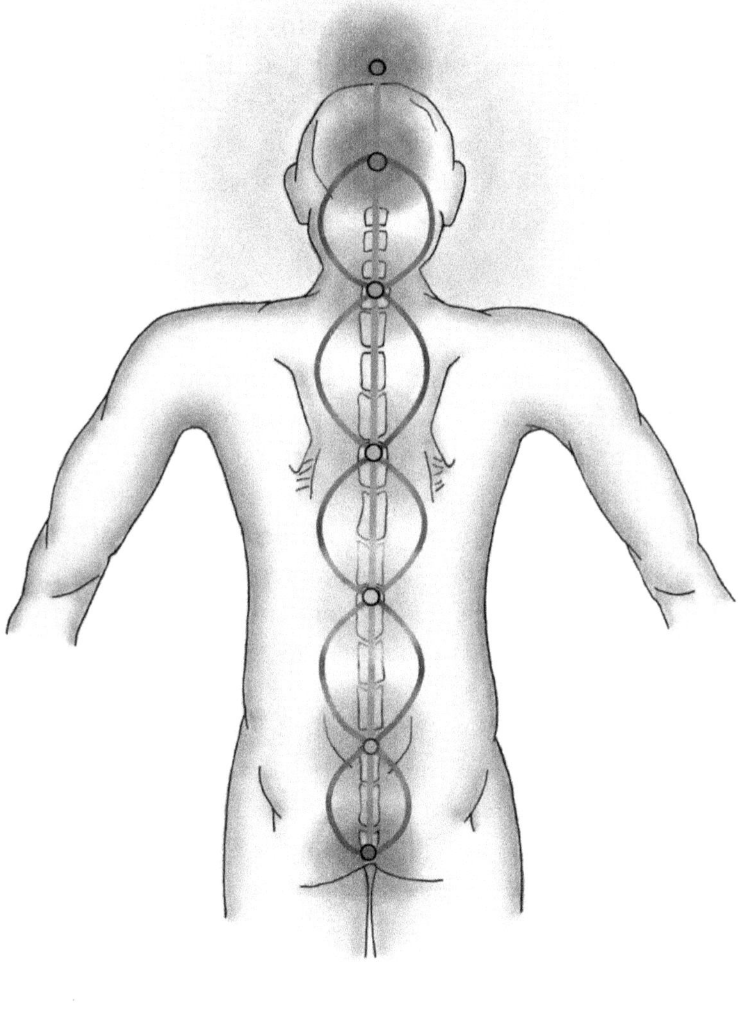

Figura 1: Energía Kundalini Elevada a la Corona

Una vez que la energía Kundalini alcanza la parte superior de la cabeza (Figura 1), rompe el *Huevo Cósmico*. Activa el Cuerpo de Luz y los Setenta y Dos Mil Nadis que fluyen como telas de araña desde cada Chakra hasta nuestro Cuerpo de Luz - esto es lo que se conoce como un despertar de Kundalini "completo" o "permanente". Un despertar "parcial" de la Kundalini es cuando la Kundalini se eleva a un Chakra en particular y luego desciende a la base de la columna vertebral, sólo para volver a subir en algún momento en el futuro. Aunque hay prácticas capaces de inducir un despertar de la Kundalini, en última instancia, es algo que es elegido para ti en esta vida por la Divinidad.

Como mencioné en la "Introducción del Autor", un método poderoso para limpiar y purificar los Chakras es el uso de ejercicios rituales de Magia Ceremonial. Junto con la Qabalah y el marco del Árbol de la Vida, estos ejercicios son de origen Occidental. En este libro, te guiaré a través de lo que es la Qabalah y la Magia Ceremonial y cómo pueden ayudarte. También te daré estos ejercicios rituales para que puedas familiarizarte con ellos y utilizarlos en tu viaje de despertar. La Magia Ceremonial es la clave para evolucionar más allá del Karma negativo de los primeros cuatro Chakras Elementales y aprender a sintonizar, y operar, desde los tres Chakras Espirituales superiores, o Etéricos.

La Magia Ceremonial es un arte sagrado de invocación y evocación energética. Las invocaciones rituales que emplea invocan (llaman) diferentes energías del Macrocosmos (Sistema Solar) al Microcosmos (Aura humana) con el propósito de la Evolución Espiritual. Las evocaciones rituales permiten al practicante de la Magia acceder a estados internos de conciencia a los que de otro modo no podría acceder. Estas técnicas rituales, o ejercicios, consisten en fórmulas mágicas (conjuros) que implican el uso de símbolos, números y la vibración (canto) de los Nombres Divinos. Los ejercicios de Magia Ceremonial se centran en la evolución Kármica de los Chakras, que son sinónimos de las energías de los Elementos y Sub-Elementos. De este modo, los sistemas Oriental y Occidental describen las mismas ideas, sólo que en términos diferentes.

Las filosofías Orientales y Occidentales pueden parecer totalmente desvinculadas en la superficie, pero en realidad hay mucha correlación entre ellas. Ambas sirven para lograr un objetivo común: la expansión y evolución de la conciencia humana y la unión con lo Divino. Hablar de las energías de los Siete Chakras del sistema Oriental es lo mismo que hablar de las energías de los Cinco Elementos del sistema Occidental. En *The Magus*, examinaremos los Misterios Occidentales (incluyendo la Qabalah, la Magia Ceremonial y la filosofía Hermética) mientras que todo se corresponde con el sistema Oriental de los Siete Chakras y la Kundalini.

LOS CHAKRAS

Chakra es una palabra Sánscrita que significa "rueda giratoria" o "vórtice" y es un término Oriental. Esta palabra se utiliza para describir los centros energéticos invisibles que se encuentran a lo largo de la columna vertebral, formados por una energía que fluye de forma multicolor. Estos son los centros que equilibran, almacenan y distribuyen las energías de la vida a través de nuestros diversos Cuerpos Sutiles. Los Cuerpos Sutiles son expresiones de los diferentes Planos Cósmicos internos, ya que a cada Cuerpo Sutil le corresponde un Plano Cósmico. Los Chakras son conductores de la energía proveniente de los Planos Cósmicos, y cada uno es responsable de supervisar aspectos particulares de la vida del ser humano. Cuando están limpios y equilibrados, los Chakras ofrecen habilidades extrasensoriales excepcionales.

"Los Chakras o Centros de Fuerza son puntos de conexión en los que la energía fluye de un cuerpo del hombre a otro... todas estas ruedas están girando perpetuamente, y en el centro o boca abierta de cada una fluye siempre una fuerza de un Mundo superior". - Charles W. Leadbeater; extracto de "Los Chakras"

Los Chakras no son físicos. Están localizados en el Cuerpo de Luz. Se manifiestan en un patrón de circulación en siete áreas principales del Cuerpo de Luz. Pueden ser imaginados como si tuvieran forma de flores en plena floración. Cada Chakra tiene un cierto número de pétalos, vórtices de energía en forma de rueda que irradian hacia fuera y forman ángulos rectos horizontales. Los Chakras giran en el sentido de las agujas del reloj, y la velocidad de su giro determina lo afinados o desafinados que están. Cuanto más rápido giran, más Luz canalizan y mejor funcionan.

Los Chakras regulan la conciencia. Tanto si has despertado la Kundalini como si no, tus Chakras están activos hasta cierto punto, pero si no utilizas determinados Chakras a diario, pueden estar tan estancados que parecen prácticamente en reposo. Una vez que has despertado la Kundalini y la has elevado al cerebro, tus Chakras se vigorizan con la Luz de la energía Kundalini. Se vuelven como bombillas que funcionan a su máxima capacidad. Si un Chakra está lleno de energía negativa, emite una Luz tenue en lugar de brillante. El Karma personal se interpone en el camino de la Luz interior que brilla intensamente, por lo que los Chakras necesitan ser limpiados y purificados. Una vez completado este proceso, la Luz puede brillar de nuevo.

ENERGÍA KÁRMICA

En el contexto de este libro, la energía Kármica se refiere a la energía negativa almacenada en algún lugar del Aura que se manifiesta a través de uno de los Siete Chakras. Esta energía Kármica oscurece la Luz del Chakra al que pertenece. Por lo tanto, para limpiar el Chakra y afinarlo, tenemos que eliminar el Karma negativo almacenado en él. Una vez que esto sucede, el flujo de energía en el Aura será robusto y vibrante, y los Chakras estarán funcionando a su nivel óptimo.

El Karma es un término Oriental que se define en el Hinduismo y el Budismo como "la suma de las acciones de una persona en esta vida y en vidas anteriores, considerada como la que decide su destino en las existencias futuras". "La palabra en sí misma ha sido reconocida internacionalmente a lo largo del tiempo, y hoy en día todos entendemos lo que significa en cierta medida. Si has oído el dicho "Cosechas lo que siembras" o "Lo que va, vuelve", entonces entiendes cómo opera la Ley del Karma a nivel humano: recibimos lo que ponemos en esencia.

El Karma también se define como destino o suerte, que sigue como efecto de una causa. Según la Ley del Karma, cada acción es el efecto de una o más acciones anteriores y será la causa de una o más acciones futuras. Así, si tienes energía negativa en un Chakra, significa que actuaste negativamente hacia alguien en algún momento de tu pasado y acumulaste mal Karma. Por lo tanto, nuestro comportamiento y acciones determinan nuestro destino. A través del trabajo presentado en este libro, estás aprendiendo a desarrollar y aumentar tu brújula moral y tu ética. Al superar tu carga Kármica, te conviertes en una mejor persona, lo que limpia tus Chakras y mejora su eficacia.

La noción de Karma suele ir acompañada de la idea de la reencarnación: cada vida es el efecto de vidas anteriores y será la causa de vidas futuras. Tal vez seas una buena persona en esta vida, pero no lo fuiste en una de tus vidas pasadas. Todavía tendrías energía Kármica que superar, almacenada en algún lugar de tus Chakras.

"La vida te dará cualquier experiencia que sea más útil para la evolución de tu conciencia. ¿Cómo sabes que ésta es la experiencia que necesitas? Porque esta es la experiencia que estás teniendo en este momento". - Eckhart Tolle; extracto de "Una Nueva Tierra: El Despertar al Propósito de Tu Vida"

Nuestra encarnación actual en la Tierra es para ganar experiencias y aprender las lecciones de la naturaleza que nos permiten continuar nuestra Evolución Espiritual. Y expresamos esas lecciones (o la falta de ellas) de nuestras vidas pasadas. En este sentido, el Karma es cíclico - implica eventos de vida de calidad similar, de los cuales se pretende aprender algo y evolucionar. Curiosamente, estos eventos seguirán ocurriendo repetidamente hasta que aprendas la lección Kármica prevista.

Como cada Chakra es una parte de cómo expresas tu personalidad y carácter al mundo, entonces el Karma de cada Chakra es energía negativa adjunta a cómo te expresas en el mundo. Por lo tanto, el Chakra necesita ser limpiado y afinado para que tus acciones provengan de un lugar de amor incondicional. Si provienen de un lugar de amor, estás iluminando el Chakra de esa expresión del Ser.

Así que, si estás actuando de manera egoísta, enojada, lujuriosa, temerosa, codiciosa, arrogante, etc., necesitas trabajar en esas partes del Ser y convertir estas acciones en sus contrapartes positivas y amorosas. En otras palabras, necesitas evolucionar el Karma particular de esos Chakras que expresan estos comportamientos específicos. Este libro pretende enseñarte cómo convertir la energía Kármica negativa (o mala) en energía positiva y evolucionar Espiritualmente.

PRÁCTICAS DE LIMPIEZA Y AFINACIÓN DE LOS CHAKRAS

Los ejercicios rituales de Magia Ceremonial del sistema Occidental son una de las prácticas para limpiar y afinar los Chakras, pero hay otras prácticas de curación Espiritual que vale la pena mencionar. Todas estas prácticas abordan el estancamiento de la energía en el Aura. También ayudan a optimizar el flujo de energía de los Chakras. Aquí cubriré sólo algunas de las que he encontrado más útiles en mi viaje Espiritual, aunque hay muchas más. Las prácticas Espirituales que he encontrado más valiosas trabajan en la invocación o evocación de energía en el Aura, de manera similar a los ejercicios de Magia Ceremonial.

Una poderosa herramienta para limpiar y afinar los Chakras es el uso de Piedras Preciosas, también llamadas Piedras Naturales, o Cristales. Una Gema es una piedra preciosa o semipreciosa producida por la naturaleza, que se encuentra en formaciones rocosas. La mayoría de las Piedras Preciosas son cristales minerales, aunque no todos ellos. Las Piedras Preciosas han sido utilizadas durante miles de años por los pueblos Antiguos de Oriente y Occidente para la curación Espiritual. Cada Gema emite un tipo diferente de energía que tiene varias propiedades curativas cuando se aplica al Aura humana. Sin embargo, como la ciencia de las Gemas no es exacta en cuanto al tipo y cantidad de energía que emite cada piedra, es mucho más difícil aislar los Chakras individuales para trabajar sobre ellos. Además, muchas Gemas pueden ser utilizadas para más de un Chakra, lo que hace que sea un proceso azaroso comparado con los ejercicios rituales de Magia Ceremonial.

Otra práctica Espiritual, o herramienta, para trabajar con los Chakras son los Diapasones utilizados en la Sanación por Sonido, que es una práctica tanto oriental como occidental. Dado que cada Chakra vibra a una frecuencia particular, un Diapasón que resuene a esa misma frecuencia puede ser utilizado para sintonizar el Chakra y sanar las energías en el Aura. El Diapasón coincide con la frecuencia de un Chakra y lo "arrastra", devolviéndole así su vibración óptima y saludable. La limitación de esta práctica es que es relativamente nueva (menos de cuarenta años), y las frecuencias de los Diapasones pueden o no ser precisas en términos de su aplicación a la curación Espiritual. Sin embargo, hasta el momento, lo que se ha demostrado es que funciona con bastante eficacia.

El uso de Tattvas es una práctica Oriental que existe desde hace más de dos mil años. La propia palabra "tattva" es una palabra Sánscrita que significa "esencia", "principio" o "elemento". Los Tattvas representan los cuatro elementos de la Tierra, el Agua, el Aire y el Fuego, junto con el quinto elemento del Espíritu. Son fáciles de utilizar y a la vez muy eficaces. Hay cinco Tattvas primarios, cada uno de los cuales tiene cinco Sub-Tattvas, haciendo un total de treinta. Los Tattvas se ven mejor como "ventanas" a los Planos Cósmicos, que corresponden a las energías de los Chakras.

Los Tattvas son beneficiosos para trabajar con los Chakras y la energía Kármica contenida en ellos. No generan ninguna energía en sí mismos, como lo hacen las Piedras Preciosas y los Diapasones, pero son útiles para concentrarse en los Planos Cósmicos interiores y trabajar en los Chakras correspondientes. En mi experiencia, el trabajo con los Tattvas va de la mano con el uso de rituales de Magia Ceremonial relacionados con los Elementos.

Estas son algunas de las prácticas que vale la pena mencionar que se aplican a la curación Espiritual. Otras prácticas de sanación incluyen, pero no se limitan a, el Yoga, el *Reiki*, la Acupuntura, el Qigong, el Tai Chi, la Aromaterapia, la Reflexología, la Biorretroalimentación, la Sanación Ruach, la Regresión a Vidas Pasadas, la Hipnosis, la Meditación Trascendental y la Programación Neurolingüística. Lo que elijas depende de ti. Como dije, sin embargo, en mi experiencia personal, después de haber probado casi todos los métodos que existen, he encontrado que la Magia Ceremonial es la forma más precisa y efectiva de trabajar con los Chakras y sanar y evolucionar Espiritualmente.

LA CRISIS DE LA KUNDALINI

Tanto si has despertado la energía Kundalini como si no, tendrás energía Kármica con la que lidiar en tu vida. Todo el mundo necesita limpiar sus Chakras de energía negativa para avanzar Espiritualmente. Para las personas no despiertas, su conciencia opera desde un Chakra a la vez en la mayoría de los casos. Dependiendo de la facultad interior que utilices, saltarás de Chakra en Chakra para expresar esas facultades. Tus emociones pertenecen a un Chakra diferente que tu imaginación, por ejemplo, o tu fuerza de voluntad. Pero en todos los casos, puedes afinar esas facultades internas para que tu poder personal aumente.

Aquellos individuos que han tenido un despertar completo y permanente de la Kundalini, están lidiando con una situación mucho más desafiante. Todos sus Chakras están fluyendo hacia la conciencia al mismo tiempo. Habiendo pasado por esto yo mismo hace años, puedo decir con seguridad que este estado del Ser es una forma de crisis. Para estas personas, es crucial empezar a trabajar en la limpieza de la energía Kármica de cada Chakra inmediatamente para superar este estado incómodo.

Después de un despertar completo y permanente de la Kundalini, todos los miedos se magnifican ya que cada pensamiento en la mente de estos individuos parece tan real como tú y yo. Esto sucede porque, al proyectarse la Luz desde el interior, magnifica todos los pensamientos, animándolos y dándoles vida. Cuando la Kundalini sube al cerebro, se crea un puente entre la mente consciente y la subconsciente, vinculándolas y dándoles unidad. Sin embargo, en las personas no despiertas, su conciencia oscila entre la mente consciente y la subconsciente, con una clara división. Por lo tanto, para limpiar la energía Kármica, tenemos que trabajar principalmente en la limpieza del contenido dañino en la mente subconsciente, ya que es donde se almacena la mayor parte de la energía negativa.

Todos tenemos nuestros Demonios (emisores de pensamientos adversos) de los que nos escondemos. Los alojamos en algún lugar del fondo de nuestra mente subconsciente y tratamos de olvidarlos en algún momento del pasado. Salen a la superficie de vez en cuando, pero estos Demonios se dejan en paz en su mayor parte. "Fuera de la vista, fuera de la mente", como dice el refrán. Sin embargo, siguen formando parte de nosotros y hay que enfrentarse a ellos. Hasta que no los superemos, no estaremos aprovechando nuestro máximo potencial como seres humanos espirituales.

El trabajo presentado en este libro tiene como objetivo ayudarte a enfrentar tus Demonios y miedos y superarlos. Se trata de dar alas a nuestros Demonios, metafóricamente hablando, y convertirlos en sus opuestos amorosos, los Ángeles (emisores de pensamientos positivos). Podemos convertir a nuestros Demonios en aliados en la vida y utilizarlos para aumentar nuestro poder personal de forma drástica.

Además, al superar tus Demonios, eliminas el miedo de tu sistema, ya que los Demonios se alimentan de la energía del miedo, mientras que los Ángeles se alimentan de la energía del amor. Los Demonios no dominados y la energía Kármica van de la mano; por lo tanto, tienes que aprender a enfrentarte a tus Demonios y someterlos si quieres superar tu energía Kármica y evolucionar Espiritualmente.

"F.E.A.R., (por sus cifras en Inglés), es una Evidencia Falsa que Aparienta ser Real". - Anónimo

---

Para los individuos despiertos de Kundalini, aunque aquellos que han tenido un despertar completo y permanente, no se da ninguna opción en este asunto. Al crearse este puente entre las mentes subconsciente y consciente, todos sus Demonios tienen pleno acceso a su conciencia diariamente. Ya no pueden huir ni esconderse de ellos. Y como todo este contenido subconsciente negativo es liberado para ser tratado, puede hacer una experiencia de vida muy incómoda. Lo recuerdo porque estuve allí hace diecisiete años. Se volvió crucial para mí encontrar una forma, práctica o herramienta para lidiar con mis Demonios si quería volver a disfrutar de mi vida. Y, como el destino lo quiso, me topé con la Magia Ceremonial, y mis oraciones fueron respondidas.

En los individuos que han despertado a la Kundalini de forma completa y permanente, también se oye un sonido vibratorio constante dentro de la cabeza que suena como un motor de avión o un enjambre de abejas. Esta vibración continua, que está presente las 24 horas del día tras el despertar de la Kundalini, es muy alarmante al principio y requiere una adaptación. Además, el miedo a lo Desconocido se suma al miedo y la ansiedad generales una vez que se han producido estas otras transformaciones internas.

Desgraciadamente, ningún médico puede ayudar en el asunto, ya que el fenómeno Kundalini es todavía relativamente nuevo, lo que significa que no se sabe mucho sobre él en nuestra sociedad. No se trata de algo físico, sino de energía, una sustancia intangible. La mayoría de los psicólogos o psiquiatras tampoco pueden ayudar porque, a menos que hayan tenido un despertar de la Kundalini, no pueden entender lo que estos individuos están pasando. El trabajo de superación de la energía Kármica en cada Chakra es primordial para ayudar a estos individuos a avanzar y a progresar en su Evolución Espiritual.

LOS CINCO ELEMENTOS

Los Cinco Elementos se corresponden con los Siete Chakras (figura 2). Los cuatro primeros se corresponden con la Tierra, el Agua, el Fuego y el Aire, respectivamente. Los tres Chakras superiores se corresponden con el Espíritu o *Aethyr* (los dos términos son intercambiables). Al invocar la energía de los Cinco Elementos, los ejercicios rituales de Magia Ceremonial trabajan para afinar y purificar sus Chakras asociados. El proceso de sintonización ocurre una vez que las energías Elementales son llevadas al Aura a través de estos ejercicios y trabajadas en la conciencia. Este proceso influye en tu psique, activando eventos de nivel Kármico que deben ser superados para que puedas purificar y exaltar el Chakra(s) correspondiente a su energía Elemental. Así, los ejercicios de Magia Ceremonial presentados en este libro aceleran tu Karma en su proceso de desenvolvimiento, acelerando tu proceso de Evolución Espiritual.

Tendrás mucha energía Kármica en tu camino al trabajar con los Elementos, pero esto es algo bueno cuando se trata de crecer Espiritualmente. Puede ser incómodo al principio, pero pronto darás la bienvenida al proceso cuando empieces a superar tu energía Kármica. Además, a medida que abres las puertas a tu psique interior, descubrirás que se abrirán más puertas que ni siquiera sabías que existían. De esta manera, te estarás convirtiendo en un Guerrero Espiritual.

El camino de la Iluminación es sólo para los fuertes. El trabajo con los ejercicios de Magia Ceremonial te hará resistente y resistir a la energía negativa. Aprenderás a vivir con la energía negativa y a utilizarla productivamente en lugar de ser utilizado por ella. Al aprender a no temer a la energía negativa, la ansiedad que surge al enfrentarse a las confrontaciones de la vida disminuirá, lo que hará que tu poder personal aumente.

A medida que evoluciones Espiritualmente gracias a este trabajo, descubrirás una forma de vida totalmente nueva. Aprenderás a vivir en sintonía con el Cosmos y las Leyes Universales al dominar los Elementos de tu Ser. Y cuando vivas de esta manera, el Universo te bendecirá haciendo que todos tus sueños se hagan realidad. ¿Suena demasiado bien para ser verdad? No lo es. Pero tienes mucho trabajo por delante para conseguirlo.

"El hombre es un Microcosmos, o un pequeño Mundo, porque es un extracto de todas las Estrellas y Planetas de todo el firmamento, de la Tierra y de los Elementos, y por eso es su Quintaesencia". - Paracelso; extracto de "Astronomía Hermética"

El Universo fuera de nosotros, incluyendo la composición energética de cada ser humano, está formado por los Cuatro Elementos (cinco incluyendo el Espíritu). La Qabalah Hermética afirma que el Microcosmos refleja directamente el Macrocosmos, y viceversa: Como Es Arriba, Es Abajo. El Microcosmos es el Aura y la composición energética del ser humano, que encuentra su reflejo en el Universo y, más concretamente, en el Sistema Solar del que formamos parte (situado en un brazo espiral exterior de la Vía Láctea).

A través de este axioma Hermético de "Como Es Arriba, Es Abajo", trabajamos nuestra Magia, sabiendo que si afectamos algo fuera de nosotros, afectamos algo dentro de nosotros, y viceversa. Los Elementos se encuentran en el Universo físico del que participamos y dentro de nosotros. Dentro de nosotros, se expresan a través de los Chakras. Fuera de nosotros, se expresan a través de la tierra, el mar, el aire y el Sol.

El Espíritu no es técnicamente un Elemento en sí mismo, sino que es la composición de la suma de los Cuatro Elementos: es el bloque de construcción, el medio, el pegamento que los mantiene unidos. Es la Prima Materia, la Primera Sustancia, y la Fuente de todo lo existente. Todo lo que se manifiesta proviene del Espíritu, y todo está destinado a volver y ser reabsorbido en el Espíritu. El Espíritu vibra en la frecuencia de vibración más alta; por lo tanto, es invisible a los sentidos. A medida que la vibración disminuye, el Espíritu se manifiesta como los cuatro Elementos primarios de Fuego, Agua, Aire y Tierra, secuencialmente. Mientras el Espíritu se manifiesta como los Elementos inferiores, conserva su energía original en un estado de potencial. Depende de nosotros Espiritualizar nuestros Elementos y elevar nuestra conciencia de vuelta a la Fuente-Dios-el Creador.

Los cuatro Elementos primarios pueden verse como Reinos o Divisiones de la naturaleza. Son los modos básicos de existencia y acción, los bloques de construcción de todo en el Universo. Sin embargo, incluso los cuatro Elementos no son técnicamente cuatro, sino tres, ya que el cuarto Elemento, la Tierra, es la composición de los tres Elementos fundamentales en su forma más densa. La Tierra y el Espíritu, por lo tanto, son como opuestos entre sí: están en los extremos opuestos de la escala vibratoria. Los tres Elementos fundamentales son el fuego, el agua y el aire.

El Fuego es purificador. Destruye lo viejo, dando paso a lo nuevo. Todo lo nuevo sale del Fuego, y todo lo viejo es transformado por él. El Elemento Fuego es el principio masculino y la energía del Padre, la Fuerza motriz del Universo. El Fuego representa la Fuerza y la Voluntad, y es el más cercano al Espíritu de los tres Elementos fundacionales. La parte activa del Ser se apoya en el Elemento Fuego. Es la mente consciente, la fuerza de voluntad y la vitalidad del ser humano. El Fuego es la combustión dentro del Mundo Físico, manifestando tanto el calor como la Luz. A través de la combustión, el Fuego produce la transmutación, la regeneración y el crecimiento. La dirección del Fuego en el Espacio es el Sur.

El Agua es el Principio femenino, la energía Madre, en asociación con la energía Padre, el Fuego. Contiene el plano Astral de todos los cuerpos sólidos del Universo. El Elemento Agua es la Forma; la Fuerza del Fuego no puede existir sin ella. Los dos son opuestos entre sí y existen como una dualidad. El Elemento Agua es la parte pasiva y receptiva del Ser, el subconsciente. Es lo que comprende los sentimientos y las emociones. El Agua es el amor, la conciencia y las infinitas posibilidades que existen antes de la Forma y la Creación. En el Mundo Físico, el Agua está formada por moléculas de hidrógeno y oxígeno. Su dirección en el Espacio es el Oeste.

El Aire nos rodea y está siempre en movimiento. Toda la vida depende del Aire, hijo de los elementos Fuego y Agua. Como vástago, es la energía del Hijo. En la realidad física, el Fuego y el Agua se unen para crear el Aire en forma de vapor. Por lo tanto, el Elemento Aire es el punto de equilibrio entre los otros Elementos primarios, el Fuego y el Agua. El Aire es acción y está estrechamente relacionado con el Fuego. Al igual que el Fuego, el Elemento Aire también es masculino y representa la actividad y la energía. A diferencia del Fuego, el Aire está asociado al intelecto y a la mente lógica. El pensamiento y los pensamientos, al igual que el Elemento Aire, son rápidos, cambian rápidamente y no tienen forma. El Aire también está asociado al sentido del olfato. Al igual que el Elemento Fuego actúa, el Aire se comunica. Con el uso del lenguaje vocalizado, el Aire es el aliento de la vida. El Aire compone la atmósfera de la Tierra dentro del Mundo Físico como una mezcla de gases. Su dirección en el Espacio es el Este.

La Tierra es el mundo tridimensional en el que todos existimos. Es el suelo sobre el que caminamos, la expresión material de la energía Universal. El Elemento Tierra se manifestó una vez que la energía del Espíritu alcanzó el punto más bajo de densidad y frecuencia de vibración. Representa el crecimiento, la fertilidad y la regeneración de *Gaia,* el planeta Tierra. La Tierra es la síntesis de los Elementos Fuego, Agua y Aire en su forma más densa, y el contenedor de esos Elementos en el Plano Físico. En un sentido general, el Elemento Tierra representa el enraizamiento y la estabilidad. Es pasivo y femenino, al igual que el Elemento Agua. Dentro del Mundo Físico, la Tierra es los compuestos orgánicos e inorgánicos de nuestro Planeta. La dirección de la Tierra en el Espacio es el Norte.

LOS SIETE CHAKRAS

Muladhara, el primer Chakra, se atribuye al Elemento Tierra. Se encuentra entre el perineo y el cóccix (coxis). Muladhara está directamente relacionado con la base de la columna vertebral, donde reside la Kundalini, enrollada tres veces y media en estado de potencial en los individuos no despiertos. Muladhara también se llama

Chakra Raíz o Base. Está relacionado con el cuerpo físico y su expresión en el mundo material. La energía de este Chakra es la más densa ya que vibra a la frecuencia más baja de todos los Chakras. Muladhara tiene cuatro pétalos, o vórtices, y es de color rojo. El Cuerpo Sutil de Muladhara es el Cuerpo Astral Inferior ya que funciona a través del Plano Astral Inferior justo por encima, pero tocando, el Plano Físico. Nótese que el Cuerpo Astral Inferior está invariablemente conectado al cuerpo físico y no es algo completamente separado de él. Muchas personas dicen que Muladhara es el Chakra que expresa sólo el cuerpo físico, aunque también tiene un componente Astral o invisible. El Cuerpo Astral Inferior es frecuentemente llamado Cuerpo Etérico.

Swadhisthana, el segundo Chakra, se atribuye al Elemento Agua. Su función es procesar nuestras emociones inferiores proyectadas desde nuestra mente subconsciente. La ubicación de Swadhisthana es en la parte inferior del abdomen. A menudo se le llama Chakra Sacro, del Bazo o incluso del Ombligo, y se ocupa de la interacción social, la sexualidad y la empatía hacia los demás. Este Chakra contiene las partes inferiores del Ser, ya que es la sede del Ego. Su principal modo de funcionamiento es sentir, ya que es la fuente de la emocionalidad. Swadhisthana es el lugar donde se encuentra nuestra estabilidad y nuestro fundamento. Es un lugar de no pensamiento, sólo de acción-acción en la dirección de nuestra expresión en el mundo exterior. Sin embargo, una respuesta emocional desencadena esta acción. Swadhisthana tiene seis pétalos y es de color naranja. El Cuerpo Sutil de Swadhisthana es el Cuerpo Astral Superior, y funciona en el Plano Astral Superior, que está por encima de los Planos Físico y Astral Inferior. No hay una división clara entre el Plano Astral Inferior y el Plano Astral Superior, sino que uno lleva y se corresponde con el otro de la misma manera que las emociones afectan a las acciones corporales y viceversa. El Cuerpo Astral Superior se denomina a menudo Cuerpo Emocional.

Manipura, el tercer Chakra, se atribuye al Elemento Fuego. Su función es impulsar y motivar nuestra creatividad, ya que Manipura es la cuna de nuestra imaginación. Manipura es la fuente de nuestra fuerza de voluntad, y está situado en el plexo solar; de ahí que se le llame Chakra del Plexo Solar. Se ocupa de la inteligencia, la claridad mental y la armonización de la voluntad y las emociones. Manipura trabaja con el Chakra que está por encima de él, Anahata (que está relacionado con el pensamiento), para activar la imaginación, que requiere tanto fuerza de voluntad como pensamiento. Manipura es el "Asiento del Alma" - utiliza el Elemento Aire (por encima de él), así como los Elementos Agua y Tierra (por debajo de él). Manipura actúa sobre las emociones del Agua y la estabilidad y las acciones de la Tierra. El Fuego que actúa sobre la Tierra es la forma de animar el cuerpo físico en el mundo material. Manipura tiene diez pétalos y es de color amarillo. El Cuerpo Sutil de Manipura es el Cuerpo Mental Superior, y funciona en el Plano Mental Superior. La mente está por encima de las emociones involuntarias del Plano Astral.

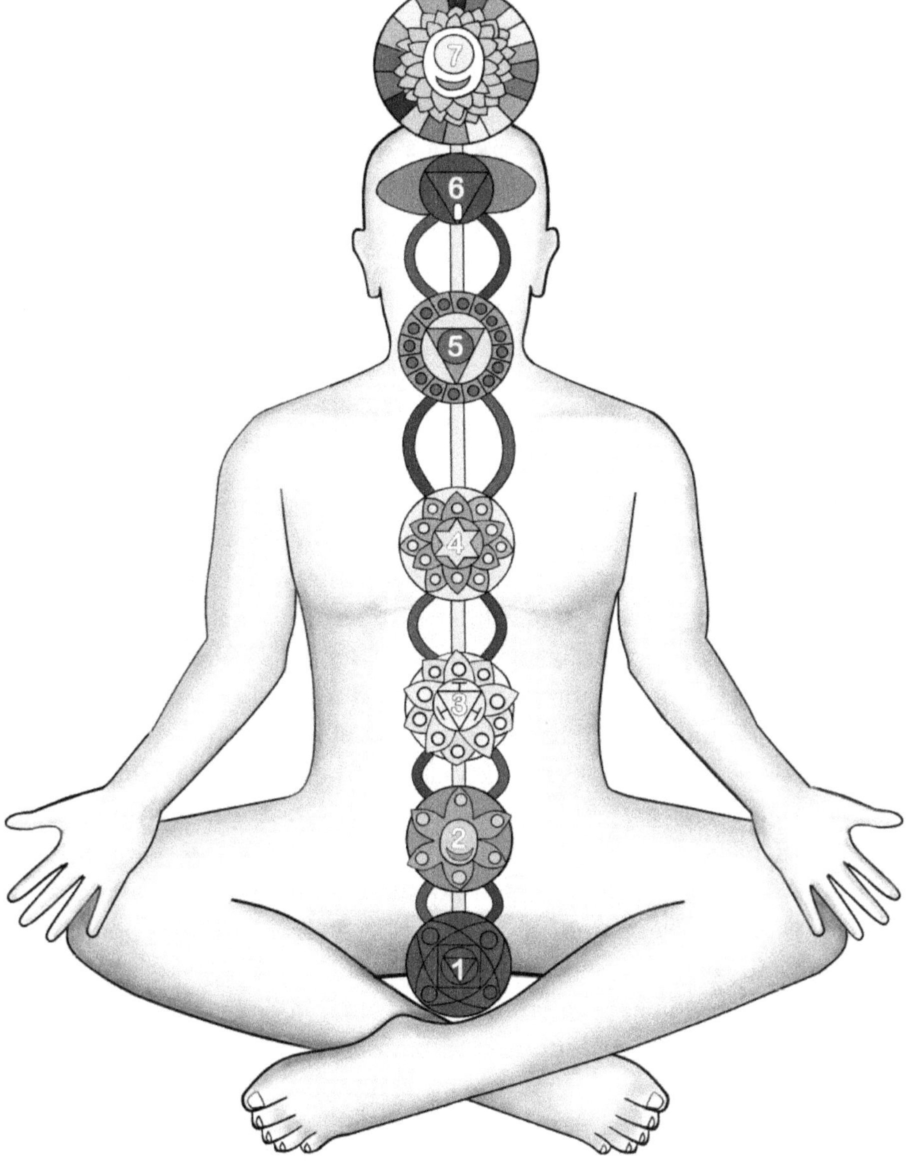

Figura 2: Los Siete Chakras

Anahata, el cuarto Chakra, se atribuye al Elemento Aire. También conocido como el Chakra del Corazón, la ubicación de Anahata es entre los dos pechos. Su función es procesar las emociones de nuestra imaginación y fantasías, al tiempo que potencia nuestros pensamientos. A través de él, sentimos el amor, pero también experimentamos el Karma de los tres Chakras inferiores. En Anahata, también comprendemos el trabajo y el propósito de nuestra vida. Como el Elemento Aire es el pensamiento, Anahata está relacionado con la fuerza de voluntad y la emoción (por debajo de él), ya que exalta los Elementos Fuego y Agua. El Aire mueve y sostiene tanto al Agua como al Fuego, en relación con los Elementos y sus manifestaciones físicas. El Aire mantiene el equilibrio entre los Elementos Fuego y Agua también. Como este Chakra es el lugar donde sentimos el amor, es el lugar donde sentimos compasión hacia los demás una vez activado correctamente. Si este Chakra está inactivo, nos volvemos egoístas y "alimentamos" el Ego. Anahata tiene doce pétalos y su color es el verde. El Cuerpo Sutil de Anahata es el Cuerpo Mental Inferior, que funciona en el Plano Mental Inferior. Obsérvese que los Planos Mentales Inferior y Superior son, en realidad, un solo Plano de existencia, aunque se puede hacer una división en su expresión. El Ego se expresa más a través del Elemento Aire, mientras que el Alma se expresa a través del Elemento Fuego.

Vishuddhi, el quinto Chakra, se atribuye al Elemento es Espíritu (Aethyr). También conocido como el Chakra de la Garganta, la ubicación de Vishuddhi es en la garganta. Vishuddhi trabaja en conjunto con los dos siguientes Chakras que están por encima de él, Ajna y Sahasrara. Los tres Chakras más altos son del Elemento Espíritu. Vishuddhi está relacionado con la expresión del Ser y las habilidades escritas y orales. Genera la vibración de la palabra hablada, ya que es el centro de la comunicación. Vishuddhi controla también el discernimiento y el intelecto. Tiene dieciséis pétalos y su color es el azul. El Cuerpo Sutil de Vishuddhi es el Cuerpo Espiritual dentro del Plano Espiritual. Los tres Chakras más elevados trabajan al unísono entre sí al canalizar la Luz hacia abajo desde Sahasrara (Kether en el Árbol de la Vida). Hablaré de este proceso con más detalle en el próximo capítulo sobre la Qabalah.

Ajna, el sexto Chakra, también se atribuye al Elemento del Espíritu, o Aethyr. También conocido como el Chakra de la Ceja, o del Ojo de la Mente, Ajna está situado en un punto dentro de la cabeza entre y justo encima de las cejas. Ajna es el Chakra primario relativo a los Mundos Internos o Planos. A través de este Chakra, alcanzamos la Corona/Sahasrara y salimos de nuestro cuerpo físico para viajar en diferentes dimensiones del Tiempo y del Espacio. Estos viajes ocurren en los Planos Cósmicos superiores donde utilizamos nuestro Cuerpo de Luz como vehículo. El Sueño Lúcido y la proyección Astral son dos tipos de viajes Espirituales que dependen del Ajna. Ajna es también el centro de la intuición porque recibe información de los reinos superiores por encima de él que vienen a través de Sahasrara, el Chakra de la Corona. Ajna tiene dos pétalos y es de color índigo. El Cuerpo Sutil de Ajna es el Cuerpo Espiritual dentro del Elemento Espíritu.

Sahasrara, el séptimo Chakra, también se atribuye al Elemento del Espíritu, o Aethyr. También conocido como el Chakra de la Corona, Sahasrara está situado en la parte superior de la cabeza, en el centro. Es el último de los Chakras personales relacionados con la conciencia que concierne al cuerpo físico. Sahasrara es el Chakra más elevado del Elemento Espíritu. Como el más alto de la conciencia humana, es la fuente de la comprensión y el conocimiento últimos. Así como el Chakra Raíz nos conecta con la Tierra, el Chakra Corona es nuestra conexión con el Universo que está por encima de nosotros. Sahasrara es la Luz Blanca y la fuente de la misma. La luz entra a través de Sahasrara, y se vuelve más tenue dependiendo de la cantidad de Karma que haya en los Chakras inferiores. Cuanto más tenues son los Chakras inferiores, más presencia tiene el Ego y menos presencia tiene el Ser Superior. La fuente del Ser Superior es Sahasrara. Tradicionalmente, este centro es como una rueda con mil (innumerables) pétalos o vórtices. Como fuente de todo, es también la fuente y la totalidad de todos los poderes y los Chakras. En algunas escuelas de pensamiento, el color del Sahasrara Chakra es blanco, mientras que, en otras, es violeta. Sahasrara es la puerta de entrada a los Mundos Divinos que están más allá de la comprensión. El Cuerpo Sutil de Sahasrara es el Cuerpo Espiritual.

Ahora que se te han dado los colores de cada Chakra, encontrarás algo peculiar en su patrón específico. Todos los colores siguen el patrón del arco iris, empezando por el rojo y terminando por el violeta. El arco iris se produce cuando las gotas de agua en el aire refractan la Luz Blanca del Sol. El resultado es el espectro de Luz con siete colores distintos. La totalidad de los Chakras es, pues, la Luz Blanca del Sol, que entra desde arriba (a través del Sahasrara Chakra) y se filtra hacia abajo en cada Chakra, alimentándolos así. Los Budistas se refieren al Cuerpo de Luz como el *Cuerpo del Arco Iris*.

Según muchas escuelas de pensamiento Espiritual, además de los Chakras Mayores y Menores, existen también los Chakras Transpersonales. Estos son Chakras fuera del Cuerpo de Luz a los que el ser humano está conectado energéticamente. Si extendemos la columna energética de los Siete Chakras hacia arriba y hacia abajo, esto significaría que hay varios Chakras Transpersonales por encima de Sahasrara y uno por debajo de Muladhara, en diferentes grados de conciencia. Transpersonal significa que trascienden los reinos de la personalidad encarnada. Sin embargo, no entraré en estos Chakras en este libro ya que está fuera del alcance del trabajo que se va a realizar aquí. Para información relacionada con los Chakras Transpersonales, consulte mi segundo libro, *Serpent Rising: The Kundalini Compendium.*

Por encima del Plano Espiritual, existen también los Planos Divinos, a los que pertenecen los Chakras por encima de Sahasrara. Una vez que hayas llegado lo suficientemente lejos con tu Evolución Espiritual, se te puede conceder la entrada a estos Planos Divinos. Sin embargo, aunque hay algunas características compartidas de una experiencia a otra, no hay dos experiencias de los Planos Divinos que sean iguales. Por lo tanto, lo que veas, sientas y oigas será personal sólo para ti.

TABLA 1: Los Siete Chakras y sus Correspondencias

Chakra #	Nombre del Chakra (Sánscrito & Inglés)	Ubicación en el cuerpo	Color y Número de Pétalos	Elemento y Tattva, Plano Cósmico	Cuerpo / Ser	Diapasón Hz-Cósmico y Musical	Piedras Preciosas
1	Muladhara, Raíz o Base	Entre el perineo y el cóccix	Rojo, 4	Tierra (Prithivi), Astral Inferior/ Etérico	Supervivencia, Conexión a Tierra, Seguridad, Kundalini (Origen)	194.18, 256.0 & 512.0	Hematita, Turmalina Negra, Jaspe Rojo, Obsidiana Copo de Nieve
2	Swadhisthana, Sacro o Bazo	Bajo Vientre	Naranja, 6	Agua (Apas), Astral Superior/ Emocional	Emociones, Mente Subconsciente, Sexualidad	210.42, 288.0	Cornalina, Calcita naranja, Ojo de Tigre, Septario
3	Manipura, Plexo Solar	Plexo Solar	Amarillo, 10	Fuego (Tejas), Mental Superior	Fuerza de Voluntad, Creatividad, Vitalidad, Mente Consciente	126.22, 320.0	Citrino, Topacio Dorado, Jaspe Amarillo, Ópalo Amarillo
4	Anahata, Corazón	Entre los Pechos	Verde, 12	Aire (Vayu), Mental Inferior	Pensamientos, Imaginación, Amor, Compasión, Curación	136.10, 341.3	Aventurina Verde, Jade Verde, Malaquita, Cuarzo Rosa,
5	Vishuddhi, Garganta	Garganta	Azul, 16	Espíritu (Akasha), Espiritual	Comunicación, Inteligencia	141.27, 384.0	Amazonita, Aguamarina, Ágata de Encaje Azul, Topacio Azul, Turquesa
6	Ajna,Ceja/ Ojo de la Mente/ Tercer Ojo	Entre las Cejas (Ligeramente por Encima)	Indigo, 2	Espíritu (Akasha), Espiritual	Clarividencia, Intuición, Sentidos Psíquicos	221.23, 426.7	Lapislázuli, Zafiro, Sodalita
7	Sahasrara, Corona	Parte Superior de la Cabeza (Centro)	Blanco/ Violeta, 1000	Espíritu (Akasha), Espiritual	Unidad, Dios-Mismo, Comprensión, Conciencia Cósmica	172.06, 480.0	Amatista, Diamante, Cuarzo Claro, Cuarzo Rutilado, Selenita

LA QABALAH Y EL ÁRBOL DE LA VIDA

"En resumen, el Árbol de la Vida es un compendio de ciencia, psicología, filosofía y teología". - Dion Fortune; extracto de "La Qabalah Mistica".

La palabra, Qabalah, se origina en el Hebreo "QBL", que significa "una tradición oral". " La Qabalah es el componente esotérico del Judaísmo, al que Dion Fortune se refiere como el "Yoga de Occidente". La Qabalah abarca todo un cuerpo de principios místicos Hebreos que son la piedra angular y el fundamento de la tradición esotérica Occidental. La mayoría de las escuelas de Misterio occidentales utilizan la Qabalah como su marco principal, de la misma manera que las escuelas Orientales practican el Yoga y la meditación. El propósito de ambas escuelas de pensamiento es la Iluminación.

Hay un total de veinticuatro grafías diferentes del término "Qabalah", siendo las tres siguientes las más comunes. Kabalah (con K) es la Qabalah Judía, en referencia a cómo se estudia esta Antigua práctica dentro de la tradición Judía. Cabalah (con C) es un término utilizado para significar el uso de las enseñanzas Qabalísticas dentro del Cristianismo. Qabalah (con Q) es la Qabalah Hermética, como parte de la tradición esotérica Occidental que involucra el misticismo y lo oculto. Todos los temas que se tratan en esta obra se engloban bajo el epígrafe de la Qabalah Hermética. Por lo tanto, se utilizará esta forma de ortografía.

Como ocurre con la mayoría de los conocimientos ocultos, se desconocen los orígenes exactos de la Qabalah. Sin embargo, de su estudio se desprende que contiene la influencia de las tradiciones Egipcias, Griega y Caldea. La Qabalah ofrece una representación simbólica de los orígenes del Universo y de la conexión de la humanidad con Dios, el Creador. Se basa en la noción de que todas las cosas de la Creación se derivan de esta Fuente (Dios).

El Árbol de la Vida (Figura 3), que es la base sobre la que se asientan prácticamente todos los sistemas Espirituales Occidentales, es el componente clave de la Qabalah. Los Qabalistas lo consideran como el plano de toda la existencia. Ain Soph Aur, la "Luz Blanca Infinita" (según la Qabalah), es la Fuente más alta imaginable de todo lo que es. Se manifiesta en orden secuencial a través de diez Sephiroth distintos en el Árbol de la Vida. Los Sephiroth también se conocen como Esferas o emanaciones. La palabra "Sephiroth" se refiere a múltiples Esferas, mientras que la palabra "Sephira" se refiere a una sola Esfera. En esencia, los Sephiroth son estados de conciencia.

Israel Regardie, el autor de *La Aurora Dorada*, llamó al Árbol de la Vida un "archivador Espiritual", que contiene en sí mismo el método perfecto para clasificar todos los fenómenos del Universo y registrar sus relaciones. Los Qabalistas dicen que todo en la naturaleza puede ser clasificado en el Árbol de la Vida, ya que todo en la naturaleza exhibe un estado particular o frecuencia de vibración. Como tal, todo tiene un nivel de conciencia que puede ser mapeado en algún lugar del Árbol de la Vida.

La Qabalah se ha transmitido de boca en boca durante miles de años. Sus orígenes están envueltos en el misterio. La leyenda dice que la *Divinidad* enseñó la Qabalah a un grupo selecto de Ángeles. Estos Ángeles establecieron entonces una escuela teosófica en el Jardín del Edén para preservar y transmitir este conocimiento. Tras la caída de la humanidad del Edén, los Ángeles asumieron la responsabilidad de enseñarnos la Qabalah para que pudiéramos transformarnos Espiritualmente y volver al Edén (el Paraíso) una vez más. Esta historia revela la intención y el potencial de la Qabalah.

Se dice que Adán fue el primer Qabalista, seguido de Abraham, a quien se atribuye haber llevado la doctrina a Egipto. Las influencias de la Qabalah están presentes en el misticismo Egipcio. Los Egipcios eran una sociedad esotérica en evolución, en continua expansión y crecimiento en todos los frentes. Fue allí donde Moisés fue iniciado en la Qabalah por los propios Ángeles. David y Salomón también se encuentran entre los primeros Qabalistas. A través de la comunicación directa con la Divinidad (Gnosis), la tradición Qabalística fue dada primero a la gente de la Tierra. Luego, fue transmitida a cada generación subsiguiente a través de la palabra (y, en algunos casos, directamente de la Divinidad).

La doctrina de la Qabalah consta de cuatro partes únicas:

I. Qabalah Práctica-Magia Talismán y Ceremonial
II. Qabalah Literal-El estudio de la Gematría, el Notarikon y la Temurah
III. Qabalah No Escrita-La Qabalah que sólo se imparte oralmente

IV. Qabalah Dogmática-La parte doctrinal de la Qabalah; los tres libros esenciales del misticismo Judío: *El Sepher Yetzirah, El Zohar* y *El Aesch Mezareph*

El sistema Qabalístico se basa en la energía de los números y las letras. *El Sepher Yetzirah,* conocido como "El Libro de la Formación", se atribuye al patriarca Abraham. Presenta los diez números y las veintidós letras del alfabeto Hebreo. Estos treinta y dos símbolos se conocen como los Treinta y Dos Caminos de la Sabiduría.

El Zohar, o "Esplendor", es el más citado de los libros Qabalísticos. Esencialmente, es un grupo de publicaciones, que incluye discursos sobre los aspectos místicos de *La Torá* y las interpretaciones de las escrituras, el misticismo, la cosmología y la psicología mística.

El Aesch Mezareph, o "Fuego Purificador", es el fuego Hermético y Alquímico. También contiene conocimientos místicos relativos a los diferentes aspectos del Árbol de la Vida aplicados a la Alquimia Espiritual.

El propósito último de la Qabalah es responder a las preguntas primarias, fundamentales y existenciales que tenemos como seres humanos respecto a la Creación. Estas preguntas se refieren a Dios-la Fuente, su naturaleza y atributos, nuestro Sistema Solar, la creación y el destino de los Ángeles y los humanos, la naturaleza del Alma humana, los Cinco Elementos, las Leyes Universales, el simbolismo trascendental de la numerología, así como las verdades ocultas contenidas con las veintidós letras Hebreas.

Según la Qabalah, todos los aspectos de la Creación tienen su origen en Ain Soph Aur. Las diez emanaciones de Dios-la Fuente (diez Sephiroth) revelan los múltiples aspectos de la naturaleza de lo Divino. Sin embargo, el sistema es monoteísta, con el Dios Único andrógino, del que emana toda la Creación. Las diez Esferas se presentan en tres columnas (o Pilares), conectadas por veintidós caminos atribuidos a los veintidós Arcanos Mayores del Tarot. Como puedes ver, veintidós es el número de las letras Hebreas y de los Arcanos Mayores del Tarot, lo que significa que hay una correspondencia entre ellos.

Enseguida se hará evidente que el Árbol de la Vida es un hermoso sistema de matemáticas, simetría y equilibrio. Los Sephiroth expresan los atributos Divinos, que se presentan en un patrón Arquetípico, sirviendo como modelo para todo dentro de la Creación. Hay diez Sephiroth porque el diez es un número perfecto, que contiene cada dígito sin repetición, al tiempo que incluye la esencia total de cada dígito.

QÁBALAH Y MAGIA

El propósito de la Magia Ceremonial es la Evolución Espiritual. El Árbol de la Vida Qabalístico ofrece la "hoja de ruta" hacia esta meta, mientras que la Magia proporciona los medios. Como tal, la Magia Ceremonial y la Qabalah están inextricablemente entrelazadas. A medida que los individuos evolucionan Espiritualmente, su fuerza de voluntad se intensifica con el tiempo, ya que la capacidad de afectar al cambio en el mundo real es una parte integral de la evolución Espiritual. Tanto la Magia Ceremonial como la Qabalah enseñan al individuo cómo conformar la realidad a la voluntad y manifestar sus deseos.

"La magia es el arte y la ciencia de hacer que el cambio se produzca en conformidad con la voluntad". - Aleister Crowley; extracto de "Magia en Teoria y Practica"

La Qabalah tiene un vínculo Espiritual con el Gnosticismo, ya que la Gnosis es la comunicación directa con lo Divino a través de la invocación o evocación de la energía y la comunión con ella. Se entiende que casi las tres cuartas partes de la Qabalah deben ser aprendidas dentro de uno mismo, a través de la experiencia, en lugar del estudio de la literatura. Este hecho enfatiza el valor de la Magia Ceremonial y la invocación (y evocación) de las energías Universales como la mejor manera de recibir la Gnosis. El uso de la Magia Ceremonial y la memorización de las correspondencias del Árbol de la Vida proporcionará el mejor método de estudio de la Qabalah. También permitirá al practicante comprender la relación entre los Chakras y los Elementos, como es uno de los propósitos previstos de *The Magus*.

Cada hombre y mujer también tiene su propio Árbol de la Vida, ya que la Divinidad nos hizo a su imagen. Por lo tanto, tu nivel de Evolución Espiritual puede ser mapeado en alguna parte de tu Árbol. Las diferentes energías de los Sephiroth resuenan con fuerzas activas dentro de tu psique. Puedes trabajar con tu Árbol de la Vida utilizando ejercicios rituales de Magia Ceremonial para ayudarte a evolucionar Espiritualmente.

Trabajando con las diferentes energías del Árbol de la Vida, puedes reestructurar tu mente de forma organizada para que puedas acceder fácilmente a las fuerzas de cada Sephira. Así, puedes alcanzar un grado increíblemente alto de autocontrol estudiando y practicando la Qabalah.

La Qabalah es una forma de psicología activa, especialmente cuando se explora con la ayuda de la Magia Ceremonial. Al invocar las energías del Árbol de la Vida, podrás trazar un mapa de todos los aspectos de tu Ser interior y obtener nuevos grados de control sobre los diferentes componentes que lo conforman. Se incluyen la fuerza de voluntad, la imaginación, la razón, las emociones, los deseos, los recuerdos, los pensamientos, la intuición y el poder interior en general.

Al memorizar el Árbol de la Vida y sus correspondencias, tendrás fácil acceso a los Arquetipos fundamentales, que son los elementos estructurales primordiales de la psique humana. Los arquetipos son universales, lo que significa que todos los humanos participan de ellos. Nos dan la base mental sobre la que construir nuestras realidades. Y a medida que trabajes con las energías invocadas a través de los ejercicios de Magia Ceremonial, podrás conectar con estos Arquetipos, aprender de ellos y utilizarlos proactivamente en tu propia vida.

A través del estudio práctico del Árbol de la Vida, el progreso Espiritual y el propio camino Espiritual se vuelven mucho más suaves y comprensibles. Sin este conocimiento y experiencia, el camino puede ser poco claro. El sistema Qabalístico ofrece la base mental mientras que la Magia Ceremonial proporciona la energía para trabajar con ella activamente. Juntos, tienen las herramientas necesarias que pueden desbloquear el potencial oculto dentro de ti para que puedas ser un Co-Creador en esta realidad y manifestar tus deseos más íntimos. El objetivo es convertirse en una causa en lugar de un efecto mediante la aplicación consciente de las Leyes Universales.

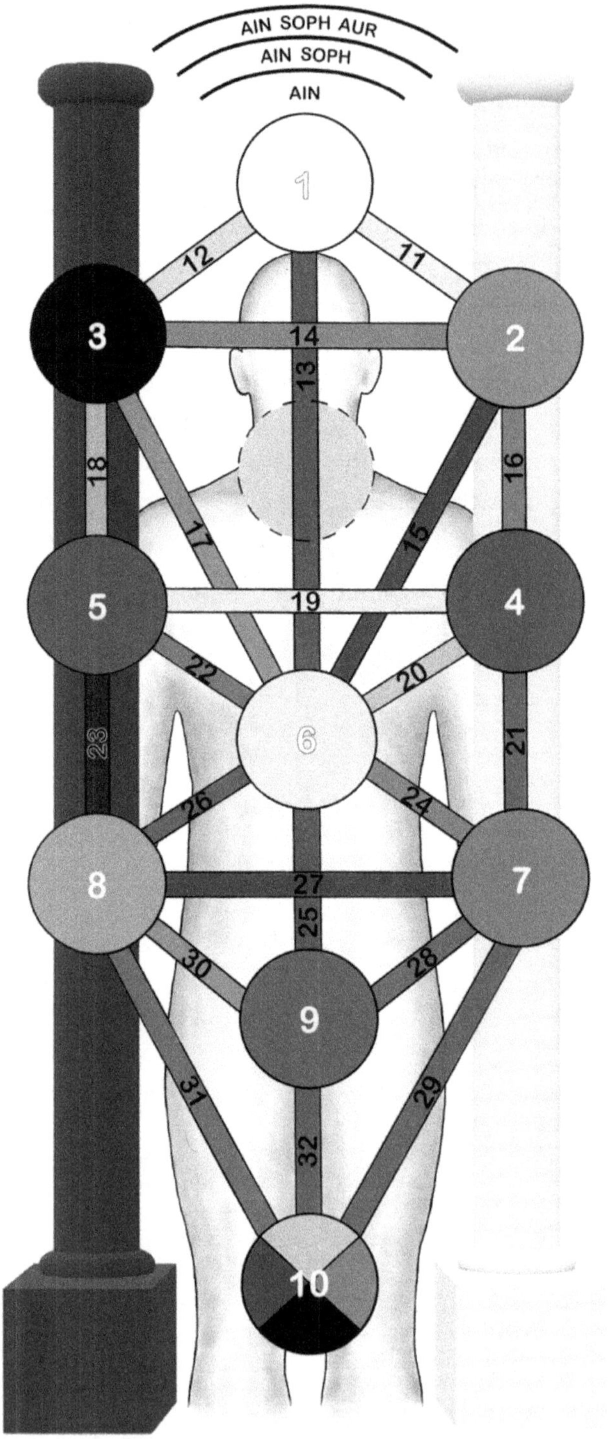

Figura 3: El Árbol de la Vida Qabalístico

TABLA 2: Los Diez Sefirots y sus Correspondencias

Sephira #	Nombres en Hebreo e Inglés	Inteligencia (Sepher Yetzirah)	Experiencia Espiritual	Símbolos	Color (Briah)	Cuerpo/Ser	Calidad Planeta y Elemento
1	Kether, Corona	Admirable/ Oculto	Unión con Dios	Corona, Punta, Cruz de Fylfot	Blanco	Ser real, Unidad, Espiritualidad, Verdad	No Planeta, Espíritu
2	Chokmah, Sabiduría	Iluminando	Visión de Dios Cara a Cara	Línea Recta, Yod, Falo	Gris	Voluntad Espiritual, Propósito, Inteligencia	No Planeta, Espíritu
3	Binah, Comprensión	Santificando	Visión del Dolor	Copa-Cáliz, Vientre, Triángulo, Heh	Negro	Intuición, Conciencia, Clarividencia, Fe	Saturno, Espíritu
4	Chesed, Misericordia	Cohesivo/ Receptáculo	Visión del Amor	Gancho, Cetro, , Cuadrado Pirámide, Orbe, Cruz de Brazos	Azul	Amor Incondicional, Conciencia, Memoria	Júpiter, Agua
5	Geburah, Gravedad	Radical	Visión del Poder	Espada, Lanza, Azote, Pentágono	Escarlata (Rojo)	Fuerza de Voluntad, Fortaleza, Empuje	Marte, Fuego
6	Tiphareth, Belleza	Mediando	Visión de la Belleza/ Armonía	Rosa y Cruz del Calvario, Pirámide Truncada, Cubo, Vav	Amarillo Dorado	El Yo Personal, Centro-Yo, Vitalidad, Curación	Sol, Aire
7	Netzach, Victoria	Oculto	Visión del Triunfo de la Belleza	Rosa, Faja, Lámpara	Verde Esmeralda	Emociones, Deseo, Amor Romántico	Venus, Fuego
8	Hod, Esplendor	Absoluto/ Perfecto	Visión del Esplendor	Nombres del Poder, Delantal Masónico	Naranja	Lógica y Razón, Intelecto	Mercurio, Agua
9	Yesod, Fundación	Puro/Claro	Visión de la Maquinaria del Universo	Perfume, Sandalias	Violeta	Pensamientos, Subconsciente, Ilusiones, Sexualidad, Kundalini	Luna, Aire
10	Malkuth, Reino	Resplandor	Visión del Santo Ángel de la Guarda	Altar, Mys. Círculo, Triángulo del Arte, Heh-Final	Citrino, Oliva, Rojizo, Negro	Cuerpo Físico, Instinto de Supervivencia, Conexión a Tierra	Tierra-Planeta y Elemento
Oculto	Daath, Conocimiento	-	Dominio Sobre la Oscuridad	Prisma, Habitación Vacía	Lavanda	Comunicación, Transformación	No Planeta, Espíritu

TABLA 3: Los Veintidós Caminos del Tarot y sus Correspondencias

Camino #	Carta del Tarot	Título del Tarot	Letra Hebrea y Nombre en Inglés	Regla y Color (Atziluth)	Inteligencia (Sepher Yetzirah)	Cuerpo/Organos
11	El Loco	Espíritu del Aethyr	Aleph, Buey	Aire, Pálido Brillante	Centelleante	Sistema Respiratorio
12	El Mago	Mago del Poder	Beth, Casa	Mercurio, Amarillo	Transparente	Sistema Nervioso Cerebral
13	La Gran Sacerdotisa	Sacerdotisa de la Estrella de Plata	Gimel, Camel	Luna, Azul	Uniendo	Sistema Linfático, Fluidos Corporales
14	La Emperatriz	Hija de los Poderosos	Daleth, Puerta	Venus, Verde Esmeralda	Iluminando	Órganos Táctiles, Órganos Sexuales Internos
15	El Emperador	Hijo de la Mañana	Heh, Ventana	Aries, Escarlata	Constituyendo	Cabeza-Cara, Cerebro, Ojos
16	El Hierofante	Mago de los Dioses Eternos	Vau, Clavo Gancho	Tauro, Rojo-Naranja	Triunfo	Garganta, Cuello, Tiroides, Voces
17	Los Enamorados	Hijos de la Voz Divina	Zayin, Espada	Géminis, Naranja	Eliminación	Brazos, Pulmones, Hombros, Manos
18	El Carro	Hijo de los Poderes de las Aguas	Cheth, Valla	Cáncer, Ámbar	Influyendo	Pecho, Senos, Estómago
19	Fuerza	Hija de la Espada Flamígera	Teth, Serpiente	Leo, Amarillo Verdoso	Actividades Espirituales	Corazón, Tórax, Columna Vertebral, Espalda Superior
20	El Ermitaño	Mago de la Voz de la Luz	Yod, Mano	Virgo, Verde Amarillento	Willful	Sistema Digestivo, Bazo, Intestinos
21	La Rueda de la Fortuna	Señor de las Fuerzas de la Vida	Kaph, Palma/Puño	Júpiter, Violeta	Conciliador	Hígado, Suprarrenales, Nervios Ciáticos, Pies
22	Justicia	Hija de los Señores de la Verdad	Lamed, Buey Goad	Libra, Esmeralda	Fiel	Riñones, Piel, Nalgas, Lumbares
23	El Colgado	Espíritu de las Aguas Poderosas	Mem, Agua	Agua, Azul Profundo	Estable	Órganos de la Nutrición
24	Muerte	Hijo del Gran Transformador	Monja, Pez	Escorpio, Verde Azul	Imaginativo	Órganos Sexuales Externos, Sistema Reproductivo
25	Temperancia	Hija de los Reconciliadores	Samekh, Hélice	Sagitario, Azul	Tentativa	Caderas, Muslos, Hígado
26	El Diablo	Señor de las Puertas de la Materia	Ayin, Ojo	Capricornio Índigo	Renovación	Rodillas, Articulaciones, Sistema Óseo
27	La Torre	Señor de los Ejércitos de los Poderosos	Peh, Boca	Marte, Escarlata	Activo o Emocionante	Sistema Musc., Nariz, Testículos, Nervios
28	La Estrella	Hija del Firmamento	Tzaddi, Pescado	Acuario, Violeta	Natural	Tobillos, Sistema Circulatorio
29	La Luna	Hijo de los Hijos del Poderoso	Qoph, Parte Posterior de la Cabeza	Piscis, Carmesí	Corporeal	Pies, Dedos de los Pies, Adiposidad, Sistema Linfático
30	El Sol	Señor del Fuego del Mundo	Resh, Jefe	Sol, Naranja	Colectivo	Corazón, Ojos, Vitalidad, Circulatorio
31	Sentencia	Espíritu del Fuego Primitivo	Espinilla, Diente	Fuego, Naranja-Escarlata	Perpetua	Órganos de la Inteligencia
32	El Mundo	Grande de la Noche de los Tiempos	Tav, Tav-Cross	Saturno, Índigo	Administrativo	Piel, Cabello, Dientes, Huesos, Articulaciones, Bazo

LA QABALAH Y LOS ELEMENTOS

Los Cuatro Elementos son una parte intrincada de la Qabalah, y sus energías están contenidas en el Árbol de la Vida. Desglosaré los diferentes niveles de manifestación de los Elementos en relación con sus funciones dentro del Árbol de la Vida. Esto ayudará a entender el sistema general de la Qabalah y el proceso de manifestación de la energía Divina. Aunque la mayoría de estos conceptos Qabalísticos los escucharás por primera vez, no entraré en sus descripciones ahora sino más adelante, ya que los estoy discutiendo individualmente. Utiliza esta información como una referencia y una introducción a los Elementos dentro de la Qabalah.

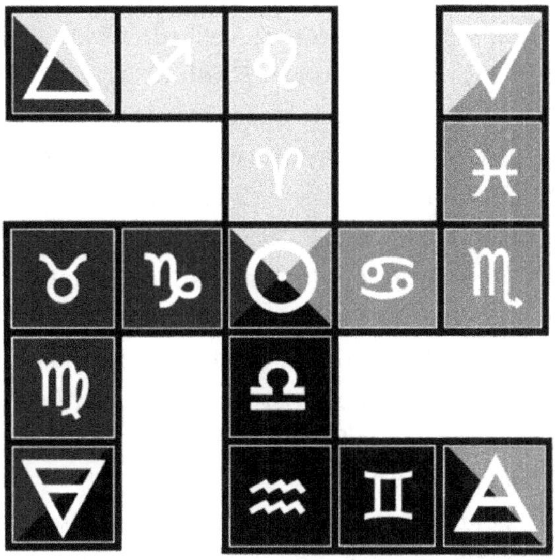

Figura 4: La Cruz de Fylfot

Los Elementos Primordiales se encuentran en Kether. Teniendo en cuenta que Kether es el potencial de todas las cosas existentes, los Elementos en este nivel son indiferenciados y se encuentran en un estado de potencial puro. Como la Cruz de Fylfot (Figura 4) representa la energía de Kether, explica cómo funcionan los Elementos en este nivel. Tiene cuatro brazos de igual longitud, cada uno de ellos atribuido a uno de los Elementos de Tierra, Aire, Agua y Fuego. Dentro de los Cuatro Elementos se encuentran los Doce Zodiacos en triplicidades, ya que cada signo del Zodiaco pertenece a uno de los Cuatro Elementos.

Cada brazo de la Cruz de Fylfot se continúa en ángulo recto, símbolo del movimiento alrededor de un centro. En el centro está la Estrella de nuestro Sistema Solar, el Sol. Los cuatro brazos giran sobre el centro del Sol tan rápido que parecen prácticamente en reposo. De este modo, la energía del Espíritu es invisible a los sentidos, ya que su vibración es de muy alta frecuencia.

La Cruz de Fylfot es también llamada el "Martillo de Thor" o la Esvástica. La esvástica se utilizaba como símbolo de la Divinidad y la Espiritualidad en las religiones Indias mucho antes de que los Alemanes Nazis la adoptaran como parte de su movimiento.

Los Elementos Primordiales son el Tetragrammaton -las letras Hebreas YHVH (Dios Hebreo Jehová) aplicadas a los Cuatro Mundos de la Qabalah. Primal, en esencia, significa Primario. Dentro de los Elementos Primarios, la letra Yod se atribuye al Fuego, Heh al Agua, Vav al Aire y Heh-final a la Tierra. Cada uno de los Cuatro Mundos tiene un Árbol de la Vida, y éstos se llaman Atziluth, Briah, Yetzirah y Assiah.

Atziluth se atribuye al Elemento Fuego, Briah al Agua, Yetzirah al Aire y Assiah a la Tierra. Hablaré de los Cuatro Mundos de la Qabalah con más detalle en un capítulo posterior de este libro. Lo único que hay que entender en este momento es que cuando hablo de los Elementos Primordiales, me refiero a los Cuatro Mundos.

Los Elementos específicos son el Tetragrammaton o YHVH aplicado a Chokmah, Binah, Tiphareth y Malkuth en cualquiera de los Cuatro Mundos. Por ejemplo, Chokmah se atribuye al Elemento Fuego, Binah al Agua, Tiphareth al Aire y Malkuth a la Tierra. Por lo tanto, en el Mundo de Atziluth, tenemos el Fuego (Específico) del Fuego Primordial, el Agua (Específica) del Fuego Primordial, el Aire (Específico) del Fuego Primordial, y la Tierra (Específica) del Fuego Primordial. Y lo mismo ocurre con los otros tres Elementos Primarios.

Los Elementos Transicionales son el Yod, el Heh y el Vav, o el Fuego, el Agua y el Aire, aplicados a los caminos del Árbol de la Vida. Los Elementos de Transición están siempre en tránsito entre los Sephiroth. Ayudan a comprender las cartas del Tarot de forma diferente, ya que los veintidós Arcanos Mayores del Tarot se atribuyen a los veintidós caminos del Árbol de la Vida.

Los Elementos Astrales son el Tetragrammaton de YHVH aplicado a los cuatro Sephiroth inferiores de Netzach, Hod, Yesod y Malkuth, que comprenden el Plano Astral.

Los Elementos Base se encuentran en Malkuth, que es la manifestación final de los Elementos en su forma más densa, que componen el Mundo de la Materia.

Los Elementos Sefiróticos se refieren a la cualidad Elemental general de cada uno de los diez Sefirots del Árbol de la Vida. Al hablar de cada uno de los Sephiroth, me referiré a su cualidad Elemental general y a cualquier otra atribución Elemental que tengan.

Hay que tener en cuenta que el quinto Elemento, el Espíritu, no forma parte de la Qabalah de manera que pueda desglosarse y separarse del conjunto. El Espíritu es (en cierto sentido) el pegamento que mantiene unido todo el sistema. También es la esencia primordial, la Primera Sustancia y la Fuente de toda manifestación. Dentro del Espíritu se encuentran los Cuatro Elementos en su estado potencial. A la inversa, dentro de los Elementos Primordiales se encuentra el Espíritu como la sustancia de la que emanan. Cuando algo emana de otra cosa, lleva el potencial de la misma cosa de la que se originó - esto significa que el Espíritu es una parte de todo lo que existe. El objetivo del Alquimista es sacar el Espíritu de todos los aspectos de su manifestación a través de la Transmutación. La transmutación es la acción de cambiar o el estado de ser cambiado de una forma a otra.

LOS TRES PILARES DEL ÁRBOL DE LA VIDA

Los Diez Sephiroth del Árbol de la Vida están divididos en tres pilares. A la derecha está el Pilar de la Misericordia, mientras que a la izquierda está el Pilar de la Severidad. En el centro está el Pilar del Equilibrio (o de la Suavidad). Juntos, estos tres pilares simbolizan el juego de la dualidad en toda la Creación y la fuerza de equilibrio que los une.

El Pilar de la Misericordia de la derecha se describe como masculino, activo y positivo. Es el Pilar de la Fuerza, y el color blanco, que representa la Luz. Contiene los Sephiroth de Chokmah, Chesed y Netzach. El Pilar de la Severidad, a la izquierda, se describe como femenino, pasivo y negativo. Es el Pilar de la Forma, y el color negro, que representa la oscuridad. Contiene los Sephiroth de Binah, Geburah y Hod. Juntos, el Pilar de la Misericordia y el Pilar de la Severidad representan la dualidad en todos sus aspectos: el *Yin* y el *Yang*.

El Pilar de la Balanza, también llamado Middle Pillar, representa el equilibrio, al tiempo que aporta equilibrio a las otras dos columnas. Aporta la unidad a las numerosas fuerzas dualistas que se enfrentan en la vida. Es de color gris y se relaciona con el ejercicio del Middle Pillar, cuyo propósito es traer la Luz de Kether para equilibrar la mente, el cuerpo y el Alma. El Pilar del Equilibrio (Pilar Medio) contiene los Sephiroth de Kether, Tiphareth, Yesod y Malkuth.

Los Sephiroth también son portadores de las cualidades de los tres Elementos Fuego, Agua y Aire. El Pilar de la Fuerza es de la cualidad del Elemento Fuego, la esencia de la Sabiduría y el Conocimiento. Por el contrario, el Pilar de la Forma es del Elemento Agua, la esencia del Amor. Finalmente, el Middle Pillar es de la cualidad del Elemento Aire, ya que sirve para equilibrar los Elementos Fuego y Agua. La naturaleza energética del Elemento Aire es la Verdad.

En la tradición de la Aurora Dorada, el Pilar de la Forma se llama Boaz, mientras que el Pilar de la Fuerza se llama Jachin. El Pilar de la Forma representa la Materia y la oscuridad, mientras que el Pilar de la Fuerza representa el Espíritu y la Luz. El Middle Pillar representa la conciencia mística que equilibra los dos.

En el sistema Kundalini, el Pilar de la Misericordia representa el Pingala Nadi masculino del Elemento Fuego. Por el contrario, el Pilar de la Severidad representa el Ida Nadi femenino del Elemento Agua. La columna central, Sushumna, es el Middle Pillar que los reconcilia, correspondiendo con el Elemento Aire. A medida que la Kundalini sube por la columna vertebral humana, su naturaleza de tubo hueco lleva la energía hacia arriba, terminando dentro del cerebro. Sushumna es el canal que expande y regula la conciencia.

Los Sephiroth están perfectamente equilibrados en los tres pilares. Los Sephiroth opuestos en el Pilar de la Severidad y el Pilar de la Misericordia están destinados a equilibrarse mutuamente, mientras que el Middle Pillar se autoequilibra. Mientras que los tres pilares representan las cualidades de los Elementos Fuego, Agua y Aire, los Elementos se intercambian a medida que se desciende en el Árbol de la Vida. Cada Sephira contiene en sí mismo todos los Sephiroth que están por encima de él cuando se mira hacia arriba en el Árbol de la Vida. Una vez reflejado a través del Middle Pillar, un Elemento que se encuentra en un Sephira estará incluido en el Sephira que le sigue, aunque en una forma inferior de ese mismo Elemento. De este modo, el Pilar de la Severidad y de la Misericordia tendrá los Elementos Fuego y Agua intercambiados en su interior.

Sin embargo, el Middle Pillar funciona de manera un poco diferente, ya que se mantiene fiel al Elemento Aire en su mayor parte. Los dos Sephiroth manifestados de Tiphareth y Yesod son ambos de la calidad del Elemento Aire, recibiendo cada uno una influencia de los Elementos Fuego o Agua. Tiphareth recibe la energía del Elemento Fuego y se relaciona con el Alma, mientras que Yesod recibe la energía del Elemento Agua y se relaciona con el Ego.

El Middle Pillar es una representación perfecta del *Cielo* y la Tierra. En su punto más bajo está Malkuth, la Tierra, mientras que en su punto más alto está Kether, la energía pura e indiferenciada del Espíritu. En su interior se encuentra el Elemento Aire, con la influencia de los Elementos Fuego y Agua. Del mismo modo, tenemos nuestra propia Tierra y la atmósfera que la envuelve, que contiene el aire necesario para que podamos respirar y vivir, seguida del Cielo. Exploraré algunas de estas ideas con más detalle a medida que describa cada Sephira. Desde la Divinidad (Ain Soph Aur) hasta el mundo manifestado se encuentran los diez Sephiroth.

AIN SOPH AUR (LUZ SIN LÍMITES)

El Universo es la suma total de todas las cosas existentes y de los seres vivos que contiene. Se concibe como si tuviera su origen primigenio en el Espacio infinito. Este Espacio ilimitado es el Ain, que se traduce como "Nada". "

"Antes de haber creado cualquier forma en el mundo, antes de haber producido cualquier Forma, Él estaba solo, sin Forma, sin parecerse a nada. ¿Quién podría comprenderlo como era entonces, antes de la Creación, ya que no tenía Forma?"
- "El Zohar"

El Ain no es un Ser; es simplemente una "No-cosa". "No podemos comprenderlo ni conocerlo. En lo que respecta a nuestra limitada conciencia humana, no existe. La idea aquí es que la mente humana tiene un alcance limitado para comprender el Ain. Por lo tanto, no debemos ni siquiera intentar tal esfuerzo. Es indecible, incognoscible e impensable. El número cero está asignado al Ain. Es el *Velo* más alto en el proceso de la Creación.

Para tomar conciencia de sí mismo y hacerse comprensible a sí mismo, el Ain se convierte en Ain Soph, que significa "sin límite" o "Infinito". "Como no hay nada, entonces no hay fronteras ni limitaciones. Es el fundamento ilimitado, lo Eterno en su más pura esencia. El Ain Soph es el segundo Velo después del Ain.

Además, el Ain Soph se manifiesta como Ain Soph Aur, que significa "Luz Ilimitada o Eterna". "El Ain Soph Aur procede del Ain Soph como una necesidad. Es el más bajo de los Tres Velos situado más cerca del Árbol de la Vida. La luz juega un papel vital en la Qabalah, y Ain Soph Aur es su Fuente.

Según la Teoría de la Relatividad de Albert Einstein, si viajaras a la velocidad de la Luz, ocurrirían algunas cosas fascinantes en el Espacio/Tiempo: estarías en todos los lugares y tiempos a la vez. En otras palabras, te convertirías en Eterno y experimentarías lo que la Luz experimenta desde su perspectiva. Serías capaz de viajar vastas distancias en una fracción de segundo e incluso moverte hacia atrás y hacia delante en el tiempo.

Para manifestar la Creación, el Ain Soph Aur se contrae en un punto central sin dimensión a través de un proceso que *El Zohar* llama Tzim Tzum. De este modo, se forma el primer Sephira del Árbol de la Vida: Kether, la Corona. Después de Kether, los otros nueve Sephiroth se forman en secuencia, a medida que la Luz se filtra hacia abajo, hasta que se crea el Universo físico.

Ain Soph Aur también se conoce en la Qabalah como los Tres Velos de la Existencia Negativa. Esto se debe a que todo lo que está por encima de Kether (el Sephira más alto en el Árbol de la Vida) está en los límites exteriores de la existencia, como el impulso inicial de la Creación, y no ha sido creado todavía.

KETHER (LA CORONA)

Kether se corresponde con Sahasrara, el Chakra de la "Corona". Situado en el vértice del Pilar de la Balanza, Kether es la cabeza del Sephiroth en el Árbol de la Vida. Su Elemento es el Espíritu/Aethyr, y es el primer punto de *La No-Dualidad.* Como tal, Kether es también la puerta de entrada al Más Allá y a los Chakras Transpersonales por encima de la Corona. Obsérvese que los Chakras por encima de la Corona, dentro de los Planos Divinos, seguirían siendo parte de Kether y no dentro de los Tres Velos de la Existencia Negativa, ya que nada puede existir dentro de Ain Soph Aur. Los Elementos Primordiales se encuentran en Kether como los Cuatro Elementos en su estado de potencial no manifestado. El nombre Divino Hebreo de Kether es Eheieh, mientras que el *Arcángel* es Metatrón. En el sistema de Magia de la Aurora Dorada, Kether pertenece al Grado Ipsissimus (10=1) de la Tercera Orden.

"El Primer Sendero es llamado el Admirable o la Inteligencia Oculta (la Corona Superior), pues es la Luz que da el poder de comprensión de ese primer Principio que no tiene principio; y es la Gloria Primordial, pues ningún Ser creado puede alcanzar su esencia." - "El Sepher Yetzirah" (sobre Kether)

El término "Inteligencia Oculta" implica que Kether es inmanifestado, que no tiene punto de partida y que nadie puede alcanzar su esencia mientras vive en el cuerpo físico. Kether sólo puede experimentarse a través de los dos siguientes Sephira de Chokmah y Binah (Sabiduría y Entendimiento), a través de la intuición. La conciencia de uno debe ser pura para experimentar un vislumbre de la "Gloria Primordial" de Kether, ya que la dualidad de pensamientos debe ser trascendida. Kether es la causa primera que está detrás de todas las causas, a la que *El Zohar* se refiere como el *Macroprosopo*, el "Rostro Inmenso" o Arik Anpin. Es Dios en el Cielo, por encima de la dualidad, como el Gran Arquitecto del Universo.

Kether es la Fuente indivisa y la Verdad Absoluta de todo lo que es. Es la esencia de toda la Creación. Todo emana de Kether, y a él vuelve todo. Esencialmente, Kether es el canal de la Gran Luz Blanca, y como tal, el color de Kether es un brillo blanco.

El número de Kether es el uno, ya que contiene en sí mismo los nueve dígitos de la escala decimal que quedan.

La emanación inicial del Árbol de la Vida es Kether, que es el estado de conciencia en el que la Creación se une con los Tres Velos de la Existencia Negativa. Kether es la *Mónada,* la singularidad y la concepción más elevada de la Divinidad. A medida que la esencia vital Divina desciende por el Árbol de la Vida, no hace más que sufrir un proceso de transformación de una forma de energía, o estado de conciencia, a otra.

Dentro de la tradición mística, la androginia (hombre y mujer unidos en una sola forma) simboliza Kether, que representa un estado de trascendencia y unión con lo Divino. Kether es comparable a las nociones Orientales de *Satori* y Nirvana. La Sabiduría (Chokmah) es masculina, mientras que el Entendimiento (Binah) es femenino. Juntos, se sitúan inmediatamente por debajo de Kether en el Árbol de la Vida. Sin embargo, Kether trasciende la dualidad de ambos como chispa inicial de la Divinidad.

Un despertar completo de la Kundalini que eleva la energía y atraviesa el Chakra Coronario, Sahasrara, es esencialmente un despertar al Sephira Kether. Esto significa que todos los Sephiroth por debajo de Kether se abren como estados de conciencia alcanzables. Un despertar completo y permanente de la Kundalini es esencialmente una activación y vigorización de todo el Árbol de la Vida dentro del individuo, un concepto al que me referiré a menudo.

Kether no tiene correspondencia Planetaria, como la mayoría de los demás Sephiroth. Sus símbolos son una corona, un punto y la Cruz de Fylfot. Las correspondencias de Deidad de Kether de los panteones Espirituales y religiosos incluyen a Nudjer, Ptah, Aither, Aether, Dagda, Ymir, Brahman, Damballah, Ayida Wedo y Olodumare.

CHOKMAH (SABIDURÍA)

Chokmah es el segundo Sephira del Árbol de la Vida, situado en la parte superior del Pilar de la Misericordia. Funciona a través del Chakra del Ojo de la Mente, y su Elemento es el Espíritu/Aethyr. La "Sabiduría" es necesaria para alcanzar el Sahasrara, el Chakra de la Corona, junto con su opuesto, el Entendimiento. El nombre Divino Hebreo de Chokmah es Yah, mientras que el Arcángel es Raziel. En el sistema de Magia de la Aurora Dorada, Chokmah se corresponde con el Grado de Magus (9=2) de la Tercera Orden.

"El Segundo Sendero es el de la Inteligencia Iluminadora; es la Corona de la Creación, el Esplendor de la Unidad, igualándola, y es exaltado por encima de toda cabeza, y llamado por los Qabalistas la Segunda Gloria." - "El Sepher Yetzirah" (sobre Chokmah)

Como Chokmah (Sabiduría) no puede ser conocida en ausencia de su opuesto, Binah (Entendimiento), pertenece al ámbito dualista. Chokmah es el componente masculino del Ser. Es la energía del Padre, la Fuerza, la Verdadera Voluntad, el Santo Ángel de la Guarda y el primer aspecto comprensible del Ser más allá de Kether.

Chokmah no es lo mismo que la Luz Blanca de Kether. En cambio, es la "Sabiduría" que puede percibirla: la "Inteligencia Iluminadora". Chokmah es la fuente de la inteligencia en los seres humanos, ya que es la Fuente del Conocimiento. Es el componente del Ser que nos lleva al pasaje de la Luz de Sahasrara, el portal hacia otros reinos superiores.

El color de Chokmah es gris. El brillo blanco de Kether se mezcla con su opuesto, el negro, para crear la Esfera gris de Chokmah. Chokmah es la Esfera más elevada que puede comprender la belleza de Sahasrara, ya que está más cerca de ella. Es una herramienta que utilizas (al igual que su opuesto, Binah) para impulsarte hacia el mundo de la No-dualidad de Kether (Sahasrara). Dentro de Chokmah se encuentra el Santo Ángel de la Guarda, la expresión de tu Yo-Dios. Sólo se puede acceder a tu Santo Ángel de la Guarda a través del completo silencio de la mente y el apagado de los sentidos.

El aspecto masculino inicial de la Creación es el Elemento Fuego (Específico), que se expresa en Chokmah, en contraposición a la androginia de Kether. Es el Padre Supernal y el polo positivo Arquetípico de la existencia. La energía de Chokmah es dinámica y dadora, ya que es la gran causa de estimulación dentro del Universo. Es la acción y el movimiento, el elemento vital energizante de toda la Creación.

El número de Chokmah es el dos, y este número se formó a través de Kether, el número uno, reflejándose a sí mismo. Del uno surgieron el dos y el tres: Chokmah y Binah, los Elementos Fuego (Específico) y Agua (Específico) manifestados a través del Espíritu.

El Zodiaco es la representación física de Chokmah ya que las Estrellas son una manifestación de la Luz Blanca no manifestada de Kether, que subyace a todas las cosas del Universo. Las Estrellas canalizan el Fuego (Específico) del Elemento Fuego Primordial que, en esencia, son las Almas de todos los seres vivos del Universo. Los símbolos de Chokmah son el falo, la línea y la letra Hebrea Yod (como parte de YHVH). Las Deidades que se corresponden con Chokmah son Thoth, Urano, Caelus, Lugh, Odín, Vishnu, Nan Nan Bouclou y Olofi.

BINAH (COMPRENSIÓN)

Binah es el tercer Sephira del Árbol de la Vida, situado en la cima del Pilar de la Severidad. Al igual que su homólogo, Chokmah, Binah funciona a través del Chakra del Ojo de la Mente, y su Elemento es el Espíritu/Aethyr. Se necesita "Entendimiento" para atravesar el camino hacia Sahasrara y entrar en el reino de la No-Dualidad. El nombre Divino Hebreo de Binah es YHVH Elohim, mientras que el Arcángel es Tzaphqiel. En el sistema de Magia de la Aurora Dorada, Binah pertenece al Grado Magister Templi (8=3) de la Tercera Orden.

"El Tercer Sendero es la Inteligencia Santificadora: es el fundamento de la Sabiduría Primordial, que se llama el Creador de la Fe, y sus raíces son AMN (Amén); y es el padre de la Fe, del cual emana la Fe." - "El Sepher Yetzirah" (sobre Binah)

La afirmación anterior habla de la conexión de Binah con el concepto de Fe, que se construye sobre el Entendimiento-entendemos que existe una realidad Espiritual aunque no tengamos ninguna prueba tangible de ello. Como es la "Inteligencia Santificadora", implica que es Santa y libre de maldad. Es pura ya que su fundamento es la Luz de la Sabiduría (Chokmah).

Binah es la Gran Madre y el aspecto femenino del Ser, el Elemento Agua (Específico) de la conciencia. Mientras que Chokmah es activo, Binah es pasivo. Es el polo negativo de la existencia y la matriz de toda la Creación que da vida. Después de la Sabiduría, el Entendimiento es el segundo aspecto comprensible del Ser. En asociación con Chokmah, Binah sirve para cultivar la Comprensión de nuestra verdadera esencia y nos impulsa hacia Kether (Sahasrara).

En cuanto a la personalidad en el Árbol de la Vida, Binah da lugar a nuestras facultades intuitivas. Recibe su impulso de Chokmah, el Santo Ángel de la Guarda, que se comunica con nosotros cuando nuestra mente está en silencio. El elemento de Binah es el Espíritu/Aethyr, y su color es el negro. Como es negra, al igual que Malkuth (la Tierra), existe una correlación entre ambas. Binah es el originador del plano Holográfico, Astral, de todas las formas de la existencia. Es el "Mar de Conciencia" que contiene toda la Materia del Universo.

La Fuerza y la Forma son dos cualidades masculinas y femeninas que se repiten en el Árbol de la Vida, empezando por Chokmah y Binah. Juntos, son los dos bloques de construcción iniciales de la Creación: el protón y el electrón. También representan los Sephiroth más altos de los dos pilares opuestos, el Pilar de la Fuerza y el Pilar de la Forma, componentes masculino y femenino de la Creación. Binah, siendo el Entendimiento, hace surgir la noción de la captación de las ideas que son intrínsecas a Chokmah (Sabiduría) que es el conocimiento completo e infinito. Sólo en Sahasrara, con la Sabiduría y el Entendimiento, podemos experimentar la No-Dualidad y estar inmersos en los Planos o Reinos Divinos interiores. Sin embargo, necesitamos un medio para comprender tales experiencias, y Chokmah y Binah sirven como ese medio.

Los tres Sephiroth iniciales del Árbol de la Vida pertenecen a lo que se conoce como el Triángulo Supernal -también llamado los "Supernales". "Los Supernales son el aspecto de nosotros que está más allá del nacimiento y la muerte, la parte de nosotros que es Eterna, la parte Espiritual del Ser.

El número de Binah es tres, como el *Espíritu Santo* de la Trinidad Cristiana. El Padre es Kether, el Incognoscible, mientras que el Hijo es Chokmah, su reflejo. El Espíritu Santo es el Mar de la Conciencia de Binah y la sustancia sobre la que el Hijo refleja su energía de Fuego (Específica). Binah se convierte en el "Mar del Amor" una vez que recibe e integra la Luz de la Sabiduría de Chokmah.

Chokmah anima todas las cosas existentes, creando el concepto de Tiempo, mientras que Binah es el Espacio en el que existen todas las cosas. Binah es, por lo tanto, negativa y oscura, al igual que el Espacio exterior del propio Universo. La Trinidad produjo todas las cosas vivas y es su Fuente. En la Alquimia, la Trinidad son los principios de Mercurio, Azufre y Sal.

Como Binah es la Gran Madre, debe criarnos y enseñarnos a convivir con otros seres humanos. Como tal, la correspondencia Planetaria de Binah es Saturno, el Planeta de la restricción, la disciplina, la limitación y el Tiempo. Los símbolos de Binah son el vientre, el triángulo, la copa y la letra Hebrea Heh (como parte de YHVH). Las correspondencias de la Deidad de Binah de otros panteones incluyen a Isis, Hera, Rea, Juno, Danu, Frigga, Mahashakti, Guede y Oya.

Aunque Saturno tiene afinidad con el Elemento Tierra, el Elemento correspondiente a Binah es el Espíritu/Aethyr, pero con la influencia de Saturno, relacionado con la Tierra. También existe una correlación entre Binah y la Esfera de Yesod. Binah es el principio de toda la Forma, mientras que Yesod es el plano Astral final que comprende todos los Sephiroth por encima de ella.

DAATH (CONOCIMIENTO)

Como comienzo del Elemento Espíritu/Aethyr, Daath sirve como punto de separación entre el Espíritu/Aethyr y los Cuatro Elementos inferiores. Daath es el undécimo Sephira oculto del Árbol de la Vida. Se le conoce como el "Gran Abismo", o el Abismo. Divide a los Superiores de toda la Creación manifestada. Los Supernales son el componente del Ser que es Eterno y está más allá del Tiempo y el Espacio, ya que son su propia Fuente. Como tal, Daath es la Esfera del "Conocimiento" ya que podemos trascender nuestros recintos corporales y elevar nuestra conciencia a las alturas Divinas a través del conocimiento. La fuente de todo conocimiento y sabiduría es Chokmah.

Los Superiores existen dentro del Elemento Espíritu, y funcionan a través de los Cuatro Elementos, que son inferiores en la escala de manifestación de lo Divino. El Ego también opera a través de estos Cuatro Elementos inferiores, sin el quinto Elemento del Espíritu. Por lo tanto, Daath separa al Ego del Ser Superior -el cuerpo físico del Alma y del Espíritu. Daath es, por lo tanto, Vishuddhi el Chakra de la Garganta, ya que este Chakra separa el Elemento del Espíritu de arriba de los Cuatro Elementos inferiores de abajo.

Todo lo que está por debajo de la Esfera de Daath pertenece al reino de la existencia física, estando sujeto al ciclo de nacimiento y muerte. Los Superiores por encima de Daath están por encima del ciclo de nacimiento y muerte, ya que no pertenecen al reino de la dualidad. Pero como ellos mismos son duales, Chokmah y Binah son el aspecto del ser humano que es capaz de comprender la No-dualidad.

Daath es responsable de proteger la pureza del Triángulo Supernal de las partes inferiores del Árbol de la Vida. Es un Sephira invisible, lo que significa que no es un componente oficial del Árbol de la Vida. Sin embargo, está incluido en la filosofía Qabalística y desempeña un papel importante.

Daath es también la Esfera a través de la cual se accede al lado negativo del Árbol de la Vida, llamado Árbol de la Muerte. En *El Lado Nocturno del Edén*, de Kenneth Grant, éste describe el Abismo como una puerta que conduce al *Inframundo*, el reino maligno y distorsionado que es la morada de los Qlippoth. El Qlippoth es un término Qabalístico que se equipara a los demonios. Los Qlippoth existen dentro de nosotros pero también fuera de nosotros. Hemos tenido que contraerlos desde el Universo exterior para que nos afecten. Cuando se entra en Daath y se atraviesa el Abismo, hay que atravesar primero el Árbol de la Muerte, empezando en Malkuth y subiendo hacia arriba antes de llegar al Triángulo Supernal.

Esto significa que cuando mueres metafóricamente, debes pasar algún tiempo en *el Infierno* (el Inframundo) y convertirte en un Rey o Reina de este dominio infernal antes de ser Resucitado y convertirte en un Rey o Reina del Cielo. Tienes que conquistar tus Demonios y el miedo dentro de ti para ser Resucitado en el Espíritu. Al superar tus miedos internos, aprendes a ordenar y controlar a tus Demonios para que puedas acercarte a ellos sin miedo. Haciendo esto aumentará su poder personal significativamente ya que será capaz de usar su energía negativa constructivamente en la vida en lugar de ser usado y abusado por ella. Vencer a tus Demonios significa superar tus vicios y convertirlos en virtudes.

En la tradición Cristiana, Jesucristo descendió al Infierno justo después de la crucifixión (mientras su cuerpo físico estaba en la oscuridad de la tumba durante tres días) antes de ser resucitado Espiritualmente. Tuvo que establecer primero el dominio sobre el Reino Demoníaco (el Infierno) antes de ser coronado como Rey en el Cielo. En la tradición Egipcia, *Osiris Onnofris* murió dentro de un ataúd como parte de una estratagema de su malvado hermano Set. Osiris resucitó de entre los muertos con la ayuda de su esposa, Isis. Llegó a ser conocido entre los Egipcios como el Señor del Inframundo y del Más Allá. En ambas historias existe una conexión entre la muerte, el inframundo (el infierno) y la resurrección que le sigue.

Curiosamente, uno de los símbolos de Osiris es el Pilar Djed, que representa su columna vertebral. Fue el Pilar Djed el que Isis utilizó para resucitar a Osiris de entre los muertos. El Pilar Djed representa la estabilidad y la fuerza dentro de la tradición Egipcia, aunque su verdadero significado está velado para los no iniciados. Hay otro significado simbólico detrás del Pilar Djed conocido por los iniciados en los Misterios Egipcios: es un antiguo símbolo de la energía Kundalini. La energía Kundalini actúa como una fuerza que activa el proceso de Resurrección Espiritual. En el Misticismo Egipcio, la Elevación del Pilar Djed es una ceremonia mediante la cual el iniciado eleva su energía Kundalini y obtiene la transformación Espiritual.

"El Abismo se pasa en virtud de la masa del Adepto y de su Karma." - Aleister Crowley; extracto de "Magick in Theory and Practice"

Los iniciados en la Kundalini saben que el camino del Renacimiento Espiritual es emocional y mentalmente doloroso y que primero deben superar sus miedos y ansiedades antes de que la energía Kundalini les haga estar en paz consigo mismos. Estos individuos deben evolucionar más allá de su Karma para iluminar la conciencia y elevarla más allá de la densidad de la Materia. Sólo entonces podrán atravesar el Abismo con éxito.

Los primeros años para cualquiera que pase por un proceso de despertar de Kundalini completo son dolorosos. El proceso Espiritual de renacimiento requiere que trabajes a través de tu miedo antes de volverte fuerte y ser capaz de alcanzar la belleza y la trascendencia que un despertar de Kundalini trae. Este proceso ocurre en la Esfera de Daath, ya que es la puerta de entrada al Inframundo o Infierno. Es aquí donde la Kundalini perfora el Chakra de la Garganta en su camino hacia arriba a través de Sushumna, inmediatamente "saltando" a través del Abismo y en su Árbol de la Vida negativo, metafóricamente hablando. Sin embargo, recuerda siempre que el Infierno sólo es real en lo que respecta a la mente, ya que es ésta la que experimenta la dualidad del Cielo y el Infierno. Fuera de la mente y del cerebro, el Infierno no existe.

Como Daath se corresponde con el Chakra de la Garganta, la noción de lenguaje y palabra es significativa aquí, ya que es a través de la palabra hablada que podemos comunicarnos con lo Divino. El color de Daath es el lavanda. Daath también está relacionado con la muerte, más concretamente, con la muerte del Ego, dando paso al posterior renacimiento del Ser Superior. Las propias palabras "Daath" y "muerte" tienen una pronunciación similar, lo que indica una correspondencia entre ambas. Los símbolos de Daath son el prisma y la habitación vacía. Las correspondencias de la Deidad de Daath incluyen a Neftis, Hypnos, Jano, Arianrhod, Heimdall, Aditi, Pushan y los Barones.

CHESED (MISERICORDIA)

Chesed es el cuarto Sephira del Árbol de la Vida, situado debajo de Chokmah en el Pilar de la Misericordia. Es la primera Esfera de nuestro Universo físico porque todo lo que está por encima del Abismo es inmanifestado. La cualidad Elemental de Chesed es el Agua. Funciona a través de Swadhisthana, el Chakra Sacro, y representa el aspecto superior del Elemento Agua. Chesed es el Chakra Sacro Espiritualizado debido a su conexión con los Superiores a través del camino del Tarot del Hierofante. El color de Chesed es el azul, el color del Elemento Agua.

Chesed es la manifestación del Elemento Agua (Específico) de Binah, proyectado a través de Daath, manifestándose como la emoción tangible del amor incondicional. Como tal, el Chakra Sacro, Swadhisthana, se exalta a través del Chakra del Corazón, Anahata. Una de las funciones de Anahata es experimentar los estados exaltados de los Chakras de Fuego y Agua (Manipura y Swadhisthana), considerando que el Aire mueve tanto al Fuego como al Agua. Por esta razón, la emoción del amor incondicional se siente en el corazón. El nombre Divino Hebreo de Chesed es El, mientras que el Arcángel es Tzadqiel. En el sistema de Magia de la Aurora Dorada, Chesed se corresponde con el Grado Adeptus Exemptus (7=4) de la Segunda Orden.

"El Cuarto Sendero se denomina Inteligencia Cohesiva o Receptora; y se llama así porque contiene todos los poderes sagrados, y de él emanan todas las virtudes espirituales con las esencias más exaltadas: emanan unas de otras por el poder de la Emanación Primordial, la Corona Superior, Kether." - "El Sepher Yetzirah" (sobre Chesed)

Chesed es del mismo tipo de energía que Chokmah pero a un nivel más manifiesto. Mientras que Chokmah es el Padre todopoderoso y conocedor, Chesed es la energía protectora, perdonadora y amorosa del Padre, ya que ha sido bañado en el Mar del Amor de Binah. Por esta razón, Chesed es el Sephira de la "Misericordia". "La estructura de soporte de todo dentro de la Creación se encuentra dentro de Chesed, al igual que todas las Esferas que la preceden. Por lo tanto, se le llama la "Inteligencia Cohesiva o Receptora", sirviendo como receptáculo de las energías precedentes.

Chesed es el primer Sephira que puede ser captado por la mente humana, ya que es donde se experimenta la clarificación de las ideas abstractas presentadas por los Superiores. Además, esta aclaración se expresa a través de la emoción humana más elevada concebible, que es el amor incondicional, uno de los principales componentes de todas las cosas existentes.

Chesed se compara con el hijo de Chokmah y Binah, ya que es su subproducto más densamente manifestado. Al tener afinidad con el Elemento Agua, Chesed es el amor incondicional, la compasión y el cultivo de la sabiduría. Es la concepción más elevada del amor para nosotros como seres humanos (ya que hay muchas formas de amor) y lleva consigo su contraparte Sephira, Geburah (Severidad). Para entender cómo funcionan estas dos Esferas, hay que darse cuenta de que cuando se ama algo o a alguien, se lucha por ellos y en su nombre. Es un instinto hacerlo cuando se trata del amor. La emoción acuosa del amor no puede existir sin el Fuego que te impulsa a luchar por aquello que amas.

Chesed y Geburah representan el triángulo del Elemento Fuego (vertical) y el triángulo del Elemento Agua (invertido) superpuestos uno sobre otro. Este símbolo es el Hexagrama, también llamado Estrella de David por los Hebreos, que representa al hombre perfeccionado y la más alta aspiración Espiritual.

Es importante señalar que sus Esferas opuestas deben equilibrar todos los Sephiroth del Árbol de la Vida. Sólo los Sephiroth del Middle Pillar se autoequilibran. Chokmah y Binah trabajan juntos para producir Sabiduría y Entendimiento, recibidos a través de la intuición. Chesed y Geburah producen la energía de la Misericordia y la Severidad. La intuición es una experiencia involuntaria que se recibe a través del ojo de la mente. Tiene que haber una aplicación consciente de los Elementos Agua y Fuego en el caso de la Misericordia y la Severidad para lograr un equilibrio saludable entre ambos.

En términos de la psique humana, Chesed es la memoria. Está justo debajo del Abismo, ya que todo lo que está por encima del Abismo no tiene memoria en sí, sino que se experimenta totalmente a través de la intuición. La memoria es lo que nos une al Ego y a la dualidad del pasado y el presente. El Ego no está presente por encima del Abismo ya que los Superiores son intemporales y Eternos. El Ego está atado al cuerpo físico manifestado; por lo tanto, eventualmente será aniquilado cuando el cuerpo físico perezca.

El desarrollo del Ego y de la memoria produce la energía del amor incondicional, la aspiración más elevada del ser humano. El amor incondicional nos da algo por lo que esforzarnos y luchar ya que, al hacerlo, nos absorbemos en la unidad de toda la vida en el Universo. Al experimentar el amor incondicional, trascendemos la memoria y el Ego y podemos saborear los frutos de los Superiores.

El Planeta atribuido a Chesed es Júpiter, el Planeta de la expansión, la moral y la ética. Sus símbolos son el báculo, el cetro, la pirámide, el cuadrado, el orbe y la Cruz de Brazos Iguales. Las correspondencias de la Deidad de Chesed incluyen a Amoun, Zeus, Júpiter, Llyr, Frey, Indra, Agwe y Obatala.

GEBURAH (GRAVEDAD)

Geburah es el quinto Sephira del Árbol de la Vida, situado debajo de Binah en el Pilar de la Severidad. Es la segunda Esfera del Universo conocido. Funciona a través de Manipura, el Chakra del Plexo Solar, como la fuerza de voluntad del Ser individual. La cualidad elemental de Geburah es el Fuego. Este Fuego no es el mismo que el Elemento Fuego (Específico) que se encuentra en Chokmah, sino una manifestación del mismo en un nivel inferior. Como está justo debajo del Abismo y de los Superiores, contiene la energía del Espíritu (al igual que Chesed), en este caso, recibida a través del camino de la carta del Tarot del Carro. El color de Geburah es el escarlata (rojo), el color del Elemento Fuego.

El Elemento Fuego (Específico) de Chokmah se proyecta a través de Daath y se manifiesta como la fuerza de voluntad en Geburah. En su nivel más básico, es la motivación y el impulso para sobrevivir como organismo vivo en el Universo. La supervivencia depende del poder personal, que es un atributo del Sephira de Geburah. Dado que la fuerza de voluntad es una expresión del Elemento Fuego, es alimentada por el Chakra Fuego, Manipura. Cuando se utiliza en nombre del Ser Superior, este Fuego se exalta en Anahata, el Chakra del Corazón. El nombre Divino Hebreo de Geburah es Elohim Gibor, mientras que el Arcángel es Kamael. En el sistema de Magia de la Aurora Dorada, Geburah pertenece al Grado del Adeptus Mayor (6=5) de la Segunda Orden.

"El Quinto Sendero se llama la Inteligencia Radical, porque se asemeja a la Unidad, uniéndose a Binah o Inteligencia que emana de las profundidades Primordiales de la Sabiduría, o Chokmah". - "El Sepher Yetzirah" (sobre Geburah)

El nombre de Geburah es "Inteligencia Radical" porque su acción es extrema, ya que busca crear el cambio. El papel de Geburah es apoyar la evolución y, por ello, impone la justicia en todo momento, atemperando la energía misericordiosa del amor de Chesed. De todos los Sephiroth del Árbol de la Vida, Geburah es el más temido y malinterpretado. Su papel es equilibrar la benevolencia, la misericordia y los atributos de creación de la Forma de Chesed mediante la aplicación de acciones descaradas y destructivas.

Geburah es la energía femenina restrictiva de Binah pero a un nivel más manifiesto. Al igual que una madre protege a su hijo, Geburah es el aspecto de nosotros que protege y lucha por el respeto y el honor en el mundo. Geburah impone la "Severidad" y la "Justicia" (su otro título). A menudo, puede traer la destrucción a menos que sea equilibrada por su contraparte, Chesed (Misericordia). Geburah trae disciplina a través de un Fuego purificador al desafiar todo lo que presenta su opuesto, Chesed. Impone respeto ya que su propósito es limpiar el sistema energético (Aura) de impurezas, ya que desempeña el papel de la "Mano Derecha de Dios", lo que significa que busca hacer la Voluntad de Dios.

Una importante lección de la Iniciación Neófita de la Aurora Dorada afirma que la Misericordia desequilibrada es la esterilidad de la voluntad, mientras que la Severidad desequilibrada es la tiranía y la opresión. Así que, en realidad, necesitas tener un equilibrio entre la Misericordia y la Severidad dentro de ti, porque si no, serás incapaz de ejercer tu poder interior. Serás un "felpudo" para que la gente pase por encima de ti a su antojo, o tendrás un temperamento enfermizo, saltando a cada oportunidad para pelear con los demás, verbalmente e incluso físicamente.

Geburah da poder a la voluntad individual. Para lo que decidas utilizar tu fuerza de voluntad en la vida depende de ti. Como Geburah es la fuerza de voluntad, es el dominio al que tienen acceso los *Ángeles Caídos* (Demonios) porque la Severidad implica el uso de lo que a menudo se considera energía negativa. Geburah tiene una conexión con Daath y el Reino Demoníaco de los Qlippoth ya que el Elemento Fuego es el más cercano al Espíritu. El dominio de Geburah implica el dominio de tus Demonios internos. Si lo haces, obtendrás el mayor poder personal.

Otra lección importante de la Iniciación Neófita de la Aurora Dorada dice que si no castigas el mal cuando te expones a él, te conviertes en cómplice del mal. Por lo tanto, el papel de todos en la vida es vivir con justicia, con respeto a los demás. Cuando somos agraviados o vemos el mal que se hace a los demás, debemos hacer lo posible por corregir este comportamiento; de lo contrario, nos convertimos en cómplices. Voltaire lo dijo mejor: "Un gran poder conlleva una gran responsabilidad". Debemos responsabilizarnos de nuestra propia vida y ser severos cuando sea necesario, para seguir avanzando en la vida y esforzarnos. Debemos ayudar a la evolución humana siendo Co-creadores activos con el Creador.

La ira proviene de la Esfera de Geburah. Es un mal uso de la energía de Geburah ya que carece de la dosis adecuada de amor y Misericordia de Chesed. Si eliges ser un tirano, que sólo busca el poder para glorificar el Ego, o un individuo equilibrado que utiliza esta Esfera para exigir justicia y castigar y corregir el mal, depende totalmente de ti. Sin embargo, una dosis apropiada de Misericordia siempre necesita ser aplicada con Severidad porque usar los Ángeles Caídos en Geburah sin saber cómo templarlos con amor hace la diferencia entre la justicia de Dios y la justicia Propia.

Geburah es la Esfera del honor y la gloria cuando se aplica correctamente. Debemos aprender la verdadera naturaleza de los Ángeles Caídos y obtener autoridad sobre ellos en lugar de permitir que nos controlen. Los Ángeles Caídos deben ser utilizados siempre en nombre de Dios si se quiere evitar el Karma negativo. Aprender a controlar tu Elemento Fuego es uno de los retos más importantes en la vida. Enfrentar y superar este desafío afectará directamente tu nivel de éxito y logros en la vida.

El planeta atribuido a Geburah es Marte, el planeta del impulso y la acción. En cuanto al concepto de "supervivencia del más fuerte", Marte es el Planeta de la guerra y la competición. Los símbolos de Geburah son la espada, la lanza, el azote y el pentágono. Las correspondencias de la Deidad de Geburah incluyen a Horus, Ares, Marte, Morrigan, Thor, Tyr, Shiva, Ogoun y Oggun.

TIPHARETH (ARMONÍA/BELLEZA)

Tiphareth es el sexto Sephira del Árbol de la Vida, situado en la columna central, el Pilar del Equilibrio. Tiphareth se encuentra en el centro exacto de todo el Árbol. Al estar situado en el centro, es el receptor de los poderes de todos los demás Sephiroth. Representa el Elemento Aire (Específico), y funciona principalmente a través de Anahata, el Chakra del Corazón.

Sería erróneo no asignar cualidades de Fuego a Tiphareth ya que su Planeta es el Sol, el dador de Fuego y Luz Solar a nuestro Sistema Solar. Por lo tanto, Tiphareth se describe mejor como el Elemento Aire (Específico), actuado por el Elemento Fuego. Anahata, el Chakra del Corazón como expresión primaria, afectado por el Chakra que está debajo de él, Manipura-el Chakra del Plexo Solar. La ubicación real del Tiphareth Sephira sería en algún lugar entre estos dos Chakras.

Como Tiphareth está conectada con Kether a través del camino de la carta del Tarot de la Gran Sacerdotisa, el Elemento Espíritu es el factor motivador de Tiphareth, como se verá al examinarla. El color de Tiphareth es un amarillo dorado, el color correspondiente al Elemento Aire (amarillo).

El Middle Pillar se atribuye al Elemento Aire, pero también es la fuente del Espíritu en la Corona (Kether). Por lo tanto, existe una conexión entre el Espíritu y el Elemento Aire, que exploraré en detalle más adelante. Cuando la Misericordia de Chesed y la Severidad y la Justicia de Geburah se equilibran, se alcanza la "Armonía" y la "Belleza". El nombre Divino Hebreo de Tiphareth es YHVH Eloah ve-Daath, mientras que el Arcángel es Rafael. En el sistema de Magia de la Aurora Dorada, Tiphareth pertenece al grado de Adeptus Minor (5=6) de la Segunda Orden.

"La Sexta Senda se llama la Inteligencia Mediadora, porque en ella se multiplican los influjos de las emanaciones, pues hace que la influencia fluya hacia todos los depósitos de las Bendiciones, con las que éstas mismas están unidas." - "El Sepher Yetzirah" (sobre Tiphareth)

Tiphareth es el mediador entre los Sephiroth debido a su ubicación en el Árbol de la Vida. De ahí su nombre, la "Inteligencia Mediadora". Se le atribuye el Elemento Aire (Específico) ya que el Aire es el pensamiento, y el pensamiento está en la base de todos los procesos internos del hombre. Como Chokmah y Binah son el Padre y la Madre, los Elementos Fuego (Específico) y Agua (Específico), Tiphareth es el Hijo manifestado más allá del Abismo. El Hijo manifestado es el Sol, el dador de Luz y vida en nuestro Sistema Solar. No es casualidad que la palabra "Hijo" tenga una pronunciación similar a la palabra "Sol".

Tiphareth es la Esfera del Renacimiento Espiritual. Es la morada de las Deidades de la Vida-Muerte-Resurrección, como Osiris y Jesucristo. El Reconciliador (Redentor) trae la unidad entre lo que está arriba y lo que está abajo. Como Tiphareth se encuentra en el centro del Árbol de la Vida, sirve de mediador de las energías, ya que recibe las energías directamente de todas las Esferas (excepto Malkuth, la Tierra). Como tal, Tiphareth es la conexión entre el Yo Inferior y el Superior. El nombre dado a Tiphareth en *El Zohar* es el *Microprosopus* o el "Rostro Menor". "

Tiphareth es una Esfera tanto de iluminación como de curación. Dado que el Elemento Aire mueve tanto al Fuego como al Agua, Tiphareth sirve como el lugar donde el individuo tiene contacto con su Santo Ángel de la Guarda de la Tríada Supernal, por encima del Abismo. Es la Esfera de *la Conciencia Crística*, donde la Materia y el Espíritu están en perfecto equilibrio. En términos de la personalidad humana, Tiphareth es la imaginación.

Los tres Sephiroth de Chesed, Geburah y Tiphareth forman lo que se llama el Triángulo Ético. El Triángulo Ético es la parte del Ser que da forma al carácter de la persona. Es responsable de nuestra moral y nuestra ética, los bloques de construcción de nuestro carácter.

La construcción de las virtudes dentro del Ser es la manifestación más elevada de la Divinidad en la humanidad, por eso Chesed, Geburah y Tiphareth se llaman el Triángulo "Ético". Debido a su ubicación en el Árbol de la Vida, estas tres Esferas están directamente conectadas con los Superiores. La energía del Espíritu es la que nos inspira a actuar ética y moralmente. La personalidad y el Ego están en el Triángulo Astral por debajo del Triángulo Ético.

Así como existe un Velo que separa a los Superiores del resto del Árbol de la Vida (Velo del Abismo), también existe un Velo que separa al Triángulo Ético de las Esferas inferiores (Velo de Paroketh). El Triángulo Astral está formado por Netzach, Hod y Yesod. Es imprescindible comprender la diferencia entre el Triángulo Ético y el Triángulo Astral. Una persona con ética y moral generalmente cree en lo que es bueno en este mundo. Por lo tanto, templan su Geburah con Chesed-su fuerza de voluntad y su Severidad con el amor incondicional y la Misericordia. Si no utilizas el amor incondicional como factor motivador en tu vida, entonces por poder, estás utilizando el Amor Propio, ya que los opuestos existen en todo, incluyendo las expresiones de amor.

El planeta atribuido a Tiphareth es el Sol, el planeta de la vitalidad y la creatividad. Como el Sol es el centro de nuestro Sistema Solar, Tiphareth es el centro del Árbol de la Vida. Los Antiguos llamaban a nuestro Sol "Sol", que suena como la palabra "Alma". La palabra "Solar" también deriva de "Sol". Nuestro Sol dio a luz a todas las Almas de nuestro Sistema Solar, y continúa nutriéndonos a través de su Luz, dándonos calor y manteniendo nuestra energía Vital. Si el Sol dejara de funcionar un día, todas las Almas de nuestro Sistema Solar serían aniquiladas.

Tiphareth también tiene una relación más estrecha con Chokmah, ya que es el Santo Ángel de la Guarda (tu Dios-Ser de Chokmah), proyectado en Tiphareth a través del camino de las cartas del Tarot del Emperador. Como Tiphareth está conectada con todas las Esferas, además de Malkuth, contendrá las ideas que se encuentran en todas ellas. Los símbolos de Tiphareth son la Rosa Cruz, la Cruz del Calvario, la pirámide truncada, el cubo y la letra Hebrea Vav (como parte de YHVH). Las correspondencias de la Deidad Tiphareth incluyen a Osiris, Ra, el Buda, Dionisio, Apolo, Sol, Angus Og, Balder, Krishna, Surya, Legba y Eleggua.

NETZACH (VICTORIA)

Netzach es el séptimo Sephira del Árbol de la vida, situado en la base del Pilar de la Misericordia. Netzach funciona a través del Chakra Manipura, y se corresponde con el Elemento Fuego (Astral), que canaliza los instintos y deseos humanos. Netzach también se relaciona con los sentimientos, que es una cualidad del Elemento Agua.

Como tal, utiliza la energía del Chakra inferior, Swadhisthana, y del Chakra superior, Anahata. Por lo tanto, no funciona a través de un solo Chakra en particular, como es el caso de la mayoría de los Sephiroth por debajo del Abismo.

Netzach es el Fuego que se encuentra en Geburah proyectado a través de la Esfera de Tiphareth y la personalidad del Triángulo Astral, creando el deseo. La "Victoria" se alcanza cuando la Severidad de Geburah se atempera con la Belleza de Tiphareth. Debido a su ubicación en el Árbol de la Vida, Netzach no recibe ninguna energía espiritual directamente de los Superiores. Sólo recibe de los Sephiroth manifestados por debajo del Abismo. El nombre Divino Hebreo de Netzach es YHVH Tzabaoth, mientras que el Arcángel es Haniel. En el sistema de Magia de la Aurora Dorada, Netzach pertenece al Grado Filosofal (4=7) de la Primera Orden.

"El Séptimo Sendero es la Inteligencia Oculta, porque es el Esplendor Refulgente de todas las virtudes Intelectuales que son percibidas por los ojos del intelecto, y por la contemplación de la Fe." - "El Sepher Yetzirah" (sobre Netzach)

La referencia anterior a la "Inteligencia Oculta" apunta a la "Inteligencia Oculta" (Kether), algo oculto dentro de nosotros que debemos redescubrir: nuestra naturaleza Divina, enmascarada por nuestras emociones y procesos de pensamiento mundanos. Así, Netzach también representa el deseo interior de alcanzar la Iluminación Espiritual y de unirnos con nuestro Ser Superior. El deseo se convierte en el componente manifestado de nuestras Almas en este nivel de conciencia, ya que hemos perdido nuestro derecho de nacimiento inherente, el Reino Espiritual-el Jardín del Edén. A través del deseo, buscamos ser más de lo que somos.

Netzach tiene una conexión con el Nephesh, el Yo animal y el Ego. Es la fuerza dinámica que nos inspira e impulsa. Es la parte del Yo que es subjetiva y no se relaciona con el amor incondicional como Chesed, sino con el amor personal o romántico. El amor romántico a menudo involucra al Ego, y por lo tanto, nuestras inseguridades salen a la superficie para ser tratadas. Dado que Netzach es el deseo y las emociones, puede funcionar para gratificar el Ego o para exaltar el Ser Superior inspirando un comportamiento ético y moral. Uno necesita la lógica y la razón para tomar esta decisión, significada por la contraparte de Netzach, la Esfera de Hod.

Es difícil atribuir el Elemento Fuego a Netzach sin pensar en él en relación con el Elemento Agua porque Netzach es emociones, y su color es el verde esmeralda, que es una combinación del azul de Chesed y el amarillo de Tiphareth. Por lo tanto, Netzach está relacionado con Chesed, el amor incondicional y la misericordia. Netzach se relaciona con el deseo, y utiliza el Elemento Aire y los pensamientos de Anahata, el Chakra del Corazón, para proyectarse. También está conectado con Yesod, que es la fuente de nuestra energía sexual. Así, el deseo puede ser amor sexual y lujuria, relacionado con la forma en que el Ego ama, con apego. Afortunadamente, puede ser exaltado al amor incondicional, como es la naturaleza de Chesed arriba.

Netzach es la morada de la Mente Grupal, que es el conjunto de símbolos e imágenes que hay en cada uno de nosotros. Es la fuente de inspiración del artista, el bailarín, el músico y el poeta. El Planeta atribuido a Netzach es Venus, el Planeta del deseo, del amor romántico y de la belleza. Los símbolos de Netzach son la rosa, la faja y la lámpara. Las correspondencias de la Deidad de Netzach incluyen a Hathor, Afrodita, Venus, Brigit, Freyr, Lakshmi, Parvati, Erzulie y Oshun.

HOD (ESPLENDOR)

Hod es el octavo Sephira del Árbol de la Vida, situado en la base del Pilar de la Severidad. Funciona a través del Chakra Swadhisthana y se corresponde con el Elemento Agua (Astral), ya que pertenece a la lógica y a la razón, que son atributos primarios de Hod. Pero, al igual que Netzach tiene afinidad con los Elementos Fuego y Agua, también lo tiene Hod, ya que la lógica y la razón son una forma de actividad mental voluntaria que utiliza el Elemento Fuego como fuerza motriz. Por lo tanto, Hod funciona a través de Swadhisthana pero también a través de Manipura, templado por el Elemento Aire y el pensamiento en Anahata.

Hod es el Elemento Agua de Chesed, proyectado a través de la Esfera de Tiphareth y la personalidad del Triángulo Astral. En otras palabras, la Misericordia de Chesed reflejada a través de la Belleza de Tiphareth produce "Esplendor". "Debido a su situación en el Árbol de la Vida, Hod no recibe ninguna energía Espiritual directamente de los Superiores. Al igual que Netzach, Hod sólo recibe energía de los Sephiroth manifestados por debajo del Abismo. El nombre Divino Hebreo de Hod es Elohim Tzabaoth, mientras que el Arcángel es Miguel. En el sistema de Magia de la Aurora Dorada, Hod pertenece al Grado Practicus (3=8) de la Primera Orden.

"El Octavo Sendero es llamado el Absoluto o la Inteligencia Perfecta, porque es el medio de lo primordial, que no tiene ninguna raíz por la que pueda adherirse, ni descansar, excepto en los lugares ocultos de Gedulah, la Magnificencia, de la que emana su propia esencia." - "El Sepher Yetzirah" (sobre Hod)

En el extracto anterior, está implícita una posición entre la Fuerza y la Forma, que crea el intelecto. De ahí que se le llame "Inteligencia Absoluta o Perfecta", ya que la fuente del poder del intelecto es la Luz Blanca, perfecta en todos los sentidos. Los Qabalistas suelen llamar a Chesed "Gedulah" en relación con el Elemento Agua que se encuentra en él. El intelecto utiliza el Elemento Agua para hacer una impresión a nivel de Hod. La formación de la inteligencia a través de la lógica y la razón es un atributo en este nivel de manifestación, puesto que ya no tenemos el componente Espiritual y tenemos que racionalizar para buscar su consecución. Reunirse de nuevo con el Espíritu es una elección que tenemos que hacer consciente y voluntariamente mientras operamos desde Hod.

A través de Hod surge cualquier escritura, lenguaje o comunicación, ya que es el aspecto racional, organizador y categorizador de la mente. Representa el hemisferio izquierdo del cerebro, el componente intelectual. Su contraparte, la región derecha, es la parte emocional-Netzach. La lógica y la razón forman la base del intelecto, que se diferencia de la intuición en la recepción del conocimiento. La intuición es un conocimiento directo de la verdad, ya que el Fuego Arquetípico del mundo exterior hace una impresión en el Alma.

Por otro lado, el intelecto se basa en el conocimiento aprendido a lo largo del tiempo. El Ego puede utilizar el intelecto para deducir la realidad y tomar decisiones en la vida futura. Se basa en la memoria, que es el Elemento Agua de Chesed, mientras que la intuición es un impulso, una Fuerza que es del Elemento Fuego Primordial de Chokmah. El intelecto puede ser utilizado para decidir si la persona quiere trabajar o luchar por sí misma o por otros. Busca una recompensa en sus acciones. Como tal, no proviene de un lugar de amor incondicional. De ahí la propia naturaleza Egoica de la Esfera de Hod, porque a menos que se le dé la información adecuada desde las Esferas superiores, puede elegir el Ego y racionalizar para realizar una acción que no es en nombre del bien, sino que puede estar buscando gratificarse a sí mismo y a sus deseos.

Así como Netzach es la morada de la Mente Grupal, Hod es la morada de la mente individual. Es la forma menor de la energía de Chesed, mediada por Tiphareth. La energía de Hod es fluida y Acuosa, como el intelecto. Necesita de Netzach para dar vida al intelecto. La inteligencia depende de su contraparte, la emoción. La relación entre Netzach y Hod es simbiótica. Juntos, su equilibrio sostiene una personalidad sana. A diferencia de otras Esferas que están por encima de ellas, Netzach y Hod son las más utilizadas y fácilmente accesibles para la persona media a diario.

Hod utiliza el Aire, el pensamiento y la imaginación de Tiphareth y los deseos y emociones personales de Netzach para ayudar a tomar sus decisiones en la vida. Hod es naranja, una combinación del rojo de Geburah y el amarillo de Tiphareth. De ahí la conexión con Geburah y el Elemento Fuego, con un vínculo con Yesod, los impulsos primarios y la energía sexual.

Para muchas personas, Hod y Netzach son las Esferas más utilizadas a lo largo de su vida. La creencia que prevalece en la sociedad es que uno debe usar la lógica y la razón para guiarse en la vida, mientras que la atempera con sus emociones y su deseo innato de sexo y de encontrar una pareja. El nivel colectivo de Evolución Espiritual de la sociedad se encuentra entre estas dos Esferas.

El planeta atribuido a Hod es Mercurio, el Planeta de la comunicación, la lógica y la razón. Los Griegos llaman a Mercurio también Hermes. La asociación de Hod con el Planeta Mercurio (Hermes) es adecuada, ya que es Hermes quien se considera el inventor de las numerosas expresiones intelectuales como las matemáticas, la astronomía, el lenguaje, etc. También es el Dios de la Sabiduría y el Conocimiento, que está relacionado con el Sephira Chokmah. Como Chokmah es la sabiduría, la expresión del conocimiento que contiene repercute en Hod a través del intelecto.

Los símbolos de Hod son los *Nombres Divinos del Poder* (utilizados en Magick) y el delantal Masónico. Las correspondencias de la Deidad Hod son Anubis, Khnum, Hermes, Mercurio, Ogma, Loki, Bragi, Hanuman, Simbi y Shango.

YESOD (LA FUNDACIÓN)

Yesod es el noveno Sephira del Árbol de la Vida, situado debajo de Tiphareth en el Pilar del Equilibrio. Yesod es el resultado de la unidad entre Netzach y Hod, como el Sephira del Plano Astral, que contiene la Luz Astral. Es el receptor de las energías de cada Sephira precedente, que, cuando se combinan, crean un plano astral sutil compuesto de Luz Astral. De ahí que se le llame la "Fundación", ya que es el fundamento de todas las cosas. El Nombre Divino hebreo de Tiphareth es Shaddai El Chai, mientras que el Arcángel es Gabriel. En el sistema de Magia de la Aurora Dorada, Yesod pertenece al Grado Theoricus (2=9) de la Primera Orden.

"El Noveno Sendero es la Inteligencia Pura, llamada así porque purifica las Numeraciones, prueba y corrige el diseño de su representación, y dispone su unidad con la que se combinan sin disminución ni división." - "El Sepher Yetzirah" (sobre Yesod)

El papel de Yesod es aportar corrección y purificación a las emanaciones precedentes antes de que se manifiesten en el Reino Material, de ahí su nombre, la "Inteligencia Pura". Es de naturaleza reflexiva y omnipresente, al igual que la Luz Astral, su sustancia. Es un medio de Materia extremadamente sutil, altamente magnético y eléctrico, ya que recibe los impulsos de las Esferas que están por encima de ella para crear el Mundo Físico. Es el flujo y reflujo inmutable e interminable de todas las fuerzas invisibles del mundo, ya que proporciona su propio fundamento de existencia.

Las facultades intuitivas se filtran en Yesod -ya que Yesod tiene una conexión con Binah (Entendimiento). El Plano Terrenal está construido sobre Yesod, que es el doble del Cuerpo Etérico de todo lo que existe -la Fundación. Cada acontecimiento mundano se desarrolla en el Plano Astral antes de manifestarse en el Plano Físico. Por esta razón, el Mago se sirve de Yesod y de la Luz Astral para influir en la actividad del mundo antes de su manifestación física. Como dice el axioma Hermético: "Como Es Arriba, Es Abajo", lo que cambiamos en un Plano se manifiesta en otro. Este proceso es la esencia de la Magia, que se desarrolla dentro de Yesod, como todo el trabajo Mágico.

En términos del Aura humana, Yesod es el Elemento Aire (Astral). Funciona a través de Anahata, el Chakra del Corazón, pero en un nivel mucho más bajo que Tiphareth, ya que utiliza la sexualidad y las emociones que se encuentran en los Chakras Swadhisthana y Muladhara. Dado que la posición de Yesod es en la zona de la ingle, su ubicación sería en algún lugar entre el Chakra de la Tierra, Muladhara, y el Chakra del Agua, Swadhisthana.

Algunas escuelas de pensamiento Espiritual asignan la sexualidad al Chakra de la Tierra, Muladhara, ya que la fuente de la Kundalini está en el Chakra de la Tierra, en el coxis, en la base de la columna vertebral. El cóccix es el punto más bajo del sistema energético humano, que conecta con los Chakras Menores en las plantas de los pies, que, a su vez, conectan con la Tierra. La Esfera de Malkuth estaría precisamente en los pies, donde tocan la tierra sobre la que caminamos. Así, los Chakras de la Planta de los Pies activan el centro del Chakra de la Tierra en la base de la columna vertebral. Dado que Yesod es la morada del Ego y de la mente subconsciente, se relaciona también con el Chakra del Agua, Swadhisthana. Una vez más, es un reto asignar Chakras al Árbol de la Vida Sephiroth, ya que los Sephiroth son más complejos en su función.

Debido a su ubicación en el Árbol de la Vida, Yesod no recibe energía del Espíritu directamente; por lo tanto, es utilizado con mayor frecuencia por el Ego. El Ego está presente en el Triángulo Astral, separado del Triángulo Ético por el Velo de Paroketh. También se le conoce como el "Velo del Templo" o el "Velo de la Ilusión". El Templo al que nos referimos es el Templo Interior que alberga nuestro Yo-Dios Interior. Nuestro Yo-Dios es de los Superiores. La energía del Espíritu es llevada al Triángulo Ético a través del camino de la Gran Sacerdotisa. El Velo de Paroketh, por lo tanto, separa el Espíritu de la Materia. Bajo el Velo, vivimos bajo la ilusión de que el Mundo de la Materia es sustancial y real.

La carta del Tarot de la Templanza representa el camino que conecta a Yesod con Tiphareth, la Luna y el Sol, que rasga el Velo de Paroketh con el uso del Arco de Quesheth, que simboliza el arco iris. El arco iris sirve de puente entre el Cielo y la

Tierra, la Divinidad y la humanidad. Este puente se refiere a los Chakras del Aura humana, que, al ser vigorizados por la energía Kundalini en su ascenso, activan el Cuerpo del Arco Iris, el Cuerpo de la Luz.

La palabra "Paroketh" está compuesta por cuatro letras Hebreas, cada una de las cuales representa uno de los Cuatro Elementos: Peh (Agua), Resh (Aire), Kaph (Fuego) y Tav (Tierra). El Velo de Paroketh se levanta cuando activamos todo el potencial latente en el Cuerpo de Luz despertando la Kundalini y elevándola hasta el Chakra Corona. Sólo entonces podemos percibir el mundo que nos rodea como lo que es - Maya, una ilusión.

La sexualidad es una función del cuerpo físico, que es Malkuth, la Esfera más baja y que está por debajo de Yesod. Yesod participa en la canalización de la lógica, la razón y la emoción de las dos Esferas superiores a ella, Netzach y Hod. El Triángulo Astral de Netzach, Hod y Yesod es la energía más disponible para la humanidad y la que utilizamos diariamente. El uso de estas energías forma nuestro Ego y nuestra personalidad.

Yesod sirve como inicio del Plano Astral; el mundo de los pensamientos, las emociones, la imaginación, la fuerza de voluntad, la memoria, la intuición y la Voluntad Superior. Es todo lo que contenemos dentro de nosotros que no es el mero cuerpo físico que vemos en el espejo. La carta del Tarot del Universo es la representación perfecta de Yesod -es el plano del Universo Exterior y del Universo Interior- incluyendo todos los diversos aspectos contenidos en los Sephiroth por encima de Yesod. Como tal, Yesod es nuestra puerta de entrada al Ser interior a través del Mundo Astral.

La sexualidad es la fuerza motriz del Ego, pero también nuestra fuente de creatividad. Es el mecanismo que, cuando se sublima (transforma), puede darnos la Iluminación Espiritual. La energía sexual se alimenta de Prana (Hindú), chi o qi (Chino), Mana (hawaiano). Está en la base misma de nuestra existencia. Los tres términos mencionados anteriormente significan esencialmente Energía Vital o Fuerza Vital. En consecuencia, recibimos esta Energía Vital a través de los alimentos y el agua, ya que los nutrientes de cada uno se transforman en energía de la Luz, que es la esencia del Prana. Esta energía se distribuye entonces a través de los Nadis, las vías o canales energéticos del cuerpo. La energía de la luz sostiene nuestros mundos Interior y Exterior. Su fuente es la energía del Espíritu.

En su estado de potencial, la Kundalini reside en la base de la columna vertebral, y es desencadenada por la energía sexual y Pránica sublimada de Yesod. La Kundalini está conectada con Malkuth, la Tierra, pero es estimulada por los pensamientos y emociones de Hod y Netzach.

Todas las partes del Árbol de la Vida deben participar en el proceso si se quiere experimentar un despertar completo. El uso de la imaginación (Tiphareth) debe estar presente mediante la aplicación de la fuerza de voluntad (Geburah) y la memoria

(Chesed). Pero lo más importante es que la Sabiduría (Chokmah) y el Entendimiento (Binah) tienen que estar involucrados en el proceso, ya que la energía Kundalini necesita llegar al cerebro en su ascenso, lo que significa que el Ajna Chakra tiene que estar comprometido de alguna manera durante el proceso de despertar de la Kundalini.

Si los Superiores no participan en el proceso, la energía Kundalini nunca llegará al cerebro, sino que descenderá a la base de la columna vertebral, y el proceso se repetirá en el futuro. A todas estas funciones internas se accede a través de Yesod, el Mundo Astral -de ahí que sea el fundamento de todo lo que concierne al Yo interior.

El Planeta atribuido a Yesod es la Luna, mientras que su color es el violeta. La Luna es el Planeta de los sentimientos, los estados de ánimo y los instintos. La Luna tiene mucho sentido para describir a Yesod porque la Luna sólo refleja la Luz del Sol, como Yesod sólo refleja la Luz contenida en Tiphareth. Yesod no tiene contacto directo con el Triángulo Ético más que su reflejo a través de Tiphareth. No tiene contacto directo con Geburah y Chesed, pero el hecho de que sus colores estén contenidos en él (el rojo y el azul hacen el violeta) muestra que sí refleja esas Esferas, aunque indirectamente.

La Luna crea una ilusión en la mente, ya que no puede percibir la verdad directamente. Los Antiguos llamaban a la Luna "Luna", y la palabra "lunático" (que describe el comportamiento caótico y errático) está relacionada con la función de la Luna. Ahora ves por qué: las ilusiones en la mente de uno desencadenan este tipo de respuesta.

Las esferas de Yesod, Hod y Netzach forman el Triángulo Astral. El Triángulo Astral es un reflejo del Triángulo Ético, del mismo modo que la personalidad refleja el carácter de una persona. El carácter se construye sobre las virtudes, y exalta el Yo Superior. Las virtudes pertenecen a la parte Eterna de nosotros que nunca nació y nunca morirá. Por el contrario, la personalidad pertenece al Ego y al reino de la dualidad, incluyendo el ciclo de muerte y renacimiento. Cada vez que una persona muere, también lo hace su Ego, sólo para renacer de nuevo en otro cuerpo físico y reconstruirse desde cero.

Los símbolos asociados a Yesod son el perfume y las sandalias. Las correspondencias de la Deidad de Yesod son Shu, Khonsu, Artemisa, Diana, Cerridwen, Nanna, Chandra, Soma, Masa y Yemaya.

MALKUTH (EL REINO)

Malkuth es el décimo Sephira del Árbol de la Vida, situado justo debajo de Yesod en el Pilar Medio del Equilibrio. La posición de Malkuth es a los pies, que caminan sobre la Tierra. Por lo tanto, Malkuth es nuestra conexión con la Madre Tierra. Los

Chakras Menores en las plantas de los pies se conectan con la base de la columna vertebral a través de los canales de energía en las piernas. Así, Malkuth está directamente conectado con el Chakra Raíz, Muladhara, y la energía Kundalini. En términos del Aura humana, Malkuth es el Elemento Tierra (Específico).

En todas sus denominaciones, Malkuth es siempre del Elemento Tierra. Es la realidad física, el Universo, que podemos tocar, oír, ver, oler y saborear. Todo lo que está más allá del punto de Malkuth utiliza nuestra energía sexual interna a través del Árbol de la Vida y sus Sephiroth, que son los poderes que trabajan juntos para manifestar nuestra realidad. Malkuth es el "Reino" en el que vivimos, nos movemos y tenemos nuestro Ser. El nombre divino hebreo de Malkuth es Adonai ha-Aretz, mientras que el Arcángel es Sandalphon. En el sistema de Magia de la Aurora Dorada, Malkuth pertenece al Grado Zelator (10=1) de la Primera Orden.

"El Décimo Sendero es la Inteligencia Resplandeciente, llamada así porque está exaltada por encima de toda cabeza, y se sienta en el trono de Binah. Ilumina el esplendor de todas las Luces, y hace que emane una influencia del Príncipe de los Semblantes, el Ángel de Kether." - "El Sepher Yetzirah" (sobre Malkuth)

El término "Inteligencia Resplandeciente" implica una estrecha conexión con Kether, ya que el número uno se encuentra en el número diez. Kether, el Espíritu, existe en todo lo que nos rodea, desde el más pequeño insecto hasta el suelo que pisamos. En términos del concepto de los Cuatro Mundos (que se discutirá más adelante), Malkuth se convierte en Kether en otro Árbol de la Vida en otro nivel de realidad.

También existe una conexión entre Binah, la Gran Madre, y Malkuth, la Madre Inferior. Una vez Espiritualizado, Malkuth, el Reino, se convierte en Binah, el Entendimiento. Esta asociación se encuentra en los colores de Malkuth, que son el citrino, el olivo, el rojizo y el negro. A menudo, Malkuth se describe como puramente negro, lo que le da la asociación con Binah, ya que también es negro. Binah es el Gran Principio Femenino y el Espíritu Santo en términos Cristianos, mientras que Malkuth es la manifestación de ese Espíritu Santo en la Materia.

Malkuth es sinónimo de Gaia, como Madre Tierra, aunque Malkuth representa toda la Materia en el Universo. Además, fíjate en la similitud de sonido entre la palabra "Materia" y "Madre". Esto te dice que hay una correlación entre estas dos ideas.

Como Binah es el plano Espiritual de Malkuth, nuestro propósito general como iniciados de la Luz es Espiritualizar nuestra propia Tierra (metafóricamente hablando) y restaurar el Jardín del Edén. Tenemos que elevar nuestro propio Malkuth de vuelta a Binah. (La simbología del Jardín del Edén será abordada más adelante.) Pero para hacerlo, tenemos que Espiritualizar todos los Sephiroth entre Malkuth y Binah. El propósito general de nuestra vida aquí en la Tierra es la Evolución Espiritual.

Malkuth, el Reino, es el Mundo de la Materia pero también la puerta de entrada al *Reino de Dios*. Como proclamó Jesucristo: "Mirad, el Reino de Dios está dentro de vosotros" (Lucas 17: 21). El concepto de que el Reino de Dios no es algo "ahí fuera", sino algo que está dentro de cada uno de nosotros, es uno de los mensajes más importantes de Jesús a la humanidad. El Reino de Dios ya está presente en Malkuth por su asociación con Binah y el Espíritu Santo. Sin embargo, depende de cada individuo elevar su conciencia a su nivel. Y esto sucede a través de la Sabiduría y el Entendimiento, la comprensión de que somos Espíritu y Materia en uno.

Malkuth es el punto de partida de los Mundos Internos (Planos Cósmicos) y del funcionamiento interno del hombre. Mientras que Malkuth permanece estable, los otros Sephiroth que están por encima de él son cinéticos y se movilizan. La estabilidad de Malkuth es el resultado de su baja tasa de vibración. Todas las Esferas por encima de Malkuth vibran a frecuencias más altas, con la vibración aumentando de Esfera a Esfera a medida que se trabaja hacia arriba. Malkuth es el receptor del marco etérico de manifestación de Yesod. Es el contenedor de los nueve Sephiroth restantes, ya que fundamenta esas energías dentro del Reino Material. Como tal, es el Sephira final de la Forma. Malkuth es el receptáculo final de todas las diferentes corrientes de energía que componen el Árbol de la Vida.

Malkuth es también algo más que el Mundo Físico y la Tierra. También es el Sephira donde se basan cada uno de los otros tres Elementos, sólo que en una forma inferior de manifestación. En la Qabalah, se les llama los Elementos Base. Están representados en los colores de Malkuth, ya que reflejan los poderes de los tres Sephiroth de Yesod, Hod y Netzach. Malkuth sólo está conectado a estos tres Sephiroth en el Árbol de la Vida. A Malkuth también se le asigna el Elemento Tierra (Astral), lo que significa que aunque se relaciona con el Mundo Físico, también tiene una conexión con el Mundo Astral. Malkuth se manifiesta a través del Chakra Muladhara, que también tiene un Cuerpo Sutil llamado Cuerpo Astral Inferior (Cuerpo Etérico).

Para los Cuatro Elementos, existen tres estados diferentes de la Materia: sólido (Tierra), líquido (Agua) y gas (Aire). Al Elemento Fuego se le atribuye el principio de la electricidad. Todos los fenómenos físicos están comprendidos en los Cuatro Elementos, lo que nos permite comprender su carácter y sus cualidades. Cada uno de los Cuatro Elementos se utiliza para describir la esencia física y material de Malkuth.

Los símbolos de Malkuth son el Altar Cúbico Doble, el Círculo Místico, el Triángulo del Arte (Evocación) y la letra Hebrea Heh-final (como parte de YHVH). Las correspondencias de la Deidad de Malkuth incluyen a Geb, Deméter, Ceres, Cernunnos, Nerthus, Ganesha, Azaka y Ochosi.

LA SENDA DE LA ESPADA FLAMÍGERA

El Sendero de la Espada Flamígera (Figura 5) representa la secuencia de manifestación de los Sephiroth. Los Qabalistas suelen llamar a la Espada Flamígera el "Relámpago". Esencialmente, el Sendero de la Espada Flamígera significa el proceso de la Creación. Su secuencia comienza con Kether, seguido de Chokmah, luego Binah, Daath, Chesed, Geburah, Tiphareth, Netzach, Hod, Yesod, y termina con Malkuth.

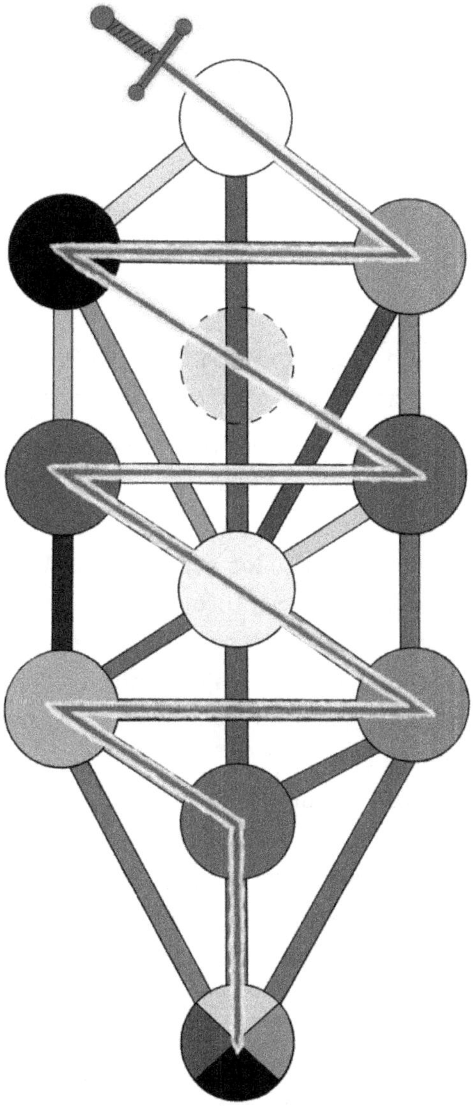

Figura 5: La Senda de la Espada Flamígera

Según la tradición Qabalista, cuando Miguel desterró a Lucifer del Cielo, la Espada Flamígera fue colocada para impedir que regresara. Lucifer es conocido como la "Luz de la Estrella de la Mañana" -la chispa de la conciencia superior dentro de los seres humanos que nos inspira a luchar por algo más que una simple existencia física. La Caída de Lucifer es sinónimo de nuestra Caída del Jardín del Edén. Nosotros somos Lucifer en esta historia.

Si queremos volver a entrar en el Jardín del Edén, debemos ascender al Árbol de la Vida emprendiendo el Camino de la Espada Flamígera en sentido inverso. Comenzamos en Malkuth y progresamos a través de los cuatro Chakras inferiores antes de cruzar el Abismo en Daath hacia el Reino del Espíritu. Con el despertar completo de la Kundalini, se activa todo el Árbol de la Vida, incluidos los Superiores. Sin embargo, la conciencia sólo puede operar a la capacidad total de la Luz una vez que las Esferas inferiores (correspondientes a los Chakras inferiores) han sido limpiadas energéticamente. Hay que recorrer el Árbol de la Vida a través de la secuencia inversa del Camino de la Espada Flamígera.

LA SERPIENTE DE LA SABIDURÍA

En la Qabalah, la Serpiente de la Sabiduría (Figura 6) se refiere a la dirección o el curso de las letras Hebreas colocadas en los veintidós caminos del Tarot de los Treinta y Dos Caminos de la Sabiduría. Juntos, estos caminos forman un símbolo: la Serpiente de la Sabiduría. Por lo tanto, los senderos del Tarot equivalen a la Serpiente de la Sabiduría, mientras que los Sephiroth equivalen al Sendero de la Espada Flamígera. Como el Sendero de la Espada Flamígera representa a la Creación descendiendo de lo más alto a lo más bajo (Kether a Malkuth), la Serpiente de la Sabiduría sube por el Árbol de la Vida desde el sendero más bajo (Tav) hasta el más alto (Aleph).

Ahora puedes ver cómo la simbología de la Serpiente está presente en la Qabalah y en el Árbol de la Vida. Es la energía Kundalini la que ilumina todo el Árbol de la Vida cuando se despierta. Es la Serpiente la que tentó a Eva a comer del Árbol del Conocimiento del Bien y del Mal en el Jardín del Edén, a pesar de que Dios lo prohibió terminantemente. Por su desobediencia a Dios, Adán y Eva fueron expulsados del Jardín.

Ahora, es esta Serpiente de nuevo a través de la cual debemos volver al Jardín del Edén. Lo hacemos despertando la Kundalini, cuyo proceso es sinónimo de activar y vigorizar todo el Árbol de la Vida y viajar hacia arriba en la conciencia. Ascendemos por el Árbol de la Vida en sucesión ascendente, empezando por el Sephira más bajo, Malkuth, y terminando por el Sephira más alto, Kether.

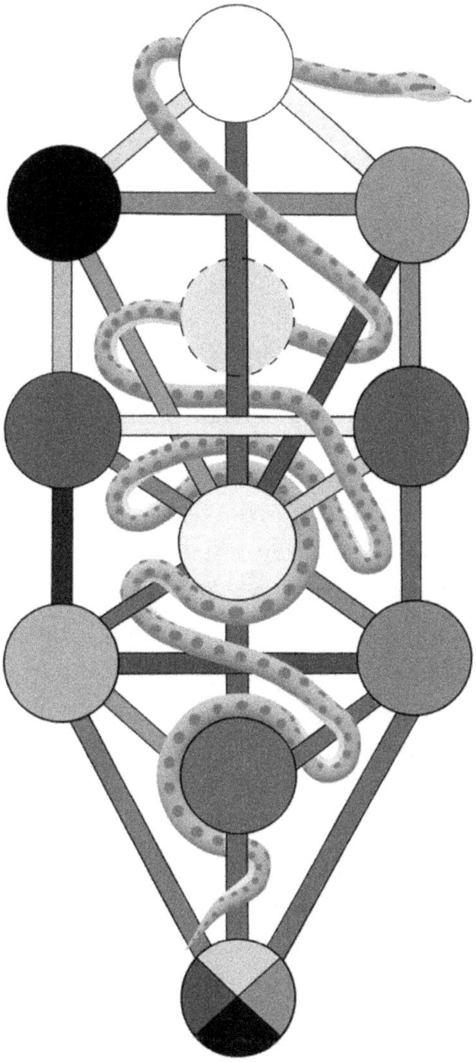

Figura 6: La Serpiente de la Sabiduría

"La Gran Obra, es ante todo, la creación del hombre por sí mismo, es decir, la conquista plena y entera de sus facultades y de su porvenir; es especialmente la emancipación perfecta de su voluntad." - Eliphas Levi; extracto de "Magia Trascendental"

Todo este proceso se llama la Gran Obra, o Alquimia Espiritual, y es la base de este libro. El propósito de la Gran Obra es la Iluminación o Evolución Espiritual y la ascensión. La realización de la Gran Obra liberará tu poder personal y maximizará tu potencial en esta vida. Y para aquellos que experimentan despertares de Kundalini, les dará las herramientas por las que tendrán una práctica diaria con la que combatir la ansiedad y el miedo que se desata cuando se experimenta un despertar, especialmente uno completo y sostenido.

LOS TREINTA Y DOS CAMINOS DE LA SABIDURÍA

Para apreciar realmente la Qabalah, hay que comprender lo profundo que es el sistema. Hasta ahora, he explicado el Árbol de la Vida y las diez Esferas. Sin embargo, hay veintidós caminos que se conectan entre ellos -los veintidós caminos junto con los diez Sephiroth equivalen a los Treinta y Dos Caminos de la Sabiduría. Los veintidós caminos se correlacionan con los veintidós Arcanos Mayores del Tarot, que, a su vez, se corresponden con los tres Elementos principales de Aire, Fuego y Agua, los Doce Zodiacos y los Siete Planetas Antiguos. Los Elementos, en este caso, se denominan Elementos "Transicionales" ya que representan energías en tránsito entre los Sephiroth.

Los veintidós caminos también se correlacionan con las veintidós letras del alfabeto Hebreo, que se consideran muy Mágicas en su uso, ya sea a través de la escritura o la pronunciación de los Nombres Divinos Hebreos. Todo lo que acabo de mencionar se considera conocimiento Hermético, ya que el Hermetismo es esencialmente el estudio de nuestro Sistema Solar y sus energías.

Como se ha mencionado, la Qabalah es el plano del Universo (nuestro Sistema Solar en particular), incluyendo los Planos Cósmicos de existencia. Los diez Sephiroth son estados de conciencia. Los caminos de conexión son las energías que fluyen dentro y fuera de esos estados. Entender estos caminos te ofrecerá una inmensa visión de tu psique y personalidad y te dará una hoja de ruta para pasar de un estado de conciencia al siguiente de forma segura y eficiente.

Como cada hombre y mujer tiene su Árbol de la Vida, esto significa que podemos mapear nuestra conciencia en algún lugar de nuestro Árbol. Por ejemplo, si estás usando la lógica y la razón, tu conciencia está en Hod, mientras que, si estás experimentando la emoción del deseo, estás en Netzach. Si estás experimentando la emoción del miedo, estás en tu mente subconsciente, ubicada en Yesod, que es el lugar donde se activa tu energía sexual. Si estás usando tu imaginación, estás en Tiphareth, mientras que, si estás usando tu fuerza de voluntad, estás operando desde Geburah. El proceso de recordar el pasado ocurre en Chesed, al igual que la aplicación consciente de la energía del amor incondicional. Dentro de los Superiores, la intuición ocurre como un conocimiento directo de la verdad. Estas son algunas de las correspondencias de la Qabalah con nuestra estructura psicológica, pero hay muchas más.

La Qabalah trata de las correspondencias entre las cosas que encontramos en la naturaleza y, por lo tanto, memorizar estas correspondencias es el primer paso para alcanzar la Gnosis. A través del proceso de la Gnosis, tu propio Ser Superior se convertirá en tu maestro. Tu propio Genio Superior (Santo Ángel de la Guarda) te enseña la verdadera Qabalah, es decir, la parte de ti que es de Dios, la parte de ti que es Eterna, el Ser Superior. El trabajo consciente de tu parte es memorizar las correspondencias. Estas memorias se convertirán en archivadores que el Genio Superior utilizará para enseñarte.

EL ALFABETO HEBREO

El Sepher Yetzirah separa las veintidós letras del alfabeto Hebreo en tres clases diferentes: las Madres, las Dobles y las Simples. Las tres letras Madres son Aleph, Mem y Shin. Forman una trinidad de la que surge todo en la Creación. Las tres letras Madres se corresponden con los elementos Aire, Agua y Fuego. Mem (Agua) y Shin (Fuego) son opuestos, mientras que Aleph (Aire) es el elemento que los equilibra.

El Espíritu, aunque se considere un Elemento para que se entienda, es esencialmente el pegamento de todo lo que existe, pero no se encuentra en el Árbol de la Vida en uno de los veintidós caminos. La mejor manera de entender el Espíritu es entenderlo como la parte Supernal del Árbol. Malkuth tampoco es un componente separado ya que es el Mundo de la Materia. Tanto el Espíritu como la Materia representan el Alfa y el Omega, el principio y el fin del Universo.

Las siete letras Dobles son Beth, Gimel, Daleth, Kaph, Peh, Resh y Tav. Se denominan Dobles porque cada letra contiene un sonido duro y otro suave en su pronunciación. Además, cada una de ellas tiene un conjunto doble de cualidades. Los Dobles representan los Siete Planetas Antiguos, los siete días de la Creación, los siete orificios del ser humano (utilizados en la percepción), y las siete direcciones del Espacio (Norte, Este, Sur, Oeste, Arriba, Abajo, Centro).

Las doce letras Simples (o Sencillas) son Heh, Vav, Zayin, Cheth, Teth, Yod, Lamed, Nun, Samekh, Ayin, Tzaddi y Qoph. Los doce Simples representan los doce signos diferentes del Zodíaco, los doce meses del año y los doce órganos diferentes del cuerpo humano.

Como se ha mencionado, los veintidós Senderos del Árbol de la Vida se correlacionan con las veintidós letras del alfabeto Hebreo. Sus traducciones literales también tienen un significado muy esotérico, lo que le permite desarrollar una comprensión aún más profunda de la Qabalah. Hablaré de estas traducciones con más detalle en la sección sobre los Arcanos Mayores del Tarot.

EL ÁRBOL DE LA VIDA Y EL SISTEMA SOLAR

"Porque el Sol está situado en el centro del Cosmos, llevándolo como una Corona". - Hermes Trismegisto; extracto de "Hermetica: El Corpus Hermeticum Griego y el Asclepio Latino"

Las personas que preguntan por el Árbol de la Vida piden la descripción más práctica de lo que es. La respuesta a su pregunta es sencilla: el Árbol de la Vida es el plano de nuestro Sistema Solar. Si tomamos el Árbol de la Vida, lo colocamos horizontalmente y percibimos cada Esfera como el Planeta al que corresponde, tendremos una disposición tridimensional que es casi idéntica a la posición de los Planetas dentro de nuestro Sistema Solar.

Hay que tener en cuenta que los Antiguos desconocían los nuevos planetas de Urano, Neptuno y Plutón; por lo tanto, no fueron incluidos como parte del marco Qabalístico. Algunos Qabalistas actuales los añaden haciendo corresponder Chokmah a Urano y Kether a Neptuno. Debido a su tamaño y a su órbita irregular, Plutón había sido degradado como Planeta. Sin embargo, en los últimos años ha vuelto a ser restituido como tal.

Aunque la Tierra se encuentra entre Venus y Marte en nuestro Sistema Solar, si ponemos la Tierra en lugar del Sol como el centro del que emergen todas las demás energías Planetarias, obtendríamos la secuencia numérica exacta como el posicionamiento de los Planetas en el Árbol de la Vida. Si la Tierra es el centro de nuestro Sistema Solar, tendríamos la Luna a continuación (más cercana a la Tierra), seguida de Mercurio, Venus, el Sol (en lugar de la Tierra), Marte, Júpiter y Saturno.

Esta aplicación tiene mucho sentido cuando aplicamos la correspondencia entre las palabras "Alma" y "Sol", que es el nombre Latino utilizado por los Antiguos para el Sol. La Luz del Alma se correlaciona con la Luz del Sol. No la Luz física que vemos con nuestros ojos, sino la Luz en una frecuencia vibratoria más alta. No es de extrañar que los Antiguos se refirieran al Alma como la "Chispa Eterna del Sol". "Así, ya que tenemos nuestra existencia física en la Tierra, y nuestra Alma se originó en el Sol en nuestro Sistema Solar, la Luz dentro de nuestras Almas es nuestro vínculo de conexión con nuestro Creador. Es la Fuente más elevada dentro de nosotros y lo que somos, en esencia. Esto coincide con las enseñanzas de Jesucristo y del primer monoteísta de la historia: el Faraón Egipcio Akenatón.

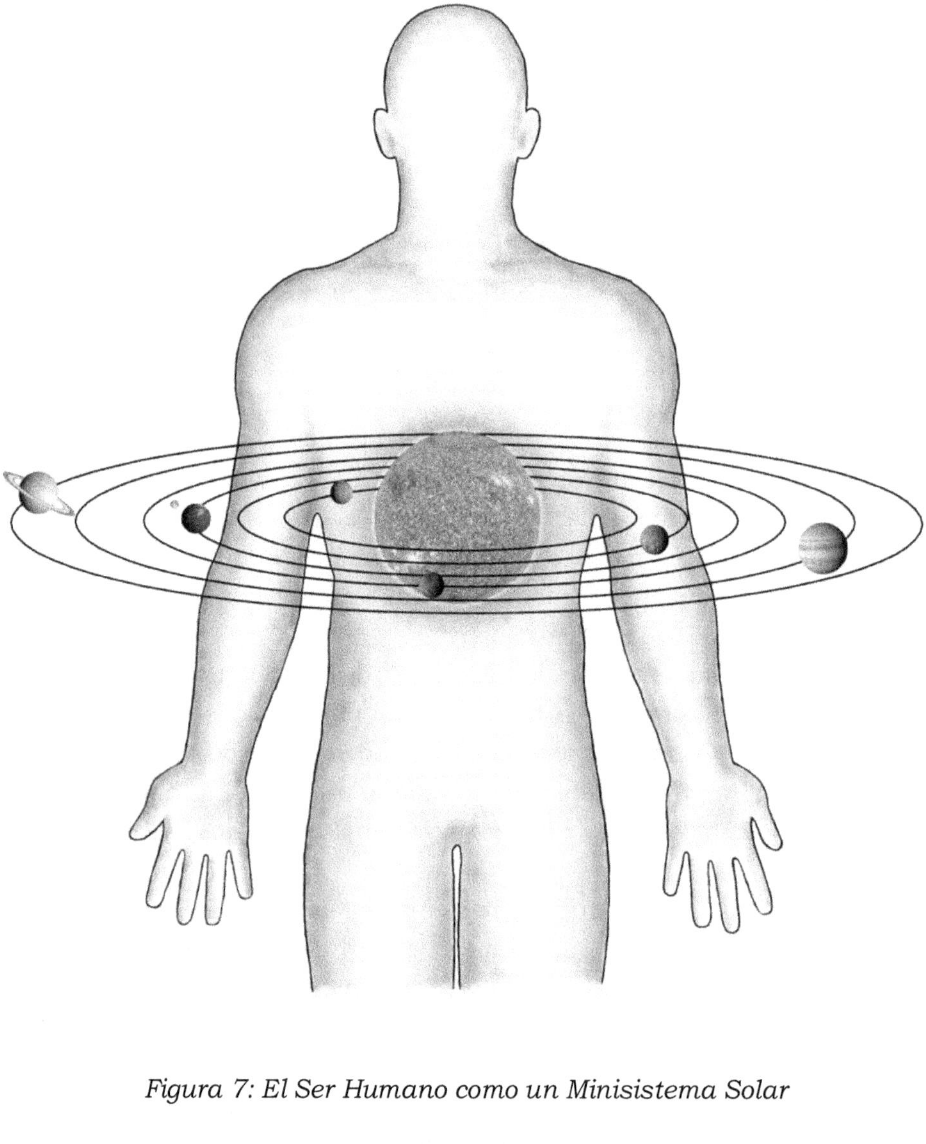

Figura 7: El Ser Humano como un Minisistema Solar

Los planetas se mantienen en órbita alrededor del Sol por una fuerza esférica que se manifiesta como una esfera concéntrica invisible. Visualmente, esto se parece a cómo las capas de una cebolla se superponen una sobre otra. Si imaginamos que la Tierra es el centro de la cebolla, las energías planetarias son sus capas, que siguen la secuencia numérica dada por el Árbol de la Vida. Estas energías forman el Aura de la Tierra, que se corresponde con el Aura humana. Las energías Planetarias están contenidas en ambos -Como Es Arriba, Es Abajo- el Microcosmos refleja el Macrocosmos.

Al igual que el Árbol de la Vida es un reflejo de nuestro Sistema Solar, nuestro Árbol de la Vida individual es un reflejo de nuestro Sistema Solar en su conjunto, teniendo en cuenta que fuimos hechos a imagen de nuestro Creador. Si puedes imaginarte a ti mismo como un Ser de tamaño inmenso (Figura 7), entonces el Sol (nuestra Estrella central) está en tu área del Plexo Solar, el Asiento del Alma y la Fuente de Luz y el Elemento Fuego. La correspondencia Qabalística sería el Sephira Tiphareth, el Elemento Aire (Específico) actuado por el Elemento Fuego Solar.

Tiphareth es el Sephira central que recibe las influencias de todos los demás Sephiroth, excluyendo a Malkuth. Como tal, es el Chakra Anahata sobre el que actúa el Chakra Manipura. El centro Solar exacto (Tiphareth) estaría en algún lugar entre esos dos Chakras: es la Fuente de nuestro Ser a través de la cual estamos conectados con el propio Sol. Esta conexión se logra a través del amor incondicional, la energía vinculante de todas las cosas en nuestro Sistema Solar.

Alrededor de nuestro propio Sol central (en nuestro Plexo Solar) están las energías Planetarias, que se manifiestan como nuestros poderes superiores. Estos son los diversos componentes de nuestro Ser interior, la fuente de nuestra moral y ética. Las energías Planetarias están contenidas en el Aura humana. Su impacto en nuestras Almas se ve directamente afectado por el movimiento de los cuerpos Planetarios cuando orbitan alrededor de nuestro Sol. Estamos conectados a los poderes de los Planetas y, de esta manera, somos un perfecto Microcosmos del Macrocosmos-un Mini Sistema Solar que refleja el gran Sistema Solar en el que tenemos nuestra existencia física.

La comprensión de los Planetas y sus poderes es de suma importancia para este trabajo. El conocimiento de los Cinco Elementos (que se expresan a través de los Siete Chakras) y de los Siete Planetas Antiguos, y de los Doce Zodiacos es el núcleo, la base de las Enseñanzas Herméticas y del Árbol de la Vida Qabalístico.

TRES PARTES DEL SER

Los Qabalistas consideran los diez Sephiroth y los caminos de conexión como una unidad sin división, formando lo que llaman Adam Kadmon, el "Hombre Celestial". "En *El Zohar*, Adam Kadmon también es llamado el "Gran Anciano". Es un cuerpo Espiritual grande y orgánico en el que cada ser humano se considera una sola célula, quizás incluso menos. Dentro de Adam Kadmon está el potencial de todo en nuestro Sistema Solar, y es una manifestación del todo y de la unidad de todas las cosas.

Adam Kadmon es también el prototipo del ser humano. Los Sephiroth son los Principios Cósmicos que operan en el Macrocosmos (nuestro Sistema Solar). También encuentran su reflejo en la humanidad: Como Es Arriba, Es Abajo.

El Ser es el "yo" que habita el cuerpo físico y lo utiliza como vehículo de manifestación. Sin el Yo, el cuerpo humano es como una bombilla sin electricidad o un ordenador sin ningún software que lo haga funcionar.

El Yo humano tiene tres componentes o partes distintas, que funcionan casi independientemente unas de otras, pero que ocupan el mismo Tiempo y Espacio. Cada una de estas partes del Yo funciona simultáneamente como todas las demás, pero sólo podemos experimentar una de ellas a la vez, y es la que recibe nuestra atención. Nuestra conciencia de una de las tres partes del Ser determina nuestro estado de conciencia. Experimentamos estas diferentes partes del Ser a través de nuestros pensamientos, ya que el pensamiento es la base de toda la realidad. Y experimentamos nuestros pensamientos a través de la mente, el vínculo de unión entre el Espíritu y la Materia.

Dado que las tres partes del Ser se relacionan con los diferentes Sephiroth del Árbol de la Vida, tenemos que superponer el Árbol de la Vida al cuerpo físico para entender las correspondencias. Según la Qabalah, la primera y más elevada división, o parte del Ser, se conoce como la Gran Neshamá, que a su vez puede dividirse en la Yejidah, la Chiah y la Neshamá Menor. La Gran Neshamá reside en el cerebro. Es nuestro Verdadero Ser, la parte de nosotros que es Divina.

Yechidah se encuentra en Kether, en el Sahasrara Chakra, en la parte superior de la cabeza. Es Eterno-más allá del Tiempo y del Espacio, y se refiere al Super-Ego

Freudiano-el Yo Superior. Yechidah es nuestra conexión con la Conciencia Cósmica. Impulsa nuestro impulso para evolucionar más allá de nuestra humanidad física y unir nuestra conciencia con la Cósmica. Es incognoscible, ya que es la Luz Blanca de la que todos formamos parte, pero puede conocerse a través de la Chía y la Neschamah Menor, que se encuentran inmediatamente debajo de ella.

Yechidah es también nuestra conexión con los Registros Akáshicos, un tipo de banco de memoria contenido en la Conciencia Cósmica. Contiene todos los eventos, pensamientos, emociones e intenciones humanas que han ocurrido en el pasado, que están ocurriendo ahora o que ocurrirán en el futuro. El futuro ya ha ocurrido desde la perspectiva de Dios, el Creador, pero como somos seres físicos atados al Espacio y al Tiempo, aún no lo hemos experimentado. La palabra "Akasha" en Sánscrito es un término para "Espacio" o "Aethyr". "Alude al Elemento Espiritual, el principio animador de toda la creación. El Yechidah puede acceder a los Registros Akáshicos a través del Ahora, el momento presente.

"Un hombre que está haciendo su Verdadera Voluntad tiene la inercia del Universo para ayudarle". - Aleister Crowley; extracto de "Magick in Theory and Practice"

La Chíah (que se encuentra en la Esfera de Chokmah) es nuestra Verdadera Voluntad. Es la parte masculina y proyectiva del Ser, perteneciente al Elemento Fuego. Es nuestro Santo Ángel de la Guarda y la parte de nosotros que nos impulsa continuamente a acercarnos a la Divinidad. La Chíah influye en las funciones del hemisferio cerebral izquierdo, como el pensamiento analítico, la lógica, la razón, las ciencias y las matemáticas, el razonamiento y la capacidad de escribir. Sin embargo, como estas funciones ocurren a través de la mente, la parte del Ser llamada Ruach está involucrada. La Yechidah y la Chíah son fundamentalmente Arquetípicas, lo que significa que están hasta cierto punto fuera de nuestra capacidad de comprenderlas plenamente. Podemos utilizar el lado izquierdo de nuestro cerebro, pero no podemos entender por qué sabemos lo que sabemos ni la fuente de ese conocimiento.

La Neschamah menor se encuentra en la Esfera de Binah. Es femenina y receptiva, y pertenece al Elemento Agua. La Neschamah Menor sirve como nuestra intuición psíquica. Es la aspiración más elevada del Ser y nuestro más profundo anhelo o estado de conciencia más elevado. Después de todo, nuestro poder intuitivo nos vincula directamente con lo Divino. En la persona promedio, este aspecto del Ser está relativamente dormido y descubierto. Sólo cuando comenzamos a despertar Espiritualmente, empezamos a descubrir los poderes de la comprensión mística y la trascendencia. Sin embargo, para que este descubrimiento ocurra, primero debe producirse un diálogo entre el Yo Superior y el *Yo Inferior*. El Neschamah Menor influye en las funciones del hemisferio derecho del cerebro, como la creatividad, la imaginación, la perspicacia, el pensamiento holístico y la conciencia de la música y las formas de arte en general.

La intuición es la parte más elevada del Ser tangible. Esta parte de nosotros puede canalizar información de los Planos Cósmicos interiores. Cuanto más evolucionado Espiritualmente estés, más funcionas a través de la intuición. La intuición se recibe a través de Ajna, el Chakra del Ojo de la Mente. Aquellos que están altamente sintonizados con la intuición se convierten en telépatas y empáticos. La telepatía es el conocimiento directo de los pensamientos de los demás, mientras que la empatía es el conocimiento directo de las emociones de los demás. Ambas tienen lugar a través de la intuición, ya que su función es ver y procesar la energía. El despertar de la Kundalini es el despertar a un proceso de transformación del Ser para que el individuo funcione principalmente a través de la intuición. La dualidad que se encuentra en las partes inferiores del Ser es unificada por la energía del Espíritu Santo liberada a través de la Kundalini.

El siguiente componente del Ser (después de la Neshamah) es la Ruach, que es el aspecto consciente de nuestro Ser. Es a través de la Ruach que se dan los poderes de razonamiento. La Ruach es la mente, mientras que la Neshamah es el Espíritu. Entre ambos se encuentra el Abismo (Daath), que separa el Espíritu y la Materia. Esta separación ocurre en Vishuddhi, el Chakra de la Garganta, que separa los tres Chakras superiores del Espíritu de los cuatro Chakras inferiores de los Cuatro Elementos de Aire, Fuego, Agua y Tierra.

La Ruach contiene tanto el Alma como el Ego, que actúa en nombre del Yo inferior. A través de la Ruach, estas dos partes del Yo luchan entre sí por la supremacía. El propósito del Alma es elevar la conciencia individual al nivel del Yo Superior (el Espíritu), mientras que el objetivo del Ego es bajar la conciencia al nivel de la Materia.

Nechamah vive en la unidad, ya que es el Espíritu indiferenciado, mientras que la dualidad está presente en el nivel de la Ruach y la mente. Esta dualidad da lugar a la lógica y la razón, la herramienta que la Ruach utiliza para deducir la realidad. De este modo, se forma el intelecto, que es una manifestación de conocimiento inferior a la verdad que sólo puede recibir la intuición.

La Ruach es la sede de lo que se conoce como "Conciencia Exterior". "Es aquí donde podemos tomar conciencia de las imágenes del pensamiento antes de poder transformarlas en acciones. La Ruach está relacionada con la mayor parte de nuestro pensamiento diario. Se compone de cinco Sephiroth-Chesed, Geburah, Tiphareth, Netzach y Hod.

Chesed tiene que ver con la memoria, y se encuentra en el hombro izquierdo. Es la parte de la Ruach que puede memorizar y retener información. La memoria está relacionada con el Karma. Por lo tanto, su propósito final es enseñarnos cómo comportarnos bajo las Leyes Universales.

Geburah tiene que ver con la fuerza de voluntad y la fortaleza, y se encuentra a lo largo del hombro derecho. La fortaleza de ánimo es necesaria para que aprendamos a utilizar nuestra fuerza de voluntad en nombre de nuestra Alma, no del Ego. Tiphareth es la imaginación, y es el factor de equilibrio entre la fuerza de voluntad y la memoria, ya que ambas son necesarias para su correcto funcionamiento. Su ubicación es en la zona del Plexo Solar.

Netzach se encuentra a lo largo de la cadera izquierda y se ocupa de nuestros deseos. Nuestro último deseo es la unidad con la Divinidad, aunque el deseo puede adoptar muchas formas. Y finalmente, Hod está a lo largo de la cadera derecha, y tiene que ver con la lógica y la razón. El propósito último de la Ruach es elevar la conciencia individual al nivel de la Conciencia Cósmica.

La Ruach significa el nivel intermedio entre los componentes más altos y bajos del Ser. Es aquí donde se compromete la capacidad ética de distinguir entre el bien y el mal. Dentro de la Ruach, la persona puede concentrarse en los deseos personales temporales del Ego o en los objetivos e ideales Espirituales superiores del Alma. La atención enfocada de la Ruaj nos conecta con nuestros Yoes Inferiores o Superiores, ya que es el intermediario entre los dos.

La Ruach está conectada con la Nechamah Mayor como el Elemento Aire está conectado con el Espíritu. El Aire Primordial es, de hecho, una manifestación inferior de la energía del Espíritu, ya que el Espíritu se manifestó en un Elemento inferior para servir de conciliador de los otros dos Elementos Primordiales: el Agua y el Fuego. El Fuego y el Agua necesitan del Aire para sobrevivir, ya que éste los alimenta a ambos. El Aire es, pues, el pensamiento, activo y pasivo, voluntario e involuntario, que es la fuente de la fuerza de voluntad y de la emoción: los Elementos Fuego y Agua.

El siguiente componente del Yo es el Nephesh, el lado oscuro y la mente subconsciente, conocido como el Yo Inferior. El Nephesh, también entendido como el "Yo de la Sombra", responde a los instintos primarios y animales que hay en nosotros. El Nephesh es un componente esencial del Yo. Conecta a la humanidad con el Reino Físico de los Elementos, así como con nuestros Ancestros animales. Esta parte de nosotros nos impulsa a compartir las mismas actividades que el resto de los animales, incluyendo el sueño, la alimentación y la actividad sexual. El Nephesh dio a luz al Ego, que es el adversario del Alma, ya que una de sus funciones principales es continuar llevando a cabo los deberes del Nephesh mientras se descuida el Espíritu.

El Nephesh es el primer aspecto del Ser, activado al nacer. Se encuentra en la Esfera de Yesod, en la zona de la ingle, simbolizada por la Luna. Por esta razón, es algo engañoso ya que simplemente refleja la Luz del Sol en Tiphareth. Por lo tanto, la información que proyecta es engañosa ya que sólo la Luz del Sol es la verdad real. Aquí, la energía lunar es muy significativa ya que es esta energía y fuerza sexual la que sirve para activar la Kundalini. Dentro del área de Nephesh es donde se produce el Prana, el chi, el Mana (la energía Vital). En la Qabalah, esta energía Qabalah ital también se llama Ruach, que no debe confundirse con el Ruach como una de las tres partes del Ser.

El Nephesh simboliza nuestros impulsos fundamentales de oposición al conjunto de la sociedad, incluyendo las concepciones de la sociedad sobre el comportamiento ideal. El Nephesh es el lado oscuro de la conciencia dentro de la Ruach, la mente. Puede compararse con el DNI Freudiano.

El Ruach debe mantener siempre el control del Nephesh -el subconsciente debe estar siempre bajo el control de la mente consciente. El Nephesh se alimenta del miedo y es su fuente. El Yo Inferior (el Nephesh) puede evocar el Yo Medio (la Ruach), que a su vez puede activar el Gran Nechamah (el Divino, o el Yo Dios). Este proceso hace que la Nechamah Mayor descienda a las porciones inferiores del Yo para llevar al individuo a un reconocimiento consciente del Yo Divino. Esta operación se llama "Espiritualizar el Ego".

Finalmente, el último componente del Yo se conoce como el G'uph. Situado en la Esfera de Malkuth, a los pies, el G'uph está conectado con el cuerpo físico y con todo el espectro del funcionamiento psicofísico. Cuando hay una amenaza física para el cuerpo, el G'uph comunica al cerebro lo que puede estar mal. El G'uph es un nivel inferior del subconsciente cuya función es informar al cerebro sobre el estado del cuerpo. Es esencialmente nuestro impulso de "lucha o huida". El G'uph y el Ego son aliados, al igual que el Alma y el Espíritu. El origen de la palabra en Inglés para "bobo", "goof", puede estar relacionado con el G'uph, ya que comportarse como un "goof" significa operar en un nivel inferior de la conciencia humana.

Comprender las tres partes del Ser te permite entender tu constitución psicológica, tu carácter y tu personalidad. Si quieres dominar el Ser, es de primordial importancia saber cómo funcionan los diferentes componentes y energías que hay en ti. Por lo tanto, comprender cómo funciona la psicología es primordial para la Evolución Espiritual y la realización de la Gran Obra.

TETRAGRÁMATON Y PENTAGRÁMATON

Los conceptos Tetragrámaton y Pentagrámaton contienen mucho simbolismo relacionado con el proceso de despertar de la Kundalini y su propósito general. Para los Qabalistas, el nombre de Dios es YHVH, que se llama el Tetragrámaton en la Qabalah (Figura 8). Jehová, el Dios Hebreo de *La Torá* (Antiguo Testamento), recibió el nombre del Tetragrámaton. Tetragrámaton es la palabra Hebrea que significa "cuatro letras", que representan Yod (Fuego), Heh (Agua), Vav (Aire) y Heh-final (Tierra). Se entiende que nadie conoce la pronunciación correcta del nombre de Dios (YHVH) y que, como seres humanos, debemos unirnos a nuestro Santo Ángel de la Guarda o Genio Superior, Yo Superior, para aprenderlo.

Hay toda una lista de significados y correspondencias que se ajustan a las cuatro letras del Tetragrámaton. Yod (Fuego) representa la masculinidad Arquetípica. Yod es la cabeza, la mente iluminada y nuestra conexión con los Cielos (las Estrellas). Heh (Agua) representa la feminidad Arquetípica. Heh es los hombros y los brazos como nuestro vehículo para manifestar las ideas de nuestra mente. Vav (Aire) representa la masculinidad física. Vav es el torso que lleva la columna vertebral, que sirve de canal para el Fuego Kundalini. El Espíritu Santo, cuando se despierta, activa los Chakras y conecta el Cielo arriba y la Tierra abajo. Y por último, Heh-final (Tierra) representa la feminidad física. Heh-final son las piernas que caminan sobre el propio Planeta Tierra.

Observa la correspondencia entre Heh (Agua) y Heh-final (Tierra). Tanto las piernas como los brazos del cuerpo físico son necesarios para manifestarse en este Mundo de la Materia. Además, cada expresión de la letra Heh implica una dualidad ya que tanto los brazos como las piernas tienen dos miembros cada uno. Su modo de expresión es hacia el Mundo Físico ya que este Mundo de la Materia es de dualidad. Los brazos expresan el Elemento Aire (la mente) ya que están literalmente suspendidos en el aire que nos rodea, mediando entre la cabeza (Cielo) y las piernas (Tierra). Las piernas sirven a todos los Elementos, ya que se apoyan en el Planeta Tierra y sostienen el torso, los brazos y la cabeza.

Figura 8: El Tetragrámaton-YHVH

Ten siempre presente que la Qabalah está pensada para ser interpretada a través de símbolos, alegorías, números y metáforas. Si ves una similitud entre dos ideas dentro de la Qabalah, también existe una correspondencia en la Realidad Espiritual - Como Es Arriba, Es Abajo.

Como se mencionó en lecciones anteriores, los Cuatro Elementos se encuentran en los cuatro Chakras más bajos. Los tres Chakras más altos son los del Aethyr. ¿Qué es el Aethyr? Muy simplemente, el Aethyr es el Elemento Espíritu. El despertar de la Kundalini es el despertar del Elemento Espíritu y su plena integración en todos los Chakras.

El objetivo final del proceso de despertar de la Kundalini es que la energía de la Kundalini llegue al Chakra de la Corona, para que Shakti llegue a Shiva. La Corona es No-Dual; por lo tanto, no contiene Karma. Cuando la Kundalini llega a la Corona, la activación espiritual está completa. Una vez atravesada por la energía Kundalini, la Corona se abre como una flor de loto, permitiendo que el Espíritu Divino de arriba descienda a los Chakras de abajo, infundiéndolos así permanentemente. El individuo obtiene así una conexión con su Yo Superior, Dios, desde los Superiores.

El abismo entre el Ego y el Yo Superior se llama Abismo. El Ego se desvanece una vez que se ha cruzado el Abismo y se ha llegado a los Superiores. El Ego nunca puede ser aniquilado mientras se vive en el cuerpo físico, pero su impacto en la conciencia individual disminuye drásticamente una vez que se ha cruzado el Abismo. Todos los Sephiroth por debajo del Abismo contienen el Ego.

El guardián del Abismo es el infame Diablo, que representa la dualidad y el mundo material en general. El Diablo es el gran tentador del Ego individual ya que el Ego nació a través del cuerpo terrenal y es la inteligencia que tiende a él. Por lo tanto, es una afirmación exacta decir que el Ego es el subproducto del Diablo.

Como la dualidad está presente en todas las cosas de nuestro Universo, también podemos encontrarla en nuestra comprensión del bien y del mal. Si existe Dios, que es puro Espíritu y es Todo-Bueno, entonces también debe significar que la Archi-Némesis de Dios existe como una personificación del el Diablo, por sus palabras en Inglés "D(the)-evil" en el Mundo de la Materia. De ahí el surgimiento del Diablo como el opuesto de Dios. El Diablo nos tienta a través de las cualidades seductoras del mundo material. Explicaré la energía del Diablo con más detalle en la carta del Tarot del Diablo.

Como el bien y el mal son conceptos que se experimentan a través de la mente, el Diablo también existe sólo en la mente. Después de todo, la mente es el vínculo de la humanidad entre el Espíritu (el bien) y la Materia (el mal) y nuestro medio de experiencia del Mundo de la Materia. Y como el cuerpo no puede vivir sin la mente, esto significa que tendremos una mente mientras estemos vivos en este Planeta.

"Fundamentalmente, sin embargo, no hay ni bien ni mal; todo esto se basa en conceptos humanos. En el Universo no hay ni bien ni mal, porque todo ha sido creado de acuerdo con unas Leyes inmutables. Los principios divinos se reflejan en estas Leyes, y sólo a través del conocimiento de estas Leyes podremos acercarnos a lo divino." - Franz Bardon; extracto de "Iniciación al Hermetismo"

Una vez que has cruzado la dualidad de la mente y has alcanzado los Superiores, el Diablo y sus secuaces Demoníacos (Ángeles Caídos) desaparecen. Ellos nunca fueron reales en primer lugar, sino que sólo estaban en tu cabeza, dentro de la mente. El Ego se desarrolló debido a la ilusión de la mente al percibir este Mundo de la Materia como real. El Ego, a su vez, dio lugar a la dicotomía del bien y el mal, Dios y el Diablo.

Mientras el Ego se alimenta del miedo, el Ser Superior se alimenta del amor. El miedo, por lo tanto, es subjetivo y sólo se experimenta dentro del cuerpo físico, a través de la mente. El futuro de la evolución humana es que nos transformemos Espiritualmente para que podamos extinguir todo el miedo y funcionar sólo a través del amor. Sin embargo, para lograr esto, debemos aprender a ejercer nuestro Libre Albedrío en la vida y elegir conscientemente el bien sobre el mal.

La forma en que ejerces tu Principio de Libre Albedrío determina la cantidad de energía Kármica negativa que tienes en tus Chakras. Aquellos que no saben cómo aplicar su Libre Albedrío están sujetos a que su Karma sea principalmente un subproducto de su condicionamiento pasado. Sin usar el Libre Albedrío, eres como un autómata, repitiendo las mismas acciones repetidamente, a ciegas y sin tener en cuenta la evolución personal.

Las personas que permiten que los condicionamientos del pasado determinen su destino confían en su memoria para guiarse en la vida. Están atascados en lo viejo y no tienen espacio para permitir que entren cosas nuevas en sus vidas. La forma en que procesan los acontecimientos del pasado determina la forma en que se enfrentan a los acontecimientos actuales y futuros. Todos los eventos son el subproducto del Tiempo y el Espacio en este Mundo Tridimensional del que participan nuestros cuerpos físicos. Dentro de todos los eventos, tenemos la nada (Ain) y su opuesto-puro potencial ilimitado, la Luz Blanca Ilimitada (Ain Soph Aur).

El estado vibratorio de nuestra conciencia determina nuestro nivel de experiencia de la existencia ilimitada ya que estamos conectados a la Luz Blanca inextricablemente. Las percepciones de nuestros Egos están influenciadas por nuestro condicionamiento pasado, que crea nuestras limitaciones en la vida. Nuestro Libre Albedrío, sin embargo, puede romper cualquier limitación en un instante dado y conectarnos con la existencia ilimitada de la Luz Blanca. El Libre Albedrío supera nuestros condicionamientos y factores ambientales y rompe el Ego completamente al ponernos en el momento - el Ahora. Cuando estás en el Ahora, tu Ser Superior puede entrar en tu conciencia y comunicarse contigo.

Uno de los objetivos de la Gran Obra es sintonizarte con tu Libre Albedrío y enseñarte a utilizarlo. Tu Libre Albedrío es tu mayor arma Mágica en este mundo, ya que es la parte de ti que es de la Divinidad. En esencia, tu Libre Albedrío es la Palabra, ya sea hablada en voz alta o en silencio para ti mismo.

"En el principio era la Palabra, y la Palabra estaba con Dios, y la Palabra era Dios". - "La Santa Biblia" (Juan 1:1)

Muchos Cristianos creen que Juan el Bautista se refirió a Jesucristo como el Verbo, lo que da a esta línea un doble significado. Pero, ¿quién era Jesucristo? ¿Qué relación tenemos con él? Las respuestas a estas preguntas están ante nuestros ojos si sabemos dónde mirar.

El nombre de Jesús es muy peculiar y simbólico. Su nombre Hebreo es Yahshuah (normalmente traducido como Josué), deletreado YHShinVH, también llamado el Pentagrámaton en la Qabalah (Figura 9). En términos simbólicos, YHShinVH significa Fuego (Yod), Agua (Heh), la letra hebrea Shin, Aire (Vav) y Tierra (Heh-final). El Pentagrámaton es similar al Tetragrámaton, con la única diferencia de que se añade la letra Hebrea Shin como reconciliadora entre los Cuatro Elementos.

Figura 9: El Pentagrama YHShinVH (Yahshuah)

La letra Hebrea Shin simboliza el elemento del Fuego Sagrado en la Qabalah. Consta de tres trazos, que representan tres llamas. La Qabalah se refiere a las tres llamas de Shin como la "Llama Triple del Alma". Shin, por lo tanto, se corresponde con el Espíritu Santo y la energía Kundalini -Ida por un lado, Pingala por otro, y Sushumna en el centro. Shin también significa "diente" en Hebreo. La función del diente es triturar los alimentos para que puedan ser ingeridos y digeridos en el sistema. Después, el alimento se transforma en energía Vital -Prana, chi, mana, Ruach.

Shin representa un camino particular en el Árbol de la Vida, correspondiente a la carta del Tarot del Juicio, cuyo nombre mágico es "Espíritus de Dios" o "Espíritu del Fuego Primitivo". El Elemento Fuego (de transición) representa el camino de Shin. Cuando la letra Shin se coloca en el centro del Tetragrámaton (YHVH), se convierte en una palabra de cinco letras que significa la unión de todos los opuestos, las dualidades masculinas y femeninas, por medio del Espíritu Santo/la Kundalini. A medida que el Espíritu se integra en el Ser, los Planos Cósmicos se activan en su interior como estados de conciencia alcanzables.

Este misterio Qabalístico contiene el secreto de la verdadera naturaleza de Jesús y por qué su mito es tan importante para nosotros en esta época. Todos debemos asumir el papel de Jesús, como profetizó cuando dijo que volvería a la Tierra en el futuro después de su muerte en la cruz. Jesús estaba diciendo esencialmente que se manifestaría a través del iniciado que se sometiera a una transformación de despertar de Kundalini. Debemos ser nuestro propio Salvador, nuestro propio Mesías, si se quiere. Y para elevar la Kundalini, debemos aprender a usar nuestro propio Libre Albedrío y elegir el bien sobre el mal.

"De cierto, de cierto os digo que el que cree en mí, las obras que yo haga, él también las hará; y mayores que éstas hará, porque yo voy a mi Padre". - "La Santa Biblia" (Juan 14:12)

La frase anterior de Jesús fue precedida por la afirmación de que él está en el Padre y el Padre está en él. Jesús quería transmitir que las personas en un futuro lejano serían capaces de realizar las mismas obras que él e incluso más notables, ya que estarán conectadas a su Creador (Padre), como lo estaba él. Jesús era consciente de que su poder provenía del despertar de la energía Kundalini y que ésta era el destino de la humanidad. Es sólo una cuestión de tiempo antes de que todos los humanos se transformen Espiritualmente, como lo hizo Jesús.

CUATRO MUNDOS DE LA QABALAH

El modelo de los Cuatro Mundos de la Qabalah (Figura 10) existe para proporcionarnos una clave que permita comprender mejor el proceso de Creación y manifestación de la energía Divina. Además, la filosofía que expone es fundamental para describir los estados de conciencia que se alcanzan una vez que el individuo ha experimentado un despertar completo y permanente de la Kundalini.

Según la Qabalah, el Universo está dividido en cuatro Mundos diferentes. El Sendero de la Espada Flamígera dio lugar a la creación de los Sephiroth, que posteriormente trajeron a la existencia los Cuatro Mundos. Cada uno de los Cuatro Mundos evolucionó a partir del que le precedió, solidificándose a medida que alcanzaban la manifestación dentro de la realidad física.

Los Cuatro Mundos son sinónimos de los Planos Cósmicos. Como ya se ha dicho, hay tres Planos Cósmicos principales: el Plano Espiritual, el Plano Mental y el Plano Astral. A ellos se añade el Plano Físico para constituir los Cuatro Mundos. Estos Cuatro Mundos están superpuestos uno sobre otro, igual que las capas de una cebolla. Además, cada Mundo está significado por una de las letras Hebreas del Tetragrámaton (YHVH) -lo que refuerza aún más el concepto del cuádruple modelo Qabalístico del Universo.

"Todas las cosas que se manifiestan en los Mundos Inferiores existen primero en los anillos intangibles de las Esferas superiores, de modo que la Creación es, en verdad, el proceso de hacer tangible lo intangible mediante la extensión de lo intangible en varios índices vibratorios." - Manly P. Hall; extracto de "La Qabalah, la Doctrina Secreta de Israel"

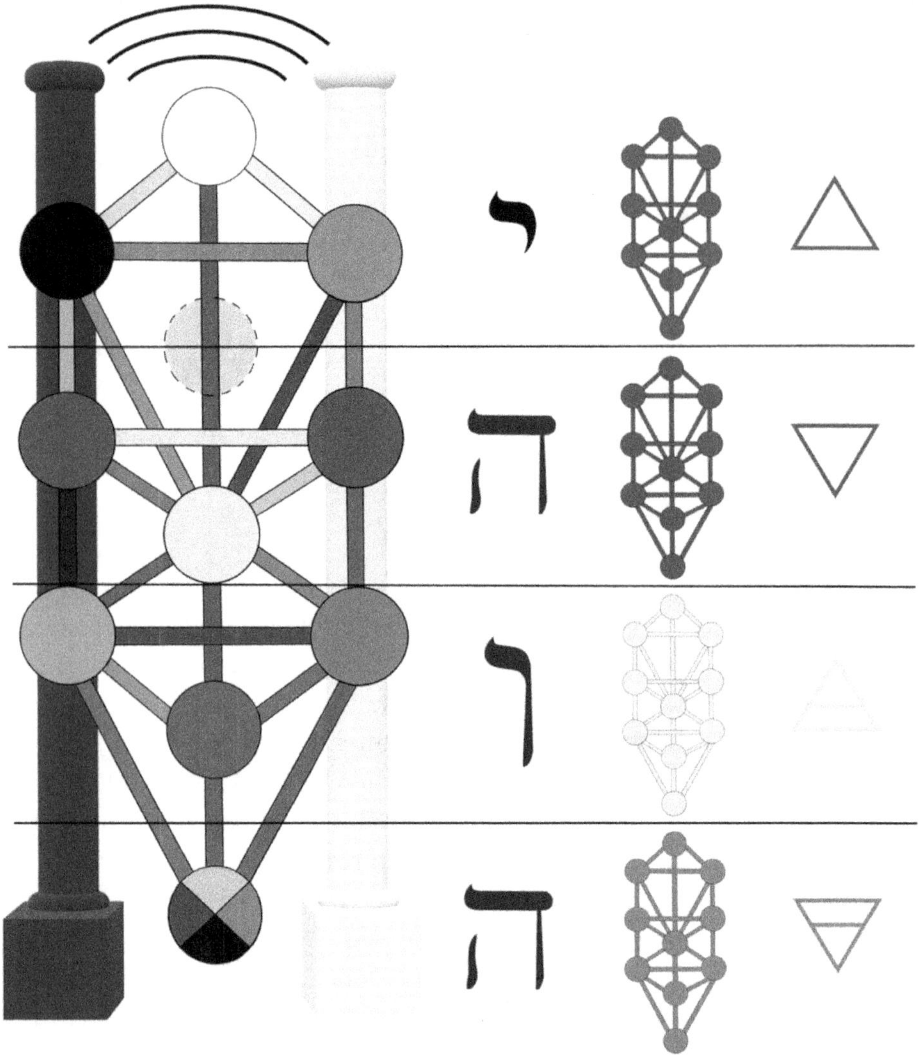

Figura 10: Los Cuatro Mundos: Atziluth, Briah, Yetzirah y Assiah

El primer Mundo se conoce como Atziluth. Según los Qabalistas, Atziluth es el Mundo del Espíritu Puro. Es el Mundo Arquetípico que inicia los otros tres Mundos. En otras palabras, los otros tres Mundos evolucionaron a partir de Atziluth. La letra Yod en el Tetragrámaton (YHVH) se da a Atziluth como el Mundo del Fuego Primordial. Atziluth está en última instancia más allá de la descripción, dada su esencia Espiritual, que está más allá del Espacio, el Tiempo y la manifestación. Algunos Qabalistas se refieren al Plano Divino o al Mundo donde están los pensamientos de Dios como Atziluth. Atziluth es el Mundo de la energía Divina pura. Cualquiera que sea su designación, Atziluth dio a luz a los otros tres Mundos sucesivos por debajo de él en una escala descendente de Luz.

En términos de los Planos Cósmicos, Atziluth sería el Plano Espiritual. Nótese que este Mundo pertenece al Plano Espiritual, pero es considerado el Mundo del Fuego Primordial por los Qabalistas. El Elemento Espíritu se omite en el modelo de los Cuatro Mundos en el marco Qabalístico ya que perdimos nuestra conexión con él después de la Caída del Jardín del Edén.

El modelo de los Cuatro Mundos describe la posición de la humanidad en este momento, y el Elemento Espíritu es algo que aún debe obtenerse desde nuestra perspectiva. Las dos próximas lecciones sobre el Jardín del Edén ayudarán a describir el estado Espiritual actual de la humanidad. Sin embargo, en aras de la claridad, voy a incluir el Elemento Espíritu como parte del marco para que puedas entender cómo el modelo de los Cuatro Mundos se relaciona con los Planos Cósmicos. Después de todo, uno de los objetivos de *The Magus* es tender un puente entre la Qabalah y el Sistema Cháquico.

Algunas escuelas de pensamiento Qabalístico asignan Atziluth a los tres Sephiroth de Kether, Chokmah y Binah, mientras que otras lo atribuyen sólo a Kether. Lo vital que hay que tomar de este Mundo es la noción y el Arquetipo de que es un "Pensamiento de Dios", que da a la humanidad una plantilla a partir de la cual podemos trabajar. Atziluth está más allá del Tiempo y del Espacio como lo primero que se filtra a través de nosotros cuando nos relacionamos con el mundo que nos rodea y miramos hacia fuera. Una manzana es una manzana, no una naranja, del mismo modo que una taza es un vaso, no una cuchara.

Tener Arquetipos en los que todos estemos de acuerdo nos permite construir nuestras realidades. La forma en que vemos la manzana y la naranja depende de los Mundos inferiores por los que se filtran los Arquetipos, ya que esos Mundos tienen que ver con la percepción. En términos del Árbol de la Vida, el Mundo de Atziluth tiene su Árbol de la Vida, y el Malkuth de Atziluth es el Kether del Mundo siguiente, llamado Briah.

El segundo Mundo es Briah, también conocido como el Mundo Creativo. Los Qabalistas se refieren a Briah como el Mundo del intelecto puro, la mente fluida y el Mundo del Agua Primordial. Se le atribuye la letra Heh del Tetragrámaton (YHVH). En cuanto a los Planos Cósmicos, Briah corresponde al Plano Mental.

En el marco Qabalístico, el Agua Primordial, en términos de Briah, se utiliza para describir sólo la siguiente fase de la manifestación de la energía Divina. Como el Fuego representa la Fuerza, el Agua representa la Forma. Sin embargo, esta designación no se refiere a la expresión del Elemento Agua en relación con los Planos Cósmicos. Si imaginamos que el Elemento Espíritu ha sido integrado como parte del todo, entonces el Mundo de Briah pertenece a los Elementos Fuego y Aire (los Planos Mentales Superior e Inferior).

Algunas escuelas de pensamiento Qabalístico asignan el Triángulo Ético de Chesed, Geburah y Tiphareth al Mundo de Briah, y algunas incluso sólo a Chokmah y Binah. Hay que tener siempre presente que la ciencia Qabalística se ocupa de fuerzas invisibles que no pueden ser medidas ni estudiadas con instrumentos físicos, sino sólo a través del pensamiento abstracto. Por lo tanto, es más bien una filosofía utilizada para describir mejor las diferentes energías del Sistema Solar y de nuestra Aura, incluyendo el proceso de manifestación de lo Divino.

Briah es la morada de los Arcángeles, ya que son esas energías las que nos mueven a actuar de forma moral y ética. El Agua se entiende mejor cuando se relaciona con su opuesto, el Fuego. Así, la Fuerza Divina envía un impulso de pensamiento a la Forma Divina, manifestando así una idea Arquetípica. Esta idea Arquetípica no es una imagen visual (que se relaciona con el otro Mundo), pero podemos experimentarla a través de la intuición. Sigue siendo un pensamiento, pero más bien un impulso, una corazonada, algo que podemos sentir y experimentar en un nivel profundo de nuestras Almas. Sentimos este pensamiento a través de la energía del amor incondicional en nuestro Chakra del Corazón. Por lo tanto, Briah se explica mejor como los estados de conciencia experimentados a través del Chakra del Corazón, Anahata.

Cuanto más amor incondicional lleves en tu Chakra del Corazón, más elevado estarás y más intuitivo y empático serás. Te conviertes en un sentidor en lugar de un pensador, lo que significa que tu conciencia reside en el Mundo de Briah. Briah es la concepción más elevada de Dios que podemos experimentar ya que el Mundo que está por encima de él, Atziluth, no tiene Forma.

Las facultades humanas pueden ver los primeros atisbos de la Forma en el Mundo de Briah a través del Chakra del Ojo de la Mente. Este Chakra es la parte receptiva del Ser que recibe del Mundo por encima de él. El Chakra del Ojo de la Mente, Ajna, está conectado con Sahasrara, el Chakra de la Corona. Lo que se ve y experimenta a través del Chakra del Ojo de la Mente se filtra hacia abajo y se siente en el Chakra del Corazón. El Mundo de Briah también tiene su Árbol de la Vida. El Malkuth de su Mundo es el Kether del Mundo inferior.

En términos de cómo percibimos la realidad que nos rodea, todavía no hay ilusión en el nivel de Briah. Intuitivamente estamos de acuerdo con lo que ve el Ojo de la Mente, pero cuando empezamos a desglosarlo intelectualmente con nuestros Egos, nos filtramos a los Mundos inferiores por debajo de Briah. La Luz que brilla desde arriba comienza a ser atenuada por la ilusión-el reflejo de la verdad. Nuestro condicionamiento pasado entra en juego ahora, y la cosa que estamos viendo o sintiendo intuitivamente comienza a tener su forma visual, resultando en nuestra habilidad para verla dentro de nuestras mentes como imágenes.

Las imágenes visuales se manifiestan en el tercer Mundo, llamado Yetzirah, el Mundo de la Formación. Yetzirah es donde se encuentran los patrones sutiles y parpadeantes detrás de la Materia física. Los Qabalistas lo llaman el Mundo del Aire

Primordial y le atribuyen la letra Vav en el Tetragrámaton (YHVH). El Yetzirah es la morada de las diversas Órdenes de Ángeles. Este Mundo se atribuye al Plano Astral, ya que en él se encuentra el marco Etérico que subyace al Universo físico. Muchas escuelas de pensamiento Qabalístico asignan este Mundo al Triángulo Astral de Netzach, Hod y Yesod.

En este Mundo, el Ego comienza a involucrarse en la interpretación de la realidad que nos rodea. Aunque los Qabalistas atribuyen este Mundo al Aire Primordial, el Plano Astral pertenece a los Elementos Agua y Tierra en el modelo de los Planos Cósmicos. Sin embargo, en términos de cómo funciona y se expresa el Ego, esta designación tiene perfecto sentido ya que el Ego pertenece al Plano Mental Inferior del Elemento Aire y al Plano Astral Superior del Elemento Agua en el modelo de los Planos Cósmicos.

Como los Elementos Espíritu y Fuego son expresiones del Alma, el Ego se expresa principalmente a través del Elemento Aire, ya que el Aire se considera una manifestación inferior del Espíritu. El Aire es esencial porque da vida a los Elementos Agua y Fuego, y éstos no pueden existir sin él como medio de expresión. Para expresarse, el Fuego (Alma) y el Agua (conciencia) necesitan el Aire (pensamiento). El Aire es el firmamento que mantiene el equilibrio de los otros dos Elementos. Sin Aire, no hay vida. Esta última afirmación es cierta simbólica y físicamente, ya que todo ser vivo necesita el aire para sobrevivir: la respiración sostiene toda la vida.

A través del Elemento Aire, vemos y sentimos el Mundo Astral. Los Planos invisibles se experimentan a través del Chakra del Ojo de la Mente debido a nuestros pensamientos, que sirven como conductos de información. Transmiten lo que está Arriba a lo que está Abajo, y viceversa.

Cuando actúa el Fuego del Alma, el pensamiento se convierte en imaginación. Un ser humano sin imaginación no es un ser humano plenamente funcional. Reside totalmente en el cuerpo, sin motivación, impulso o inspiración. Vive como un vegetal, atendiendo a las necesidades y deseos del cuerpo físico a través del Ego, pero sin participar plenamente en la cosa hermosa que llamamos vida humana. Para vivir una vida feliz y equilibrada, se necesita imaginación. La imaginación está en el centro de toda la Creación.

"La imaginación es el primer paso en la creación, ya sea en palabras o en bagatelas. El modelo mental debe preceder siempre a la forma material". - William Walker Atkinson; extracto de "El Secreto del Éxito"

Lamentablemente, muchas personas carecen de imaginación y residen por completo en sus Egos, funcionando a través de los condicionamientos del pasado. No viven en el Ahora ni planean un futuro brillante. Para hacerlo, necesitas imaginación. Necesitas utilizar tus pensamientos con vitalidad y vigor activamente.

En el punto del Mundo Astral, lo que vemos comienza a ser atenuado por la ilusión y nuestro condicionamiento pasado. La ilusión de la Luna actúa sobre la Creación, y así, el Mundo Astral contiene muchas mentiras. La verdad sólo se encuentra en la Luz del Sol, mientras que la Luna sólo refleja esa Luz; por eso no se puede confiar en ella. El Mundo de Briah puede percibir la verdad debido a su posición en el Árbol de la Vida, mientras que Yetzirah no puede. Por lo tanto, la verdad está velada por la ilusión de la Luna en el Mundo de Yetzirah. Por esta razón, el Ego es llamado el "Falso Yo". El Mundo de Yetzirah también tiene su Árbol de la Vida. Su Malkuth es el Kether del Mundo inferior, llamado Assiah.

El cuarto y último Mundo es Assiah, el Mundo físico y activo de los sentidos y de las energías visibles e invisibles del Reino Material. Los Doce Zodiacos y los Siete Planetas Antiguos están asignados a Assiah, ya que es el Mundo físicamente manifestado en el que todos participamos con nuestros cuerpos físicos y cinco sentidos.

La letra final Heh del Tetragrámaton (YHVH) se atribuye a Assiah, el Mundo de la Tierra Primordial. El Chakra Tierra corresponde a este Mundo, pero también pertenece al Plano Astral Inferior (Etérico). En Assiah, los Cuatro Elementos que componen el Universo físico existen tanto en la sensación como en las propiedades ocultas de la Materia.

No voy a hablar mucho de este Assiah porque hemos vivido en él desde nuestro nacimiento. Debido a nuestros cinco sentidos, todos podemos estar de acuerdo en la existencia y expresión de este Mundo. El Ego evolucionó y se unió a la conciencia debido a la experiencia de nuestros cinco sentidos. La función del Ego es atender el cuerpo físico y sus necesidades y deseos. Busca darse a sí mismo y defenderse de cualquier amenaza del mundo exterior. Su principal modo de vida es la supervivencia. De este modo, el Ego y el G'uph están relacionados.

Que cada uno de los Cuatro Mundos tenga su propio Árbol de la Vida es un concepto Antiguo que nos ayuda a comprender mejor el proceso de manifestación. En términos del despertar de la Kundalini, una vez que es sostenido y permanente, los Cuatro Mundos (Planos Cósmicos) se abren como estados de conciencia accesibles para el individuo. Recordemos siempre que el despertar de la Kundalini es un despertar pleno de la totalidad del Ser Espiritual. Por lo tanto, todos estos conceptos Qabalísticos y Sephiroth se activan dentro del individuo despierto. El individuo comienza a funcionar al nivel de sentir intuitivamente la energía que lo rodea, lo que significa que está operando desde los Superiores (más allá del Abismo), y recibiendo información de los tres Sephiroth más elevados.

La mejor manera de describir a los Supernales es como si existieran en Atziluth o en el Mundo del Fuego Primordial. Sin embargo, el Fuego es una mera Fuerza sin un opuesto que le permita registrar la idea que está proyectando en la mente; es mejor pensar que puede recibir directamente de Atziluth y proyectarse en Briah al mismo tiempo. Después de todo, la Sabiduría necesita el Entendimiento para comprenderse a sí misma -la Fuerza necesita la Forma. Una persona despierta de Kundalini vive en la Dimensión de la Vibración, y su conciencia llega hasta el Mundo más elevado de Atziluth.

Al vivir en la Cuarta Dimensión, la Dimensión de la Vibración, la conciencia no está contaminada por la dualidad y opera en el acto constante de crear. El sistema Kundalini está en continuo movimiento, expandiendo perpetuamente la conciencia y estando en el acto continuo del Devenir. *El acto de Devenir* es la expresión del Elemento Agua de la conciencia, ya que está continuamente cambiando, transformándose y evolucionando una vez que el Elemento Fuego está perpetuamente actuando en ella.

Kether está enteramente desbloqueado y abierto, y a través de Kether de un Mundo, se puede llegar a los Otros Mundos. Así, todo el sistema de la Qabalah y los diversos estados de conciencia son alcanzables. Pero esta expansión del Ser y la experimentación de las dimensiones de otros mundos depende totalmente de la influencia que el Ego tenga en la conciencia individual.

EL CADUCEO DE HERMES

El Caduceo de Hermes es el símbolo médico utilizado en la sociedad actual para representar la curación. Sin embargo, esta designación del Caduceo está velada por una alegoría. Para el iniciado de la Luz, el Caduceo de Hermes tiene muchos significados Espirituales importantes. El origen de la palabra "Caduceo" es Griego y significa "Vara del Heraldo" o "Báculo del Heraldo".

Hermes es el Dios de la Sabiduría y el heraldo Divino, el Mensajero de los Dioses para los Griegos. Es el segundo más joven de los doce Dioses Olímpicos, y se le representa portando un bastón entrelazado con dos serpientes cuyas cabezas terminan en un disco alado. Hermes era conocido como el Divino Embaucador, el Dios de los límites y de la ruptura de los mismos. Se burla de otros Dioses, a menudo para su satisfacción o la de la humanidad.

El origen de Hermes procede de la tradición Egipcia. En el panteón Egipcio de Dioses, Hermes se llamaba Thoth. Se le representaba como un hombre con la cabeza de un pájaro Ibis. El deber de Thoth era actuar como Escriba de los Dioses. En Egipto se le atribuía la autoría de todas las obras de ciencia, religión, filosofía y Magia. En la adaptación Romana del panteón Griego de Dioses, Hermes se identificó con Mercurio. Sin embargo, la designación de sus atributos y poderes siguió siendo la misma que la de los Griegos.

La mayoría de las veces se representa a Hermes como un hombre joven con un casco alado en la cabeza y sandalias aladas en los pies (Figura 11). La leyenda cuenta que Hermes solía llevar una varita simple hasta que un día se encontró con dos serpientes que luchaban. Las separó con su varita, tras lo cual se enroscaron armoniosamente alrededor de ella. Así se formó el Caduceo de Hermes. La idea de reconciliar los opuestos y equilibrarlos se encuentra en el Caduceo.

Hermes es el intermediario entre los dioses y los humanos. Puede moverse con rapidez entre el mundo de los hombres y el de los Dioses. Las alas de su casco y sus sandalias le confieren una gran velocidad y la capacidad de volar. Como se mueve libremente entre los mundos, también guía las Almas de los muertos al Inframundo y a la otra vida en las tradiciones Griega y Romana.

Figura 11: Hermes y el Caduceo

Hermes se asemeja al Arcángel Rafael de *La Santa Biblia*, el Arquetipo del Elemento Aire. Raphael también es representado llevando el bastón del Caduceo, ya que representa la curación y la Luz Astral. No es una coincidencia que Hermes se corresponda con el Elemento Aire ya que la velocidad del pensamiento representa su poder.

El pensamiento es lo único que puede viajar entre los Mundos Interiores, y es tan rápido como Hermes. Incluso se puede argumentar que Hermes puede viajar a la velocidad de la Luz, razón por la cual los pensamientos a menudo pueden ver el pasado y el futuro a través de un proceso al que nos referimos como clarividencia. En la Qabalah, Hermes/Mercurio se atribuye a Hod, el Sephira relacionado con la mente, la lógica y la razón.

Mientras las dos serpientes entrelazan un bastón, se cruzan en cinco puntos, terminando con sus cabezas enfrentadas y mirando al disco coronado en la parte superior del bastón. El Caduceo de Hermes representa la energía Kundalini en el hombre y el proceso de despertar, ya que esta energía sube por la columna vertebral y se une en el centro del cerebro. Las dos serpientes del Caduceo son Ida, la corriente femenina, y Pingala, la corriente masculina. Ida y Pingala representan la dualidad y los opuestos que se encuentran en la naturaleza.

Ida y Pingala también regulan la temperatura del cuerpo. Ida es la corriente fría, mientras que Pingala es la corriente caliente. Ascienden a lo largo de la columna central o bastón, Sushumna, y se cruzan en cinco puntos (los cinco Chakras inferiores) antes de terminar en el cerebro (donde se encuentran los dos Chakras superiores). Se elevan desde el Chakra más bajo, Muladhara, el asiento de la energía Kundalini. Cuando la energía Kundalini se activa en la base de la columna vertebral, despierta de su estado potencial. Se eleva a través del tubo hueco de la columna vertebral, perforando cada uno de los cinco Chakras inferiores a lo largo del camino.

Ida y Pingala ascienden simultáneamente con Sushumna, cruzándose en los puntos cháquicos hasta que los tres llegan al cerebro y al Chakra del Ojo de la Mente. Aquí, Ida y Pingala se unen y suben juntos hasta la parte superior de la cabeza, el Chakra de la Corona, Sahasrara. El disco con alas representa esta acción ya que, al terminar en la Corona, la persona que experimenta el despertar de la Kundalini experimenta una expansión de la conciencia. Así, el disco con alas representa la conciencia superior, ahora eufórica y trascendental.

El disco alado es un símbolo perfecto para Sahasrara, ya que este Chakra es No-Dual y está más allá de los opuestos. En las tradiciones Antiguas, las alas siempre han representado una Cualidad Celestial, Aérea, perteneciente a los Ángeles y a los Dioses. Las alas del casco y las sandalias de Hermes también representan los Elementos Espiritualizados. Así, podemos decir que Hermes tiene la cabeza en el Cielo mientras tiene los pies firmemente plantados en la Tierra.

El Caduceo de Hermes es también un símbolo del Árbol de la Vida completo en la Qabalah (Figura 12). La letra Hebrea Aleph se ve en el Caduceo como las cabezas y mitades superiores de las serpientes. Es el símbolo del Elemento Aire. Juntas, las dos colas de las serpientes forman la letra Mem, que simboliza el Elemento Agua. La letra hebrea Shin se forma con las alas y la parte superior de la vara, representando el Elemento Fuego y la Llama Triple del Alma y los tres Nadis principales de la Kundalini-Ida, Pingala y Sushumna.

Como puedes ver, los tres Elementos de Fuego, Aire y Agua están contenidos en el Caduceo. Estos son los tres Elementos primarios de la vida, mientras que el Espíritu es la combinación de ellos en forma Celestial, el lugar donde reside el Yo Superior, o el Yo-Dios. En su forma más densa, los tres Elementos forman el Elemento Tierra, el aspecto del Yo que se relaciona con el Ego y el cuerpo físico.

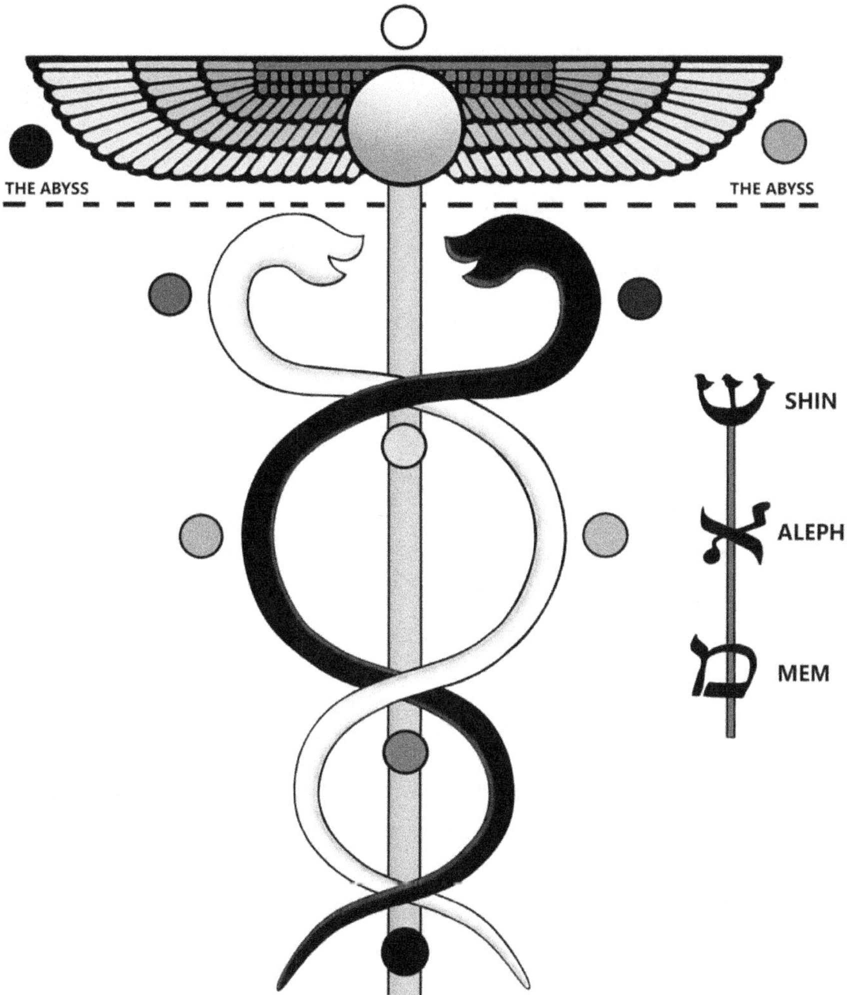

Figura 12: Correspondencias Qabalísticas del Caduceo de Hermes

Los tres Elementos del báculo producen el Fuego de la Vida en lo Alto y el Agua de la Creación en lo Bajo. El Aire está en vibración entre ellos, sirviendo de reconciliador. En todas las cosas de la Creación hay dos fuerzas en pugna, con una tercera fuerza que sirve para equilibrarlas. Como ves, en el Caduceo se esconde el misterio de la Creación.

El punto más alto del Báculo se encuentra en la Corona (Kether), mientras que las alas del disco se extienden hacia fuera, hacia la Sabiduría (Chokmah) y el Entendimiento (Binah). Juntos, representan el Triángulo Supernal y el aspecto Eterno y Divino del ser humano, nuestro estado de conciencia más elevado. Por debajo de los Supernales, las dos serpientes abarcan los siete Sephiroth restantes del Árbol de la Vida. Consideradas como corrientes de Luz Astral, también se las conoce como las "Serpientes Gemelas de Egipto".

En términos del despertar de la Kundalini, la superposición del Caduceo de Hermes en el Árbol de la Vida tiene perfecto sentido. Después del despertar completo y sostenido, el individuo es impulsado a un nuevo estado de conciencia, habiendo despertado todo el Árbol de la Vida dentro de él. Sin embargo, para limpiar el Karma de cada Sephira, deben someterse a algún tipo de proceso de purificación que les ayude a elevarse desde el Sephira más bajo hasta el más alto, ya que partes de su psique son arrastradas en todas las direcciones. Su conciencia funciona a hipervelocidad y es conflictiva en muchas ocasiones. No están localizados en ningún Sephira en particular. En cambio, se siente como una experiencia de todos los Sephiroth a la vez.

La Luz se infunde en cada Sephira al elevarse las tres corrientes energéticas de Idá, Pingalá y Sushumná. Es imperativo que el iniciado de la Luz recién despertado encuentre alguna manera de limpiar el Karma negativo de cada Elemento, lo que a su vez purificará los Sephiroth y elevará la conciencia más allá del Abismo, para operar únicamente desde el Triángulo Supernal.

Este proceso hará que el iniciado sea Uno con su Santo Ángel de la Guarda-su Dios-Ser. Sin embargo, para llegar allí, el Karma negativo de cada Sephira tiene que ser limpiado primero. Por lo tanto, el iniciado debe encontrar una manera de enfocar, aislar y trabajar en sus Chakras individuales. Deben elevarse de los Chakras inferiores a los superiores equilibrando su psique y purificando sus diversos cuerpos Sutiles: el Astral, el Mental y el Espiritual.

Los ejercicios rituales contenidos en *The Magus* sirven para ayudar en este propósito. Los programas de la Alquimia Espiritual limpian y afinan los Chakras, permitiendo a los individuos que despiertan la Kundalini sintonizar con la conciencia superior y trascendental que tienen a su disposición.

EL JARDÍN DEL EDÉN

La historia del Jardín del Edén se encuentra en el *Libro del Génesis* de *La Torá* y *La Santa Biblia.* Es conocida en todo el mundo y es familiar para la mayoría de los habitantes de Norteamérica, independientemente de la religión o tradición a la que se asocien. Se menciona mucho, al igual que la historia de la Natividad de Jesucristo, y con el tiempo se ha convertido en parte de la sociedad actual. Según la historia, tal y como todo el mundo la entiende, actualmente vivimos en un estado "Caído" Espiritualmente. Antes del mundo que conocemos, existía el Jardín del Edén, donde residían el primer hombre, Adán, y la primera mujer, Eva.

Según el relato de la Creación del *Libro del Génesis*, Dios creó al primer hombre y a la primera mujer y los colocó en el Jardín del Edén para que custodiaran el Árbol del Conocimiento del Bien y del Mal. Adán y Eva estaban desnudos para representar su inocencia primordial. Dios les dijo que podían comer de cualquier árbol del Jardín, excepto del Árbol del Conocimiento del Bien y del Mal.

Lo que sigue es una perspectiva Qabalística de la historia del Jardín del Edén, tal como se enseña en la tradición de la Aurora Dorada. Los dos diagramas que se presentan en esta lección ofrecerán muchas nuevas perspectivas sobre esta historia y las claves para tu Evolución Espiritual. Además, te dará muchas respuestas en cuanto a la naturaleza de la humanidad y por qué estamos viviendo actualmente en este estado de Caída.

EL JARDÍN DEL EDÉN ANTES DE LA CAÍDA

El primer diagrama que debemos examinar es el del Jardín del Edén antes de la Caída (Figura 13), cuando la humanidad vivía en un estado de perfección Espiritual. En el vértice del diagrama estaba el Edén Supernal que contenía los tres Sephiroth Supernales de Kether, Chokmah y Binah. Además, Aima Elohim, la Madre Supernal, residía en el Edén.

En el "Libro del Apocalipsis" del Nuevo Testamento de la *Santa Biblia*, Aima Elohim es la mujer del Apocalipsis. Lleva una corona de Doce Estrellas en la cabeza, en alusión a los Doce Zodiacos. Tiene el Sol en el pecho y la Luna a sus pies, representando el perfecto equilibrio entre las energías masculina y femenina. El poder del Padre, el Tetragrámaton (YHVH), también está contenido en este diagrama. Se trata de los Cuatro Elementos: Fuego, Agua, Aire y Tierra.

El Árbol del Conocimiento del Bien y del Mal brota de Malkuth -la Tierra-, representado por las ramas con hojas que salen de él, símbolo de los Siete Planetas Antiguos en su forma binaria. Siete ramas se elevan hacia el Árbol de la Vida y los siete Sephiroth inferiores, mientras que otras siete se elevan hacia abajo.

Por debajo de Malkuth se encuentra el Reino de las Conchas, también conocido como el Reino Demoníaco. Está representado por el Gran Dragón Rojo, que tiene siete cabezas (siete palacios infernales), y diez cuernos (diez Sephiroth aversos). Se enrosca bajo Malkuth, la Tierra, y no tiene lugar en el Árbol de la Vida, sino que está debajo de él.

En el diagrama hay una sensación de equilibrio, ya que el Padre está unido a la Madre. La Madre está presente en los Superiores-Kether, Chokmah y Binah. La corona de Doce Estrellas es el Zodíaco, y el Sol en su pecho y la Luna a sus pies representan el equilibrio y la función perfecta. Antes de la Caída del Jardín del Edén, vivíamos una Realidad Espiritual y recibíamos energía directamente de los Superiores. Todo el Árbol de la Vida estaba abierto para nosotros, y nuestra conciencia estaba alineada con el Ser Superior de la energía del Espíritu.

Las siete cabezas del Dragón Rojo representan los Siete Planetas Antiguos y sus poderes en forma adversa, ya que los Planetas tienen poderes duales. Los diez cuernos son los diez Sephiroth del Árbol de la Vida también en su forma adversa. Al estar por debajo de Malkuth, no participaron en la Creación. Por lo tanto, en algún momento del pasado, no fuimos influenciados por el Reino Demoníaco -esta es la clave.

Figura 13: El Jardín del Edén Antes de la Caída

El propio Árbol de la Vida estaba sobre Malkuth, y está representado por Eva sosteniendo los dos pilares de la polaridad, el positivo y el negativo. Adán estaba en el centro con la Esfera de Yesod a sus pies y Tiphareth a su cabeza. Sus brazos se extendían hacia Chesed y Geburah mientras que Netzach y Hod estaban a sus lados. Eva sostenía todo el Árbol de la Vida y sostenía a Adán. Sobre la cabeza de Adán se encontraba el lugar del invisible undécimo Sephira, Daath, que servía de reconciliador de las fuerzas de Chesed y Geburah.

El río Naher salía de los Supernales y de Aima Elohim, que se dividía en cuatro cabezas en el punto de Daath. La primera cabeza era Pisón, que desembocaba en Geburah, y era el río del Fuego. La segunda cabeza era Gihon, que desembocaba en Chesed, y era el río del Agua. El tercero era Hiddekel, el río del Aire, que vertía en Tiphareth. El cuarto río era Phrath, el Éufrates, que recibía las virtudes de los otros tres ríos y desembocaba en Malkuth, la Tierra.

El Éufrates era el río del Apocalipsis. Sus Aguas de Vida eran claras como el cristal, saliendo del Trono de Dios, con el Cordero al otro lado, que era el Árbol de la Vida. El Trono de Dios era el centro reinante de Dios que daba vida Eterna. Era un lugar de soberanía y Santidad.

El Árbol de la Vida, en su perfección, dio doce frutos, que son los Doce Zodiacos. En el diagrama, esta idea está representada por las hojas que salen del Sephiroth del medio. Los ríos del Edén formaban una cruz. En la cruz estaba el gran Adán, el Hijo. Él debía gobernar las naciones con una "vara de hierro". "En Malkuth está Eva, la Madre de Todo, la culminación de todo. Sobre el Universo, ella sostenía con sus manos los pilares Eternos de los Sephiroth. Así se completó la Gran Obra, y todo estaba en perfecto equilibrio y armonía.

Es importante señalar que el undécimo Sephira de Daath era donde el río Naher se dividía en cuatro cabezas, y era una parte del Árbol de la Vida. En el Árbol de la Vida después de la Caída, la Esfera de Daath es el Abismo. En el Abismo, la Dualidad está separada de la No-Dualidad y de la perfección de los Superiores, que son Eternos e infinitos. El Abismo, por lo tanto, protege el Elemento Espíritu, y cada ser humano debe reintegrarlo dentro de los Cuatro Elementos. Sin embargo, antes de la Caída, el Elemento Espíritu formaba parte de la Creación, y todos éramos perfectos en todos los sentidos.

Por lo tanto, el Abismo, o Daath, es el punto de separación entre el Espíritu y los otros Cuatro Elementos. Debemos comprender este punto siguiente, ya que es de suma importancia: Malkuth estaba en Daath antes de la Caída. Daath era una parte del Árbol de la Vida, y no había división entre el Espíritu y la Materia - eran Uno. La vida física pura era la vida Espiritual pura, y viceversa.

EL JARDÍN DEL EDÉN DESPUÉS DE LA CAÍDA

Ahora que hemos visto cómo era nuestro estado original en el Jardín del Edén, podemos continuar con la segunda parte de la historia. Al examinar El Jardín del Edén Después de la Caída (Figura 14) desde una perspectiva Qabalística, se nos dará la clave de cómo podemos aplicar esta historia a nuestras propias vidas para avanzar en nuestra Evolución Espiritual.

La Serpiente tentó a la Gran Diosa Eva a probar los frutos del Árbol del Conocimiento del Bien y del Mal. Las ramas del Árbol del Conocimiento del Bien y del Mal se elevaban hacia los siete Sephiroth inferiores, pero también hacia el Reino Demoníaco. Cuando Eva se acercó a ellas, los dos pilares que sostenía en sus manos quedaron sin apoyo. Sin el apoyo de Eva, los pilares se hicieron añicos y todo el Árbol de la Vida se desmoronó. Esta acción marcó la caída de Adán y Eva.

El Gran Dragón Rojo se alzó, ahora con coronas sobre sus cabezas, símbolo de su dominio. El Edén estaba desolado. El Dragón encerró a Malkuth y lo unió al Reino Demoníaco, el Reino de las Conchas. Mediante este acto, Malkuth, la Tierra, se convirtió en dual, conteniendo la naturaleza del bien y del mal. Los Qlippoth, cuya traducción literal significa "Conchas" o "Cáscaras", son las fuerzas Espirituales impuras y malignas que operan desde el Reino Demoníaco. Son los Ángeles Caídos, o Demonios, que ahora se infiltraron en Malkuth, la Tierra, para participar en la Creación.

Las cabezas del Gran Dragón Rojo se elevaron hacia los siete Sephiroth inferiores, dando así a los Qlippoth el poder de operar también desde ellos. El Dragón llegó hasta Daath y los pies de la propia Aima Elohim. Los cuatro ríos del Edén fueron profanados. El Dragón derramó por su boca las Aguas Infernales en Daath. Estas Aguas Infernales son llamadas "Leviatán", la Serpiente punzante y torcida que ahora se afianzó en el Árbol de la Vida. De esta manera, la pureza del Árbol de la Vida original fue destruida.

Sin embargo, no todo estaba perdido. El Tetragrámaton Elohim colocó las Cuatro Letras Sagradas YHVH y la Espada Flamígera de los Diez Sephiroth entre el Jardín devastado y el Edén Supernal. A través de este acto, a la humanidad se le dio un camino de regreso al Jardín del Edén. Se convirtió en nuestro destino saborear de nuevo su pureza y belleza.

Para restaurar el sistema, era necesario que surgiera un Segundo Adán. Así como el Primer Adán fue extendido en la Cruz de los Cuatro Ríos Celestiales, un Segundo Adán necesita ser crucificado en los Ríos Infernales de la Cruz de la Muerte de cuatro brazos. Debe descender al Sephira más bajo, Malkuth, y luego elevarse siguiendo el Sendero invertido de la Espada Flamígera. Entonces, cuando el Segundo Adán sea purificado y consagrado por los Cuatro Elementos (YHVH), nacerá de nuevo. El

Segundo Adán puede encontrar su camino de regreso al Jardín del Edén a través de este proceso.

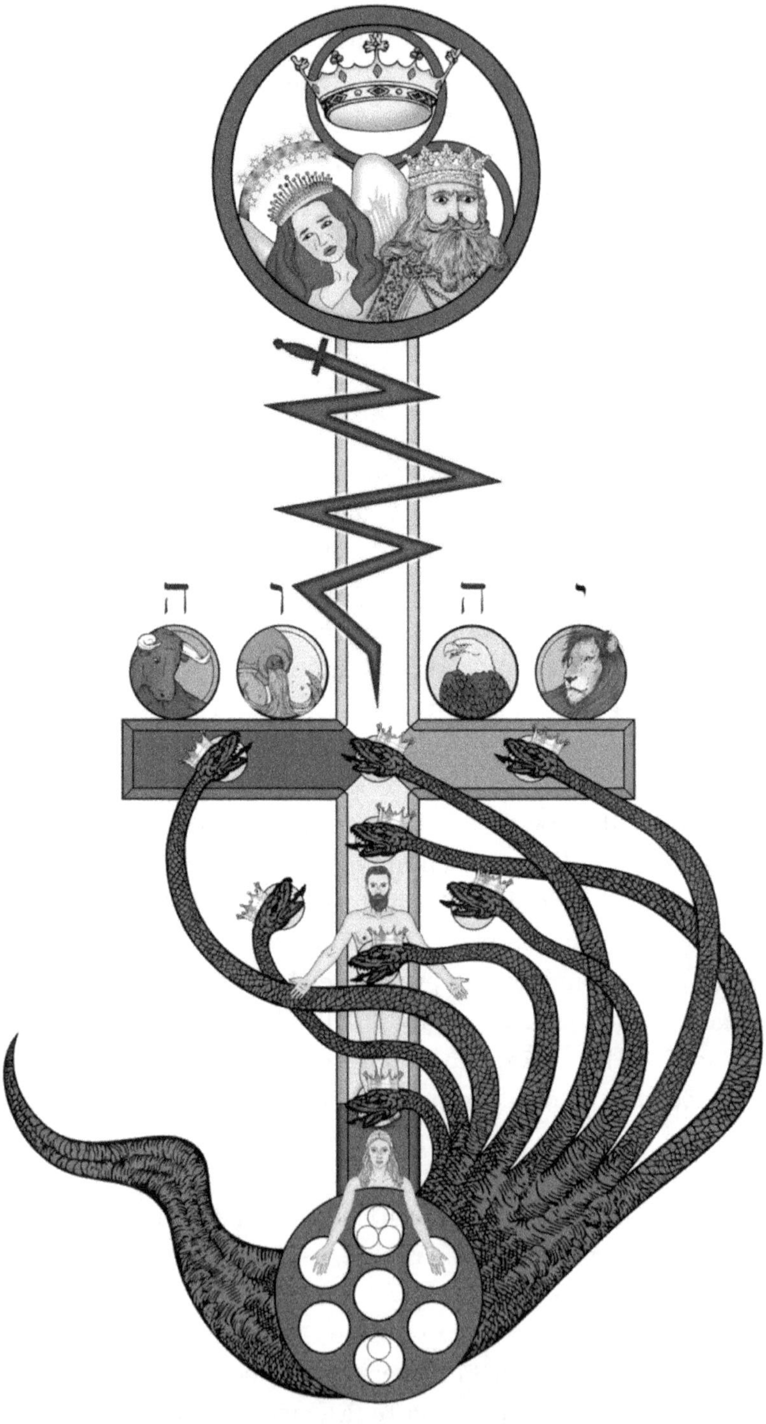

Figura 14: El Jardín del Edén Después de la Caída

***

Para entender mejor lo que ocurre en esta historia desde una perspectiva Espiritual, debemos analizar su simbolismo. La Serpiente tentó a Eva a comer del Árbol del Conocimiento del Bien y del Mal. Simbólicamente, el Árbol de la Vida que ella sostenía se derrumbó cuando alcanzó a tomar la manzana del Árbol del Conocimiento. Obsérvese que la Serpiente aparece como la que tienta a Eva y es la causa inicial de la Caída. Debido a alguna curiosidad o deseo innato, Eva escucha a la Serpiente y hace la única cosa que Dios les dijo a Adán y Eva que no hicieran.

En primer lugar, la idea de la Serpiente puede vincularse a la energía Kundalini en el ser humano, el desencadenante que provoca la evolución de la conciencia y la plena activación del Cuerpo de Luz. No es casualidad que la Serpiente esté presente en esta historia críptica como uno de los actores clave, junto con Adán, Eva y, por supuesto, Dios, el Creador. Como la Serpiente es la causa de la Caída, debe encontrarse de nuevo en el efecto, en la restauración del Jardín del Edén. Por lo tanto, podemos decir que el despertar de la Kundalini, despertando el Poder de la Serpiente, es nuestro camino de regreso al Jardín del Edén.

Antes de la Caída, todo estaba en perfecto equilibrio. No había división entre Espíritu y Materia, y todo era Uno y Celestial. El Dragón infernal no participaba en el Árbol de la Vida, sino que se mantenía debajo de Malkuth, la Tierra. No participaba en la Creación, sino que estaba fuera de ella. Una vez que Eva bajó a comer la manzana, los pilares quedaron sin soporte, y todo el Árbol de la Vida se rompió.

En este punto del relato de la Creación, Dios expulsó a Adán y Eva del Jardín del Edén por desobedecerle. Vemos que el Gran Dragón Rojo se eleva sobre Malkuth y llega hasta Daath, donde el único río se divide en cuatro. Este río, representante del Elemento Espíritu, no está implicado en la Caída y permanece intacto. Los otros cuatro ríos, los Cuatro Elementos de Fuego, Agua, Aire y Tierra, están incluidos en la Caída y son profanados.

El Tetragrámaton Elohim coloca las Cuatro Letras, YHVH, y la Espada Flamígera de los Diez Sephiroth entre el Jardín devastado y el Edén Supernal. Daath se convierte ahora en el Abismo, que separa la pureza del Edén Supernal (Espíritu Puro) del Árbol de la Vida, que ahora se convierte en dual, conteniendo el bien y el mal dentro de sí mismo.

En un tiempo, Daath era Malkuth, simbólicamente, y el Espíritu era la Materia. Pero tras la Caída, Daath se convierte en el punto de separación entre el Espíritu (el Cielo) y el mundo de la dualidad del bien y el mal (la Tierra). Este Abismo se encuentra en la mente, ya que ésta es el vínculo de unión entre el Espíritu y la Materia.

No es de extrañar que Jesucristo, que vino después del *Libro del Génesis* para asumir el papel de Mesías, fuera crucificado en la Cruz de los Cuatro Elementos, la Cruz Infernal. Su acto simboliza el triunfo del Espíritu sobre la Materia y el renacimiento y regreso al Jardín del Edén. Se convirtió en el Segundo Adán y en el prototipo que debemos seguir para volver al Jardín del Edén, nuestro verdadero hogar. Ahora, cada persona tiene que ser su propio Mesías y asumir la plena responsabilidad de su Evolución Espiritual.

Todos debemos empezar en Malkuth, la Tierra, y atravesar nuestro Árbol de la Vida, siguiendo el Camino de la Espada Flamígera en sentido inverso. Al hacerlo, nos renovamos a través de los Cuatro Elementos. La historia del Jardín del Edén, desde la perspectiva Qabalística, nos da la clave del proceso de Evolución Espiritual, por el cual debemos bañarnos primero en los Elementos antes de ser reabsorbidos en el Espíritu, restaurando el Jardín del Edén dentro de nosotros.

En la Aurora Dorada y otras escuelas de Misterio Esotérico de Occidente, esto se logra sistemáticamente a través de la Magia Ceremonial y la invocación de los Elementos mediante ejercicios rituales. El individuo se eleva de Malkuth (Tierra), a Yesod (Aire), luego a Hod (Agua), y finalmente a Netzach (Fuego). En este punto del sistema de la Aurora Dorada, se encuentran a las puertas del Espíritu. Entonces tienen que aprender a integrar las lecciones de cada Elemento en el Espíritu y reabsorberse en él.

Una vez que todo el Árbol de la Vida ha sido completamente activado y vigorizado con Luz durante el despertar de la Kundalini, el proceso de transformación ha comenzado oficialmente. El siguiente paso es limpiar los cuatro Chakras inferiores de Tierra, Aire, Agua y Fuego, para que la conciencia opere desde los tres Chakras superiores del Espíritu-Vishuddhi, Ajna y Sahasrara (la Corona).

La historia del Jardín del Edén afirma además la importancia de trabajar con los Cuatro Elementos, que son sinónimos de los Chakras, es decir, los cuatro Chakras más bajos, para ascender y elevar la conciencia. Depende de cada uno de nosotros restaurar el Jardín del Edén dentro de nosotros mismos. Nadie puede hacerlo por nosotros.

EL ÁRBOL DE LA VIDA Y LA KUNDALINI

Hay dos versículos clave en la historia de la Creación del *Libro del Génesis* que ofrecen más pistas sobre el panorama general de nuestra Evolución Espiritual. Me referiré a la muy leída versión King (Rey) James de *la Santa Biblia* para obtener más información sobre la historia del Jardín del Edén.

En primer lugar, analicemos a la Serpiente preguntando a Eva si ella y Adán comerán del Árbol del Conocimiento del Bien y del Mal. Eva le dice a la Serpiente que el Señor Dios dijo que morirían si comían del Árbol del Conocimiento. La respuesta de la Serpiente a esto es intrigante.

"No moriréis ciertamente. Porque Dios sabe que el día que comáis de él, se os abrirán los ojos y seréis como dioses, conociendo el bien y el mal." - "La Santa Biblia" (Génesis 3:4-5)

Es interesante observar que el primer paso en la evolución de la humanidad tuvo lugar justo después de nuestra Creación como especie. Éramos perfectos, viviendo en un estado prístino de existencia en el Jardín del Edén, donde el Espíritu era Materia y la Materia era Espíritu. Sin embargo, debido a nuestro deseo innato de conocimiento y curiosidad por lo Desconocido, estábamos destinados a caer del Jardín del Edén. Nuestra Caída fue el efecto, mientras que la tentación de la Serpiente fue la causa. La serpiente despertó la curiosidad de Eva y le inspiró a hacer lo que Dios le había dicho que no hiciera: comer del Árbol del Conocimiento del Bien y del Mal. En consecuencia, según las palabras de la Serpiente, era lo que la haría a ella y a Adán "como" Dios y les daría el conocimiento del bien y del mal.

El Señor Dios les dijo a Eva y a Adán que morirían si comían del Árbol del Conocimiento. La muerte de la que Dios hablaba es una muerte Espiritual, una transformación de la conciencia. Conociendo la naturaleza interna de su creación, Dios sabía que Adán y Eva le desobedecerían y comerían del Árbol del Conocimiento. Sin embargo, como les dio Libre Albedrío, quiso que fuera su decisión. Sabía que su desobediencia tendría como consecuencia su expulsión del Jardín del Edén, lo que les llevaría a un peligroso viaje Espiritual que acabaría con su muerte simbólica, seguida de un renacimiento y de su reingreso en el Jardín.

En un momento lejano en el tiempo, el Abismo, o el Vacio (el lugar donde existe la dualidad, la mente), no estaba presente como modo de funcionamiento. Toda la vida era intuitiva e instintiva. No había necesidad de pensar, sino sólo de hacer. Al entrar en el reino de la mente (donde la dualidad tiene lugar como forma de percepción), Adán y Eva cayeron del Jardín. Para volver a hacer el camino, tuvieron que renacer a través de los Elementos, incluido el Elemento Espíritu.

Conocer el bien y el mal significa crecer en conocimiento. Significa activar tu lógica y razón innatas, la parte que es el intelecto, que desarrolla la sabiduría con el tiempo. Conocer el bien y el mal significa ser participantes activos (Cocreadores) y tomar decisiones en la vida. Al ser Cocreadores en la vida, los humanos son "como" Dioses, lo que significa que se convierten en la imagen de su Creador.

La Caída del Jardín del Edén fue una forma de probar la capacidad de la humanidad para hacer lo correcto. Para ser exactos, fue el comienzo de esta prueba para ver qué haría la humanidad con el Libre Albedrío. Después de todo, fuimos diseñados para ser Cocreadores en esta realidad. Por lo tanto, nuestra capacidad de tomar decisiones conscientes sobre nuestro futuro tenía que ser probada.

Cuando Adán y Eva comieron el fruto del Árbol del Conocimiento del Bien y del Mal, el Señor Dios descubrió lo que habían hecho. Así que los maldijo a ambos y les dijo que estaban prohibidos en el Jardín del Edén. Sin embargo, después de prohibirles la entrada, el Señor Dios hace una declaración peculiar relacionada con el Árbol de la Vida.

"He aquí que el hombre ha llegado a ser como uno de nosotros, para conocer el bien y el mal; y ahora, no sea que extienda su mano y tome también del Árbol de la Vida, y coma, y viva para siempre". - "La Santa Biblia" (Génesis 3:22)

El Señor Dios dice que la humanidad será "como" Dios al conocer el bien y el mal, pero para vivir para siempre y ser Eternos, debemos comer del Árbol de la Vida. Lo que quiso decir es que los seres humanos deben activar todas las Esferas del Árbol de la Vida, lo cual es algo que sólo puede lograrse a través de un despertar completo y permanente de la Kundalini.

El despertar de la Kundalini, que tiene como resultado la plena activación del Cuerpo de Luz al elevar la energía al Chakra de la Corona, Sahasrara, es un despertar de todo el Árbol de la Vida dentro del individuo. Después del despertar, los diferentes estados de conciencia representados por los diez Sephiroth estarán disponibles como modos de funcionamiento.

De este modo, la evolución humana es un proceso de tres pasos. El primer paso fue antes de la Caída, cuando todo era perfecto; el Espíritu era Materia, y la Materia era Espíritu. Los seres humanos funcionaban sólo con la intuición y el instinto. En este paso, sin embargo, no había conocimiento de la dualidad. La lógica y la razón no existían porque son subproductos del pensamiento sobre el pasado y el futuro: una dualidad. Como el desarrollo de nuestro intelecto es inherente, ya que es una parte crucial de nosotros, había que dar el siguiente paso.

La Caída fue el siguiente paso que debíamos dar para conocer la dualidad y el bien y el mal. Este paso implica la evolución de la mente y la aplicación de nuestro Libre Albedrío. Es el poder de elección y lo que haremos con él. Para evolucionar al máximo de nuestro potencial, nos quedamos solos para aprender a cuidar de nosotros mismos.

La humanidad ha estado en este estado durante miles de años y todavía está allí. En conjunto, aún no hemos evolucionado hasta el tercer paso. Todavía estamos aprendiendo sobre nosotros mismos, nuestra naturaleza interior y cómo conquistar el mal a escala masiva. Hemos aprendido el poder del bien y del amor incondicional. En cierto modo, nuestra prueba se ha convertido en superar el amor propio con el amor incondicional, ya que es un paso necesario en la evolución de la conciencia.

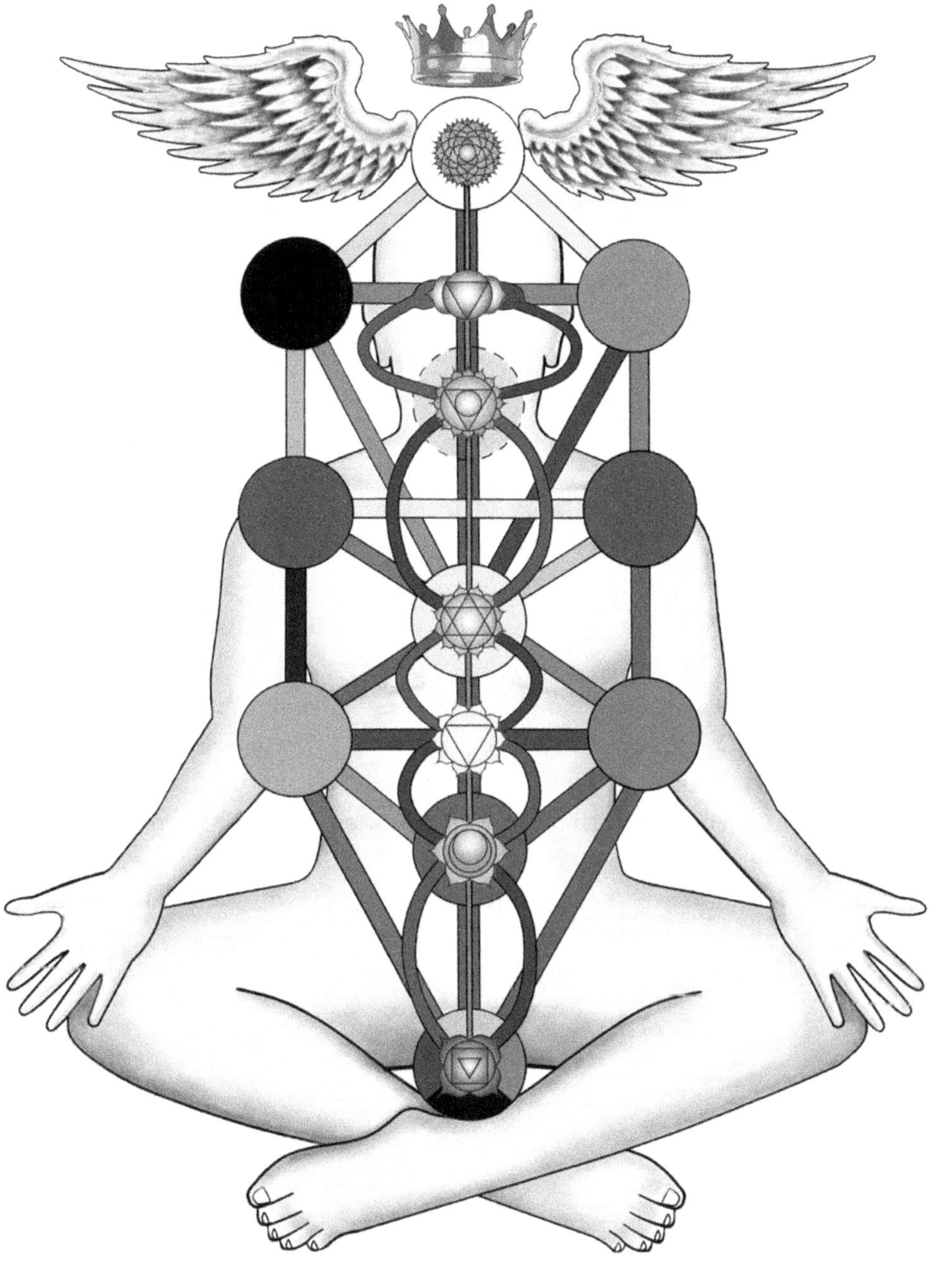

Figura 15: El Árbol de la Vida y la Kundalini

El tercer paso de nuestra evolución es el despertar de la Kundalini. Es la activación del Árbol de la Vida completo y la elevación de la conciencia individual a los Superiores (Figura 15). Una vez que logremos esto, volveremos a entrar en el Jardín del Edén. Viviremos para siempre, como dijo Dios. No nuestros cuerpos físicos, por supuesto, pero al Espiritualizar nuestros Egos, liberaremos nuestras Almas del dolor y el miedo de vivir en el mundo material. Nuestra conciencia se expandirá y se unirá con la Conciencia Cósmica de la Divinidad.

Muy pocas personas en el mundo han dado este tercer paso. Sin embargo, este interruptor de activación de la energía Kundalini está presente en todos. Es una cuestión de elección para evolucionar Espiritualmente y elevarse por encima de la mente y la dualidad. A medida que la Kundalini se eleva a la Corona, la mente vuelve a ser puenteada. La conciencia comienza a funcionar de la misma manera que antes de la Caída: a través de la intuición y el instinto. La principal diferencia es que la lógica, la razón y el intelecto siguen estando disponibles como modos de funcionamiento. En otras palabras, la lección ha sido aprendida, y el hombre ha elegido conscientemente el bien sobre el mal, el amor sobre el miedo.

En cierto modo, la Evolución Espiritual pone a prueba nuestra capacidad como seres humanos de amarnos los unos a los otros ante todas las cosas. Es una forma de poner a prueba nuestras elecciones en la vida y salvaguardar el Espíritu. Si elegimos amarnos los unos a los otros y hacer el bien con el propósito de hacer el bien, venceremos el mal, permitiéndonos reconectar con la energía del Espíritu Primordial.

Cada uno de nosotros debe convertirse en su propio Mesías y renacer Espiritualmente. Debemos activar e iluminar nuestro Árbol de la Vida con la energía Kundalini y elevar nuestra conciencia a los Superiores. El deber de cada persona es encontrar su camino de regreso al Jardín del Edén desde el estado de Caída en el que se encuentra -este es el significado más profundo, aunque velado que debemos derivar de esta críptica historia.

LAS SEFIROTH Y LOS CHAKRAS

A lo largo de los años, muchos maestros Espirituales han intentado reconciliar los diez Sephiroth del Árbol de la Vida con los Siete Chakras para encontrar un terreno común entre los dos sistemas. Su método consistía en superponer los diez Sephiroth del Árbol de la Vida al sistema de los Chakras y reconciliar los Sephiroth opuestos. Al unificar el Pilar de la Misericordia y el Pilar de la Severidad en el Middle Pillar se obtienen siete Sephiroth, que se corresponden con el número siete de los Chakras. Este método funciona en teoría, sí. Sin embargo, al examinar los resultados, las correspondencias de los Sephiroth unificados con los Chakras simplemente no coinciden.

Desde mi experiencia personal trabajando con las energías del Árbol de la Vida y los Chakras, creo que hay una manera de reconciliar los dos sistemas. Sin embargo, es mucho más complicado que el método mencionado anteriormente. Creo que las personas que enseñan este primer método están limitadas en su comprensión de ambos sistemas, ya que no tienen experiencia directa, sino que sacan sus conclusiones basándose puramente en su intelecto y en los trabajos de otras personas. La única manera de entender realmente las energías del Árbol de la Vida es practicar un método viable de invocación de energía que se ocupe de estas energías particulares, como la Magia Ceremonial. En mi caso, he tenido el privilegio de vivir con una Kundalini despierta mientras practicaba Magia Ceremonial, lo que me permitió experimentar las energías tanto del Árbol de la Vida como de los Chakras en un grado increíblemente alto a través de la Gnosis.

Después de muchos años de trabajar directamente con las energías mencionadas, creo que he encontrado un terreno común entre los sistemas Orientales y Occidentales y una forma de unificarlos y reconciliarlos. Al fin y al cabo, sólo hay una Creación y sólo hay un Creador, independientemente del nombre que le demos. Todos los seres humanos están construidos de la misma manera, independientemente de nuestra educación cultural o religiosa. Todos estamos compuestos por los mismos bloques de construcción de la Creación, que se encuentran tanto en los sistemas Orientales como en los Occidentales: las energías de los Cinco Elementos de Espíritu, Fuego, Agua, Aire y Tierra. Estos cinco tipos de energía se encuentran tanto en el Árbol de la Vida como en el sistema Cháquico (Figura 16) y son el factor de unión entre las dos escuelas de pensamiento.

"...algunos de los Sephiroth y los Chakras son similares, pero no exactos. Si se tienen en cuenta los diez Sephiroth, esta similitud disminuye. Los Sephiroth y los Chakras tienen diferentes funciones, diferentes correspondencias y una serie de otros atributos que son específicos de las raíces culturales de cada sistema."
- Israel Regardie; extracto de "The Middle Pillar: El Equilibrio Entre la Mente y la Magia"

The Magus contiene una ciencia invisible única, comprensiva y abarcadora de la energía de la que todos participamos como seres humanos y los métodos (ejercicios rituales) que puedes utilizar para invocar/evocar estas energías Elementales para avanzar en tu Evolución Espiritual. Para explicar mejor cómo se relacionan los sistemas Orientales y Occidentales, examinaré cada uno de los diez Sephiroth del Árbol de la Vida escalando el Árbol hacia arriba siguiendo el Camino invertido de la Espada Flamígera mientras los comparo con las energías de los Chakras.

Comenzamos nuestro ejercicio en el Sephira más bajo, Malkuth-la Tierra. Como se ha mencionado, Malkuth es el Mundo Físico en el que vivimos, el Mundo de la Materia. Como tal, se corresponde con el Chakra de la Tierra, Muladhara. El Chakra de la Tierra participa del Mundo Físico de la Materia y del estado de conciencia del Plano Astral, es decir, del Plano Astral Inferior. El Chakra de la Tierra es, pues, el nexo de unión entre el Plano Físico y el Plano Astral, y no sólo el Mundo Físico, como han concluido muchos maestros Espirituales.

Subiendo, tenemos el Sephira Yesod, el Plano Astral, al que se accede a través de la energía sexual de un hombre o una mujer. Su ubicación en el Árbol de la Vida es en la región inguinal. Sin embargo, en el sistema Cháquico, esta región es la posición de Muladhara, el Chakra de la Tierra. La energía sexual proviene ciertamente del abdomen ya que cuando sentimos cualquier excitación sexual, podemos sentirla allí como una emoción primero. Así, tenemos la conexión con el segundo Chakra, Swadhisthana, ya que es donde se experimentan las emociones inferiores. Inferior, en este caso, significa que están de alguna manera conectadas a la expresión de la energía sexual. Los genitales alimentan esta energía sexual, y su ubicación es debajo del cóccix. El coxis es el lugar de la energía Kundalini en la base de la columna vertebral, donde se dice que está enrollada tres veces y media en su estado latente y que se origina en el Chakra Muladhara del Elemento Tierra.

Existe una confusión sobre si Yesod es simplemente el Chakra Swadhisthana y el Elemento Agua, o tal vez Muladhara, el Elemento Tierra -ya que eso es lo que obtenemos si superponemos directamente el sistema de Chakras en el Árbol de la Vida. Además, según la Qabalah, Yesod se atribuye al Elemento Aire. Esta atribución aumenta la confusión, ya que Anahata, el Chakra del Corazón, también se asigna al Elemento Aire, y Yesod está muy por debajo de Anahata. Sólo hemos escalado hasta Yesod, y ya hay una gran confusión respecto a qué Chakra es cada Esfera -las correspondencias están por todas partes. Esta confusión persiste a medida que seguimos subiendo en el Árbol de la Vida y examinando las energías y los atributos.

A medida que ascendemos más allá del Chakra Swadhisthana, llegamos al Chakra de Fuego-Manipura, en el Plexo Solar. Es aquí donde muchos maestros han dicho que las Esferas de Hod y Netzach, en su oposición, representan el Fuego de Manipura. Yo discutiría la validez de su afirmación ya que el Fuego, según el concepto de los Cuatro Mundos, es el más elevado de los cuatro Mundos Elementales (excluyendo el Espíritu) y es Arquetípico, lo que significa que no tiene Forma. Sin embargo, tenemos Forma con Hod y Netzach, ya que son las partes más accesibles del Ser a lo largo del día: la lógica y las emociones. Ambos se basan en el pensamiento y se expresan a través de los Planos Astral y Mental. El Elemento Fuego se manifiesta sólo a través del Plano Mental Superior, y ese Plano es particular del Alma, no del Ego. En cambio, el Ego está vinculado a la emoción, que pertenece al Plano Astral y al Elemento Agua, no al Elemento Fuego.

Subiendo, tenemos Tiphareth, que muchos maestros Espirituales han dicho que es el Chakra del Corazón, Anahata. Esta afirmación puede ser la única acertada, ya que Tiphareth se atribuye al Elemento Aire, al igual que Anahata. Pero incluso aquí, en el marco Qabalístico, Tiphareth se sitúa en el Plexo Solar, el centro del Alma, que se corresponde con el Chakra Manipura. Además, como he mencionado antes, Tiphareth tiene cualidades de Fuego, ya que se atribuye Qabalísticamente al Sol, la fuente de luz y calor en nuestro Sistema Solar. Por lo tanto, su ubicación debe ser en algún lugar entre los dos Chakras de Manipura y Anahata, donde expresa principalmente el Elemento Aire y tiene una estrecha asociación con el Fuego del Alma.

¿Y qué hay de las dos Esferas siguientes por encima de ella, Geburah y Chesed? Los atributos de Chesed y Geburah reconciliados como el Chakra de la Garganta, Vishuddhi, no tienen sentido ya que Vishuddhi se atribuye al Elemento Espíritu. Al mismo tiempo, Chesed y Geburah pertenecen a los Elementos Agua y Fuego. Según la Qabalah, los atributos de Geburah son el color escarlata (rojo), el Planeta Marte, la severidad, la fuerza y la voluntad. ¿No son éstas las cualidades del Elemento Fuego? ¿Y Chesed no es el Elemento Agua? Según la Qabalah, es el color azul, el Planeta Júpiter, la misericordia y el amor incondicional, todas ellas cualidades del Elemento

Agua. También, los atributos de Hod y Netzach siendo unificados para representar el Chakra de Fuego de Manipura no tiene sentido ya que estos también son claramente Elementos Agua y Fuego, pero en un nivel más bajo que Chesed y Geburah.

En lugar de que Chesed y Geburah se integren como un Chakra y que Netzach y Hod se unan para representar otro Chakra, es más exacto decir que Chesed y Hod se unen para impulsar el Elemento Agua, operando desde Swadhisthana (el Chakra del Elemento Agua). Por el contrario, Geburah y Netzach, en combinación, expresan el Elemento Fuego, trabajando a través de Manipura (el Chakra del Elemento Fuego). Y ambos pares de Sephiroth reconciliados/unificados se filtran a través de la Esfera de Tiphareth (el Chakra del Elemento Aire).

Y Tiphareth no es sólo el Chakra Anahata, ya que Anahata pertenece al amor incondicional, que es una emoción y es de la naturaleza del Elemento Agua, de ahí la conexión con el Chakra Swadhisthana. Pero Manipura, el Chakra del Elemento Fuego, potencia esa emoción una vez que hay una afluencia de Luz Blanca desde los Chakras superiores.

Recuerda que Manipura es la Sede del Alma. La Luz Blanca debe suministrar energía a los cuatro Chakras inferiores para que el Alma domine la conciencia en lugar del Ego. Una vez que la Corona esté abierta y la Luz descienda, los Chakras se espiritualizarán, y el individuo podrá experimentar emociones y pensamientos más elevados, como el amor incondicional. Sin la afluencia de la Luz, el individuo será propenso al amor propio, lo que significa que el Ego estará al mando.

Los tres Chakras de Manipura, Swadhisthana y Anahata parecen trabajar al unísono, potenciándose mutuamente y proporcionando las distintas energías de los cinco Sephiroth de Chesed, Geburah, Tiphareth, Netzach y Hod, que componen el Ruach, el principio animador de la persona. La respiración y la ingesta de energía Pránica a través de los alimentos y el agua activan estos principios y Sephiroth, o Esferas.

Los Chakras Muladhara y Swadhisthana son utilizados con mayor frecuencia por el Nephesh, el Yo Inferior, que es alimentado por la energía sexual de Yesod. El Nephesh se neutraliza una vez que la Luz Blanca es llevada a los cuatro Chakras inferiores. Se exaltan y comienzan a operar a su capacidad óptima, permitiendo que el Alma gobierne sobre la conciencia.

La afirmación de que las Esferas de Chokmah y Binah se reconcilian en el Chakra Ajna es relativamente exacta. Chokmah y Binah son la Sabiduría y el Entendimiento trabajando al unísono y recibidos a través de la intuición. Ajna Chakra es el punto de entrada a los Mundos Superiores más allá de los cinco sentidos (utilizando el sexto sentido y el Ojo de la Mente, que opera a través de la intuición). Ajna es también la puerta de entrada a los Planos Cósmicos en general y contiene formas e imágenes que se encuentran en Yesod (el Mundo Astral). Así que incluso en este caso, la atribución no es del todo exacta. De nuevo, los Sephiroth parecen trabajar juntos para producir los resultados que se encuentran en los Chakras. Sin embargo, la única manera de reconciliar verdaderamente los dos sistemas es con los Cinco Elementos de Tierra, Aire, Agua, Fuego y Espíritu, ya que los Elementos participan en ambos sistemas.

Que el Sahasrara Chakra sea la Esfera de Kether es una afirmación precisa, ya que, tanto en los sistemas Orientales como en los Occidentales, este Chakra, o Sephira, se atribuye al Espíritu en su sentido más puro, que es incognoscible, Eterno e inefable. Por lo tanto, en realidad, no se sabe mucho sobre él ni se pretende entenderlo sin la experiencia personal de la Luz Blanca. De ahí que su experiencia no se aplique a nuestra vida cotidiana y a nuestra función en el mundo que nos rodea. Sólo podemos experimentar Kether cuando entramos en estados místicos de conciencia, ya sea a través de la meditación o del pensamiento inspirado y elevado. Conseguir una conexión estrecha con Kether es el objetivo de todo ser humano en este Planeta, ya que puede dar lugar al descenso de la energía del Espíritu y a una transformación permanente de la conciencia.

Sabemos con certeza que los cuatro primeros Chakras llevan los Cuatro Elementos de Tierra, Agua, Fuego y Aire. También sabemos que los tres siguientes Chakras son del Elemento Aethyr/Espíritu: comienzan en el Chakra de la Garganta y terminan en la parte superior de la cabeza, la Corona. La garganta y el cuello separan la cabeza del resto del cuerpo. Por lo tanto, lo más lógico es concluir que es la zona donde comienza el Espíritu y terminan los Elementos inferiores.

El Chakra de la Garganta es Vishuddhi, cuyo propósito principal es ayudar a la comunicación. En Vishuddhi, generamos una vibración en nuestra voz para comunicarnos con el mundo exterior. La palabra hablada es nuestro vínculo con lo Divino. Y como es Divina, pertenece al Elemento Espíritu. Por lo tanto, todo lo que está en Vishuddhi y por encima de él debe ser también de la Divinidad, mientras que todo lo que está por debajo no lo es. Por debajo de Vishuddhi, según el sistema Cháquico, tenemos los Cuatro Elementos. Como ves, los diez Sephiroth o Esferas del Árbol de la Vida no se pueden descomponer simplemente uniendo las Esferas opuestas en la columna del medio.

Propongo impartir al lector un concepto totalmente diferente de cómo mirar el Árbol de la Vida. En lugar de verlo desde Malkuth, imagínate de pie en Tiphareth, tu centro solar y núcleo del alma, y mirando el Árbol de la Vida desde un punto de vista tridimensional, colocándolo horizontalmente. Esto te permitirá superar las limitaciones de la conciliación de las Esferas opuestas, escalando sistemáticamente el Árbol de la Vida hacia arriba.

Desde este punto de vista, Chesed puede integrarse con Hod, mientras que Geburah puede unirse con Netzach. Uno tiene una función más elevada que el otro, pero ambos pares de opuestos operan desde los Elementos Agua o Fuego. El Elemento Aire conecta el Espíritu de arriba y los Elementos inferiores de abajo. Y esta conexión, así como la separación, ocurre en Vishuddhi, el Chakra de la Garganta.

La parte Eterna del Ser existe más allá del Abismo (Vishuddhi Chakra), separando el Ser Supernal con el Ser reencarnado y manifestado. Como se ha mencionado, el Yo Supernal es el Elemento del Espíritu. Está separado por la invisible undécima Esfera de Daath, que es el propio Abismo, lo que significa la muerte del Ego que se requiere para alcanzar el Espíritu. Morir al Ego es necesario para alinearse con el Ser Espiritual. Los Elementos Agua y Fuego existen como opuestos duales, energías masculinas y femeninas, los bloques de construcción y las herramientas que el Ser Espiritual utiliza para extinguir el Ego.

Una vez que bajamos de los Supernales y de Daath, encontramos el Triángulo Ético, el Triángulo Astral y el cuerpo físico. El Aire es el medio de conexión, el vínculo entre el Espíritu y la Materia, lo que tiene sentido porque el Aire da vida a todos los seres vivos. Sin la respiración, no podemos vivir más que unos minutos. El Elemento Aire está en el Chakra Anahata, y también está conectado a la ingle y al lugar donde recibimos el Prana, nuestra energía Vital.

El pilar central del Árbol de la Vida es el vínculo de unión entre el Cielo y la Tierra. El aire es el vínculo de conexión entre la Divinidad y el hombre. Nuestro Prana es alimentado por el aliento, los alimentos y el agua, que es activado y dirigido en la región inguinal por nuestra energía sexual, la fuente de toda creatividad. Así, una manifestación física de la energía Pránica es la expresión sexual, mientras que la Espiritual es la activación de la Kundalini. Ambas son alimentadas por las energías sexual y Pránica, que son distintas entre sí, pero están íntimamente relacionadas.

La Kundalini se convierte en el vehículo mediante el cual conectamos los Sephiroth de nuestro Pilar Medio y nos elevamos a través de Daath hacia los Superiores para conectar con nuestro Sahasrara Chakra y abrirnos a la afluencia del Espíritu de arriba. Daath representa la muerte simbólica necesaria para renacer en el Espíritu. El Chakra del Elemento Fuego que opera a través de las Esferas de Geburah y Netzach es ahora templado por el Chakra del Elemento Agua y las Esferas de Chesed y Hod. Estos crean las funciones internas que componen el Ser, que utilizamos para elevar nuestra conciencia y alcanzar el Ser Superior que es de la Divinidad.

Recuerda que la Vida es un juego, un juego Divino, y necesitamos una razón para realizar acciones en el Mundo Físico-los Elementos Fuego y Agua nos dan esas razones. Uno es el amor incondicional, y el otro es la fuerza de voluntad: el amor bajo la voluntad. La fuerza de voluntad necesita una razón para actuar, y esa razón es el amor incondicional. El amor incondicional necesita una acción para conocerse a sí mismo y esa acción es la fuerza de voluntad. Estas dos afirmaciones implican las dicotomías del Dios y la Diosa, lo masculino y lo femenino, el Fuego y el Agua, Manipura y Swadhisthana, uno trabajando para y con el otro. Por esta razón, Manipura y Swadhisthana están uno encima del otro en el sistema Cháquico. El firmamento, el vínculo de unión, se encuentra en el corazón, representando el Chakra del Elemento Aire, Anahata.

Yesod también es Aire, por lo que vemos que el canal de Aire no se detiene, se produce inmediatamente después de la Tierra. Nuestra energía Vital, nuestro Prana, está permanentemente activo. No es necesario estar excitado sexualmente para sentirlo, ya que siempre está presente. Los alimentos ingeridos se transforman en Prana, sirviendo como combustible principal del cuerpo físico y de los Cuerpos Sutiles de los Planos Cósmicos.

La energía Pránica, unida a la energía sexual, activa nuestra imaginación. La imaginación nos da la capacidad de crear de la misma manera que fuimos creados: a través del pensamiento. Como el hombre piensa, así es. Y según el *Libro del Génesis*, fuimos hechos a la imagen de nuestro Creador.

La vida es la constante impregnación de la mente subconsciente a través de la imaginación, continuamente alimentada por la energía Pránica y sexual y templada por los elementos Fuego y Agua. Al sublimar nuestra energía Pránica y sexual, podemos despertar la Kundalini y atravesar el Daath al encontrar una muerte del Ego, abriéndonos a los Superiores y a la Divinidad, nuestra Fuente.

La Kundalini es el "interruptor de activación" del hombre y nuestro objetivo y misión en esta vida. Su despertar es un logro que se produce cuando se ha perfeccionado el Triángulo Ético; cuando la imaginación ha llenado el subconsciente con pensamientos que resuenan con la Sabiduría y la Comprensión, y cuando uno se ha elevado más allá de los deseos corporales y los puntos de vista Egocéntricos.

Aunque el sistema Cháquico no se superpone perfectamente al Árbol de la Vida, podemos ver cómo los Cinco Elementos de la Vida están presentes en ambos, sólo que presentados de forma diferente. Tanto el sistema Cháquico como el Árbol de la Vida representan el mismo proceso de Creación.

Comencemos por desglosar todo en los tres Elementos primarios. En primer lugar, el Fuego y el Agua, que están en perfecta conjunción, forman simbólicamente un Hexagrama. Luego, el Elemento Aire sirve de firmamento que los sostiene insuflando vida. A continuación, como base de todo, el fundamento, está el cuerpo físico del Elemento Tierra cuya esencia es la combinación más densa de esos tres Elementos. Lo que sigue es el Abismo, representado por el Chakra de la Garganta. El Abismo separa la cabeza y el cerebro del resto del cuerpo en el ser humano.

El Chakra de la Garganta, Vishuddhi, utiliza el Elemento Aire (pensamiento) para conectarse con el Elemento que está por encima de él: el Elemento Espíritu. El Espíritu utiliza el Chakra de la Garganta como punto de partida de la manifestación y sublimación de la energía. A continuación, a través del penúltimo Chakra, el Ojo de la Mente (Ajna), utiliza la Sabiduría y el Entendimiento para elevarse a la No-Dualidad y la belleza de Sahasrara-la Esfera de Kether. Kether es la cumbre de nuestra Evolución Espiritual. Significa el Nirvana -la Corona del Logro y la meta del Yogui, el Sabio y el Buscador de la Luz.

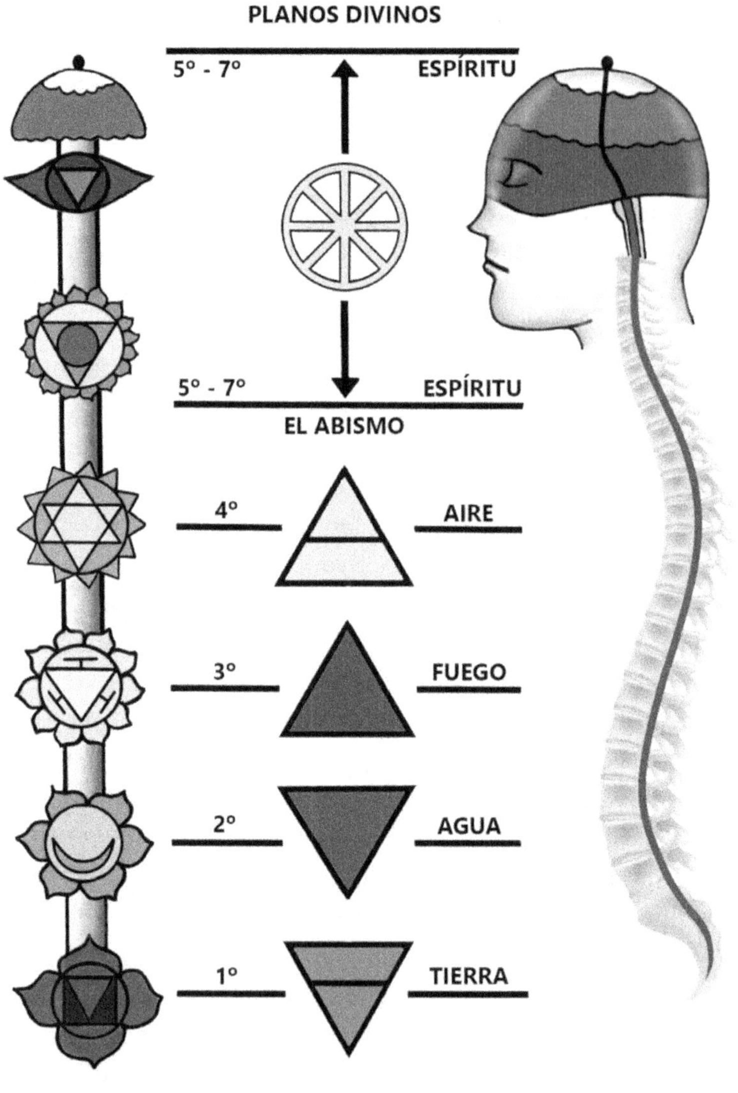

Figura 16: Los Chakras y los Elementos

El objetivo del mecanismo de la Kundalini es sublimar la energía Pránica y sexual y elevarla a la cabeza, para iluminar los Superiores y expandir la conciencia individual. La energía Kundalini despierta todo el Árbol de la Vida y todos los Chakras para que la conciencia pueda acceder a todos los Planos Cósmicos particulares de cada Chakra. Una vez que la energía ha atravesado Daath, se produce una muerte del Ego, y el individuo despierto comienza a sintonizar más y más con los Superiores. La Sabiduría y la Comprensión se convierten en la principal fuerza que guía la vida de estos individuos despiertos.

No hablaré de los Chakras Transpersonales por encima de la Corona, ya que son incomprensibles para la mente humana. Sin embargo, imponga en su mente la existencia de Mundos Divinos muy por encima del nuestro, que son alcanzables en esta vida. Tratar de describir su experiencia es similar a un humano tratando de explicar su existencia a una hormiga. La conciencia humana es tan vasta y capaz de extenderse a alturas tan grandes que es imposible poner en palabras la belleza de lo que está más allá de nuestra mera existencia física.

En *The Magus*, nos ceñiremos únicamente a la discusión de los diez Sephiroth, los Siete Chakras, los Cuatro Elementos y el Espíritu. El propósito de este libro es ayudarte a alcanzar la grandeza de Sahasrara. Lo que experimentas a través de Sahasrara se deja para que tú, y sólo tú, lo explores.

PARTE II: EL TAROT

LOS ARCANOS MAYORES DEL TAROT

"El Tarot encarna presentaciones simbólicas de ideas universales, detrás de las cuales se encuentran todos los implícitos de la mente humana, y es en este sentido que contienen una doctrina secreta, que es la realización por parte de los pocos de verdades incrustadas en la conciencia de todos." - A. E. Waite; extracto de "La Clave Pictórica del Tarot"

Las cartas del Tarot son una parte integral de la tradición de los Misterios Occidentales que presentan una increíble imaginería, que contiene una sabiduría esotérica e intemporal relativa a toda la Creación. Es un sistema completo e intrincado que se utiliza para describir las fuerzas invisibles que influyen en el Universo.

Las cartas del Tarot sirven como clave para una mejor comprensión de las ciencias ocultas. Durante siglos, los místicos, los Magos y otras personas relacionadas con el ocultismo han utilizado las cartas del Tarot para ayudar a sus Adivinaciones y meditaciones. Al abarcar el Macrocosmos y el Microcosmos, las cartas del Tarot también nos ofrecen un mapa de los diferentes componentes de la psique humana. En la Adivinación, las cartas del Tarot nos permiten tener una comunicación directa con nuestro Ser Superior mientras espigamos en lo Desconocido.

El Tarot tiene una conexión inextricable con la Qabalah y el Árbol de la Vida. En 1850, Eliphas Levi reconoció la relación entre los veintidós Triunfos, o Arcanos Mayores del Tarot, y las veintidós letras del alfabeto Hebreo. Este reconocimiento inspiró un renacimiento de las ciencias ocultas. Ocultistas de todo el mundo se dedicaron a estudiar en profundidad el Tarot y su conexión con la Qabalah.

Aunque la conexión entre el Tarot y la Qabalah es visible, los orígenes del Tarot son todavía desconocidos. Algunos afirman que el Tarot tiene sus raíces en Egipto, a partir del "Libro de Thoth". Otros insisten en que fue creado por un grupo de Adeptos que, con la intención de asegurar la preservación de su filosofía esotérica, lo escondieron dentro de una baraja de cartas. En definitiva, la historia completa del Tarot sigue siendo un misterio.

Tradicionalmente, el Tarot contiene setenta y ocho cartas, divididas en cuatro palos de catorce cartas cada uno, más veintidós Triunfos (Arcanos Mayores). Los Arcanos Mayores sirven para trazar el viaje del Alma humana. En *The Magus*, sólo nos centraremos en los Arcanos Mayores, ya que su conocimiento va de la mano del conocimiento de la Qabalah y del Árbol de la Vida.

Los Arcanos Menores contienen cuarenta cartas Pequeñas numeradas y dieciséis cartas de la Corte. Las cartas Pequeñas están numeradas del as al diez y se dividen en cuatro palos diferentes: Bastos, Copas, Espadas y Pentáculos. Estos cuatro palos significan los Cuatro Elementos, el Tetragrámaton y los Cuatro Mundos de la Qabalah. Además, cada una de las diez cartas Pequeñas está asociada a uno de los diez Sephiroth. Aunque no me adentraré en los Arcanos Menores en la siguiente lección, corresponde al lector seguir aprendiendo sobre ellos. Su conocimiento le permitirá tener una visión más completa del Tarot y su relación con la Qabalah y el Árbol de la Vida.

EL ÁRBOL DE LA VIDA Y LOS ARCANOS MAYORES

Los veintidós Arcanos Mayores del Tarot son las principales cartas utilizadas en la Adivinación, y su energía representa los veintidós caminos que unen los diez Sephiroth del Árbol de la Vida (Figura 17). Estos veintidós caminos, incluyendo los diez Sephiroth, representan los Treinta y Dos Caminos de la Sabiduría. Los veintidós caminos representan la energía que se conecta y se derrama de una Esfera a la siguiente, y como se ha mencionado, las Esferas representan estados de conciencia.

Los Arcanos Mayores son fuerzas en transición-fuerzas Kármicas que han influido en los incidentes del pasado y que afectarán a los acontecimientos del presente y del futuro. Representan lecciones o experiencias Espirituales a medida que se avanza en la vida. Como tal, es esencial aprender sobre los Arcanos Mayores, ya que este conocimiento te ayudará en tu viaje Espiritual. El mero hecho de conocerlos puede desencadenar y desbloquear fuerzas subconscientes latentes que te ayudarán a progresar más en tu Evolución Espiritual.

El propósito más elevado del Tarot es el de ser un sistema de Auto-iniciación e Iluminación. Los veintidós Triunfos se consideran las claves de la Sabiduría Universal. Para los que practican este arte sagrado, el Tarot es un espejo sagrado en el que pueden verse a sí mismos y a los aspectos más profundos del Ser. Es un mapa hacia los reinos de la dicha Espiritual y un registro de la relación del hombre con el Cosmos.

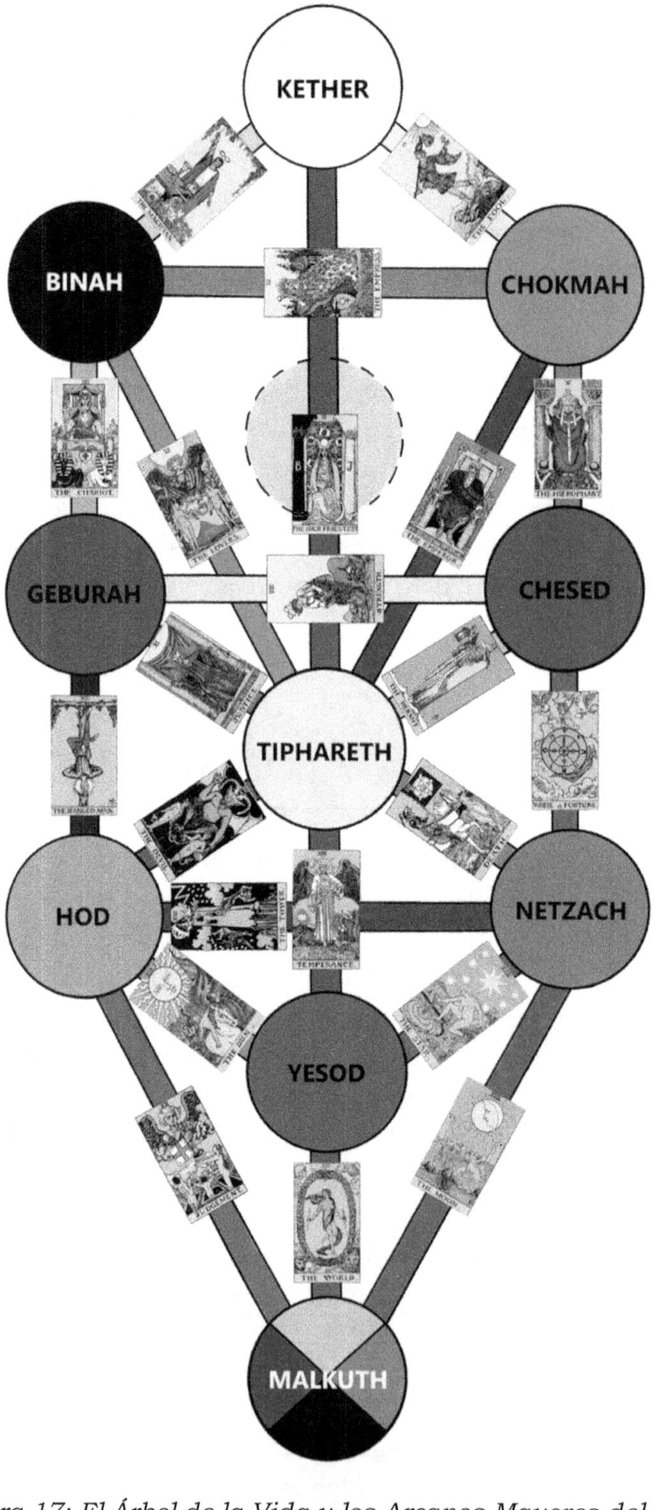

Figura 17: El Árbol de la Vida y los Arcanos Mayores del Tarot

Debido a los conocimientos que contiene, el Tarot puede considerarse un libro de texto de enseñanzas ocultas. Los Arcanos Mayores son un mapa simbólico del Espacio interior, que describe diversos estados de conciencia, desde las elevadas alturas Espirituales de la Divinidad hasta el mundo material de los seres humanos y la Materia. De este modo, el Tarot abarca toda la existencia.

Los veintidós caminos se pueden desglosar en los tres Elementos Transicionales de Fuego, Agua y Aire, los Doce Zodiacos y los Siete Planetas Antiguos. Se dice que las veintidós cartas de los Arcanos Mayores contienen la totalidad de las energías de nuestro Sistema Solar. El conocimiento del Árbol de la Vida y de los Arcanos Mayores, unido al conocimiento de los Principios de la Creación *El Kybalion*, es la base del Hermetismo.

Otro punto crítico a mencionar es que una de las veintidós letras del alfabeto Hebreo se asigna a cada una de las cartas de los Arcanos Mayores. Las veintidós letras Hebreas son una filosofía Qabalística completa y un sistema propio. Cada letra es un símbolo con muchas ideas asociadas a ella. Estas ideas hacen surgir ciertos Arquetipos que resuenan con la energía de las cartas del Tarot. Los Arquetipos abren las puertas de nuestra mente subconsciente para comunicarse con nuestro Ser interior. Por lo tanto, la comunicación constante se produce entre la mente consciente y subconsciente con el uso del Tarot, que nos ayuda a evolucionar Espiritualmente.

También es importante el desglose de las veintidós cartas Hebreas en las tres cartas Madre, las siete cartas Dobles y las doce cartas Simples. Este desglose es sinónimo de la asociación del Tarot con los tres Elementos, los Siete Planetas Antiguos y los Doce del Zodiaco, que suman veintidós.

En esta sección, te daré el desglose de cada carta del Tarot, con una breve descripción de la energía que representa. Ten en cuenta que esto es simplemente una introducción general al mundo del Tarot. Se recomienda que aprendas más sobre el Tarot por tu cuenta, y hay muchos libros y recursos disponibles que pueden permitirte continuar tus estudios.

"El simbolismo es el lenguaje de los Misterios. Por medio de los símbolos los hombres siempre han tratado de comunicarse entre sí aquellos pensamientos que trascienden las limitaciones del lenguaje." - Manly P. Hall; extracto de "Las Enseñanzas Secretas de Todas las Épocas"

Los veintidós triunfos del Tarot se comunican a través de imágenes visuales que contienen símbolos, números y metáforas. Como las cartas del Tarot tienen imágenes Arquetípicas, nos hablan desde el más alto de los Cuatro Mundos, el Mundo de Atziluth o Fuego Primordial. Por lo tanto, al utilizar el Tarot, nos estamos comunicando directamente con lo Divino. Además, las imágenes del Tarot representan las verdades Espirituales de nuestra existencia. Por esta razón, el Tarot es considerado la herramienta de Adivinación más utilizada por los iniciados de los Misterios de Occidente.

También son esenciales los colores utilizados en las cartas del Tarot, que en su mayoría se relacionan con los colores de los caminos del Árbol de la Vida a los que corresponde cada carta del Tarot. Además, presentan los colores de los Elementos presentes en cada carta y las atribuciones Planetarias y Zodiacales. Aunque este no es el caso de todas las cartas de los Arcanos Mayores en la miríada de barajas disponibles, la mayoría de ellas cumplen esta regla.

CARTAS DE TAROT Y ADIVINACIÓN

La palabra "Adivinación" deriva del Latín "divinare", que significa "prever, ser inspirado por Dios". La Adivinación es la práctica de extraer información de lo Desconocido sobre el pasado, el presente y el futuro. Permite trascender el Tiempo y el Espacio y obtener información sobre un acontecimiento, una situación, o incluso sobre uno mismo u otra persona, a través de medios sobrenaturales.

La Adivinación se encuentra en todas las civilizaciones y culturas, antiguas y nuevas, y se ha practicado desde tiempos inmemoriales. Puede ser un proceso de clarividencia que emplea una Bola de Cristal o un Espejo de Adivinación, o puede utilizar diferentes herramientas que requieren interpretaciones intuitivas por parte del Adivino. Las herramientas de Adivinación incluyen el I Ching, las Runas, los Tableros Espirituales, las tazas de té, los péndulos y, sobre todo, las cartas de Tarot.

La lectura de cartas del Tarot es el método de Adivinación más popular en el mundo Occidental. Funciona formulando una pregunta y luego sacando e interpretando las cartas. Las fuerzas Espirituales afectan al mundo material y, por lo tanto, una vez que se tiene una idea clara de las fuerzas Espirituales en cuestión, se pueden determinar ciertas verdades en la vida con respecto a la Realidad Interior y Exterior -el axioma de "Como Es Arriba, Es Abajo" está en juego aquí también. A través de las cartas del Tarot, tratamos de comprender lo "superior", la realidad Espiritual que subyace a todas las cosas. Una vez que entendemos eso, podemos saber cómo afecta al "Abajo" - la existencia material en el Planeta Tierra. Como tal, las cartas del Tarot leen la energía antes de que se manifieste.

La Adivinación de la Tirada del Círculo se incluye como parte de la lección sobre el Tarot. Su propósito es determinar las influencias Espirituales de cualquier situación en tu vida. También, ya que una gran parte de *The Magus* es trabajar con diferentes energías e invocarlas/evocarlas en tu Aura, ayuda a tener un método para determinar cómo una operación Mágica influirá en ti (o en una situación de tu vida) una vez completada.

La Adivinación de la Tirada del Círculo sólo cubre los veintidós Arcanos Mayores porque es una Adivinación Espiritual que sólo revela la naturaleza Espiritual de una acción particular. Otras Adivinaciones del Tarot pueden ser más específicas si su propósito es obtener una visión de algún evento futuro u obtener una respuesta exacta a preguntas o consultas más mundanas. Estas Adivinaciones de mayor alcance a menudo incluyen los Arcanos Menores, lo que da al Adivino más para trabajar para obtener la respuesta deseada a una pregunta específica.

Después de esta breve introducción al Tarot, voy a describir cada una de las veintidós cartas de los Arcanos Mayores. Si estás trabajando con la adivinación de la tirada en círculo, debes utilizar los significados de las cartas en la adivinación que se dan al final de la descripción de cada carta del Tarot. Ten en cuenta que los significados asociados a una carta del Tarot sacada en posición vertical son diferentes a los significados relacionados con la misma carta sacada en posición invertida.

Como hay una gran cantidad de información sobre cada carta de los Arcanos Mayores, la mejor manera de estudiar este tema es contemplar y meditar sobre los nombres de cada carta, incluyendo sus correspondencias Qabalísticas, símbolos, números y colores. Al hacerlo, impregnarás la verdad Espiritual de cada carta en tu subconsciente. Para promover este objetivo, he incluido un método para "escudriñar" los Arcanos Mayores. El escrutinio de las cartas es un poderoso método de Adivinación para obtener la Gnosis y para ampliar su comprensión de los Arcanos Mayores en relación con los Misterios sagrados del Universo y de tu psique.

RIDER-WAITE Y LA AURORA DORADA

Los dos mazos de Tarot de la Aurora Dorada a los que me referiré en las siguientes descripciones de las cartas de los Arcanos Mayores son el *Tarot de la Aurora Dorada* de Robert Wang y el *Tarot Mágico de la Aurora Dorada* de Chic Cicero y Sandra Tabatha Cicero. Los estudiantes de la tradición de Misterio Occidental utilizan ampliamente estos dos mazos de Tarot. Sus correspondencias e imágenes Qabalísticas se aferran a la sabiduría esotérica e intemporal contenida en el mundo del Tarot.

Aparte de utilizar casi los mismos símbolos en cada baraja, la principal diferencia entre estas dos barajas de la Aurora Dorada es el uso del color. El mazo de Tarot de Ciceros es más rico y vibrante, mostrando a menudo colores elementales opuestos que no se encuentran en el mazo de Wang. El mazo de Tarot de Ciceros es también más complejo en cuanto a imágenes, ya que contiene símbolos adicionales que el mazo de Wang no tiene. El poder de la baraja de Tarot de Wang reside en su simplicidad, ya que los símbolos, las imágenes y los colores se adhieren a lo básico de lo que significa cada carta.

Los símbolos presentes en ambas barajas recuerdan las enseñanzas del Alba Dorada y las enseñanzas Herméticas transmitidas a lo largo de los años. Como tal, las dos barajas de Tarot se complementan entre sí en su mayor parte. Por lo tanto, no me centraré demasiado en las diferencias de los mazos del Alba Dorada, sino que los utilizaré como marco de referencia en comparación con el mazo de Tarot Hermético más popular y mundialmente famoso (en todo el siglo XX): el mazo de Tarot *Rider-Waite.*

Publicado inicialmente en 1909, la ilustradora Pamela Colman Smith dibujó las cartas del Tarot *Rider-Waite siguiendo* las instrucciones del ocultista y místico A.E. Waite. Curiosamente, tanto Smith como Waite formaban parte de la Orden Hermética de la Aurora Dorada, que fue la Orden original de la Aurora Dorada en la que se basaron todas las Órdenes posteriores de la Aurora Dorada. (Más sobre este tema en un capítulo posterior).

He incluido las imágenes de los Arcanos Mayores *de Rider-Waite* de *La Clave Pictórica del Tarot* (publicado en 1911) como referencia. En cuanto a las dos barajas del Tarot de la Aurora Dorada, sus imágenes se pueden encontrar en línea o comprando cada baraja.

Una cosa que hay que tener en cuenta y que diferencia la baraja *Rider-Waite* de las dos barajas de la Aurora Dorada es el uso del color en las cartas. La baraja *Rider-Waite* no está muy centrada en los atributos de color relacionados con el Árbol de la Vida, sino en las imágenes y los símbolos. Además, es bastante básica en términos de estilo de presentación y uso del color, ya que sólo utiliza colores primarios y secundarios.

Las barajas de la Aurora Dorada utilizan representaciones más elaboradas de imágenes con colores intrincados. Sin embargo, lo que hace que la baraja Rider-Waite sea hermosa y poderosa es su simplicidad. No profundizaré en el análisis de los colores, sino que me limitaré a señalar las diferencias para comprender cada carta del Tarot. Invito al lector a que investigue por su cuenta todo lo que le interese sobre cada baraja de Tarot.

Como parte de cada descripción de una carta del Tarot, he incluido un extracto de uno de los primeros y más antiguos documentos del Alba Dorada, titulado "Notas sobre el Tarot". Este documento fue escrito por uno de los fundadores de la Orden Hermética de la Aurora Dorada, S.L. MacGregor Mathers, bajo el nombre de G.H. Frater S.R.M.D. Debido a su importancia, este documento también formó parte de la obra seminal de Israel Regardie, *La Aurora Dorada.*

Además, cada una de las veintidós cartas del Tarot tiene un nombre Mágico derivado del *Libro T- El Tarot* de S. L. MacGregor Mathers, que es un manuscrito entregado a los Adeptos dentro de la Orden Hermética del Alba Dorada como parte del plan de estudios del Adeptus Minor. Los nombres Mágicos de los senderos conservaron su uso como parte de otras Órdenes de la Aurora Dorada que le siguieron. Por lo tanto, los incluyo aquí para ayudar a comprender mejor la energía de cada camino.

Figura 18: Llaves del Tarot (Cero a Tres)

EL LOCO

El Loco es la Llave Cero del Tarot y el undécimo camino del Árbol de la Vida, que une Kether y Chokmah. Esta carta representa la corriente inicial de energía del Creador no manifestado. El nombre mágico del Loco es "El Espíritu de los Aethyrs" ya que es la inteligencia ardiente y la primera corriente de vibración en su estado potencial. Este camino se forma a partir de la Luz Ilimitada de Ain Soph Aur y es la chispa del pensamiento. El Elemento Aire (Transición) rige esta vía. Como tal, el Loco representa el Bautismo del Aire. La carta del Loco representa la Espiritualidad en su más alta esencia debido a su estrecha conexión con la Fuente (Dios-el Creador).

"El Loco es la Corona de la Sabiduría, el Primum Mobile, que actúa a través del Aire sobre el Zodíaco." - S. L. MacGregor Mathers; "Notas sobre el Tarot"

La cita anterior describe la energía del camino del Loco en el Árbol de la Vida. El Primum Mobile se refiere a los "Primeros Torbellinos" de la manifestación que emanan de Dios-la Fuente. Este proceso se describe mejor como la fase de inicio de la creación del Universo; es la acción de la energía cósmica en el punto inicial de la Creación.

El Primum Mobile está detrás de todo movimiento en el Universo manifestado. La carta del Loco representa el Primum Mobile tal y como actúa a través del Elemento Aire (Transicional) en Chokmah, al que está asociado el Zodiaco. Cuando la Luz se canaliza hacia las Estrellas desde la Fuente-Kether, se hace accesible a través del Elemento Aire y de los pensamientos.

El Dios-niño Egipcio, Harpócrates, es un excelente ejemplo de la energía de este camino, ya que tiene el dedo índice sobre los labios, significando con este gesto el concepto de "silencio". Este gesto se utilizará como parte de los ejercicios rituales dentro de *The Magus* y se llama el Signo del Silencio. La carta del Loco significa el silencio de la mente, el cuerpo y el Alma, mostrando el potencial puro del Creador no manifestado. Sólo a través del silencio de la mente, el cuerpo y el Alma podemos contemplar los más importantes secretos y Misterios del Universo.

En los mazos de Tarot de la Aurora Dorada, un niño se muestra desnudo, simbolizando su inocencia. Un lobo se muestra en la carta también para expresar el peligro potencial de la inocencia. Está atado con una correa y es guiado por el niño. El niño parece no ser consciente de que el lobo puede hacerle daño; por lo tanto, es el crecimiento y la experiencia en la vida lo que enseñará al niño a evitar todos los peligros. El color que predomina en la carta es el amarillo, que simboliza la conexión con el Elemento Aire. El verde también está presente para representar el elemento natural, al igual que el blanco, símbolo del Espíritu.

En el Tarot *Rider-Waite*, se muestra un bufón en lugar del niño. La imagen alude a otro nombre dado a la carta del Loco en algunas versiones antiguas del Tarot: "el Bufón". "El bufón tiene un pequeño perro a su lado en lugar de un lobo y está a punto de caer por un precipicio. Tanto las cartas del Tarot *Rider-Waite* como las de la Aurora Dorada enfatizan la tontería y la felicidad de la ignorancia. Si el bufón es inocente o simplemente no es consciente de su entorno sigue siendo un misterio. En cualquier caso, su falta de conciencia de sí mismo le ha puesto en una situación peligrosa. El mismo esquema de colores se encuentra en las cartas del Tarot *Rider-Waite* que en las cartas de la Aurora Dorada.

Esta carta ofrece una sensación de renovación mental, emocional y Espiritual. El Loco significa la inocencia de un niño o la ignorancia del bufón y la vulnerabilidad al encarnar esos estados mentales. Además, El Loco representa la energía de un niño antes de la formación del Ego o de un bufón antes de ser consciente de sí mismo. Por lo tanto, existe una conexión entre el logro de la Autoconciencia y el nacimiento del Ego. Para vivir en este mundo, debemos volvernos Autoconscientes. Pero al hacer esto, perdemos nuestra inocencia Divina.

La letra Hebrea atribuida a la carta del Loco es Aleph, que significa "buey", que es un digno símbolo del poder procreador de la naturaleza. Aleph es también la primera letra del alfabeto Hebreo, simbolizando así los nuevos comienzos. El número del Loco es el cero, expresado por el devorador de colas, el Ouroboros, una serpiente que se come la cola. El Loco representa la unidad del mundo manifestado y la Fuente de toda la Creación.

En el contexto de la Kundalini, esta carta representa la renovación del pensamiento. Es la inspiración, así como la imaginación. Representa la energía Vital, el Prana, y la expansión de la conciencia a través del Elemento Aire. En esta carta, toda la comunicación se realiza a través de la Gnosis, es decir, la transmisión directa de información de lo Divino a lo humano. De ahí el silencio, y la verdad, que sólo puede ser comunicada a través de ella.

En una Adivinación, el Loco generalmente se refiere a la Espiritualidad que intenta elevarse por encima del Plano Material, a menos que se trate de una Adivinación de naturaleza material, donde la carta del Loco adquiere los significados invertidos. El Loco representa el pensamiento inspirado, los nuevos comienzos, la espontaneidad, la maravilla, el asombro, la curiosidad y la libertad Espiritual. Si se invierte, el Loco representa la imprudencia, la negligencia, la necesidad de precaución y la locura. La forma de leer al Loco en la Adivinación depende de la naturaleza de la pregunta. Si se trata de una pregunta Espiritual, entonces el Loco (en posición vertical) tiene una naturaleza muy Aérea y Espiritual y se considera una carta positiva.

EL MAGO

El Mago es la Primera Llave del Tarot y el Duodécimo Sendero del Árbol de la Vida, que discurre entre Kether y Binah. El nombre Mágico de la carta es el "Mago del Poder", que está regido por Mercurio, el Planeta del intelecto. Una vez que se han aprendido las lecciones Espirituales a través de la experiencia de la vida, el Loco se convierte en el Mago; de ahí que esté directamente frente a él en el Árbol de la Vida. El Loco ha aprendido a discernir entre el bien y el mal a través del desarrollo y la evolución del Alma. Como resultado, ha crecido en sabiduría y conocimiento, convirtiéndose en el Mago. El viaje Espiritual comienza con el Loco y termina con el Mago.

"El Mago es la Corona del Entendimiento, el principio de la producción material, el Primum Mobile actuando a través del Mercurio filosófico sobre Saturno." - S. L. MacGregor Mathers; "Notas sobre el Tarot"

La cita anterior describe la esencia del camino del Mago. Como la Luz Blanca de Kether actúa sobre la mente, se recibe a través de la intuición, produciendo así el Entendimiento en Binah. Puesto que Mercurio representa la mente y Saturno representa el Mundo Tridimensional, la mente se convierte en el vínculo de unión entre el Espíritu y la Materia. El camino del Mago representa el poder de tener un control consciente sobre los acontecimientos en el Tiempo y el Espacio utilizando el intelecto. La inteligencia se construye obteniendo sabiduría y conocimiento a través de la mente.

El Mago es el pensamiento que se manifiesta ya que invoca la energía de la Luz y la dirige. Todos buscamos convertirnos en el Mago ya que es el Maestro de los Elementos. En algunas versiones antiguas del Tarot, se le llama "el Mago". "Su otro nombre es "el Malabarista", ya que puede controlar y equilibrar los Elementos. La letra Hebrea atribuida a la carta del Mago es Beth, que significa "casa". El Mago es la casa en la que habita el Espíritu Divino.

El Caduceo de Hermes aparece en muchos ejemplos de la carta del Mago como la Fuerza principal. Después de todo, Hermes es otro nombre para Mercurio. El Caduceo de Hermes es sinónimo de energía Kundalini. El Mago es el Maestro de los Cuatro Elementos, incluyendo el quinto Elemento del Espíritu, traído a través de la Kundalini. El símbolo del Mago es también el Pentagrama erguido, que representa los Cuatro Elementos (los cuatro puntos inferiores del Pentagrama) bajo la presidencia del Espíritu (el punto más alto del Pentagrama).

Por lo tanto, el Mago es el individuo que ha despertado la Kundalini y cuya conciencia se ha elevado a medida que ha progresado a través de los Chakras. El individuo ahora opera a través del Elemento Espíritu en los tres Chakras más altos. Por esta razón, se les llama el Mago-pueden lograr maravillas y trabajar la Magia.

En los mazos de Tarot de la Aurora Dorada, el Mago se presenta como un hombre de pie frente a un altar cuadrado. El altar cuadrado representa las cuatro esquinas del Espacio en el Mundo de la Materia y los Cuatro Elementos del Ser. En el altar se encuentran las cuatro herramientas Elementales (a menudo denominadas Armas Elementales): La copa (Oeste), la varita (Sur), la daga (Este) y el pentáculo (Norte). Simbolizan los elementos Agua, Fuego, Aire y Tierra. Un símbolo del Infinito está integrado en la imagen para representar la Energía Eterna y Divina. El color que predomina en la carta es el amarillo para representar la conexión y el dominio del Elemento Aire.

La baraja de Tarot *Rider-Waite* también presenta los mismos símbolos en la imagen de esta carta. La principal diferencia es que una mano apunta hacia arriba mientras que la otra apunta hacia abajo. Este gesto simboliza el Arriba y el Abajo, el Cielo y la Tierra. "Como Es Arriba, Es Abajo" se refiere al proceso de manifestación de la energía Divina. También se refiere a la manipulación de esta energía a través de la práctica de la Magia.

El Mago se refleja en el intelecto, que recoge y almacena el conocimiento. Por lo tanto, la lógica y la razón son componentes vitales presentes en esta carta. Dentro del Tarot *Rider-Waite*, el rojo está presente en la capa del Mago para simbolizar la fuerza de voluntad energizada.

Mientras que el Loco permanece en el silencio y la contemplación de la verdad, el Mago se dedica al acto de la manifestación: el Mago es el representante de la fuerza creativa. Representa a Thoth, el Dios Egipcio, también conocido como Hermes, el Dios Griego de la comunicación, el lenguaje, la Magia y la sabiduría. Como se ha mencionado, los Romanos llaman a Hermes Mercurio para representar la misma energía Divina.

Esta carta tiene una conexión muy directa con la Kundalini en la totalidad de su experiencia global. Todos nos estamos alineando con el Pensamiento de Dios-Thoth, el Dios Egipcio de la sabiduría. La pronunciación de "Thoth" y "pensamiento" son muy similares, lo que indica una correspondencia entre las dos ideas.

En una sección posterior sobre *El Kybalion*, me adentraré en el poder del pensamiento y en el concepto de que el Universo es un Pensamiento vivo de Dios, ya que el pensamiento es el núcleo de toda la existencia. Pero, por ahora, impregna en tu mente subconsciente la relación entre la carta del Mago, Hermes (o Thoth), y la fuerza de Kundalini: todos son Uno.

En una adivinación, el Mago representa el poder de manifestación, la adaptación, la sabiduría, el ingenio, la habilidad y la realización del potencial. Es una carta muy

Mercurial; por lo tanto, se relaciona con la agudeza mental. Si se invierte, representa el egoísmo, los talentos y habilidades no realizados, la mala planificación, la presunción, la manipulación e incluso la manía.

LA GRAN SACERDOTISA

La Gran Sacerdotisa es la Segunda Llave del Tarot y el Decimotercer Sendero del Árbol de la Vida. Es el camino más largo, más allá del Velo del Abismo, desde el Dios Corona (Kether) hasta la manifestación de Dios como Hijo Resucitado (Tiphareth). La Gran Sacerdotisa es un camino muy Acuático, regido por la Luna. Es la esencia raíz de la conciencia y la sustancia y expresión última del Elemento Agua. El nombre Mágico de la Gran Sacerdotisa es "Sacerdotisa de la Estrella de Plata".

"La Gran Sacerdotisa es la Corona de la Belleza, el principio de la Soberanía y de la Belleza, el Primum Mobile, que actúa a través de la Luna sobre el Sol." - S. L. MacGregor Mathers; "Notas sobre el Tarot"

La cita anterior describe la esencia del camino de la Gran Sacerdotisa en el Árbol de la Vida. El Creador proyecta su Luz Blanca en el Sol a través de la Luna. Como tal, la Luz del Sol es sólo un reflejo de la Luz de Kether. Esta afirmación implica que el Mundo de la Materia es simplemente una ilusión, una fantasmagoría, considerando que todas las cosas en el mundo físico consisten en partículas de Luz proyectadas por el Sol.

Gimel, la letra Hebrea que significa "camello", se asocia con la Gran Sacerdotisa debido a la capacidad del camello de viajar por el desierto (el Abismo) durante mucho tiempo debido a su don de poder retener el agua. El agua representa la conciencia, mientras que el camello representa la conciencia moviéndose a través del Abismo hacia el Plano Espiritual.

Atravesar el camino de la Gran Sacerdotisa es sinónimo de elevar la energía Kundalini desde el Chakra del Corazón (Anahata) hasta el Chakra de la Corona (Sahasrara), lo que marca la finalización del despertar completo de la Kundalini. A través del despertar de la Kundalini, podemos percibir el mundo que nos rodea como lo que realmente es: energía Espiritual.

Para elevar la Kundalini desde el Corazón hasta el centro cerebral, debes perforar el Chakra de la Garganta, Vishuddhi. El Chakra de la Garganta es donde terminan los Elementos inferiores y comienza el Elemento Aethyr/Espíritu. Al activar el

Elemento Espíritu dentro de ti, estás atravesando el Abismo de la Mente. La mente contiene dualidad mientras que el Espíritu existe en unidad, en singularidad. Para alcanzar la energía del Espíritu, tienes que silenciar la mente y utilizar el camello para cruzar el Abismo, metafóricamente hablando. Una vez que lo hagas, habrás elevado la Kundalini al centro del cerebro. Una vez que sube al cerebro, nunca vuelve a bajar, lo que significa un despertar completo y permanente de la Kundalini.

La Gran Sacerdotisa es la forma simbólica de la Gran Femenina-Isis, Shekinah y Madre María. A través del auto-sacrificio del Dios Asesinado y Resucitado en Tiphareth, la unión con la Gran Sacerdotisa es la recompensa. Primero debes sacrificar el Ego y sus impulsos inferiores para renacer. Sin el autosacrificio, no puedes elevar tu conciencia al nivel del Espíritu.

En los mazos de Tarot de la Aurora Dorada, una mujer aparece con un vestido azul, sosteniendo un cáliz de agua, representante del Elemento Agua. Tiene una Luna creciente en la cabeza y está cubierta con un velo. El velo es representativo del Velo del Abismo, que es el límite de la conciencia individual que separa los Superiores de Kether, Chokmah y Binah, de los siete Sephiroth inferiores. Toda la carta tiene un color predominantemente azul para afirmar aún más la conexión con el Elemento Agua y su dominio.

La baraja de Tarot *Rider-Waite* presenta una imagen similar con los mismos símbolos, incluyendo los dos pilares blancos y negros del Templo de Salomón: Boaz y Jachin (Severidad y Misericordia). La Gran Sacerdotisa se encuentra entre los pilares para simbolizar el equilibrio y la colocación de la carta en el Árbol de la Vida, ya que se encuentra en el Middle Pillar. Lleva la corona de Isis en la cabeza, lo que significa que es creyente en la Magia. La cruz Solar en su pecho denota que está conectada con las estaciones de la Tierra. La Luna creciente a sus pies significa que tiene un control total sobre sus emociones. Las granadas en el paño detrás de ella simbolizan la vida, la muerte, el renacimiento y la vida Eterna.

La Gran Sacerdotisa es una carta de misterio, pasividad y quietud. Se trata de las Aguas de la Creación, que son ilimitadas como la propia Conciencia Cósmica. Las ideas de reflexión y de instinto interior están presentes en esta carta. En algunas versiones antiguas del Tarot, la Gran Sacerdotisa se denomina "la Papisa". "

El cuerpo celeste de la Luna se atribuye a esta carta por el poder del pensamiento visual que la energía de la Luna nos ayuda a formar. Este mismo poder se utiliza para elevar la energía Kundalini desde Muladhara. La fuerza creativa se canaliza a través del vehículo de la Gran Sacerdotisa, que luego inicia su manifestación en la Forma.

La forma es el pensamiento visual. Por esta razón, la Gran Sacerdotisa es la fuerza equilibradora y la contraparte del Mago. El Mago utiliza la imaginación, la fuerza de voluntad y el pensamiento para trabajar su Magia. Imaginando algo y proyectando energía en ese pensamiento, se manifestará inevitablemente: Como Es Arriba, Es Abajo.

En una adivinación, la Gran Sacerdotisa representa lo Divino Femenino, la intuición, el conocimiento sagrado, la mente subconsciente, los instintos, la fluctuación y el cambio. Esta carta es Lunar, y por lo tanto debes ser consciente de los ciclos de la Luna y de si la Luna está creciente (en aumento) o menguante (en disminución) en el momento de la lectura. Si la Gran Sacerdotisa está invertida, representa una desconexión de la intuición, sentimientos reprimidos, ignorancia, conocimiento superficial de los acontecimientos en cuestión y secretos.

LA EMPERATRIZ

La Emperatriz es la Tercera Llave del Tarot y el Decimocuarto Sendero del Árbol de la Vida. La Emperatriz conecta Chokmah y Binah, actuando como mediadora entre estas dos Esferas. El título mágico de esta carta es la "Hija de los Poderosos". La letra Hebrea atribuida a la carta de la Emperatriz es Daleth, que significa "puerta". La Emperatriz es la puerta del amor. Ella representa el camino de la unidad de la Fuerza y la Forma, los Pilares opuestos de la Misericordia y la Severidad. Esta carta representa el amor entre el Padre y la Madre, Chokmah y Binah. La Emperatriz es la fuerza que une todos los conceptos opuestos, ya que el amor es la energía fundacional de toda la Creación.

"La Emperatriz es la Sabiduría del Entendimiento, la Unión de los poderes del Origen y de la Producción; la Esfera del Zodíaco actuando a través de Venus sobre Saturno." - S. L. MacGregor Mathers; "Notas sobre el Tarot"

La cita anterior describe la energía del camino de la Emperatriz en el Árbol de la Vida. El poder proyectivo del Padre (Chokmah) se une a la capacidad receptiva de la Madre (Binah), manifestando así la Luz y la conciencia, los Elementos Fuego y Agua. Como el Planeta Venus representa la energía Universal del amor, se convierte en una fuerza vinculante entre la Fuerza y la Forma. La Emperatriz es entonces la constructora de la Forma y el vientre en el que se concibe la manifestación.

La Emperatriz está bajo el dominio de Venus, el Planeta del amor. La Emperatriz representa la esencia de la emoción en su forma más refinada y pura. El amor es la energía que genera las emociones, que el Alma utiliza para dirigir su curso a través de la vida. El amor es también la energía que se encuentra dentro de toda la Creación, ya que todas las cosas se manifestaron a través del amor.

En los mazos de Tarot de la Aurora Dorada, una mujer con una corona en la cabeza aparece sentada en un trono. Su vestido es rojo con elementos verdes, mientras que el fondo es predominantemente verde. Sostiene un cetro en una mano y un *Ankh*, que representa la vida eterna, en la otra. Además, se ve una paloma en el fondo, que representa al Espíritu Santo. La mujer alude a la Diosa Egipcia Isis, el lado positivo de la naturaleza. Desde el punto de vista Qabalístico, es la Shekinah, la presencia divina de Dios, el Creador, que representa nuestro deseo y anhelo interior de unificación con la Fuente de la Creación.

En la baraja de Tarot *Rider-Waite*, se muestra una imagen similar en esta carta. La principal diferencia es que la carta *Rider-Waite* tiene un fondo predominantemente amarillo. En él se encuentran granos y cultivos, ya que la Emperatriz tiene dominio sobre la naturaleza. Lleva una corona estrellada de doce estrellas (el Zodíaco), lo que subraya su dominio sobre el año solar. Su manto está decorado con granadas, lo que representa la fertilidad. Representa el crecimiento del mundo natural y el poder del corazón y las emociones.

En el contexto del despertar de la Kundalini, la carta de la Emperatriz representa el amor en diversas formas. El amor es la fuerza que impulsa y motiva nuestras virtudes, nuestra ética y nuestra moral. Sin amor, nuestros corazones se vuelven malvados. La energía de la Emperatriz es la energía del renacimiento. El amor es la fuerza que hace que renazcamos en el Espíritu. De ahí su conexión con la paloma y el Ankh. El Planeta de la Emperatriz, Venus, abarca cada uno de los Sephiroth. Venus es la energía primaria en la formación y unificación de los muchos aspectos del Universo.

En una Adivinación, la Emperatriz representa la feminidad, la naturaleza, la crianza, la sensualidad, la belleza, el placer, la fertilidad, la abundancia y la expresión creativa. Si se invierte, implica la falta de fuerza de voluntad individual, el descuido de las propias necesidades, la dependencia de los demás y los bloqueos creativos.

Figura 19: Llaves del Tarot (Cuatro a Siete)

EL EMPERADOR

El Emperador es la Cuarta Llave del Tarot, y la Decimoquinta Senda del Árbol de la Vida, que conecta Tiphareth y Chokmah. El Emperador es llamado el "Hijo de la Mañana; Jefe entre los Poderosos". El Emperador recibe la energía de la Emperatriz y la canaliza hacia el Ser Superior. Así, las energías masculina y femenina se equilibran en esta carta. El Emperador fue un rey guerrero que cambió su espada por la varita en el pasado. Ha madurado y ha crecido en sabiduría con el tiempo. Con esta carta viene un sentido de control y guía sobre el Ser. El Emperador inicia la energía y su fuerza creativa, ya que es el estimulador de la corriente dinámica.

"El Emperador es la Sabiduría de la Soberanía y de la Belleza, y el originador de ellas; la Esfera del Zodíaco actuando a través de Aries sobre el Sol, e iniciando la primavera." - S. L. MacGregor Mathers; "Notas sobre el Tarot"

La cita anterior describe la energía del camino del Emperador. Se relaciona con el ciclo vida/muerte/renacimiento contenido en la naturaleza. Este ciclo lo inicia el Sub-Elemento Fuego de Aries, el primer signo del Zodiaco y el primer signo de la primera estación del año Solar. Dado que el Sol da Alma y vida a todos los seres vivos de nuestro Sistema Solar, su Luz regula los ciclos del tiempo a los que todos estamos sujetos.

La letra Hebrea atribuida al Emperador es Heh, que significa "ventana". El Emperador es la ventana hacia el poder personal. Este camino es muy ardiente, ya que lo rige el signo Zodiacal de Aries. Aunque esta carta puede parecer ligeramente masculina, su asociación con Aries y el comienzo de la primavera revela su componente femenino, ya que el ciclo del renacimiento es un proceso femenino. Sin embargo, dado que Aries está bajo el dominio de Marte, esta carta simboliza una poderosa energía creativa y de gobierno.

En las barajas del Tarot de la Aurora Dorada, un hombre aparece sentado en un trono. Lleva una corona en la cabeza, similar a la carta de la Emperatriz. En la versión de Cicero, aparece con barba, mientras que en la de Wang no la tiene. Va vestido de rojo y sostiene un cetro con cabeza de carnero, que representa la soberanía. Sus pies también están colocados sobre un carnero. En la otra mano sostiene un globo terráqueo con un *Ankh* en la parte superior. Los colores predominantes del fondo son el verde y el rojo. Los diferentes tonos de rojo representan las fuerzas energéticas de esta carta. Así como la Emperatriz es la fuerza femenina positiva, el Emperador es la fuerza masculina positiva.

En el *Mazo de Tarot Rider-Waite* no hay ningún carnero, aunque el símbolo del carnero aparece en el trono en el que está sentado. Tiene una larga barba, símbolo de su sabiduría. Sostiene un cetro *Ankh* en una mano y un globo terráqueo, símbolo de dominación, en la otra. Está sentado en la cima de una montaña estéril, símbolo de dominio y poder inflexible. En esta carta no hay verde, sino gris, para simbolizar la sabiduría y la soberanía del Emperador.

En el contexto del despertar de la Kundalini, el Emperador representa el ser del Ego bajo la guía del Ser Superior. Todos nos esforzamos por ser el Emperador en nuestras propias vidas y tener el control sobre nuestro Yo interior, lo que nos dará el control sobre nuestra realidad exterior. Esta carta representa estar en sintonía con el Yo Superior y tener dominio sobre el Ego y el mundo material. Representa estar en control de las fuerzas inferiores en lugar de ser controlado por ellas.

En una Adivinación, el Emperador representa la masculinidad, el Conocimiento Divino, el poder bruto, la energía creativa, el control, la estructura, el dominio, la autoridad, la disciplina, la estabilidad, la ambición y la conquista en un asunto. Si se invierte, representa el abuso de poder, la tiranía, la cólera, la crueldad, la rigidez, la falta de disciplina, el control excesivo, la ambición ciega y el arribismo.

EL HIEROFANTE

El Hierofante es la Quinta Llave del Tarot, y el Decimosexto Sendero del Árbol de la Vida, que conecta Chesed y Chokmah. El título Mágico de la carta es el "Mago de los Dioses Eternos". El Hierofante simboliza el Yo Superior, la conexión entre el Arriba y el Abajo. La letra Hebrea asociada a esta carta es Vav, que significa "gancho" o "clavo". "El Hierofante representa la fuerza de unión entre lo de Arriba y lo de Abajo. Para llevar esta idea más allá, la energía vinculante del Espíritu y la Materia es el "pensamiento".

"El Hierofante es la Sabiduría y la Fuente de la Misericordia; la Esfera del Zodíaco que actúa a través de Tauro sobre Júpiter." - S. L. MacGregor Mathers; "Notas sobre el Tarot"

La cita anterior describe la energía del camino del Hierofante. A través de la consecución del conocimiento y la sabiduría, podemos experimentar la misericordia y la compasión del Creador. La figura del Hierofante no es otra que nuestro Yo Superior, un reflejo del Creador, que nos enseña los Misterios de la Creación. El Ser Superior utiliza el signo estable y con fundamento de Tauro (Aire de la Tierra) para canalizar la información hacia nosotros, impactando así en nuestras emociones.

El Hierofante simboliza la misericordia, y se le representa en los mazos de Tarot de la Aurora Dorada sentado sobre un toro, lo que significa el control sobre el Ego. Sostiene un pergamino que contiene el *Logos* (la Palabra) mientras es iluminado por la Luz Supernal de lo Alto. El Hierofante está vestido de rojo, igual que la Emperatriz y el Emperador. El rojo simboliza su poder y su dominio. Lleva un báculo en la otra mano, que representa la realeza.

El Hierofante es representado con barba, símbolo de sabiduría. Su vestimenta se asemeja a la de un Sumo Sacerdote, y como tal, es el complemento de la Gran Sacerdotisa. Los colores del fondo de la carta varían considerablemente, con la presencia de diferentes marrones y granates. Estos colores ofrecen una sensación más reflexiva, como de pensamiento profundo y contemplación.

En el Mazo de Tarot Rider-Waite predomina el color gris. La figura del Hierofante en la carta se parece a un Papa, como es su nombre en algunas versiones antiguas de los mazos de Tarot Hermético. Está sentado en un trono entre dos pilares, que simbolizan la ley y la libertad, o la obediencia y la desobediencia. Sostiene una triple cruz con tres barras horizontales, que representan al Padre, al Hijo y al Espíritu Santo. Sentados ante él hay dos acólitos que ilustran la transmisión del conocimiento sagrado en las instituciones religiosas. El Hierofante representa todo lo que es justo y Santo en el mundo. Es el líder de la raza humana y la cabeza de cualquier jerarquía reconocida.

El signo Zodiacal de Tauro rige al Hierofante. Es el camino más alto del Pilar de la Misericordia y uno muy masculino. El Hierofante utiliza la estabilidad de la energía de Tauro para comunicarse como Gran Maestro, ya que Tauro es Aire de Tierra. Revela los Misterios, y sus revelaciones están destinadas a ser percibidas a través del sentimiento y la intuición, en lugar del intelecto, ya que es la Luz interior, el Ser Superior. El Hierofante es el aspecto reflexivo o místico de la energía masculina: es el pensador, mientras que el Emperador es un hombre de acción.

La noción de enseñanza interior está estrechamente relacionada con esta carta. En el contexto del despertar de la Kundalini, El Hierofante es la Luz interior que ahora se desvela al iniciado. Por lo tanto, cualquier comunicación de la sabiduría y el conocimiento interior es el trabajo del Ser Superior-El Hierofante.

En una Adivinación, El Hierofante representa la Sabiduría Espiritual, la moral y la ética, la misericordia, la enseñanza y la conformidad con las creencias religiosas tradicionales. Si se invierte, representa la rebelión, el desafío al statu quo, la libertad personal y los nuevos enfoques de las antiguas creencias e ideales.

LOS ENAMORADOS

Los Enamorados es la Sexta Llave del Tarot, y el Decimoséptimo Sendero del Árbol de la Vida, que conecta Tiphareth y Binah. El título Mágico de esta carta es "Hijos de la Voz Divina; Oráculos de los Dioses Poderosos". Los Enamorados representan la personalidad en unidad con el Yo Superior. Esta unidad se alcanza cuando las dos fuerzas opuestas dentro del Cuerpo de Luz se subliman y se convierten en Uno. Una vez que esto ocurre, la energía del Espíritu puede descender a las partes inferiores del Ser.

"Los Enamorados son la Comprensión de la Belleza así como la Producción de la Belleza y la Soberanía; Saturno actuando a través de Géminis sobre Sol." - S. L. MacGregor Mathers; "Notas sobre el Tarot"

La cita anterior describe la energía del camino de los Enamorados. La unificación de los opuestos se produce en el nivel de la mente, donde se produce la dualidad. La carta de los Enamorados representa la sublimación de los pensamientos y las emociones, ya que Géminis es del Sub-Elemento Agua de Aire, representando la unión de las mentes consciente y subconsciente, los aspectos masculino y femenino del Ser. Al unificar todos los opuestos dentro del Ser, el Alma logra la comprensión final de su verdadera naturaleza, obteniendo así una conexión con el Ser Superior.

Las barajas de Tarot de la Aurora Dorada son radicalmente diferentes de los *Mazo de Tarot Rider-Waite*. Las barajas de la Aurora Dorada representan al héroe Griego Perseo en combate con un monstruo marino, que representa el concepto del miedo. Su objetivo es liberar a la bella Andrómeda de estar encadenada a una roca. Aquí, Perseo simboliza el Yo Superior, mientras que Andrómeda es el Yo Inferior. La piedra significa el Reino Material y la mortalidad. A través del Planeta Venus y del amor, se produce la sublimación de las energías, dando razón al tema de esta carta, que es la Unión Divina. Los colores predominantes son el azul y el amarillo, que representan los Elementos Agua y Aire presentes en el signo del Zodíaco Géminis.

En el *Mazo de Tarot Rider-Waite,* dos figuras se muestran desnudas, mostrando que no tienen nada que ocultar el uno del otro. La Unión Divina está representada por el Arcángel Rafael detrás de ellos en las nubes, protegiéndolos y bendiciéndolos. Rafael representa el Elemento Aire, que se asocia con la actividad mental y la comunicación, ya que es la base de cualquier relación sana. Detrás de la mujer hay un Árbol del Conocimiento del Bien y del Mal, y detrás del hombre hay un Árbol con doce llamas trébol, que representan el Zodiaco. Parece que están en el Jardín del Edén, lo que es una referencia a Adán y Eva como la primera pareja Divina.

La letra Hebrea asociada a esta carta es Zayin, que significa "espada" o "armadura". La espada y la armadura son las herramientas simbólicas utilizadas para vencer el miedo. El signo Zodiacal dual de Géminis rige este camino. El Amor Divino entre los gemelos de Géminis no es sexual de ninguna manera. Los Enamorados representan la unión de las energías masculina (Sol) y femenina (Luna) dentro del iniciado, actuando a través de Géminis sobre Sol (el Alma). El impacto de la inspiración y la intuición da como resultado la liberación y la iluminación, eliminando los lazos del materialismo y creando la Unión Divina.

Esta carta representa el reflejo de las mentes consciente y subconsciente cuando se unen y vuelven al espejo como una sola. El Mar de la Conciencia de Binah significa este espejo. En un extremo del espectro de vibración está la forma material, mientras que en el otro está la conciencia pura no manifestada. El despertar de la Kundalini es un despertar a ambas fuerzas. La unificación de los opuestos ocurre con el tiempo a medida que las mentes consciente y subconsciente aprenden a trabajar al unísono como una sola.

En una Adivinación, la carta de los Enamorados representa el amor, la armonía, la atracción, la unión, la dualidad y las asociaciones. Si se invierte, significa amor Propio, pérdida de amor, unilateralidad, desarmonía y desequilibrio.

EL CARRO

El Carro es la Séptima Llave del Tarot, y el Decimoctavo Sendero del Árbol de la Vida, que conecta Geburah y Binah. El Título Mágico de esta carta es el "Hijo de los Poderes de las Aguas; El Señor del Triunfo de la Luz". El tenaz signo Zodiacal de Cáncer rige El Carro. Es el primer camino que atraviesa el Abismo desde el Sephiroth inferior. Como el Carro puede moverse entre todos los Planos Cósmicos de existencia con total facilidad, representa la conquista de los mismos. Sin embargo, debe haber un descenso completo y una integración de la energía del Espíritu antes de que esto se pueda lograr. Esta integración es lo que representa este camino.

"El Carro es el Entendimiento actuando sobre la Severidad; Saturno actuando a través de Cáncer sobre Marte." - S. L. MacGregor Mathers; "Notas sobre el Tarot"

La cita anterior describe la energía del camino del Carro en el Árbol de la Vida. Como Binah actúa sobre Geburah a través del signo zodiacal reflexivo de Cáncer (Fuego del Subelemento Agua), el Yo Superior tiene el control. Este camino ejemplifica el uso consciente de la fuerza de voluntad al discernir la dualidad de la mente. Sólo viendo "las dos caras de la moneda" simultáneamente puede el Ser Superior actuar con Comprensión. Y para lograrlo, debe aplicarse una dosis adecuada de amor incondicional.

En los mazos de Tarot de la Aurora Dorada, un carro se mueve por el Espacio, guiado por dos caballos. Un caballo es negro y el otro es blanco, lo que significa las fuerzas positivas y negativas de la existencia. El Carro es impulsado por la unión de estas dos fuerzas opuestas. El jinete de la imagen simboliza el Ser Superior. Ha sublimado tanto las energías negativas como las positivas y ahora está bajo la guía del Espíritu únicamente. Ha penetrado en los Sephiroth superiores elevándose por encima de las nubes de la ilusión. Los colores predominantes son el azul y el amarillo, junto con un profundo azul-violeta, que representa la sublimación de la psique.

En el *Mazo de Tarot Rider-Waite*, el énfasis está en los caballos, que aparecen como dos Esfinges, de nuevo con el mismo motivo blanco y negro que simboliza los opuestos en la naturaleza. La figura del Carro lleva una armadura para representar el elemento guerrero del Espíritu. La corona que lleva en la cabeza significa que está Iluminado y es puro de voluntad. En su pecho hay un cuadrado, que representa el Tattva del Elemento Tierra y el mundo material, que sirve para fundamentar todas sus acciones. El dosel de estrellas sobre la cabeza del auriga representa las influencias de las esferas celestiales y las fuerzas Divinas en los cielos, que lo guían. El esquema de colores es el mismo que el de las barajas de la Aurora Dorada.

El Carro simboliza el Yo Superior que se mueve por los Planos Cósmicos de la existencia. Es un camino Acuático en el Pilar de la Severidad. La contraparte de El Carro es el Hierofante, que se encuentra en el Pilar de la Misericordia. Su cuerpo celeste es la Luna, el Planeta que rige Cáncer, que guía el Carro a través de los Planos Cósmicos. La letra Hebrea asociada a esta carta es Cheth, que significa "valla" o "recinto". La valla separa a Binah y Geburah, los Superiores, del recinto corporal.

El Carro representa el control sobre la dualidad en toda la existencia, especialmente la realidad mental. Sin embargo, para lograrlo, debes ser capaz de neutralizar todos los puntos de vista opuestos aplicando la energía del amor incondicional. Además, debes controlar cómo percibes la realidad viendo todo objetivamente y no subjetivamente, ya que las perspectivas subjetivas sólo ven "una cara de la moneda". "Como el Carro es el camino que conecta la Fuerza de Voluntad (Geburah) con el Entendimiento (Binah), representa el uso de tu Fuerza de Voluntad con entendimiento y no ser contaminado mental y emocionalmente por el dolor de la dualidad.

En una Adivinación, el Carro es una carta muy positiva que representa la fuerza de voluntad y la fuerza de la mente, el control mental, la victoria, el triunfo, el sentido de la dirección y la necesidad de determinación. Su significado, sin embargo, vendrá determinado por el lugar en el que caiga en la Tirada del Círculo. Si cae en Tierra, suele ser duradero, mientras que si cae en Aire, puede ser transitorio. Si el Carro está invertida, representa la falta de dirección, la falta de control y la oposición. Indica que lo más probable es que no se superen los obstáculos a los que se enfrenta.

Figura 20: Llaves del Tarot (Ocho a Once)

LA FUERZA

La Fuerza es la Octava Llave del Tarot, y el Decimonoveno Sendero del Árbol de la Vida, que conecta Geburah y Chesed. El título Mágico de la carta es "Hija de la Espada Flamígera; Líder del León". La Fuerza es un camino significativo por debajo del Abismo que conecta las dos fuerzas contendientes del Yo Superior: la Misericordia y la Severidad. Este camino representa las pasiones bajo el control de la voluntad y el dominio del Yo Inferior por el Yo Superior. A esta carta se le atribuye Leo, el único signo del Zodiaco regido por el Sol. Como tal, representa la vitalidad y la autoridad.

"La Fuerza es la Misericordia templando la Severidad; la Gloria de la Fuerza; Júpiter actuando a través de Leo sobre Marte." - S. L. MacGregor Mathers; "Notas sobre el Tarot"

La cita anterior describe la energía del camino de la carta de la Fuerza en el Árbol de la Vida. Cuando la Misericordia templa a la Severidad, se logra la Fuerza, que genera el sentimiento de Gloria dentro del individuo. Jesucristo se ha referido a ella como la Gloria *de Dios*. Es el honor que se experimenta y se siente cuando un individuo logra un equilibrio adecuado entre la Misericordia y la Severidad. Como Júpiter actúa sobre Marte, a través del signo activo y masculino de Leo (Subelemento Aire de Fuego), se produce una unidad entre los Elementos Agua y Fuego. La Fuerza de Voluntad cae bajo el gobierno del amor incondicional, que es necesario para alcanzar el equilibrio correcto dentro de la mente, el cuerpo y el Alma.

En los mazos de Tarot de la Aurora Dorada, un león es representado con una mujer que lo guía con su mano. En la baraja de Cicero, la cola del león tiene forma de serpiente. Alude a la letra Hebrea Teth, asociada a este camino, que significa "serpiente". Más notablemente, alude a la energía de cambio de forma del propio camino, ya que la serpiente y el león son uno. Mientras que el león es un símbolo de la fuerza bruta, disponible para ser utilizada para el bien o el mal, la serpiente representa la energía de la Kundalini. Y la Kundalini se utiliza, por supuesto, para activar plenamente el Cuerpo de Luz y sus correspondientes centros energéticos.

La activación de la Kundalini debe ser guiada por la voluntad del Ser Superior, simbolizada por la mujer de la carta. Esta mujer es Aima Elohim, la Gran Madre. Es el Principio femenino de la Creación que se ve en todos los Arcanos Mayores en sus múltiples formas. En esta carta, sostiene flores, que simbolizan la inocencia necesaria para domar al león. Como este camino está justo debajo del Abismo, está ambientado en el desierto. En la baraja de Cicero, se muestra desnuda, con un león verde presente, aludiendo a la energía salvaje y cruda, que debe ser dominada por el Yo Superior.

La carta de la Fuerza representa el dominio del Yo Inferior por el Yo Superior. El Alma mantiene al Ego bajo control, representado por el color marrón predominante de la Tierra desértica, sobre la que están la mujer y el león. La resistencia es necesaria para dominar el Yo, representada por los colores pálidos presentes en la carta. Debemos superar todos los retos de la vida para tener éxito en el crecimiento Espiritual.

En la baraja *del Tarot de Thoth*, esta carta se denomina "Lujuria". "La Lujuria es la fuerza psicológica que produce un intenso deseo por algo que puede tomar muchas formas. Debemos enfocar nuestra energía de deseo en algo que pueda producir un resultado positivo en nuestras vidas.

El *Mazo de Tarot Rider-Waite* presenta los mismos elementos simbólicos que los mazos de la Aurora Dorada. La principal diferencia es el símbolo del Infinito en la cabeza de la mujer, que indica que es guiada por la energía Eterna y Divina. Sostiene las fauces del león abiertas con sus manos en una muestra de gracia, amor, valor y compasión. Se muestra tranquila y serena, pero también dominante. Su gesto muestra la necesidad de disciplina y control ante una gran adversidad. En esta carta abunda el color amarillo, que representa el Elemento Aire y los pensamientos, que deben afinarse para obtener el control sobre el Yo Inferior.

Cuando el Árbol de la Vida se superpone al cuerpo humano, el camino de la Fuerza conecta los brazos izquierdo y derecho. Esta conexión simboliza la fuerza que se aprovecha cuando ambos brazos trabajan juntos en armonía. La verdadera fuerza se consigue cuando los opuestos se unen. Así es la Ley.

Necesitamos la fuerza de la mente, el cuerpo y el Alma para mantener nuestro rumbo en el viaje Espiritual. Esta carta representa el coraje que se construye con el tiempo después de ser probado por los desafíos de la vida y de prevalecer. En consecuencia, "Fortaleza" es otro nombre para esta carta en algunas versiones antiguas del Tarot. La verdadera fuerza no se determina por la rapidez con la que te caes o fracasas en un intento, sino por la rapidez con la que te levantas y lo vuelves a intentar. Así es como se construye la fortaleza, la fuerza de la mente. La Gran Obra no es para los débiles de corazón, sino para aquellos que están dispuestos a ser determinados, persistentes y consistentes en sus esfuerzos diarios para evolucionar en mente, cuerpo y Alma.

En una Adivinación, la carta de la Fuerza representa la fuerza interior, el poder, la valentía, la determinación, la fortaleza, la resistencia, el coraje y la compasión. Examinar las otras cartas de la Tirada del Círculo es crucial ya que el poder bajo la voluntad de un mal juicio puede ser algo negativo. Cuando está invertida, la carta de la Fuerza representa la duda, la inseguridad, la debilidad y la baja energía.

EL ERMITAÑO

El Ermitaño es la Novena Llave del Tarot, y el Vigésimo Sendero del Árbol de la Vida, que conecta Tiphareth y Chesed. El nombre Mágico del Ermitaño es el "Mago de la Voz de la Luz, el Profeta de los Dioses". El Ermitaño representa la Sabiduría Divina. Es el Sabio y el Místico, el mensajero de la Luz Divina. Esta carta tan significativa representa la comunicación entre el Yo Superior del Triángulo Ético y el Yo Espiritual del Triángulo Superior. Por esta razón, El Ermitaño es el *Portador de la Luz* y el que trae el mensaje del Yo Superior.

"El Ermitaño es la Misericordia de la Belleza, la Magnificencia de la Soberanía, Júpiter actuando a través de Virgo sobre Sol." - S. L. MacGregor Mathers; "Notas sobre el Tarot"

La cita anterior describe la esencia del camino del Ermitaño. La Palabra de Dios se encuentra en la frecuencia vibratoria de la Luz y es la fuente de la sabiduría Universal. Al igual que la Luz del Sol difunde su energía a través de nuestro Sistema Solar, también lo hace la Palabra de Dios. En la carta del Ermitaño, el conocimiento se imparte a través de las emociones mediante la energía pasiva y femenina de Virgo (Subelemento Agua de la Tierra).

En los mazos de Tarot de la Aurora Dorada, se representa a un hombre mayor con una larga barba gris, que sostiene un farol en una mano y un bastón en la otra. La Luz de la lámpara ilumina su camino mientras camina durante la noche. Lleva una capucha y un manto y está de pie sobre la Tierra del desierto. El color marrón de la Tierra predomina en la parte inferior de la carta. Su vestuario es amarillo-verde con marrón en la baraja de Tarot de Wang y rojo y azul en la de Cicero. Su bastón representa la autoridad y el poder. La misma serpiente que se encuentra en la cola del león en la carta de la Fuerza se encuentra en esta carta a los pies del Ermitaño, representando la energía Kundalini y la Palabra recibida a través de ella.

En el *Mazo de Tarot Rider-Waite se* representan imágenes similares, con la principal diferencia de los colores que predominan, que son el azul oscuro y el gris. Además, el Ermitaño se encuentra en la cima de una montaña en vez de en el desierto, lo que denota logro y éxito. Está dispuesto a compartir con el mundo el alto nivel de conocimiento Espiritual que ha alcanzado. El farol que sostiene contiene una estrella de seis puntas, conocida como el "Sello de Salomón", que representa la sabiduría. Salomón fue el sabio rey de Israel y también un poderoso Mago.

El Ermitaño está asociado a la letra Hebrea Yod, que representa el Principio Padre y el Fuego Primordial en el Tetragrámaton. En Hebreo, Yod significa "mano". También hay una referencia fálica a Yod, que, cuando se junta con el Zodiaco de Virgo según la atribución de la carta, proporciona el símbolo del amor sexual en su forma virginal, no manifestada. Su fuente es el amor incondicional del Universo. Además, Yod representa el Logos, o la Palabra de Poder, que conecta el Yo Inferior y el Yo Superior a través de la frecuencia vibratoria de la Luz. La vibración de la palabra hablada tiene el poder de resonar hasta los confines del Universo.

El Ermitaño está simbolizado por Anubis, el Dios Egipcio, una forma inferior de Hermes/Thoth, el mensajero de los Dioses. En la Iniciación Neófita de la Aurora Dorada, es el Kerux, el Portador de la Luz, el que sostiene la Lámpara del Conocimiento Oculto y el que guía al candidato.

El Ermitaño posee las cualidades del Fuego (Yod) y de la Tierra (Virgo). Por lo tanto, representa el principio y el fin de los Elementos y del Tetragrámaton. La lámpara del Ermitaño representa la Luz que irradia hacia todos los Planos Cósmicos y dimensiones del Espacio/Tiempo. En el contexto del despertar de la Kundalini, se dice que la Palabra (ahora alcanzada intuitivamente), que habla a través de la sabiduría, es una manifestación de la carta del Ermitaño.

En una Adivinación, el Ermitaño representa la búsqueda de la verdad, la guía interior y la introspección. Cuando se invierte, implica la soledad, el aislamiento y la pérdida de contacto con la Luz interior que guía el camino en la vida.

LA RUEDA DE LA FORTUNA

La Rueda de la Fortuna es la Décima Llave del Tarot, y el Vigésimo Primer Sendero del Árbol de la Vida, que conecta las Esferas de Netzach y Chesed. El título Mágico de la Rueda de la Fortuna es el "Señor de las Fuerzas de la Vida". La Rueda de la Fortuna simboliza los Cuatro Elementos, coronados y unificados por el Espíritu. Este camino representa el flujo de energía entre la personalidad (el Yo Inferior) y el Yo Superior en el Pilar de la Suavidad. La Rueda de la Fortuna es también un símbolo del Karma y del tiempo, ya que está en constante fluctuación, trayendo las acciones pasadas de vuelta al presente y más allá en el futuro. Es el ciclo de la encarnación humana y del destino.

"La Rueda de la Fortuna es la Misericordia y la Magnificencia de la Soberanía; Júpiter actuando a través de Júpiter directamente sobre Venus." - S. L. MacGregor Mathers; "Notas sobre el Tarot"

La cita anterior describe la energía del camino de la Rueda de la Fortuna en el Árbol de la Vida. Dado que Júpiter representa la misericordia y la compasión, es la aplicación de esta energía o la falta de ella lo que produce el Karma. Como Venus representa los deseos, es la expresión de esos deseos lo que produce un buen o mal Karma para el individuo. Debido a la naturaleza cíclica del Universo, que está continuamente en movimiento, la energía Kármica negativa se une a nuestra Aura para que podamos trabajar a través de ella antes de ser llevados más alto Espiritualmente.

En los mazos de Tarot de la Aurora Dorada, el Cinocéfalo, el Mono con cara de perro, está representado debajo de la Rueda de la Fortuna, representando el Yo inferior y animal. Es un compañero de Hermes, que simboliza el tiempo y la Eternidad. La Esfinge se muestra por encima de la Rueda de la Fortuna, sirviendo como el Yo Superior, el guardián de los misterios ocultos. La Rueda gira continuamente, haciendo circular la energía entre la Esfinge y el Mono, el Yo Superior y el Yo Inferior. Los doce radios de la Rueda de la Fortuna representan los Doce Zodiacos. El color que predomina en la carta es el azul, que corresponde al Elemento Agua. El púrpura y el violeta profundos, también se encuentran en la carta, simbolizando sus elementos místicos.

La misma rueda se encuentra en el *Mazo de Tarot Rider-Waite,* pero con ocho radios en lugar de doce. En ella se atribuyen las cuatro letras del Tetragrámaton (YHVH). Cuatro criaturas aladas se encuentran en cada esquina de la carta. La Esfinge se sienta encima de la Rueda, mientras que en su parte inferior hay una figura que podría ser Anubis o el Diablo. La Esfinge representa la sabiduría de los Dioses y los Reyes, mientras que Anubis (o el Diablo) representa el Inframundo o el Infierno. El azul claro es el color predominante en la carta, que representa el cielo, acompañado de nubes blancas que simbolizan los Cielos. Cada criatura alada sostiene un libro, que sirve de escritura Sagrada, fuente de sabiduría y entendimiento para la humanidad. A la izquierda de la Rueda hay una serpiente que se mueve hacia abajo, lo que indica el descenso al Mundo de la Materia.

La dualidad que se encuentra en la naturaleza y la interacción entre los polos extremos (positivo y negativo) es lo que hace que la Rueda se mueva. La Rueda de la Fortuna sirve de mediadora entre dos opuestos. Se la conoce como la "Inteligencia de la Conciliación". En la acción de la Rueda de la Fortuna se encuentra el Principio

Hermético de Causa y Efecto, que será tratado en un capítulo posterior sobre *El Kybalion.* Causa y efecto y Karma están inextricablemente relacionados.

La letra Hebrea asignada a este camino es Caph, que significa "palma" o "puño". "Se refiere a la riqueza y a la pobreza, ambas influenciadas por el Planeta Júpiter ya que es el Planeta de la abundancia. Como Júpiter es el Planeta del Elemento Agua, esta carta muestra las correspondencias entre el Elemento Agua, el Karma y la conciencia.

La Rueda de la Fortuna es también la Rueda de la vida, la muerte y el renacimiento, ya que todas las cosas de la Creación deben pasar por este ciclo. La noción de renacimiento alude aquí a la Espiritualización de todas las cosas del Universo. Nuestro derecho de nacimiento inherente es el Reino Espiritual, ya que es nuestra meta final. Es sólo cuestión de tiempo que todas las cosas manifestadas se reúnan con su Fuente-Espíritu.

En una Adivinación, la Rueda de la Fortuna es una carta Kármica positiva que indica buena fortuna y felicidad. Pero, dependiendo de la pregunta, también representa el cambio, los ciclos de la vida, la suerte, el destino y el Karma en general. Cuando se invierte, la Rueda de la Fortuna representa la mala suerte, el mal Karma, la falta de control, la resistencia al cambio y la ruptura de los ciclos.

LA JUSTICIA

La Justicia es la Undécima Llave del Tarot, y el Vigésimo Segundo Sendero del Árbol de la Vida, que conecta Tiphareth y Geburah. El título Mágico de esta carta es la "Hija de los Señores de la Verdad, la Sostenedora de los Equilibrios". Este sendero se encarga de equilibrar todo el Árbol de la Vida mediante el equilibrio entre las funciones de cada una de sus Esferas y la Esfera de su acción más dura y severa-Geburah.

"La Justicia es la Severidad de la Belleza y la Soberanía; Marte actuando a través de Libra sobre Sol. " - S. L. MacGregor Mathers; "Notas sobre el Tarot"

La cita anterior describe la energía de la carta de la Justicia en el Árbol de la Vida. Marte es la energía dura, exigente y a menudo destructiva del Elemento Fuego. Al actuar sobre el Sol, comprueba y realinea todos los desequilibrios recibidos de los otros Sephiroth. La energía de Libra (Fuego del Subelemento Aire) representa la ponderación consciente de los opuestos que templa la energía de Fuego de Marte al ser llevada al Sol, el dispensador de Luz. Dentro de la Luz se encuentran estas cualidades como parte de su frecuencia vibratoria. Así, el concepto de buscar la justicia en nombre de algo Superior forma parte de nuestra existencia humana.

En los mazos de Tarot de la Aurora Dorada, hay una figura femenina, vestida de verde. En una mano sostiene la "Espada de la Justicia". "En la otra, sostiene la balanza que pesa todas las acciones. Se encuentra entre los dos pilares de Hermes y Salomón, que representan la Forma y la Fuerza, el blanco y el negro, el Yin y el Yang. En esencia, los pilares representan la dualidad. A sus pies hay un chacal, que representa a Anubis, Dios del Inframundo. En el *Libro de los Muertos* Egipcio, se le encomienda la tarea de llevarse las Almas de los individuos impuros en la Sala de la Verdad. Sus Almas se pesan con la pluma de la Diosa Egipcia Maat, que comprueba la impureza. En esta carta, Anubis simboliza la eliminación de cualquier acción impura que no sea de la Luz y cause desequilibrio en el Árbol de la Vida. En la baraja de Wang, el suelo es a cuadros, en referencia al suelo blanco y negro del Templo de la Aurora Dorada.

En el *Mazo de Tarot Rider-Waite*, una imagen similar en la carta de la Justicia transmite las mismas ideas. Sin embargo, la figura femenina está vestida de rojo en lugar de verde, y no hay chacal presente. También lleva una corona, para representar su autoridad. Las tres barajas presentan diferentes colores de fondo, que van desde el verde al gris, pasando por el azul e incluso el violeta-púrpura. El violeta-púrpura en el *Mazo de Tarot Rider-Waite* representa la intuición necesaria para percibir la verdad en la realidad. Tiene que haber un equilibrio entre la intuición y la lógica para que el individuo sea capaz de hacer verdadera justicia.

La letra Hebrea que se atribuye a este camino es Lamed, que significa "cabra de buey"; el palo que se utiliza para animar a la Bestia a seguir avanzando. En este caso, la Bestia es nuestro Ego y el cuerpo físico. La justicia está conectada con la carta del Loco, ya que el buey, el Ego, es impulsado con la vara de buey. El Ego se encuentra en el Elemento Aire de la carta del Loco. El buey nos empuja a seguir avanzando por el camino de forma equilibrada, avanzando en una dirección positiva. Nos pone en jaque cuando nos desviamos del camino deseado.

El signo Zodiacal de Libra está asociado a este camino, pesando y juzgando continuamente, al igual que su símbolo, la balanza. Es muy activo, formando parte de las Leyes Universales. La virtud de la Justicia acompaña a dos de las otras virtudes cardinales que se encuentran en las cartas de los Arcanos Mayores, las de la Templanza y la Fuerza del Tarot.

El significado de este camino es que trae el poder de Marte y su juicio duro, directo y feroz sobre Tiphareth, la Sede del Alma. Así, asegura que todo el Árbol de la Vida esté en equilibrio. Este camino corrige constantemente un desequilibrio. Por ejemplo, si estás desequilibrado en tus acciones y eres excesivamente misericordioso, la Espada de Geburah se inclinará hacia el lado de la Severidad. Si eres excesivamente severo y tirano incluso, la Espada de Geburah se volverá hacia el lado de la Misericordia.

La Espada metafórica corta cualquier signo de desequilibrio de forma marcial y necesaria. Su acción es similar a la del péndulo: se balancea hacia adelante y hacia atrás para compensar los lados opuestos. Continúa haciéndolo hasta que se alcanza el equilibrio. En todo momento, la Espada de Geburah perpetúa la armonía, el equilibrio y el movimiento hacia adelante. A menudo se la llama la Espada de la Justicia, ya que su propósito es mantener lo que es justo a los ojos de Dios, el Creador.

En una Adivinación, la Justicia es una carta Kármica que representa lo justo, la verdad, la ley, el equilibrio, la claridad y la causa y el efecto. Cuando se invierte, implica desequilibrio, falta de equilibrio, injusticia, falta de responsabilidad y deshonestidad.

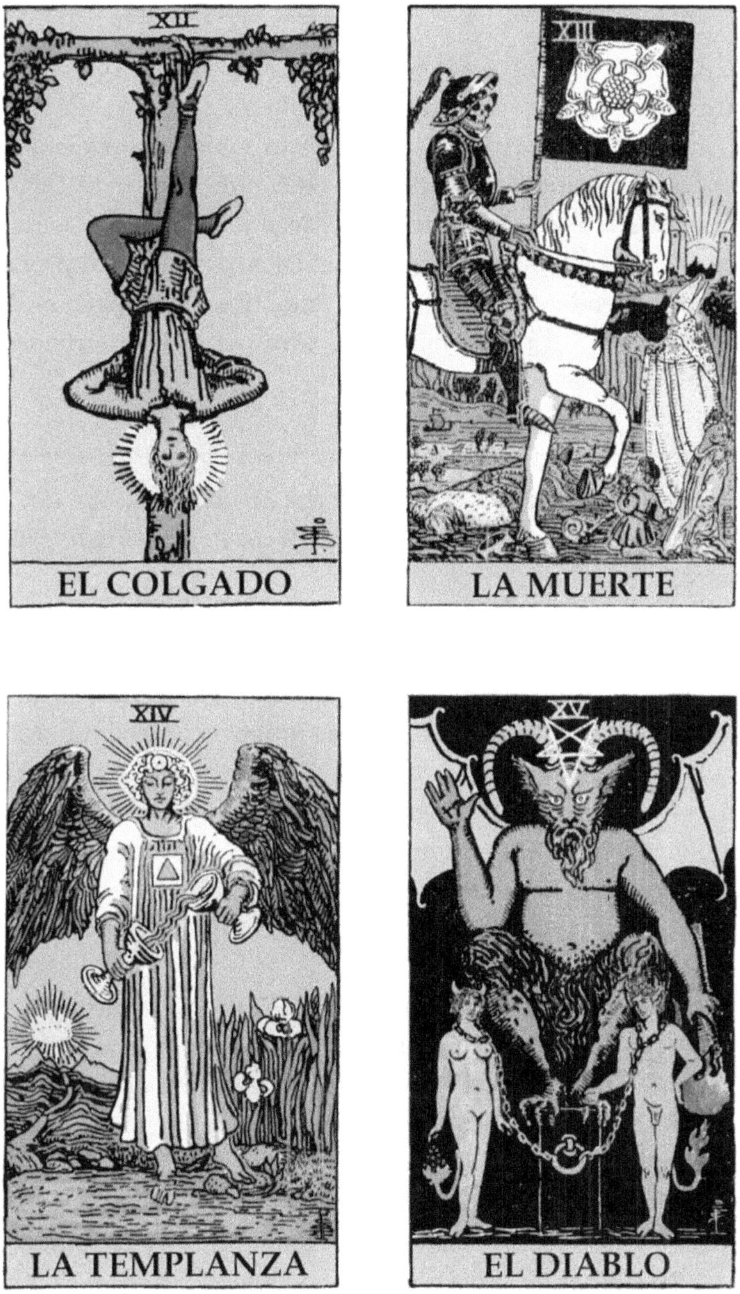

Figura 21: Llaves del Tarot (Doce a Quince)

EL COLGADO

El Colgado es la Duodécima Llave del Tarot, y el Vigésimo Tercer Sendero del Árbol de la Vida, que conecta Hod y Geburah. Su título mágico es el "Espíritu de las Aguas Poderosas", por lo que se le atribuye el Elemento Agua (Transicional). El camino del Colgado es un camino de autosacrificio y la noción de la muerte Divina. Se relaciona con las narraciones del Dios Moribundo, incluyendo el mito de Osiris y la crucifixión de Jesucristo. En ambos relatos, la figura del Dios pasa por un proceso de muerte y renacimiento, convirtiéndose en algo más grande que su Yo pasado. En este sentido, la muerte metafórica es un paso obligatorio para permitir que renazca algo nuevo y mejor.

"El Colgado es la Severidad del Esplendor, y la ejecución del juicio; Marte actuando a través del Agua sobre Mercurio." - S. L. MacGregor Mathers; "Notas sobre el Tarot"

La cita anterior describe la esencia del camino del Colgado. El poder exigente del Elemento Fuego en Marte utiliza la energía de amor incondicional del Elemento Agua para afectar a la Esfera de Hod, el intelecto. El autosacrificio se convierte en un acto de compasión, aplicado a uno mismo o a otros seres humanos. Esta acción en nombre del Ser Superior provoca el aspecto emocional del sufrimiento, que el intelecto interpreta como un gesto honorable. De este modo, la mente aprende el valor de tal acto y realizarlo se convierte en una obligación Divina, sabiendo que, a través del sufrimiento, te renuevas.

En los mazos de Tarot de la Aurora Dorada, el tema central es la figura de un hombre colgado boca abajo de un árbol, con la forma de la letra Hebrea Tav, la última del alfabeto Hebreo. En este caso, el árbol simboliza tanto el principio como el fin del Universo. Las piernas del hombre están cruzadas, sugiriendo la Cruz de Fylfot, una alusión a Kether y a los Primeros Torbellinos. Sus brazos están cruzados, representando el símbolo invertido del Azufre y la energía ardiente de Geburah que se filtra hacia abajo en este camino. El color predominante es el azul, que representa el Elemento Agua. Su traje es de color naranja, en alusión a Hod, el Sephira del intelecto.

El *Mazo de Tarot Rider-Waite* presenta los mismos elementos en la carta, con la única diferencia de que las manos del hombre están atadas a la espalda en lugar de por encima de la cabeza. Además, se representa un halo alrededor de su cabeza, simbolizando el descenso del Espíritu a la Materia a través del auto-sacrificio. Esta conexión con el Espíritu también se muestra en el color predominante de la carta, que es el violeta claro, que representa el Sahasrara, el Chakra de la Corona. Esta carta es la de la transformación y la encarnación de Dios en un hombre: el Yo Superior que desciende al Yo Inferior. El hombre lleva pantalones rojos, que representan el cuerpo físico y las pasiones humanas, mientras que su camisa es azul, representante de la calma en sus emociones. El amarillo que rodea su aureola y sus zapatos representan un intelecto agudo.

"Esotéricamente, el Colgado es el Espíritu humano que está suspendido del Cielo por un solo hilo. La sabiduría, y no la muerte, es la recompensa de este sacrificio voluntario durante el cual el Alma humana, suspendida sobre el mundo de la ilusión, y meditando sobre su irrealidad, es recompensada por el logro de la autorrealización." - Manly P. Hall; extracto de "Las Enseñanzas Secretas de Todas las Épocas"

A pesar de estar colgado boca abajo, el rostro del Colgado es tranquilo y pacífico, lo que sugiere una trascendencia sin sufrimiento. En este gesto se sugiere la alegría que se experimenta con el autosacrificio, que no pretende ser una carga como podría percibirse inicialmente. Este sacrificio tiene lugar sobre las "Aguas de Mem", exaltando al Colgado a través del amor incondicional. Mem, una de las tres cartas Madre, es la letra Hebrea asociada a esta carta, que significa "agua".

El Colgado representa el Bautismo de Agua, el elemento del amor incondicional. Este camino es el de la Autocrucificación, una empresa intelectual que es necesaria para llegar desde la mente en Hod al Fuego de Geburah. No puedes alcanzar los reinos superiores del Ser y alinearte con tu Verdadera Voluntad sin dar este paso de crucificarte y sacrificarte a ti mismo -el Ego y su ímpetu para la acción. A través del autosacrificio, alcanzas la autorealización.

El Colgado es una carta relevante que está constantemente en funcionamiento en las vidas de los individuos que están pasando por un proceso de transformación de Kundalini. Como el despertar de la Kundalini es una transformación del Ser en muchos niveles, el autosacrificio se convierte en un componente clave en la construcción de la energía del amor incondicional dentro del Ser. También es un ingrediente primario en la construcción de la ética y la moral al perpetuar continuamente la transformación buscada por la energía Kundalini.

A medida que te humillas en nombre del amor incondicional, tu Espíritu se exalta, permitiéndote crecer fuera de tu Ego y transformarte. Por otro lado, si no practicas el Autosacrificio en este sentido, habitarás y te aferrarás al Ego, lo que te causará mucho sufrimiento Espiritual, mental y emocional.

En una Adivinación, el Colgado representa el sacrificio, el martirio, la entrega y la liberación. Es una carta de sufrimiento que hace que la persona salga más sabia. Cuando se invierte, el Colgado representa el egoísmo, el miedo al sacrificio, el sacrificio innecesario, el estancamiento, la resistencia y la indecisión.

LA MUERTE

La Muerte es la Decimotercera Llave del Tarot, y el Vigésimo Cuarto Sendero del Árbol de la Vida, que conecta Netzach y Tiphareth. El título Mágico de esta carta es el "Hijo del Gran Transformador". La Muerte es un camino importante cuando se sube por el Árbol de la Vida hacia arriba a través del Sendero invertido de la Espada Flamígera. Es una iniciación durante la cual la personalidad (el Ego) muere voluntariamente para transformarse en el Yo Superior y alcanzar el conocimiento. La idea clave aquí es la noción de transformación, ya que los puntos de vista Egocéntricos se cambian por pensamientos purificados. El Ego se somete con el tiempo a medida que el Yo Superior se hace cargo de la mente, el cuerpo y el Alma.

La Muerte es la Soberanía y el resultado de la Victoria; Sol actuando a través de Escorpio sobre Venus, u Osiris bajo el poder destructor de Tifón afligiendo a Isis."
- S. L. MacGregor Mathers; "Notas sobre el Tarot"

La cita anterior describe la energía de la carta de la Muerte en el Árbol de la Vida. Escorpio se asocia a menudo con la muerte debido al poder del escorpión de matar con su aguijón. Esta muerte es un tipo de regeneración, ya que los pensamientos y las emociones se transforman, teniendo en cuenta que Escorpio es el Subelemento Aire del Agua. La victoria se alcanza cuando los deseos del Yo se centran en la Autotransformación. El Ego bloquea el camino hacia el Yo Superior; por lo tanto, debe producirse una transformación antes de que el Espíritu pueda descender al Yo.

Tifón y Apofis (en Griego) son otros nombres asociados a Set, el malvado hermano de Osiris que lo mató para hacerse con el trono de Faraón de Egipto. Isis fue la que "volvió a recordar" a Osiris después de que Set lo cortara en pedazos y los esparciera por todo Egipto. Una vez restaurado el cuerpo de Osiris, su hijo Horus fue concebido póstumamente. Horus luchó y derrotó a Set, recuperando así el trono.

Set representa el Ego, el adversario, en la historia anterior, aludiendo también a Satán (el Diablo). La palabra "sunset" ("puesta de sol" en Inglés) se corresponde con Set, ya que simboliza la desaparición de la Luz y la llegada de las tinieblas. Osiris representa el Alma y el Yo Superior. Como el Ego es el adversario del Alma en la vida, Set (el Ego) despedaza a Osiris (el Alma) y toma su trono en el Reino. El Reino es el cuerpo físico, mientras que el trono es la sede de la conciencia. El hecho de que Set gobierne el Reino es un símbolo de que el Ego está superando a la conciencia y, por lo tanto, se está haciendo con el control del cuerpo físico.

Como Isis representa la polaridad femenina del Ser Superior, es su amor, fe y sabiduría lo que restaura a Osiris, reencarnándolo en su hijo Horus. Una de las lecciones de la vida es que debemos atravesar la oscuridad para ver la Luz. A medida que nuestros Egos se desarrollan y acaban usurpando el Ser, vamos adquiriendo conocimientos y sabiduría a lo largo del viaje de nuestra vida que nos hacen buscar una transformación Espiritual.

Horus simboliza el Sol y tiene el mismo cumpleaños que Jesucristo: el 25 de Diciembre. Esta fecha es justo después del Solsticio de Invierno, representando el momento del año en que los días comienzan a alargarse ya que la Luz del Sol está en aumento. Horus simboliza la Luz presente en el interior, el Alma, que se origina en el Sol. El Alma lidera el camino de la vida como fuente de la sabiduría y la comprensión últimas. Horus también simboliza la Conciencia Cósmica, a la que estamos conectados inextricablemente. Al asumir la responsabilidad de nuestra Evolución Espiritual, nos damos cuenta de que debemos convertirnos en nuestro propio Mesías. Debemos transformar el Ego y nuestros viejos pensamientos y emociones para poder reconectar con nuestra Alma y Ser Superior y evolucionar en conciencia.

Dado que el camino de la carta de la Muerte conduce de Tiphareth a Netzach, el Planeta Venus también desempeña un papel en su misterio. Venus, la Luz de la Estrella de la Mañana, ha sido asociada con Jesucristo, pero también con Lucifer, el Portador de la Luz. Existe un malentendido en la sociedad sobre la naturaleza de Lucifer, ya que ha recibido una reputación negativa a lo largo de los años. En esencia, Lucifer es el iniciado de los Misterios del Cosmos, al principio de su camino hacia la Iluminación. Él es la "Luz en la Oscuridad" y el deseo de ser algo más significativo-un Ser Espiritualmente exaltado.

En los mazos de Tarot de la Aurora Dorada, el Ego se representa desmembrado, con una figura esquelética que empuña la *Guadaña de Saturno*, cortando sus miembros y dejándolos en el suelo. El esqueleto es lo único que sobrevive al poder destructivo del tiempo. Es la base sobre la que se construye nuestra estructura biológica. El cuerpo físico puede entonces albergar nuestra Alma y nuestra conciencia. El esqueleto sobrevive a la mutabilidad del Tiempo y del Espacio, ya que la naturaleza trabaja desde abajo hacia arriba. Por otro lado, el Colgado representa el poder transmutador del Espíritu que trabaja desde arriba hacia abajo.

La Muerte representa el desmembramiento del Yo anterior y la transformación en el nuevo Yo, el tema central de esta carta. Es un paso vital que debes dar por tu propia voluntad antes de alcanzar los Sephiroth superiores del Árbol de la Vida. Antes de que puedas experimentar la Resurrección y el renacimiento dentro de Tiphareth, debes alcanzar la victoria sobre Netzach y los deseos inferiores. Para todo en el Universo, la muerte de lo viejo es el renacimiento de lo nuevo. La energía no puede ser destruida; sólo puede ser transformada en formas diferentes. El color predominante en los mazos del Tarot de la Aurora Dorada es el azul-verde, los dos tonos dominantes del Mundo de la Materia visible.

En el *Mazo de Tarot Rider-Waite*, se muestra una representación diferente para transmitir la misma idea. Un esqueleto con armadura monta un caballo blanco. La figura del esqueleto, en este caso, representa a la *Parca,* un símbolo de la muerte. Su armadura indica invencibilidad, señalando que nadie puede evitar o destruir la muerte. El caballo blanco simboliza la pureza, ya que el propósito de la muerte es purificar lo viejo. A su alrededor hay muertos y moribundos de todas las clases, incluidos reyes, obispos y plebeyos. Lleva una bandera negra con una flor blanca en el centro. La flor y el sol poniente del fondo simbolizan que el acto de la muerte es una transformación en algo superior y de la Luz.

En la representación de Cicero de la carta de la Muerte, la médula espinal del esqueleto termina como una serpiente en el suelo, siendo así un símbolo de la energía Kundalini en su estado de potencial en la base de la columna vertebral en la región del coxis. Todo el proceso del despertar de la Kundalini está directamente relacionado con la carta de la Muerte. Su propósito es transformar el Ego para alcanzar la vibración del Ser Superior. La escoria y la negatividad se queman lentamente a través del intenso fuego que se acumula con la energía Kundalini. Es el mismo concepto que cuando se lleva el agua a un punto de ebullición mediante la aplicación del fuego (calor); se cambia su estado y se purifica mediante la evaporación de las impurezas. La purificación del Ser es un proceso de transformación perpetua. La Muerte es un paso necesario para crear algo nuevo, algo puro.

La letra Hebrea Nun, que significa "pez", está asociada a esta carta. Alude a la naturaleza fluida y Acuosa del camino, ya que son las emociones del Ego las que debes superar antes de poder elevarte en conciencia. El agua presente en esta carta es el agua de la putrefacción. En la versión de Cicero de la carta del Tarot, aparece una imagen del escorpión (en alusión al signo del Zodiaco de Escorpio), mientras que en la versión de Wang, se encuentra en cambio un águila. El águila representa el Elemento Agua en su estado purificado.

En una Adivinación, la Muerte representa el final de un ciclo, un nuevo comienzo, el cambio, la metamorfosis, la transformación y la transición. La Muerte suele traer consigo cierta fluctuación y dolor, ya sea de naturaleza mental, emocional o incluso física. Cuando está invertida, la carta de la Muerte representa la resistencia al cambio, el aferramiento y el estancamiento.

LA TEMPLANZA

La Templanza es la Decimocuarta Llave del Tarot, y el Vigésimo Quinto Sendero del Árbol de la Vida, que conecta Yesod y Tiphareth. El título Mágico de esta carta es la "Hija de los Reconciliadores, la Portadora de la Vida". La Templanza representa un equilibrio de los Cuatro Elementos y un juego de dualidad. La letra Hebrea Samekh, que significa "puntal", se asigna a la carta. El puntal es la figura femenina de la imagen, la propia Aima Elohim, en una de sus muchas formas. Representa a la Tríada Supernal, la parte Eterna del Ser, que actúa como un puntal-apoyo.

"La Templanza es la Belleza de su firme Base; la Soberanía del Poder Fundamental; Sol actuando a través de Sagitario sobre Luna." - S. L. MacGregor Mathers; "Notas sobre el Tarot"

La cita anterior describe la energía de la carta de la Templanza. Sagitario es la energía del Subelemento Agua del Fuego y, por tanto, representa el equilibrio: la fuerza de voluntad equilibrada por el amor incondicional. También es la lógica y la razón equilibradas por las emociones. Al utilizar las partes opuestas del Ser de forma constructiva, podemos cortar la ilusión de la Luna para alcanzar la verdad del Sol. La templanza es esencialmente el proceso para alcanzar este objetivo, que sólo puede lograrse mediante la aplicación consciente de los Elementos Fuego y Agua.

En los mazos de Tarot de la Aurora Dorada, hay una figura gigante de una mujer vestida con un traje azul, que equilibra dos jarrones de Fuego y Agua, con un símbolo Tattvico de Tierra en su pecho. Está de pie con un pie en el agua y otro en la Tierra. En esta carta, encontramos un equilibrio entre los Elementos Agua y Fuego, a la vez que operamos desde la base del Elemento Tierra. Los Elementos, en este caso, representan la mente creativa y la Materia física. Un volcán en el fondo y el Sol sobre su cabeza simbolizan diferentes aspectos del Elemento Fuego presente: terrestre y solar. Además, tiene alas de Arcángel para representar el Elemento Aire y la trascendencia en el pensamiento.

El Arco de Quesheth se muestra en la versión de Cicero de la carta formada por las tres partes más bajas del Árbol de la Vida. Representa el ascenso del Ego, o Yo Inferior que se encuentra en Yesod, que busca alcanzar la Unión Espiritual con el Yo Superior en Tiphareth. Como tal, esta carta se atribuye a Sagitario, el Arquero. El movimiento de tracción del Arco de Quesheth requiere las fuerzas contrapuestas de los Elementos Fuego y Agua que se encuentran en los caminos opuestos de Shin y Qoph-Juicio y La Luna. Se mantienen unidos por el poder restrictivo de Saturno, situado en el camino de Tav (la carta del Universo) por debajo de la Templanza. El camino que atraviesa la Templanza es la Torre. Contiene las energías de Marte, que concentran las fuerzas conscientes y subconscientes que se encuentran en los caminos del Juicio y de la Luna. La carta de la Templanza presenta colores que representan los Cuatro Elementos, como el azul, el rojo, el amarillo y el verde.

En el *Mazo de Tarot Rider-Waite*, se muestra una imagen similar dentro de la carta, con la principal diferencia de que un cuadrado sustituye al símbolo Tattvico de la Tierra en su pecho con un triángulo amarillo dentro de él. Los jarrones tampoco son rojos y azules como en las barajas de la Aurora Dorada, sino dorados. Aquí se representa la dilución del vino con el agua, símbolo de la templanza, una de las virtudes cardinales. El esquema de colores también es un poco diferente, con la adición de un cielo violeta, que representa la conexión con el Chakra más alto-Sahasrara, la Corona. Representa la Tríada Supernal, así como el Yo Superior.

Existe una similitud entre el camino de la Templanza y el de los Enamorados. Ambos implican el templado consciente de las energías positivas y negativas dentro del Ser, lo que permite trascender más alto en la conciencia. Esta unidad de las energías en conflicto crea un equilibrio en el Ser, que produce una "Visión de la Belleza" experimentada en Tiphareth. En el caso de la carta de la Templanza, puede dar lugar a una conversación con el Santo Ángel de la Guarda, el Yo Superior. Sin embargo, antes de que esto pueda ocurrir, debes alcanzar un alto grado de control sobre tu naturaleza sexual y animal, que se encuentra en Yesod. Dado que este camino lleva desde el Yo Inferior al Superior directamente, se conoce como la *Noche Oscura del Alma*.

En una Adivinación, la carta de la Templanza representa la paciencia, el equilibrio y la moderación. Significa una combinación de energías y cosas que se unen. Cuando está invertida, la carta de la Templanza representa el desequilibrio, la impaciencia, el exceso, el comportamiento extremo y un choque general de energías o intereses.

EL DIABLO

El Diablo es la Decimoquinta Llave del Tarot, y el Vigésimo Sexto Sendero del Árbol de la Vida, que conecta Hod y Tiphareth. El título Mágico de la carta es el "Señor de las Puertas de la Materia, el Hijo de las Fuerzas del Tiempo". Hay un fuerte sentimiento sexual en este camino. Alude a la lujuria y la perversión representadas en la historia de Sodoma y Gomorra del Antiguo Testamento. El sexo por el mero placer corporal es una fuerza que ata a las Puertas de la Materia a través del vicio de la lujuria. El propósito de la carta del Diablo es atar nuestras Almas al Mundo de la Materia apelando a nuestros sentidos corporales. El Diablo es, pues, la propia Materia y sus cualidades seductoras. Cuanto más nos alineemos con el Mundo de la Materia y lo veamos como lo único real, más nos alejaremos del Espíritu.

"El Diablo es la Soberanía y la Belleza del Esplendor Material (y por tanto Falso); Sol actuando a través de Capricornio sobre Mercurio." - S. L. MacGregor Mathers; "Notas sobre el Tarot"

La cita anterior describe la esencia del camino del Diablo en el Árbol de la Vida. El Esplendor se consigue mediante la comprensión consciente de la realidad espiritual aplicando la lógica y la razón. Utilizar la lógica y la razón para aceptar el Mundo de la Materia como real produciría un falso Esplendor. La Belleza que se alcanza es transitoria y no llena el Alma. En la carta del Diablo, debemos cuestionar siempre lo que es real e irreal, sin aceptar el Universo material como la verdad última, sino como una mera manifestación de algo mucho más elevado.

Capricornio, el signo del Sub-Elemento Fuego de la Tierra, se atribuye a este camino. Como Capricornio está regido por el Planeta Saturno, está conectado con Binah. Por lo tanto, la dualidad está presente en esta carta, la manifestación superior e inferior: lo de Arriba y lo de Abajo.

En los mazos de Tarot de la Aurora Dorada, una inmensa figura que representa al Diablo se encuentra sobre el altar cúbico negro del Universo, con dos humanos desnudos, hombre y mujer, encadenados a él. Cada uno de ellos tiene cuernos en la cabeza, lo que representa la influencia de la energía Demoníaca o negativa. Sin embargo, parecen felices y contentos de estar donde están. El cuerpo del Diablo significa los Elementos del Reino Físico. Las alas aluden al Elemento Aire, las piernas peludas a la Tierra, las garras de águila al Agua y la antorcha en su mano al Fuego. La antorcha apunta hacia la Tierra, simbolizando el Fuego terrestre y la manifestación.

Hay un Fuego que arde en la zona de la ingle del Diablo, aludiendo a la fuerza sexual bruta de este camino. La cabeza del Diablo tiene forma de Pentagrama invertido, lo que sugiere el dominio de la Materia sobre el Espíritu, el Ego exaltado sobre el Yo Superior. El Diablo sostiene un cuerno de carnero de Aries, que simboliza la energía marcial y feroz que posee. Los colores predominantes de la carta son el marrón dorado, el marrón, el negro, el gris y el índigo. Todos los colores se relacionan con los aspectos más oscuros de la Tierra en su estado estático. En la baraja de Tarot de Cicero, el oro y las riquezas aparecen en el fondo, representando los objetivos ilusorios de nuestra existencia mundana y física.

En el *Mazo de Tarot Rider-Waite se* utilizan imágenes casi idénticas y colores similares. En este caso, sin embargo, la figura del Diablo tiene cuernos de carnero en su cabeza en lugar de sostener el cuerno de carnero. Tiene una mano levantada, mostrando a los humanos que viene de Arriba, lo cual es una mentira y un engaño por su parte. El hombre de la carta tiene una llama en la cola, mientras que la mujer tiene uvas en la suya. Son símbolos de las pasiones en bruto y de la intoxicación por la calidad seductora del mundo material. El color de fondo es el negro puro, que representa a Malkuth, la Tierra.

La inspiración de la carta del Diablo procede en parte de la famosa ilustración de Baphomet de Eliphas Levi en *Magia Trascendental: Su Doctrina y su Ritual.* Baphomet es un ídolo de una Deidad que se dice que adoraban los Caballeros Templarios, y que posteriormente encontró su camino en varias tradiciones ocultas y místicas. Es un símbolo del equilibrio de los opuestos en la naturaleza.

El Diablo trabaja con la carta de la Muerte; como la Muerte representa la transformación y transmutación de lo Inferior en lo Superior, la carta del Diablo representa la fuerza de unión del Yo Inferior al Mundo de la Materia. Uno es centrífugo, busca el cambio, mientras que el otro es centrípeto, ya que quiere que las cosas permanezcan como están. El Yo Inferior teme y odia el proceso de cambio, y por ello, intenta continuamente mantenernos atados al Mundo de la Materia. Pero nuestra Evolución Espiritual depende de la desintegración y renovación de la Fuerza Vital. Así, mientras la carta del Diablo nos atrae, la carta de la Muerte renueva y regenera nuestro Ser en general.

A primera vista, se trata de una carta muy confusa, que suele confundirse con algo maligno o negativo, teniendo en cuenta que, dentro del Cristianismo, el Diablo es reconocido como la antítesis de Dios. Sin embargo, lo que la carta realmente representa es simplemente el materialismo. El Diablo es el representante y gobernante de la Forma manifestada. Sin embargo, es una ilusión de la mente, y nada más, ya que nuestros cerebros también están formados por Materia, lo que nos permite aceptar la realidad que nos rodea (en el Mundo de la Materia) como real.

Como humanos, tenemos una percepción errónea del mundo y de nuestro concepto de la realidad. En el camino de la carta del Diablo, debemos superar nuestra ilusión de lo que percibimos como realidad. Debemos superar la lente del Ego si queremos elevarnos a Tiphareth, la Esfera de la Resurrección. En el *Sepher Yetzirah*, esto se describe como el Camino de la "Renovación de la Inteligencia". Alcanzamos nuevas percepciones y una nueva comprensión de la Belleza contenida en Tiphareth al comprender la carta del Diablo.

La letra Hebrea Ayin está asociada a este camino, que significa "ojo". Alude a que el Ojo interior de la Mente tiene una visión más clara que la de los dos ojos físicos. En la baraja de Tarot de Cicero, la figura del Diablo tiene un gran tercer ojo en la frente para referirse a este misterio.

En el contexto del despertar de la Kundalini, nuestro objetivo es superar la energía del Diablo, la atadura del Yo Inferior al Mundo de la Materia a través del sexo y los placeres corporales. Los ojos son los que perciben el mundo material, que es la antítesis del Mundo Espiritual. Por lo tanto, debemos utilizar el Ojo de la Mente, la singularidad, para superar la dualidad de los ojos físicos.

Como la carta del Diablo significa materialismo, representa la ilusión del Mundo de la Materia manifestado. Este mundo contiene en sí mismo la dualidad del bien y del mal. Si nos dirigimos al mundo manifestado, se convierte en el mal, ya que es una realidad falsa, una matrix. Si nos dirigimos al aspecto Espiritual que encarna todas las cosas, se convierte en el bien ya que alimenta el Alma.

A lo largo del despertar de la Kundalini, aprendemos a superar la Materia y a sintonizar con el Espíritu. El Diablo se convierte entonces en el gran tentador porque apela al Ego y a sus necesidades y deseos. Por lo tanto, siempre debemos tratar de superar al Diablo y al Ego, y esta lección es una prueba con la que lidiamos diariamente. Al superarla, avanzamos en nuestra Evolución Espiritual.

En una Adivinación, la carta del Diablo representa el materialismo, el comportamiento sexual excesivo, la adicción, la obsesión y el Yo Inferior, el Ego. Cuando se invierte, la carta del Diablo representa la libertad, el restablecimiento del control, el desapego y la liberación de las creencias limitantes. Curiosamente, el Diablo es una de las pocas cartas positivas cuando se invierte, ya que significa superar el Reino Material de alguna manera.

Figura 22: Llaves del Tarot (Dieciséis a Diecinueve)

LA TORRE

La Torre es la Decimosexta Llave del Tarot, y el Vigésimo Séptimo Sendero del Árbol de la Vida, que conecta Hod y Netzach. El título Mágico de esta carta es el "Señor de la Hueste de los Poderosos". La imagen principal de la carta es una Torre, que simboliza las creencias programadas que tenemos sobre nosotros mismos y el mundo que nos rodea. Estas creencias han moldeado nuestra percepción durante la infancia y la edad adulta, bajo la influencia de nuestros padres, profesores, amigos e instituciones sociales. Del mismo modo, la Torre se construyó ladrillo a ladrillo. Nuestro ego defiende la Torre a toda costa en la edad adulta, protegiendo su identidad y su estructura de creencias. Así, la destrucción de la Torre representa la destrucción de nuestras antiguas creencias y conceptos de la realidad. Sólo destruyendo lo viejo creamos espacio para que algo nuevo crezca en su lugar.

"La Torre es la Victoria sobre el Esplendor; Venus actuando a través de Marte sobre Mercurio; fuerza vengadora." - S. L. MacGregor Mathers; "Notas sobre el Tarot"

La cita anterior describe la esencia del camino de la Torre en el Árbol de la Vida. La victoria representa el deseo de alcanzar una realidad superior. Supera al intelecto (representado por Mercurio) ya que la mente utiliza la lógica y la razón para racionalizar por qué las cosas deben seguir igual. El Ego utiliza la inteligencia para glorificarse. Busca la continuidad de las cosas tal y como son, por lo que teme el cambio. Venus (las emociones) utiliza el poder de Marte (la energía destructiva del Fuego) para vengarse y renovarse. Si predomina el intelecto, los sentimientos sufren al quedarse igual. La aplicación del Elemento Fuego es necesaria para que haya una purga y purificación de los pensamientos y las emociones, lo que dará lugar a la renovación y el cambio de los sistemas de creencias. El pensamiento precede a la emoción, que con el tiempo forma hábitos, que finalmente crean un sistema de creencias.

En los mazos de Tarot de la Aurora Dorada, se representa un relámpago rojo que golpea la Torre, indicando una realización o iluminación repentina. En un instante, las viejas realidades y estructuras de creencias cambian para siempre. El rayo significa los poderes de Marte y Geburah en acción, ya que destruye creencias y realidades anticuadas. El rojo es el color predominante en la carta, que representa a Marte, Geburah y el Elemento Fuego. El marrón está presente para representar el componente terrestre, ya que nuestras creencias forman parte de nuestra vida en

Malkuth, el Mundo Físico. El amarillo se muestra para representar el componente Espiritual, así como el Elemento Aire, que son los pensamientos que necesitan ser renovados. Y, por último, el gris de la carta nos conecta con el poder de Chokmah, el Yo Superior y nuestra Verdadera Voluntad.

La Corona en la parte superior de la Torre es Kether, que es cortada por el rayo. Simboliza nuestra mente abriéndose a nuevas influencias de Arriba que sustituirán a las viejas influencias de Abajo. La carta representa a personas que caen de la Torre para expresar la caída de las viejas creencias. Muchos estudiosos del Tarot dicen que estas personas representan a los Reyes de Edom que gobernaron en la tierra de Edom antes de que un rey gobernara al pueblo de Israel. La desolación y el terror marcaron su reinado, de ahí su otro nombre, los "Señores del Caos". Nuestro papel es sacarlos de la Torre, simbólicamente, eliminando así todas las influencias negativas no deseadas de nuestros sistemas de creencias. En el lado derecho está el Árbol de la Vida con diez Sephiroth, que representan la Luz, mientras que en el lado izquierdo hay un Árbol de la Vida con once Sephiroth, que aluden a Daath, y al reino de los Qlippoth, el Reino Demoníaco y oscuro.

El *Mazo de Tarot Rider-Waite* presenta las mismas imágenes, pero en lugar de las diferentes versiones del Árbol de la Vida, se utiliza la letra Hebrea Yod, con once Yods a la izquierda y diez a la derecha. La Yod es representativa del Fuego Primordial como primera letra del Tetragrámaton, YHVH-Jehovah de los Hebreos. Los colores aquí también son diferentes, predominando el negro y el gris, que representan la influencia de Chokmah y Binah-Sabiduría y Entendimiento. Pero también, el negro es representativo de Malkuth-la Tierra.

El camino de la Torre es el camino de la destrucción de las creencias limitantes y de las viejas realidades. Tras esta destrucción, surge una nueva creación, nuevas ideas, nuevas creencias y una nueva realidad en general. En esta nueva realidad se revelan cada vez más aspectos del Ser Superior. Este camino equilibra el conflicto entre Hod y Netzach, la mente y las emociones. Hay que tener ambos en armonía para aspirar y alcanzar el Ser Superior. El proceso de crecimiento interior puede ser bastante doloroso a veces, ya que requiere que nos despojemos de lo que antes creíamos sobre el mundo que nos rodea y sobre nosotros mismos.

En el contexto del despertar de la Kundalini, la carta de la Torre es esencial: representa la purga constante de las viejas realidades y creencias una vez que se libera el Fuego interior de la Kundalini. Diariamente, este Fuego quema las impurezas, tanto mentales como emocionales, y nos pone en un estado constante de renovación, un estado de Devenir. A través de esta renovación, nos elevamos en conciencia y nos alineamos con el Ser Superior.

La letra Hebrea Peh está asociada al camino de la Torre, que significa "boca". La boca es el recipiente del lenguaje y la vibración. Representa la Palabra hablada, la herramienta más poderosa y el activo del Mago, que permite la comunicación con lo divino. A través de la Palabra se crean y destruyen realidades. Peh hace referencia a la historia de la *Torre de Babel*, cuyo tema central gira en torno a las limitaciones del lenguaje y a la confusión que puede provocar en los pueblos.

En una Adivinación, la carta de la Torre representa el cambio repentino, la revelación y el despertar a nuevas ideas o pensamientos. Implica la destrucción de lo viejo, para que algo nuevo ocupe su lugar. Cuando está invertida, la carta de la Torre representa el miedo al cambio y el aferramiento a las viejas realidades y formas de vida.

LA ESTRELLA

La Estrella es la Decimoséptima Llave del Tarot y el Vigésimo Octavo Sendero del Árbol de la Vida, que atraviesa desde Yesod hasta Netzach. El título Mágico de la Estrella es la "Hija del Firmamento, la Moradora entre las Aguas". La noción crítica en este camino es la de meditación, que es el acto consciente de buscar la Luz Divina. Requiere el uso de la imaginación y el conocimiento para emprenderla. La personalidad Astral del Ser utiliza los tres Sephiroth inferiores de Yesod, Hod y Netzach para emprender la meditación. La meditación revela la intuición, ya que el "anzuelo" de la letra Hebrea Tzaddi se lanza a las Aguas de la Creación y a la conciencia pura para captar un destello del Conocimiento Divino. La actividad de la meditación implica hacer que la mente se aquiete. Busca atraer la Luz Divina hacia el Ser desde la Conciencia Cósmica.

> *"La Estrella es la Victoria de la Fuerza Fundamental; Venus actuando a través de Acuario sobre Luna; la Esperanza." - S. L. MacGregor Mathers; "Notas sobre el Tarot"*

La cita anterior describe la energía del camino de la Estrella en el Árbol de la Vida. El poder regenerativo de Venus, a través de Acuario (el Subelemento Aire de Aire), actúa sobre la naturaleza ilusoria de la Luna. Venus aplica la energía intuitiva y Espiritual de Acuario sobre la Luna para cortar la ilusión y llegar a la verdad. Se produce una transformación, y la Luz Divina se derrama ya que la verdad es de la frecuencia vibratoria del Ser Superior. La conexión con el Santo Ángel de la Guarda resulta en la descarga de información Divina, también llamada Gnosis.

En las barajas del Tarot de la Aurora Dorada, se representa en esta carta una figura femenina, representante de la Gran Femenina-Isis, Shekinah y Madre María. Es la misma figura que aparece en las cartas de la Emperatriz y la Gran Sacerdotisa. Sin embargo, en la carta de la Estrella, está totalmente desvelada, ya que se encuentra en un estado inferior de manifestación. La carta de la Estrella implica que el Gran Femenino es más fácilmente accesible a través del acto consciente de la meditación. Se la ve sosteniendo dos jarrones opuestos, vertiendo las Aguas de la Vida (conciencia pura y fluida), formando un río a sus pies. Estos jarrones se atribuyen a los Elementos Agua y Fuego Primordiales -Binah y Chokmah-. Estas Aguas se vierten sin cesar, ya que reciben un suministro constante de energía de la Estrella de Venus situada sobre su cabeza.

En la versión de Wang de la carta del Tarot, un pie está en el agua y otro en la tierra. Otras siete estrellas rodean la Estrella central, aludiendo además a Venus, ya que el número siete es el Sephira Netzach, correspondiente a Venus. Como Venus es un Planeta transformador y regenerador, aquí representa la transformación de la mente del iniciado a través del acto de meditación.

El Árbol de la Vida y el Árbol del Conocimiento del Bien y del Mal están representados detrás de la figura femenina. Aquí se da a entender que el escenario de la carta de la Estrella es el Jardín del Edén, la fuente de las Aguas de la Vida y la Creación. En ambas versiones de la carta de la Aurora Dorada, un pájaro Ibis se posa sobre uno de los árboles. El pájaro Ibis alude a Thoth de los Egipcios, que también es Hermes/Mercurio, el representante de la Sabiduría y el Pensamiento Divino. Como se ha mencionado, Acuario se atribuye al camino de la Estrella. Acuario es el Zodíaco del "hombre", y su atribución a la Estrella alude al nuevo Adán Kadmon, resucitado tras la Caída del Jardín del Edén.

Los colores predominantes en la carta son el violeta-púrpura, el verde y el azul. El violeta-púrpura se refiere a la energía trascendente y mística presente cuando se medita, ya que este color se relaciona con el Chakra del Ojo de la Mente, Ajna. El verde se refiere al poder regenerativo de la naturaleza y de Venus. El azul se refiere al Mar de la Conciencia, mientras que el amarillo se encuentra en la Estrella de Venus. Dado que Venus representa el amor, esto implica que el acto de meditación es esencialmente un acto de amor.

En el *Mazo de Tarot Rider-Waite se* utilizan imágenes similares, con la ausencia del color violeta-púrpura dominante, sustituido por un azul celeste. Un jarrón vierte agua en la tierra, mientras que otro en el agua. Aquí se da a entender que las Aguas de la Creación pueden encontrarse tanto en los Elementos Agua como Tierra. Además, sólo hay un Árbol, con una montaña al fondo, que representa las elevadas alturas de la conciencia que se pueden alcanzar.

Como la Estrella forma parte de la tríada de la personalidad Astral, sostiene las Formas ilusorias recibidas de Yesod, la Luna. Para alinear el Yo Inferior del triángulo Astral con las vibraciones del Yo Superior, debes utilizar tanto la intuición como la meditación, permitiendo que la Luz Divina se derrame en tu mente y eleve tu conciencia.

En una Adivinación, la carta de la Estrella representa el rejuvenecimiento, la esperanza, la fe, la renovación y la Espiritualidad. Cuando se invierte, significa la falta de fe, la desesperación y la desconexión con el Espíritu.

LA LUNA

La Luna es la Decimoctava Llave del Tarot, y el Vigésimo Noveno Sendero del Árbol de la Vida, que conecta Malkuth y Netzach. El Título Mágico de la Luna es el "Gobernante del Flujo y el Reflujo, el Hijo de los Hijos del Poderoso". Esta vía es conocida como la "Inteligencia Corporal", responsable de la formación de todos los cuerpos ya que vincula el cuerpo físico con las emociones. Es un camino altamente sexual, con lujuria, fantasía e ilusiones, ya que utiliza la Luz de la Luna para reflejar sus deseos en ti. La carta de la Luna se describe mejor como el subconsciente, el área del Yo que proyecta el miedo y las actividades basadas en el miedo. A esta vía se le atribuye la letra Hebrea Qoph, que significa literalmente "la parte posterior de la cabeza".

"La Luna es la Victoria de lo material; Venus actuando a través de Piscis sobre los Elementos Cósmicos; el efecto engañoso del poder aparente de las Fuerzas Materiales." - S. L. MacGregor Mathers; "Notas sobre el Tarot"

La cita anterior describe la esencia del camino de la Luna en el Árbol de la Vida. Como los deseos de Venus actúan a través del signo zodiacal de Piscis (Agua del Sub-Elemento Agua) sobre el cuerpo físico, forman emociones instintivas. El poder aparente del Mundo de la Materia tiene una cualidad seductora, por la cual la conciencia es engañada por sus formas, percibiéndolas como reales. Esta mentira, esta ilusión de realidad, afecta a las emociones inferiores del Mundo Astral, creando miedo en lo más profundo de la mente subconsciente. El miedo se convierte entonces en lo que ata a la conciencia al Mundo de la Materia. Superar el miedo es el primer paso en el viaje hacia la Iluminación.

En los mazos de Tarot de la Aurora Dorada, dos perros son representados de pie en la tierra en lados opuestos de un camino. Sirven para intimidar y asustar a los cangrejos de río que salen del agua y entran en el camino. Este camino atraviesa las dos torres de Chesed y Geburah (Misericordia y Severidad), situadas en lados opuestos. El cangrejo de río comienza su camino de evolución, saliendo de las Aguas Primordiales de la Creación, simbolizando la progresión de todas las formas físicas de vida. Como su conciencia está en un nivel bajo, su objetivo es evolucionar. Desea salir de la oscuridad y entrar en la Luz.

La Luna está arriba, en el lado de Chesed. Hay cuatro símbolos de la letra Hebrea Yod que caen de la Luna a la Tierra. Aquí está implícita una referencia a los Cuatro Mundos de la Qabalah y al Fuego Primordial como fuerza guía del cangrejo de río. La Verdadera Voluntad busca evolucionar en la conciencia para poder percibir lo ilimitado de la Luz y la Conciencia Cósmica. La Luna tiene dieciséis rayos primarios y dieciséis secundarios, que representan las permutaciones de los Cuatro Elementos y la dualidad de cada uno. Los Elementos tienen que ser purificados dentro del Ser para eliminar el miedo del sistema energético.

Es importante señalar que toda la escena de la carta de la Luna tiene lugar de noche, ya que la noche es cuando la Luna actúa sobre la Tierra y crea muchas ilusiones. La noche también es la ausencia de la Luz del Sol y de la verdad. La carta de la Luna es un camino de "sangre y lágrimas" en el que hay que superar el miedo y la ilusión y la debilidad de la mente, el cuerpo y el Alma. Representa la vida de la imaginación, que está apartada del Espíritu, y por eso crea la ilusión. Los colores predominantes de la carta son el carmesí, el color ciruela y los tonos oscuros de azul, que representan el agua y el cielo. El verde pálido de la Tierra también está presente en la carta.

En el *Mazo de Tarot Rider-Waite*, se muestran imágenes similares. La única diferencia es que la Luna creciente tiene quince letras Yods en lugar de cuatro, afirmando aún más el poder de guía del Elemento Fuego Primordial. Los colores también son menos pálidos en comparación con las barajas de la Aurora Dorada. El cielo es azul claro, aunque la escena está pensada para la noche. Hay un lobo y un perro, que representan nuestra naturaleza animal. Uno es civilizado, mientras que el otro es salvaje y feroz.

La ilusión de la realidad se produce una vez que el Alma y la conciencia individual se incrustan en la Materia. Una vez que el Alma nace en este mundo, su conciencia acepta la realidad como lo que los sentidos físicos pueden percibir. Con el tiempo, el Ego se desarrolla para albergar y proteger la ilusión del Ser como si fuera el cuerpo. El Ego afirma que somos un componente separado del mundo exterior. Entonces se hace necesario evolucionar la conciencia de vuelta a la Fuente de la que procede, para liberar el Alma. La carta del Tarot de la Luna representa el punto de partida de este viaje.

La carta de la Luna es la contrapartida de la carta del Sol, cuya letra Hebrea es Resh, que significa "cabeza". Por lo tanto, tenemos la mente subconsciente de la Luna y la mente consciente del Sol. El subconsciente es el área de la ilusión, ya que la Luna sólo refleja la Luz del Sol. El Sol, en cambio, proyecta la verdadera Luz. Por lo tanto, no hay ilusiones presentes en el Sol, sólo la verdad.

Como Piscis rige la carta de la Luna, representa lo más profundo de lo más profundo del Elemento Agua y las emociones involuntarias e instintivas. En el camino de esta carta, te enfrentas al contenido subconsciente de tu mente, los fantasmas, las formas ilusorias y los "esqueletos en el armario", cuya ubicación está literalmente en la parte posterior de tu cabeza. Este contenido consiste en recuerdos reprimidos y experiencias negativas que han sido empujadas a lo más profundo de tu subconsciente. La oscuridad es la que gobierna de noche en este camino, mientras que el Sol gobierna de día. Mientras viajas por el camino de la Luna, debes aprender a superar tu miedo a la noche y a la oscuridad y enfrentarte a ella y examinarla directamente, esperando el amanecer.

En el contexto del despertar de la Kundalini, la carta de la Luna es el primer camino que encuentras una vez que has tenido un despertar completo y permanente. La oscuridad se apodera de ti mientras se forma un puente entre la mente consciente y la subconsciente a través de la afluencia de energía Kundalini. Todo el miedo y las ansiedades salen en "tiempo real" para ser sometidos mientras esto sucede. La Luz Astral, que es de calidad Lunar, enciende tu Ser interior, exponiendo tus miedos y Demonios y sacándolos a la superficie. Entonces se vuelve imperativo superar tu negatividad para evolucionar Espiritualmente. Esta Luz Astral, la corriente lunar, es traída a ti a través del Ida Nadi.

En una Adivinación, la carta de la Luna representa las ilusiones, la mente subconsciente, el miedo, la ansiedad y el engaño. Cuando se invierte, significa la liberación del miedo, la confusión, la intuición y la superación del engaño y la ilusión.

EL SOL

El Sol es la Decimonovena Llave del Tarot, y el Trigésimo Sendero del Árbol de la Vida, que conecta Hod y Yesod. El título Mágico de la carta es el "Señor del Fuego del Mundo". Es el camino del Sol que reconcilia el aspecto Divino del Ser con el aspecto animal. El Planeta Sol se atribuye a este camino. Aunque se considera uno de los Siete Planetas Antiguos en el marco Qabalístico, el Sol es, de hecho, la Estrella central de nuestro Sistema Solar alrededor de la cual giran todos los demás Planetas de nuestro Sistema Solar.

"El Sol es El Esplendor de una Base Firme; Mercurio actuando a través del Sol sobre la Luna." - S. L. MacGregor Mathers; "Notas sobre el Tarot"

La cita anterior describe la esencia del camino del Sol en el Árbol de la Vida. Mercurio imparte inteligencia a través de la Luz del Sol, sobre el fundamento del mundo -el componente Astral de la realidad, representado por la Luna. El esplendor se alcanza cuando todas las formas Astrales vivientes son animadas por la Luz, que se hace accesible a través de la mente.

En la baraja de Tarot de la Aurora Dorada, la carta muestra a un niño y una niña, desnudos, sosteniéndose de la mano, con uno de ellos en la tierra y otro en el agua. El Sol brilla sobre ellos, con doce rayos que emanan de él. La mitad de los rayos se proyectan como líneas onduladas para representar la vibración, mientras que la otra mitad son líneas rectas, que representan la radiación. Juntos, los rayos simbolizan las energías masculina y femenina, al igual que el niño y la niña. Detrás del niño y la niña hay un muro construido con muchas piedras individuales, que representa el círculo del Zodiaco que contiene a los niños, manteniéndolos atados bajo su influencia. Una vez que los niños hayan aumentado sus conocimientos y capacidades intelectuales, podrán superar el muro. En otras palabras, podrán superar las influencias de la energía Zodiacal sobre ellos.

Hay siete Yods Hebreos a cada lado del Sol, que representan la influencia del Fuego Primordial del Padre, Chokmah, que desciende a la Tierra a través del Sol, su descendiente (Hijo). El número siete representa los siete Planetas y sus poderes. Hay diez flores en el suelo, que representan los diez Sephiroth del Árbol de la Vida. En la baraja de Wang, todas están en la Tierra, mientras que, en la baraja de Cicero, cinco están en la Tierra y las otras cinco en el agua.

Los niños representan los Elementos pasivos de Agua y Tierra, mientras que el Sol y los Yods descendentes representan los Elementos activos de Aire y Fuego. Por lo tanto, los Cuatro Elementos están presentes en este camino. Los colores predominantes son el azul cielo, que representa el Elemento Aire; el amarillo/naranja del Sol, que representa el Elemento Fuego; el verde Tierra, que representa el Elemento Tierra; y el azul agua, que representa el Elemento Agua. La pared es de color gris, que simboliza Chokmah y el círculo del Zodiaco.

En el *Mazo de Tarot Rider-Waite*, las imágenes son ligeramente diferentes. Sólo hay un niño varón, desnudo, montando un caballo blanco. Los girasoles están en el fondo, y el niño sostiene una bandera roja, que representa la sangre de la renovación. El Sol está antropomorfizado, ya que sonríe, insinuando un logro. Las imágenes de la carta afirman que la mente consciente y el intelecto han superado los miedos e ilusiones de la mente subconsciente. A medida que el niño descubre un nuevo modo de funcionamiento, su inocencia se renueva, trayendo esperanza para el futuro. El color predominante es el amarillo, el rojo, el blanco y el gris.

El Zodiaco influye mucho en el carácter y la personalidad de una persona a lo largo de su vida. Al crear la Carta Natal de una persona, los Astrólogos utilizan las energías Zodiacales del Sol para elaborarla. Por lo tanto, este camino se conoce como la "Inteligencia Recogedora". Se describe mejor como la energía intelectual o el proceso de pensamiento, y es el primer camino del Triángulo Astral de la personalidad del iniciado. Este camino crea una conexión desde Yesod -el fundamento astral de toda la Materia- hasta Hod -la mente y el intelecto-.

La letra Hebrea Resh, que significa "cabeza", se atribuye al camino de la carta del Sol, que es la mente consciente que asimila la información y el conocimiento del entorno. La personalidad utiliza entonces esta información para buscar una realidad superior a la del Reino Material. Como Resh es una carta doble, tiene un doble significado, relacionado con lo que ocurre cuando se recibe demasiado Sol: quema y abrasa la Tierra. Como tal, en este camino está implícito un equilibrio necesario entre el intelecto (mente) y las emociones.

El mito de Ícaro, que voló demasiado cerca del Sol y se quemó las alas, ejemplifica lo que ocurre si no tenemos cuidado con la energía del Sol. Hay que acercarse a él con reverencia y humildad si queremos beneficiarnos de su poder.

En términos del despertar de la Kundalini, este camino es la inteligencia que se potencia y evoluciona a medida que el individuo despierto recibe el influjo de la Luz de la Kundalini, la propia Luz del Sol, a través del Pingala Nadi. No es sólo la inteligencia la que evoluciona a través del despertar de la Kundalini, sino también el carácter relativo a decir la verdad, ya que con el tiempo se convierte en una forma de vida natural.

"No hay religión más elevada que la verdad". - H. P. Blavatsky; extracto de "La Clave de la Teosofía"

Jesucristo se refería a sí mismo como la Luz del Mundo, y se le llamaba el Hijo (Sol) de Dios. Sus doce discípulos eran una representación simbólica de una verdad superior contenida en las enseñanzas generales de Jesús. Jesús era el Sol central, la Estrella de nuestro Sistema Solar, y los doce discípulos correspondían a los Doce Zodiacos -las otras Estrellas de nuestra Galaxia Vía Láctea. Él era una Deidad Solar, y su mensaje era que el Sol es la más alta representación del Dios-Creador, y como tal, no necesitamos ningún otro Dios más que él. Por lo tanto, su enseñanza era monoteísta. Todos somos Hijos del Sol (o hijas), como lo era él, ya que todos somos de la Luz.

Las enseñanzas de Jesús son una forma de vida, y su base es el amor incondicional y la compasión, que son cualidades de la Luz. Para alcanzar el Reino de Dios, que es la Conciencia Crística (Cósmica), debemos Resucitar (transformarnos) a través del Espíritu Santo. Sólo entonces podremos caminar en la verdad y abrazar nuestra verdadera naturaleza.

"Yo soy la Luz del Mundo; el que me sigue no andará en tinieblas, sino que tendrá la Luz de la vida". - "La Santa Biblia" (Juan 8:12)

El Sol es la fuente de nuestras Almas ya que nuestras Almas son chispas de Luz del Sol. Como se mencionó antes, los Antiguos llamaban al Sol así mismo "Sol", que puede ser el origen de la palabra "Soul" ("Alma" en Inglés). No puede ser una coincidencia que la pronunciación sea la misma ya que las coincidencias no existen si eres un estudiante de los misterios del Cosmos. Cada causa tiene un efecto, y cada efecto tiene una causa, que funciona como una cadena, siendo cada eslabón un evento pasado que influyó en algún evento futuro.

Existe una correspondencia entre "Soul"("Alma"), "Sol", y otra palabra con la misma pronunciación: "suela", que se refiere a las plantas de los pies. Las plantas de los pies conectan al ser humano con la Tierra a través de la fuerza de la gravedad. Todos estamos inextricablemente ligados a la conciencia de la Tierra, y la propia Tierra tiene un Eón, una fuerza vital, un cuerpo Áurico (campo), al que estamos conectados.

Nuestras Almas están unidas al Sol a través de nuestro núcleo central, nuestro Plexo Solar-el Tiphareth Sephira. Los Chakras Menores en las plantas de nuestros pies también conectan nuestras Almas al Eón Tierra. Por lo tanto, los seres humanos son el vínculo de conexión entre el Sol y la Tierra, el Padre y la Madre, a través de nuestra conciencia. Toda la operación es, en esencia, una expresión de la cosa Única, y esa cosa es Dios, el Creador, que es responsable de toda la Creación. En el Hermetismo, esta operación se expresa a través del axioma "Como Es Arriba, Es Abajo".

En una Adivinación, la carta del Sol representa la alegría, la felicidad, el éxito, la vitalidad, el calor, el optimismo y la diversión. Cuando se invierte, representa la tristeza, la negatividad, el exceso de optimismo y la depresión en general.

Figura 23: Llaves del Tarot (Veinte y Veintiuno)

EL JUICIO

El Juicio es la Vigésima Llave del Tarot, y el Trigésimo Primer Sendero del Árbol de la Vida, que conecta Hod y Malkuth. El nombre Mágico de esta carta es el "Espíritu del Fuego Primordial", por lo que se le atribuye el Elemento Fuego (Transicional). El Juicio se describe mejor como un Bautismo del Elemento Fuego. Esta carta se relaciona con la más alta expresión cósmica del Elemento Fuego y la energía del Espíritu. Shin es la letra hebrea asociada a este camino, que significa "diente", en alusión a la descomposición de los alimentos y su transformación en energía utilizable. La letra Shin también se llama la "Llama Triple del Alma". Las tres llamas a las que alude son los tres tipos de Fuego-Solar, Astral y Volcánico (Terrestre).

"El Juicio es el Esplendor del Mundo Material; Mercurio actuando a través del Fuego sobre los Elementos Cósmicos." - S. L. MacGregor Mathers; "Notas sobre el Tarot"

La cita anterior describe la energía del camino del Juicio en el Árbol de la Vida. El Espíritu Divino desciende desde Binah y el Pilar Negro de la Forma, a través de Hod, hasta Malkuth-la Tierra. Así, todas las cosas dentro del Mundo de la Materia contienen una contraparte Espiritual, y la mente se convierte en el vínculo de conexión entre el Espíritu y la Materia.

En los mazos de Tarot de la Aurora Dorada, la carta del Juicio Final presenta cuatro figuras desnudas en el agua, recibiendo el Fuego Sagrado desde arriba, donde se ve al Arcángel Miguel soplando una trompeta con una bandera blanca y una cruz roja en ella. La trompeta irradia una afluencia de energía del Espíritu en las formas físicas de las cuatro figuras. Esta imagen significa la carta del Tarot del Juicio como un acto de iniciación en el Fuego Sagrado, con el Arcángel Miguel sirviendo como iniciador. El triángulo de Fuego también está presente en la carta para enfatizar aún más esta idea. Cada una de las figuras de la carta está siendo cargada por la energía del Espíritu que sale de la trompeta de Miguel.

La Tierra, el mar, el aire y el Sol están presentes en la carta del Juicio, representando los Cuatro Elementos. Dos de las figuras están una al lado de la otra, simbolizando la naturaleza dual de la Luz Astral. Una figura representa el Fuego Volcánico, mientras que las otras dos representan el Fuego Astral. El Arcángel Miguel representa el Fuego Solar. El personaje central está de espaldas y está dando el Signo del Theoricus, el grado del Sephira Yesod dentro de la Orden de la Aurora Dorada. Está de pie en un ataúd abierto, representando a Lázaro, resucitando de entre los muertos. Es el iniciado una vez que ha subido al nivel de Hod en el Árbol de la Vida, ya que recibe la energía de las otras tres figuras de la carta. En la carta se encuentran los colores de los Cuatro Elementos, que incluyen el rojo, el azul, el amarillo y el marrón.

En el *Mazo de Tarot Rider-Waite se* representan imágenes similares, con la principal diferencia de que no sólo hay cuatro figuras desnudas, sino seis de ellas. Son de una complexión grisácea y están de pie con los brazos abiertos, mirando al Ángel que está por encima de ellos con temor. El Ángel podría ser Miguel, pero también podría ser Metatrón, ya que Metatrón está relacionado con el Elemento Espíritu. Algunas de las figuras emergen de tumbas con enormes montañas o marejadas en el fondo. Aquí puede haber una referencia al mar entregando a sus muertos en el Último Día del Juicio, como se describe en el *Libro del Apocalipsis* en el Nuevo Testamento de la *Santa Biblia.* Se dice que toda la escena está inspirada en la Resurrección Cristiana antes del Juicio Final.

El camino de esta carta del Juicio trae la experiencia de la energía Espiritual al descender a la materia. Es un despertar al Espíritu y a la presencia de lo Divino. El Fuego de Shin es un Fuego consagrado que quema sin cesar las impurezas del cuerpo, la mente y el Alma, dejando sólo la energía equilibrada y purificada.

Cuando se asciende por el Árbol de la Vida desde Malkuth (a través de la Magia Ceremonial), esta carta representa el primer camino fuera del Pilar del Equilibrio, ya que el Pilar Medio se auto-equilibra. Todos los caminos que no están en el Pilar del Equilibrio (Pilar Medio) se supone que están equilibrados por sus opuestos.

En cuanto a la Kundalini, la letra Shin es la representación directa de su energía. Los tres trazos de la letra representan los tres Nadis o canales principales en el despertar de la Kundalini. Pingala, el Nadi masculino, se relaciona con el Fuego Solar como la Luz y la energía del Padre. Por el contrario, Ida, el Nadi femenino, se relaciona con el Fuego Astral como el Mar de la Conciencia y la energía Madre. Por último, Sushumna, el Nadi (o canal) central que recorre la columna vertebral humana, es el Fuego Volcánico o Terrestre. Es la Tierra como descendiente del Padre y de la Madre. Sushumna es la Materia y el Universo Físico que regula la energía de la Luz y la conciencia.

Los tres trazos de la letra Shin también representan los Elementos de Fuego y Agua, con el Aire como reconciliador. Por lo tanto, se relaciona con el Hexagrama, o Estrella de David, y con la afluencia del Espíritu Santo en el Cristianismo. De ahí que Shin se considere una energía iniciática, ya que el Espíritu Santo/el Fuego Kundalini inicia al aspirante en algo más grande que él mismo. El Fuego Kundalini expande la conciencia y alinea al individuo con su Ser Superior, la parte de él que es de la Divinidad.

En una Adivinación, el Juicio representa un despertar Espiritual, una iniciación, un renacimiento, una llamada interior o una conclusión o decisión que hay que tomar. Cuando se invierte, significa ignorar "la llamada", la duda interior, evitar tomar decisiones y ser demasiado duro con uno mismo en general.

EL MUNDO

El Mundo es la Vigésima Primera Llave del Tarot, y el Trigésimo Segundo Sendero del Árbol de la Vida, que conecta Yesod y Malkuth. El título Mágico de la carta es "El Grande de la Noche del Tiempo". Este camino es el punto de partida del Mundo Interior, el Plano Astral, y recibe el nombre de Universo porque es un reflejo directo del Universo exterior y de todos los componentes que lo componen: Como Es Arriba, Es Abajo.

"El Mundo es el fundamento de los Elementos Cósmicos y del Mundo Material; Luna actuando a través de Saturno sobre los Elementos." - S. L. MacGregor Mathers; "Notas sobre el Tarot"

La cita anterior describe la esencia del camino del Mundo en el Árbol de la Vida. El poder reflexivo de Luna actúa a través de Saturno (el Planeta del Karma y del Tiempo) sobre el Elemento Tierra y el Mundo de la Materia. Así se crea un reflejo del Mundo material en forma astral. El Plano Astral es el punto de partida para ir hacia el interior y escalar el Árbol de la Vida y sus diversos y progresivos estados de conciencia. Como el reflejo de la Luz del Sol, tus pensamientos son el medio para experimentar el Plano Astral y todos los Planos subsiguientes por encima de él. La energía Kármica negativa que has acumulado a lo largo del tiempo se encuentra en el Plano Astral, personificada por Demonios personales.

En los mazos de Tarot de la Aurora Dorada, la mujer representada en la carta es la Gran Madre de Binah, con una Luna creciente sobre su cabeza. Es una forma simbólica de la Gran Femenina-Isis, Aima Elohim y la Madre María. Sostiene en sus manos las dos varitas de poder bicéfalas, que representan las corrientes positiva y negativa. Está principalmente desnuda, con un pañuelo que cubre un lado de su cuerpo. Sus piernas forman una cruz, símbolo de la letra Hebrea Tav, a la que se atribuye este camino. Es la puerta a la vida y a la muerte, a la eternidad y a la mortalidad, al Espíritu y a la materia. También representa el vientre de toda la Creación, el Gran Mar de Binah, la conciencia pura e indiferenciada.

En la carta aparecen los doce Zodiacos y los cuatro *Querubines* que representan los cuatro elementos: el hombre, el águila, el toro y el león. Setenta y dos estrellas adornan el Zodiaco, representando el nombre setenta y dos veces de Dios, el *Shemhamphorash*. Un Heptagrama o Estrella de Siete Puntas está presente en la imagen, aludiendo a los Siete Palacios de Assiah, los Siete Planetas Antiguos. El planeta atribuido a la carta del Mundo es Saturno. Para los Antiguos, Saturno representaba los confines de nuestro Sistema Solar, ya que no tenían medios para medir lo que hay más allá. Así, la carta del Mundo representa todo lo que hay entre el planeta Saturno y nosotros. El color de fondo de la carta es el índigo, el color de Saturno.

En el *Mazo de Tarot Rider-Waite*, la carta del Mundo se llama "El Universo". Es un nombre apropiado ya que la carta del Mundo representa el duplicado Astral del Mundo de la Materia en el que todos participamos. Además, esta carta se relaciona con el Mundo Físico en el que vivimos, donde comenzamos nuestro viaje hacia el interior y hacia arriba en el Árbol de la Vida.

Una imagen similar aparece en el *Mazo de Tarot Rider-Waite*, donde una mujer desnuda sostiene dos varitas y está cubierta por un pañuelo. Los cuatro *Querubines* están en cada una de las cuatro esquinas de la carta. En lugar de los Doce del Zodiaco, se representa una corona verde, que simboliza la Eternidad y el círculo interminable de la vida. El fondo es azul cielo en lugar de añil, como en las versiones de la Aurora Dorada de esta carta.

A este camino se le atribuye la letra Hebrea Tav, que por ser la vigésima segunda letra del alfabeto Hebreo, es la última. Significa "cruz", en relación con la encrucijada de dejar el Mundo Exterior de la Materia para entrar en los Planos Cósmicos interiores.

El Plano Astral es el primero de los Planos Cósmicos que se encuentra al ir hacia el interior. Como es el primer camino en el Árbol de la Vida que trabaja hacia arriba, es como entrar en el Inframundo, donde experimentamos todas las formas más bajas del Ser. Y como Tav, la última letra Hebrea, se relaciona con la primera letra Hebrea Aleph, implica una asociación con la carta del Loco y la falta de experiencia y conocimiento para discernir entre lo que es real y lo que no lo es al entrar en el Plano Astral.

Al principio, se te dan todas las llaves del Universo: los Doce Zodiacos, los Siete Planetas Antiguos y los Cuatro Elementos. Sin embargo, al igual que el niño inocente de la carta del Loco, aún no sabes qué hacer con estas llaves. Por lo tanto, debes ascender al Árbol de la Vida y aprender sus lecciones para utilizar las llaves con sabiduría y comprensión.

En el contexto del proceso de despertar de la Kundalini, te vez abalanzado a través de la carta del Mundo hacia el Mundo Astral con la afluencia de la Luz Astral, que tiende un puente entre las mentes consciente y subconsciente. La Luz Astral es traída por la energía Kundalini. Por lo tanto, todo iniciado en Kundalini debe comenzar por este camino; es la entrada al Mundo Astral y el comienzo del viaje interior en la exploración del Árbol de la Vida.

Dado que este camino representa el Plano Astral, contiene muchas sombras, fantasmas y recuerdos reprimidos que debemos afrontar antes de seguir ascendiendo por el Árbol de la Vida. Ofrece una valiosa lección de equilibrio y discriminación, ya que necesitamos ambas cualidades para avanzar en nuestros viajes Espirituales.

En una adivinación, la carta del Mundo representa la finalización, la integración, la realización, la armonía y el viaje. También puede significar el éxito y el final de un asunto. Cuando se invierte, el Mundo representa la búsqueda de un cierre, lo incompleto, la desarmonía, los retrasos y los atajos.

***

El conocimiento del Tarot ofrece lecciones Espirituales universales que son beneficiosas para cualquier individuo preocupado por su progresión Espiritual. Además, estas lecciones se refieren a toda la humanidad ya que cada humano tiene su Árbol de la Vida que regula la expresión de sus diversas energías y conciencia. Así, las cartas del Tarot son las claves de la sabiduría universal y del funcionamiento de su psique interior.

Utiliza las descripciones de cada carta del Tarot como una herramienta de meditación a la que puedes referirte a menudo para obtener la mejor comprensión de este tema. Estas lecciones requerirán una gran cantidad de revisiones para asimilar el conocimiento correctamente y ganar sabiduría.

A primera vista, estas cartas del Tarot y sus crípticos significados pueden parecer abrumadores y difíciles de comprender. Recuerda que la mente funciona como un archivador; por lo tanto, trata de memorizar la mayor cantidad posible de estos conocimientos. Una vez que hayas archivado las correspondencias Qabalísticas, los números y los símbolos de cada carta del Tarot, empezarás a comprender a un nivel profundo los significados asociados a cada una de ellas. Tu memoria pertenece a la más alta Esfera manifestada de Chesed que bordea el Abismo de la Mente. Tu Ser Superior de los Superiores puede llegar a tu conciencia y enseñarte a través de la Gnosis una vez que hayas memorizado suficiente información sobre los Arcanos Mayores.

El propósito del Tarot es acercarte a la Iluminación. Si te dedicas a aprender los misterios del Tarot, harás profundos cambios en tu mente, cuerpo y alma, favoreciendo tu Gran Obra. En esencia, la unidad con el Ser Superior, también llamado el Santo Ángel de la Guarda en la tradición Qabalística, es el objetivo general de la Gran Obra. Esta unidad dará lugar a la Iluminación, a estar en la Luz.

ESCUDRIÑAR EL TAROT

Un método poderoso para obtener la Gnosis de las cartas del Tarot de los Arcanos Mayores es a través de escudriñar, o "scrying", en Inglés. “Scrying” viene de la palabra Inglesa "descry", que significa "distinguir débilmente" o "revelar". Escudriñar es una forma de Adivinación. Es un proceso para obtener una visión Espiritual de un tema concreto a través de medios sobrenaturales. Esta práctica ha existido durante miles de años, y todas las tradiciones Antiguas la practicaban de una forma u otra.

El escudriñar requiere el uso de una herramienta o medio de escudriñar, que incluye cristales, espejos, piedras, agua, fuego e incluso humo. El propósito de estos artículos es atraer tu conciencia y activar y enfocar tu Chakra del Ojo de la Mente para que puedas canalizar información de los Reinos Superiores a través de él, normalmente en forma de visiones.

En el caso del Tarot, utilizaremos las cartas de los Arcanos Mayores como herramientas de Adivinación. Para llevar a cabo el método de Adivinación del Tarot correctamente, debe comprar una baraja de Tarot si aún no tiene una. Recomiendo cualquiera de los tres mazos de Tarot Hermético mencionados hasta ahora, pero cualquier mazo de Tarot será suficiente para esta tarea en particular.

Aísle las cartas de los Arcanos Mayores de la baraja de Tarot y elija una de las veintidós cartas que desee consultar. Sostén la carta a una distancia de aproximadamente 12 a 14 pulgadas de ti y comienza a mirar la imagen de la carta. Desenfoca tus ojos ligeramente mientras miras fijamente la carta. Esto te permitirá utilizar tu ojo de la mente durante este proceso y para que tu conciencia se absorba completamente y se sumerja en la imagen de la carta del Tarot. Examina cada detalle de la carta, incluyendo los patrones numéricos, los símbolos y los colores únicos. Intenta no racionalizar lo que estás viendo, sino que permite que las imágenes te hablen mientras mantienes la mente vacía. Haz este ejercicio durante 3-5 minutos y concéntrate en no dejar que ningún pensamiento entre y rompa tu concentración.

Muy a menudo, recibirás visiones durante tu sesión de adivinación. No es raro que las imágenes que estás contemplando se animen ante tus ojos. Aunque parezcan aleatorias, estas visiones se corresponderán de alguna manera con el tema y el significado de la carta del Tarot que estás espiando. En la mayoría de los casos, sin embargo, se necesita un poco de tiempo para que los símbolos dentro de cada tarjeta se incrusten en tu mente subconsciente, lo que significa que lo más probable es que se comunican contigo a través de tus sueños. Esta comunicación suele ser en forma de sueños reveladores con temas e imágenes que cuentan alguna historia que está influenciada por la energía de la carta del Tarot que has echado ese día.

El propósito de estas visiones a través de tus sueños es impartirte la Gnosis y promover tu Evolución Espiritual. Están destinadas a enseñarte algo sobre ti mismo y sobre el Universo del que formas parte. También tienen la intención de informarte sobre los significados Espirituales asociados con las cartas del Tarot de los Arcanos Mayores. En última instancia, la Gnosis que se te imparte a través de la tirada de Tarot depende de tu nivel de progresión del Alma y de lo que necesitas saber para seguir evolucionando Espiritualmente.

EL CÍRCULO DIFUNDE LA ADIVINACIÓN

La Adivinación de la Tirada del Círculo es una eficiente lectura del Tarot que determina las influencias Espirituales sobre ti o sobre quien estés haciendo la lectura. Puedes utilizarla para obtener una visión de los aspectos más profundos de tu psique o de cualquier situación, evento o acción. La Tirada del Círculo te ayudará a entender quién eres, cuáles son tus intenciones y motivos, y qué influencias energéticas te rodean.

Esta poderosa Adivinación atraviesa el conocimiento superficial sobre un tema, una situación particular o una acción potencial, revelando la verdad del asunto. Como tal, puede iluminar muchas áreas de tu vida. También puede enseñarte más sobre ti mismo que cualquier otra herramienta Espiritual que puedas tener a tu disposición. Esta Adivinación es una que hice parte de mi viaje Espiritual hace muchos años y una que hago hasta el día de hoy debido a su efectividad.

La Tabla Esmeralda dice: "Como Es Arriba, Es Abajo", lo que significa que todo lo que se manifiesta en los Planos Superiores eventualmente se filtrará hacia el Mundo Físico y traerá recompensa o estragos. El Círculo de Adivinación aísla la fuente de una influencia sobre ti y te permite saber si los Seres Angélicos o Demoníacos están guiando esta energía en un Plano Superior.

Supongamos que las cartas negativas (energía Demoníaca) afectan a una situación en los Planos Superiores. En ese caso, puedes utilizar ejercicios rituales específicos de Magia Ceremonial para modificar esas energías negativas e influir en las cosas antes de que sucedan. Por lo tanto, mientras que el Círculo de Adivinación puede determinar qué tipo de energía te afecta (o una situación) y en qué Plano existe, los ejercicios de Magia Ceremonial se pueden utilizar para apuntar a ese Plano en particular y cambiar la energía antes de que se manifieste. El uso de ambos métodos para afectar a la realidad es el verdadero camino para convertirse en un Mago y obtener el dominio completo sobre tu vida.

La Adivinación de la Difusión del Círculo se adhiere al modelo Qabalístico de los Cuatro Mundos en lo que respecta al proceso de manifestación de la energía Divina. Dado que la energía Divina necesita filtrarse a través de los tres Planos principales (Espiritual, Mental y Astral) antes de manifestarse en el Plano Físico, los Cuatro Elementos de Fuego, Agua, Aire y Tierra están involucrados en esta Adivinación. En este caso, como en el del modelo de los Cuatro Mundos, el Elemento Espíritu no se incluye como parte del marco, y los cuatro Planos principales se atribuyen a uno de los Cuatro Elementos para simplificar.

El Elemento Fuego se atribuye al Plano Espiritual (fuerza de voluntad), mientras que el Elemento Aire se asigna al Plano Mental (pensamientos). Al Plano Astral (emociones) se le atribuye el Elemento Agua. Por último, el Elemento Tierra se asigna al Plano Físico, mundano, como etapa final de la manifestación en el Mundo de la Materia. La designación de los Elementos en la Adivinación del Círculo se ajusta a partir del modelo de los Planos Cósmicos para dar la lectura óptima utilizando los veintidós Arcanos Mayores.

Para empezar, debes obtener una baraja de Tarot Hermético. Especifico que es una baraja Hermética porque los veintidós Arcanos Mayores deben tener los mismos atributos y títulos que se presentaron en la lección anterior de "Arcanos Mayores del Tarot". Hay una miríada de barajas disponibles en el mercado hoy en día, y algunas de las barajas más New Age son un sistema propio, que no se atienen a las enseñanzas Arcanas del Tarot. Por lo tanto, si quieres experimentar con una de estas barajas por tu cuenta, está bien, pero para realizar la adivinación de la Tirada del Círculo con precisión, debes obtener una baraja de Tarot Hermético. De nuevo, recomiendo una de las tres barajas que describí en la lección anterior sobre el Tarot. Cualquiera de ellas es óptima para adivinar o realizar la Tirada del Círculo.

Una vez que hayas obtenido una baraja de Tarot Hermético, aísla los veintidós Arcanos Mayores del resto de las cartas. La Adivinación de la Tirada del Círculo sólo utiliza los veintidós Arcanos Mayores, y puedes utilizar las descripciones del Tarot en la lección anterior para ayudar a tu Adivinación.

Aunque te he dado el significado de cada carta en la Adivinación, para convertirte realmente en un Adivinador exitoso, debes entender y memorizar todos los significados esotéricos, alquímicos y literales de cada uno de los veintidós Arcanos Mayores. Descubrirá que a medida que realice esta adivinación más a menudo, se volverá mejor y mejor en ella, y el proceso de obtener una visión se volverá más fácil. Como con todas las cosas, la práctica hace la perfección.

PREPARATIVOS PREVIOS A LA DIVISIÓN

Antes de emprender una lectura de Tarot, es esencial estar en la mentalidad correcta y no ser influenciado por energías desequilibradas. La mente debe ser neutral, donde estás listo para recibir información de los reinos superiores. Si estás enfadado antes de tocar la baraja de Tarot o incluso demasiado alegre o excitado, transmitirás esta energía a la baraja, lo que influirá en la lectura.

Recuerde, las cartas del Tarot están destinadas a leer las energías del Cosmos, y pueden llegar a lo desconocido para darle una visión sobre un evento futuro o una fuerza que influye en ti desde los reinos superiores. Sin embargo, si llegas a una adivinación con un exceso de energía que afecta a tu psique, las cartas del Tarot leerán esta energía en su lugar. Esto es porque la energía que las cartas leen es siempre la energía dominante en su Aura. Si estás haciendo la lectura para otra persona, entonces las cartas leerán la energía dominante en su Aura en su lugar, teniendo en cuenta que ellos son los que deben barajar las cartas.

Antes de comenzar su Adivinación en Círculo, debe dirigirse al espacio en el que se encuentra y limpiarlo de cualquier energía estancada o negativa. Quemar incienso es útil para esta tarea, y su uso le permitirá mantener un estado de solemnidad mientras realiza la Adivinación.

A continuación, debes ponerte en un estado mental equilibrado, lo que significa que debes limpiar tu Aura de cualquier energía desequilibrada. Por lo tanto, antes de comenzar cualquier trabajo de adivinación, se aconseja que realices el Lesser Banishing Ritual of the Pentagram, así como el Banishing Ritual of the Hexagram. Estos dos ejercicios rituales te permitirán convertirte en una "pizarra en blanco" para que puedas interpretar correctamente las energías a través de las cartas del Tarot. Puedes encontrar ambas prácticas en la siguiente sección de "Magia Ceremonial". "Además, ambos ejercicios rituales forman parte de la Adivinación de la Tirada del Círculo en cuanto al patrón de colocación de la tirada de cartas.

Para interpretar las cartas del Tarot correctamente, debes convertirte en un canal de información de los Reinos Superiores; por lo tanto, tu conciencia debe estar elevada para hacerlo correctamente. Tu conciencia inferior no puede interpretar las cartas del Tarot, aunque hayas memorizado los significados de cada carta. Recuerda que el intelecto es sólo la Esfera Hod en el Árbol de la Vida.

Por lo tanto, para interpretar las cartas del Tarot, debes elevar tu mente a los Superiores y recibir directamente de Binah (Entendimiento) y Chokmah (Sabiduría). Por esta razón, realizar el ejercicio del Middle Pillar antes de una lectura del Tarot es útil. Este ejercicio tiene como objetivo infundir tu Aura con energía de Luz, lo que te equilibrará y elevará la vibración de tu conciencia. Este ejercicio ritual también se puede encontrar en la sección "Magia Ceremonial" y se realiza mejor en secuencia después del LBRP y el BRH.

Tu mente subconsciente es el vínculo de conexión con los Planos Superiores de la existencia, así que es imperativo estar en un estado en el que estés listo para recibir de estos Reinos Superiores. Dado que el Chakra del Ojo de la Mente es una puerta de entrada a los Reinos Superiores, sería útil tomarse un momento y conectarse con él. Alinear tu conciencia con el Ojo de la Mente te permitirá usar tu intuición para interpretar las cartas del Tarot, que es el estado mental óptimo en el que debes estar antes de una Adivinación.

Por lo tanto, una vez que te hayas centrado y enraizado con el LBRP y el BRH y hayas infundido Luz en tu Aura con el MP, el siguiente paso sería dedicar unos minutos y hacer la Mediación del Ojo de la Mente mientras realizas la Respiración de Cuatro Tiempos. De nuevo, puedes encontrar estas prácticas en la siguiente sección sobre "Magia Ceremonial". "

La Meditación del Ojo de la Mente tiene como objetivo conectarte con el Chakra del Ojo de la Mente; por lo tanto, unos pocos minutos de este ejercicio deberían ser suficientes. Sin embargo, si quieres hacer una meditación más larga con este método, es tu elección. Cuanto más fuerte sea tu conexión con el Chakra del Ojo de la Mente, más precisa será tu adivinación, ya que tu intuición se verá reforzada.

Completar todos los preparativos necesarios es la clave para una lectura de Tarot exitosa. Como pieza final del rompecabezas antes de comenzar una lectura de Tarot, es útil hacer una pequeña invocación para invocar las energías Espirituales correctas que te ayudarán a interpretar con precisión tu lectura de Tarot. Dado que el Gran Ángel Hru está establecido sobre las operaciones de la sabiduría secreta de la Orden de la Aurora Dorada, a menudo es llamado por muchos practicantes del Tarot (dentro y fuera de la Orden) para su orientación en la Adivinación. Su nombre es idéntico al de la Deidad Egipcia Horus (Antiguo Egipcio "Hru"), y muchos Magos creen que son el mismo Ser. Incluso se ha sugerido que Hru es el guardián Angélico de la tradición de la Aurora Dorada; por lo tanto, su energía puede ser muy impactante en la realización de una lectura de Tarot.

La siguiente es una invocación al Gran Ángel Hru, ligeramente modificada de la versión original de la Aurora Dorada para que se ajuste mejor al propósito previsto. Cuando realices esta invocación, debes estar de pie y mirando hacia el Este mientras sostienes el mazo de Tarot en tus manos.

"Bajo la autoridad divina de ***Yooohd-Heyyy-Vaaav-Heyyy*** *(YHVH), el Único Sabio y Único Eterno, invoco a* ***Heh-ru*** *(HRU), el Gran Ángel de la Sabiduría secreta y oculta. Tú que gobiernas los Misterios del Tarot, como el Esfinge es puesto sobre la tierra de Egipto. Tú, cuya poderosa mano se imagina en las*

nubes del Libro T, el libro sagrado y místico de la Sabiduría Oculta. Te invoco, ¡ven aquí ahora! Transforma estas cartas del Tarot de meras imágenes artísticas en verdaderos y precisos portales hacia los Mundos Superiores. Haz que cada carta sea un portal hacia el verdadero poder que representa. Consagra y purifica esta baraja Hru. Hazme un canal de tu Sabiduría Divina y dame una visión de lo Desconocido para que pueda obtener el Conocimiento necesario que ayude a la exaltación de mi naturaleza Espiritual o la de otro. Amén".

Una vez que hayas completado la invocación de Hru, visualiza un rayo de Luz Blanca Divina descendiendo del cielo sobre tu baraja de Tarot. La Luz debería infundirse completamente en la baraja. Imagina que las cartas están siendo bañadas en esta Luz como una forma final de purificación y consagración. Mantén esta visión durante unos diez o quince segundos mientras inclinas la cabeza y te sientes agradecido por esta bendición de la Divinidad. Después de que el rayo de Luz se haya dispersado, dibuja una cruz en el aire sobre las cartas con tu mano dominante mientras sostienes las cartas con la otra mano.

EL MÉTODO DE ADIVINACIÓN

Los preparativos necesarios ya se han completado, y te has convertido en un canal adecuado para recibir información de los Reinos Superiores. Lo único que queda es la Adivinación propiamente dicha. Para iniciar la Adivinación del Círculo, tendrás que pensar en la pregunta que quieres que se te responda con respecto a ti mismo, a una situación, a un acontecimiento o a una acción que deseas realizar. Si sólo quieres obtener una visión de ti mismo y de las energías que te rodean, entonces deja clara esa intención.

Una vez que tengas claro el propósito de tu adivinación, mantén este pensamiento en tu mente y comienza a barajar las cartas. Sigue repitiendo este propósito en tu mente una y otra vez mientras barajas. Esta parte es esencial. No dejes que pensamientos externos entren en tu mente durante el proceso de barajar, ya que lo que pienses determinará la respuesta que te darán las cartas.

Si estás haciendo la lectura para otra persona, entonces esa persona tiene que barajar las cartas por sí misma mientras piensa en lo que necesita una respuesta. La regla es que la persona a la que va dirigida la adivinación es la que debe barajar las cartas. Asegúrate de dedicar unos minutos a esta parte del proceso. Cualquier método de barajar funciona, siempre y cuando sea extremo por extremo. Una forma popular de barajar es colocar todas las cartas sobre la superficie en la que se realiza la adivinación, mezclarlas bien y luego recogerlas.

Hay que tener en cuenta que la Aurora Dorada tradicionalmente no utilizaba cartas invertidas. Las cartas se colocaban siempre en posición vertical. Sin embargo, la elección es tuya si quieres usar cartas invertidas o no. Le recomiendo que, a medida que vaya aprendiendo, sólo las coloque en posición vertical y, a medida que vaya adquiriendo destreza en la Adivinación de la Tirada del Círculo, experimente también con las cartas invertidas.

Una vez barajadas las cartas, hay que cortarlas en cuatro montones (Figura 24). Estos cuatro montones significan el Tetragrámaton y los Cuatro Elementos-Yod (Fuego), Heh (Agua), Vav (Aire) y Heh-final (Tierra). Hay que cortar las cartas de derecha a izquierda, que es como se lee el Hebreo.

Una vez que hayas cortado las cartas en cuatro montones, toma el montón de la derecha y colócalo encima del siguiente montón, seguido de tomar ese montón y ponerlo encima del siguiente. Por último, toma el montón más grande y colócalo encima del último montón de su izquierda. Al colocar los montones uno sobre otro, estás deletreando el nombre Tetragrámaton (YHVH), con Yod como la carta de arriba. Ahora estás listo para colocar las cartas.

Figura 24: El Tetragrámaton en la Adivinación de la Tirada del Círculo

Las siguientes descripciones de las colocaciones y significados de las cartas del Tarot en la Adivinación de la Tirada del Círculo se aplican a la pregunta o consulta sobre algo relacionado contigo. Sin embargo, si la lectura es para otra persona, se aplicaría a ella.

Dale vuelta a la primera carta de la parte superior, que es la carta Yod. Aquí está la carta más importante de tu adivinación, la Carta Significante. Esta carta te representa a ti en este momento particular con respecto a la situación específica sobre la que estás preguntando. Representa tus energías en el momento de la lectura.

La siguiente carta que se gira es el comienzo de la formación de la parte Microcósmica de la Tirada de Adivinación del Círculo (Figura 25). En el axioma Hermético, "Como Es Arriba, Es Abajo", el Microcosmos es el abajo (el Mundo Interior), mientras que el Macrocosmos es el arriba (el Mundo Exterior). El Lesser Banishing Ritual of the Pentagram representa el Microcosmos, mientras que el Banishing Ritual of the Hexagram representa el Macrocosmos. Las cuatro cartas del Microcosmos son las influencias Espirituales que te rodean dentro de tu esfera de influencia, tu Aura. Estas son las influencias Espirituales que te afectan internamente en el momento presente.

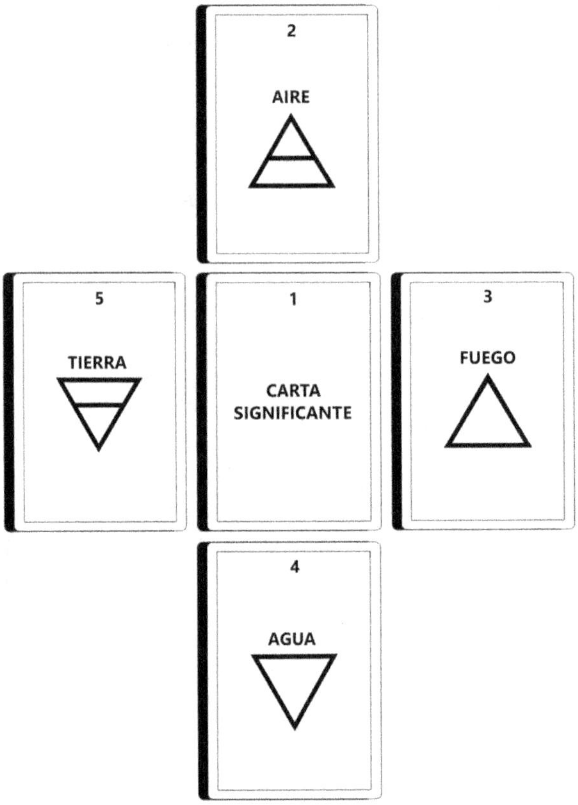

Figura 25: La Operación Microcósmica (Tirada del Círculo)

Dé la vuelta a la siguiente carta y colóquela directamente encima de la Carta del Significante. Esta carta representa las influencias Espirituales que te afectan a través del Elemento Aire. Dado que el Elemento Aire expresa tu intelecto y otras operaciones mentales relacionadas con tus procesos de pensamiento, esta carta sugiere las influencias Espirituales sobre tus pensamientos en el Microcosmos.

Dé la vuelta a la siguiente carta y colócala a la derecha de la Carta del Significante. Esta carta representa las influencias Espirituales que te afectan a través del Elemento Fuego. Como el Elemento Fuego gobierna tu impulso, tu vitalidad y tu energía bruta, esta carta es expresiva de las influencias Espirituales sobre tu fuerza de voluntad en el momento actual.

La siguiente carta que se voltea debe colocarse directamente debajo de la Carta del Significante. Esta carta representa las influencias Espirituales sobre ti, filtradas a través del Elemento Agua. El Elemento Agua gobierna las emociones, que expresan cómo te sientes. Las emociones pueden ser de menor calidad, motivadas por el Ego y el amor propio, o de mayor calidad, impulsadas por el Ser Superior y el amor incondicional. Esta carta en particular expresa las influencias Espirituales en tus emociones y cómo expresas el amor en tu vida.

La última carta debe colocarse a la izquierda de la Carta del Significante. Esta carta representa las influencias Espirituales que te afectan, filtradas a través del Elemento Tierra. Dado que el Elemento Tierra se relaciona con tu vida mundana y cotidiana, esta carta en particular es expresiva de las influencias Espirituales en tu existencia física, incluyendo tu cuerpo físico. Y como el Elemento Tierra es la combinación de los Elementos Fuego, Agua y Aire en una forma más densa, esta carta es representativa de las influencias Espirituales de esas energías en tu vida mundana.

Ahora que has colocado las cinco cartas frente a ti, verás que su disposición forma una Cruz de Brazos Iguales. La Cruz de Brazos Iguales es un símbolo de Chesed, el primer Sephira por debajo del Abismo como constructor de la Forma, representante de nuestro Universo físico manifestado. Representa al Sol en medio de nuestro Sistema Solar, y cada brazo de la Cruz se corresponde con uno de los Cuatro Elementos. La letra Yod del Tetragrámaton está colocada en el centro de la Cruz como Carta Significante, ya que representa la Luz del Sol -tu verdadera naturaleza interior.

La Cruz de Brazos Iguales es también un símbolo del camino de Tav, que es la carta del Mundo del Tarot. A través de la carta del Mundo, entramos en el Reino Astral, donde podemos acceder a los Planos Cósmicos interiores. Así pues, la Cruz de Brazos Iguales es una puerta hacia lo desconocido y los Planos Superiores de la Espiritualidad.

La segunda parte de la operación te mostrará las influencias Espirituales que te rodean desde un nivel Macrocósmico (Figura 26). Estas energías se proyectan desde el Universo exterior, e influyen en ti o en una situación sobre la que estás indagando. Las energías Macrocósmicas se originan en la Mente de Dios y en el Plano Espiritual, utilizando las Esferas Planetarias como medio de expresión. Por lo tanto, estas son las influencias Espirituales de los Planos Superiores de la existencia.

Como el Banishing Ritual of the Hexagram es Macrocósmico, se basa en las posiciones Zodiacales en los Cielos. Los Elementos, en este caso, están dispuestos de manera diferente que en el Lesser Banishing Ritual of the Hexagram. Explicaré cómo funciona esto en capítulos posteriores cuando hable de los Rituales del Hexagrama.

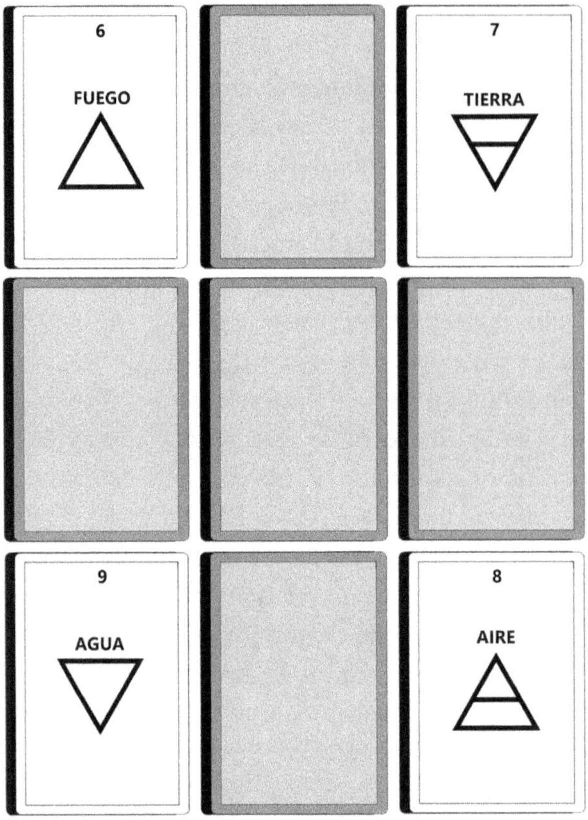

Figura 26: La Operación Macrocósmica (Tirada del Círculo)

La siguiente carta debe colocarse en la esquina superior izquierda, entre los elementos Microcósmicos Tierra y Aire. Esta carta se atribuye al Elemento Fuego en el Macrocosmos, representando las influencias Espirituales de los Planos Superiores sobre su fuerza de voluntad. Dado que las energías de los Planos Superiores tardan en manifestarse en el mundo mundano, esta carta muestra cómo está siendo afectada tu fuerza de voluntad y la dirección en la que cambiará con el tiempo.

La siguiente carta va en la esquina superior derecha, entre los Elementos Aire y Fuego del Microcosmos. Es el ángulo del Elemento Tierra en el Macrocosmos, representando las influencias Espirituales de los Planos Superiores en tu vida mundana dentro del Plano Físico de la existencia. En cierto modo, esta carta resume las otras tres cartas del Macrocosmos en términos de cómo estas energías Elementales se manifestarán en tu vida en el futuro.

Debes colocar la siguiente carta en la esquina inferior derecha, entre los Elementos Fuego y Agua del Microcosmos. Esta carta se atribuye al Elemento Aire en el Macrocosmos y a las influencias Espirituales de los Planos Superiores sobre tus pensamientos. Los pares de cartas Elementales (Microcosmos y Macrocosmos) representan la dicotomía entre el presente y el futuro. Están relacionadas con la expresión de un Elemento concreto dentro de ti o de la situación sobre la que estás preguntando.

La última carta se sitúa en la esquina inferior izquierda entre los Elementos Agua y Tierra del Microcosmos. Es el ángulo del Elemento Agua en el Macrocosmos, que representa las influencias Espirituales de los Planos Superiores sobre tus emociones. Mientras que la carta del Agua Microcósmica representa el punto en el que te encuentras con tus sentimientos en el momento actual, la carta del Agua Macrocósmica representa la dirección en la que tus emociones cambiarán con el tiempo.

Después de colocar la última carta, tenemos ahora lo que parece ser un cuadrado o un cubo. El cubo del espacio es un concepto esencial en *el Sepher Yetzirah* ya que, según los Qabalistas, describe el Universo físico. Los tres ejes del cubo, el punto central, los seis lados y las doce aristas están asociados a las veintidós letras del alfabeto Hebreo. Estas letras comprenden el Macrocosmos y el Microcosmos, el Arriba y el Abajo.

Así, para un consejo Espiritual sobre una situación particular o para entender mejor las influencias dentro y fuera de nosotros, tenemos todas las cartas que necesitamos para hacer una investigación adecuada. Por lo tanto, en este punto de la Adivinación, se debe dedicar un tiempo a meditar y contemplar las cartas que se han dado.

Si la pregunta era únicamente para obtener información sobre ti mismo o sobre un asunto en particular, entonces no hay que echar más cartas, y la Tirada de Cartas en Círculo está completa en este punto. Sin embargo, si la pregunta se refería a una acción, una decisión o una operación mágica en particular y a la conveniencia de llevarla a cabo, se necesitarán dos cartas más, una a la izquierda de la tirada y otra a la derecha (Figura 27).

Procede ahora a colocar la primera carta de la izquierda de la tirada. Esta carta indica el resultado probable si no se toma ninguna medida y si se deja que las cosas sigan su curso actual sin intervenir. Por esta razón, esta carta se llama la Carta del Presente. Tómate un momento para contemplar la Carta del Presente en relación con el asunto de la consulta.

Una vez hecho esto, coloca la última carta a la derecha de la tirada. Esta carta indica el resultado probable si tomas la acción a la que se dirigía tu pregunta o consulta inicial. Te indicará los efectos Kármicos de realizar esa acción en particular y el impacto que tendrá en tu vida mundana. Como tal, esta carta se llama la Carta del Futuro. Tómate un momento para contemplar la Carta del Futuro, ya que puede ser la carta más importante para ti en la tirada.

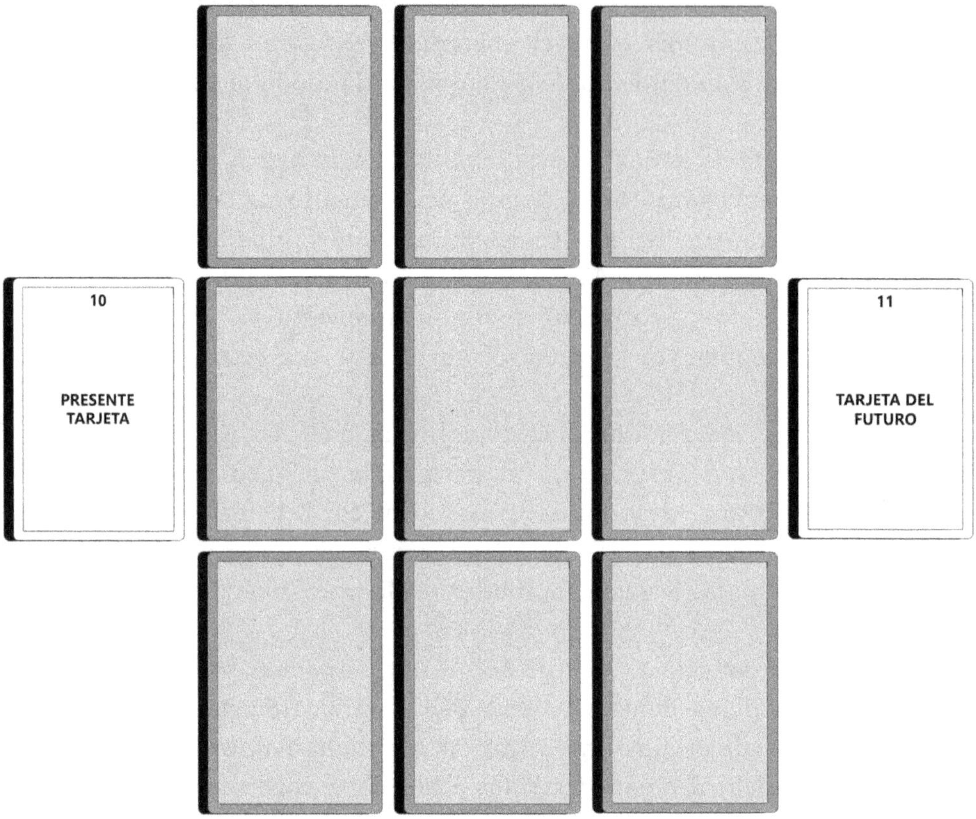

Figura 27: Las Cartas del Presente y del Futuro (Tirada del Círculo)

Contempla las cartas del presente y del futuro en relación con cada una de ellas y deja que tu intuición y tu Yo Superior te guíen. Sé sincero contigo mismo y no dejes que tu Ego interprete las cartas. Por ejemplo, si la Carta del Futuro es negativa, puede ser el momento de dejar la situación como está. Pero si la Carta del Futuro es positiva, la acción es posible. Y si ambas cartas son positivas, puedes elegir entre dejar las cosas como están o intervenir, ya que ambas opciones darán resultados positivos.

Si ambas cartas son negativas, necesitas dedicar aún más tiempo a examinar las influencias Espirituales que te rodean o la situación sobre la que preguntaste. Tal vez haya algo que se te haya pasado por alto en tu interpretación que pueda iluminar toda la Adivinación para ti. O tal vez necesites cambiar tus propias creencias y actitudes internas si la Adivinación está relacionada de alguna manera contigo.

Dado que somos los dueños de nuestros destinos, podemos utilizar muchos métodos disponibles para cambiar nuestra energía y las influencias Espirituales que nos rodean. Estos métodos incluyen la meditación, la oración, la contemplación profunda y, sobre todo, la Magia Ritual.

INFLUENCIAS ESPIRITUALES Y MAGIA

Un método excelente para influir en las influencias Espirituales que rodean a tus cartas es el uso de ejercicios rituales de Magia Ceremonial. Dado que el ritual del Pentagrama está relacionado con tu Microcosmos y el ritual del Hexagrama pertenece a tu Macrocosmos, puedes utilizar sus ejercicios rituales de invocación o destierro para alterar y cambiar las influencias Espirituales que rodean los Elementos de tu Ser.

A veces, invocar un tipo específico de energía es todo lo que se necesita para asegurar que las influencias energéticas Microcósmicas o Macrocósmicas sean positivas y den el resultado deseado. Ahora bien, si las influencias Espirituales forman parte de una larga cadena de causas y acontecimientos, entonces la energía de las cartas no podrá cambiarse tan fácilmente. Todo depende de la pregunta o indagación inicial de la Adivinación. Sin embargo, si es para indagar en ti mismo y en las influencias Espirituales generales que te rodean, entonces este método para cambiar tu energía es muy eficiente.

Después de realizar un ejercicio ritual, la energía invocada puede tardar desde unas horas hasta un día entero en penetrar en el Chakra correspondiente de tu Aura y cambiar tu energía. Para algunas personas, este cambio se produciría de inmediato. Si hicieras una lectura de seguimiento con la misma pregunta o consulta después de realizar un ejercicio ritual, verías que tus cartas se ajustarían a la nueva energía de tu Aura.

Ten en cuenta que sólo se te permite utilizar los ejercicios rituales con los que ya has completado el programa de Alquimia Espiritual (o si estás en medio de uno). No debes trabajar con ningún ejercicio ritual con el que no hayas tenido ninguna experiencia hasta ahora ya que, al hacerlo, estarás afectando negativamente tu proceso de Alquimia Espiritual y retrocediendo.

Por ejemplo, si estás trabajando con el LIRP del Agua en tu programa de Alquimia Espiritual pero deseas cambiar las influencias Espirituales en tu Elemento Fuego en el Microcosmos, no debes realizar el LIRP del Fuego para hacerlo ya que no has alcanzado su nivel todavía. Por lo tanto, sólo debes trabajar con los Rituales de invocación o destierro del Pentagrama de los Elementos Tierra, Aire y Agua. Aunque esto te limitará hasta cierto punto, también te motivará a terminar todo el programa prescrito para tener todos los Elementos Microcósmicos disponibles para usarlos cuando quieras.

Para afectar a tu Macrocosmos, puedes trabajar con los rituales de invocación o destierro del Hexagrama, como se presenta en el capítulo "Magia Planetaria Avanzada" de *The Magus*. Estas son las energías de los Siete Planetas Antiguos que afectan a tu Macrocosmos a través de la energía del Espíritu.

Cada uno de los Siete Planetas Antiguos está relacionado con uno de los Cuatro Elementos. Puedes utilizar su ritual de invocación o destierro del Hexagrama para ajustar la energía Elemental deseada en tu Macrocosmos. Ten en cuenta que dos de los Siete Planetas Antiguos tienen una afinidad con un Elemento (excluyendo el Elemento Tierra, que tiene una correspondencia con Saturno).

Siéntete libre de experimentar con los pares complementarios de Planetas (trabajando con uno por día) para cambiar tus influencias energéticas Macrocósmicas. Sin embargo, al igual que con el ritual del Pentagrama, sólo debes trabajar con los Planetas cuyo programa de Alquimia Espiritual has completado y nada por encima de tu nivel. Dado que, para embarcarse incluso en las invocaciones rituales Planetarias, es necesario terminar el programa prescrito de Alquimia Espiritual con los Cinco Elementos (incluido el Espíritu), la alteración de las energías de tu Macrocosmos está reservada sólo a los Magos más avanzados en formación.

Curiosamente, dependiendo de la energía con la que estés trabajando (si estás siguiendo uno de los programas de Alquimia Espiritual de *The Magus*), esa cualidad y tipo de energía estará presente en toda tu tirada de cartas. Por ejemplo, si estás trabajando con el Elemento Aire, puedes encontrar que tu tirada de cartas estará significativamente influenciada por este Elemento y puede estar desequilibrada en los otros Elementos. Lo mismo ocurre si trabaja con los elementos Tierra, Agua o Fuego. La Adivinación de la Tirada del Círculo leerá la energía dominante en tu Aura; esa energía estará altamente influenciada por cualquier ejercicio ritual con el que trabajes diariamente.

LIMPIEZA Y ALMACENAMIENTO DE TUS CARTAS DE TAROT

La limpieza de tus cartas de Tarot es vital para mantener la energía positiva en tus lecturas de Tarot y permanecer bien conectado con tu baraja de Tarot. Cuando se trata de la limpieza de tus cartas, los dos factores más importantes son la forma en que los almacenas y el método que utiliza para limpiar (claro) cuando sea necesario.

La limpieza de las cartas debe hacerse con frecuencia ya que su energía debe ser siempre neutral para que la Adivinación tenga éxito.

La limpieza inicial de las cartas debería realizarse una vez que hayas comprado tu baraja de Tarot, especialmente si la has conseguido de segunda mano. Sin embargo, incluso si has comprado una baraja nueva, sugiero la limpieza de las cartas, ya que nunca se sabe quién manejó tu baraja antes de que la recibieras y qué tipo de energía esa persona (o personas) infundió en ella. Recuerda que cada vez que miramos algo, lo estamos afectando con nuestra energía, y si hacemos contacto físico con un objeto, infundimos directamente ese objeto con nuestra energía.

Como regla general, sólo tú debes manejar tu baraja de Tarot a menos que estés haciendo una lectura para otra persona, ya que esa persona tendrá que barajar la baraja por sí misma. En este caso, o cuando alguien haya tocado accidentalmente tu baraja, debes limpiarla después. Incluso si nadie ha tocado tu baraja, pero te sientes desconectado de las cartas por cualquier razón, es útil limpiarlas y poner su energía de nuevo en punto neutral.

Hay muchos métodos para limpiar tus cartas, y voy a discutir algunos que funcionan mejor. El método que me gusta usar a menudo se llama "Limpieza de Entierro en Sal". La sal funciona muy bien para sacar la energía negativa de las cartas del Tarot. Envuelve tus cartas del Tarot en una bolsa de plástico y colócalas en el centro de un recipiente en el cual el aire no pueda entrar o salir, cubriéndolas completamente con sal. Asegúrate de que la bolsa no tenga agujeros, ya que la sal no debe tocar las cartas directamente. Cierra el recipiente y deja las cartas allí durante unos días antes de sacarlas y deshacerte de la sal. Asegúrate de que el recipiente sea uno del cual el aire no pueda entrar o salir porque la sal no sólo recoge las energías de una baraja de Tarot, sino que también recoge la humedad del aire, lo que podría dañar tus cartas.

Otro método que encuentro que funciona bien es la "Limpieza de Luna Llena". Dado que esta limpieza debe realizarse en Luna llena, sólo puede completarse con éxito durante uno o dos días del mes. Suelo utilizar la Luna llena para limpiar mis cartas sin importar el estado en que se encuentren energéticamente. Para realizar la Limpieza de Luna Llena, coloca las cartas junto a una ventana o en el exterior, ya que los rayos de la Luna llena deben penetrar en las cartas. Deja las cartas allí toda la noche y recógelas por la mañana, o déjalas allí una noche más y deja que se bañen en los rayos de la Luna. Ten en cuenta que tanto la Limpieza de Entierro de Sal, como la Limpieza de Luna Llena, son muy efectivas para limpiar la energía de las Gemas también.

Hay otros métodos para limpiar las cartas del Tarot, como la oración, la meditación, la limpieza con incienso, e incluso dejarlas al aire libre después de una lluvia. Sin embargo, me parece que estos métodos no son tan eficientes como los que he mencionado, pero eres bienvenido a experimentar con ellos y ver lo que funciona mejor para ti.

Una vez que una lectura de Tarot se ha completado, necesitas almacenar tus tarjetas de forma segura, para que estén protegidas de las energías externas y estén listas para ser utilizadas de nuevo cuando sea necesario. Hay muchas maneras de almacenar tus cartas de Tarot con seguridad, y voy a mencionar algunas que creo que son las óptimas.

El método que me gusta utilizar es guardar las cartas en una sábana de lino blanca. Como el blanco es el color de la pureza y la Luz, servirá de escudo para proteger contra cualquier energía exterior. Las energías ajenas rebotarán en tus cartas envueltas y volverán a su lugar de origen. Otro uso de la sábana de lino blanco es como superficie sobre la que realizar la Adivinación. Se desenvuelven las cartas del Tarot y se utiliza la misma sábana blanca sobre la superficie de una mesa (o cualquier superficie sobre la que se desee realizar la adivinación) y se colocan las cartas sobre ella. Por lo tanto, la hoja de lino blanco debe ser lo suficientemente grande para realizar esta doble tarea (2 pies x 2 pies mínimo).

Algunas personas prefieren guardar sus cartas de Tarot en una caja especial. Si eliges este método de almacenamiento, te recomiendo que consigas una caja que sea lo suficientemente grande para que puedas colocar un Cristal de Cuarzo dentro con la baraja de Tarot. Un Cristal de Cuarzo es un excelente absorbente de energías, y puedes usarlo para limpiar las energías de las cartas y mantenerlas siempre neutrales. Si utilizas un Cristal de Cuarzo lo suficientemente grande para esta tarea, puede que nunca necesites limpiar las cartas ya que el Cristal hará todo el trabajo por ti. Recuerda siempre, trata las cartas con reverencia y respeto en todo momento y tus Adivinaciones serán exitosas.

***

El discurso sobre la adivinación de la Tirada del Círculo está ahora completo. Te imploro que investigues más sobre el Tarot por tu cuenta y que lo conviertas en un tema de estudio para toda la vida. Tener la capacidad de leer tu energía o la de otra persona es uno de los grandes regalos de la Divinidad y uno que requiere tu máxima atención. Hay mucho material disponible en el mercado que puede mejorar tus habilidades y capacidades como Adivino.

Recuerda practicar este método de Adivinación a menudo, especialmente si estás trabajando en uno de los programas de Alquimia Espiritual de *The Magus*. Tener esta herramienta a tu disposición te permite ser consciente de tu energía en todo momento y estar a cargo de lo que pones en el Universo. Te permite conocer las cosas antes de que sucedan y ser una causa en lugar de un efecto. Y lo que es más importante, te permite alcanzar una comprensión más profunda de tu Verdadera Voluntad y de tu Ser Superior y estar un paso más cerca de completar la Gran Obra.

PARTE III: MAGIA CEREMONIAL

LOS CINCO ELEMENTOS

EL ALMA Y EL EGO

Tanto si has tenido un despertar de Kundalini como si deseas dar el siguiente paso en tu Evolución Espiritual, esta sección te dará las claves para trabajar activamente con los Cinco Elementos de tu Ser para la Autotransformación y la exaltación de la conciencia. Los ejercicios rituales de Magia Ceremonial que se presentan aquí son técnicas que puedes utilizar diariamente para limpiar las influencias Kármicas negativas en tus Chakras, que te impiden progresar más en mente, cuerpo y Alma. Antes de presentar las técnicas, sin embargo, es esencial darte una visión general de cada Elemento para que puedas tener una mejor idea de su naturaleza y de cómo se manifiesta en tu vida.

A lo largo de la vida, todos los seres humanos han construido su Egos a través de los condicionamientos del pasado, que se producen de forma natural a través de nuestra experiencia de los acontecimientos de la vida. Por lo tanto, nuestros Egos son un subproducto de nuestros ambientes y reacciones a los eventos de la vida. Con el desarrollo del Ego llegó la carga Kármica de permitir que el miedo entrara en nuestras vidas. Esta energía negativa del miedo se manifiesta como bloqueos Kármicos en nuestros Chakras. Puesto que el miedo es la antítesis del amor, significa que cualquier acontecimiento de la vida al que se reaccione con miedo en lugar de con amor lleva consigo consecuencias Kármicas. El efecto general es que los Chakras se obstruyeron con energía oscura y negativa (que impide su funcionamiento), y la Luz del Alma se oscureció con el tiempo.

El propósito de los ejercicios de Magia Ceremonial es centrarse en los Chakras individuales para purificarlos y eliminar cualquier energía negativa y estancada para que puedan funcionar a su máxima capacidad. Como tal, el propósito de este trabajo es reconectar con el Alma. La Luz interior debe crecer y expandirse dentro del Aura. Eliminar las garras del miedo nos dejará con el amor incondicional como base. Aquí está el significado de la Evolución Espiritual.

A medida que crecemos y maduramos, lo hacemos con la inclinación Divina de desarrollar nuestro carácter, a través del cual nos expresamos al mundo exterior. Ten en cuenta la diferencia entre carácter y personalidad. La personalidad es utilizada por el Ego para mostrarse al mundo exterior. Astrológicamente, está ligada al Signo Ascendente de nacimiento. Sin embargo, el carácter de una persona es algo diferente. Abarca nuestras aspiraciones y creencias más profundas y es más una base de lo que somos, no de lo que creemos ser, que sería la personalidad. Astrológicamente, el carácter es nuestro Signo Solar personal. El carácter expresa el Alma, mientras que la personalidad expresa el Ego.

El carácter de una persona se construye sobre las virtudes, que forman sus creencias éticas y morales. Te daré el desglose básico de estas virtudes para que la imagen sea más clara de cómo se relacionan los Elementos y los Chakras.

Tradicionalmente, hay siete virtudes. Son la castidad, la templanza, la caridad, la diligencia, la paciencia, la bondad y la humildad. Las virtudes se expresan a través de la parte angélica de nosotros. Cada una de estas siete virtudes tiene una contrapartida negativa, llamada los siete vicios. Son la lujuria, la gula, la avaricia, la pereza, la ira, la envidia y el orgullo. Los vicios se expresan a través de la parte Demoníaca de nosotros. Los Ángeles canalizan la energía de la luz y del amor, mientras que los Demonios canalizan la energía del miedo.

Ahora que conoces la versión Qabalística de la historia del Jardín del Edén, sabes por qué tenemos contrapartes Angélicas y Demoníacas. Estos Ángeles y Demonios, conocidos como fuerzas positivas y negativas (o emisores de pensamientos), se expresan a través de la mente. La mente es el vínculo de conexión entre el Espíritu y la Materia (el Arriba y el Abajo). También es un receptor que puede sintonizar con todos los Planos Cósmicos entre ambos.

La forma en que una persona elige expresar su humanidad, ya sea a través de las virtudes o los vicios, es algo personal para ella y suele ser el resultado de su condicionamiento y Karma pasados. El Libre Albedrío también juega un papel, pero la mayoría de las personas ni siquiera son conscientes de que tienen Libre Albedrío, y mucho menos saben cómo utilizarlo de forma productiva.

En el fondo, todos somos Seres de Luz. El hecho de que estemos en sintonía con nuestras Almas o con nuestros Egos depende del punto en el que nos encontremos en nuestro proceso de Evolución Espiritual. Aquellas personas que están más en sintonía con sus Almas están expresando su Principio de Libre Albedrío, mientras que aquellos que están en sintonía con sus Egos son como autómatas ciegos, tomando decisiones en sus vidas basadas en el pensamiento del miedo. La mayor estafa que ha hecho el Ego es hacerte creer que tú eres él. Recuerda siempre esto.

"El miedo no es más que la ociosidad de la voluntad". - Eliphas Levi, extracto de "La Llave de los Misterios"

Debido a que la doctrina del Karma es vital para el trabajo presentado en este libro, vale la pena mencionar algunas palabras más sobre el tema. El Karma se refiere al Principio Espiritual de Causa y Efecto, donde las intenciones y acciones de un individuo (causa) influyen en el futuro de ese individuo (efecto). Las Leyes Universales implican que todas las actividades que no se expresen a través del amor incondicional y de una de las siete virtudes tendrán consecuencias negativas para el individuo. La energía de la acción adversa se adhiere a la Rueda del Karma del individuo. También se aloja en el Chakra individual que se ocupa de la expresión de esa acción particular. Entonces se repetirá en el futuro para que el individuo haga lo correcto, que es reaccionar en consecuencia aplicando la energía del amor incondicional.

Ya hablé de cómo las acciones negativas, basadas en el miedo, reducen el brillo del Chakra (o Chakras) particular de la expresión de esa acción. A medida que se acumula más y más negatividad dentro de los Chakras, la intensidad de su giro disminuye, y la Luz del Alma se atenúa. Recuerda que cada Chakra es esencialmente una rueda que gira, irradiando un tipo de energía perteneciente al color de ese Chakra. La Luz del Alma potencia todos los Chakras, ya que la Luz contiene todos los colores en su interior. La Luz se dispersa en uno de los siete colores del espectro cromático, que son sinónimos de los colores de los Chakras. Si la Luz es fuerte y clara, entonces el giro de las ruedas de los Chakras es más potente.

La Ley Universal de la energía del amor incondicional establece que, si das Luz y amor a los demás y al Universo, recibirás esa Luz y ese amor triplemente. La Luz es amor y sabiduría - el amor y la sabiduría son Luz. Por lo tanto, alguien con mucho Karma negativo en sus Chakras no irradiará tanta Luz como alguien con menos Karma negativo.

Hay muy pocos Seres sin Karma negativo, pero si tienes una buena base construida sobre virtudes y no sobre vicios, serás alguien que generalmente tiene buen Karma, lo que significa que te sucederán cosas buenas. El buen Karma significa que estamos en resonancia con las Leyes Universales, ya que el Universo quiere darnos todo lo que deseamos en este mundo. Por lo tanto, es la inclinación natural de la Energía Universal operar en la dirección de hacer que nuestros deseos se hagan realidad. Sin embargo, cuando acumulamos mal Karma por no realizar acciones en nombre del Amor Universal, el Universo nos castiga no dándonos lo que deseamos y luego nos hace repetir la acción hasta que la hagamos bien.

Recuerda que el Karma es cíclico a lo largo de varias vidas y encarnaciones. Por lo tanto, si eres una buena persona con un Karma positivo en esta vida, pero fuiste una mala persona en vidas anteriores, el Universo todavía puede estar dando obstáculos para superar antes de colmarte con sus bendiciones una vez que hayas resuelto tu Karma negativo.

El Karma es el "interruptor de seguridad" que el Universo utiliza para enseñarnos quiénes somos y cómo debemos comportarnos. El Universo quiere que todos nos amemos incondicionalmente, que nos guiemos por la sabiduría en nuestras vidas. Porque si somos castigados por ser egoístas, enfadados, perezosos, tortuosos, manipuladores o ignorantes, entonces nos lo pensaremos dos veces si la próxima vez actuamos de forma egoísta y en nombre del Ego en lugar de en nombre de la Luz (Alma).

El Universo es nuestro padre, y quiere que todos nos comportemos en consecuencia, y cuando no lo hacemos, recibimos un Karma malo o negativo. Debido a que la psique humana es una síntesis del funcionamiento de los Cuatro Elementos y la infusión del quinto Elemento del Espíritu, operamos a través de esos Chakras individuales que, como se mostró anteriormente, son la expresión de los Elementos individuales. Por lo tanto, un Chakra que funciona bien significa que la persona está en un nivel más alto de conciencia que alguien con un Chakra lleno de Karma negativo.

En esta sección, daré el desglose de los Cinco Elementos, sus correspondencias, y cómo se expresan en la psique humana. Luego, en la siguiente sección, te proporcionaré las técnicas exactas para invocar la energía sinónima de cada Elemento para que puedas sintonizar ese Chakra correctamente, eliminar el Karma negativo del mismo y elevar la vibración de tu conciencia.

EL PENTAGRAMA

El Pentagrama es una estrella de cinco puntas, con todas las líneas de la misma longitud y los ángulos también iguales. Es uno de los símbolos más antiguos y potentes de la historia de la humanidad. El Pentagrama ha desempeñado un papel en casi todas las culturas y tradiciones Antiguas, como la Babilónica, la Egipcia, la Hebrea, la Griega, la Hindú, la China e incluso la Maya en Mesoamérica. Además, tenía varios significados para los pueblos Antiguos, generalmente Astronómicos y religiosos.

En Babilonia, el Pentagrama se utilizaba como símbolo de protección contra las fuerzas del mal. El Cristianismo primitivo lo utilizaba para representar las cinco heridas de Jesucristo. Hoy en día, muchas creencias Neopaganas, incluida la Wicca, utilizan el Pentagrama como símbolo de fe. También podemos encontrarlo dentro de la Masonería como uno de sus símbolos destacados.

Según el filósofo y matemático Griego Pitágoras, el cinco era el número del ser humano. Por tanto, si superponemos el Pentagrama al cuerpo humano, los dos puntos más bajos representan las piernas, los dos puntos centrales los brazos y el punto superior la cabeza.

El concepto anterior se expresa mejor en el famoso dibujo de Leonardo da Vinci, el "Hombre de Vitruvio". Su dibujo se basa en las proporciones del cuerpo humano, presentando la forma humana perfectamente inscrita dentro de un círculo y un cuadrado. En cambio, el Pentagrama se deriva de un círculo dividido en cinco puntos o partes perfectas e iguales. El símbolo del Pentagrama dentro de un círculo se conoce comúnmente como Pentáculo.

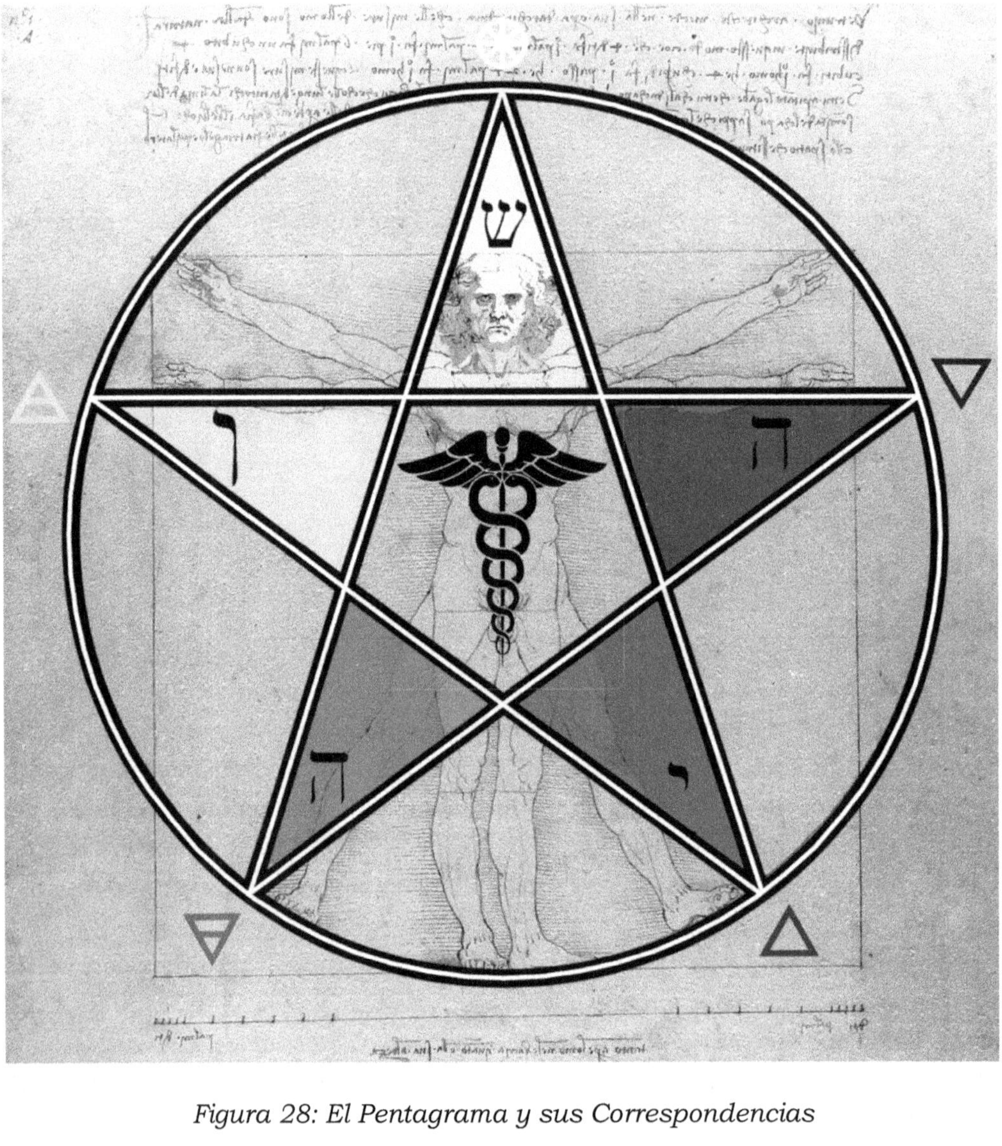

Figura 28: El Pentagrama y sus Correspondencias

Como los griegos usaron el Pentagrama para representar el Microcosmos, los mismos significados y asociaciones encontraron su camino en la Magia Ceremonial. El Pentagrama vertical (Figura 28) se llama la Estrella del Microcosmos. Cada una de sus cinco puntas representa uno de los Cinco Elementos: Tierra, Aire, Agua, Fuego y Espíritu. Los Cinco Elementos, a su vez, se relacionan con el Pentagrama. Y la totalidad del poder del Pentagrammatón está contenida en el simbolismo del Caduceo de Hermes. El Caduceo expresa el pleno despertar de la energía Kundalini en el ser humano.

La orientación del Pentagrama en la Magia Ceremonial es de suma importancia. Cuando está en posición vertical, representa el Espíritu sobre la Materia como símbolo de la Luz que invoca a los Seres Angélicos y protege contra las fuerzas del mal. Por el contrario, cuando el Pentagrama está invertido, representa la Materia sobre el Espíritu y se considera un símbolo maligno ya que invoca a los Seres Demoníacos. Por esta razón, verás un Pentagrama invertido usado por grupos Satánicos o cualquiera involucrado en la Magia Negra.

Cuando está en posición vertical, el símbolo del pentagrama invoca poderes benévolos que promueven nuestra Evolución Espiritual. Por lo tanto, como parte de los ejercicios rituales de Magia Ceremonial, utilizaremos el símbolo del Pentagrama en posición vertical en las invocaciones y destierros de los Cinco Elementos.

EL ELEMENTO TIERRA

El Elemento Tierra es Muladhara, el Chakra Raíz, que corresponde Qabalísticamente a la Esfera de Malkuth. En el símbolo del Pentagrama vertical, el Elemento Tierra es de color verde, formando la parte inferior izquierda del Pentagrama. Una vez superpuesto el ser humano en el símbolo del Pentagrama, el Elemento Tierra representa la pierna derecha.

Muladhara es el primer Chakra, el más cercano a la Tierra física. El Elemento Tierra es el cuerpo físico, el mundo material. Su expresión en la psique está siempre relacionada con nuestra conexión con el mundo material. Algunos de los aspectos más mundanos del Elemento Tierra incluyen tener un trabajo y poseer una casa y un coche. Todo lo relacionado con el dinero y la propiedad de bienes materiales es una expresión del Elemento Tierra.

La Tierra es lo opuesto al Espíritu: mientras el Espíritu utiliza la energía del Fuego, el Agua y el Aire en un nivel superior, la Tierra utiliza esos tres Elementos en un nivel inferior y más denso. La energía de la Tierra busca proporcionarnos las cosas que necesitamos para que nuestra existencia material y física sea feliz.

Como dice el axioma Hermético, "Como Es arriba, Es abajo": Kether está en Malkuth, y Malkuth está en Kether. Dios está en todo lo que vemos ante nosotros, incluido el mosquito y la tierra que pisamos. Por lo tanto, la Tierra está directamente vinculada al Espíritu, ya que el Espíritu encarna la Tierra. En el Plano inferior de la Tierra, el Espíritu trabaja canalizando la energía para trabajar en la dirección de la supervivencia y el materialismo.

El Elemento Tierra está directamente vinculado al Ego, ya que éste tiene su dominio dentro del cuerpo físico. El propósito principal del Ego, su "modus operandi", es proteger el cuerpo físico y la personalidad. Como tal, el Ego utiliza el Elemento Tierra para asegurar la supervivencia del cuerpo físico a toda costa.

A menos que pienses dejar tu vida mundana e ir al Tíbet o a la India a meditar en un templo, debes integrarte en la sociedad y respetar su funcionamiento. Ser un marginado pondrá en peligro tu supervivencia; por lo tanto, la primera lección del Elemento Tierra es aprender a funcionar de forma eficaz, eficiente y en cooperación con otras personas dentro de la sociedad. Debes aprender a integrarte en la sociedad y "mezclarte" antes de separarte y "destacar".

"Trabajar es el destino del hombre", como dijo Homero. Por lo tanto, el trabajo es fundamental en nuestras vidas, teniendo en cuenta que la mayoría de las personas del mundo trabajan cinco veces a la semana, durante ocho horas al día por término medio. Todas las personas que viven en una sociedad civilizada necesitan ganar dinero para sobrevivir y permitirse los lujos de la vida que pueden hacer más agradable su vida en el planeta Tierra.

El Elemento Tierra incluye entonces la satisfacción de nuestras necesidades fisiológicas básicas vitales para nuestra supervivencia, como la necesidad de aire, agua, comida y sueño. El ejercicio físico también es esencial, así como la calidad de los alimentos y el agua que introducimos en nuestro cuerpo. Introducir toxinas en el cuerpo o tener sobrepeso, por ejemplo, puede provocar problemas de salud y poner en peligro la esperanza de vida del organismo.

Una vez satisfechas las necesidades básicas de supervivencia, el siguiente paso es "destacar" y vivir la vida que siempre soñaste. Todos nacemos con sueños y esperanzas de futuro y de ser extraordinarios de alguna manera. Nadie sueña con ser mediocre. Todos queremos tener éxito y abundancia en nuestras vidas. Y el éxito no se define por la cantidad de dinero que ganamos o tenemos en el banco, sino por pasar las veinticuatro horas del día haciendo lo que nos gusta.

Estar atrapado en un trabajo o carrera que te hace sentir miserable puede pagar las cuentas, pero no te dará una felicidad duradera. Te mereces disfrutar cada momento de cada día, lo que significa que debes esforzarte por conseguir un trabajo o una carrera que llene tu Alma de alegría. Tu Ego puede estar contento con el lugar en el que te encuentras en la vida, ya que al Ego sólo le preocupa la supervivencia, mientras que al Alma le preocupa la felicidad interior. Tu Alma quiere que manifiestes una vida extraordinaria en la que estés a cargo de tu destino, haciendo lo que amas.

Dado que el Elemento Tierra está relacionado con el Mundo Tridimensional del Espacio y el Tiempo, la forma en que emplees tu tiempo es de suma importancia en tu viaje hacia la manifestación de una vida extraordinaria. Por lo tanto, una vez que hayas satisfecho lo más esencial para vivir, tu siguiente paso es establecer algunas metas para ti mismo y organizar tu tiempo para lograr esas metas.

Tus objetivos deben estar orientados a proporcionarte un futuro más fructífero, como un trabajo o una carrera que te guste. Ser constante a diario con la aplicación de tus objetivos te asegurará que los alcances con el tiempo. En la mayoría de los casos, es un proceso gradual que requiere diligencia y paciencia. Puede que tengas que sacrificar tu comodidad por el momento y aplicar todo tu tiempo libre a aprender algo nuevo que pueda ayudarte a avanzar en tus objetivos, ya que el conocimiento es poder.

Debes aprender a resistir los retos de la vida y a mantenerte motivado e inspirado. Después de todo, no puedes permitir que otras personas o el entorno determinen tu destino si quieres tener éxito. Sin embargo, si mantienes el impulso y trabajas para conseguir tus objetivos, acabarás consiguiendo el éxito deseado. Y una vez que tengas ese trabajo o carrera de ensueño y pases tu tiempo haciendo lo que te gusta, estarás un paso más cerca de dominar el Elemento Tierra en tu vida.

Dado que el Elemento Tierra se ocupa del poder de la manifestación, esto también incluye la manifestación de las relaciones adecuadas en tu vida. Después de todo, si quieres llevar una vida extraordinaria, debes pasar tu tiempo con personas excepcionales. Tu tiempo es tu bien más preciado; por lo tanto, ten cuidado a quién le das tu tiempo.

Manifestar las amistades adecuadas en tu vida con personas afines que comparten objetivos similares te proporcionará el apoyo adecuado para seguir avanzando en tu viaje. Como dice el refrán: "Tú eres quien son tus amigos". Así que rodéate de gente positiva de la que puedas aprender algo y evita a la gente que te deprime.

En cuanto a las relaciones románticas, manifestar una pareja de calidad en tu vida Terrestre puede multiplicar por diez tu viaje Espiritual y traerte la alegría y la abundancia que te mereces. Enamorarse es un proceso de unificación de las energías masculina y femenina dentro de ti y de acceso directo a la energía del Espíritu. La pareja adecuada con la que puedes compartir el amor incondicional puede ser la fuente de inspiración más significativa en tu vida. Puede aportar curación a todos los niveles, ya sea físico, emocional, mental o Espiritual.

Por otro lado, involucrarse románticamente con la persona equivocada puede hacer exactamente lo contrario. Puede provocar un caos inimaginable en tu vida y drenar tu energía Vital como nunca antes habías experimentado. Por lo tanto, ten cuidado con quién dejas entrar en tu vida y con quién te involucras románticamente.

Hay que tener en cuenta que, al hablar del poder de la manifestación, no estoy hablando estrictamente del Elemento Tierra, ya que la manifestación depende de la correcta aplicación de los Elementos Fuego, Agua y Aire en relación con la Tierra. Por ejemplo, para esforzarse en la vida, se necesita empuje, que proviene del Elemento Fuego. Como la manifestación de los sueños requiere imaginación y agudeza mental, también hay que aplicar una dosis correcta del Elemento Aire. Y como las relaciones personales son sobre todo asuntos del corazón, intervienen el Elemento Agua y las emociones.

El Elemento Tierra tranquiliza nuestra mente y nos ofrece la energía necesaria para afrontar nuestras actividades físicas diarias, cuya finalidad es mantenernos en movimiento en nuestra existencia Terrenal. La invocación del Elemento Tierra produce un efecto de enraizamiento que centra la mente. Elimina el parloteo del Ego que, de otro modo, nos impide realizar nuestras tareas diarias con facilidad. Cuando invocas el Elemento Tierra, tus pensamientos se enraízan y puedes sentir la densidad de tu cuerpo físico. Estar conectado a la tierra permite que los demás Elementos se manifiesten a través de ti con mayor eficacia.

Como estás bajo la influencia del Elemento Tierra, te será fácil realizar cualquier tarea diaria que implique trabajo físico. Es posible que sienta la necesidad de apuntarse a un gimnasio o de empezar a hacer ejercicios físicos en casa. La idea de caminar en la naturaleza le atraerá, así como pasear por la ciudad o el pueblo en el que vive. Al hacerlo, sentirá una mayor conexión con el mundo que le rodea.

El silencio en tu mente y la densidad de tu cuerpo físico te permitirán escuchar los sonidos de la naturaleza y sentir la vida vegetal y animal como nunca antes. Siéntete libre de quitarte los zapatos y los calcetines y caminar descalzo sobre la Tierra o incluso abrazar un árbol para intentar conectar aún más con nuestro Planeta. Puedes sentir que la propia Tierra desprende un ligero aroma y un calor constante mientras encarnas la energía del Elemento Tierra. A medida que tu capacidad de asimilar el mundo que te rodea se intensifica enormemente, los edificios y las estructuras de la ciudad en la que vives también parecerán más magníficos que nunca.

Notará que tras su primera serie de invocaciones a la Tierra, manifestará muchas cosas diferentes en su vida a un ritmo acelerado. Es posible que al principio seas parlanchín y que las personas de tu vida reaccionen bien ante ti, pero puede que a veces parezcas testarudo. Después de unas semanas de invocaciones a la Tierra, sus pensamientos se volverán más densos a medida que su Elemento Aire disminuya lentamente. Su capacidad de conectar con sus pensamientos y emociones y con los de otras personas disminuirá a medida que siga invocando la Tierra.

Dado que la Tierra es el primer Elemento con el que trabajarás en tu proceso de Alquimia Espiritual, la idea es aterrizar tus pensamientos y solidificar la energía de tu Aura. Estarás oficialmente en modo de trabajo, no en modo de pensamiento o contemplación. Como la energía de la Tierra está orientada a la acción (no al pensamiento ni a la emoción), después de un tiempo no podrás pensar demasiado en nada. Como resultado, el Ego será más prominente que nunca. Sin embargo, no hay que preocuparse; esta parte del proceso es necesaria ya que trabajarás en tu Ego en el siguiente Elemento de Aire.

La virtud del Chakra Raíz, Muladhara, es la diligencia, mientras que su vicio es la pereza. La pereza en el cumplimiento de las tareas necesarias en tu vida diaria es un aspecto del mal Karma del Chakra Tierra. Cada vez que no realizas una acción física que se supone que debes hacer, estás haciendo que sea más difícil hacer esa misma acción la próxima vez. Dado que la pereza almacena el Karma negativo en el Chakra de la Tierra, utiliza las invocaciones del Elemento Tierra para enraizar tus pensamientos de manera que puedas realizar tus tareas diarias con diligencia. Haciendo esto limpiarás gradualmente el Karma negativo del Chakra Muladhara.

EL ELEMENTO AIRE

El Elemento Aire es el cuarto Chakra, Anahata, situado en el centro del corazón - no el centro físico del corazón, sino el centro del pecho entre los dos senos. En el símbolo vertical del Pentagrama, el Elemento Aire es de color amarillo, formando la parte superior izquierda del Pentagrama. Si superponemos el ser humano al símbolo del Pentagrama, el Elemento Aire representa el brazo derecho.

El Elemento Aire se corresponde con la Esfera de Tiphareth (cuya atribución Planetaria es el Sol) y la Esfera de Yesod (atribuida a la Luna). Tiphareth es el centro del Árbol de la Vida, ya que recibe las energías de los demás Sephiroth, excepto Malkuth-la Tierra. A Malkuth se llega a través de Yesod, la Luna. El Elemento Aire tiene una naturaleza dual. Puede ser engañoso, como la Luna, o expresivo de la verdad, como el Sol. La verdad se recibe y se percibe a través de la intuición.

Así como el Chakra del Elemento Tierra (Muladhara) tenía que ver con la estabilidad, el Chakra del Elemento Aire (Anahata) tiene que ver con su opuesto: los pensamientos. Como los pensamientos están compuestos por una sustancia etérea, pertenecen a la mente. Son invisibles, pero todos participamos en ellos. Los pensamientos son muy importantes para los seres humanos, ya que dan vida a los Elementos Fuego y Agua dentro de la psique. El Fuego representa la fuerza de voluntad, mientras que el Agua representa la emoción y el amor. No se puede tener ninguno de los dos sin el Aire, ya que el pensamiento los impulsa a ambos. Por lo tanto, antes de poder realizar cualquier cosa en este mundo, primero hay que haber tenido el pensamiento de hacer esa cosa. Así, el pensamiento está en la raíz de toda la Creación.

El Aire también se correlaciona directamente con el Elemento Espíritu/Aethyr y los Superiores. El Elemento Aire es el Pilar del Equilibrio en el Árbol de la Vida, ya que el Aire es el equilibrador de todas las cosas mentales, emocionales y Espirituales. Como tal, está directamente relacionado con Kether, la fuente de la energía del Espíritu.

Como el Aire es pensamiento, también es inteligencia. La Esfera de Hod está vinculada al intelecto directamente. Sin embargo, en Hod, el Aire está templado por el Elemento Agua. El Aire también está relacionado con el Elemento Fuego y el pensamiento o impulso emocional. Por lo tanto, el Aire se correlaciona directamente con Netzach-emociones y deseos. Una mente que funciona bien significa que el individuo está bien equilibrado en el Elemento Aire.

El funcionamiento del Elemento Aire es fundamental y abarca muchas cosas. El Aire es también Luz Astral, un aspecto del Espíritu, así que cuando invocas este Elemento, tendrás Sueños Lúcidos muy a menudo. Los Sueños Lúcidos ocurren cuando el Aura se infunde con el Elemento Aire a través de invocaciones rituales. Al invocar el Elemento Aire, también notarás que tu cuerpo físico se enfriará. Serás particularmente sensible al aire que te rodea, que se sentirá como una constante brisa fresca en tu piel.

Dado que el Ego está presente dentro de la mente y está condicionado por las cosas que interpreta, una vez que invocas Aire, te sentirás muy en contacto con tu Ego, sus necesidades, deseos y la naturaleza de sus pensamientos. Pero en el otro extremo del espectro, una vez completada una cierta cantidad de invocaciones de Aire, empezarás a sentirte en contacto con tus emociones y la energía del amor incondicional que se proyecta a través de tu Alma. Sin embargo, para elevarse tan alto como la energía de amor incondicional, primero tienes que superar el Ego, ya que el pensamiento viene antes que la emoción, y el Ego se encuentra en el pensamiento, dentro de la mente.

El Ego es alimentado por la energía sexual, lo que significa que las invocaciones del Elemento Aire te sintonizarán con tus deseos sexuales. Teniendo en cuenta que un Ego no purificado piensa naturalmente en el sexo con frecuencia, puedes encontrarte con una excitación sexual al amplificar tus pensamientos con las invocaciones del Elemento Aire. Además, el Aire afecta directamente a la mente subconsciente, por lo que cualquiera que sean tus pensamientos más profundos se intensificarán cuando trabajes con el Elemento Aire.

Puedes pasar muchos meses invocando Aire, y no te estancarás Espiritualmente, sino que estarás purificando tu mente con cada invocación. Esto se debe a que el Elemento Aire nos cura mentalmente. El pensamiento es anterior a toda emoción y acción y es el fundamento de nuestra existencia. Por lo tanto, existe una conexión entre el Elemento Aire y el Elemento Espíritu -nuestro principio animador y la fuente de energía curativa.

Los Elementos Aire y Espíritu están conectados porque el Chakra Anahata está justo debajo del Chakra Vishuddhi, el primer Chakra del Elemento Espíritu. El Aire separa los tres Chakras inferiores de los Elementos Tierra, Agua y Fuego, con los tres Chakras superiores del Elemento Espíritu. Debido a que es el mediador y precursor de todas las cosas que se manifiestan, aprender sobre la naturaleza de tus pensamientos y entrar en contacto con ellos es un precursor para trabajar con los otros Elementos.

Ya que el Aire está en el Chakra del Corazón, Anahata, y las emociones superiores del Corazón son expresivas del amor incondicional; el Elemento Aire actúa como un medio de expresión para el Elemento Espíritu de arriba, que canaliza estas energías de amor superiores. Recuerda siempre que el Aire alimenta todo dentro de la psique, ya que anima a los Elementos Fuego y Agua. Por lo tanto, a medida que despejes el impulso del Ego a través de la invocación del Elemento Aire, el Ser Superior tendrá más facilidad para comunicarse contigo - lo que manifestará estos sentimientos de amor de vibración más elevada en tu Chakra Corazón.

Los sentimientos de euforia, inspiración, pensamiento e intelectualidad del mundo que te rodea son todos atributos del Elemento Aire. Además, como el Aire está directamente vinculado al Espíritu, te sentirás muy Espiritual con las invocaciones de Aire. Como el Elemento Aire es de cualidad etérea, invisible, puedes encontrarte escribiendo de forma inspirada, haciendo arte, filosofando y otras actividades relacionadas con la inspiración de la mente. El Elemento Aire alimenta la creatividad y la imaginación; por lo tanto, las actividades que requieren creatividad son las más afectadas por el Aire. La creatividad puede ser más una cualidad o expresión del Elemento Fuego, pero recuerde que el Fuego necesita del Aire para funcionar con éxito.

En general, la gente reaccionará muy bien ante ti cuando invoques el Elemento Aire. Tu sentido del humor se intensificará y podrás parecer extravagante y divertido a los demás. El Aire es un Elemento divertido de invocar, ya que aporta inspiración y creatividad a los demás cuando estás cerca de ellos. Sin embargo, como serás muy cerebral y estarás orientado al pensamiento, es posible que acabes hablando demasiado, descuidando así las emociones de las personas que te rodean. Una de las desventajas de trabajar con el Elemento Aire es que puedes desconectarte de tus sentimientos, lo que te hará parecer frío y distante ante los demás.

En la tradición de la Aurora Dorada, cuando uno se embarca en invocaciones de Aire, se dice que está recorriendo directamente el camino de Tav, la carta del Tarot del Mundo, que une a Malkuth con Yesod. Tav representa la mente subconsciente. Esto significa que el primer paso cuando se hace Alquimia Espiritual es conectar con la mente subconsciente e involuntaria y ver lo que hay en ella. Te permite llevar una lupa a tu mente subconsciente y "enfocar" los pensamientos y emociones presentes en esa área. Y como el subconsciente es el almacén de los traumas psicológicos enterrados y reprimidos, trabajarás con tus miedos y Demonios internos. Como este camino es muy engañoso e ilusorio, superar tus miedos es obligatorio para avanzar en tu Evolución Espiritual.

Varios vicios y virtudes son de la calidad del Elemento Aire, ya que el Aire se relaciona con los pensamientos. Entre ellos están la paciencia y su vicio homólogo de la ira. Como uno es rápido para actuar y sentir una emoción, lo que a veces puede llevar a la impulsividad (especialmente en el caso de la ira o la frustración), el trabajo con el Elemento Aire te permite construir tu cualidad de Chakra Corazón y eliminar los impulsos del Ego. Te permite aprender a amar con más fuerza al darte cuenta de que es lo ético y lo correcto.

La templanza, así como la gula, son también expresiones del Elemento. El Aire le permite controlar sus pensamientos antes de emprender acciones frívolas a través del Ego. La templanza requiere atención, al igual que la paciencia. Realizar invocaciones de Aire infundirá en tu Aura la energía de Anahata, el Chakra del Corazón. Te permitirá afinar este Chakra y los comportamientos que están asociados a él. El Aire también estimula la energía sexual, que se siente en Swadhisthana, el Chakra Sacro.

El Elemento Aire permite practicar el autocontrol. También se puede relacionar con la virtud de la castidad, ya que se necesita autocontrol para no caer en la lujuria. Recuerda que el Aire es el gran tentador ya que está directamente ligado a la energía sexual, por lo que primero debes pasar por la lujuria antes de poder practicar el Autocontrol y la castidad. Todas las acciones del Ego para satisfacerse a sí mismo, desde la lujuria hasta la gula, pasando por la ira y la cólera, requieren que trabajes con el Elemento Aire para equilibrar tu psique y eliminar el Karma negativo en este Chakra. Hacerlo te permitirá utilizar tu Elemento Aire de forma más constructiva y vivir una vida más saludable.

Con respecto al programa de Alquimia Espiritual, el Elemento con el que estás trabajando da lugar al siguiente Elemento dentro de ti. Primero, la Tierra da lugar al Aire, ya que la energía se solidifica dentro de tu Aura, permitiendo que el Ego salga. Luego, el Aire purga el Ego hasta que las emociones del Alma se revelan, señalando el surgimiento del Elemento Agua dentro de tu psique. Los sentimientos darán entonces lugar a la fuerza de voluntad, es decir, a la Verdadera Voluntad del Elemento Fuego. Y el Fuego hará aflorar el Espíritu Eterno y el Yo Superior.

Como el Elemento con el que estás trabajando da lugar al siguiente, no es raro que sientas que has completado su programa de Alquimia Espiritual antes de lo esperado. Sin embargo, es crucial atenerse al programa presentado en *The Magus* en lo que respecta al tiempo de invocación de cada Elemento. Un error común es entusiasmarse por avanzar más rápido a través de los Elementos. La emoción es genial, y la encontrarás mientras haces este trabajo, pero úsala de forma constructiva para seguir avanzando en lugar de permitir que te desvíe del programa prescrito.

Avanzar a través de los Elementos más rápido de lo que se recomienda puede perjudicarle Espiritualmente a largo plazo, alejándole del proceso de la Alquimia Espiritual. Recuerda, esta es una ciencia invisible, probada a lo largo de los años; por lo tanto, trátala con reverencia y respeto.

EL ELEMENTO AGUA

El Elemento Agua es el segundo Chakra, Swadhisthana, situado entre el ombligo y el bajo vientre. En el símbolo vertical del Pentagrama, el Elemento Agua es de color azul, formando la parte superior derecha del Pentagrama. Si superponemos el ser humano al símbolo del Pentagrama, el Elemento Agua representa el brazo izquierdo.

La función principal del Elemento Agua es generar emociones; su correspondencia Cabalística es con Chesed, cuya atribución Planetaria es Júpiter. Chesed es la expresión del amor incondicional, la misericordia y el altruismo, que son las expresiones más elevadas del Elemento Agua.

Al estar relacionado con las emociones, el Elemento Agua también abarca otros Sephiroth, al igual que el Elemento Aire (pensamientos). Como la Esfera de Netzach es la forma de las emociones inferiores, más instintivas, como la lujuria y el amor romántico, el Elemento Agua también se expresa a través de esta Esfera. Netzach corresponde al Planeta Venus y al deseo, que en este caso se siente como una emoción atemperada por el Elemento Fuego.

El Elemento Agua también potencia la mente lógica y razonadora de Hod, ya que Hod y Netzach trabajan para complementarse mutuamente. Hod corresponde a Mercurio; por lo tanto, en este aspecto del Elemento Agua, trabaja en combinación con el Elemento Aire y los pensamientos.

El Elemento Agua también está relacionado con la energía sexual y los instintos que se encuentran en la Luna, que se corresponden con la Esfera de Yesod. Como puedes ver, el Elemento Agua abarca múltiples Sephiroth medios e inferiores del Árbol de la Vida, al igual que los Elementos Aire y Fuego.

Es crucial entender que una forma de amor, el Amor Propio, busca gratificarse y encontrar el romance mientras desarrolla un apego Egoico a sus objetos de deseo. Por otro lado, el amor incondicional es ético y del Ser Superior. Por lo tanto, es más propicio para poder compartir el amor incondicional con todo el mundo, y bastantes de las virtudes se basan en él.

Curiosamente, en el nivel de Netzach, el amor romántico se convierte en el tipo de amor que puede crear una obsesión mental: la necesidad de poseer o controlar su objeto de deseo. Netzach está naturalmente templado por Hod (lógica y razón), dando lugar a un tipo de amor que necesita una razón para expresarse, lo que significa que utiliza el Ego. En el caso del amor romántico, pues, la sublimación de los opuestos sólo se produce en el plano mental.

En el nivel de Chesed, se experimenta el amor incondicional ya que Chesed está moderado por Geburah, que es la fuerza de voluntad individual. El amor incondicional es un tipo de amor que está vacío de apego personal; por lo tanto, pasa por alto el Ego. Es de una vibración y calidad más alta y es más buscado que el amor romántico ya que exalta el Espíritu sobre el Ego. El amor incondicional se experimenta a través del Alma.

La forma de amor de Netzach pertenece al Ego, ya que está conectada con Yesod, la Luna y el Yo animal. Por otro lado, la forma de amor más elevada de Chesed está conectada con los Superiores a través del camino de la Rueda de la Fortuna, regida por el generoso Planeta Júpiter.

La naturaleza de la forma de la emoción de Netzach se ejemplifica con la hermosa mujer, semidesnuda en una concha marina, al igual que la representación de la Diosa Griega Afrodita en el arte clásico. Venus es su equivalente Romana, también representada semidesnuda en el arte clásico. Es su forma física y su belleza lo que se convierte en objeto de deseo, pero como hemos visto hasta ahora, todo lo que tiene relación con el Mundo de la Materia pertenece al ámbito del Ego. De ahí la necesidad del Ego de poseer, tener y controlar su objeto de deseo. No ama por amar, sino para obtener y poseer su objeto de deseo.

El amor romántico funciona en ambos sentidos para hombres y mujeres. Sólo en el nivel de Chesed podemos amar incondicionalmente, donde el Chakra del Agua, Swadhisthana, está exaltado. Por otro lado, expresar el amor en el nivel de Netzach y Hod mantiene la Luz del Chakra del Agua vibrando en una frecuencia más baja que la de Chesed. Ambas son emociones, y la naturaleza de las emociones es amar, pero uno puede amarse a sí mismo internamente o volcar su amor externamente para amar a los demás.

En la segunda forma de amor, el amor incondicional, la persona encuentra su Verdadero Ser porque cuando el amor está ausente de una razón o causa, es mucho más fuerte y Espiritual. Por lo tanto, la lección general en este Chakra del Agua es aprender a amar sin apego a través del Alma. Debes transformar tus emociones de amor inferiores en emociones superiores. Debes elegir tu Alma sobre tu Ego.

Ya que estamos explorando las emociones, es necesario notar que, en el Árbol de la Vida, las emociones están principalmente en el Pilar de la Misericordia. Sin embargo, el Pilar de la Misericordia es masculino. Por lo tanto, cuando se encuentra en el Pilar izquierdo o en el derecho, debe tener en cuenta la energía de equilibrio de la Esfera del Pilar opuesto. Así, en el caso de las emociones, son la fuerza de voluntad, la lógica y la razón las que la equilibran.

Las invocaciones elementales en *The Magus* conectan con un tipo particular de energía del exterior y la "llaman" a tu Aura. Las invocaciones de Agua se centran en el Chakra Swadhisthana en particular. El propósito de invocar el Elemento Agua es afinar y purificar el Chakra Swadhisthana. A medida que tu Aura se infunde con la energía del Agua, la energía Kármica almacenada en este Chakra se activa, afectando las experiencias de la vida futura. Tu mente y tu corazón tendrán entonces que trabajar a través de estas experiencias y aprender las lecciones de la vida de ellas. Una vez que aprendas las lecciones asociadas con el Chakra Swadhisthana, evolucionarás más allá de todos los bloqueos que impiden que funcione a su ritmo óptimo de vibración. Como tal, el Elemento Agua sanará tu Ser emocional con el tiempo.

En la mayoría de los casos, es el Ego el que tira de ti hacia sí mismo y te impide resonar y sintonizar con el Ser Superior. Las operaciones Mágicas con los Elementos incluyen aprender sobre el Ego y evolucionar más allá de él - ya que el Ego reside en los cuatro Chakras inferiores (Cuatro Elementos inferiores) y no participa de la energía del Espíritu. Para tener todo el poder de manifestación en tu vida, debes vivir a través de tu Alma y no de tu Ego. Tu Alma puede conectarse con tu Ser Superior, mientras que tu Ego no puede.

Al invocar el Elemento Agua, puedes notar inmediatamente una sensación calmante en tus emociones y una sensación de amor que te invade. Tu Chakra del Corazón se verá invadido por una energía amorosa que te invade como una ola. Todas las emociones intuitivas se sienten en el Chakra Anahata, incluso cuando una energía invocada está infundiendo un Chakra diferente. El Chakra del Corazón experimenta directamente la energía, que puede sentir inmediatamente una vez que la nueva energía entra en su Aura. Tu habilidad para sentir las energías está determinada por tu nivel de sensibilidad y capacidad intuitiva.

Después de invocar el Elemento Agua durante unos días, te sentirás muy cómodo con tu Ego y mostrándolo al mundo exterior. El Ego suele ser la primera parte del Ser que sale a la luz cuando se trabaja con los Elementos. Entonces, después de haber pasado algún tiempo encarnando tu Ego y mostrando su cara a los demás, infundirás los aspectos más profundos del Chakra del Agua y empezarás a sintonizar con tu Alma y la energía del amor incondicional.

Como el paso anterior es la parte Egoica de las invocaciones, este segundo paso es la parte Chesed de la operación. Una vez que esto ocurra, es posible que sientas poderosas emociones de amor hacia las personas en tu vida. Como resultado, notarás que la gente reacciona con amor hacia ti, y te será fácil crear vínculos con los demás. El sexo opuesto te encontrará más atractivo, naturalmente. Será muy tolerante y no se enfrentará a la gente. Es posible que te sientas como la encarnación de un santo u otra figura Espiritual que ejemplifique la misericordia, el amor y la verdad. El concepto de "poner la otra mejilla" te resultará muy familiar, ya que estarás en un modo pasivo y receptivo, en plena sintonía con las expresiones de amor incondicional.

Es posible que a menudo te encuentres llorando y sintiéndote muy emocionado sin ninguna razón lógica. No temas este estado porque el llanto es un método para purgar las emociones y forma parte del proceso de Evolución Espiritual. Es una forma de rejuvenecimiento. Cuando lloras, sientes la totalidad de la emoción por la que estás llorando, y en este acto, purificas y liberas ese dolor emocional a través del amor - ya que es el amor en nuestros corazones lo que nos hace llorar en primer lugar. El llanto implica el uso del Elemento Fuego del Alma, que actúa sobre el Elemento Agua y lo purifica. Cada lágrima representa el acto de purificar una vieja emoción. Llorar es una buena señal de que estás avanzando en tu Evolución Espiritual.

Con las invocaciones de Agua, notarás que tus sueños adquieren una calidad diferente que con las invocaciones de Aire. En tus sueños, te encontrarás en diferentes situaciones de la vida en las que tienes que elegir entre el amor a ti mismo y el amor a los demás. Así, al invocar el Elemento Agua, hay lecciones que aprender de tus sueños sobre el desarrollo de la ética y la moral. Tu mente te está jugando una mala pasada para permitir que el Karma negativo se derrame incluso mientras estás en el estado de sueño. Es una buena señal, ya que significa que estás progresando.

Te encontrarás tan lleno del sentimiento de amor incondicional que, si has experimentado un despertar de Kundalini, se producirá un proceso de rendición completa con invocaciones del Elemento Agua. Los Chakras Sacro y del Corazón se verán invadidos por la energía del amor, permitiendo que el Ego se suelte finalmente.

La energía del Agua también provoca la estimulación de la energía sexual, ya que se siente en el abdomen. Ahora bien, esta experiencia no es la misma que con el Elemento Aire. En el Agua, la energía sexual se sublima en energía de amor y se exalta. Por lo tanto, te encontrarás excitado sexualmente a veces, pero más desde la noción de amor que de lujuria. La lujuria pertenece al Elemento Aire, mientras que el amor pertenece al Elemento Agua.

Es imperativo observar la asociación del Chakra del Agua con la memoria. La memoria se encuentra en la Esfera de Chesed, pero su funcionamiento es a través del Elemento Agua. Incluso la palabra "memoria" corresponde a la letra Hebrea Mem, relacionada con el Elemento Agua. La memoria es algo que el Yo utiliza para "re-cordarse" a sí mismo. Como tal, pertenece al reino del pasado. No puedes tener ningún recuerdo de las cosas que ocurren en el Ahora, ya que estás en el acto de la experiencia. Y el futuro aún no ha ocurrido desde nuestro punto de vista humano; por lo tanto, tampoco podemos tener ningún recuerdo de él. La memoria proporciona a la conciencia un método para identificarse a sí misma. Sin la memoria, la conciencia se perdería a sí misma. En consecuencia, perderse a sí misma le permite encontrar su Verdadero Ser: el Espíritu.

Se puede decir que el Ego utiliza la memoria para identificarse, lo cual no está lejos de la verdad. El proceso Espiritual es de olvido, y a medida que te absorbas más en el amor incondicional, perderás cada vez más la memoria del pasado, lo que te permitirá estar en el Ahora. La mayoría de las personas Espirituales elevadas tienen poca memoria del pasado y no la utilizan para relacionarse con el mundo. En cambio, viven continuamente en el Ahora. Sin embargo, como Chesed es el primer Sephira más allá del Abismo y de los Superiores, hace surgir la memoria y la Forma, un bloque de construcción del Ser mediante el cual puede conocerse a sí mismo, aprender del pasado y evolucionar.

Si has pasado por un despertar de Kundalini, encontrarás el Elemento Agua muy útil para avanzar en tu transformación, ya que te permitirá "ir con la corriente". Seguir la corriente es un reto en el proceso de despertar de la Kundalini porque es un golpe tremendo para el Ego, que entonces se aferra a pequeños fragmentos del Ser para mantener su identidad.

En el despertar de la Kundalini, los miedos se amplifican al principio y en la conciencia recién desarrollada, el Ego hará muchos intentos de controlar el proceso. Debido a que esta es una nueva realidad a la que estás abocado, el Ego tiene dificultades para encontrarse a sí mismo. Construir el Elemento Agua e infundirlo dentro del Aura es crucial para superar esta etapa y liberarse a la energía Kundalini.

En la tradición de la Aurora Dorada, invocar el Elemento Agua después de haber trabajado con el Aire significa que se está avanzando de la Sephira Yesod a la Sephira Hod. Los dos caminos del Tarot que conectan Yesod y Hod son el camino de las cartas del Tarot del Juicio y el camino de las cartas del Tarot del Sol. El Juicio es la iniciación en el Elemento Fuego, como experimentarás una vez que sigas trabajando con el Elemento Agua durante un tiempo. El Elemento Fuego del Alma se desvelará, al igual que su contrapartida, la emoción del amor incondicional. El camino del Sol representa la sublimación de los opuestos que se produce en el nivel mental, necesaria para elevarse tan alto como el Elemento Fuego y el Alma. Esencialmente, el propósito del Elemento Agua es prepararte para el Elemento Fuego y conectarte con tu Alma.

En el Elemento Agua, estás completamente absorbido por las Aguas de la Creación y el Mar de la Conciencia. Como tal, el Elemento Agua también está conectado con Binah, el Gran Principio Femenino de la Creación. Por lo tanto, las virtudes asociadas con el Elemento Agua provienen de la energía del amor incondicional, la emoción más elevada que conecta a todos los Seres del Universo.

Dentro de la teología Cristiana, las tres principales virtudes teologales son la fe, la esperanza y la caridad - impartida a nosotros por la Gracia de Dios - el Creador - una vez que hemos construido el Elemento Agua en nuestros corazones y mentes. Dado que la paz interior viene con el amor incondicional, la paciencia es otra virtud construida por el Elemento Agua. Además, como el amor incondicional hace aflorar la honestidad dentro de uno mismo, te encontrarás diciendo siempre la verdad, aunque sepas que puede meterte en problemas. Por lo tanto, la verdad es otra expresión de encarnar la energía del amor incondicional.

El concepto de fe implica una fuerte creencia en Dios, el Creador, que se intensifica cuando nos exponemos a la energía del amor incondicional. La fe también es la confianza en una persona, un concepto o una idea. Por lo tanto, se encontrará examinando sus creencias internas con frecuencia, así como sus relaciones con otras personas. En el Elemento Agua, confiarás más en "sentir las cosas" en lugar de intelectualizar tus emociones (que es más una cualidad del Elemento Aire).

La esperanza es un estado de ánimo optimista basado en las expectativas de resultados positivos. En el Elemento Agua, te encontrarás pensando con optimismo, incluso cuando una situación de la vida pueda no ser tan favorable en la superficie. Este estado de ánimo optimista proviene de la conexión con el Espíritu y la energía del amor incondicional, que nunca decae ante la adversidad. Tus habilidades para resolver problemas se verán reforzadas cuando trabajes con el Elemento Agua si puedes abrazar las virtudes de la esperanza y la fe.

La caridad es una forma de generosidad y se considera la mayor de las tres virtudes teologales. La caridad implica el auto-sacrificio, un concepto esencial para cualquier iniciado en el camino de la Luz. Siempre debes estar dispuesto a sacrificarte por otra persona si quieres resonar con un estado de conciencia superior. En el sacrificio, te pierdes a ti mismo y a tu identidad y llegas tan alto como la Mente de Dios. La caridad es una práctica de ser benevolente, que implica altruismo y desinterés.

El vicio asociado a la esperanza es la desesperación; cuando nos desesperamos, sentimos que no hay opciones que puedan dar resultados positivos. En lugar de buscar soluciones, nos rendimos. Nuestro Ego toma el control y trae el miedo a nuestros corazones y mentes. La desesperación viene después de haber perdido la fe. Al perder la fe, empezamos a dudar de nosotros mismos y de nuestra conexión con Dios, el Creador. Empezamos a dudar que somos únicos y que merecemos cosas buenas en la vida. De nuevo, es el Ego el que nos hace perder la fe, ya que una vez que introducimos el miedo, perdemos inmediatamente el contacto con la energía del amor incondicional. No se puede obtener simultáneamente la energía del amor incondicional y del miedo: uno ahoga al otro.

El vicio asociado a la caridad es la codicia, que también es del Ego. La avaricia es una forma de acaparamiento, de no compartir con los demás y de buscar la plenitud sólo para uno mismo. Es la antítesis de la caridad y el amor, ya que la codicia se produce por el miedo a ser una entidad separada del resto del mundo. Sin embargo, como todos somos Uno, una vez que nos dejamos guiar por el amor incondicional, podemos experimentar esta conexión.

La ira o el enfado es la antítesis de la paciencia. Cuando no se siente el amor en el corazón, la ira es propensa a salir cada vez que el Ego no consigue lo que quiere. Pero cuando el amor está presente, es imposible mostrar ira o enojo, ya que la paciencia también está presente naturalmente.

"El amor es paciente, el amor es bondadoso. No tiene envidia, no se jacta, no es orgulloso. No deshonra a los demás, no es egoísta, no se enoja fácilmente, no guarda registro de los agravios. El amor no se deleita en el mal, sino que se

alegra con la verdad. Siempre protege, siempre confía, siempre espera, siempre persevera." - "La Santa Biblia" (Corintios 13:4-7)

Cuando se tiene amor en el corazón, los vicios se alejan naturalmente del Ser, exaltando las virtudes. El amor es verdaderamente el bloque de construcción de toda Vida Espiritual y se encuentra en el Elemento Agua.

EL ELEMENTO FUEGO

El Elemento Fuego es el tercer Chakra, Manipura, situado en el plexo solar. En el símbolo del Pentagrama vertical, el Elemento Fuego es de color rojo y forma la parte inferior derecha del Pentagrama. Si superponemos el ser humano al símbolo del Pentagrama, el Elemento Fuego representa la pierna izquierda.

La correspondencia Qabalística del Elemento Fuego es el Sephira Geburah, cuya atribución planetaria es Marte. El Fuego de Geburah es el de la fuerza de voluntad y el impulso. El Elemento Fuego es la parte activa y masculina del Ser, mientras que el Elemento Agua es la parte pasiva y femenina del Ser. El Elemento Fuego es el Alma, mientras que el Elemento Agua es la conciencia.

El Elemento Fuego también se expresa a través de Netzach como deseo, que es una emoción impulsada por el Fuego. El deseo es a menudo instintivo e involuntario, como el deseo sexual o sensual. El Elemento Fuego también estimula y potencia la inteligencia; de ahí que también se exprese a través del Hod Sephira, como la fuerza de la mente (fortaleza) frente a las emociones fluctuantes. El intelecto y la razón son la fuerza motriz de la fuerza de voluntad en los niveles inferiores, mientras que el Alma es la fuerza motriz en los niveles superiores. La fuerza de voluntad es más exaltada cuando está motivada por el amor incondicional.

El Elemento Fuego es el Principio Padre, como el Elemento Agua es el Principio Madre. El Fuego sin el Agua es tiranía y opresión; puede ser incontrolable y a menudo se manifiesta como ira. El Fuego necesita el Agua para equilibrarse; de lo contrario, puede ser perjudicial para la psique y para otras personas, ya que puede convertirse rápidamente en hostilidad. Por lo tanto, uno debe comprender la naturaleza de su cólera y afrontar el dolor interior que la hace manifestarse.

El Fuego es la motivación; es el impulso, el dinamismo, el pensamiento activo y la fuerza de voluntad enfocada que subyace a todo pensamiento y emoción consciente. Así, el Fuego es el más elevado de los Cuatro Elementos. El Fuego es la causa que está detrás del efecto, y como tal, está más vinculado a los Superiores que los otros tres Elementos. El Fuego sin el Agua sería un efecto sin causa. El Fuego y el Agua existen en términos de su dualidad con el otro. La fuerza de voluntad siempre lucha en nombre del amor, ya sea el amor propio o el amor incondicional por todos los seres vivos.

El Elemento Fuego se ocupa mucho de las creencias internas. Con las invocaciones de Fuego, puedes cambiar tus creencias, ideas y actitud sobre quién crees que eres, así como el mundo que te rodea. A través del Fuego, comienzas a quemar los aspectos del Ego que son perjudiciales para la formación de la nueva conciencia elevada. Los mismos problemas con el Ego que encontraste con las invocaciones de Aire se multiplican por diez con las invocaciones de Fuego. Con las invocaciones de Fuego, estás sintonizando con el Ego y cómo se expresa, incluyendo tus creencias sobre tu identidad y el mundo que te rodea.

El orgullo es el principal vicio que se manifiesta en las invocaciones de Fuego, ya que el orgullo es la base de las creencias del Ego. Por lo tanto, hay que pasar mucho tiempo invocando el Agua antes de embarcarse en el Fuego. Y debe haber una base mental adecuada en el Aire antes de empezar con el Agua y la estabilidad adecuada en la Tierra antes de embarcarse en el Aire.

Es importante tener en cuenta que debes trabajar a través de los Elementos sistemáticamente, ya que te estás sometiendo a un procedimiento de Alquimia Espiritual formulado. El proceso comienza con la Tierra y sigue con el Aire, el Agua y finalmente el Fuego. Trabajar primero con el Fuego sin tener una base sólida en los otros Elementos sería desastroso y sólo te haría retroceder en tu progreso de Evolución Espiritual.

El Fuego no puede existir sin el Aire, pero se apaga con un exceso de éste. Por lo tanto, es muy importante tener una buena base mental antes de trabajar con el Fuego, ya que éste estimula los pensamientos. Las creencias personales son muy valiosas cuando se trabaja con el Elemento Fuego ya que las creencias determinan tu realidad. Una vez que cambies tus creencias internas sobre ti mismo, también cambiarás el mundo que te rodea.

Gandhi dijo: "Sé el cambio que deseas ver en el mundo". Esto significa que una vez que cambies tu concepto de lo que crees que eres, la gente que te rodea reaccionará en consecuencia, y tu realidad se transformará positivamente. El cambio de tus creencias internas te permitirá aprovechar tu potencial más íntimo, y se te presentarán nuevas oportunidades en la vida, lo que te permitirá aprovechar al máximo tu vida aquí en la Tierra.

A Marte se le atribuye el Elemento Fuego, cuya acción se representa simbólicamente en la carta de la Torre del Tarot. La carta de la Torre contiene una imagen de un rayo que golpea y destruye una Torre, aludiendo a la historia de la Torre de Babel en el *Libro del Génesis.* La Torre representa nuestras creencias, mientras que el rayo es el Yod, el Fuego Primordial, la energía del Padre. Significa la profundidad del Elemento Fuego, ya que está en nuestro Plexo Solar, nuestro núcleo, y tiene un vínculo directo con la Divinidad, el Creador. También es esencial entender la conexión entre el Elemento Fuego y Marte y Aries, los Dioses de la Guerra. El Gran Rey Espartano Leónidas es otro personaje mitológico que viene a la mente como ejemplo de un guerrero que lucha por el amor y la justicia.

Mercurio es el Dios de la Sabiduría y es el Planeta correspondiente en Hod. Hod es la Esfera de la comunicación, la lógica y la razón, el trabajo del Fuego interior que actúa sobre el Elemento Agua y la mente. En el caso de Hod, es el Fuego (fuerza de voluntad) el que actúa sobre el Aire (pensamientos), proyectándose en el Agua (conciencia), que forma el intelecto. En el caso de Netzach, es el Fuego actuando sobre el Agua (en su expresión como las emociones), lo que crea el deseo. No es de extrañar que el planeta Venus se atribuya a Netzach, ya que la estimulación sensual o sexual es uno de los factores de motivación más importantes para la humanidad.

En la tradición de la Aurora Dorada, las invocaciones al Elemento Fuego significan que se está avanzando desde la Sephira Hod a la Sephira Netzach. Tres caminos del Tarot conectan a Netzach con los tres Sephiroth inferiores: el de la Torre, el de la Estrella y el de la Luna. La Torre, como se ha mencionado, representa las creencias sobre el mundo y la aplicación de la energía destructiva de Marte, ya que lo viejo debe ser destruido para que algo nuevo ocupe su lugar.

La carta de la Estrella es la meditación y la quietud de la mente necesarias para alinear la conciencia individual con Netzach con éxito. Las emociones y los pensamientos deben ser aquietados para que la energía del Elemento Fuego infunda Manipura con éxito. Y finalmente, la carta de la Luna es la mente subconsciente, la parte posterior de la cabeza, lo más profundo de nuestro Elemento Agua y lo que necesita transformarse. Como puedes ver, la idea de la transformación es muy frecuente cuando se trabaja con el Elemento Fuego.

Descubrirás que no necesitarás dormir mucho mientras trabajes con el Elemento Fuego, y estarás generalmente desconectado de tus sueños, a diferencia de los dos Elementos anteriores de Agua y Aire. El Fuego es del Alma, que se ocupa de experimentar la vida directamente a través de la intuición. Por lo tanto, experimentarás un sueño profundo en lugar de experimentar las imágenes en tu mente mientras duermes. Te sentirás desconectado de las imágenes visuales internas, pero más en sintonía con la energía Arquetípica y el sentimiento que hay detrás de las imágenes.

La humildad es la virtud más elevada que proviene de la exaltación del Elemento Fuego. Su vicio es el orgullo, base de todos los demás vicios y del Ego. Puedes ver cómo el Elemento Fuego es el núcleo de tu Ser, tu Alma, ya que representa las creencias sobre el mundo, profundamente arraigadas en tu subconsciente y difíciles de cambiar. Con el Elemento Fuego invocado en el Aura, te concentras en el Chakra del Plexo Solar, permitiéndote llegar a los rincones más profundos e íntimos de tu Alma para realizar los cambios necesarios en esa zona.

Las invocaciones de Fuego te harán sentir muy inspirado, creativo, activo y comprometido. Como ya se ha dicho, no necesitarás dormir mucho para funcionar a pleno rendimiento. Se sentirá un calor constante en la zona del Plexo Solar, y con el tiempo descubrirás que tus creencias vitales se están transformando, aparentemente sin su participación consciente.

El dolor que se manifiesta al principio saldrá del Aura a través de la purga con el Elemento Fuego. El dolor interno es algo que se aloja en el subconsciente. Es una parte de tu memoria y pertenece al Elemento Agua. Con la aplicación adecuada, el Elemento Fuego quemará este dolor para que el Chakra del Plexo Solar funcione mejor e irradie más energía de Luz. Este proceso alineará tu conciencia con tu Alma, distanciándote a su vez de tu Ego.

El Elemento Agua es las emociones, por lo que, para purificar el Agua, hay que aplicarle Fuego de la misma manera que se limpia el agua física: se le añade calor hasta que alcanza el punto de ebullición y las impurezas se evaporan en el aire. Este proceso de purificación del agua también puede aplicarse al nivel mental y emocional: Como Es Arriba, Es Abajo. Aplicamos calor a nuestros pensamientos y emociones con el Elemento Fuego para obtener el resultado deseado.

Trabajar con el Elemento Fuego es un momento excelente para practicar la meditación y la quietud mental. Al encarnar el Elemento Fuego, podrás elevarte por encima del parloteo mental del Ego, ya que el Elemento Fuego está más alto en la escala, Espiritualmente hablando. En el silencio, la verdad se experimenta a través de la intuición, y el Elemento Fuego te conectará con tu intuición más que cualquier otro Elemento anterior.

Si has despertado el Fuego interno de la Kundalini, encontrarás que trabajar con el Elemento Fuego es relativamente fácil ya que la energía complementa a la energía Kundalini. Los dos se sentirán a menudo como la misma cosa, pero no te preocupes; el Elemento Fuego sigue trabajando en diferentes aspectos del Ser, mientras que la energía Kundalini está activa.

El Elemento Fuego le dará mucha energía y sentirás la necesidad de realizar diferentes actividades para canalizar tu energía. Pueden ser actividades físicas y mentales, ya que el Elemento Fuego engloba los otros tres Elementos Tierra, Aire y Agua.

Como el Fuego enciende el elemento Aire en ti, tu creatividad e imaginación aumentarán, así como tu nivel de inspiración sobre la vida en general. Tendrás una fuerza mental inquebrantable (fortaleza), que te permitirá aplicar esta energía a las actividades y llevarlas a cabo hasta el final. Tu nivel de persistencia y determinación se intensificará como nunca antes, permitiéndote realizar diversas tareas con facilidad.

"El uso de la voluntad como proyector de las corrientes mentativas es la base real de toda la magia mental". - William Walker Atkinson; extracto de "Mind-Power: The Secret of Mental Magic"

Porque es fuerza de voluntad, el Elemento Fuego te permitirá manifestar tus sueños y objetivos de una manera sin precedentes. Manifestar una vida extraordinaria requiere la aplicación adecuada del Elemento Fuego, filtrado a través del Elemento Tierra. Hay un vaivén, acción y reacción, que ocurre continuamente entre los Elementos Fuego y Tierra cuando tu Alma es tu fuerza guía.

Por el contrario, si el Ego es tu fuerza guía, la fuerza de voluntad queda secuestrada, y tu Elemento Tierra obtiene su energía primaria de las emociones involuntarias del Elemento Agua en su lugar. Como se ha mencionado, el Elemento Aire es necesario para alimentar tanto el Fuego como el Agua, y tus pensamientos pueden servir a tu Alma o a tu Ego. Tienes Libre Albedrío, que te permite elegir entre los dos. Sin embargo, la persona promedio deja que sus emociones piensen por ella, sin darse cuenta de que tiene una opción en el asunto.

Al invocar el Elemento Fuego, la gente reaccionará bien contigo y serás inspirador para los demás. Ten en cuenta que debes mantener el equilibrio y no permitir que el Fuego se manifieste negativamente a través de la ira o la impaciencia. Aprender a refrenar su Ego es una necesidad mientras trabaja con el Elemento Fuego, que puede parecer muy desafiante a veces. Habrá que aplicar las lecciones aprendidas al trabajar con los Elementos anteriores. Por ejemplo, si la fuerza de voluntad no es controlada por el amor incondicional, resultará en amor propio, lo que traerá un Karma negativo que tendrá que ser trabajado en el futuro. Como ves, tener una buena base en el Elemento Agua es esencial antes de pasar al Fuego.

Como el Elemento Fuego es la fuerza de voluntad y las expresiones de tu Alma, necesitas pasar muchos meses trabajando con el Fuego antes de proceder al siguiente Elemento del Espíritu. Se necesitan muchos meses para cambiar y purificar las emociones negativas, basadas en el miedo, mediante la aplicación de calor y para cambiar las creencias no deseadas sobre el Ser y el mundo. En la mayoría de los casos, se han necesitado muchos años para construir una creencia sobre algo y, a su vez, se necesita mucho tiempo para erradicar esa mentalidad negativa.

Una vez infundido en el Aura a través de invocaciones rituales, el Elemento Fuego hará lo necesario para purificar el Chakra Manipura. De nuevo, necesitas ser consciente de tus pensamientos y acciones mientras este proceso se lleva a cabo para no caer presa del Ego. Permaneciendo equilibrado en mente, cuerpo y Alma, simplemente trayendo el Elemento Fuego al Aura para purificar tus pensamientos y emociones es todo lo que se requiere de ti para sintonizar tu fuerza de voluntad y exaltar el Alma sobre el Ego.

En muchos casos, sentirás el efecto detrás de la causa, y se manifestará a través de ti, ya que estarás filtrando todos tus procesos mentales y emocionales a través del Elemento Fuego. Con una simple invocación de ejercicio ritual (LIRP), encontrará que la energía permanece presente hasta veinticuatro horas a lo largo de su día. Mientras duermes, al entrar en el *Estado Alfa*, el exceso de energía se disipará al filtrarse a través de todas las partes del Ser y abandonará tu Aura por completo.

EL ELEMENTO ESPIRITUAL

La palabra Inglesa "Spirit" viene del Latín "spiritus", que significa "aliento". Esta correlación entre las dos palabras nos dice que existe una correspondencia entre la energía del Espíritu y el acto de respirar el aire que nos rodea (que es una manifestación física del Elemento Aire). Respirar es recibir el Espíritu. Todas las criaturas que tienen que respirar para mantener su vida son parte del Espíritu. Así, la respiración es la evidencia de la vida y del Espíritu. Por esta razón, las técnicas de respiración son esenciales en la meditación y en la Magia Ritual.

El Elemento Espíritu/Aethyr se atribuye al Chakra de la Garganta (Vishuddhi), al Chakra del Ojo de la Mente (Ajna) y al Chakra de la Corona (Sahasrara). En el símbolo del Pentagrama vertical, el Elemento Espíritu es blanco y forma la parte superior del Pentagrama. Si superponemos el ser humano al símbolo del Pentagrama, el Elemento Espíritu representa la cabeza, nuestra conexión con la Fuente Divina.

"El cielo es el primer elemento". - Hermes Trismegisto; extracto de "El Divino Pymander"

En la Qabalah, el Elemento Espíritu representa a los Superiores, las Esferas de Kether, Chokmah y Binah. El Elemento Espíritu también abarca la Esfera de Daath, la undécima Esfera invisible. Daath se llama el Abismo, y es el punto donde la dualidad de los siete Sephiroth inferiores se encuentra con la no dualidad de los Superiores. La única dualidad que existe en el nivel de los Superiores es Chokmah-el Padre y Binah-la Madre. Sin embargo, las tres Esferas de Kether, Chokmah y Binah funcionan como un todo. Chokmah recibe su energía Arquetípica de Kether, y Binah transforma esas ideas Arquetípicas en Forma. El equivalente Cristiano de los Superiores es la Trinidad: el Padre, el Hijo y el Espíritu Santo.

En cuanto a los Chakras, Daath se encuentra en la garganta, representada por el Vishuddhi Chakra. Como Daath representa el conocimiento y el propósito de la garganta es generar la vibración para hablar oralmente, la Palabra expresada a través del lenguaje nos vincula con el Creador. Por lo tanto, la Palabra se convierte en nuestro modus operandi, nuestra conexión con Dios, ya que podemos hablar y utilizar las palabras para comunicarnos.

El Chakra de la Garganta es la voz del cuerpo, la mente y el Alma. Es una válvula de presión que permite expresar la energía de los otros Chakras. Si está desequilibrado o bloqueado, puede afectar a la salud de los demás Chakras. En consecuencia, cuando está en equilibrio, podemos expresar lo que pensamos y sentimos. Así, vemos la cualidad Espiritual de este Chakra porque el Espíritu es el factor de unión de los otros Cuatro Elementos, que sirven como expresión del Espíritu.

El Chakra de la Garganta, Vishuddhi, es el primer punto donde los Cuatro Elementos inferiores se sintetizan en el Espíritu y se expresan a través de la comunicación. Vishuddhi está directamente conectado con la verdad; alguien que siempre dice la verdad debería tener un Chakra de la Garganta bien equilibrado. Por el contrario, alguien que miente y manipula a los demás tendrá un Chakra de la Garganta desequilibrado. Recuerda siempre que la verdad y el amor incondicional son los dos factores más potentes a la hora de relacionarse con cualquier cosa Espiritual. Por lo tanto, decir siempre la verdad en la vida es esencial ya que sólo eso te permite "caminar con Dios".

La mentira es el dominio del opuesto de Dios, el Diablo, y producirá Karma negativo en el Chakra de la Garganta. El Diablo es una personificación de un concepto, una idea, no una entidad en sí misma. La idea detrás de este concepto está mejor representada en la carta del Tarot del Diablo. Llamado el "Señor de las Puertas de la Materia", el título y el significado de esta carta nos informan de que, en realidad, el Diablo es la cualidad seductora y atadora de energía de la Materia misma. Todo lo que se relaciona con el apego de nuestra conciencia a la materia en lugar del Espíritu pertenece al Diablo. Esta sería la descripción más oculta de la energía del Diablo.

"Y ahora queda demostrado que Satanás, o el Dragón Rojo de Fuego... y Lucifer, o "Portador de Luz", está en nosotros; es nuestra Mente". - H. P. Blavatsky; extracto de "La Doctrina Secreta: La Síntesis de la Ciencia, la Religión y la Filosofía"

En *la Torah* y *la Santa Biblia*, el nombre del Diablo es Satanás. El nombre "Satán" se derivó del Planeta Saturno, y esto se debe a la estrecha asociación de Saturno con el Mundo de la Materia. Como Saturno es el Planeta que se mueve más lentamente en nuestro Sistema Solar, ha sido asociado con el paso del tiempo y la muerte. Como tal, Saturno es responsable de la construcción del Ego. Qabalísticamente, Saturno está asociado con Binah, la Gran Energía Femenina y el plano Astral detrás de toda la Materia en el Universo. La carta de Saturno en el Tarot es la carta del Mundo.

El Diablo tienta a la humanidad a mentir porque las mentiras utilizan la energía del miedo en lugar del amor. El miedo está vinculado al Mundo de la Materia debido al mecanismo defensivo instintivo utilizado por el Ego para proteger el cuerpo físico. Solemos mentir para ocultar la verdad por miedo a meternos en problemas al revelarla. O mentimos para que nuestro Ego consiga lo que desea, aunque esa cosa sea perjudicial para nuestra Espiritualidad. La verdad está directamente relacionada con el honor y la integridad personal, mientras que la mentira sirve para ocultar y manipular a los demás para obtener beneficios personales. Los bloqueos en el Chakra de la Garganta pueden manifestarse como problemas de tiroides.

El sexto Chakra, Ajna, es nuestra conexión con los mundos Divino y Espiritual. Su don es "ver", pero no físicamente, sino Astralmente. La energía de este Chakra nos permite experimentar el pensamiento claro y los dones de la contemplación Espiritual y la autorreflexión.

El Ojo de la Mente es un portal en forma de rosquilla entre las cejas al que se puede acceder enfocando los dos ojos físicos en él una vez cerrados. Cuando enfocamos nuestros ojos en este portal del Ojo de la Mente, una atracción similar a un imán atrae nuestra atención hacia él, lo que hace que el portal de entrada se abra de forma natural. Acceder al portal del Ojo de la Mente de esta manera se considera una meditación y la más popular y efectiva. Todos los métodos de meditación tienen como objetivo sintonizar con el Chakra del Ojo de la Mente.

Ajna está directamente relacionado con Chokmah y Binah; a través de este Chakra, accedemos a estas dos Esferas. El Chakra Ajna es la sede de la intuición. Nos permite ser el observador de los acontecimientos que tienen lugar sin tomar parte en ellos. También nos permite ver y observar a nosotros mismos y al mundo que nos rodea en tercera persona.

Una persona que se somete a un despertar completo y sostenido de la Kundalini habrá "abierto" el Chakra del Ojo de la Mente, donde su portal medio de rosquilla (circular) se expande hasta el tamaño de un neumático de coche, en sentido figurado. Después de que esto ocurra, todo lo que el individuo despierto ve con sus dos ojos físicos es ahora filtrado a través del Ojo de la Mente expandido, produciendo muchas experiencias trascendentales regularmente.

Ajna nos permite acceder a la guía interna de los Mundos Divinos y estar en contacto con nuestro Santo Ángel de la Guarda, de ahí la conexión de Ajna con Chokmah. Ajna nos permite atravesar la ilusión y acceder a verdades más profundas sobre la vida y el Universo, para ver más allá de la mente y las palabras. Nos permite experimentar la energía Arquetípica que hay detrás de las imágenes que se reproducen en nuestra cabeza.

Ajna se llama comúnmente el Tercer Ojo, y su plena activación se produce cuando la Glándula Pineal y la Glándula Pituitaria se equilibran en el cerebro. La Glándula Pineal es una pequeña glándula con forma de cono situada en el centro del cerebro que produce melatonina, una hormona derivada de la serotonina que modula los patrones de sueño. La Glándula Pituitaria es una pequeña glándula con forma de guisante situada más cerca de la parte delantera de la cabeza, a lo largo de la línea de los ojos. A menudo se la denomina "glándula maestra" y su función es segregar muchas hormonas que controlan diversos órganos corporales.

Las Glándulas Pineal y Pituitaria están inextricablemente conectadas con las funciones de Ajna, pero también con el Chakra que está por encima de él, Sahasrara. Ajna es el vehículo que se utiliza para alcanzar Sahasrara. Además, Sahasrara no se puede alcanzar sin activar primero Ajna. Cuando se activa, una de las funciones de Ajna es servir como receptor de información de Sahasrara.

El séptimo Chakra, Sahasrara, es la Corona y la culminación de los otros seis Chakras que están por debajo. Se encuentra en la parte superior de la cabeza. Sahasrara es el último de los Chakras del Ser y el comienzo del *Ser Transpersonal.* Es nuestra conexión con la Fuente Divina de toda la Creación. En un nivel fundamental, es la unidad y la reconciliación de los opuestos ya que es el Chakra de la Unidad. A través de Sahasrara, experimentamos la Unidad mística con todos y todo en la naturaleza. Dentro de este Chakra, vemos que Todo es Uno y que la separación es una ilusión.

Sahasrara es una palabra Sánscrita que significa "Loto de Mil Pétalos". Nos abre como una flor a las vibraciones de nuestro Universo Divino. Qabalísticamente, este Chakra está representado por Kether-la Corona y el comienzo de los Tres Velos de la Existencia Negativa. Sahasrara es el punto de encuentro entre lo Finito y lo Infinito - está más allá del Tiempo y del Espacio ya que es Eterno. Sahasrara es un canal del Espíritu Puro-la Gran Luz Blanca.

Es importante señalar que los tres Chakras superiores de Vishuddhi, Ajna y Sahasrara pertenecen al Elemento Espíritu/Aethyr, pero sólo Sahasrara pertenece a la No-Dualidad. Ajna es el vehículo por el que se llega a la Corona, mientras que Vishuddhi es la conexión con el Espíritu a través de la Palabra hablada. Sahasrara, sin embargo, está más allá del miedo y la negatividad, ya que el Ego no puede alcanzarlo. El Ego se pierde por completo en Ajna. Todavía está presente en Vishuddhi, el último lugar al que puede acceder.

El Ego es un subproducto de la separación que termina en el Vishuddhi Chakra ya que es el Abismo de la Mente. Por otro lado, Sahasrara es la conciencia, la "Semilla de la Verdad" y la realidad última de la unidad de todas las cosas. Es el punto de acceso a los Reinos Divinos y a los Chakras por encima de la Corona. Sahasrara es también la cumbre de nuestra Evolución Espiritual.

Los tres Chakras de Vishuddhi, Ajna y Sahasrara participan en el Elemento Espíritu. Son sus conductores y el medio por el que puedes acceder a los Reinos Cósmicos internos. Debes empezar a trabajar con el Espíritu sólo después de haber pasado mucho tiempo invocando los otros Cuatro Elementos: Tierra, Aire, Agua y Fuego. El propósito de las invocaciones al Elemento Espíritu es sintonizar los tres Chakras superiores y sintetizar los Cuatro Elementos infundiéndoles la energía del Espíritu. Trabajar con el Elemento Espíritu te prepara para el Adeptado.

Los efectos en el cuerpo físico a través de las invocaciones del Espíritu serán una sensación de paz, calma y Unidad en tus pensamientos y emociones. El cuerpo se sentirá tierno a medida que la energía del Espíritu se infunde en lo más profundo de tu Ser. Los sueños inspiradores, los estados de conciencia trascendentales y la meditación inspirada son todos subproductos de la invocación del Espíritu.

Metafóricamente hablando, invocar el Elemento Espíritu diariamente te hará caminar sobre la Tierra mientras tienes la cabeza en el Cielo, en las nubes. Esto significa que mientras la energía Espiritual está presente en tu Aura, los Planos Cósmicos se abren dentro de ti como estados de conciencia accesibles. El Ojo de la Mente comienza a funcionar a un nivel superior y puede percibir vibraciones más allá del Reino Físico, que se registran en tu conciencia.

Al invocar el Elemento Espíritu, notarás que la gente generalmente te responde bien. Sin embargo, como el Espíritu está directamente conectado con la verdad, te será casi imposible no decir lo que piensas en todo momento, lo que a menudo te llevará a situaciones de confrontación. Conseguir decir la verdad en todo momento es el Karma del Elemento Espíritu. Estás destinado a aprender a superar todas las confrontaciones con los demás y a desarrollar tu carácter.

El Elemento Espíritu eleva tu conciencia al nivel de la Cuarta Dimensión, la Dimensión de la Vibración. Una vez que tu conciencia se eleva, puedes leer la energía a través del Ojo de la Mente y recibir vibraciones del mundo exterior, que experimentarás a través de la intuición. Además, la invocación del Elemento Espíritu le permite funcionar a través de Chokmah y Binah-Sabiduría y Entendimiento.

La invocación del Elemento Espíritu es lo más parecido a experimentar lo que se siente al despertar completo de la Kundalini. El despertar completo de la Kundalini activa todos los Elementos en el cuerpo, que es lo que hace también el Elemento Espíritu. Las invocaciones del Espíritu también afinan los tres Chakras superiores. A medida que los Chakras se afinan a través de las invocaciones del Espíritu, los bloqueos serán eliminados en el área de la cabeza, permitiendo que la energía Kundalini acceda mejor a todas las regiones no explotadas del cerebro y las active.

EJERCICIOS RITUALES DE MAGIA CEREMONIAL

LA ORDEN HERMÉTICA DE LA AURORA DORADA

Los ejercicios rituales que les presentaré en esta sección son de la Orden Hermética de la Aurora Dorada. La Aurora Dorade era una organización dedicada al estudio y la práctica de los *Misterios Esotéricos Occidentales*, incluyendo la Qabalah y la Magia Ceremonial. Fue establecida en 1888 en Londres, Gran Bretaña, por un grupo de Masones, Qabalistas, Rosacruces y Teósofos. William Wynn Westcott fue el impulsor inicial de la creación del Alba Dorada, junto con dos compañeros masones, el Dr. William Robert Woodman y Samuel Liddell MacGregor Mathers. El Templo original de la Orden Hermética de la Aurora Dorada se llamaba Templo de Isis-Urania.

La Aurora Dorada era una sociedad Hermética de individuos afines preocupados por su desarrollo Espiritual. Su sistema se basaba en la jerarquía y la iniciación, como las logias Masónicas. La principal diferencia era que las mujeres eran admitidas en la Orden de la Aurora Dorada y estaban en igualdad de condiciones con los hombres. La Aurora Dorada era principalmente una escuela de conocimiento oculto, donde el enfoque principal era la teúrgia (la práctica de ejercicios rituales) y el aprendizaje de los Misterios del Universo. La parte de la teúrgia se basaba supuestamente en los Manuscritos Cifrados, que eran notas crípticas que incluían una serie de rituales Mágicos de iniciación correspondientes a los Elementos Espirituales de la Tierra, el Aire, el Agua y el Fuego.

La Orden de la Aurora Dorada tuvo su apogeo al principio y se desmoronó en 1903 debido a problemas internos entre sus miembros. La Orden se dividió en diferentes facciones, y de lo que quedaba de la Orden original surgieron otras Órdenes derivadas. Los dos principales vástagos fueron la Orden de la Stella Matutina y la Orden del Alfa y Omega. Los ejercicios rituales presentados en *The Magus* y sus conocimientos eran secretos en aquella época. Había que ser iniciado en una de estas Ordenes Mágicas para participar en la gran cantidad de conocimientos que se difundían entre sus miembros.

Estos ejercicios rituales no se hicieron públicos hasta 1937, cuando Israel Regardie publicó *La Aurora Dorada*, dando a las masas el curso completo de estudio de las enseñanzas y prácticas de la Orden Hermética de la Aurora Dorada. El movimiento de la Nueva Era estaba en auge en Europa y América del Norte en ese momento, lo que motivó a Regardie a romper su juramento de secreto y hacer público el conocimiento de la Aurora Dorada. Al hacerlo, sentó las bases del ocultismo Occidental moderno.

Muchas otras Órdenes de la Aurora Dorada surgieron después de la publicación de *La Aurora Dorada* de Regardie, afirmando que poseían el verdadero linaje de la Orden Hermética de la Aurora Dorada original, y muchas de ellas siguen existiendo hoy en día. Pero la verdad es que el linaje genuino se perdió a principios del siglo XX cuando los principales miembros de la Orden original se marcharon. Algunos incluso pasaron a asimilar las creencias y rituales de la Aurora Dorada a otras Ordenes Mágicas existentes, como Aleister Crowley, que reformó el Ordo Templi Orientis (OTO). En realidad, el poder y el uso de estos ejercicios rituales son todavía relativamente desconocidos para el público, por lo que los presento con la explicación más práctica de cómo y por qué funcionan.

MAGIA ALTA Y BAJA

La Magia Ceremonial es también llamada Alta Magia o Magia Blanca. Es Magia Solar y de la Luz. Extrae energía del Sistema Solar e infunde Luz (en diferentes frecuencias) en el Aura a través de ejercicios rituales. La Magia Ceremonial tiene un propósito Espiritual más que práctico.

Otro nombre para la Alta Magia es Magia Solar, ya que el Sol es la fuente de la Luz y la vida para nosotros. La energía se extrae directamente del Universo superior, y utilizando el aire como su medio de transmisión invoca esta energía en el Aura del practicante. Por esta razón, a menudo se sentirá una ráfaga de viento en la piel cuando se invoca la energía a través de un ejercicio de Magia Ceremonial.

La Magia Baja, por otro lado, extrae la energía de la Tierra - a menudo se le llama Magia de la Tierra o Magia Natural. La Magia Popular es otro nombre común para ella. La Magia Baja se ocupa de lograr un resultado práctico y material - utiliza objetos naturales como plantas, animales, piedras, fuego, agua, y todo lo que se puede encontrar en nuestro entorno y la naturaleza. A menudo implica encantos y hechizos, que consisten en rituales mucho menos elaborados que en la Alta Magia.

La Magia Baja es la Magia del pueblo Pagano, de las Brujas, de los Magos, de los hechiceros y de los ancianos sabios. Se puede utilizar para obtener un objeto material, conseguir dinero, encontrar el amor, curar el cuerpo físico, y cualquier otra cosa que implique ocuparse de sus deseos corporales Terrenales, necesidades o deseos.

La principal diferencia entre la Alta y la Baja Magia es que trabajan sobre diferentes partes del Ser. La Magia Baja trabaja directamente con el cuerpo físico y el Sephira Malkuth. Por otro lado, la Magia Alta puede trabajar sobre todos los Cuerpos Sutiles dentro de los Planos Cósmicos interiores, ya que abarca todo el Árbol de la Vida.

La Alta Magia también puede producir los mismos resultados que la Baja Magia, pero sólo mediante la invocación del Elemento Tierra. La Magia Baja es una ciencia más exacta en lo que respecta a la manifestación en el mundo material, ya que los elementos simbólicos que incorpora en sus rituales funcionan para lograr tareas específicas. La Magia Alta sólo te da lo que tu Alma necesita para seguir avanzando Espiritualmente mientras que la Magia Baja puede ser utilizada por el Alma pero también por el Ego; por lo tanto, sus resultados no siempre pueden ser favorables para ti desde el punto de vista Kármico.

En *The Magus*, sólo nos ocuparemos de la Alta Magia. Por lo tanto, no haré la distinción entre Alta y Baja Magia a partir de ahora, sino que sólo me referiré al tema como Magia. Si quieres aprender más sobre la Baja Magia, te invito a que investigues por tu cuenta. No hay ningún daño en aprender sobre la Magia Baja o cualquier otro tipo de Magia. Sin embargo, te aconsejo que no invoques energías de otros sistemas mientras realizas uno de los programas de Alquimia Espiritual de *The Magus*. Hacerlo puede afectar negativamente a los resultados deseados que estás tratando de lograr a través de este trabajo.

LOS ORÍGENES DE LA MAGIA

Los orígenes de la Magia están envueltos en el misterio y la intriga. Según el *Libro de los Vigilantes (del Libro* apócrifo *de Enoch*), antes del evento del Diluvio de Noé, existía un grupo de Seres de otro mundo llamados los Vigilantes. En el Antiguo Testamento, se dice que los Vigilantes son Ángeles que bajaron del Cielo. Los Vigilantes están organizados en una jerarquía de Arcángeles dentro de las sectas místicas Hebreas, con Miguel, Gabriel, Rafael y Auriel como sus líderes. En la Magia Ceremonial, estos cuatro Arcángeles son los representantes de los Cuatro Elementos.

Según la historia, Dios envió a los Vigilantes a la Tierra para que vigilaran a los humanos. Después de un tiempo, algunos de ellos empezaron a desear a las mujeres humanas. Dirigidos por los ángeles Semyaza y Azazel, doscientos de los Vigilantes se rebelaron contra Dios y bajaron a la Tierra para vivir entre los humanos. Tomaron esposas humanas para ellos y enseñaron a los humanos conocimientos prohibidos en contra de la voluntad de Dios. Este grupo se conoció como los "Ángeles Caídos". La historia de los Vigilantes es el origen de este popular término.

Los Ángeles Caídos revelaron muchos secretos ocultos a la humanidad, incluyendo la Alta y la Baja Magia. También enseñaron a los humanos Astrología, astronomía, meteorología, escritura, ciencia y tecnología, varias artes creativas, agricultura, medicina y el uso de cosméticos. Los Ángeles Caídos también enseñaron a los humanos la metalurgia -cómo fabricar elaboradas armas de guerra como espadas, cuchillos, escudos y corazas.

Los Ángeles Caídos procrearon con mujeres humanas, y su descendencia se conoció como los Nefilim o los "Gigantes". En el Antiguo Testamento (Génesis 6:1-4), los Nephilim son referidos como la descendencia de los "hijos de Dios" y las "hijas de los hombres". Se les llamó Gigantes porque eran mucho más altos que los humanos, con una media de catorce pies de altura. Por ello, los humanos los adoraban como semidioses.

Con las constantes guerras que se libraban entre los humanos, así como otras formas de anarquía y pecado, la Tierra se volvió muy corrupta. Para empeorar las cosas, los Nefilim se volvieron contra los humanos y empezaron a comerlos una vez que los humanos se cansaron de alimentarlos con sus productos. Cuando Dios vio lo que estaba ocurriendo, envió el Diluvio (Great Inundación) para destruir la maldad que plagaba la Tierra, permitiendo así a la humanidad comenzar de nuevo.

Según esta historia, la Magia tiene sus orígenes en los Vigilantes. Como el propósito original de los Vigilantes era vigilar a la humanidad literalmente, el grupo que se rebeló nos dio una práctica Espiritual que tiene el poder de sintonizarnos energéticamente y elevar nuestra conciencia a las alturas y niveles Divinos que son nuestro derecho de nacimiento. Tal vez después de enamorarse de las mujeres humanas, sintieron la responsabilidad personal de compartir el conocimiento de la Magia con nosotros y ayudarnos a evolucionar.

En el *Libro de los Jubileos*, también conocido como el "Génesis Menor", los Vigilantes descendieron originalmente a la Tierra para enseñar a la humanidad por decreto de Dios -su "Caída" estuvo marcada por su procreación con mujeres humanas y no por la difusión del conocimiento. Según esta versión de la historia de los Vigilantes, impartir conocimientos a la humanidad no era un acto prohibido, sino el propósito principal de su descenso a la Tierra.

Después del evento del Gran Diluvio, a medida que la humanidad sobrevivió, también lo hizo el conocimiento que recibió de los Observadores. Curiosamente, el conocimiento de la Magia se reservó para unos pocos elegidos (la clase alta y el Sacerdocio) en los miles de años que siguieron, y sólo recientemente (en los últimos cien años) se ha quitado su manto de secreto a la población general. Es como si los poderes que han dominado el escenario mundial en las civilizaciones que siguieron al

Gran Diluvio no quisieran que el humano medio tuviera este conocimiento. Por alguna nefasta razón, se prefirió mantener el nivel de conciencia colectiva de la humanidad en un estado inferior.

De la historia de los Vigilantes, vemos que son de origen Divino, ya sean Ángeles, Arcángeles o algo totalmente distinto. Además, los Vigilantes fueron probablemente los que impartieron el conocimiento de la Qabalah a la humanidad. Hay mucha relación entre la Qabalah y la Magia, como has visto hasta ahora, incluyendo el mismo objetivo: la transformación Espiritual de la raza humana. Además, no puede ser una coincidencia que ambos hayan sido supuestamente transmitidos a la humanidad en la antigüedad por Seres Angélicos.

Sin embargo, ¿eran los Vigilantes Seres Etéreos, o eran algo totalmente distinto? Sabemos de hecho que los Observadores tuvieron relaciones sexuales con mujeres humanas y produjeron descendencia física. No sería posible que lo hicieran si no fueran de carne y hueso, ya que los Seres no físicos no pueden fecundar a las mujeres humanas.

Creo que, examinando la naturaleza de los Nefilim, podemos averiguar más sobre quiénes eran los Vigilantes. En primer lugar, los Vigilantes eran los "hijos de Dios" según el Antiguo Testamento. Esta afirmación dice que eran superiores a los humanos y que ellos mismos eran Dioses. En segundo lugar, tenían cuerpos físicos ya que podían fecundar a mujeres físicas. Y, en tercer lugar, sus descendientes eran gigantes comparados con los humanos, lo que significa que su ADN era diferente y superior al nuestro, pero también compatible.

Después de muchos años de investigación sobre este asunto, creo que los Vigilantes no eran Ángeles o Arcángeles, sino Extraterrestres. Lo que estás escuchando es una teoría poco ortodoxa pero que requiere un examen más profundo ya que las muchas piezas del rompecabezas encajan perfectamente si podemos aceptar esta teoría como una posibilidad.

Hay muchas pruebas en las civilizaciones Antiguas de todo el mundo de que los extraterrestres participaron en la creación de los humanos actuales hace cientos de miles de años e incluso nos hicieron a su imagen. Por ejemplo, en el texto original hebreo del *Libro del Génesis*, se utiliza la palabra "Elohim" en lugar de Dios, que significa "los Dioses" (plural), lo que indica que fuimos hechos a imagen de nuestros Creadores y no de nuestro Creador.

Los teóricos de los Antiguos Astronautas creen que los humanos tuvieron contacto con Extraterrestres en un pasado remoto y que nuestra evolución se vio favorecida por ellos cuando mezclaron nuestra genética con la suya y nos dotaron de inteligencia. Por esta razón, los humanos están avanzando continuamente en todos los frentes como especie, mientras que otras especies animales no lo hacen. Si esta teoría es correcta, entonces los Vigilantes fueron enviados a vigilarnos en primer lugar porque nos crearon y tenían una responsabilidad hacia nosotros, como cualquier padre hace con sus hijos. Sin embargo, no es el propósito de este libro cuestionar la antropología, sino hacer los siguientes puntos.

Cuando se despierta plenamente el potencial más elevado de su energía Espiritual, el ser humano es un Ser de Luz. El propósito de trabajar con los Cinco Elementos a través del proceso de Alquimia Espiritual presentado en *The Magus* es alcanzar la Iluminación - en otras palabras, realizar tu más alto potencial como Ser de Luz.

Si los Extraterrestres son los que nos crearon y luego nos dieron el conocimiento de la Magia para ayudarnos a alcanzar nuestro más alto potencial, entonces es muy posible que ellos también hayan sido Seres de Luz. Después de todo, nos hicieron a su imagen y semejanza, y cada cosa creada contiene la esencia de su Creador. Así que tal vez inventaron la Magia para ayudarse a sí mismos a evolucionar Espiritualmente a su máximo potencial, y sabían que esta práctica nos ayudaría a alcanzar el mismo objetivo ya que fuimos hechos en su reflejo - desde la perspectiva de la energía y la conciencia.

Además, nuestros Creadores implantaron en nosotros un mecanismo biológico llamado Kundalini, cuyo propósito es acelerar nuestro proceso de Evolución Espiritual. Este mecanismo puede servir como un "interruptor de seguridad", ya que tiene el potencial de activarse en cualquier momento para promover nuestra evolución como especie. Incluso es posible que este interruptor se active a escala masiva en el futuro, lo que nos conducirá colectivamente a la tan esperada Edad de Oro de la que hablan las escrituras religiosas de todo el mundo.

En mi experiencia, había aprendido que la Magia Ceremonial es la mejor ayuda, sin excepción, en el proceso de transformación Espiritual que comenzó cuando tuve un despertar de Kundalini completo y permanente. Tal vez esta es otra razón por la que se nos dio la Magia por los Vigilantes -para que cuando los despertares masivos de Kundalini ocurran en el futuro, tengamos una poderosa práctica Espiritual a la que podamos recurrir en busca de ayuda mientras experimentamos colectivamente esta transformación Espiritual.

Una vez que hayamos despertado completamente a nuestro más alto potencial Espiritual, nos convertiremos en Seres Interdimensionales, con la capacidad de experimentar los Planos Cósmicos internos a través de nuestros Cuerpos de Luz. Trascenderemos el Mundo de la Materia y nos quitaremos los grilletes de nuestros cuerpos físicos, permitiendo así que nuestra conciencia experimente las diferentes dimensiones de vibración en el Cosmos.

Que hayamos sido creados por Dios o por Extraterrestres no nos importa en lo que respecta a dónde vamos colectivamente como especie. Nuestro destino es convertirnos en Seres de Luz, y el propósito de la Qabalah, la Magia, y especialmente el mecanismo de la Kundalini, es ayudarnos a llegar allí.

EL PODER DE LA MAGIA

Las principales preguntas que tiene la gente cuando oye hablar de la Magia por primera vez son cómo y por qué funciona la Magia. En primer lugar, la Magia es una ciencia invisible y Divina. El proceso de los rituales de Magia implica afectar al Mundo Astral utilizando la imaginación y la fuerza de voluntad. A medida que se influye en el Mundo Astral, los Planos Cósmicos correspondientes también se ven afectados - Como Es Arriba, Es Abajo. Así, el Mundo Astral es el "punto de contacto" entre el Mago y los Planos Cósmicos. Al afectar conscientemente el Plano Astral, provocamos la entrada de energía de los Planos Cósmicos.

En segundo lugar, la Magia obtiene su poder a través de la repetición. Una vez que repites una fórmula ritualista particular, creas un campo de energía que crece en poder con más repeticiones de práctica. Dado que la mente necesita "verlo para creerlo", es necesario sintonizar el cerebro con el funcionamiento de la Magia para convencerse de que funciona. Una vez que la mente está convencida más allá de cualquier duda, sus compuertas se abren, trayendo así la energía deseada al Aura más eficientemente. En esencia, así es como funciona la Magia.

Por qué funciona es una historia completamente diferente. La Magia es realmente lo que la palabra implica: Magia. Es una forma de arte sobrenatural con orígenes Divinos. Es imperativo notar la diferencia entre las palabras para Magia en Inglés, que son "Magick" con 'k' y "Magia" con 'c'. La Magia es meros trucos de cartas, ilusiones y una forma de entretenimiento, mientras que la Magia "Magick" es el arte y la práctica de la invocación de energía (o evocación) y la conformación de la realidad a la voluntad. La Magia es una práctica Divina destinada a exaltar la conciencia, y utiliza el poder de los Principios Universales de la Creación para lograr esta tarea. (Discutiré los Principios de la Creación en profundidad en una sección posterior sobre la Filosofía Hermética.)

"El ocultista no trata de dominar la Naturaleza, sino de ponerse en armonía con estas grandes Fuerzas Cósmicas, y trabajar con ellas". - Dion Fortune; extracto de "Magia Aplicada"

Cada una de las técnicas rituales que te daré ha sido probada por muchas personas que te precedieron. Todas funcionan, y son poderosas y eficaces. Al principio, puede que no sientas nada, pero no dejes que eso te preocupe; funciona siempre que se siga la fórmula correcta. A veces se necesita tiempo para que tu mente empiece a ver las manifestaciones de estos ejercicios rituales y para sentir la energía intuitivamente en tu cuerpo a través de las emociones. Si has despertado la Kundalini, te será mucho más fácil sentir las energías. En la mayoría de los casos, he encontrado que la gente siente inmediatamente las energías invocadas.

Todas las tradiciones Mágicas aconsejan al iniciado de la Luz tener determinación, perseverancia, persistencia y paciencia. En efecto, en muchos casos se necesita tiempo para ver que la Magia funciona, pero permíteme que te tranquilice: funciona. En cuanto a por qué funciona, podemos sentarnos aquí y especular por toda la Eternidad. Nuestras mentes finitas nunca comprenderán completamente algo que pertenece a la Mente Infinita de Dios. Si se hace sistemáticamente como se recomiendan los ejercicios rituales, puedes beneficiarte de ellos, ya que ayudan a afinar y sanar los Chakras y a elevar la vibración de tu conciencia.

"Nadie puede darte poderes mágicos. Tienes que ganártelos. Sólo hay una manera de hacerlo. Practica, practica, practica". - Donald Michael Kraig; extracto de "Modern Magick: Twelve Lessons in the High Magickal Arts".

El propósito de estos ejercicios rituales es evolucionar Espiritualmente. Se presentan sistemáticamente como parte de una fórmula Alquímica que existe desde hace miles de años. Convertir el plomo en oro y obtener la Piedra Filosofal del Alquimista es el proceso de convertir la Materia básica en Espíritu y elevar al Mago (Tú) a niveles Divinos de conciencia.

Estos ejercicios rituales serán de especial interés para los individuos que han despertado la Kundalini. Una vez que la Kundalini ha despertado y ha abierto sistemáticamente cada uno de los Chakras en su ascenso por el tubo hueco de la columna vertebral, permanecerá localizada en el cerebro durante el resto de la vida del individuo. Este acontecimiento tendrá como resultado la plena activación de su Cuerpo de Luz y el despertar de todo el Árbol de la Vida en su interior.

El miedo y la ansiedad presentes después de un despertar completo de la Kundalini significan que los Chakras necesitan limpieza y purificación. Mientras vivan en esta condición, estos individuos necesitarán una práctica o herramienta Espiritual para ayudarse a sí mismos a evolucionar y elevar su conciencia más allá de los primeros Cuatro Elementos (o Chakras) y hacia el Elemento Espíritu de los tres Chakras más altos.

Los ejercicios rituales Mágicos proporcionan la práctica necesaria que combate eficazmente la negatividad emocional y mental que todas las personas que despiertan la Kundalini atraviesan tras el despertar inicial. Estos ejercicios trabajan para eliminar el miedo y la ansiedad que está presente en el sistema de energía (Aura) al despertar la Kundalini.

INICIACIÓN ESPIRITUAL

Se ha escrito mucho sobre la iniciación Espiritual y su importancia en la Magia. La iniciación Espiritual no tiene que ver con la adquisición de más conocimientos sobre un tema, no es algo que se obtenga de los libros. En cambio, se trata de la muerte de algo viejo para que algo nuevo ocupe su lugar. Como tal, la iniciación Espiritual está estrechamente alineada con la idea del Renacimiento Espiritual, ya que ese es su objetivo final.

Renacer Espiritualmente significa renacer, metafóricamente hablando, a través del Espíritu. Implica la conquista del Ego por el Yo Superior, el Verdadero Yo, perteneciente a la energía del Espíritu. La iniciación es el punto de partida del sacrificio del Ego y de su modo de funcionamiento para que la conciencia pueda elevarse por encima de la mera existencia material que el Ego le ha impuesto a lo largo del tiempo. Por lo tanto, implica el proceso de transformación de la conciencia.

La iniciación Espiritual implica que no serás el mismo que antes ya que habrá un cambio drástico en tus funciones cognitivas después de ser iniciado. Una nueva visión de la vida, nuevas creencias y pensamientos renovados son parte de la iniciación en las energías de la Magia Ceremonial. Serás más amable y cariñoso con la gente y más asertivo en tu vida. La iniciación te permite aprovechar tu más alto potencial como ser humano Espiritual y aprovechar al máximo tu vida aquí en el Planeta Tierra.

El proceso de iniciación real tiene lugar dentro de ti, el aspirante a Mago, y no como parte de algún ritual Ceremonial o "rito" impartido a ti por otras personas. Al trabajar con los ejercicios rituales presentados en este libro, te estás auto-iniciando en las energías Cósmicas para obtener todos los objetivos que acabo de mencionar.

"Tomamos la iniciación espiritual cuando tomamos conciencia de lo divino dentro de nosotros, y así contactamos con lo divino fuera de nosotros". - Dion Fortune; extracto de "La Formación y el Trabajo de un Iniciado"

Pertenecer a una Orden Mágica (como una de las ramas de la Aurora Dorada o el Ordo Templi Orientis) es beneficioso para obtener más conocimientos y experiencia en los Misterios Occidentales. Sin embargo, no es necesario para recibir el poder de la iniciación Espiritual.

Los ejercicios rituales presentados en *The Magus* inician al individuo en las energías de los Cinco Elementos. Permítanme reiterar esto, ya que lo que estoy diciendo hará añicos las estructuras de creencias que algunos de ustedes tienen sobre la iniciación en una Orden Mágica. Los rituales presentados aquí, incluyendo el Ritual de Invocación Menor del Pentagrama de cada uno de los Cuatro Elementos y el Supreme Invoking Ritual of the Pentagram (Espíritu), son los propios rituales de iniciación en esas energías particulares. Debes entender esto porque la mayoría de las Órdenes de Magia Ceremonial profesan que, si deseas recibir una iniciación Espiritual, tienes que convertirte en parte de una Orden que se ocupa de las energías particulares que te interesan.

La mayoría de las Órdenes de Magia Ceremonial trabajan con un sistema de clasificación en el que cada grado se corresponde con uno de los Sephiroth inferiores del Árbol de la Vida. Cada uno de estos Sephiroth, a su vez, corresponde a uno de los Cuatro Elementos, incluyendo el quinto Elemento del Espíritu. Al iniciarte en las energías de los Elementos a través de los ejercicios rituales presentados en *The Magus*, estás asumiendo la plena responsabilidad de tu Evolución Espiritual. Evitas tener que pertenecer a una Orden para recibir estas iniciaciones Espirituales tan importantes.

Para un programa completo de práctica de los ejercicios rituales que se encuentran en esta sección, véase el capítulo titulado "El Proceso de la Alquimia Espiritual". Si te adhieres a las fórmulas rituales y a sus programas prescritos que se presentan en este libro, recorrerás el camino del Místico, del Sabio y del Mago.

VESTIMENTA Y AMBIENTACIÓN RITUAL

Desde los albores de la tradición Mistérica Occidental, se ha dado mucha importancia a la vestimenta ritual única y al entorno en el que debían realizarse los rituales de Magia Ceremonial. Como tal, ha surgido un malentendido en relación con este tema, que requiere una aclaración antes de avanzar.

En la tradición de la Aurora Dorada, se lleva una túnica ceremonial negra como parte de la indumentaria, que incluye un Nemyss y un Fajín de Grado (Figura 29). El Nemyss es un trozo de tocado a rayas que llevaban los Faraones en el Antiguo Egipto. El Fajín de Grado representa el nivel de un estudiante en la Orden, ya que cada grado que pasa está marcado por un parche simbólico en su fajín. Una vez que el iniciado ha alcanzado el Grado Portal, recibe un fajín blanco liso. Otras Órdenes Mágicas utilizan diferentes galas que representan las creencias de su tradición.

Sin embargo, para practicar la Magia Ceremonial con los ejercicios rituales de *The Magus*, puedes llevar cualquier cosa que consideres Sagrada. Estos ejercicios Mágicos funcionan simplemente siguiendo la fórmula ritual; por lo tanto, lo que lleves puesto y tu entorno sólo son esenciales para ponerte en el estado de ánimo adecuado para estar motivado y disfrutar del proceso de los ejercicios rituales.

Figura 29: Gala Tradicional de la Aurora Dorada (Orden Exterior)

He encontrado que cuando los individuos recién se inician en la Magia Ceremonial, una túnica o un atuendo especial les ayuda a entrar en la mentalidad Espiritual correcta antes de comenzar un ejercicio. Luego, a medida que pasa el tiempo y trabajan con Magia Ceremonial regularmente, pueden descartar el vestuario único ya que pueden reproducir esta mentalidad deseada sin ayuda adicional. Por lo tanto, lo que te pongas cuando practiques ejercicios rituales sólo es necesario para ponerte en el estado de ánimo adecuado. Recuerda que. Quien te diga lo contrario está tratando de llevarte por el mal camino.

A la mayoría de las personas que practican la Magia Ceremonial les gusta crear un espacio ritual básico a partir de simples objetos cotidianos. Por ejemplo, puedes utilizar una pequeña mesa cuadrada (a la altura de la cintura) para representar el altar central alrededor del cual realizarás tu operación ritual. A continuación, debes colocar un par de velas en la cabecera de la mesa, una en cada esquina.

Encender las velas es un acto simbólico de inicio del proceso ritual, así como apagarlas es un acto de finalización del mismo. Dado que se va a trabajar con los Cinco Elementos, lo mejor es utilizar un espacio de forma cuadrada o rectangular para esta empresa, donde las cuatro paredes circundantes representan los Cuatro Elementos, mientras que el techo y el suelo representan el Arriba y el Abajo, el Cielo y la Tierra.

Ayuda tener algunas representaciones simbólicas de cada uno de los Cuatro Elementos en las cuatro esquinas del altar. En el Este, tenemos el Aire; en el Sur, el Fuego; en el Oeste, el Agua; y en el Norte, la Tierra. El altar central representa el Espíritu. Estas son las designaciones rituales de los Elementos en el espacio.

En la tradición de la Aurora Dorada, se utiliza una daga para representar el Elemento Aire, una varita para el Fuego, una copa para el Agua y un pentáculo para la Tierra. Si no tienes acceso a estos objetos, puedes ser creativo y utilizar en su lugar cualquier objeto que simbolice los Cuatro Elementos para ti.

Si quisieras llegar a crear un escenario de templo elaborado, necesitarías un altar central y cuatro "estaciones" de altares más pequeños a su alrededor dedicados a los Cuatro Elementos. Tradicionalmente, en la Aurora Dorada, se colocan dos pilares (que representan la Luz y la Oscuridad) directamente frente al altar central en lados opuestos (Norte y Sur), así como los *Estandartes del Este y del Oeste*. Las Tablas Enoquianas están colocadas sobre las cuatro estaciones Elementales. El suelo es de cuadros blancos y negros, mientras que las paredes están pintadas de negro. Todo el entorno del templo tiene presente el tema de la dualidad. El practicante de la Magia, el ritualista, es la fuente de Luz dentro de la oscuridad del espacio, representada simbólicamente por las paredes negras.

Dentro de la tradición de la Aurora Dorada, antes de comenzar cualquier ritual en el templo, éste se limpia de cualquier energía rancia e indeseada. Tradicionalmente, se utiliza un hisopo con agua bendita para purificar el espacio y un incensario de cadena con incienso para consagrarlo. Una vez completado esto, puede comenzar el ejercicio ritual.

Las imágenes de la Figura 30 son del templo que construí hace muchos años en una de las habitaciones de mi casa mientras practicaba Magia Ceremonial dentro de la Orden de la Aurora Dorada. También creé el equipo tradicional del templo de la Aurora Dorada para añadir autenticidad a la experiencia.

Sin embargo, no quiero que se haga hincapié en la construcción de un templo personal o en el equipamiento del templo, ni tampoco en tener que limpiar el espacio de forma elaborada. Hacerlo puede disuadirte de probar los ejercicios rituales, ya que todo el proceso puede considerarse demasiado laborioso, tedioso y desafiante en general. El poder que hay detrás de las operaciones rituales reside en las fórmulas, no en el lugar donde las realizas o en lo que llevas puesto. El hecho es que si haces la fórmula ritual correctamente (independientemente de dónde estés o cómo vayas vestido), funcionará.

Figura 30: El Templo Personal de la Aurora Dorada del Autor

Además, si estás en un lugar donde no puedes vibrar los Nombres Divinos del Poder en voz alta, puedes entonarlos en silencio mientras realizas la fórmula ritual, y el ejercicio seguirá funcionando. La energía invocada será menor en cantidad de lo que sería si estuvieras vibrando los Nombres Divinos en voz alta, pero funcionaría de todos modos.

He realizado estos ejercicios rituales en los baños de los aviones, o en restaurantes, cuando no he podido encontrar un espacio más apropiado donde poder tener algo de intimidad durante unos minutos, y ha funcionado. Para ser un Mago, hay que quererlo y estar dispuesto a ser poco convencional cuando se te exige.

Para realizar estos ejercicios rituales fuera de la zona de confort de tu lugar de residencia, lo único que necesitas tener contigo es una brújula básica para poder orientarte siempre hacia el Este cuando quieras hacer un destierro o una invocación energética. No recomiendo hacer estos ejercicios cerca de extraños en un entorno público (ya que puedes sentirte incómodo). Sin embargo, un puesto de baño público con suficiente espacio para girar en círculo será suficiente. Si crees que puedes, tienes razón, y si crees que no puedes, también tienes razón. Por lo tanto, ten confianza en ti mismo cuando trabajes con estos ejercicios rituales, y lo conseguirás.

EL PROCESO RITUAL

Antes de empezar cualquier ejercicio ritual, el factor esencial que debes aclarar en tu interior es su propósito o intención. ¿Por qué estás haciendo el ejercicio, y qué estás tratando de lograr? Dado que los ejercicios rituales de *The Magus* están orientados a la Evolución Espiritual, tu intención o propósito (en la mayoría de los casos) será invocar o evocar una energía particular, aprender de ella y evolucionar. Por lo tanto, tómate un momento antes de comenzar un ejercicio ritual para recordar esto. Después de todo, nuestro Ser Superior es el que debe guiar nuestras acciones en la realización de rituales de Magia y no el Ego.

"La primera condición del éxito en la Magia es la pureza de propósito". - Aleister Crowley; extracto de "Moonchild"

Como se ha mencionado, ayuda hacer los ejercicios rituales en algún espacio sagrado que hayas creado, pero en realidad, funcionan dondequiera que decidas hacerlos, siempre que se siga la fórmula correcta. Si puedes conseguir algo de privacidad, hacer los ejercicios en un parque o bosque es una gran manera de conectarte con la naturaleza mientras trabajas en tu campo energético (Aura).

Es mejor evitar los ejercicios rituales después de una comida abundante. Mientras tu estómago está trabajando para sintetizar la comida en energía de la Luz, tus sentidos estarán distraídos. Las prácticas rituales se realizan mejor unas horas después de la comida, una vez que el cuerpo ha integrado la nueva energía, y puedes concentrarte más fácilmente. Como principiante, deberías seguir esta regla, y a medida que vayas avanzando y puedas concentrarte en la tarea que tienes entre manos de forma más eficiente, podrás establecer tus propias reglas al respecto.

Una vez que hayas aclarado tu propósito y decidido dónde realizar el ejercicio ritual, el siguiente paso es centrarte. Debes estar en un estado mental equilibrado en el que te sientas positivo, lo que permitirá que cualquier energía invocada penetre mejor en el Aura. En cuanto a las invocaciones rituales, la energía se introduce en tu Aura desde fuera de ti. Después de todo, estas energías son parte de nuestro Sistema Solar y de toda la Creación. En cuanto a las evocaciones, estás accediendo a un tipo de energía dentro de ti mismo, que se realiza con mayor frecuencia para la autorreflexión o para eliminarla de tu Aura.

Debes realizar la Respiración de Cuatro Tiempos para calmar tu mente y entrar en la "zona". La técnica para realizar este ejercicio de respiración se da en esta sección. Estar sereno tanto mental como emocionalmente es vital antes de trabajar con Magia. Al igual que te prepararías mentalmente para un partido deportivo en el que vas a participar, tienes que hacer lo mismo antes de practicar Magia. Por esta razón, a muchas personas les gusta usar incienso para hacer su espacio sagrado y ayudar a ponerlos en un estado de meditación. Los aromas más populares utilizados para limpiar la energía de cualquier zona son la Salvia, el Incienso y el Sándalo, pero cualquier incienso que te resulte agradable funcionará.

Todos los ejercicios rituales deben realizarse de pie mirando hacia el Este. Deben realizarse en el sentido de las manecillas del reloj, siguiendo el camino del Sol naciente y poniente. El Sol sale por el Este (atribuido al Elemento Aire), donde empezamos a recibir la Luz. El Sol está en su punto más alto y genera la mayor cantidad de Luz en el Sur (atribuido al Elemento Fuego). A continuación, el Sol comienza a ponerse y termina su ciclo en el Oeste (atribuido al Elemento Agua). El Norte se atribuye al Elemento Tierra y, como tal, no recibe Luz: representa la oscuridad antes de que el Sol salga y comience su ciclo de nuevo. Por estas razones, cuando invocamos o desterramos cualquier energía, seguimos simbólicamente el camino del Sol.

Dado que el Mundo Astral es el punto de contacto para el Mago, es crucial aplicar el uso de la fuerza de voluntad y la imaginación para que un ejercicio ritual funcione. Este proceso consiste en visualizar imágenes específicas que se le dan como parte de la fórmula del ejercicio y transponerlas a la realidad física que le rodea.

Utilizando la imaginación mientras se trazan símbolos con la mano derecha, junto con la vibración de los Nombres Divinos del Poder, se invocará (o evocará) la energía dentro (o fuera) del Aura. Es bastante sencillo cuando se sabe lo que se hace y se tiene algo de práctica.

"En todas las formas de Magia, la imaginación o la facultad de crear imágenes es el factor más importante". - Kenneth Grant; extracto de "The Magical Revival"

Para aclarar, en una "invocación" ritual, estás trayendo (llamando) un tipo particular de energía del Universo exterior a tu Aura. En una "evocación" ritual, estás accediendo a un tipo específico de energía desde tu interior para la introspección o para desterrarla de tu Aura (como en los ejercicios rituales de destierro del Pentagrama o del Hexagrama).

Es imprescindible utilizar activamente la imaginación y la fuerza de voluntad durante los ejercicios rituales para darles vida. Para que la Magia funcione, hay que seguir una fórmula ritual que consiste en hacer vibrar (cantar) los Nombres Divinos del Poder y dibujar ciertos símbolos en el aire ante ti.

El dibujo de los símbolos es un proceso imaginario en el que se trazan símbolos en el aire con la mano derecha, ya sea con una daga, con los dedos o con alguna otra herramienta que quieras utilizar para invocar (o evocar) la energía. Lo que utilices en este sentido depende de ti. Una simple colocación del pulgar entre el dedo anular y el dedo medio es la técnica empleada por la tradición de la Aurora Dorada.

El pulgar en medio de los cuatro dedos representa el factor de reconciliación de la letra Shin entre el Tetragrámaton, por lo que se convierte en el Pentagrámaton o el nombre de Jesucristo. Al dibujar el símbolo del Pentagrama o Hexagrama, debes imaginarlo presente frente a ti, dándole así poder.

Cada ejercicio ritual tiene su fórmula que debe seguirse hasta el último detalle. Además, es fundamental hacer vibrar los Nombres Divinos del Poder. Si has oído cantar a los monjes Tibetanos, es similar a eso. Las vibraciones deben realizarse en tono monótono, en Do natural y con una pronunciación alargada. Además, los nombres tienen que ser pronunciados tal y como están escritos y con un tono dominante pero reverente.

La vibración adecuada de estos nombres infundirá la energía correcta en tu Aura. Vibrarlos en tu garganta y usar el poder del abdomen al cantarlos es muy importante. Debes sentir que todo tu cuerpo vibra mientras pronuncias estos Nombres Divinos de Poder.

Las palabras son poder, y también lo es nuestra capacidad de invocar estos Nombres Divinos. Nuestra Palabra es nuestro vínculo de conexión con los Mundos más allá del Reino Físico. Las vibraciones incluyen los muchos Nombres Divinos de Dios, Arcángeles, Ángeles y otros nombres Sagrados, dependiendo del ejercicio ritual y su origen. Los Nombres Divinos utilizados en estos ejercicios han existido durante miles de años en la mayoría de los casos y son muy poderosos.

Los ejercicios rituales de Magia Ceremonial funcionan a través de la repetición, ya que la mente asimila el proceso y crea puertas para permitir que la energía invocada entre en el Aura. Con estos rituales, es la mente sobre la que estamos jugando trucos para influir en ella para sintonizar con las energías que están más allá de nosotros y traerlas al Aura.

Todos los ejercicios rituales presentados en *The Magus* emplean el círculo Mágico. El ritualista crea este círculo para construir un área protegida y sagrada. Además, como la mayoría de los ejercicios presentados en esta obra son invocaciones, las energías con las que estás trabajando fuera de ti se verterán en tu círculo Mágico y se infundirán en tu Aura.

Si otras personas están presentes dentro de tu círculo Mágico una vez que lo hayas creado, la energía deseada también penetrará en sus Auras. En un ritual de grupo, una persona puede hacer todo el trabajo para crear el círculo Mágico, o los demás pueden participar activamente. La clave para absorber las energías invocadas es estar dentro del círculo Mágico mientras se realiza el ejercicio ritual.

Tu Aura es el Alambique Alquímico donde ocurre el proceso de la Alquimia Espiritual. Un Alambique, en términos Alquímicos, es un aparato utilizado en la destilación, normalmente un vaso de precipitados o un matraz. El Aura se convierte en el Alambique ya que los cambios energéticos ocurren en su interior, exaltando así el Ser Superior.

Sin embargo, para beneficiarse realmente de los ejercicios rituales durante más tiempo, el Aura debe estar "Herméticamente sellada". Este término significa que es esencial mantener estos rituales en secreto, al menos durante un tiempo, hasta que veas que el proceso está funcionando porque no quieres que el mundo exterior te disuada de usar estos ejercicios. La Magia es muy extraña para la gente que no la ha hecho antes. Los humanos tienen miedo por naturaleza de las cosas que no entienden y generalmente rehuirán esas cosas para eliminar el miedo a lo Desconocido de su vida.

Permítanme repetirlo: estos rituales funcionan. Siempre han funcionado y seguirán funcionando. Tienes que ser persistente y estar decidido a utilizarlos, y te prometo que verás los resultados: dale un poco de tiempo. La mente necesita algún tiempo para ajustarse a las nuevas realidades que tienen lugar, pero una vez que lo hace, estos ejercicios rituales tienen el hábito de volverse adictivos.

Tener la capacidad de controlar cómo quieres sentirte a lo largo del día es un poder increíble para tener sobre tu vida. Y mientras se sienten fantásticos, estos ejercicios también hacen maravillas para tus Chakras ya que purifican la energía de los Elementos dentro de ellos.

Cómo esta ciencia sagrada es relativamente desconocida para el mundo exterior es un misterio para mí, ya que es tan poderosa y valiosa. Creo que las creencias religiosas tienen algo que ver con ello, concretamente el concepto que la mayoría de las religiones exponen, afirmando que tienen las respuestas a las muchas preguntas que tenemos que son Espirituales. La mayoría de las religiones quieren hacernos creer que tenemos que rezar a un Dios fuera de nosotros, ya que, según ellas, su Dios está "ahí fuera" y no dentro de nosotros.

Por el contrario, los rituales de Magia Ceremonial trabajan sobre la base de que cada uno de nosotros es nuestro propio Mesías, Redentor y vehículo de transformación de la Materia en el Espíritu. De esta manera, debemos asumir plenamente la responsabilidad de nuestra Evolución Espiritual en lugar de simplemente hacer lo que queremos y esperar que el Universo nos recompense. El uso de rituales de Magia Ceremonial nos permite tomar el destino en nuestras propias manos. No hay manera más efectiva de maximizar tu poder personal que convirtiéndote en un maestro de tu destino.

EL DIARIO MÁGICO

A medida que empieces a practicar la Magia Ceremonial, muchas verdades fundamentales sobre la naturaleza de la existencia te serán reveladas en tus sueños. Además, a medida que vayas progresando en los Elementos, podrás empezar a tener Sueños Lúcidos con regularidad. Mientras estás en un Sueño Lúcido, puedes desarrollar la habilidad de controlar el contenido de tus sueños conscientemente.

A medida que te conviertas en el "director de cine" de tus sueños, desarrollarás tus habilidades Mágicas incluso en los estados de sueño. Con todas estas nuevas experiencias que tienen lugar, ayuda tener un diario Mágico para que puedas escribir tus sueños y llevar un registro de todo lo que te sucede. Con el tiempo, verás patrones en tus sueños y serás capaz de interpretar símbolos que inicialmente no entendías. Tus sueños cuentan la historia de "Tú", y a veces, se necesita una cierta cantidad de tiempo antes de que puedas dar un paso atrás y ver el panorama general.

Al entrenarte para escribir tus sueños, te estás alineando más con tu subconsciente y con la capacidad de ver fotos e imágenes dentro de tu mente. Como Magos practicantes, esta es una habilidad beneficiosa porque te ayuda a obtener un mejor control sobre tus pensamientos, lo que, a su vez, influirá en tu capacidad para controlar mejor tu vida ejerciendo tu fuerza de voluntad.

En lugar de escribir el contenido de tus sueños, otro método es utilizar una grabadora de voz. Hacerlo así es más cómodo para registrar la información más rápidamente y luego volver a dormir para seguir soñando. En el caso de despertarse en mitad de la noche, este método será óptimo. Siempre puedes escuchar la grabación de voz por la mañana y anotar los sueños en tu diario Mágico.

Al escribir tus sueños, también te conviertes en tu propio psicólogo. El mero hecho de escribirlos es el acto de analizar tu psique. Incluso sin tener conocimientos básicos de psicología, podrás reconocer símbolos y ver patrones en tus sueños. Estos símbolos y patrones de repetición contarán inevitablemente una historia sobre algo que la mente subconsciente está tratando de comunicar a la mente consciente.

La mente subconsciente puede actuar a menudo como un animal salvaje, completamente independiente en su expresión. Como suele estar oculto para nosotros, es posible que no seamos capaces de ver su funcionamiento a menos que le pongamos una lupa para enfocar sus acciones. Escribir los sueños sirve de lupa; al hacerlo con el tiempo, el subconsciente se revelará cada vez más. Se dará cuenta de que ya no puede permanecer oculto porque te has interesado en ver lo que te muestra.

Anotando tus sueños a diario, conseguirás un mejor acceso a tu mente subconsciente, incluso en estado de vigilia. Podrás conectar con ella a voluntad y ver las imágenes que proyecta y analizarlas. A su vez, esto ayudará significativamente a tu Evolución Espiritual. Además, tu intuición aumentará inmensamente.

Además de registrar tus sueños, debes utilizar tu diario Mágico para anotar los ejercicios rituales que estés realizando. Cada vez que hagas cualquier tipo de ritual, debes anotarlo en tu diario. Para obtener resultados óptimos, debes anotar la fecha y la hora en que realizaste el ejercicio. Lo mismo se aplica a la hora de anotar los sueños.

También se recomienda obtener una Guía Planetaria (que traza el movimiento de los Planetas y la Luna con respecto a las Estrellas) y anotar las influencias Astrológicas en el día y la hora en que hiciste el ejercicio ritual. Esta parte no es obligatoria, pero ayuda a hacerlo si te tomas en serio lo de convertirte en un Mago avanzado.

Los ejercicios rituales Elementales afectan al Microcosmos, mientras que los ciclos Planetarios y Lunares afectan al Macrocosmos: Como Es Arriba, Es Abajo. Uno afecta al otro continuamente. Por lo tanto, es esencial estar atento a los movimientos de los Planetas en nuestro Sistema Solar y a los ciclos Lunares para que tengas una idea de qué energías del Macrocosmos te están afectando diariamente. Después de terminar el primer programa de Alquimia Espiritual con los Elementos, el siguiente programa te permite cambiar directamente tus influencias Macrocósmicas a través de invocaciones de las energías Planetarias.

Una vez que hayas anotado el ejercicio ritual que has completado, tienes que escribir cómo te hizo sentir ese ejercicio y lo que tenías en mente antes y después de su realización. La idea es ser reflexivo y escribir cómo te afectó psicológicamente el ejercicio. Al principio, es posible que no sientas nada ni tengas ningún pensamiento inspirador al respecto, pero con el tiempo esto cambiará. A través de la repetición de los ejercicios rituales y de la exposición de tu psique a sus energías, tu experiencia con ellos aumentará con el tiempo.

La importancia de anotar tus pensamientos en un papel cada vez que realices un ejercicio ritual es para ver tu evolución a lo largo del tiempo en la obtención de la capacidad de conectar mental y emocionalmente con estos ejercicios. De esta manera, puedes seguir tu progreso y desarrollo para convertirte en un Mago.

LA RESPIRACIÓN DE CUATRO TIEMPOS

La Respiración de Cuatro Tiempos es un ejercicio meditativo que reduce el estrés y que se puede realizar a diario, ya sea antes o después de una práctica ritual o en cualquier momento del día en que se desee entrar en un estado mental tranquilo y equilibrado. Su uso traerá resultados muy positivos cada vez, ya que el control de la respiración es fundamental para entrar en un estado de meditación. Además, la realización de la Respiración de Cuatro Tiempos va de la mano de los ejercicios rituales porque estar en un estado mental tranquilo y equilibrado ayuda a sintonizar con las energías que se invocan y permite que se integren dentro del Ser de manera más eficiente.

La Respiración de Cuatro Tiempos es una técnica de Pranayama Yoga conocida como Sama-Vritti, que en Inglés significa "respiración igual". Además de ser una técnica de respiración preliminar para los ejercicios rituales, puedes ponerla en práctica cuando te encuentres en una situación estresante o te enfrentes a la ansiedad. Su uso te calmará en pocos minutos y te permitirá pensar con claridad. Además, su realización trasladará tu conciencia al Estado Alfa.

El uso de la Respiración de Cuatro Tiempos abre el centro psíquico, el Chakra del Ojo de la Mente (Ajna), que, a su vez, crea una conexión más fuerte con tu Chakra de la Corona (Sahasrara), alineándote así con la energía del Espíritu. La sintonización del Chakra del Ojo de la Mente traerá equilibrio y calma a la mente, el cuerpo y el Alma con el tiempo. El Chakra del Ojo de la Mente es una puerta, un "portal" que conduce a los Reinos Cósmicos internos y a los niveles superiores de conciencia.

Es importante tener en cuenta que, si has despertado la Kundalini por completo y ésta reside ahora en el cerebro, causando mucha presión en la cabeza (lo cual es común cuando se está en este estado), debes omitir la siguiente Meditación del Ojo de la Mente y concentrarte en la Respiración de Cuatro Tiempos. Realiza la Respiración de Cuatro Tiempos como una simple técnica meditativa, y envía la energía hacia abajo en lugar de hacia arriba. Esto se consigue poniendo la atención y la conciencia en el abdomen mientras se realiza este ejercicio de respiración. Como resultado, la energía se moverá hacia abajo desde la cabeza hacia el abdomen, liberando la presión de la cabeza y dando como resultado un estado más relajado y equilibrado.

La Respiración de Cuatro Tiempos debe utilizarse para entrar en el estado mental adecuado. Para realizarla, relaja el cuerpo y exhala contando hasta cuatro. Mantén la respiración hasta la cuenta de cuatro. A continuación, inhala contando hasta cuatro. Mantén la respiración mientras cuentas hasta cuatro. Es muy sencillo. Repite este ciclo y continúa durante al menos tres o cinco minutos cuando utilices este ejercicio por primera vez. Cuenta a una velocidad constante y cómoda mientras tratas de adaptarte a tu respiración natural. Puede que te lleve unos días de práctica hasta que encuentres un ritmo que se adapte a tu cuerpo y obtengas el resultado deseado.

La respiración rítmica de la Respiración de Cuatro Tiempos es necesaria ya que estimula la energía Kundalini y la Luz Astral. Te pone inmediatamente en un estado mental meditativo, dándote la preparación adecuada antes de empezar cualquier ejercicio ritual u otra técnica de meditación. Dado que puedes utilizar la Respiración de Cuatro Tiempos siempre que necesites calmarte, deberías practicarla a menudo y convertirla en una parte habitual de tu vida.

LA MEDITACIÓN DEL OJO DE LA MENTE

La Meditación del Ojo de la Mente se realiza mejor mientras se está recostado o en posición de loto, aunque puede realizarse en cualquier momento cuando el cuerpo está quieto y en estado de relajación. El Chakra del Ojo de la Mente está situado en el entrecejo y justo por encima del nivel de los ojos, a aproximadamente 1/5 del camino hacia la línea del cabello. Su ubicación es un centímetro dentro de la cabeza cuando se mira a este punto con los ojos cerrados. Aunque no hay un tercer ojo físico presente en el cuerpo, hay un centro de conciencia que existe en esa zona.

El Ojo de la Mente es un pequeño portal circular, una ventana a los Reinos Cósmicos. Cuando nos concentramos en él, alcanzamos inmediatamente un estado meditativo. Sin embargo, cuando mantenemos nuestra atención allí por un breve tiempo y descuidamos el parloteo del Ego, comenzaremos a recibir visiones e imágenes que fluyen a través de esta área como si fuera una pantalla de cine.

Realiza la Respiración de Cuatro Tiempos mientras te concentras en el centro del Ojo de la Mente. Deberías empezar a sentir una conexión con este centro y una fuerza que tira lentamente de tus ojos hacia él. Hay una atracción magnética y una leve tensión en los ojos al realizar este ejercicio. Sabrás que has establecido una conexión con el Ojo de la Mente cuando un sentimiento agradable entre en tu corazón. A continuación, empezarás a ver visiones que atraviesan esta zona. Intenta conectar con estas visiones prestándoles la máxima atención. No retengas cada imagen demasiado tiempo, ya que será fugaz. En cambio, mírala y déjala ir. Si realizas esta meditación después de una invocación ritual, las imágenes pertenecerán de alguna manera a la naturaleza de la energía que invocaste.

Tu cuerpo y tu mente deben estar ahora en un Estado Alfa mientras realizas la Respiración de Cuatro Tiempos, que es un estado necesario para que la energía que invocaste comience a comunicarse contigo. Verás estos pensamientos como en un sueño y te darás cuenta de que el verdadero "vigilante" está dentro de ti. En otras palabras, serás capaz de percibir al Testigo Silencioso dentro de ti. Él o ella es algo diferente del cuerpo o la mente, pero es una parte de ti. Es el Yo Superior que forma parte de la Conciencia Cósmica pura e indiferenciada del Universo.

Permanece en este estado de diez a quince minutos. Cuanto más tiempo pases en este estado, mejor, teniendo en cuenta que estarás desarrollando habilidades psíquicas al mismo tiempo que te sintonizas con la energía del Espíritu. Ahora, vuelve lentamente de este estado a uno normal. Libere la tensión de sus ojos y desplácelos gradualmente desde el centro del Ojo de la Mente a su posición normal, permitiendo que su mente vuelva a la conciencia normal de la vigilia.

Permítete unos minutos de quietud para poder integrar la experiencia. Piensa en las imágenes que has visto y en los mensajes que has recibido mientras estabas en este estado de meditación. Abre lentamente los ojos. Tu meditación ha concluido.

Esta meditación es beneficiosa para permitirte canalizar la energía con la que estás trabajando a través de los ejercicios rituales y alcanzar la Gnosis. También es útil para desarrollar la concentración y aumentar tus poderes intuitivos. Su uso también estimulará la Kundalini y puede dar lugar a un despertar espontáneo de la Kundalini si aún no lo has tenido.

La meditación del Ojo de la Mente es la meditación más básica y efectiva que existe. Es muy poderosa porque si la realizas a diario, harás avanzar tu Evolución Espiritual diez veces en tan sólo unos meses. Esta meditación funciona bien con la Respiración de Cuatro Tiempos y los ejercicios rituales porque te permite poner tu mente en un estado de calma y relajación por el cual las energías pueden infundirse en tus Chakras más eficientemente.

Además de lograr un estado mental muy relajado y equilibrado, estás trabajando en la apertura de tu Chakra del Ojo de la Mente y en la recepción de energías de tus Superiores, tu Yo-Dios. No puedes acceder al Sahasrara por sí mismo, sino que necesitas utilizar el Ojo de la Mente como portal de entrada. Al trabajar con esta meditación, estarás accediendo a los dos Chakras más altos y abriéndote a sus energías. Como tal, estarás avanzando bien en tu viaje de Evolución Espiritual.

LESSER BANISHING RITUAL OF THE PENTAGRAM

Este ejercicio ritual es un tipo de destierro tanto de las influencias energéticas negativas como de las positivas en tu Aura y debería realizarse al menos unas cuantas veces al día. El Lesser Banishing Ritual of the Pentagram (LBRP) destierra el Microcosmos, mientras que el Banishing Ritual of the Hexagram (BRH) destierra el Macrocosmos. Aunque pueda parecer extraño querer eliminar las influencias energéticas positivas, éstas siguen siendo energías que pueden disuadirte de alcanzar tus objetivos deseados.

El Microcosmos es el ser humano y se considera un reflejo del Sistema Solar, que es el Macrocosmos. En el axioma Hermético de "Como Es Arriba, Es Abajo", el Macrocosmos es lo de arriba, mientras que el Microcosmos es lo de abajo. Ponemos en práctica este axioma Hermético al realizar todas las operaciones Mágicas.

El Microcosmos es el Aura del ser humano y las energías Elementales que contiene en su interior, que operan a través de los Chakras. El Macrocosmos son las energías contenidas dentro de nuestro Sistema Solar, que son las energías de los Siete Planetas Antiguos, los Doce Zodiacos, y las energías Elementales fuera de nosotros. El LBRP es el primer ejercicio ritual que se da al aspirante a Mago, y se centra en el Microcosmos, el Aura humana.

Es óptimo realizar el LBRP en tres momentos específicos durante el día: una vez por la mañana (justo al levantarse), una vez durante la invocación mayor diaria y una vez por la noche (justo antes de irse a dormir). La invocación principal en el primer programa de Alquimia Espiritual incluirá el ritual del Middle Pillar, el Banishing Ritual of the Hexagram (BRH) y un ritual de invocación Elemental, utilizando el Ritual de Invocación Menor del Pentagrama (LIRP). (Puedes encontrar estos ejercicios rituales en esta sección, a continuación del LBRP.

El LBRP debe hacerse justo por la mañana porque ayuda a empezar la mañana sintiéndose equilibrado en mente, cuerpo y Alma, ya que ese estado suele establecer el tono para todo el día. Asimismo, el LBRP debe hacerse antes de dormir porque desterrará cualquier influencia negativa, como los emisores de pensamientos adversos que pueden mantenernos despiertos por la noche. Hacerlo ayudará a conciliar el sueño más rápido y a tener un sueño más profundo.

El LBRP es muy fácil de hacer, y una vez practicado y memorizado, se puede hacer este ejercicio en menos de unos minutos. Este ejercicio ritual, junto con el BRH y el Middle Pillar, se considera el "pan de cada día" del practicante, su base. Su propósito es equilibrarte y ponerte en contacto con tu centro, con tu Alma, que es el principal prerrequisito detrás de cualquier trabajo Mágico. Porque, si no estás equilibrado, traer cualquier energía fuera de ti puede afectarte negativamente, ya que activará emisores de pensamiento que no son de la Luz que pueden sobrepasar rápidamente la conciencia.

El LBRP es necesario para enraizarte, ya que utiliza el Pentagrama desterrador de la Tierra para eliminar las energías densas de los tres Elementos que pueden agobiarte. Al hacerlo, trae paz, calma y equilibrio. Es similar a realizar una oración intensa antes de cualquier operación Mágica para alinearse con el Ser Superior con el componente añadido de proteger tu Aura. Mientras vibras los Nombres Divinos del Poder en el LBRP, recuerda alargar cada palabra en un flujo continuo, usando una respiración completa. Debes hacerlo así para obtener los mejores resultados. Este ejercicio ritual tiene una fórmula de cuatro partes.

Como se ha mencionado, el LBRP es el ejercicio más utilizado junto con el BRH, que se dará a continuación como parte de los destierros diarios. Al desterrar las energías densas de la Tierra, elevas la vibración de tu conciencia mientras te pones en contacto con tu núcleo y centro, llegando a estar equilibrado en todas las partes del Ser.

Lesser Banishing Ritual of the Pentagram

Fórmula 1: La Cruz Qabalística

Sitúate en el centro del lugar donde vas a crear tu círculo Mágico y mira hacia el Este. Si tienes altares Elementales y (o) un altar central, ponte detrás del altar central. La Cruz Qabalística se utiliza para abrir y cerrar el ritual. Comienza realizando la Respiración de Cuatro Tiempos durante uno o dos minutos para entrar en un estado mental tranquilo y equilibrado. Cierra los ojos. Ponte de pie con las manos extendidas horizontalmente, formando una cruz con tu cuerpo. Tus dos brazos forman la parte horizontal de la cruz, mientras que tus pies juntos y tu cabeza forman la parte vertical de la cruz.

Imagina una bola de Luz del tamaño de una pelota de baloncesto tocando tu Chakra Coronario y flotando sobre ti. Es Kether, el Sahasrara Chakra vigorizado. Imagínala girando y dando vueltas, y siente el calor de la Luz Blanca pura que emana de ella. Una vez que lo hayas imaginado bien, introduce la mano derecha en él con los dedos medio e índice juntos. Mientras te introduces en ella, sigue manteniendo la mano izquierda estirada hacia fuera y los pies plantados juntos. Ahora toca tu frente con tu mano derecha mientras visualizas un rayo de Luz saliendo de esta Esfera mientras la llevas a tu cabeza. Llevarás este rayo de Luz a tu cuerpo dondequiera que muevas tu mano derecha (con los dedos medio e índice juntos).

Vibra:

Aaaahhh-taaahhh

(Atah: "Tu Eres")

Toca ahora el centro de tu pecho y luego apunta hacia la Tierra a tus pies mientras ves la Luz llevada desde tu cabeza hasta tus pies, formando así una columna central de Luz que impregna tu cuerpo físico. Mientras realizas estos movimientos, continúa con la mano izquierda estirada hacia afuera.

Vibra:

Mahllll-kooot

(Malkuth: "El Reino")

Ahora mueve tu mano derecha hacia arriba verticalmente, y toca el centro de tu pecho de nuevo. A continuación, tócate el hombro derecho con la mano derecha y extiéndela hacia el exterior mientras mueves el rayo de Luz hacia la palma de la mano. Mientras realizas este movimiento, mueve tu mano izquierda hacia dentro y toca el centro de tu pecho con los dedos medio e índice de tu mano izquierda. Mantén esta posición y conecta con la Luz dentro de tu cuerpo. Has formado el canal central de la cruz y el brazo derecho.

Vibra:

vihhh-Geh-booo-raaah

(ve-Geburah: "Y el Poder")

Mueve la mano derecha hacia la izquierda y toca el centro del pecho. Al hacer este movimiento, extienda de nuevo su mano izquierda hacia fuera. Usando tu mano derecha, mueve el rayo de Luz hacia tu hombro izquierdo ahora tocándolo, seguido por tocar la palma de tu mano izquierda. (Ahora has llevado el rayo de Luz a todo tu brazo izquierdo.) Con un movimiento de barrido, atrae la Luz a través de tu cuerpo horizontalmente, empezando por la mano izquierda y moviéndote hacia la derecha. Tu mano derecha debe estar estirada hacia fuera otra vez. Su cuerpo físico debe tener la forma de una cruz como cuando comenzó este ejercicio. La única diferencia es que ahora una cruz completa de Luz está superpuesta sobre tu cuerpo.

Vibra:

vihhh-Geh-dooo-laaah

(ve-Gedulah: "Y la Gloria")

Coloca tus manos juntas en posición de oración frente a tu pecho mientras mantienes la visualización de la cruz de Luz dentro de ti.

Vibra:

Layyy-Ohhh-lahmmm

(Le-Olahm: "Para siempre")

Ahora extienda las manos de nuevo en forma de cruz.

Vibra:

Ah-mennn

(Amén: "Que así sea").

Si quieres dedicar un minuto a hacer una oración al Señor del Universo (tu concepción de El Todo, o Dios), puedes hacerlo. Cualquier oración funcionará siempre que esté dirigida a la Divinidad. Realizarla te pondrá más en contacto con tu Ser Superior y solidificará tu intención detrás de la realización de la operación ritual.

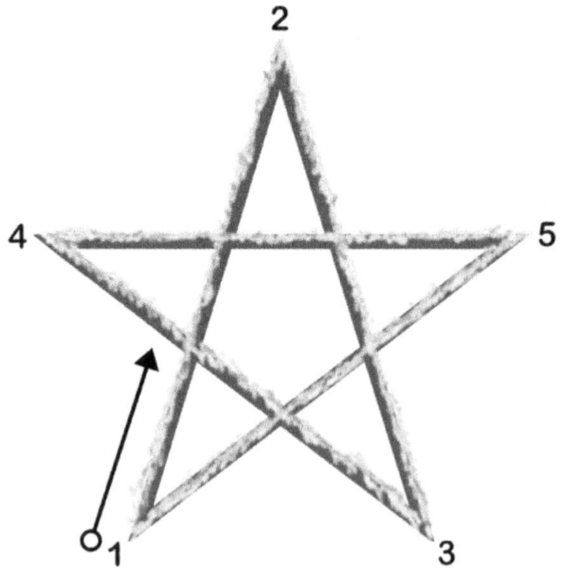

Figura 31: Pentagrama de Destierro de la Tierra

Fórmula 2: Formulación de los Pentagramas

Paso 1: Después de haber completado la Cruz Qabalística, ponte de pie y mira hacia el Este. Usando tu herramienta Mágica para trazar símbolos, o simplemente usando su mano con el pulgar entre el dedo anular y el dedo medio, dibuja un Pentagrama en un brillante azul flamígero. Dibújalo justo delante de ti, de un tamaño considerable, y a la distancia de un brazo completo. La parte más importante de dibujar un Pentagrama es cómo se traza, ya que al trazarlo desde uno de los cinco puntos y direcciones se producirá una energía Elemental diferente y se invocará o desterrará uno de los Cinco Elementos. En este caso, estamos utilizando el Pentagrama de destierro de la Tierra (Figura 31), por lo que debes trazarlo en consecuencia.

Empieza por abajo, donde está tu cadera izquierda, sube hasta la cabeza, luego a la cadera derecha, cruza tu cuerpo hasta el lado izquierdo más lejano, luego cruza a la derecha, terminando donde empezaste. Has dibujado el Pentagrama delante de ti en azul flamígero. Si haces que tu brazo esté rígido y recto y completas estos movimientos desde tu hombro derecho, debería formar el tamaño ideal del Pentagrama.

Paso 2: Ponte delante del Pentagrama. Inhala por la nariz mientras alcanza la Esfera de Luz sobre tu cabeza (Kether). Los dos brazos deben subir verticalmente mientras haces esto. Lleva esta Luz hacia el pecho mientras mueves las manos hacia el centro de la cabeza, de modo que queden a la altura de los ojos. A continuación, proyecta la Luz desde la punta de los dedos. Tus brazos deben extenderse ante ti mientras apuntan directamente al Pentagrama. (Las palmas de las manos deben estar orientadas hacia el suelo mientras haces esto).

Mientras proyecta con sus manos, en ese mismo movimiento, mueve tu pie izquierdo hacia adelante aproximadamente un pie delante de tu derecho (Figura 32). Todo el movimiento del Paso 2 es una representación simbólica completa del Signo de Proyección, también llamado el Signo de Horus o el "Signo del Entrante", que utilizarás para encender los Pentagramas y Hexagramas en los ejercicios rituales de este libro. Observa cómo la Luz sale disparada de tus dedos y, al golpear el Pentagrama, lo hace arder, casi como si echaras gasolina a un fuego ya existente.

Vibra:

Yooohd-Heyyy-Vaaav-Heyyy

(YHVH)

Ahora el Pentagrama tiene el poder del Nombre Divino YHVH y es más fuerte que nunca. Al pronunciar los Nombres Divinos, hazlo con un tono de mando en Do natural. Trata de conectarte con esta experiencia mientras sientes que todo tu cuerpo vibra con cada pronunciación. Mientras vibras, asegúrate de alargar cada palabra en un flujo continuo, usando una respiración completa. Con cada vibración, deberías escuchar mentalmente el eco de cada Nombre Divino en los confines de cualquier dirección cardinal en la que te encuentres.

Tus manos deben estar aún extendidas. A continuación, empieza a moverlas hacia los lados y, con la mano izquierda, llévate el dedo índice a la boca en el Signo de Harpócrates. Como parte del mismo movimiento, mueve el pie izquierdo hacia atrás hasta donde está el pie derecho (Figura 32). El Signo de Harpócrates (el Dios del Silencio) también se llama el Signo de la Protección o el "Signo del Silencio". Su propósito es cortar el canal de energía creado al cargar el Pentagrama (o Hexagrama) con el Signo del Entrador.

Paso 3: Utilizando tu herramienta Mágica (o tu mano derecha), apunta al centro del Pentagrama y transpone una línea blanca brillante desde el centro, moviéndote ahora en el sentido de las manecillas del reloj hacia la siguiente dirección cardinal. A medida que te mueves hacia tu derecha, estás siguiendo el camino del Sol naciente y poniente. Termina clavando el extremo de la línea blanca en el centro de esta siguiente dirección en el espacio. Habrás formado un arco de noventa grados con la línea blanca del último Pentagrama que creaste.

Hasta ahora, has dibujado el Pentagrama azul flameante en el Este y una línea blanca que parte de su centro y se conecta con el Sur. Ponte de pie y mira hacia el Sur ahora.

Paso 4: En el Sur, repite el mismo procedimiento que en el Paso 1 y el Paso 2, utilizando en su lugar el siguiente Nombre Divino:

Aaahhh-dooohhh-nyyyeee

(Adonai)

Has dibujado el Pentagrama azul flamígero en el Este y el Sur y una línea blanca que los conecta. Ahora, repite el paso 3 y mueve esta línea blanca hacia el Oeste. Ponte de pie y mira hacia el Oeste.

Paso 5: En el Oeste, repite el mismo procedimiento que en el Paso 1 y el Paso 2, utilizando en su lugar el siguiente Nombre Divino:

Eeehhh-heyyy-yey

(Eheieh)

Hasta ahora, has dibujado el Pentagrama azul flameante en el Este, el Sur y el Oeste, y una línea blanca que conecta los tres en un patrón circular. La mitad de tu círculo Mágico está completa. Ahora, repite el paso 3 y mueve esta línea hacia el Norte. Ponte de pie y mira hacia el Norte.

Paso 6: En el Norte, repite el mismo procedimiento que en el Paso 1 y el Paso 2, utilizando este Nombre Divino en su lugar:

Aaahhh-Glaaahhh

(AGLA)

Ahora has dibujado los cuatro Pentagramas en los cuatro puntos cardinales y has creado las tres cuartas partes de tu círculo Mágico. Ahora, repite el Paso 3, y lleva la línea blanca desde el centro del Pentagrama del Norte y conéctalo con el Pentagrama del Este. Después de hacer esto, has creado todo el círculo Mágico con una línea blanca que conecta los cuatro Pentagramas azules llameantes.

Paso 7: Mientras estás de pie mirando hacia la dirección Este, realiza el Signo del Entrador y el Signo del Silencio y ve los cuatro Pentagramas aún más encendidos, incluyendo la línea blanca que los conecta.

Vuelve ahora al centro del círculo Mágico y mira hacia el Este. Si tienes un altar central, ponte detrás de él.

Fórmula 3: La Evocación de los Arcángeles

Vuelve a estirar los brazos horizontalmente en forma de cruz. Siente la Cruz Qabalística dentro de ti como la sentiste cuando lo hiciste antes de dibujar los Pentagramas. Concéntrate en el Este y di:

"Antes que yo,"

Vibra:

Raaahhh-faaayyy-elll

(Raphael)

Visualiza al Gran Arcángel del Aire, Rafael, de pie frente a ti, fuera de tu círculo Mágico, de espaldas a ti. Lleva una túnica amarilla con reflejos púrpura. Lleva la varita del Caduceo en su mano derecha y está de pie sobre una alta montaña. Es de gran tamaño y está de espaldas a ti, protegiendo el Este. Observa sus gigantescas alas de Arcángel y permítete conectar con la imagen visual de él y su entorno tan bien como puedas. Siente una brisa fresca de aire ahora en el Este y la esencia del Elemento Aire. Una vez que lo hayas hecho, con los pies todavía firmemente plantados en el suelo, vuelve tu atención hacia el Oeste y di

"Detrás de mí,"

Vibra:

Gahhh-breee-elll

(Gabriel)

Visualiza al Gran Arcángel del Agua, Gabriel, de pie detrás de ti, fuera de tu círculo, de espaldas a ti. Está vestido con una túnica azul con reflejos anaranjados. Sostiene una copa en su mano derecha mientras está de pie con sus pies en un lago rodeado de cascadas. Mira sus gigantescas alas de Arcángel y siente la humedad en el aire mientras oyes el ruido de las cascadas. Conecta con la imagen de Gabriel y siente la esencia del Elemento Agua. Una vez hecho esto, sin mover los pies, dirige tu atención hacia el Sur mientras hace un pequeño movimiento de cabeza con tu mano derecha y di

"A mi derecha,"

Vibra:

Meee-khaaaiii-elll

(Michael)

Visualiza ahora al Gran Arcángel del Fuego, Miguel, de pie a tu derecha y fuera del círculo que has creado, de espaldas a ti. Está vestido con una túnica roja con reflejos verdes. Miguel sostiene una espada de fuego en su mano derecha con sus gigantescas alas de Arcángel hacia ti. Imagina su gigantesca presencia imponiéndose sobre ti mientras está de pie en un pozo de fuego. Conecta con esta imagen y siente la esencia del Elemento Fuego y el calor que emana del Sur. Una vez que hayas establecido una conexión adecuada, sin mover los pies, vuelve tu atención hacia el Norte mientras das un pequeño movimiento de cabeza con tu mano izquierda y di:

"Y a mi izquierda,"

Vibra:

Ohhh-reee-elll

(Auriel)

Visualiza ahora al Gran Arcángel de la Tierra, Auriel, de pie a tu izquierda. Está fuera de tu círculo y te da la espalda. Está vestido con una túnica negra con reflejos cetrinos, olivos y rojizos. En su mano derecha, sostiene una gavilla de trigo mientras está de pie dentro de una cueva. Vea sus gigantescas alas y conecte con la imagen de él y su entorno. Siente ahora el Elemento Tierra que emana del Norte, las cualidades del frío y la sequedad.

Como has evocado a los Arcángeles para que custodien los cuatro puntos cardinales, di:

"Porque ante mí flamea el Pentagrama,

Y detrás de mí brilla la Estrella de seis rayos."

Fórmula 4: La Cruz Qabalística

Repite la Cruz Qabalística. Esto completa el Ritual de Destierro Menor del Pentagrama.

***

Encontrarás una sensación de paz que te invadirá después de realizar la LBRP. Inmediatamente te sentirás más Espiritual, tranquilo y sereno. Esta sensación durará hasta que permitas que alguna energía desequilibrada entre en tu campo energético, tu Aura. Sin embargo, puede durar horas si practicas la atención plena después de este ejercicio. Puedes realizar este ejercicio ritual muchas veces a lo largo del día; puedes recurrir a él siempre que sientas que te estás desequilibrando mental y emocionalmente. Te pondrá inmediatamente en contacto con tu centro y eliminará cualquier influencia energética negativa en tu Aura. Junto con la Respiración de Cuatro Tiempos, el LBRP es el ejercicio perfecto para realizar si se trata de cualquier situación estresante que te cause ansiedad.

Como se ha mencionado, el LBRP suele ir seguido del BRH como parte de los destierros estándar. Sin embargo, cuando se empieza a trabajar con los ejercicios rituales, se debe usar sólo el LBRP, pero el BRH se da poco después como parte de la práctica diaria. Por lo tanto, es mejor aprender a hacer el LBRP primero y sentirse cómodo con él antes de recibir una secuencia de ejercicios rituales más complicada. No quiero que te desanimes demasiado pronto porque encuentres las secuencias demasiado complejas de memorizar. Sin embargo, una vez que hayas aprendido las secuencias rituales del LBRP, te será más fácil hacer el Ritual de Invocación Menor del Pentagrama, ya que sólo la dirección del trazado del Pentagrama y la orientación de los Arcángeles son diferentes.

Figura 32: Gestos Mágicos del LBRP

BANISHING RITUAL OF THE HEXAGRAM

El Hexagrama es un poderoso símbolo que representa el funcionamiento de los Siete Planetas Antiguos bajo la presidencia de los Sephiroth y el nombre de siete letras ARARITA. Mientras que el LBRP sirve para desterrar las energías negativas y positivas a nivel Microcósmico de los Chakras, el Banishing Ritual of The Hexagram (BRH) expulsa la energía no deseada a nivel Macrocósmico. El Pentagrama es la Estrella del Microcosmos, mientras que el Hexagrama es la Estrella del Macrocosmos: Como Es Arriba, Es Abajo.

El BRH es un destierro del Planeta Saturno, que es el Planeta del Karma y del tiempo y se relaciona directamente con el mundo material. Dado que Saturno es el Planeta más alejado de la Tierra en el modelo Qabalístico, el destierro de sus energías también destierra cualquier energía no deseada de los otros Planetas en el medio. El BRH es un destierro de las energías positivas y negativas de los Siete Planetas

Antiguos, de los Doce Zodiacos y de las Cuatro Energías Elementales que influyen en ti, desde el Macrocosmos. Realizarlo creará una "pizarra en blanco", que te dará una excelente base para realizar Magia.

El BRH te pone en contacto con tu energía Solar, ya que el Hexagrama representa al Sol. El Minor Ritual of the Hexagram también se utiliza para invocar y desterrar cualquiera de los Siete Planetas Antiguos. (Estas técnicas se presentarán en un capítulo posterior llamado "Magia Planetaria Avanzada"). Al desterrar a Saturno, superas sus influencias Kármicas, lo que exaltará tu conciencia. Haciendo esto te pondrás en contacto con tu núcleo interno, tu chispa de Luz - tu Alma.

El LBRP y el BRH deben completarse uno tras otro como parte de los destierros diarios. Los destierros pueden realizarse a menudo durante el día, como se recomienda. El BRH permite que la energía Solar y la Luz brillen más al eliminar estas energías Planetarias, Zodiacales y Elementales no deseadas. La combinación de los dos ejercicios rituales te pondrá en el estado más equilibrado y centrado. El mero uso diario del LBRP y del BRH hará maravillas en tu Alquimia Espiritual.

Debes vibrar el nombre ARARITA en los cuatro puntos cardinales junto con el trazado de las cuatro formas del Hexagrama que se dan. ARARITA es un nombre de Dios de siete letras. Es un acrónimo, también llamado Notarikon. Un Notarikon es la reducción de una palabra completa a una de sus letras componentes, en la mayoría de los casos, la primera letra. ARARITA se traduce en Español como "Uno es su unidad, Uno es su individualidad, su permutación es Uno".

Cada vez que vibras el nombre ARARITA, estás expresando la unidad de la Divinidad. Dado que esta es una operación ritual Solar y que hay Siete Planetas Antiguos, ARARITA al ser una palabra de siete letras, también contiene uno de los Siete Planetas Antiguos en cada letra. Por lo tanto, esta palabra incluye la unidad, que debe ser evocada. A Saturno se le atribuye Aleph, Júpiter es Resh, Marte es Aleph, Venus es Resh, Sol es Yod, Mercurio es Tav y Luna es Aleph.

Las cuatro formas del Hexagrama pretenden representar las posiciones de los Elementos en el Zodíaco. En el Este se da la posición del Fuego en el Zodíaco. El Sur es la posición de la Tierra en el Zodíaco, con el Sol en su culminación al mediodía. En el Oeste está la posición del Aire en el Zodíaco. Por último, en el Norte está la posición del Agua en el Zodíaco. (Describiré con más detalle el símbolo del Hexagrama en el capítulo "Magia Planetaria Avanzada".)

<u>Banishing Ritual of the Hexagram</u>

Fórmula 1: La Cruz Qabalística

Realiza la Respiración de Cuatro Tiempos durante uno o dos minutos para entrar en un estado mental tranquilo y equilibrado. Colócate en el centro de tu círculo y mira hacia el Este. Si tienes altares Elementales y (o) un altar central, ponte detrás del altar central. Realiza la Cruz Qabalística según la fórmula dada en las instrucciones de la LBRP. En este punto, habrás completado el LBRP; por lo tanto, continúa sosteniendo en tu imaginación los Pentagramas flameantes, el círculo Mágico con la línea blanca que los conecta, y las formas de los Arcángeles en las cuatro direcciones cardinales.

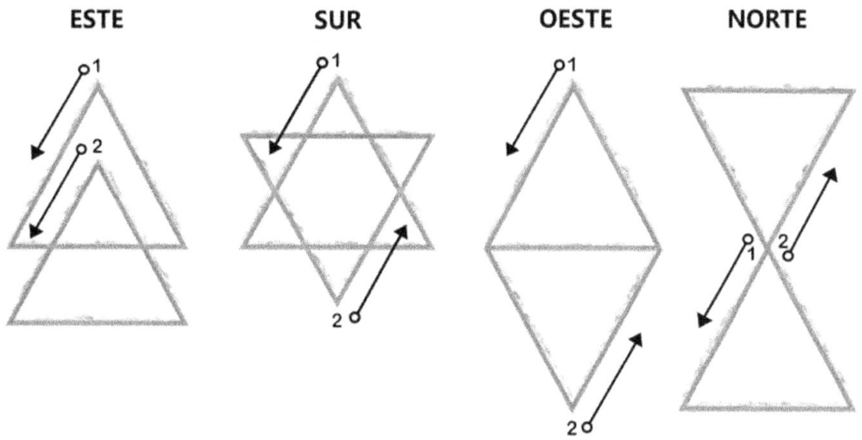

Figura 33: Las Cuatro Formas del Hexagrama en el BRH

Fórmula 2: Trazado de las Cuatro Formas del Hexagrama en las Cuatro Direcciones Cardinales (Figura 33)

Muévete hacia el Este y dibuja el Hexagrama de Fuego desterrador como se indica. Visualízalo en una llama dorada (a diferencia de la llama azul de los Pentagramas). Visualízalo transpuesto sobre el Pentagrama que fue dibujado previamente en el LBRP. Inhala mientras atraes la energía de la Esfera de Kether sobre ti. Haz descender la Luz de Kether y empuja los dedos hacia delante en el Signo del Entrante tal y como se dio en el ritual del LBRP.

Al máximo de tu respiración, vibra:

Aaahhh-Raaahhh-Reee-Taaahhh

(ARARITA)

Ver el Hexagrama en llamas. Termina con el Signo del Silencio, como se da en el ritual LBRP.

Utilizando la mano o la herramienta de invocación ritual, apuñala el centro del Hexagrama que acabas de dibujar y lleva una línea blanca hacia el Sur de la misma manera que hiciste en el LBRP. Dibuja el Hexagrama de destierro de la Tierra como se indica en el diagrama anterior. Míralo transpuesto sobre el Pentagrama previamente dibujado allí en el LBRP.

Realiza el Signo del Entrante, seguido de vibrar el nombre:

Aaahhh-Raaahhh-Reee-Taaahhh

(ARARITA)

Ve el Hexagrama en llamas. Termina con el Signo del Silencio.

De la misma manera, mueve ahora la línea blanca hacia el Oeste. Dibuja el Hexagrama de destierro del Aire como se indica en el diagrama anterior. De nuevo, míralo transpuesto al Pentagrama previamente dibujado en el LBRP.

Realiza el Signo del Entrante, seguido de vibrar el nombre:

Aaahhh-Raaahhh-Reee-Taaahhh

(ARARITA)

De nuevo, ver el Hexagrama en llamas. Termina con el Signo del Silencio. Hasta ahora, has dibujado la mitad del círculo Mágico con la línea blanca, conectando los Hexagramas del Este, del Sur y del Oeste. Ahora mueve la línea blanca hacia el Norte, de la misma manera, y dibuja el Hexagrama de destierro del Agua. De nuevo, míralo transpuesto sobre el Pentagrama previamente dibujado en el LBRP.

Realiza el Signo del Entrante, seguido de vibrar el nombre:

Aaahhh-Raaahhh-Reee-Taaahhh

(ARARITA)

Ve el Hexagrama en llamas. Termina con el Signo del Silencio.

Conecta la línea blanca desde el Norte hasta el Este, completando así tu círculo Mágico. Estando en el Este, realiza el Signo del Entrador y el Signo del Silencio, encendiendo los Hexagramas y los Pentagramas debajo de ellos, incluyendo la línea blanca que los conecta.

Vuelve ahora al centro del círculo Mágico y mira hacia el Este. Si tienes un altar central, ponte detrás de él.

Fórmula 3: La Cruz Qabalística

Sitúate ahora en el centro de tu círculo y repite la Cruz Qabalística. Esto completa el Banishing Ritual of the Hexagram.

***

Tómate un minuto para reflexionar sobre la LBRP y el BRH que acabas de realizar y para conectar con tu núcleo, tu centro del Alma. Como la LBRP sirve para calmar y aquietar la mente, descubrirás que, en combinación con la BRH, esta sensación de paz y serenidad se magnifica aún más. Este estado meditativo es un prerrequisito para continuar con otras invocaciones rituales, como el Middle Pillar y el LIRP. También puedes utilizar este tiempo para realizar la meditación del Ojo de la Mente si no deseas invocar ninguna energía en este momento. Descubrirás que te resultará mucho más fácil meditar y conectarte con el Chakra del Ojo de la Mente que si no hubieras hecho el LBRP y el BRH.

Si tu propósito era sólo aterrizar tus pensamientos y silenciar el Ego por el momento, procede con cualquier tarea que hayas planeado para el día. Como se ha mencionado, la paz mental que estás experimentando continuará si no permites que ningún emisor de pensamientos vuelva a apoderarse de tu conciencia. Por lo tanto, practica la atención plena.

EJERCICIO DEL MIDDLE PILLAR

El Middle Pillar es un efectivo ejercicio de inducción de la Luz que desarrolla y agudiza tus sentidos astrales. Este ejercicio ritual, junto con el LBRP y el BRH, es un componente vital de los preparativos fundamentales que deben llevarse a cabo antes de que cualquier invocación Elemental o Planetaria pueda tener lugar.

El LBRP y el BRH te centran y equilibran mental y emocionalmente mientras eliminan todas las influencias Kármicas del Microcosmos y el Macrocosmos. Te ponen en un estado de meditación que te permite trabajar más eficientemente en el Mundo Astral, donde ocurren todos los trabajos Mágicos.

Por otra parte, el Middle Pillar infunde o invoca la Luz que emana de Kether en el Aura y los Cuerpos Sutiles. Este ejercicio pone en práctica las energías del Middle Pillar del Árbol de la Vida e invoca sus propiedades. Reconcilia todos los opuestos dentro de los pensamientos y emociones trayendo la energía de la Luz. Tras su realización, utiliza la energía de la Luz para potenciar la imaginación y la fuerza de voluntad para continuar con cualquier invocación/evocación ritual importante que pretendas realizar a continuación.

Alternativamente, el Middle Pillar puede hacerse por sí mismo y por sí mismo para infundir energía de Luz en el Aura y ayudarte a avanzar en tu viaje de transformación Espiritual. El ejercicio del Middle Pillar se realiza mejor después del LBRP y el BRH ya que debes equilibrar la mente antes de tomar la energía de la Luz.

El Middle Pillar del Árbol de la Vida es el pilar del Elemento Aire, ya que todas sus Esferas tienen una cualidad Aérea. Como tal, te sentirás más inspirado y creativo después de completar el ejercicio del Middle Pillar, ya que estarás en contacto con tu centro del Alma y tus pensamientos. Por esta razón, el ejercicio del Middle Pillar debe realizarse después del LBRP y el BRH, ya que los tres ejercicios rituales sirven para sintonizarte con la Luz de tu Alma y eliminar los emisores de pensamientos adversos.

En el ejercicio del Middle Pillar, la Luz invocada inflama tu Alma, aumentando la cantidad total de energía de Luz en tu Aura. A medida que tu Alma se inflama con energía de Luz, se activa también la energía latente en tus Chakras, que luego se filtra en diferentes partes del Ser, relacionadas con los Elementos de tu Ser.

Los individuos que han despertado a la Kundalini encontrarán que el ejercicio del Middle Pillar trabaja directamente con el Fuego Kundalini ya que ambas energías son de la cualidad de la Luz. A medida que la energía de Luz invocada actúa sobre el Fuego Kundalini, se activa más energía Kármica en tu vida. Cualquier Karma que te espere para crecer y evolucionar Espiritualmente se iniciará mucho más rápido con el uso del ejercicio del Middle Pillar que sin él.

Si realizas el ejercicio del Middle Pillar diariamente, empezarás a tener Sueños Lúcidos, en la mayoría de los casos en pocas semanas. Los Sueños Lúcidos, en este caso, ocurren porque el Aura se infunde con energía de Luz, cuya alta vibración eleva tu conciencia hacia los Reinos Cósmicos superiores. La energía de la luz también despierta tu imaginación interior durante el sueño, cuando estás más relajado y tu cerebro está en el Estado Alfa. Cuando esto sucede, te volverás consciente y atento mientras estás en estados de sueño, permitiéndote controlar el contenido de tus sueños en gran medida.

Encontrarás que vibrar los Nombres Divinos diez veces cada uno será suficiente para traer energía de Luz para usar a lo largo del día. Vibrar los Nombres Divinos más de diez veces cada uno traerá más energía de Luz ya que este ejercicio ritual tiene un efecto cuantificable. Si cantas los Nombres Divinos más de veinte veces cada uno, podrías estar infundiendo demasiada energía de Luz en el Aura. En este caso, puedes sentirte aturdido, mareado, y tan energéticamente golpeado que incluso puedes perder la conciencia durante el proceso ritual. He sido testigo de que esto ocurrió en un ritual de grupo cuando el número de vibraciones del Middle Pillar se hizo en exceso.

El ejercicio del Middle Pillar debe realizarse al menos una vez al día. Puedes realizarlo más veces, pero como regla general, nunca antes de dormir o después de las 8 de la tarde, ya que no podrás conciliar el sueño con tanta energía de Luz presente. Si lo haces más de una vez al día y te sientes demasiado distraído (lo que puede ocurrir), es mejor que lo reduzcas a una sola vez al día. Demasiada Luz también puede hacer que te sientas agitado, ya que está literalmente "iluminando" todas las partes del Ser interior, incluyendo todos los aspectos positivos y negativos. Por lo tanto, sé consciente de cómo reaccionas a este ejercicio ritual y de cómo reaccionan los demás ante ti, y haz los ajustes pertinentes sobre cuántas veces al día es mejor que lo realices. Sin embargo, recuerda que hacerlo una vez al día es un requisito previo que nunca da resultados negativos.

Existen dos versiones del ejercicio del Middle Pillar: la Básica y la Avanzada. El Middle Pillar Básico es la misma operación ritual, pero omite la Circulación de la Bola de Luz, que se incluye en el Middle Pillar Avanzado. Te daré la técnica para el Middle Pillar Avanzado, pero si quieres usar sólo el Middle Pillar Básico y omitir la Circulación de la Bola de Luz, es tu elección. El Middle Pillar Avanzado traerá más Luz al Aura, pero ambas versiones funcionarán. A veces, puede que no tengas tiempo suficiente para hacer el Middle Pillar Avanzado, en cuyo caso, haz el Middle Pillar Básico.

Ejercicio del Middle Pillar

Fórmula 1: Oración o Alabanza

El LBRP ya debería haber sido realizado, así como el BRH. Mientras estás en el centro de tu círculo Mágico, mira hacia el Oeste ahora con los pies juntos. Deberías estar de pie, con las manos a los lados, con las palmas hacia fuera. Realiza la Respiración de Cuatro Tiempos durante uno o dos minutos para ponerte en estado de meditación.

Comienza el ejercicio del Middle Pillar con una oración. A continuación, está la alabanza a Dios-Creador de Hermes Trismegisto del *Libro I* del *Corpus Hermeticum*, ligeramente modificada del original para que se ajuste al propósito previsto. Cualquier oración o alabanza funcionaría aquí siempre que sea sagrada y afirme tu intención de alinearte con la Divinidad y santificar este ritual Mágico.

Santo es Dios, el Padre de Todos.
Santo es Dios, cuya voluntad se cumple con Sus propios poderes.
Santo es Dios, que quiere ser conocido y es conocido por los suyos.
Santo eres tú, que por la Palabra has unido todo lo que es.
Santo eres tú, de quien toda la Naturaleza se hizo imagen.
Santo eres tú, que eres más fuerte que todo poder.
Santo eres tú, que estás por encima de toda preeminencia.
Santo eres tú, que sobrepasas la alabanza.
Te adoro y te invoco.
Mira con buenos ojos hacia mí,
Mientras me presento humildemente ante ti.
Y concede tu ayuda a la más alta aspiración de mi Alma,
Para que pueda realizar la Gran Obra.
Y ser Uno contigo.
Hasta el final de los tiempos.
Amén

Esta oración es opcional. No forma parte de la fórmula de la invocación del Middle Pillar, sino que está ahí para ponerte en ese estado deseado en el que estás alineado con tu Ser Superior. Si tienes poco tiempo por cualquier razón y quieres saltarte la oración, no pasa nada. El ejercicio del Middle Pillar seguirá funcionando sin ella.

Fórmula 2: Middle Pillar Básico (Figura 34)

Visualiza una Luz blanca brillante sobre tu cabeza, del tamaño de una pelota de baloncesto, como tu Esfera de Kether/Sahasrara. Está suspendida en la parte superior de tu cabeza, girando y dando vueltas. Su ubicación es justo dentro de la cabeza, como se muestra en el siguiente dibujo. Siente la energía de su presencia y vibra el nombre Divino de Eheieh diez veces. Si no tienes mucho tiempo para realizar el ejercicio, puedes vibrar cualquier número con cualquier cantidad de veces, pero se constante. Por ejemplo, si vibras el primer Nombre Divino cinco veces, debes vibrar todos los demás Nombres Divinos cinco veces cada uno. Para realizar la fórmula correctamente, los Nombres Divinos tienen que ser vibrados la misma cantidad de veces porque, de lo contrario, la energía que entra será desequilibrada. La pronunciación de Eheieh es la siguiente:

Eeehhh-heyyy-yey

(Eheieh)

Ahora visualiza un eje de Luz Blanca que se extiende desde Eheieh, la Corona, hacia el área de tu garganta donde se encuentra una bola de Luz más pequeña. Es Daath, la Esfera del Conocimiento. Su color es lavanda, aproximadamente del tamaño de una pelota de tenis. Vibra el siguiente nombre Divino de YHVH Elohim el mismo número de veces que Eheieh:

Yooohd-Heyyy-Vaaav-Heyyy Elll-oooh-heeemmm

(YHVH Elohim)

Ahora visualiza otro rayo de Luz que se extiende desde Daath, la Esfera lavanda, hacia el área de tu Plexo Solar, e imagina otra bola de Luz del tamaño de una pelota de baloncesto allí. Es la Esfera de Tiphareth, tu propio Sol central, de color dorado/amarillo. Haz vibrar el nombre Divino de YHVH Eloah Ve Daath el mismo número de veces que las dos primeras Esferas:

Yooohd-Heyyy-Vaaav-Heyyy Elll-ooo-aaah vihhh-Daaah-aath

(YHVH Eloah ve-Daath)

Lleva otro rayo de Luz desde la Esfera de Tiphareth a la zona de la ingle, donde debes visualizar otra bola de Luz del tamaño de una pelota de baloncesto, de color violeta. Es la Esfera de Yesod, tu centro Lunar. Vibra el Nombre Divino Shaddai El Chai el mismo número de veces que las tres primeras Esferas:

Shaaah-dyeee Elll Chaaaiii

(Shaddai El Chai)

Ahora baja el rayo de Luz de Yesod a tus pies, ya que estás parado en otra Esfera del tamaño de una pelota de baloncesto, del color negro. La mitad superior abarca tus pies, mientras que la mitad inferior está dentro del suelo sobre el que estás parado. Es Malkuth, la Tierra. Haz vibrar Adonai ha-Aretz el mismo número de veces que las otras Esferas:

Aaahhh-dooohhh-nyyyeee haaa-Aaah-retz

(Adonai ha-Aretz)

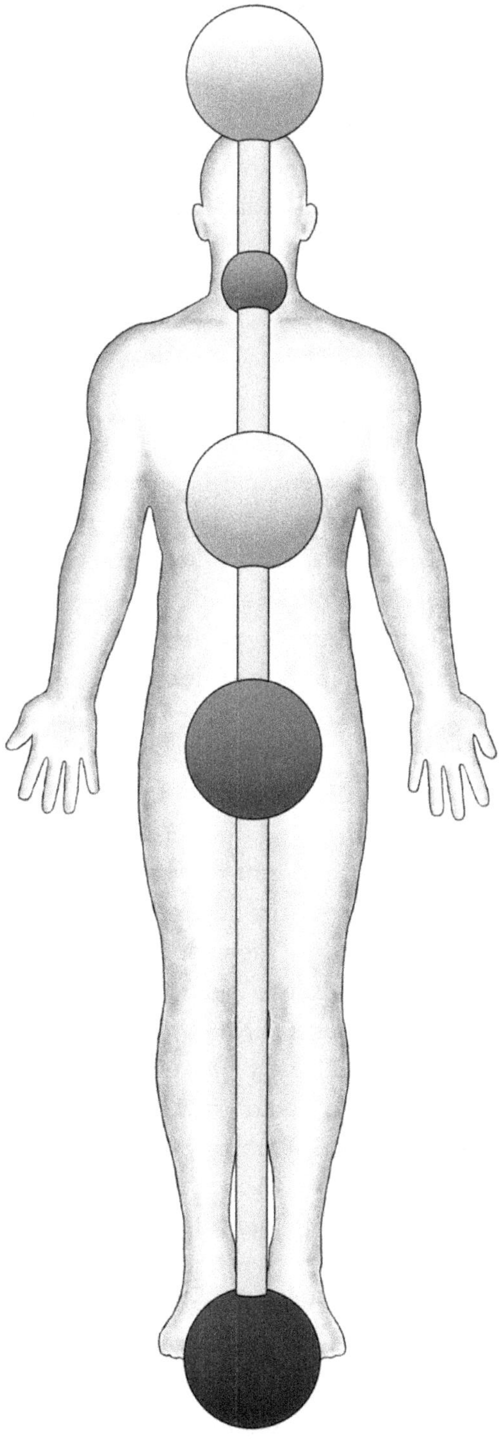

Figura 34: Ejercicio del Middle Pillar

Una vez completado este procedimiento, deberías tener cinco Esferas, cada una de ellas brillantemente iluminada y conectada por un haz de Luz. La siguiente parte del ejercicio del Middle Pillar es la Circulación de la Bola de Luz, que forma parte del ejercicio del Middle Pillar Avanzado. De nuevo, no es necesario que hagas esta parte del ejercicio si tienes poco tiempo y una agenda muy ocupada ese día. No quiero que te sientas desanimado si no tienes tiempo para hacerlo, ya que la parte central del ejercicio, la invocación de la energía de la Luz del Middle Pillar, se realiza en este punto. Pero esta parte siguiente del ejercicio ritual solidifica el proceso y te sintoniza más con la energía de la Luz, cubriendo toda tu Aura con la Luz y permitiendo que impregne más tus Chakras.

Fórmula 3: Circulación de la Bola de Luz

Esta parte del ejercicio del Middle Pillar implica el uso de la Respiración de Cuatro Tiempos, ya que la utilizarás para cronometrar el movimiento de la bola de Luz Astral imaginaria. Como acabas de terminar el Middle Pillar Básico, comenzarás la Circulación de la Bola de Luz en Malkuth a los pies. En primer lugar, visualiza una bola de Luz blanca del tamaño de una pelota de baloncesto que sale de la Esfera negra de Malkuth y se desplaza lentamente hacia arriba por el lado derecho del cuerpo. A medida que se desplaza gradualmente, la bola de Luz Blanca roza el cuerpo físico en su camino hacia el Chakra de la Corona. Una vez que llega a la Corona, la impregna aún más con energía de Luz.

Mueve gradualmente la bola de Luz fuera de la Corona, y llévala hacia el lado izquierdo del cuerpo. Debes terminar de nuevo en los pies, en Malkuth. La Respiración de Cuatro Tiempos debe darte una cuenta de cuatro segundos para moverla hacia arriba, luego mantenerla durante cuatro segundos dentro del Chakra de la Corona, luego tomar otros cuatro segundos moviéndola de nuevo hacia abajo, y luego mantenerla en Malkuth durante cuatro segundos. Repite el proceso de la misma manera, dándote dos veces que has hecho circular la bola de Luz a lo largo de tus costados, desde los pies hasta la cabeza y de nuevo hacia abajo.

Mueve la bola de Luz de Malkuth hacia arriba por la parte delantera del cuerpo con la misma técnica de la Respiración de Cuatro Tiempos. Luego muévela de nuevo hacia abajo por la parte trasera del cuerpo. Ahora repite el proceso una vez más. Mueve ahora la bola de Luz hacia arriba en el sentido de las agujas del reloj a lo largo de tu lado izquierdo (en lugar de hacerlo en sentido contrario a las agujas del reloj en tu lado derecho). Ahora la está moviendo en orden inverso y haciendo todo el procedimiento que acaba de hacer, la misma cantidad de veces, pero a la inversa. Deberías tener ocho circulaciones completas con la bola de Luz mientras terminas en el mismo lugar en el que empezaste-la Esfera de Malkuth a tus pies.

Utilizando la técnica de la Respiración de Cuatro Tiempos, visualiza la bola de Luz saliendo de Malkuth y moviéndose a lo largo de tu cuerpo en el sentido de las agujas del reloj en un movimiento espiral, cubriendo completamente toda tu Aura con Luz. Esta parte del ejercicio se llama "envoltura de la momia". Una vez que hayas llegado a la Corona, mantén la posición durante cuatro segundos, y luego invierte el movimiento de la bola de Luz en sentido contrario a las manecillas del reloj en un movimiento espiral hasta que llegues a Malkuth. Ahora haz el mismo procedimiento, empezando primero en sentido contrario a las manecillas del reloj y luego invirtiendo la bola de Luz de nuevo. Ahora repite todo este procedimiento una vez más, haciendo que sean cuatro las veces que visualices la bola de Luz moviéndose hacia arriba y hacia abajo.

Mientras estás de nuevo en Malkuth, visualiza la bola de Luz disparando una corriente de energía de Luz desde Malkuth a través de la columna de Luz que conecta las Esferas del Middle Pillar y hacia tu Chakra Corona. Al llegar a la Corona, la energía de Luz estalla como si fueras una fuente de Luz, regando toda tu Aura con partículas de Luz. Visualiza esto durante unos diez o quince segundos mientras sientes la energía de la Luz surgiendo a través de tu cuerpo.

Si esta parte del ejercicio se completa correctamente, estimularás la energía Kundalini para que entre en actividad, lo que puede incluso dar lugar a un despertar. Dado que esta es la última parte del ejercicio, es tu elección si quieres pasar más tiempo del recomendado en esta visualización. Si dedicas más tiempo a esta visualización, aumentarán tus posibilidades de activar la energía Kundalini.

El ejercicio del Middle Pillar Avanzado ha finalizado. Puedes recuperar la plena conciencia despierta y sentir el espacio físico que te rodea. No tienes que dejar de sentir la Luz en tu Aura ya que permanecerá presente durante la mayor parte del día, pero ahora puedes continuar con la siguiente parte de tu secuencia ritual o terminar con una Cruz Qabalística si esta era la parte final de tu secuencia ritual del día.

LESSER INVOKING RITUAL OF THE PENTAGRAM

El Lesser Invoking Ritual of the Pentagram (LIRP) se realiza de la misma manera que el LBRP, con la única diferencia de la dirección en la que se traza el Pentagrama (Figura 35) y de que los Arcángeles están de cara a ti en lugar de estar de espaldas a ti.

Sustituyendo el Pentagrama de destierro de la Tierra por el Pentagrama de invocación del Elemento que estás invocando, y luego haciendo que los Arcángeles se enfrenten a ti, estarás vertiendo la energía de ese Elemento en tu círculo Mágico, así como en tu Aura. La fórmula de la LIRP puede no parecer muy complicada, ya que sólo estás ajustando dos factores de la LBRP. Sin embargo, la energía que experimentarás después de completar el ejercicio ritual es como la noche y el día del LBRP - es muy diferente.

El simple cambio de dirección al trazar el Pentagrama invoca una energía Elemental completamente diferente que se siente y actúa sobre ti de forma completamente distinta. Este proceso es genuinamente Mágico - no hay otra palabra para explicarlo o darle el crédito que merece. Una vez más, debes utilizar la misma fórmula que el LBRP, los mismos Nombres Divinos y todo lo demás, excepto la dirección de trazar el Pentagrama y tener a los Arcángeles de cara a ti.

El último componente añadido en el LIRP es el uso de un Signo de Grado particular para el Elemento con el que se está trabajando. Los Signos de Grado y el propósito de realizarlos se darán en un capítulo posterior en la sección "Gran Trabajo", titulado "Signos de Grado de los Cinco Elementos". Un Signo de Grado debe usarse inmediatamente después de completar la fórmula del LIRP, mientras te colocas en el centro de tu círculo.

Mientras se realiza el ritual de destierro del Pentagrama, los Arcángeles están de espaldas a ti, haciendo que la dirección del flujo de energía vaya de ti al Universo exterior. En un ritual de destierro del Pentagrama, la energía de un Elemento sale de tu Aura. Estás desterrando (evocando) cualquier energía Elemental que elijas fuera de tu Aura y de tu círculo Mágico y liberándola de vuelta al Universo de donde vino.

Sin embargo, tener a los Arcángeles de cara a ti, junto con el trazado del Pentagrama desde una dirección específica, da un efecto totalmente diferente. Se convierte en una invocación, ya que esa energía es traída a tu círculo Mágico desde el Universo exterior. En los Rituales de destierro e invocación del Pentagrama, los Arcángeles sirven como conductores de las energías Elementales.

El círculo Mágico es el límite entre ti (y otras personas si están dentro de tu círculo Mágico) y el Universo. Dentro de este límite, el proceso Mágico ocurre. Por ejemplo, puedes evocar un tipo de energía desde tu interior (y de otras personas si están dentro de tu círculo Mágico) y liberarla en el Universo. O puedes invocar un tipo de energía desde el Universo exterior y permitir que se vierta en tu círculo Mágico y, en consecuencia, en tu Aura. A medida que la nueva energía es invocada dentro de tu Aura, permanecerá allí por un tiempo hasta que la utilices a lo largo del día o la liberes de nuevo al Universo durante el sueño.

Cuando llegues a trabajar con las energías Planetarias en la sección "Magia Planetaria Avanzada", también tendrás la opción de desterrar la energía de un Planeta, que de nuevo se considera una evocación. Aquí emplearás el Hexagrama para las invocaciones y evocaciones y crearás un círculo Mágico. Recuerda que los métodos de evocación e invocación descritos hasta ahora pertenecen sólo al trabajo con los ejercicios rituales del Pentagrama y el Hexagrama. Una vez que se llega a la Magia Enoquiana, todo el sistema presentado en *The Magus* es una serie de evocaciones a través de las Llaves o Llamadas Enoquianas. Estas evocaciones son diferentes de los destierros de los Elementos o Planetas - más sobre esto en una sección posterior sobre la Magia Enoquiana.

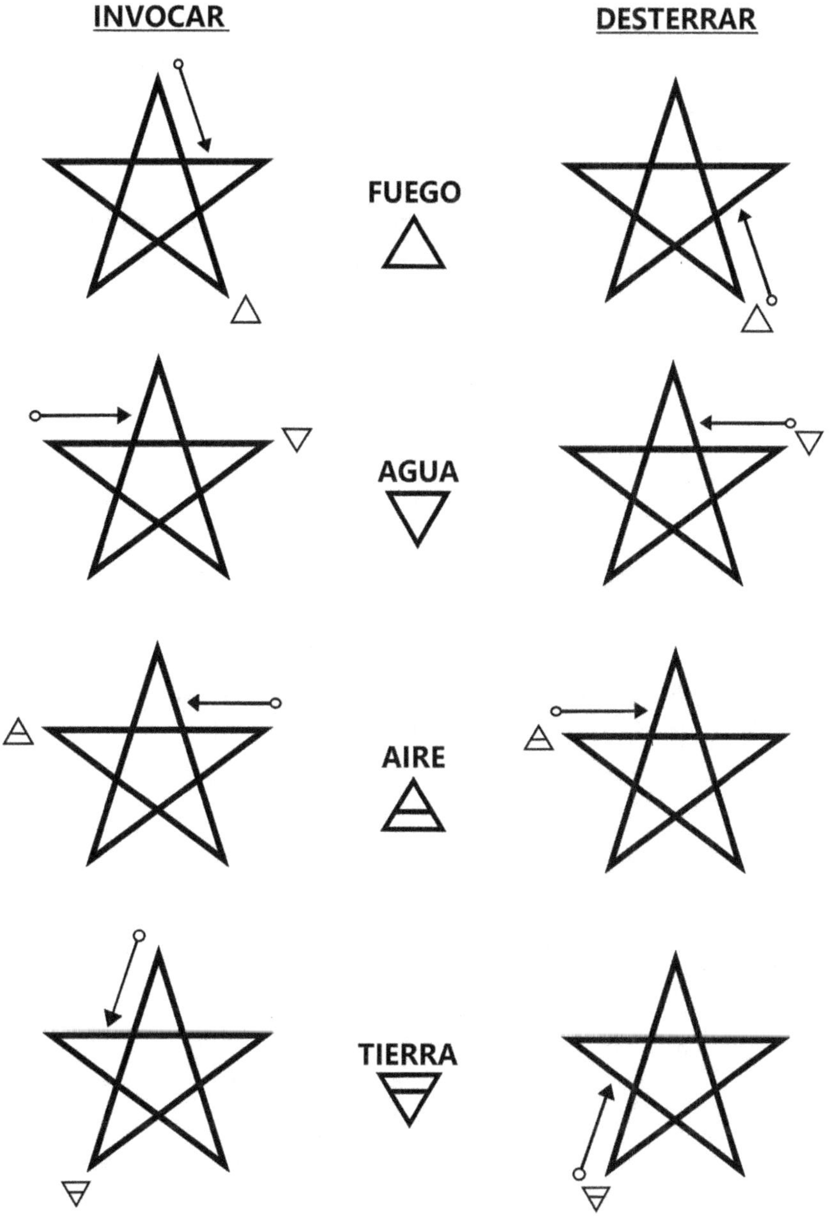

Figura 35: Pentagramas de Invocación y Destierro de los Elementos

Mientras invocas a los Elementos a través del Lesser Invoking Ritual of the Pentagram, ten en cuenta que cada Elemento que invocas también puede ser desterrado - si tienes dificultades para manejar su energía por alguna razón. Para los propósitos de la Alquimia Espiritual, sin embargo, la idea es que trabajes a través de la energía del Elemento que estás invocando en lugar de simplemente desterrarlo una vez que se convierte en un desafío para trabajar.

Sin embargo, en esos raros casos en los que estás teniendo un tiempo abrumador con un Elemento que invocas y sientes que no puedes lidiar con su energía en ese momento, puedes hacer un destierro de ese Elemento. Así que es una herramienta beneficiosa para trabajar con estas energías.

Para desterrar cualquier Elemento, debes utilizar la fórmula del LBRP pero sustituyendo el Pentagrama de destierro de la Tierra por el Pentagrama de destierro del Elemento deseado. Después de realizar el destierro de un Elemento, habrás expulsado la energía que invocaste previamente y cualquier energía natural que tuvieras de ese Elemento en particular antes de la invocación. Tomará algunas horas por lo menos para reconstruir esa energía Elemental en tu Aura de nuevo; por lo tanto, ten en cuenta esto si eliges desterrar cualquier Elemento que no sea la Tierra.

Una vez que has invocado el Elemento en tu círculo y la energía ha impregnado tu Aura, ahora puedes elegir si quieres tener comunión con el representante de esa energía en particular, que es uno de los cuatro Arcángeles. Rafael es el Arcángel del Aire, Gabriel es el Arcángel del Agua, Miguel es el Arcángel del Fuego y Auriel es el Arcángel de la Tierra.

El proceso de comunión se produce como resultado de que tu Aura es invadida por la energía del Elemento que invocaste, ya que actúa sobre tu imaginación, manifestándose como una imagen personificada. El Elemento se está comunicando ahora con tu mente y tu Alma si te tomas el tiempo de escuchar. La técnica de la visualización es "la imaginación bajo la fuerza de voluntad". En el caso de la comunión, la fuerza de voluntad se suspende a medida que la energía Elemental invocada se apodera de la imaginación. Por lo tanto, si escuchas con tu corazón y tu mente, recibirás mensajes del Arcángel representante de un Elemento en particular.

La comunión con un Arcángel puede ser una experiencia muy esclarecedora. Como la naturaleza de cada Elemento es personal para la psique (y es diferente de una persona a otra), la comunión puede ser muy informativa. Los Arcángeles te darán mensajes sobre ti mismo y sobre cómo puedes evolucionar más Espiritualmente. También proporcionarán información sobre la naturaleza del propio Elemento, todo ello recibido a través de la Gnosis pura. Como se ha mencionado, la Gnosis es la comunicación directa de las energías Divinas o de cualquier Ser que no sea del Reino Físico, que pretende enseñarnos y guiarnos.

Una vez completada la comunión con el Arcángel representante del Elemento invocado, debes saludar al Arcángel realizando el Signo de Grado particular del Elemento que invocaste. Si, por la razón que sea, has decidido saltarte la parte de la comunión del LIRP, no te preocupes porque la naturaleza de la energía Elemental invocada es enseñarnos y curarnos, independientemente de si queremos ser participantes activos o no. Por lo tanto, si decidimos no escuchar durante las horas de vigilia porque nuestros Egos están demasiado involucrados, recibiremos la comunicación cuando el Ego se calme, como por ejemplo durante el sueño. Recuerda siempre que cualquier energía que invoques tiene que filtrarse a través de los Cuatro Mundos de la Qabalah y encontrar la mejor manera de comunicarse contigo para que puedas entender e integrar esta comunicación.

La capacidad de invocar o desterrar un Elemento a voluntad es una poderosa herramienta a tu disposición como aspirante a Mago. Al aprender las secuencias de ejercicios rituales, recibes una clave para obtener un nivel de control sobre tu realidad que probablemente nunca pensaste que fuera posible. Sin embargo, para convertirse en un Mago de pleno derecho, debe seguir los programas de Alquimia Espiritual que se dan como parte de esta obra. Una vez que hayas llevado a cabo estos programas hasta el final, sus ejercicios rituales formarán parte de tu vida para siempre, y podrás utilizarlos para controlar tu energía a voluntad siempre que lo desees.

SUPREME INVOKING RITUAL OF THE PENTAGRAM

El Supreme Invoking Ritual of the Pentagram (SIRP) debe ser realizado después de que los otros Cuatro Elementos hayan sido invocados por el tiempo mínimo prescrito en el programa de Alquimia Espiritual en el próximo capítulo. El SIRP es el ejercicio ritual más potente presentado hasta ahora, ya que utiliza los Nombres Divinos Enoquianos para los Pentagramas Espirituales Activos y Pasivos para darles su poder. Como tal, este ejercicio es una introducción a la Magia Enoquiana-que sólo debe ser emprendida una vez que hayas practicado el SIRP por una cantidad suficiente de tiempo. La Magia Enoquiana puede ser muy peligrosa para aquellos que no están preparados para ella; por lo tanto, la he puesto al final del libro.

El SIRP recombina las mejores cualidades de cada uno de los Cuatro Elementos, ahora bajo la presidencia del Espíritu. Después de realizar este ejercicio, sentirás inmediatamente una sensación de paz y calma, así como una mayor capacidad intuitiva. Este ejercicio ritual es muy místico -su propósito es despertar completamente su visión interior al primer Mundo invisible, el Plano Astral. Recuerda que el proceso de manifestación debe pasar por el Mundo Astral antes de llegar al Mundo Físico. Como el Mundo Astral es el punto de contacto entre el Mago y los Planos Cósmicos, al realizar el SIRP diariamente, estarás "caminando en la Tierra, mientras tienes la cabeza en el Cielo", como dirían los Adeptos de la Aurora Dorada.

El SIRP transforma al Mago en un "Caminante del Cielo", un Ser humano Espiritualmente mejorado que camina entre los Mundos Interno y Externo -tienen un pie en el Plano Astral y el otro en la Tierra, metafóricamente hablando. El SIRP estimula y activa el Chakra del Ojo de la Mente, vigoriza el Chakra de la Garganta y el acto de comunicación, y crea la puerta para alcanzar el Ser Transpersonal en el Chakra Sahasrara.

Este ejercicio ritual es una preparación para el Adeptado. Embarcarse en invocaciones del Elemento Espíritu marcará un hito en tu carrera como Mago Ceremonial, ya que es el siguiente nivel de Evolución Espiritual para ti. Mientras has estado "aprendiendo a caminar" con los ejercicios rituales presentados hasta ahora, estás "aprendiendo a correr" con las invocaciones del Espíritu.

El Espíritu es esencialmente la síntesis de las invocaciones Elementales anteriores con la adición de un quinto Elemento, el más místico y trascendental. Las invocaciones de Espíritu con el SIRP deben realizarse durante nueve meses como mínimo, después de haber completado el trabajo con los LIRP de los Cuatro Elementos. Equilibrará todas las partes de tu psique (mental y emocional) y te sintonizará con el funcionamiento superior de la energía Espiritual dentro de ti.

Antes de empezar el SIRP, deberías haber realizado al menos el LBRP y el BRH para desterrar la energía no deseada y prepararte para la entrada del Elemento Espíritu. También se recomienda realizar el Middle Pillar antes de comenzar el SIRP, pero no es obligatorio.

Figura 36: Pentagramas de Invocación del SIRP

Supreme Invoking Ritual of the Pentagram

Fórmula 1: La Cruz Qabalística

Realiza la Respiración de Cuatro Tiempos durante uno o dos minutos para entrar en un estado mental tranquilo y equilibrado. Colócate en el centro de tu círculo y mira hacia el Este. Si tienes altares elementales y (o) un altar central, ponte detrás del altar central. Realiza la Cruz Qabalística según la fórmula de las instrucciones del LBRP.

Fórmula 2: Trazado de los Pentagramas de los Espíritus Activo y Pasivo e Invocación de los Elementos (Figura 36)

Muévete ahora hacia el Este. Dibuja el Pentagrama Activo Equilibrado del Espíritu en un azul flamígero.

Mientras lo haces, vibra:

Exxx-Ahrrr-Peyyy

(EXARP)

Míralo arder mientras lo infundes con el Nombre Divino EXARP. Traza la rueda en el centro del Pentagrama en Luz blanca en dirección de las manecillas del reloj.

Mientras lo hace, vibra:

Eeehhh-heyyy-yey

(Eheieh)

Alcanza la Esfera de Kether por encima de tu cabeza e impulsa la Luz de Kether con el Signo del Entrador, infundiendo completamente el Pentagrama y la rueda con Luz y viéndola arder. Termina con el Signo del Silencio. Traza el Pentagrama invocador del Aire sobre el Pentagrama del Espíritu en azul flamígero para infundirlo de Luz.

Mientras lo haces, vibra:

Ohh-Rowww Eee-Bahhh-Hahhh Ahhh-Ohhh-Zooohd-Peee

(ORO IBAH AOZPI)

Traza el Signo de Acuario en el centro del Pentagrama en amarillo. Trázalo en el sentido de las manecillas del reloj, de izquierda a derecha.

Mientras lo haces, vibra:

Yooohd-Heyyy-Vaaav-Heyyy

(YHVH)

Alcanza la Esfera de Kether y empuja la Luz de Kether hacia el Pentagrama de Aire con el símbolo de Acuario en el centro, viéndolo arder mientras realizas el Signo del Entrador. Termina con el Signo del Silencio. Luego, usando tu herramienta Mágica, o tu mano derecha, apuñala en el medio de los Pentagramas y crea una línea blanca, que debes llevar hacia adelante en el sentido de las manecillas del reloj hacia el Sur.

Mira hacia el Sur ahora. Dibuja el Pentagrama Activo Equilibrado del Espíritu en un azul flamígero.

Mientras lo haces, vibra:

Bayyy-Eeee-Tohhh-Ehmmm

(BITOM)

Míralo en llamas y traza una rueda blanca en el centro del Pentagrama en el sentido de las manecillas del reloj.

Mientras lo haces, vibra:

Eeehhh-heyyy-yey

(Eheieh)

Alcanza la Esfera de Kether y empuja la Luz hacia adelante con el Signo del Entrador, infundiendo el Pentagrama y la rueda con Luz. Termina con el Signo del Silencio. Traza el Pentagrama invocador de Fuego sobre el Pentagrama del Espíritu también en azul flamígero.

Mientras lo haces, vibra:

Ohhh-Eee-Payyy Tayyy-Ahhh-Ahhh Payyy-Dohhh-Kayyy

(OIP TEAA PEDOCE)

Dibuja el Signo de Leo en rojo en el centro del Pentagrama. Hazlo en el sentido de las manecillas del reloj.

Mientras lo haces, vibra:

Elll-oooh-heeemmm

(Elohim)

Alcanza de nuevo la Esfera de Kether y empuja la Luz de Kether hacia el Pentagrama de Fuego con el sigilo de Leo, viéndolo arder mientras haces el Signo del Entrador. Termina con el Signo del Silencio. Usando tu herramienta Mágica, o tu mano derecha, apuñala el centro de los Pentagramas y lleva una línea blanca hacia el Oeste, haciendo así la mitad del círculo Mágico hasta ahora.

Mira hacia el Oeste ahora. Dibuja el Pentagrama Pasivo Equilibrado del Espíritu en un azul flamígero.

Mientras lo haces, vibra:

Hayyy-Cohhh-Maaah

(HCOMA)

Véalo en llamas y traza una rueda blanca en el centro del Pentagrama en el sentido de las manecillas del reloj.

Mientras lo haces, vibra:

Aaahhh-Glaaahhh

(AGLA)

Alcanza la Esfera de Kether y empuja la Luz de Kether hacia el Pentagrama, terminando con el Signo del Entrador y el Signo del Silencio. Luego, traza el Pentagrama invocador del Agua sobre el Pentagrama del Espíritu en un azul flamígero.

Mientras lo haces, vibra:

Ehmmm-Payyy-Hayy Ahrrr-Selll Gahhh-Eee-Ohlll

(EMPEH ARSEL GAIOL)

Dibuja el signo de la Cabeza de Águila en el centro en color azul. Hazlo en el sentido de las manecillas del reloj.

Mientras lo haces, vibra:

Elll

(El)

Alcanza la Esfera de Kether y empuja la Luz de Kether hacia el Pentagrama de Agua, viéndolo arder mientras haces el Signo del Entrador. Termina con el Signo del Silencio. Usando tu herramienta Mágica, o tu mano derecha, apuñala el centro de los Pentagramas dibujados y continúa formando tu círculo con una línea blanca, ahora moviéndote hacia el Norte.

Mira hacia el Norte ahora. Dibuja el Pentagrama Pasivo Equilibrado del Espíritu en un azul flamígero.

Mientras lo haces, vibra:

Ehnnn-Aaahhh-Ehnnn-Taaahhh

(NANTA)

Véalo en llamas y trace una rueda blanca en el centro del Pentagrama en el sentido de las manecillas del reloj.

Mientras lo haces, vibra:

Aaaahhhh-Gllaaaaahhh

(AGLA)

Alcanza la Esfera de Kether y empuja la Luz de Kether hacia el Pentagrama, terminando con el Signo del Entrador, seguido del Signo del Silencio. Traza el Pentagrama invocador de la Tierra sobre el Pentagrama del Espíritu, también de color azul flamígero.

Mientras lo haces, vibra:

Eeee-Mohrrr Deee-Ahhhlll Hekkk-Tayyy-Gaaahhh

(DIAL EMOR HECTEGA)

Dibuja el Signo de Tauro en color marrón en el centro del Pentagrama. Hazlo en el sentido de las manecillas del reloj, de izquierda a derecha.

Mientras lo haces, vibra:

Aaahhh-dooohhh-nyyyeee

(Adonai)

Alcanza la Esfera de Kether y empuja la Luz de Kether hacia el Pentagrama de la Tierra, viéndolo arder mientras haces el Signo del Entrador. Termina con el Signo del Silencio. Usando tu herramienta Mágica, o tu mano derecha, apuñala ahora el centro de los Pentagramas y lleva tu línea blanca hasta donde empezaste en el Este. Tu círculo Mágico está ahora completo. Sella el círculo Mágico con el Signo del Entrante y el Signo del Silencio. Ve ahora al centro de tu círculo. Si tienes un altar en el centro, ponte detrás de él.

Fórmula 3: Invocación de los Arcángeles

Utiliza la fórmula de la "Evocación de los Arcángeles" dada en el LBRP (*Fórmula 3*) pero haz que los Arcángeles te miren de frente en lugar de estar de espaldas a ti, como en la LIRP (convirtiéndola así en una invocación). La energía de los Cuatro Elementos, bajo la presidencia del Elemento Espíritu, se infundirá en tu círculo Mágico y, en consecuencia, en tu Aura.

Fórmula 4: La Cruz Qabalística

Repite la Cruz Qabalística como al principio.

Fórmula 5: Las Señales del Portal

Termina el SIRP realizando el Signo de Apertura del Portal del Velo. Este Signo de tres pasos se da en la sección "Gran Trabajo" en un capítulo titulado "Signos de Grado de los Cinco Elementos".

Ten en cuenta que también puedes realizar el Supreme Banishing Ritual of the Pentagram (SBRP) si tienes dificultades para manejar las energías del SIRP. Para ello, tendrías que invertir las corrientes y utilizar los Pentagramas de destierro en lugar de los de invocación (Figura 37). Las únicas diferencias con respecto a la fórmula del SIRP son la dirección de los trazados de los Pentagramas, la evocación de los Arcángeles de espaldas a ti y la finalización del ejercicio ritual mediante el uso de los Signos del Portal de Cierre del Velo (como se indica en el capítulo "Signos de Grado y su uso").

Ten en cuenta que al realizar el RDSP, estarás desterrando toda la energía Elemental y Espiritual que invocaste con el SIRP (si hiciste uno previamente) y cualquier energía natural que tuvieras de los Elementos y del Espíritu antes del SIRP. Entonces tomará unas buenas horas o más hasta que puedas reconstruir naturalmente esas energías dentro de tu Aura. Los Pentagramas de destierro del Espíritu se dan a continuación.

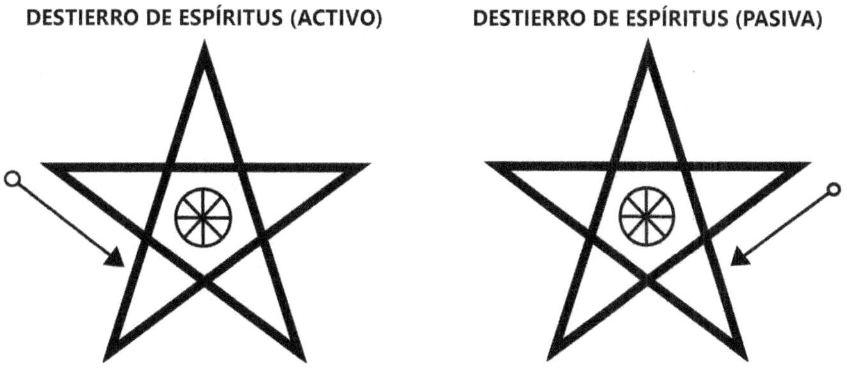

Figura 37: Pentagramas de Destierro del Espíritu

LA GRAN OBRA

"El Hermetismo es la ciencia de la naturaleza oculta en los jeroglíficos y símbolos del mundo Antiguo. Es la búsqueda del principio de la vida, junto con el sueño (para aquellos que aún no lo han logrado) de realizar la Gran Obra, que es la reproducción por el hombre del Fuego Divino, natural, que crea y recrea a los Seres." - Eliphas Levi; extracto de "La Filosofía Qabalística y Oculta de Eliphas Levi - Volumen 1: Cartas a los Estudiantes"

La Gran Obra, o "Magnum Opus", es un término utilizado por los Alquimistas para describir un esfuerzo consciente para alcanzar el estado más elevado de Espiritualidad. El objetivo de la Gran Obra es la Iluminación y la unión con la Divinidad. La Gran Obra también se refiere al proceso de la Creación. Por esta razón, el iniciado (o practicante) de la Alquimia Espiritual debe comprender intelectualmente la naturaleza del Cosmos y cómo funcionan las cosas. Como el Microcosmos es la imagen especular del Macrocosmos, la Gran Obra del iniciado es el proceso de la Gran Obra de la Creación, pero a la inversa.

Magnum Opus es un término Hermético, como lo es la propia naturaleza de la Alquimia. Además de darte la práctica para sanar tus Chakras (Alquimia Espiritual), este libro desarrolla tu intelecto para que puedas comprender los diferentes aspectos del Universo y del Sistema Solar en el que vivimos. Cada uno de los temas tratados hasta ahora es un aspecto de la propia Creación, y su aprendizaje te abrirá las puertas de tu psique y te permitirá comprender su funcionamiento. Una vez que se han sentado las bases intelectuales, el proceso de Alquimia Espiritual puede integrarse más fácilmente. De este modo, cada componente de *The Magus* forma parte de la Gran Obra.

PROGRAMA DE ALQUIMIA ESPIRITUAL I-LOS CINCO ELEMENTOS

0=0: Grado de Neófito (Probacionario)

Comenzarás tu viaje de Alquimia Espiritual introduciendo primero el Lesser Banishing Ritual of the Pentagram (LBRP) y el Middle Pillar como parte de tu rutina diaria. Debes hacer esto durante dos semanas. Al menos una vez al día con el LBRP y no más de una vez al día con el Middle Pillar. Estos dos ejercicios rituales sirven para limpiar tu Aura e invocar la Luz. Son una preparación para trabajar con los Elementos.

En la Orden de la Aurora Dorada, esta es la práctica que se da en el primer Grado de Neófito, ya que es el primer paso del viaje Alquímico. El Grado de Neófito se considera un Grado preparatorio dentro de la Aurora Dorada, ya que no se corresponde con ningún Sephiroth del Árbol de la Vida, como los demás Grados. Por esa razón, el Neófito es considerado el Grado Cero.

El Grado Neófito y los cuatro Grados siguientes forman parte de la Orden Exterior de la Aurora Dorada. Dado que los cuatro Grados siguientes corresponden a uno de los Elementos Tierra, Aire, Agua y Fuego, el propósito de la Orden Exterior es la Alquimia Espiritual y la transformación de los cuatro Chakras inferiores antes de embarcarse en el Elemento Espíritu, que corresponde a los tres Chakras superiores. El propósito del Grado Neófito con el LBRP y el Middle Pillar es la exaltación del Alma y el Espíritu sobre el Ego.

El LBRP puede realizarse varias veces durante el día, preferiblemente una vez al levantarse y otra al acostarse. Sin embargo, el Middle Pillar sólo debe realizarse una vez al día durante este período de tiempo para construir la Luz en el Aura de forma segura y eficiente.

La secuencia diaria de ejercicios rituales para las Semanas 0-2 es LBRP, MP.

Debes ser constante y hacer cada uno de estos dos ejercicios diariamente. Si se pierde un día de vez en cuando, es bastante fácil perder la concentración de la tarea en cuestión e incluso abandonar antes de tiempo. Por lo tanto, se decidido y persistente en memorizar las secuencias rituales de cada uno a través de la repetición diaria. Las primeras semanas son las más difíciles porque marcan el ritmo de los trabajos futuros. Además, es bueno emplear el uso del diario Mágico desde el principio y llevar un registro de los ejercicios rituales que estás realizando, así como de tus sueños, ya que tus sueños comenzarán inmediatamente a ser impactados por la energía invocada.

1=10: Grado Zelator (Malkuth)-El Elemento Tierra

El Banishing Ritual of the Hexagram (BRH) debe introducirse después de las dos semanas y debe convertirse en una parte regular de tu práctica ritual, siempre siguiendo el BRH como parte de los destierros diarios.

El LBRP, el BRH y el Middle Pillar pueden y deben realizarse diariamente para equilibrarte, eliminar las influencias energéticas no deseadas del exterior e infundir energía de Luz en tu Aura. El Lesser Invoking Ritual of the Pentagram (LIRP) debe ser realizado con fines de Alquimia Espiritual y para hacerlo correctamente, hay una fórmula a seguir.

Para iniciar el proceso de Alquimia Espiritual con los Elementos, es necesario comenzar con la Tierra y realizar LIRPs de Tierra durante un tiempo determinado. En la Aurora Dorada, esta práctica ritual se da una vez que el iniciado avanza al Primer Grado, Zelator. Zelator se relaciona con el décimo Sephira, Malkuth, ya que la Tierra es donde comenzamos nuestro viaje Espiritual y vamos hacia arriba y hacia adentro desde allí.

La secuencia diaria de ejercicios rituales para las Semanas 2-6 es LBRP, BRH, MP y LIRP de la Tierra.

El tiempo mínimo que debes dedicar a los LIRPs de la Tierra es un mes. Debes hacer este ritual de invocación una vez al día, preferiblemente por la mañana, pero cualquier momento del día funciona bien. Es importante tener en cuenta que los LIRP de un elemento concreto deben realizarse al menos tres o cuatro veces por semana. Si se hace menos de eso, no se está infundiendo el Aura con un Elemento específico lo suficiente. Ten en cuenta que, si haces el ejercicio del Middle Pillar justo antes de irte a la cama, lo más probable es que no puedas conciliar el sueño debido a la afluencia masiva de energía de Luz. Por lo tanto, las mañanas o las tardes son el momento preferido para las invocaciones rituales mayores.

Debe haber un total de al menos <u>20 LIRPs de Tierra</u> completados antes de poder pasar al siguiente Elemento de Aire. Ten en cuenta de nuevo que un LIRP de un Elemento nunca debe realizarse más de una vez al día. Y si encuentras la energía de la Tierra demasiado densa y enraizada, puedes y debes hacer el LIRP de Tierra cada dos días y no todos los días. El Aura necesita tiempo para infundirse con un Elemento y para que éste trabaje sobre el Chakra que le corresponde. Recuerda siempre que este es un proceso de Alquimia Espiritual, lo que significa que hay que seguir un programa y fórmulas estrictas para tener éxito.

Después de las dos semanas iniciales, el ejercicio del Middle Pillar puede realizarse más veces en un día si se desea, pero hacerlo demasiado puede volverte demasiado espacial y agitado; por lo tanto, no se recomienda más de dos veces al día. Una vez que se hayan completado al menos veinte LIRPs de la Tierra, estarás bien enraizado y el Chakra Muladhara estará recibiendo la afluencia correcta de energía de la Tierra debajo de ti y de los puntos Cháquicos menores en las plantas de los pies. Es necesario un enraizamiento adecuado en la Tierra antes de añadir los otros Elementos.

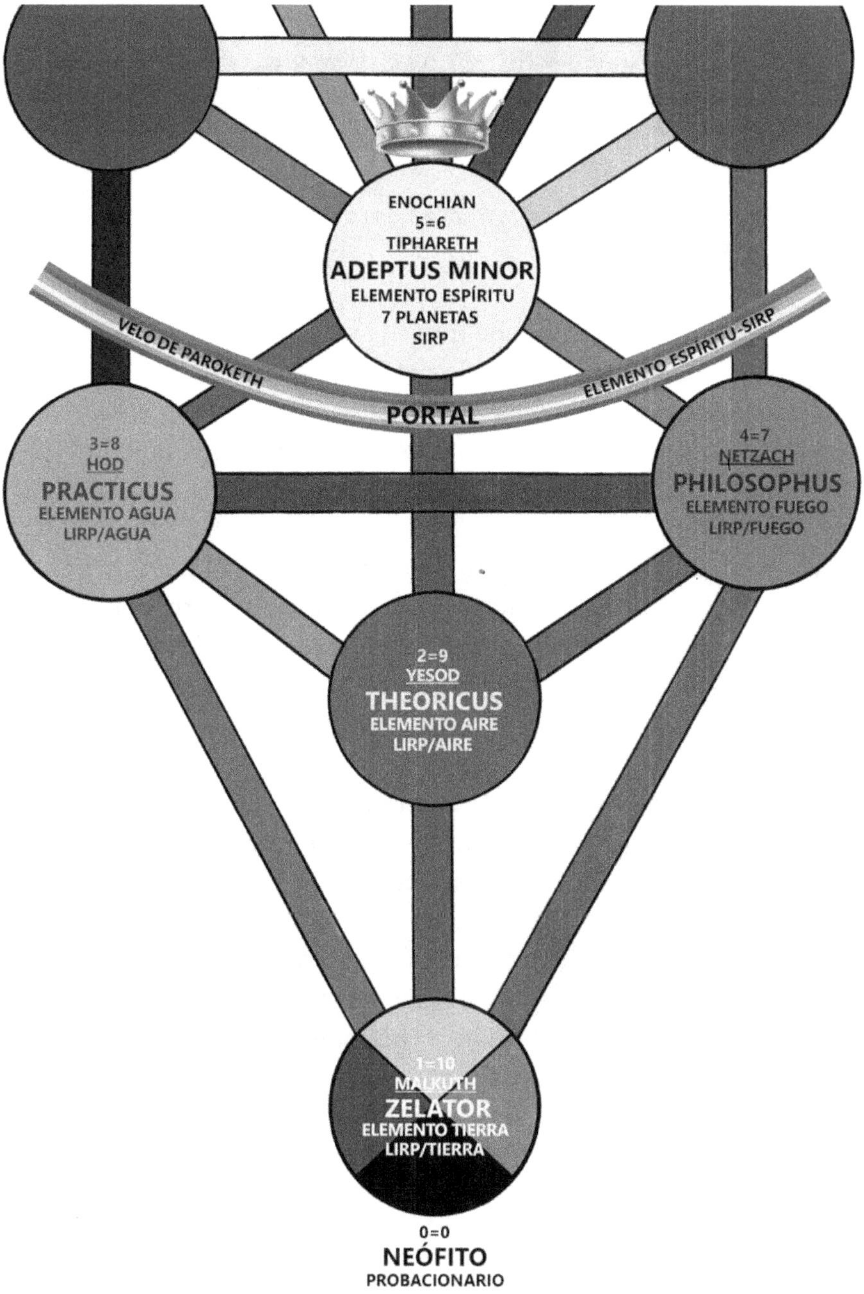

Figura 38: El Sistema de Avance en "The Magus"

2=9: Grado Theoricus (Yesod)-El Elemento Aire

Ahora estás listo para empezar a invocar el Elemento Aire a través del LIRP del Aire. En la Aurora Dorada, el ejercicio ritual de invocación del Aire se da en el Segundo Grado, Theoricus, correspondiente al noveno Sephira, Yesod. Al escalar el Árbol de la Vida hacia arriba, Yesod es sinónimo del Elemento Aire. La secuencia ritual a seguir es LBRP, BRH, Middle Pillar y LIRP de Aire. Hay que dedicar aún más tiempo a la invocación del Elemento Aire y a la purificación del Ego que al anterior Elemento Tierra.

La secuencia diaria de ejercicios rituales para las Semanas 6-18 es LBRP, BRH, MP y LIRP de Aire.

El Elemento Aire debe ser invocado durante un mínimo de tres meses con al menos 60 LIRPs de Aire completados antes de proceder al siguiente Elemento de Agua. El Elemento Aire se ocupa de los pensamientos, la mente subconsciente y el Ego. Por lo tanto, necesitas un tiempo amplio para examinar tus pensamientos y tu Ego para asimilar adecuadamente las lecciones del Chakra Anahata y purificar tu Elemento Aire.

De nuevo, no deberías invocar el Aire más de una vez al día a través del LIRP, y si te encuentras demasiado Aire y no lo suficientemente aterrizado, deberías hacerlo cada dos días en lugar de cada día. Aunque, en la mayoría de las situaciones, la gente disfruta invocando el Elemento Aire ya que estimula la creatividad, la imaginación y la inspiración, que es algo de lo que nunca se tiene suficiente.

3=8: Grado Practicus (Hod)-El Elemento Agua

El siguiente Elemento en la sucesión es el Agua, que incorpora el uso del LIRP del Agua. En la Aurora Dorada, este ejercicio se da en el Tercer Grado, Practicus, correspondiente al octavo Sephira, Hod, que es sinónimo del Elemento Agua en este nivel del Árbol de la Vida. Es necesario pasar un mínimo de dos meses haciendo invocaciones del Elemento Agua y un mínimo de 40 LIRPs de Agua durante ese tiempo. Para ser purificado y exaltado, el Chakra correspondiente, Swadhisthana, debe estar correctamente infundido con el Elemento Agua.

La secuencia diaria de ejercicios rituales para las Semanas 18-26 es LBRP, BRH, MP y LIRP de Agua.

Recuerda de nuevo que no puedes acelerar el proceso de la Alquimia Espiritual realizando el LIRP más de una vez al día. Tienes que ser paciente con esta práctica ya que al final dará sus frutos. Si te sientes demasiado emocional y te ahoga el Elemento Agua, puedes reducir la invocación a una vez cada dos días para disminuir la afluencia de energía de Agua. Si, con esta práctica, no has alcanzado el mínimo de cuarenta y cinco LIRP de Agua después de los dos meses asignados, entonces prolonga los dos meses. La clave es invocar cada elemento la cantidad de veces prescritas en total, independientemente de la frecuencia con la que se invoque el elemento por semana.

El Elemento Agua se ocupa de las emociones y las expresiones de amor. Exaltar su Chakra significa superar los sentimientos personales de amor y conectar con el amor incondicional. Debes invocar el Agua en sucesión con los otros dos Elementos de Tierra y Aire antes de embarcarte en el Elemento de Fuego. Se dice en *Los Oráculos Caldeos*, como parte del plan de estudios de la Aurora Dorada, "Por lo tanto, primero el sacerdote que gobierna las obras del Fuego, debe rociar con las Aguas lustrales del mar fuerte y resonante". Lo que esto significa es que debes tener una fuerte base en el amor incondicional antes de invocar el muy poderoso Elemento Fuego; de lo contrario, serás presa de las expresiones negativas del Fuego.

4=7: Grado Philosophus (Netzach)-El Elemento Fuego

Una vez que hayas completado el tiempo necesario para invocar el Agua y hayas construido una buena base, puedes proceder a trabajar con el LIRP del Fuego. En la Aurora Dorada, este ejercicio se da en el Cuarto Grado, Philosophus, correspondiente al séptimo Sephira, Netzach, que es el Elemento Fuego en este nivel del Árbol de la Vida. Recuerda que, a través de este proceso de Alquimia Espiritual, estás escalando el Árbol de la Vida hacia arriba a lo largo del Sendero invertido de la Espada Flamígera para que puedas volver a entrar en el Jardín del Edén.

Deberías estudiar y reexaminar los diferentes discursos de este libro mientras trabajas en el proceso de la Alquimia Espiritual. A menudo obtendrás una mayor comprensión de un tema una vez que estés bajo la influencia de una energía particular que pueda iluminar ese tema. Las descripciones de los Elementos, en particular, son algo que querrás volver a visitar cuando los invoques. Pero como la mayoría de los temas presentados aquí tratan de expresiones de tipos de energía, aprenderás más y comprenderás mejor los diferentes conceptos e ideas si los relees muchas veces.

El fuego es el más volátil de los elementos y el que quema las impurezas en el chakra Manipura correspondiente. Manipura se ocupa de las expresiones de tu Alma. El Elemento Fuego también afina los otros tres Chakras correspondientes a los Elementos Tierra, Agua y Aire, ya que el Alma utiliza los Elementos para expresarse. Como tal, debes pasar un mínimo de siete meses haciendo invocaciones de Fuego con el LIRP. Se deben completar al menos 140 LIRPs de Fuego antes de proceder a trabajar con el Elemento Espíritu.

La secuencia diaria de ejercicios rituales para las Semanas 26-54 es LBRP, BRH, MP y LIRP de Fuego.

El Elemento Fuego está en el núcleo de nuestro Ser, en el Primer Mundo de Atziluth, donde se encuentran los Arquetipos. Se relaciona con nuestras creencias sobre nosotros mismos y el mundo, que están profundamente arraigadas en nuestro interior. Dado que el Elemento Fuego trabaja a través de los otros tres Elementos, las invocaciones de Fuego provocarán el mayor cambio en tu composición psicológica hasta el momento. Por esta razón, debes pasar más tiempo invocando al Elemento Fuego que a los otros tres Elementos, ya que el Fuego se ocupa de la transformación.

De nuevo, si te sientes demasiado agitado por el Elemento Fuego (lo cual puede suceder), y está causando que actúes de forma negativa y destructiva en tu vida diaria, entonces haz los LIRP de Fuego una vez cada dos días en su lugar o incluso una vez cada tres días. Siempre tienes que añadir y restar un Elemento dentro de ti a través de los ejercicios rituales dados para que te sientas cómodo con el proceso de Alquimia Espiritual. Siempre hay que tener cuidado de que un Elemento no se manifieste negativamente en tu vida personal.

A menudo ayuda volver a los elementos anteriores y trabajar más en ellos antes de proceder con el actual, teniendo en cuenta que el último Elemento con el que se trabajó está destinado a ayudar con el siguiente. Por esta razón, la secuencia de los Elementos que se invocan es crítica. Una sección posterior sobre la Alquimia Hermética arrojará más luz sobre por qué los Elementos se invocan en este orden. La Alquimia Espiritual es un proceso probado que funciona, ya que ha sido probado y comprobado durante miles de años por Alquimistas y Magos por igual.

Velo de Paroketh: Grado del Portal-El Elemento Espiritual

Una vez que hayas pasado el tiempo necesario haciendo invocaciones de Fuego, puedes embarcarte en hacer el Supreme Invoking Ritual of the Pentagram (SIRP) e invocar el Elemento Espíritu. Este ejercicio se da en la Aurora Dorada en el Grado Portal. El Grado Portal es el precursor del Grado Adeptus Menor, que corresponde con el Sephira Tiphareth. El propósito de entrar en Tiphareth es revivir la vida, la muerte y la resurrección de Jesucristo, Mitra y Osiris de Egipto y resucitar en esta Esfera a través del Elemento Espíritu. Antes de entrar en ella, sin embargo, se debe pasar suficiente tiempo trabajando con el SIRP e infundiendo el Elemento Espíritu en el Aura y los Chakras, y este proceso comienza en el Grado Portal.

La secuencia diaria de ejercicios rituales para las Semanas 54-90 es LBRP, BRH, MP y SIRP.

Alquímicamente, esta operación de invocación del Espíritu requiere nueve meses, que es el tiempo de gestación de un feto en el vientre de su madre. Este proceso es sinónimo de la Resurrección Cristiana y de volver a nacer del Espíritu. De esos nueve meses, necesitas hacer por lo menos 180 SIRPs para completar el proceso Espiritual

Alquímico. Completando esta cantidad de SIRPs asimilarás completamente el Elemento Espíritu en tu Aura y psique.

***

En este punto de la Aurora Dorada, habrás terminado el Orden Exterior (Primer Orden), correspondiente a los Cuatro Elementos, y habrás asimilado la energía del Espíritu en tu Aura. Hacer esto es un precursor para entrar en el Segundo Orden, que corresponde con los Grados de los tres Sephiroth de Tiphareth, Geburah y Chesed. El Segundo Orden es frecuentemente referido como el Orden Interno.

El Tercer Orden es también una parte del Orden Interior, correspondiente a los Grados de los tres Sephiroth más elevados de Binah, Chokmah y Kether. Alcanzar estos tres Grados es raro. Existe una discrepancia respecto a si un humano puede alcanzar los dos Grados superiores mientras vive en el cuerpo físico. Algunos sostienen que el despertar completo de la Kundalini, cuando la energía se eleva a la Corona y permanece en el cerebro permanentemente, es la única iniciación real en el Tercer Orden.

El Sephira Tiphareth es el punto de separación entre la Orden Interior y la Orden Exterior de la Aurora Dorada. Todos los Sephiroth por debajo de Tiphareth pertenecen al Orden Exterior, mientras que los Sephiroth por encima de Tiphareth pertenecen al Orden Interior. Hay un Velo entre los Sephiroth inferiores del Árbol de la Vida con Tiphareth y los Sephiroth superiores, llamado el Velo de Paroketh. El Elemento Espíritu te dará la entrada a través de este Velo, el cual, una vez penetrado (invocando el Elemento Espíritu), te convertirá en un Adepto de los Misterios Occidentales.

Un Adepto es una persona que ha dominado los Cuatro Elementos de su Ser y que opera únicamente desde el Elemento Espíritu. La conciencia del Adepto se eleva al funcionar desde los tres Chakras superiores de Vissudhi, Ajna y Sahasrara. Dado que estos tres Chakras también están conectados a los Mundos Divinos por encima de Sahasrara, esto significaría que los Seres Divinos que residen en esos Mundos tendrán contacto directo con el Adepto y pueden comunicarse con ellos a través de la Gnosis. Estar en la Orden Interior significa tener contacto con estos Seres Divinos, algunos de los cuales son considerados autoridades Cósmicas trascendentes. La Orden de la Aurora Dorada se refiere a ellos como los "Jefes Secretos".

Una vez que hayas completado tu trabajo con el SIRP, esto marcaría el final de tu proceso de Alquimia Espiritual con los Cinco Elementos de Tierra, Aire, Agua, Fuego y Espíritu. En realidad, sin embargo, tu viaje como Mago acaba de empezar. Hay mucho más trabajo que hacer con las energías de nuestro Sistema Solar para que completes la Gran Obra (Figura 38).

El proceso completo de la Alquimia Espiritual con los Cinco Elementos dura algo menos de dos años. Hay que tener paciencia y determinación para hacerlo con constancia, lo que requiere mucha dedicación y esfuerzo, pero como dije antes, vale mucho la pena. Emergerás como una persona mucho más avanzada Espiritualmente y alguien que tiene control sobre su realidad. Serás una causa en lugar de un efecto, lo que te permitirá aprovechar tu potencial más íntimo como ser humano Espiritual. Tu poder personal aumentará a un grado inimaginable, permitiéndote manifestar la vida que siempre soñaste.

Lo que les he presentado es el programa prescrito de los ejercicios de Magia Ritual dentro de la Orden de la Aurora Dorada, tal como me fue enseñado hace muchos años. Todas las Órdenes de la Aurora Dorada practican la Magia Ritual de esta manera simplemente porque el método funciona. Ha funcionado en el pasado y siempre funcionará en el futuro. Además, se ha demostrado que estas secuencias han funcionado durante muchos años por muchos estudiantes de la Aurora Dorada del pasado. Por lo tanto, adherirse a la línea de tiempo que presenté es la manera óptima de experimentar el proceso de la Alquimia Espiritual ya que dará los mejores resultados.

ACELERAR EL PROGRAMA DE ALQUIMIA ESPIRITUAL

Dado que algunos de mis antiguos alumnos expresaron su preocupación por el calendario del programa de Alquimia Espiritual con los Cinco Elementos, he decidido ofrecer una versión alternativa y más rápida del mismo programa. Si eliges que esta segunda versión es para ti, síguela en su lugar.

Presento una versión alternativa porque muchos estudiantes sintieron que estaban listos para el siguiente Elemento en la secuencia de Alquimia Espiritual antes de tiempo. La mayoría de las veces, esto sucede una vez que completan el 80% de los LIRP prescritos con un Elemento. Para hacer el juicio correcto, yo averiguaría el origen de sus sentimientos y determinaría si es su Ego o su Yo Superior el que los está proyectando. El Ego puede sentirse demasiado desafiado por los Elementos, y puede dar información engañosa para evitar estos desafíos. Por otro lado, si es el Yo Superior, quizás el Espíritu esté comunicando algo que debe ser escuchado e incluso honrado hasta cierto punto. Después de todo, aprender a escuchar a nuestro Yo Superior es uno de los objetivos de la Gran Obra.

En la mayoría de los casos, las personas se enamoran de la Magia Ceremonial desde el principio y abrazan el proceso de la Alquimia Espiritual. En consecuencia, estas personas suelen ser las que acuden a mí con este tipo de problemas. Después de todo, es normal que cualquier persona se entusiasme por avanzar al siguiente Elemento en la secuencia una vez que se hace evidente que los Elementos están haciendo un cambio positivo en sus vidas. Sin embargo, es crucial asegurarse de que el Ser Superior está guiando este proceso y supervisando los cambios que se están produciendo en tu interior. Después de todo, no hay maestro o guía Espiritual más excepcional que su propio Ser Superior.

A menudo, puede producirse un estancamiento Espiritual si las lecciones con un Elemento se han aprendido antes de lo previsto, lo que da lugar a que el Ser Superior te indique que estás preparado para seguir adelante. Si esto ocurre, lo correcto es escuchar. Después de todo, seguir entusiasmado e inspirado para hacer este trabajo es de suma importancia. No quisiera que te salieras del camino y lo dejaras por completo si no consigues lo que tu Ser Superior te pide.

El método que propongo en este caso es permitirte comenzar el siguiente elemento en la secuencia sólo cuando hayas completado el 90% de los LIRPs prescritos de un elemento. En este caso, no es necesario que pases la cantidad mínima de tiempo en un Elemento, sino que sólo te centras en el número de LIRPs que has completado. La cantidad de tiempo prescrita que debe pasar trabajando con un Elemento está ahí para que puedas integrar las lecciones de ese Elemento. Aún así, si sientes que ya has hecho eso, entonces sólo el número de LIRPs es esencial en el proceso de Alquimia Espiritual.

De nuevo, esto es únicamente para los estudiantes cuyos Yoes Superiores les comunican esta información, no sus Egos. Si todavía estás lidiando con desafíos y aprendiendo lecciones de vida que te están siendo impartidas por el Elemento con el que estás trabajando, entonces debes terminar el trabajo prescrito con ese Elemento antes de seguir adelante. Sé honesto contigo mismo ya que sólo te estarás perjudicando si no lo haces.

Por ejemplo, en lugar de hacer veinte LIRP de Tierra, puedes hacer dieciocho y pasar a Aire. Y en Aire, puedes hacer cincuenta y cuatro en lugar de sesenta LIRPs. La fórmula para acelerar el proceso es hacer el 90% de las invocaciones Elementales recomendadas, pero ni una menos. Esto significa que si pasas todos los días haciendo el LIRP de un Elemento, puedes terminar tu trabajo con él mucho más rápido de lo que lo harías normalmente si invocas cada pocos días, siguiendo la primera versión del mismo programa.

Si haces menos del 90% de las invocaciones y pasas al siguiente Elemento, pones en peligro todo el proceso de Alquimia Espiritual. El método de la Alquimia Espiritual tiene que ser respetado ya que estamos tratando con una ciencia precisa de sumar y restar energía para la transformación personal en un Ser de Luz.

Quiero que mantengas el impulso con este trabajo, pero también quiero que obtengas los beneficios del proceso de Alquimia Espiritual cuando lo completes en su totalidad. He visto a demasiados iniciados abandonar el camino porque sentían que se estaban estancando Espiritualmente, y sus mentores eran muy rígidos en sus actitudes hacia este trabajo. También he visto a iniciados adelantarse al siguiente Elemento mucho antes de lo que deberían, lo que a menudo acaba siendo catastrófico para su viaje Mágico. Sus Egos toman el control por completo y ahogan a su Ser Superior, lo que resulta en que le den la espalda a este trabajo y lo dejen por completo.

Supone que te encuentras estancado en un Elemento y que no has completado el 90% de las invocaciones recomendadas. En ese caso, eres libre de volver a visitar cualquier Elemento inferior que hayas hecho antes. Luego, cuando estés listo, puedes volver y terminar el trabajo que dejaste con tu Elemento actual. Se recomienda que hagas esto para dominar verdaderamente los Elementos dentro de ti.

Descubrirás que, a medida que vayas accediendo a un Elemento superior, una vez que bajes a uno inferior, surgirán nuevas lecciones de vida de las que podrás aprender. Recuerda siempre que la clave es afinar y sanar los Chakras, eliminar el Karma negativo y convertirte en un maestro de los Elementos dentro de ti. Cada Elemento contiene muchas lecciones, desencadenando diferentes partes de la psique. Por lo tanto, estate atento para ver cómo se manifiesta esto dentro de ti.

Te imploro de nuevo que seas decidido, persistente y consistente en la realización de este proceso de Alquimia Espiritual. Tómatelo muy en serio. No se necesitan más de diez minutos al día para completar los ejercicios rituales (y a medida que te vayas haciendo bueno, se necesitará incluso menos tiempo), pero la fórmula debe seguirse tal y como está dada sin ninguna desviación. Este proceso puede ser, y será, muy positivo y divertido, y al final dará sus frutos.

Una vez que hayas iniciado el proceso de Alquimia Espiritual, te recomiendo que dediques el tiempo y el esfuerzo necesarios para terminarlo. Si lo dejas antes de tiempo, estarás impidiendo que sigas evolucionando Espiritualmente y que domines los Elementos de tu interior con los que aún no has trabajado. Después de todo, si quieres convertirte en un Maestro Manifestador de tu realidad, necesitas todos los ingredientes necesarios que te permitan llegar a serlo.

Imagina lo que pasaría si quisieras aprender a jugar al baloncesto pero lo dejaras antes de aprender a hacer una canasta. Tu habilidad de juego sufriría hasta que aprendieras esta habilidad. De la misma manera, si trabajaras con algunos Elementos pero no llegaras tan alto como el Agua, el Fuego o el Espíritu, te faltarían esos ingredientes críticos dentro de ti. Por lo tanto, te recomiendo encarecidamente que termines este proceso de Alquimia Espiritual una vez que lo hayas comenzado. Es mejor tomarse un tiempo y continuar el viaje más adelante que abandonarlo por completo.

SIGNOS DE GRADO DE LOS CINCO ELEMENTOS

Cada uno de los Cuatro Elementos tiene un Signo de Calificación (Figura 39), que está destinado a ser utilizado al final de un LIRP. El Elemento Espíritu tiene un Signo de Grado de tres pasos que puede ser completado de dos maneras, dependiendo de si estás realizando el LIRP o el SIRP. El propósito de los Signos de Grado es asumir el dominio sobre el Reino Elemental del Elemento invocado. Al poner en práctica un Signo de Grado, te estás alineando con los Ángeles del Elemento invocado y repeliendo a los Demonios, teniendo en cuenta que cada Elemento contiene la dicotomía de ambos.

Un Signo de Grado también puede ser utilizado como una llave que te permite comulgar con la energía de un Elemento con la esperanza de que puedas obtener un control completo sobre esa energía. Se trata de gestos Mágicos que se convierten en símbolos vivos y que hacen de ti, el practicante, una encarnación del poder del propio ejercicio ritual.

Signo de Zelator

Este es el Signo del Elemento Tierra, que se corresponde con el Sephira Malkuth y el LIRP de Tierra. Para realizar el Signo del Zelator, debes levantar el brazo derecho hacia arriba en un ángulo de cuarenta y cinco grados con respecto al cuerpo, con la mano plana y el pulgar mirando al Cielo por encima de ti. El pie izquierdo debe estar orientado hacia delante, como en el Signo del Entrador. La mirada debe dirigirse hacia delante y hacia arriba, hacia el cielo. El Signo de Zelator alude al aspirante a Mago, y el pie izquierdo hacia delante representa el movimiento hacia la Luz.

Signo de Theoricus

Este es el Signo del Elemento Aire, que se corresponde con el Sephira Yesod y el LIRP de Aire. Para realizar este Signo, debes doblar ambos brazos por los codos, con las palmas hacia arriba, como si apoyaras el Cielo en lo alto. Los pies deben estar en escuadra y separados a la altura de los hombros, mientras la mirada se dirige hacia adelante y hacia el cielo. El Signo de Theoricus alude a la Luz que desciende de los Cielos de Arriba al practicante de Abajo. Este signo simboliza la recepción del poder curativo de la Luz.

Signo de Practicus

Este es el Signo del Elemento Agua, que se corresponde con el Sephira Hod y el LIRP del Agua. Para realizar este Signo, debes formar un triángulo con los pulgares y los índices (vértice hacia abajo) y colocarlo sobre el plexo solar. Los pies deben estar en escuadra y separados a la altura de los hombros, mientras la mirada se dirige directamente al frente. El signo de Practicus alude al poder de las Aguas de la Creación.

Figura 39: Signos de Grado de los Cuatro Elementos

Signo de Philosophus

Este es el Signo del Elemento Fuego, que se corresponde con el Sephira Netzach y el LIRP del Fuego. Para realizar este signo, debes formar un triángulo con los pulgares y los dedos índice (vértice hacia arriba) y colocarlos sobre la frente. Tus pies deben estar en escuadra y separados a la altura de los hombros mientras tu mirada está directamente frente a ti. El Signo del Filósofo alude al poder de los Fuegos del Alma.

Apertura del Velo

Este es el Signo del Elemento Espíritu, que se corresponde con el Grado del Portal y el Velo de Paroketh. Otro nombre para este Signo es el Rasgado del Velo. Este Signo de Tres Pasos (Figura 40) comienza con ambos pies plantados juntos y las manos juntas en posición de oración, pero con los dedos apuntando hacia adelante en lugar de hacia arriba (Paso Uno). En el Segundo Paso, se mantienen las manos en el mismo lugar pero se lleva el pie izquierdo hacia adelante como en el Signo del Entrante. En el tercer paso, se separan las manos como si se abriera una cortina, al tiempo que se lleva el pie derecho hacia delante y se coloca al lado del izquierdo.

Los tres pasos deben realizarse en un solo movimiento, terminando contigo en la posición de la Cruz de Tav, con las palmas de las manos hacia adelante. El Velo que estás abriendo con este Signo es el Velo de Paroketh, que separa el Triángulo Ético de los Sephiroth inferiores. Realizar la Apertura del Velo simboliza abrirse al poder de su Ser Superior.

El Cierre del Velo

Este es otro signo del Elemento Espíritu, correspondiente al Grado del Portal y al Velo de Paroketh. Este signo se realiza siguiendo los mismos tres pasos que la Apertura del Velo, pero en orden inverso. Así como la Apertura del Velo se utiliza después de una invocación del Espíritu, el Cierre del Velo se utiliza después de un destierro del Espíritu. Llevarlo a cabo es el símbolo de cerrarse a la afluencia de energía del Elemento Espiritual, que cortará la conexión con tu Ser Superior por el momento.

Figura 40: Tres Pasos de la Señalización del Grado del Portal

EL EMBLEMA DE *THE MAGUS*

La Cruz del Calvario Roja sentada sobre un Triángulo Blanco constituye el emblema de la Tradición de la Aurora Dorada. A menudo, pero no siempre, la Cruz y el Triángulo se muestran sobre un fondo negro. El Triángulo Blanco representa la Luz Divina, que creó el mundo a partir de la oscuridad. Se corresponde con la Tríada Supernal, una manifestación de la Luz Divina y el más alto estado de conciencia alcanzable para los seres humanos.

El Triángulo Blanco también representa la Trinidad Alquímica y la Santa Trinidad Cristiana. El triángulo es un poderoso símbolo Espiritual y oculto porque representa dos fuerzas en conflicto y una que las une. Se refiere a la dualidad del Mundo de la Materia, reconciliada por la No-Dualidad del Mundo Espiritual.

La Cruz Roja del Calvario representa a Tiphareth y el Auto-sacrificio que es necesario para que uno se someta al proceso de transformación del hombre en Dios. Además, como Tiphareth es la Esfera de la Resurrección, la Cruz Roja alude al renacimiento Espiritual que debe producirse para que el individuo una su conciencia con la Conciencia Cósmica del Creador. Juntos, el Triángulo Blanco y la Cruz Roja representan la Luz y la Vida.

El emblema de *The Magus* se ha modificado a partir de la Cruz y el Triángulo tradicionales de la Aurora Dorada para representar mejor las numerosas ideas de esta obra (Figura 41). Al fin y al cabo, el propósito de *The Magus* es tender un puente entre el Sistema Espiritual Oriental y la Tradición Misteriosa Occidental: la Kundalini y la Aurora Dorada.

La Cruz Roja del emblema de *The Magus* tiene la forma de la Rosa Cruz, símbolo del Adeptado y de la entrada en la Segunda Orden de la Aurora Dorada. Este símbolo representa el Grado Tiphareth, pero también la influencia Rosacruz en el sistema de la Aurora Dorada.

El Caduceo se superpone a la Cruz Roja como símbolo Occidental de la energía Kundalini. Detrás de la Cruz hay un símbolo de la flor de loto con siete capas de pétalos. Representa a Sahasrara, el Chakra de la Corona, que contiene en sí mismo la totalidad de los Siete Chakras. En el Árbol de la Vida, Sahasrara se corresponde con Kether, la Esfera más elevada. Cada fila de pétalos es del color de uno de los Chakras, que se corresponden con los Planos Cósmicos. Las filas comienzan con el rojo en el exterior (Muladhara) y terminan con Sahasrara (violeta) más cerca de la Cruz.

El loto está abierto y en plena floración, lo que significa que la energía Kundalini ha subido a la Corona, despertando los Siete Chakras y todo el Árbol de la Vida. Además, el Cuerpo de Luz se ha activado completamente, permitiendo al Adepto ser consciente y estar presente en todos los niveles y dimensiones de la realidad simultáneamente.

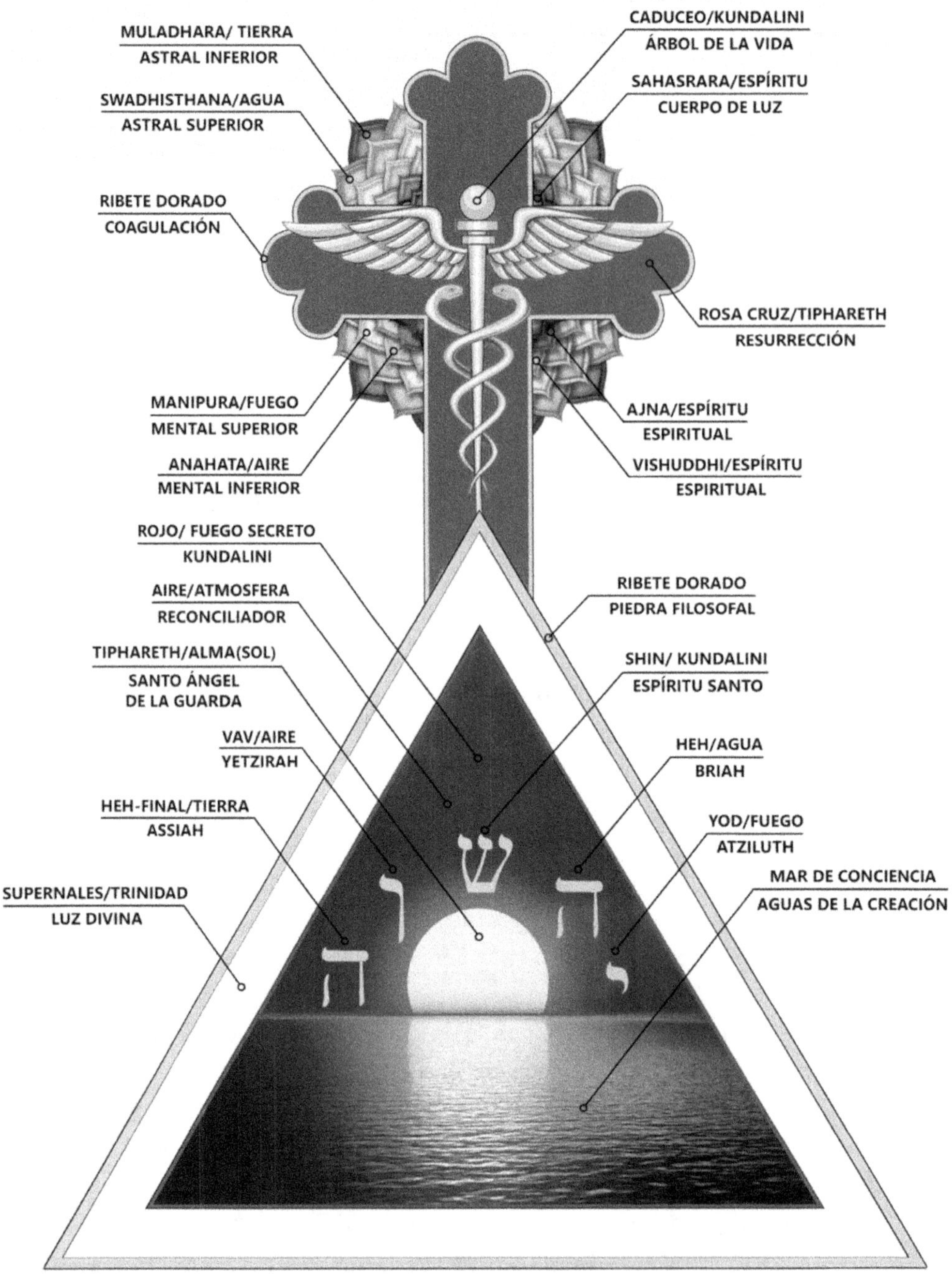

Figura 41: Emblema de "The Magus"

El Caduceo de la Cruz Roja representa también a Jesucristo, que se sacrificó en la Cruz de los Cuatro Elementos. Su sacrificio simboliza el quinto Elemento, el Espíritu. Como se mencionó en una lección anterior, Jesús es un prototipo del despertar y la transformación de la Kundalini. Las letras del Pentagrama dentro del Triángulo Blanco aluden a este misterio.

La letra Hebrea, Shin, la Llama Triple del Alma, es otro símbolo del Fuego Kundalini. Está exaltada sobre el Sol naciente, la Estrella central de nuestro Sistema Solar, que representa el Alma (Sol) y el Tiphareth Sephira. El Sol también representa al "Hijo del Hombre" y a la "Luz del Mundo", que hace referencia a Jesucristo en *La Santa Biblia.* Las otras cuatro letras del Pentagrámaton están en los lados opuestos del Sol, con Yod y Heh (Elementos Fuego y Agua) en un lado y Vav y Heh-final (Elementos Aire y Tierra) en el otro. Hay un equilibrio entre las fuerzas activas y pasivas, masculinas y femeninas, reconciliadas por la letra Shin del Espíritu Santo. YHVH también alude a los Cuatro Mundos de la Qabalah-los Planos Cósmicos. Representa la totalidad de nuestra existencia.

Tiphareth es una esfera de curación e iluminación Espiritual. A través de Tiphareth, podemos hacer contacto con nuestro Santo Ángel de la Guarda desde los Superiores, por encima del Abismo. El Sol naciente en el Triángulo Blanco representa esta conexión. El Sol se eleva en el horizonte, sobre un océano que representa el Mar de la Conciencia.

Esta imagen retrata un equilibrio perfecto entre los Fuegos del Alma y las Aguas de la Creación. Representa el Hexagrama, símbolo del ser humano Espiritualmente perfeccionado. También alude al axioma Hermético: "Como Es Arriba, Es Abajo". El Elemento Aire también está presente en la imagen, como la atmósfera de la Tierra. Sirve de conciliador entre los elementos Fuego y Agua, representados por el Sol y el océano.

Toda la escena retratada en el Triángulo Blanco representa la "Aurora Dorada": la disminución de la oscuridad y el aumento de la Luz. Simboliza la esencia del trabajo en *The Magus,* que es el avance de la propia Evolución Espiritual. El color rojo domina la escena, indicando que, aunque los tres Elementos principales (Fuego, Agua y Aire) están presentes en el Triángulo Blanco, el Fuego es el elemento dominante debido a la influencia del Fuego Secreto de la Kundalini.

La Cruz Roja y el Triángulo Blanco tienen adornos de oro a su alrededor, lo que representa la Piedra Filosofal perfeccionada. El oro se atribuye al Sol en la Alquimia, lo que significa la etapa final de la Coagulación. Simbólicamente, Malkuth ha sido elevado a Daath, y el Espíritu y la Materia están unidos y unificados como uno. El Jardín del Edén ha sido restaurado. El iniciado funciona ahora a través de la intuición perpetua, ya que su conciencia ha sido elevada a los Superiores. Se ha convertido en un Adepto Iluminado y ha alcanzado el Nirvana en esta vida.

La iluminación no es un proceso de una noche, sino que requiere un sacrificio constante del Ego y la exaltación del Alma. Uno necesita purificar y consagrar sus Chakras para obtener la maestría sobre los Cinco Elementos. Los programas de Alquimia Espiritual contenidos en *The Magus* están diseñados para este propósito. Una vez que el cuerpo se convierte en un templo vivo, el Espíritu puede descender al interior del Ser, transformando así la conciencia. Se establecerá un vínculo permanente con el Santo Ángel de la Guarda, completando así la Gran Obra.

Como puedes ver, el emblema de *The Magus* está cargado de imágenes simbólicas relevantes. Contiene muchos misterios Universales que funcionan como un todo. Su esencia está en el centro mismo de la Creación. El emblema puede ser utilizado como un símbolo de meditación, y como tal, debe ser referido a menudo para iluminar y solidificar las diversas lecciones contenidas en *The Magus.*

EL SIGUIENTE PASO EN LA GRAN OBRA

Una vez que hayas completado el programa prescrito de Alquimia Espiritual con los Cinco Elementos y quieras seguir trabajando con ejercicios rituales de Magia Ceremonial, tienes cuatro opciones para elegir. La primera opción es volver al Elemento Tierra y repetir el mismo proceso. Esta vez, no estás limitado por la cantidad de tiempo o LIRPs que necesitas realizar para cada Elemento, sino que puedes decidir por ti mismo en base a cuánto tiempo crees que necesitas para trabajar en cada uno.

De nuevo, debes seguir la misma secuencia que antes, empezando por la Tierra, luego invocando el Aire, el Agua y el Fuego. Y finalmente, debes terminar con el Espíritu una vez que hayas terminado de trabajar el Fuego. De esta manera, estás trabajando con el proceso de la Alquimia Espiritual que ha sido probado con el tiempo y es confiable para obtener resultados óptimos. Realizar esta secuencia de nuevo te ayudará a evolucionar espiritualmente más y a sanar Chakras particulares que pueden requerir un trabajo adicional.

La segunda opción es elegir el Elemento en el que quieras trabajar y permanecer en él todo el tiempo que quieras. En este caso, no es necesario trabajar sucesivamente con los Elementos. En su lugar, elige el Elemento que te interese para seguir trabajando con él y optimizar los Chakras y expresiones del Ser correspondientes. Puedes hacer esto durante todo el tiempo que quieras y trabajar con los Elementos que desees. A través de este proceso, te estás convirtiendo realmente en un Mago, donde estás aprendiendo a dominar los Elementos de tu Ser.

La tercera opción es seguir avanzando dentro del sistema de grados de la Orden de la Aurora Dorada. Al terminar la Alquimia Espiritual del Grado del Portal, su siguiente paso es el trabajo de la Orden Interior, comenzando con el trabajo con las energías de los Siete Planetas Antiguos. El propósito de este trabajo, incluyendo la descripción de los ejercicios rituales y el programa a seguir, se da en el capítulo "Magia Planetaria Avanzada" que sigue al discurso sobre Astrología. La Magia Planetaria sólo se ofrece en la Aurora Dorada una vez que el iniciado ha entrado en el Grado de Adeptus Menor.

La cuarta opción puede emprenderse técnicamente antes que la tercera, aunque se recomienda trabajar primero con la Magia Planetaria. La cuarta opción es trabajar con la Magia Enoquiana, que es otra práctica de la Orden Interior en el sistema de Magia de la Aurora Dorada. Esta opción es la más poderosa y para la que realmente hay que estar preparado.

Dentro de la Aurora Dorada, la Magia Enoquiana se da como parte del currículo del Adeptus Minor sólo después de que el iniciado haya trabajado con Magia Planetaria durante el período prescrito. El trabajo con la Magia Planetaria lo preparará aún más para la Magia Enoquiana. Sin embargo, en mi experiencia personal y en la de la mayoría de mis estudiantes, el trabajo previo con los Elementos fue suficiente. Por lo tanto, puedes trabajar con la Magia Enoquiana primero y luego saltar a la Magia Planetaria después; la elección es tuya. Como regla general, si tuviste dificultades para trabajar con los Elementos, se recomienda que comiences con Magia Planetaria primero (ya que te dará una base aún más fuerte) antes de comenzar a trabajar con las potentes Claves Enoquianas.

Es crucial obtener el dominio de los Cinco Elementos de Tierra, Aire, Agua, Fuego y Espíritu antes de embarcarse en la Magia Enoquiana. Lanzarse a ello demasiado pronto puede causarle un daño Espiritual, ya que necesita tener una base adecuada en los ejercicios rituales anteriores para controlar las poderosas fuerzas invocadas a través de las Llaves Enoquianas. Sin embargo, una vez que estés listo, la Magia Enoquiana llevará tu proceso de Alquimia Espiritual al siguiente nivel.

El proceso de Alquimia Espiritual con Magia Enoquiana se realizará con una fórmula similar a la presentada hasta ahora. Diríjete a la sección "Magia Enoquiana", a continuación de Filosofía Hermética, para aprender más sobre la Magia Enoquiana y encontrar el programa para practicar las Claves Enoquianas.

Ya sea que elijas trabajar con Magia Planetaria o Magia Enoquiana primero, debes terminar el programa prescrito de la opción que seleccionaste antes de comenzar la segunda. Trabajar con ambos simultáneamente o pasar de uno a otro sin completarlo en su totalidad obstaculizará tu pretendida Alquimia Espiritual. Por lo tanto, te desaconsejo encarecidamente que hagas esto ya que puede impactar negativamente tu proceso de Evolución Espiritual e incluso hacerte retroceder en tu viaje.

UNA ADVERTENCIA SOBRE LA MAGIA ENOQUIANA

La Magia Enoquiana es la forma más alta de Magia en las Órdenes de Magia Ceremonial. Ofrece una excelente Alquimia Espiritual, y mi experiencia ha sido que los Aethyrs Enoquianos son excepcionales para trabajar con los Ida y Pingala Nadis (o corrientes) en los individuos despiertos de Kundalini. Debido a su poder, sin embargo, y la naturaleza a menudo volátil, la Magia Enoquiana es sólo para los buscadores avanzados de la Magia y los practicantes que han avanzado bien en el camino Espiritual. Debes tener una base adecuada en los otros ejercicios rituales presentados hasta ahora. No puedo enfatizar esto lo suficiente.

El simple hecho de mirar las Llaves Enoquianas o leerlas en silencio para ti mismo invocará la energía a pesar de todo. Por lo tanto, si quieres leer sobre la Magia Enoquiana y lo que es, está bien. Pero omite las Llaves Enoquianas y ni siquiera las mires hasta que estés listo y seguro de que quieres proceder en esa dirección. Presta atención a la advertencia que te hago porque estas Llaves Enoquianas son altamente potentes. Me repetiré en este sentido para que tu curiosidad no se apodere de ti.

He incluido las Llaves Enoquianas al final del libro, y están ahí sólo para aquellos aspirantes a Magos que hayan completado el programa prescrito con los ejercicios rituales presentados hasta ahora. Si no tienes una base mental y emocional adecuada y eliges jugar con las Llaves Enoquianas (yendo así en contra de mi advertencia), te pondrás en riesgo de abrir puertas en tu mente, que no pueden cerrarse una vez abiertas. Piensa en lo que ocurrió en la historia de la Caja de Pandora.

Cuando se usan al azar, las Llaves Enoquianas pueden crear problemas mentales y emocionales, incluso manía. Cuando formaba parte de la Orden de la Aurora Dorada, escuché historias de individuos que las usaban imprudentemente y que tuvieron que ser ingresados en una institución mental. Si esto ocurrió alguna vez o fue sólo una forma de disuadir a los individuos de practicar la Magia Enoquiana sin estar preparados, seguirá siendo un misterio. Sin embargo, puedo decirte por experiencia personal que estás tratando con un arma cargada. Si se usa correctamente, puede salvar tu vida. Si se usa mal, puede ser un suicidio Espiritual. Tienes que ser capaz de controlar las fuerzas que estás desatando con estas Llaves.

Dicho esto, no estoy tratando de disuadirte de usar las Llaves Enoquianas. Por el contrario, una vez que hayas completado el programa prescrito con los otros ejercicios rituales, la Magia Enoquiana es el siguiente paso en tu viaje Alquímico Espiritual. El sistema de Magia Enoquiana se erige por sí mismo como algo único y separado del resto, pero también forma parte de él. Es el logro supremo de convertirse en un Mago, ya que saldrás de ese trabajo como un ser Espiritual mucho más elevado de lo que eras antes de entrar en él.

Trabajar con la Magia Enoquiana será una aventura emocionante para ti, haciéndote sentir como un verdadero Místico y Sabio. Muchas personas a las que he enseñado el arte de la Magia Ceremonial, incluyendo la Magia Enoquiana, han disfrutado más de la Magia Enoquiana y la han convertido en su hogar al final. Las Llaves Enoquianas ofrecen increíbles estados de conciencia que puedes aprovechar para aprender más sobre ti mismo y el Universo que te rodea. Yo mismo he pasado mucho tiempo usando la Magia Enoquiana, y ha sido mi trabajo preferido con la Magia Ceremonial hasta la fecha.

PARTE IV: ASTROLOGÍA

LA ASTROLOGÍA Y EL ZODIACO

"La Astrología no tiene una función más útil que ésta, la de descubrir la naturaleza más íntima de un hombre y sacarla a su conciencia, para que pueda realizarla de acuerdo con la Ley de la Luz". - Aleister Crowley; extracto de "The Complete Astrological Writings".

La Astrología es una de las ciencias más antiguas de la humanidad. Sus orígenes se remontan a la Antigua Sumeria e incluso antes. Es la ciencia que examina los movimientos y las posiciones relativas de los cuerpos celestes (Planetas) y su influencia en todos los seres humanos de la Tierra. La Astrología nos proporciona un medio de adivinar la información sobre nuestros asuntos, así como los acontecimientos terrestres. Ha sido reconocida y practicada a lo largo de la historia en todo el mundo. Los Egipcios, los Griegos, los Romanos, los Chinos, los Hindúes, los Persas y las Antiguas civilizaciones Mesoamericanas conocían la importancia de la Astrología.

Hay doce signos Astrológicos, cada uno de los cuales pertenece a un Elemento particular en uno de sus estados. Estos estados se describen mejor como el Sub-Elemento de un Elemento. Con este desglose, tenemos doce frecuencias vibratorias de energía diferentes pero fundamentales. Estas cualidades energéticas variables proporcionan la influencia global en las posiciones Planetarias en el momento de nuestro nacimiento. Sin embargo, la forma en que la influencia de un Planeta se manifestará para nosotros depende de en cuál de las Doce Casas cae. El plano de estas influencias energéticas forma nuestro Horóscopo, también llamado Carta Natal o Carta de Nacimiento.

Los signos Astrológicos son los doce sectores de 30 grados de la eclíptica, que comienzan en el Equinoccio Vernal o de Primavera, que es una de las intersecciones de la eclíptica con el ecuador celeste. Los doce signos Astrológicos han recibido sus nombres de acuerdo con las doce constelaciones del cielo nocturno. Una constelación es un conjunto de estrellas en el cielo agrupadas en un patrón particular. Los Antiguos les dieron un nombre según la imagen visible que formaban en su agrupación.

El Año Tropical, llamado Año Solar, está determinado por la revolución de la Tierra alrededor del Sol, que dura aproximadamente 365,25 días. El Año Tropical constituye el Calendario Gregoriano, que es la medida estándar del tiempo en nuestra sociedad actual. Cada mes, mientras la Tierra sigue su órbita alrededor del Sol, pasamos continuamente de un signo del Zodiaco al siguiente.

Como el Equinoccio de Primavera da comienzo al Año Solar, el nombre de la constelación en la que se encuentra el Sol lo llamamos Aries. Sin embargo, cuando miramos al cielo nocturno durante esta época, no podemos ver Aries, sino que tendremos que esperar unos meses hasta que el Sol se haya alejado un número suficiente de signos de él. El signo del Zodiaco en el que se encuentra el Sol sería la constelación que está directamente detrás de él si proyectáramos una línea recta desde la Tierra a través del Sol (Figura 42). Si estamos en Aries, entonces tendríamos la mejor vista de su constelación opuesta según la Rueda del Zodiaco.

Hay otras constelaciones en el cielo además de las doce Zodiacales. Sin embargo, este trabajo sólo se centrará en las doce que forman el "cinturón" o "calzada" imaginaria en los Cielos que rodean nuestro Sistema Solar.

En la Astrología Occidental se miden los puntos del Equinoccio y del Solsticio, que se relacionan con los días iguales, más largos y cortos del año Solar. Los Equinoccios se producen dos veces, en primavera y en otoño, y marcan el momento del año en que la duración del día es igual a la de la noche (doce horas).

Los Solsticios también se producen dos veces durante el año. El Solsticio de Verano es cuando el día es más largo durante el año, mientras que el Solsticio de Invierno marca el momento en que la noche es más larga. Estos dos representan el comienzo de las estaciones de verano e invierno, al igual que los Equinoccios significan el comienzo de las estaciones de primavera y otoño.

Los Equinoccios y Solsticios son momentos del año en los que los Antiguos realizaban ciertos rituales para conmemorar el año Solar. Como representan el momento del año en que la Luz del Sol está más y menos presente en la Tierra, son importantes en todos los trabajos de Magia.

EL HORÓSCOPO

Todo ser humano está influenciado Kármicamente por los Planetas y los signos del Zodiaco en los que se encontraba en el momento de su nacimiento. Según la

Astrología, los fenómenos celestes se relacionan con la actividad humana según el principio Hermético de "Como Es Arriba, Es Abajo". Los signos del Zodíaco representan modos de expresión característicos de la humanidad. Los Antiguos enseñan que los gustos y disgustos de la personalidad y las aspiraciones del carácter están influenciados por las energías Planetarias de nuestro Sistema Solar.

Estas energías Planetarias forman nuestro Yo global, sobre el que se construyen nuestras experiencias vitales. Al nacer en un día concreto, a una hora determinada, en una ciudad específica, tendremos una influencia distinta de las energías del Zodiaco que influyen en nuestros Planetas, o almacenes de poderes internos, que nuestro Yo tendrá a su disposición a lo largo de nuestra vida. De este modo, cada ser humano estará motivado por algo diferente. Si a esto le unimos las diversas experiencias vitales de cada persona durante su crecimiento, ninguna persona es igual a otra. Todos somos únicos, lo que nos hace muy especiales a los ojos de Dios, el Creador.

Los tres signos más vitales del Horóscopo son el Signo Solar, el Signo Lunar y el Signo Ascendente. Junto con los Planetas, estos Signos están "congelados" en su posición en el momento inicial del nacimiento. La colocación de los Planetas individuales en el Horóscopo se da de acuerdo con el marco del Árbol de la Vida.

El Signo Ascendente es el Signo del Zodiaco que se encuentra en el horizonte oriental en el momento de nuestro nacimiento. Este Signo representa nuestra Primera Casa, con la que se inician las Doce Casas, un sistema independiente que fundamenta la Astrología en los asuntos Terrestres. Aunque el Ascendente se indica en todos los Horóscopos de Astrología Occidental, el resto de las Casas y sus influencias Planetarias a menudo se pasan por alto, por lo que sólo se incluyen en las lecturas más avanzadas.

El Signo Solar es nuestro núcleo y nuestra naturaleza general y voluntad como individuos. Esta influencia describe nuestras más altas aspiraciones en esta vida. Nuestro Signo Solar es nuestro "verdadero color" que mostramos al mundo diariamente. El Signo Lunar es el lado emocional de nuestra personalidad, incluidas las respuestas emocionales inmediatas a los acontecimientos de la vida. Es el yo subconsciente, como el Signo Solar es el yo consciente. El Signo de la Luna expresa nuestras reacciones inculcadas por los condicionamientos del pasado, la memoria y los patrones habituales. El Ascendente, o Signo Ascendente, denota cómo vemos la vida. A menudo, es la impresión de quiénes somos, percibida por quienes nos rodean. Es lo que conscientemente presentamos al mundo.

Le aconsejo que te conectes al Internet y obtengas una Carta Natal gratuita. Hacerlo te dará un marco de tu personalidad, tu carácter y las energías que influyen en tu psique desde tu nacimiento. Como dice el aforismo de la Antigua Grecia: "Conócete a Ti Mismo". Comprender tu Horóscopo te permitirá entenderte y aceptarte a ti mismo con mayor claridad. Te permitirá ver qué desafíos necesitas superar en ti mismo para avanzar en tu Evolución Espiritual. Recuerda siempre que tus atributos naturales pueden ser vistos como la mano que te ha tocado en la vida, pero cómo juegues esa mano depende de ti ya que tienes Libre Albedrío.

LOS CUATRO ELEMENTOS DEL ZODIACO

Cada uno de los Doce Signos del Zodíaco pertenece a uno de los Cuatro Elementos. Así, el Zodíaco se agrupa en cuatro triplicidades de signos de Tierra, Aire, Agua y Fuego. Estos Elementos representan el tipo de energía esencial que influye en cada uno de nosotros. Para los Signos de Tierra, tenemos a Tauro, Virgo y Capricornio. Para los Signos de Aire, tenemos a Géminis, Libra y Acuario. Los Signos de Agua son Cáncer, Escorpio y Piscis. Y los Signos de Fuego son Aries, Leo y Sagitario.

Los Signos de Tierra son los más enraizados, conservadores y prácticos. Por otro lado, los Signos de Aire son imaginativos, racionales, comunicativos y creativos. Los signos de Agua son conocidos por ser emocionales, sensibles, intuitivos y cariñosos. Y los signos de Fuego son dinámicos, apasionados, enérgicos e inspiradores.

Los Doce Signos del Zodiaco se agrupan en tres cuadruplicidades para comprender mejor el funcionamiento de las energías. Se trata de los Signos Cardinales, fijos y mutables. Los Signos Cardinales son Aries, Cáncer, Libra y Capricornio. Se llaman Signos Cardinales porque rigen el cambio de las estaciones. Además, todos los Signos Cardinales tienen el Fuego en su subelemento, lo que hace que se comporten según unas pautas específicas que están siendo afectadas por el Fuego. Por lo tanto, todos los Signos Cardinales tendrán muchas características de Fuego aunque no sean un Signo de Fuego.

Los Signos Cardinales se asocian a ser activos, automotivados, perspicaces y ambiciosos. Son grandes líderes y saben cómo iniciar el cambio. Por otro lado, pueden ser mandones, desconsiderados y dominantes, ya que creen que su manera es la mejor para que todos la sigan. Además, a veces no son capaces de llevar a cabo los proyectos que han iniciado.

Los signos Fijos son Tauro, Leo, Escorpio y Acuario. Se llaman Fijos porque rigen el mes medio de cada estación. Todos los signos Fijos tienen el Aire como Subelemento, que se manifiesta como el deseo de que la realidad permanezca fija y tal como es. Son estables, decididos, perseverantes y con gran capacidad de concentración. Sus objetivos se alcanzan de forma lenta pero constante. Son muy perceptivos y tienen una excelente memoria.

Los signos Fijos se preocupan por mantener algo tal y como es, por cambiar las cosas para que sean igual que antes o por estabilizar los factores para alcanzar su estado inicial. Algunas de las cualidades negativas de los signos Fijos son ser egoístas, obstinados y estar demasiado arraigados a sus formas y opiniones.

Los signos Mutables son Géminis, Virgo, Sagitario y Piscis. Estos signos rigen el último mes de cada estación. También se les llama signos Comunes, ya que rigen la finalización del trabajo de una estación. Cada uno de ellos tiene el Agua como Subelemento, por lo que son cambiantes y se adaptan a todas las situaciones. Los signos Mutables se preocupan demasiado por cambiar las cosas en otra cosa, lo que no es una forma de transformación, sino que se trata de pasar al siguiente punto de la vida.

Los signos Mutables aceptan el cambio, mientras que los signos Fijos se resisten a él a toda costa. Los signos Mutables se adaptan a su entorno mientras que los signos Fijos ajustan las circunstancias a sus necesidades, deseos y objetivos. Los signos Mutables son muy versátiles, cambiantes, flexibles, sutiles, intuitivos y comprensivos. Entre sus cualidades negativas están el ser poco fiables, inconsistentes, engañosos y astutos de manera negativa.

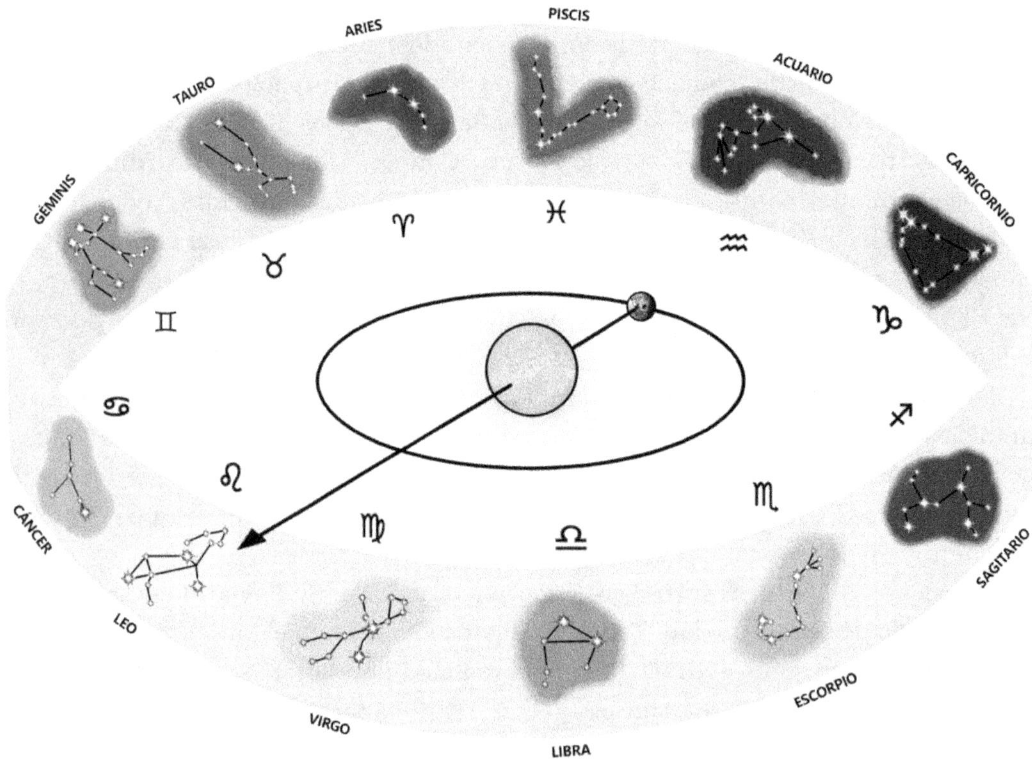

Figura 42: Los Doce Zodiacos

Ten en cuenta que cada signo del Zodiaco tiene un Nombre Divino que se deriva de una permutación del Tetragrámaton (YHVH). Estos Nombres Divinos deben ser utilizados en las operaciones Mágicas que implican la invocación o destierro de las energías de los signos del Zodiaco. Estas técnicas se presentan en el capítulo "Magia Planetaria Avanzada".

A continuación, compartiré una visión general de cada uno de los doce signos del Zodíaco, esbozando sus características, inclinaciones y cualidades únicas. Por lo general, verás que las descripciones te representan con exactitud a ti y a otras personas que conoces y que pertenecen a un signo en particular.

ARIES-EL CARNERO

21 de Marzo - 19 de Abril

El primer signo del Zodíaco es Aries, cuya constelación abarca el grado 0-30 de la longitud celeste. Al ser el primer signo, Aries se ocupa de los nuevos comienzos. Debido a su poderosa naturaleza ardiente, Aries ejemplifica la necesidad de equilibrio energético. Es esencial entender que la energía primaria de un signo del Zodiaco debe estar siempre equilibrada con su energía opuesta. Por ejemplo, el Fuego siempre necesita del Agua para tener éxito.

Cada signo del Zodiaco es un subproducto del Elemento y Subelemento que lo rigen. Por ejemplo, Aries está bajo el gobierno de Marte y del Elemento Fuego, con el Sub-Elemento Fuego del Fuego. Por ello, es un Fuego robusto y poderoso que, cuando es desequilibrado por su opuesto (el Elemento Agua), puede transformarse fácilmente en tiranía, opresión e ira.

Los Arianos se apresuran a iniciar nuevas actividades, pero deben encontrar el equilibrio con la constancia y la persistencia en su realización. De lo contrario, la novedad de las nuevas actividades seguirá desapareciendo. Los de este signo están llenos de energía creativa, empuje, iniciativa y entusiasmo. Son honestos, optimistas, competitivos, ansiosos y conocidos por vivir el presente. Sin embargo, también pueden ser impulsivos, lo que no siempre da un resultado positivo. La frase clave que describe al ariano es "yo soy". "

Los Arianos tienen mucho valor y una aguda intuición y son inspiradores para los demás. Son despiertos, decididos y directos. Motivados por su exceso de entusiasmo, no pueden esperar a ponerse en marcha en lo que sea que tengan en mente hacer. Les gusta asumir papeles de liderazgo, practicar deportes y superar retos físicos.

Al ser un signo de Fuego Cardinal, los Arianos suelen ser impacientes cuando intentan alcanzar sus objetivos debido a su exceso de energía. Estos atributos son cualidades del Fuego del Planeta Marte, ya que es la energía fundacional de los Arianos. El Carnero representa a Aries por su carácter testarudo y decidido.

Algunas de las cualidades negativas del Ariano pueden ser que es demasiado obstinado, egoísta, precipitado, prepotente, temerario, de temperamento rápido, violento, intolerante y fanático. Si el Ego es predominante, el ariano a menudo utilizará a los demás únicamente para su propio interés.

En el Tarot, a Aries se le atribuye la carta del Emperador. Ejemplifica la poderosa energía creativa y el gobierno de este signo. Las Piedras Preciosas asociadas a Aries son la Piedra de Sangre, la Cornalina, el Diamante, el Granate, el Jaspe Rojo y el Rubí. En cuanto al cuerpo físico, Aries rige la cara, el cerebro y los ojos. En cuanto al romance, Aries es más compatible con los signos del Zodiaco Libra y Leo.

TAURO-EL TORO

20 de Abril - 20 de Mayo

El segundo signo del Zodíaco es Tauro, cuya constelación abarca el grado 30-60 de longitud celeste. Tauro está regido por Venus en el Elemento Tierra, con el Sub-Elemento Aire de la Tierra. Los Taurinos son fantásticos pensadores prácticos y maestros de los asuntos físicos. Son conocidos por su determinación, estabilidad y poder. Por ello, el Toro representa su signo. Como Tauro es Aire de Tierra, su intelecto y sus pensamientos son dominantes, aunque dirigidos a asuntos Terrenales. Como tal, la frase clave del signo Tauro es "yo tengo".

Al haber nacido bajo el planeta Venus, los Taurinos disfrutan de la sensualidad y la belleza. Son sensibles y leales a sus parejas sentimentales. Otras cualidades son que son generosos, afectuosos, bien dispuestos, tranquilos y comprensivos con sus semejantes. Son amantes del placer, la comodidad y la satisfacción en todos los niveles. Los Taurinos se caracterizan por tener los pies en la tierra, ser fiables, convencionales y minuciosos. Son muy prácticos en su forma de pensar, lo que les hace ser productivos y estar preparados para afrontar cualquier tarea.

Algunas de las cualidades negativas de los nacidos bajo el signo de Tauro son que pueden ser tercos sin causa, frugales, demasiado emocionales, reservados y demasiado fijos en sus perspectivas (inflexibles). Dado que Tauro es un signo Fijo, están muy comprometidos con el mantenimiento de su riqueza material: no les gustan los cambios en este sentido. Los Tauro son conocidos por utilizar su riqueza como medida de la calidad de su vida. Si el Ego es predominante, un Taurino buscará recompensas materiales por sus esfuerzos. También pueden ser malhumorados, egoístas, codiciosos, excesivamente materialistas y posesivos.

En el Tarot, a Tauro se le atribuye la carta del Hierofante, que ejemplifica la estabilidad y el pensamiento claro de este signo. Las Piedras Preciosas asociadas a Tauro son el Ámbar, el Cuarzo Rosa, el Coral de Sangre, el Topacio Dorado, la Esmeralda, el Zafiro y la Turquesa. En cuanto al cuerpo físico, Tauro rige la garganta, el cuello, la glándula tiroides y el tracto vocal. En materia de romance, Tauro es más compatible con los dos signos de Agua de Escorpio y Cáncer.

GÉMINIS-LOS GEMELOS

21 de Mayo-21 de Junio

El tercer signo del Zodiaco es Géminis, cuya constelación abarca el grado 60-90 de la longitud celeste. Regido por Mercurio, Géminis es del Elemento Aire con el Sub-Elemento Agua del Aire. Debido al Elemento Agua del Aire, los Géminis tienen una personalidad casi dual. Por esta razón, está representado por los Gemelos.

El Agua significa las emociones y la naturaleza fluida del pensamiento. Por lo tanto, cuando se aplica al Elemento Aire (que representa el pensamiento), da a los Géminis el intelecto más poderoso de todos los signos del Zodíaco. Para los Géminis, la inteligencia y la velocidad del pensamiento son expresiones de su energía predominante. La frase clave para describir a los Géminis es "yo pienso". "

Los Géminis son conocidos por su sed de conocimiento para ampliar su intelecto continuamente. Este deseo les confiere una gran capacidad para aprender y absorber información. Son excelentes comunicadores, y el uso de la palabra hablada es su habilidad más excepcional. Cuando su mente salta de un pensamiento a otro, los Géminis utilizan las palabras como anclas para mantenerse firmes. Además, poseen un gran sentido del humor y son alegres y muy inteligentes.

Como se ha dicho, Mercurio -un Planeta de la comunicación- rige Géminis. Mercurio se relaciona con la velocidad del pensamiento, el intelecto, la lógica y la razón. Como es el Planeta de la mente, esto afirma aún más el poder cerebral de los Géminis. En esencia, los Géminis son pensadores que utilizan el poder de la lógica y la razón para actuar con rapidez. Son hábiles para identificar y clasificar cada uno de sus pensamientos.

Géminis es un signo mutable, lo que significa que se adapta a cualquier circunstancia, con una versatilidad absoluta que resulta útil a la hora de afrontar todos los retos de la vida. Los Géminis son simpáticos, ingeniosos, humorísticos, expresivos y analíticos. Son transparentes y objetivos en su forma de pensar y suelen ser muy desenfadados.

Algunas cualidades negativas asociadas a los Géminis son que pueden ser demasiado tontos e inmaduros. También pueden ser parlanchines (hablar demasiado).

A veces, pueden ser insensibles a las emociones de los demás, ya que se ocupan principalmente de la facultad intelectual en lugar de la emocional. Su énfasis en el intelecto y la falta de equilibrio emocional pueden hacer que parezcan fríos y distantes, carentes de empatía hacia los demás.

Los Géminis pueden tener una capacidad de atención corta, ser dispersos (tener una mente desenfocada) y ser intrigantes de manera negativa. Además, los Géminis son poco emocionales y a veces tienen dos caras con los demás debido a su incapacidad para conectar emocionalmente. A menudo, mienten para integrarse en la multitud, aunque no lo digan en serio.

En el Tarot, a Géminis se le atribuye la carta de los Enamorados. Esto se debe a que ejemplifica la unificación de los opuestos, principalmente la naturaleza emocional y mental, que frecuentemente se oponen entre sí, de ahí la naturaleza dual de este signo.

Las Piedras Preciosas asociadas a Géminis son la Aguamarina, el Ágata, la Crisoprasa, la Perla, la Piedra Lunar, el Citrino y el Zafiro Blanco. Géminis rige los brazos, los pulmones, los hombros, las manos y el sistema nervioso en el cuerpo físico. En materia de romance, los Géminis son más compatibles con los signos del Zodiaco Sagitario y Acuario.

CÁNCER-EL CANGREJO

22 de Junio - 22 de Julio

El cuarto signo del Zodiaco es Cáncer, cuya constelación abarca el grado 90-120 de la longitud celeste. Regido por la Luna, Cáncer es del Elemento Agua con el Sub-Elemento Fuego del Agua. El Fuego que actúa sobre el Elemento Agua moldea al Cáncer en lo que es. Los Cáncer son de gran tenacidad y muy sensibles a sus sentimientos. De todos los signos de Agua, Cáncer es el más fuerte. La frase clave que describe a un Cáncer es "yo siento".

El reto continuo de Cáncer es distinguir entre las emociones que son una proyección de su Ego y los sentimientos que se basan en la realidad: la naturaleza ilusoria de la Luna siempre actúa sobre ellos. Los cambios emocionales son un reto al que los Cáncer se enfrentan a menudo. Como temen las críticas y el ridículo, se les ha asignado el caparazón protector del Cangrejo.

Los Cánceres se esconden en su caparazón, donde pueden estar seguros. Suelen ser muy vulnerables psicológica y físicamente y algo tímidos. Estas cualidades les llevarán a buscar la soledad con frecuencia. Aquí, la energía predominante es la sensibilidad emocional y los sentimientos. Los Cáncer poseen un instinto protector y defensivo muy desarrollado debido al Elemento Fuego que llevan dentro. Suelen estar muy preocupados por las responsabilidades domésticas y del hogar.

Cáncer es un signo Cardinal; por esta razón, son grandes iniciadores con una fuerte voluntad que les ayuda a lograr sus objetivos. Los Cáncer son muy empáticos con los demás y están dispuestos a cuidarlos. A menudo pueden mostrar habilidades psíquicas y son sensibles y capaces de sintonizar con las Almas de otras personas, comunicándose con ellas directamente. Suelen ser tradicionales y comprensivos, con una excelente memoria. Los Cáncer están orientados a la familia y están dispuestos a protegerla a toda costa. En el hogar, la energía que utilizan para los fines domésticos es calmante y asentadora.

Algunas de las cualidades negativas de Cáncer son que pueden volverse histéricos en caso de emociones abrumadoras. Pueden ser egocéntricos, manipuladores, malhumorados, autocompasivos y excesivamente cautelosos. También pueden tener miedos ilógicos e infundados y ser muy egoístas cuando protegen su Ego. Los Cáncer pueden ser creídos y, cuando se refugian en la soledad, pueden volverse ajenos a los deseos de los demás.

En el Tarot, Cáncer se atribuye a la carta de la Carreta: significa el poder sobre la naturaleza ilusoria de los pensamientos mediante el uso consciente de la voluntad. Las Piedras Preciosas asociadas a Cáncer son la Piedra Lunar, el Rubí, la Esmeralda y la Perla. En cuanto al cuerpo físico, Cáncer rige el pecho, los senos, el estómago, el canal alimentario y el sistema linfático. En materia romántica, Cáncer es más compatible con los dos signos estables de Tierra, Capricornio y Tauro.

LEO-LEÓN

23 de Julio - 22 de Agosto

El quinto signo de la rueda del Zodiaco es Leo, el más poderoso y el único regido únicamente por el Sol. Se origina en la constelación de Leo y abarca el grado 120-150 de longitud celeste. Leo es un signo Fijo y, como tal, los Leo necesitan mantener su poder personal a toda costa, incluso si eso significa hacer cambios en sus vidas. Leo es del Elemento Fuego y del Subelemento Aire del Fuego. Esta combinación Elemental caracteriza a Leo como muy autoexpresivo ya que el Aire actúa sobre el Fuego, lo que les hace estar muy en sintonía con sus pensamientos. La frase clave de Leo es "yo lo haré".

El reto para Leo es equilibrar el Ego con sus objetivos e ideales más elevados, al mismo tiempo que es consciente de no caer presa de su sensibilidad emocional y de las altas expectativas de los demás. Los Leo son emprendedores, dramáticos, carismáticos, orgullosos, ambiciosos, seguros y distinguidos. Además, su energía predominante es de autoridad, poder y vitalidad.

Los Leo son generosos y nobles por naturaleza. Son fuertes y están dispuestos a entregarse a los demás cuando es necesario. Les gusta hablar y estar con los demás, pero también disfrutan de la soledad para examinar sus sentimientos. Por naturaleza, los Leo son muy emotivos, especialmente si se sienten perjudicados. Sin embargo, desean ser impresionantes y creativos y mantener relaciones con los demás.

Como los Leo obtienen su energía del Sol, son vitales y energéticos, lo que les permite ser emocionalmente curativos para los demás. Los Leo son afectuosos, cariñosos, protectores, sinceros, cálidos y se inspiran en el amor universal. Desean mantener siempre su dignidad. Cuando se encuentran con un desacuerdo, son cautelosos y diplomáticos al expresar su opinión. Los Leo son muy protectores de sus sentimientos y tienen la nobleza de ser el "Rey de la Selva". "Por esta razón, Leo está representado por el León.

Algunos rasgos negativos de Leo son la vanidad y el egoísmo. También pueden ser lujuriosos, egoístas y demasiado preocupados por sus propias opiniones. Además, pueden ser arrogantes, dictatoriales, pomposos, dominantes, infantiles, crueles y excesivamente conscientes de su estatus. Como son muy románticos, los Leo se sienten muy atraídos por el sexo opuesto. A veces pueden impacientarse porque detestan la repetición y necesitan constantemente nuevos estímulos.

En el Tarot, a Leo se le atribuye la carta de la Fuerza: significa la unidad en los Elementos Fuego y Agua, la fuerza de voluntad bajo el gobierno del amor incondicional. Los Leo utilizan los pensamientos y el Elemento Aire para racionalizar sus emociones y alcanzar el equilibrio de la mente, el cuerpo y el Alma. Las Piedras Preciosas asociadas a Leo son el Ámbar, la Turmalina, la Cornalina, el Rubí, el Sardónice, el Ónice y el Topacio Dorado. Leo rige el corazón, el pecho, la columna vertebral y la parte superior de la espalda en términos del cuerpo físico. En materia de romance, Leo es más compatible con los dos signos de Aire, Acuario y Géminis.

VIRGO-LA VIRGEN

23 de Agosto - 22 de Septiembre

Virgo es el sexto signo de la rueda del Zodíaco y la segunda constelación más grande del cielo, abarcando el grado 150-180 del Zodíaco. Virgo es del Elemento Tierra, con el Sub-Elemento Agua de la Tierra. Como la mente de Virgo está orientada al mundo material (por ser un signo de Tierra), están muy centrados en su trabajo y en estar al servicio de los demás. Además, como Virgo es la Virgen, representa el amor natural y la pureza del Espíritu.

La energía dominante de Virgo es la de ser analítico y crítico. Tienen mentes muy analíticas y son excelentes profesores, ya que son tranquilos y autosuficientes. Como perfeccionistas, son diligentes, lo que les hace hábiles en la investigación y los esfuerzos científicos. Para los Virgo, la sabiduría y el conocimiento llegan a través del trabajo duro y la experiencia vital. Son sistemáticos en su pensamiento y están muy orientados al crecimiento personal. La frase clave que describe a los Virgo es "yo analizo". "

Regidos por el planeta Mercurio, los Virgo son dados a la búsqueda del conocimiento. Tienen una atención muy aguda a los detalles y son conocidos por ser cuidadosos y eficientes en todas sus actividades. Son meticulosos en el trabajo y el estudio y les gusta poner orden en la confusión.

El Virgo es desinteresado y muy servicial con los demás. Por lo general, su perspectiva es positiva, y aportan su positividad a los demás. Virgo es un signo Mutable, y utilizan su naturaleza analítica y crítica para pasar con tacto de una cosa a otra, adaptándose a nuevos entornos con facilidad.

Los Virgo creen que el cambio traerá consigo el crecimiento personal, por lo que siempre lo acogen con agrado. Son amantes de los viajes y de las nuevas experiencias vitales. Como los Virgo aprecian los temas misteriosos y el crecimiento interior, suelen sentirse atraídos por lo oculto. Como inconformistas, los Virgo siguen el ritmo de su propio tambor, siempre.

Algunos de los aspectos negativos de los Virgo son que a veces son manipuladores para conseguir lo que desean. Pueden ser egocéntricos, meticulosos y creídos, así como muy reservados y superficiales. Los Virgo pueden ser demasiado críticos con los demás y con ellos mismos. Además, si no pueden desarrollar su independencia, acabarán por depender de los demás, a menudo manipulándolos para su beneficio.

En el Tarot, Virgo se atribuye a la carta del Ermitaño. El Ermitaño es sabio y receptivo al mundo que le rodea, al igual que el Virgo. Las Piedras Preciosas asociadas a Virgo son el Zafiro Azul, el Jaspe Rosa, la Cornalina, el Jade, el Ágata de Musgo, la Turquesa y el Circón. Virgo rige el sistema digestivo, el bazo y los intestinos en el cuerpo físico. Virgo es más compatible con los dos signos de Agua, Piscis y Cáncer, en el ámbito romántico.

LIBRA-LA BALANZA

23 de Septiembre - 22 de Octubre

El séptimo signo del Zodíaco es Libra, cuya constelación abarca el grado 180-210 de longitud celeste. Libra es del Elemento Aire, con el Sub-Elemento Fuego del Aire. La energía predominante de Libra es la de armonizar y equilibrar las energías opuestas en su interior. La preocupación más significativa de Libra es la justicia y la equidad en todos los asuntos.

Como los Libra son un signo de Aire, son potentes pensadores; sin embargo, a diferencia de los Géminis, que son muy intelectuales, los Libra se preocupan más por los asuntos del Alma. Por lo tanto, la integridad y la ética son esenciales para ellos, ya que se asocian con los aspectos más elevados del Alma de una persona. La frase clave para describir a Libra es "yo equilibro". "

Venus rige el signo de Libra. Tienen mentes muy equilibradas, como indica su símbolo: la Balanza. Son encantadores, elegantes y expresivos. Además, son conocidos por buscar la aprobación de los demás y se divierten en las multitudes. Aunque les gusta estar rodeados de gente, los Libra también disfrutan de la soledad y del tiempo a solas con sus pensamientos.

Libra es un signo Cardinal; por esta razón, se les da bien pasar a la acción y comenzar nuevas tareas. Suelen ser los iniciadores de la actividad y buscan la cooperación de los demás. Los Libra son orgullosos y no disfrutan de los compromisos. A diferencia del Ariano, el Libra tiende a expresarse a través de las palabras en lugar de la acción directa. El Libra tiene tacto, es amable, persuasivo y diplomático. Naturalmente, al ser un signo muy social, necesitan compañía y son excelentes cónyuges debido a su naturaleza cooperativa y amante de la paz. Los Libra suelen inspirar a las personas para que den lo mejor de sí mismas.

Algunas cualidades negativas de los Libra son que suelen ser indecisos y pueden buscar demasiado el placer debido a que están regidos por Venus, el planeta de la sensualidad y la belleza. Además, pueden ser dependientes de los demás y, en algunos casos, manipuladores, lo que hace que busquen relaciones para obtener beneficios personales de forma autoritaria. A veces pueden ser malhumorados, incoherentes, superficiales y engañosos. Los Libra también pueden ser demasiado inquisitivos, ambivalentes y se desentienden fácilmente de la tarea que tienen entre manos.

En el Tarot, Libra se atribuye a la carta de la Justicia. Aquí vemos una referencia directa a la "Balanza de la Justicia" y a la ponderación consciente de los opuestos para encontrar el equilibrio. El equilibrio es la clave para vivir una vida sana. Las Piedras Preciosas asociadas a Libra son el Lapislázuli, el Ópalo, el Diamante, la Esmeralda, el Cuarzo Rosa y el Peridoto. Libra rige los riñones, la piel, las glándulas suprarrenales, la región lumbar y los glúteos en el cuerpo físico. En materia de romance, Libra es más compatible con los dos signos de Fuego, Aries y Sagitario.

ESCORPIO-EL ESCORPIÓN

23 de Octubre - 21 de Noviembre

El octavo en la rueda del Zodiaco es Escorpio, uno de los signos más poderosos. Procedente de la constelación del mismo nombre, abarca el grado 210-240 de la longitud celeste. Escorpio es un signo de Agua con el Sub-Elemento de Aire del Agua. Escorpio es un signo Fijo; como tal, los escorpianos son relativamente constantes con sus reacciones emocionales. Como Marte rige directamente este signo, su energía predominante es la de la regeneración y la transformación a todos los niveles. Por esta razón, a Escorpio se le asigna la carta de la Muerte en el Tarot (la muerte como forma de transformación). Su frase clave es "yo creo" (crear).

El símbolo de Escorpio es el Escorpión. Al igual que el escorpión prefiere suicidarse antes que ser asesinado, los nacidos bajo este signo tienen el control definitivo de su destino. Los Escorpio promueven su agenda y se encargan de que las cosas avancen. Los Escorpio son excepcionalmente sexuales, con grandes impulsos y deseos sexuales. Son buscadores de la justicia a toda costa, dispuestos a defenderla.

Además, los Escorpio son grandes pensadores y oradores, llenos de ideas diferentes sobre el mundo. Los nacidos bajo este signo tienen una gran fuerza de voluntad y deseos emocionales intensos. Los Escorpio también son muy ingeniosos. Uno de los retos de su vida es alinear su fuerza de voluntad con sus deseos, ya que estos dos atributos son poderosos en ellos.

Los Escorpio son leales a sus seres queridos. Son curiosos e inspiradores, y como buscan la alineación con el Espíritu, se sienten atraídos por las artes ocultas y esotéricas. La emoción es un atributo dominante de los Escorpio, a menos que se oponga a su fuerza de voluntad. Los Escorpio pueden ser muy intensos, apasionados y profundos. Disfrutan creando de todo tipo de formas, aunque normalmente a través de la reconstrucción. Se sabe que se sienten más seguros cuando son conscientes de lo que sienten los demás.

Las cualidades negativas de los Escorpio son que pueden ser egoístas y temperamentales. Respetan su intimidad y son conocidos por guardar secretos a los demás. Los Escorpio pueden desconfiar de otras personas hasta que se ganan su confianza. A veces utilizan a los demás para sus intereses y exigen que otras personas compartan las mismas creencias y pensamientos que ellos.

Los Escorpio tienen el potencial de ser volátiles, pasando de lo positivo a lo negativo en cualquier momento. Debido a sus intensas emociones, pueden ser irritables, intolerantes, celosos, resentidos y, a veces, destructivos con ellos mismos y con los demás. También son propensos a la violencia. Equilibrar sus poderosas emociones con la lógica y la razón es uno de sus retos en la vida. Para bien o para mal, los Escorpio también pueden ser grandes seductores.

Las Piedras Preciosas atribuidas a Escorpio son la Aguamarina, la Obsidiana Negra, el Granate, el Ágata, el Topacio, el Berilo, las Lágrimas de Apache y el Coral. En cuanto al cuerpo físico, Escorpio rige el sistema reproductor, los órganos sexuales, los intestinos y el sistema excretor. Escorpio es más compatible con Tauro y Cáncer en cuestiones románticas.

SAGITARIO-EL ARQUERO

22 de Noviembre - 21 de Diciembre

El noveno signo de la rueda del Zodíaco es Sagitario, cuya constelación abarca el grado 240-270 de longitud celeste. Como el Planeta regente de Sagitario es Júpiter, a estas personas les encanta disfrutar de la abundancia y se toman en serio el bienestar, tanto para ellos como para los que les rodean. Sagitario es un signo de Fuego con el Sub-Elemento de Agua del Fuego. Su energía fundamental les proporciona un equilibrio entre sus emociones y su fuerza de voluntad. Por esta razón, suelen ser sinceros y directos con los demás.

Sagitario es el Arquero que lanza sus flechas, aunque en este caso se trata de un Centauro, que es mitad hombre, mitad bestia. Los Centauros eran considerados los intelectuales de la mitología Romana, y Sagitario es su contraparte moderna. Son pensadores claros que miran el panorama general la mayor parte del tiempo y buscan siempre el conocimiento.

La energía predominante de Sagitario es la de la aspiración y el amor a la libertad. Este signo se preocupa principalmente por la independencia, ya que a los Sagitario les gusta explorar todos los aspectos de la vida. Son filosóficos, caritativos, éticos y entusiastas. También se preocupan por la verdad y a menudo pueden ser muy religiosos. Los Sagitario son muy enérgicos, con una perspectiva y una visión positiva de la vida. Les encanta estar inspirados y también les gusta inspirar a los demás. La frase clave de los Sagitario es "yo percibo". "

Como Sagitario es un signo mutable, se mueve de una cosa a otra y no puede quedarse en un tema durante mucho tiempo, lo que les hace muy adaptables a cualquier situación. Como pueden ver el panorama general, pueden integrarse fácilmente en la vida y amoldarse a cualquier situación.

Algunos de los rasgos negativos de los Sagitario son que no siempre son capaces de regular la mente con la materia. A menudo pueden exagerar si se centran demasiado en sus sentimientos personales. Pueden ser bocazas y a veces divulgar información que no deberían. También pueden ser exaltados, autoindulgentes, irrespetuosos, impacientes, postergadores y prepotentes. A menudo carecen de satisfacción, independientemente de lo que ocurra en su vida.

En el Tarot, Sagitario se atribuye a la carta de la Templanza: significa cortar la ilusión para alcanzar la verdad. Las Piedras Preciosas asociadas a Sagitario son la Turquesa, el Topacio, el Zafiro, la Amatista y el Rubí. En cuanto al cuerpo físico,

Sagitario rige las caderas, los muslos, el hígado y el nervio ciático. En cuestiones románticas, Sagitario es más compatible con Géminis y Aries.

CAPRICORNIO-LA CABRA

22 de Diciembre - 19 de Enero

El décimo signo del Zodíaco es Capricornio, cuya constelación abarca el grado 270-300 de longitud celeste. Regido por el planeta Saturno, los Capricornio tienen una excelente intuición. Capricornio es un signo de Tierra con el Sub-Elemento de Fuego de la Tierra. Al ser un signo de Tierra, la estabilidad económica y la seguridad son cruciales para ellos. Capricornio es un signo Cardinal, y por esta razón, les gusta empezar cosas nuevas pero puede faltarles la persistencia para terminarlas.

La energía predominante de Capricornio es la de la conciencia y la organización. Son trabajadores, prudentes, pragmáticos y serios. Deben estar siempre motivados, teniendo alguna tarea u objetivo mundano que cumplir. Los Capricornio son pensadores prácticos y siempre buscan simplificar las cosas. Son mucho más felices cuando están en movimiento que cuando están quietos y estancados. También anhelan alcanzar la independencia en sus vidas.

Como el símbolo de Capricornio es la Cabra de la Montaña, simboliza la capacidad y el impulso de subir a la cima de la montaña. Del mismo modo, los nacidos bajo este signo son muy trabajadores y buscan llegar a la cima de cualquier campo en el que se encuentren para cosechar los beneficios del éxito. Los Capricornio adoran la fama, el prestigio y el dinero, pero son conscientes de que les costará mucho trabajo conseguirlo. La frase clave para describir a los Capricornio es "yo uso". "

Los Capricornio son dignos de confianza y poseen una profunda comprensión espiritual, al tiempo que son conscientes de las necesidades de los demás. Son leales a sus seres queridos y están dispuestos a sacrificarse cuando es necesario. Los Capricornio son ambiciosos y siempre buscan mejorar las cosas.

Algunas de las cualidades negativas de Capricornio son que pueden ser degradantes, arrogantes y dictatoriales. Si están en su Ego, pueden carecer de simpatía por los demás. También pueden ser implacables y testarudos. Además, también pueden ser demasiado ambiciosos con objetivos poco realistas que se fijan a sí mismos. Al igual que Leo, los Capricornio pueden ser muy conscientes de su estatus.

En el Tarot, Capricornio se atribuye a la carta del Diablo. Como el Diablo representa la atadura de los sentidos al Mundo de la Materia, esta energía se ejemplifica en la ambición y el empuje de Capricornio, dirigidos al logro dentro de la realidad material. Por lo tanto, los Capricornio deben dar un paso atrás y reevaluar la importancia de sus objetivos y lo que están dispuestos a hacer para alcanzarlos: la realidad Espiritual nunca debe quedar relegada a la material.

Las Piedras Preciosas asociadas a Capricornio son el Rubí, el Ónice Negro, el Cuarzo Ahumado, el Granate y el Ágata. En cuanto al cuerpo físico, Capricornio rige las rodillas, las articulaciones y el sistema óseo. En materia de romance, Capricornio es más compatible con Tauro y Cáncer.

ACUARIO-EL PORTADOR DE AGUA

20 de Enero - 18 de Febrero

El undécimo signo de la rueda del Zodíaco es Acuario, cuya constelación abarca el grado 300-330 de longitud celeste. Regido por Saturno, Acuario es del Elemento Aire con el Sub-Elemento Aire de Aire. Con esta combinación viene la más alta energía espiritual y habilidades intuitivas muy agudas. Al estar conectados con el Elemento Espíritu a un nivel profundo, los Acuarianos tienen un excelente conocimiento de todo lo que ocurre a su alrededor. Son muy perceptivos y sabios y conectan directamente con la verdad en todas las cosas. La frase clave para describir a los Acuario es "Yo sé".

Los Acuarianos son los perfectos representantes de la nueva Era de Acuario. Los nacidos bajo este signo tienen la conciencia social necesaria para llevarnos al nuevo milenio. Los Acuario son filántropos, y hacer del mundo un lugar mejor es una de sus motivaciones internas. Dado que el símbolo de Acuario es el Aguador, que vierte el cántaro de agua sobre la humanidad, de la misma manera, los Acuario riegan el mundo con pensamientos e ideas innovadoras.

Como son muy Espirituales, los Acuario se sienten atraídos por el ocultismo y las artes esotéricas. Comprenden sin esfuerzo conceptos e ideas Espirituales complejas y valoran el conocimiento y la sabiduría sobre todas las cosas. Son honorables con todos los seres humanos y valoran decir la verdad. Por lo general, son desvergonzados en sus expresiones y miran hacia el futuro en lugar de quedarse en el pasado.

La energía predominante de Acuario es la cualidad de ser humanitario. Mantienen altos ideales éticos y grandes esperanzas para la humanidad, a menos que se sumerjan demasiado en su Ego, lo que son propensos a hacer. Como Acuario es un signo fijo, estas personas son conocidas por querer mantener siempre fijas sus creencias, especialmente en lo que respecta a la humanidad. Si son revolucionarios por naturaleza, lo seguirán siendo hasta el final.

Los Acuarianos son independientes y sus expresiones son únicas y originales. Valoran la amistad y el romance. Son naturalmente gregarios, sociales y tienen un gran sentido del humor. Su capacidad imaginativa y creativa busca siempre la buena voluntad. Los nacidos bajo este signo suelen ser sexualmente expresivos y propensos a la lujuria. Los Acuario también pueden ser muy progresistas, comprensivos, benévolos y científicos. Suelen ser excéntricos pero muy decididos, sobre todo cuando se alinean con su propósito vital.

Algunas de las cualidades negativas de los Acuario son que pueden ser demasiado habladores y tienden a imponer sus creencias e ideas a los demás. Si operan desde su Ego, los Acuario pueden parecer fríos y poco comprensivos con los sentimientos de los demás. También pueden ser imprevisibles, temperamentales y extremistas en sus pensamientos y acciones. Algunas de sus ideas pueden ser descabelladas, poco prácticas y sin fundamento, lo cual es la naturaleza del Elemento Aire que los domina. Aunque suelen ser extrovertidos, algunos Acuarianos también pueden ser muy tímidos.

En el Tarot, a Acuario se le atribuye la carta de La Estrella. Como La Estrella significa meditación y contemplación tranquila para percibir la realidad Espiritual, el Acuario también necesita practicar esas cosas si quiere permanecer equilibrado en mente, cuerpo y alma. La meditación es algo natural para Acuario si aprende a superar el constante parloteo de su mente.

Las Piedras Preciosas asociadas a Acuario son el Granate, la Sugilita, la Amatista, el Zafiro Azul, el Ágata de Musgo y el Ópalo. Además, Acuario rige los tobillos y el sistema circulatorio en el cuerpo físico. Por último, en materia de romance, Acuario es más compatible con los dos signos de Fuego, Leo y Sagitario.

PISCIS-EL PEZ

19 de Febrero - 20 de Marzo

El duodécimo y último signo de la rueda del Zodíaco es Piscis, cuya constelación abarca el grado 330-360 de longitud celeste. El Elemento de Piscis es el Agua, con el Sub-Elemento de Agua de Agua. Su energía fundamental aporta emociones profundas, la expansión de la conciencia y, con la evolución, un profundo amor incondicional y compasión hacia todos los seres vivos. Regido por Júpiter, Piscis está simbolizado por el Pez. El Elemento Agua hace que los Piscis sean psíquicos y empáticos, receptivos a todo lo que ocurre en su entorno.

El símbolo Pisciano es el de dos peces, uno nadando río arriba y otro río abajo. Este símbolo implica una marcada dualidad en las emociones. Los Piscianos pueden seguir el punto de vista positivo o negativo y, a veces, ambos simultáneamente. Su reto es evitar dejarse atrapar por sus miedos, ya que los signos de Agua son propensos al miedo y a la ansiedad. La frase clave para describir al pisciano es "yo creo" (creer).

Las personas nacidas bajo este signo son sensibles a los pensamientos y sentimientos de los que les rodean. Inconscientemente, absorben las perspectivas mentales de las personas con las que se rodean. El reto de los Piscianos es desarrollar su fuerza de voluntad. Debido a la fuerte influencia del Elemento Agua en los piscianos, su Fuego es propenso a ser ahogado, haciendo que la fuerza de voluntad se debilite. Por lo tanto, a menudo pueden buscar la orientación de los demás y son fácilmente influenciables.

Piscis es un signo Mutable, lo que hace que estas personas se adapten a su entorno. Son muy intuitivos y comprenden los asuntos del Alma, lo que les hace simpatizar con las necesidades y deseos de los demás. También son creativos e innovadores con una gran imaginación, lo que los hace propensos a la música y otras expresiones artísticas.

Los Piscianos tienden a trabajar en pro de altos ideales y a menudo se preocupan por la ética y la moral en relación con ellos mismos y con los demás. Renuncian a los que consideran injustos. Son juguetones, alegres y poseen un gran sentido del humor. Además, tienen altas aspiraciones Espirituales y se sienten atraídos por las disciplinas ocultas y esotéricas. Sin embargo, los Piscianos buscan la paz y la estabilidad emocional a toda costa, ya que su entorno les influye mucho. Por esta razón, suelen buscar la soledad. Sin embargo, en los entornos sociales brillan.

Algunas de las cualidades negativas de los Piscis son que buscan controlar a través de la entrega y a menudo pueden ser víctimas de su Ego. Son conocidos por hablar mucho mientras que a veces se ven limitados emocionalmente. Los Piscianos son sensualistas en todas las cosas, lo que puede ser positivo o negativo, según les guíe su Ego o su Yo Superior. Tienen poco control sobre sus emociones, por lo que pueden parecer egocéntricos y egoístas. A menudo, se sienten incomprendidos por los demás, lo que les provoca melancolía.

Los Piscianos deben estar bien arraigados, con los dos pies en el suelo, para no caer en la paranoia, la ansiedad e incluso las alucinaciones. Como resultado, pueden carecer de sentido de la individualidad y ser pesimistas, perezosos, procrastinadores y poco realistas en su forma de pensar. Además, los Piscianos son susceptibles de sufrir mal humor si se ven abrumados por sentimientos negativos. A menudo les cuesta componerse sin cambiar su entorno.

En el Tarot, Piscis se atribuye a la carta de la Luna. Como la carta de la Luna significa los miedos de la mente subconsciente, los Piscis se ven desafiados por los mismos debido a su profunda naturaleza acuática. Una dosis adecuada de lógica y razón, impulsada por la voluntad, es necesaria para que los Piscis superen estos desafíos emocionales.

Las Piedras Preciosas asociadas a Piscis son la Amatista, el Jade, la Aguamarina, el Cristal de Roca, la Piedra de Sangre, el Diamante y el Zafiro. Piscis rige los pies, los dedos de los pies, el sistema linfático y el tejido adiposo del cuerpo físico. En materia de romance, Piscis es más compatible con los dos signos estables de Tierra, Virgo y Tauro.

LAS DOCE CASAS

El Horóscopo está dividido en doce segmentos, o Casas, donde cada una está regida por uno de los Doce signos del Zodíaco en secuencia (Figura 43). El Zodíaco comienza con la Casa Primera (Aries) y va en sentido contrario a las manecillas del reloj hasta llegar a la Casa Duodécima (Piscis). En el momento de nuestro nacimiento, los Antiguos Planetas (y los dos Nodos de la Luna) ocupaban Signos y Casas del Zodíaco.

Sin embargo, las Doce Casas no son lo mismo que las Doce del Zodiaco. La Rueda del Zodíaco se basa en la revolución anual de la Tierra alrededor del Sol, mientras que las Casas reflejan la rotación de veinticuatro horas de la Tierra alrededor de su eje. Así, los Doce Signos del Zodíaco se llaman "Casas Celestes", mientras que las Doce Casas se llaman "Casas Mundanas".

Cuando los Astrólogos leen el horóscopo de una persona, se fijan tanto en las Casas Celestes como en las Mundanas para obtener la interpretación óptima. Dado que las Casas cambian cada dos horas, la hora correcta de nacimiento es esencial. Las seis primeras Casas son las "Casas Personales", mientras que las últimas son las "Casas Interpersonales". Las influencias energéticas de las Casas personales se reflejan en un sentido más amplio en las Casas Interpersonales: cada Casa personal tiene su contraparte Interpersonal directamente opuesta. Así, la Casa Primera y la Séptima están relacionadas, al igual que la Segunda y la Octava, la Tercera y la Novena, la Cuarta y la Décima, la Quinta y la Undécima, y la Sexta y la Duodécima.

Cada una de las Doce Casas está asociada a varios atributos de la vida de una persona, empezando por el Yo y expandiéndose hacia la sociedad y más allá. Las Casas nos proporcionan una visión inestimable de nuestra personalidad y carácter y de cómo convivimos con el mundo que nos rodea. Nos ofrecen una hoja de ruta para entender nuestro pasado, presente y futuro y una visión de nuestros desencadenantes mentales y emocionales, facilitada por el movimiento de los Planetas.

Al interpretar tu Carta Natal, ten en cuenta qué Casas están ocupadas por Planetas. Dado que cada Planeta tiene un tipo de influencia diferente, dinamiza los rasgos asociados de la Casa que visita. Evaluar nuestra Carta Natal nos permite ver qué parte de nuestra vida necesita ser trabajada y cómo podemos contrarrestar la influencia Planetaria sobre nosotros para lograr el equilibrio. Dado que llevamos las Doce Casas desde el nacimiento hasta la muerte, sus influencias se imprimen en nuestra Aura. Cada Casa refleja una parte de nuestra existencia y contiene alguna lección específica esencial para nuestra Evolución Espiritual.

1.ª Casa (Aries)

La Primera Casa da comienzo al Zodíaco, por lo que se relaciona con nuestro sentido del yo. Es la más importante de las Doce Casas, ya que representa nuestro

Ascendente (AC), o signo ascendente. El Ascendente representa el Yo exterior que determina la primera impresión que los demás tienen de nosotros. Incluye nuestra apariencia física, nuestros gestos y nuestra disposición y temperamento en general. Esencialmente, la Primera Casa representa lo que ponemos en el mundo. También se relaciona con los nuevos comienzos, incluyendo proyectos, ideas y perspectivas.

2.ª Casa (Tauro)

La Segunda Casa está relacionada con el dinero, la seguridad y las posesiones materiales. Rige nuestras pertenencias personales, los ingresos y las perspectivas financieras, incluida nuestra capacidad de acumular riqueza. Nuestra autoestima y nuestro amor propio también cobran vida en la Segunda Casa.

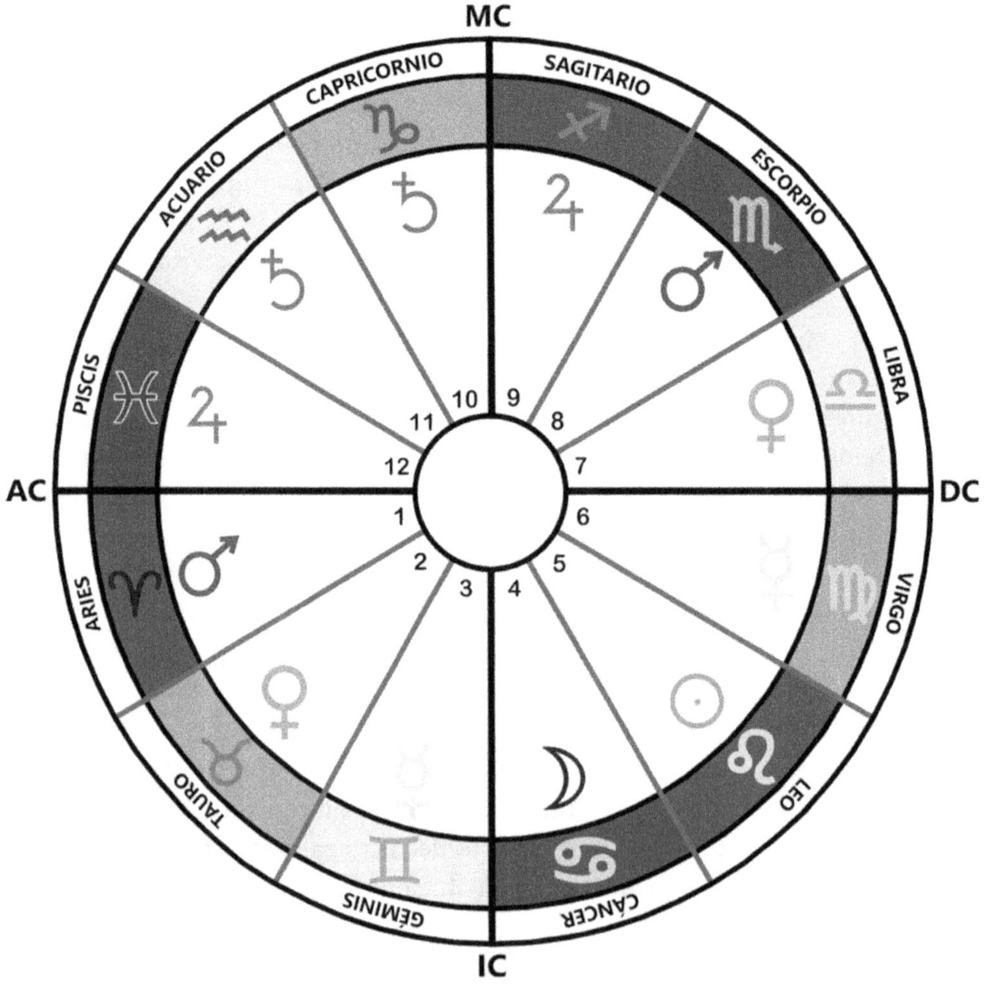

Figura 43: Las Doce Casas y sus Correspondencias

3.ª Casa (Géminis)

La Tercera Casa rige la comunicación, la lógica y la razón, el transporte y los vínculos familiares. Afecta a nuestra educación temprana y a nuestra capacidad de aprender y estudiar. Dado que rige nuestros procesos de pensamiento y funcionamiento cognitivo, la Tercera Casa afecta a nuestro estilo de hablar. También rige los dispositivos tecnológicos que utilizamos para comunicarnos con los demás y los vehículos de transporte para los desplazamientos de pequeña distancia.

4.ª Casa (Cáncer)

La cúspide de la Cuarta Casa es el Nadir, o Imum Coeli (IC), que en Latín significa "Punto más bajo", por su posición en la base de la Carta Natal. Representa nuestra persona privada que se encuentra en el lugar más profundo, oscuro, tranquilo y personal de nuestra Carta Natal. Como tal, la Cuarta Casa es nuestra base interior, nuestro fundamento emocional y la sensación de seguridad que rige el hogar y la familia. Además, la Cuarta Casa indica la relación del individuo con su madre y su visión de la vida doméstica.

5.ª Casa (Leo)

La Quinta Casa está relacionada con la creatividad, la alegría y el sexo. Rige la autoexpresión y todo lo que hacemos por placer y entretenimiento. La Quinta Casa es nuestro niño interior, por lo que el placer que recibimos al tener hijos está regido por ella.

6.ª Casa (Virgo)

La Sexta Casa está relacionada con el servicio y la salud, incluidas las enfermedades. Indica nuestra necesidad de ayudar a los demás y ser útiles en la sociedad. Rige las relaciones con las personas con las que trabajamos y nuestro estado de salud, especialmente de carácter mental y emocional. También rige nuestra actitud hacia las rutinas, la organización y los planes de programación.

7.ª Casa (Libra)

La Séptima Casa está relacionada con el matrimonio y otras asociaciones, incluyendo los negocios. Abarca las uniones legales o los contratos que celebramos y la actitud que tenemos hacia estas uniones. La Séptima Casa se refiere a nuestra capacidad para trabajar en armonía con los demás. A la inversa, también abarca a nuestros enemigos o adversarios abiertos en los negocios y otras áreas en las que hemos formado una sociedad. La Séptima Casa se sitúa directamente frente a la Primera Casa (Ascendente). Se considera nuestro Descendente (DC), que representa a la persona más cercana y querida para nosotros, principalmente nuestro cónyuge.

8.ª Casa (Escorpio)

La Octava Casa está relacionada con la muerte, la regeneración y los bienes financieros que recibimos de otras personas. Como el orgasmo se considera una mini-muerte, la Casa Ocho también se relaciona con el sexo. A menudo se la conoce como la Casa de la transformación Espiritual, y se relaciona con nuestra creencia en la vida después de la muerte. También rige los poderes psíquicos y los conocimientos ocultos.

9.ª Casa (Sagitario)

La Novena Casa abarca el aprendizaje superior, las creencias vitales y la filosofía, y los viajes internacionales y de larga distancia. Esta Casa puede percibirse como la Tercera Casa ampliada, ya que las actividades mentales, los viajes y los conocimientos se amplían a un nivel más elevado y Espiritual.

10.ª Casa (Capricornio)

La Décima Casa rige nuestra carrera, nuestra imagen pública, nuestra posición social y nuestros logros en la sociedad. Rige nuestra relación con las estructuras de control, las figuras de autoridad y nuestros límites y disciplina para alcanzar nuestros objetivos. Al ser el punto más alto de la Carta Natal, la cúspide de la Décima Casa se denomina Cielo Medio, o Medium Coeli (MC), que en Latín significa "Punto más alto", lo que significa la cima de nuestro éxito social. Al estar directamente opuesto al Nadir, el Medio Cielo representa nuestra Persona Pública.

11.ª Casa (Acuario)

La Undécima Casa rige nuestras esperanzas, deseos, amigos y el sentido de comunidad. Abarca las búsquedas humanitarias y las ideas revolucionarias, incluyendo la tecnología y la innovación. Los sueños y objetivos a largo plazo y los placeres del intelecto también están incluidos en la Undécima Casa.

12.ª Casa (Piscis)

La Duodécima Casa rige las penas, los secretos y la autodestrucción. Es la más mística de todas las Casas ya que abarca el psiquismo, los sueños, las pesadillas y las emociones profundas. Al estar relacionada con el subconsciente, la Duodécima Casa afecta a las limitaciones que nos imponemos a nosotros mismos a través de comportamientos autodestructivos. Como tal, esta Casa rige nuestro Karma, ya que contiene las recompensas y los castigos por nuestras acciones. En un nivel mundano, la Duodécima Casa rige las prisiones, los asilos, los hospitales y los enemigos secretos.

***

El conocimiento del Zodíaco no estaría completo sin mencionar las Edades Astrológicas. Las edades Astrológicas representan un período en la Astrología que es paralelo a los cambios significativos en el desarrollo de la humanidad, particularmente en lo que respecta a la cultura, la política y la sociedad en general. Las edades Astrológicas se producen debido a un fenómeno conocido como la Precesión de los Equinoccios. Un período completo de precesión se denomina "Gran Año", o Año Platónico, que dura aproximadamente 25.920 años.

Los Astrólogos dividen el Gran Año en doce Edades Astrológicas. Cada una de ellas tiene una duración aproximada de 2160 años por Edad. Actualmente vivimos en la Era de Piscis, que comenzó alrededor de la época en que nació Jesucristo. El propio Jesús es considerado el arquetipo de los Piscianos, y el nacimiento y ascenso del Cristianismo fue uno de los acontecimientos clave que marcaron la Era de Piscis. Por esta razón, a menudo verás el símbolo de Piscis, los Peces, utilizado por los Cristianos.

A medida que la Era de Piscis termina lentamente, estamos en transición hacia la Era de Acuario. Sin embargo, comprende que una Era Astrológica no comienza y termina en un día o año exacto; la transición es un proceso gradual. Este período de transición se llama "cúspide". Por lo tanto, actualmente estamos en una cúspide ya que estamos recibiendo influencias de la energía de la Era Acuariana.

La humanidad está cambiando a un nivel fundamental, pero para que estos cambios se manifiesten en el exterior, se necesitará algún tiempo. Como Acuario es el más Espiritual de todos los signos del Zodiaco, la Era de Acuario estará marcada por la evolución Espiritual de la humanidad. Por esta razón, la Era de Acuario se conoce a menudo como la Edad de Oro.

El propósito de *The Magus* es ayudar a lograr este objetivo. Una y otra vez, la Ciencia Hermética ha salido de la oscuridad y ha salido a la luz. Su propósito es iluminar los corazones y las mentes de toda la humanidad. Aquellos que estén preparados para recibir sus labios de sabiduría encontrarán que esta doctrina Hermética es la más esclarecedora a la hora de comprender conceptos que, de otro modo, serían difíciles de entender, relativos al mundo invisible del Espíritu del que todos participamos.

A medida que nos adentramos en la Era de Acuario, te desafío a que abraces esta Ciencia Hermética y permitas que transforme tu mente, tu cuerpo y tu Alma, como lo ha hecho con innumerables Adeptos y Sabios del pasado. Al hacerlo, todos podremos convertirnos en Seres de Luz y elevar la conciencia colectiva de la humanidad. Después de todo, los frutos del Cielo son nuestro derecho inherente de nacimiento y nuestro destino final.

LOS PLANETAS DE NUESTRO SISTEMA SOLAR

Los Planetas en la Astrología tienen un significado diferente a nuestra comprensión astronómica moderna de ellos. En la Antigüedad, se pensaba que el cielo nocturno estaba formado por dos componentes muy similares: las Estrellas fijas, llamadas Zodíaco, que permanecían inmóviles entre sí, y las estrellas Errantes o "Planetas", que se movían en relación con las Estrellas fijas a lo largo del año.

El grupo de Planetas de nuestro Sistema Solar estaba formado por cinco, visibles a simple vista, y excluía a la Tierra. Durante la Edad Media, el término "Planeta" se amplió para incluir al Sol y a la Luna, totalizando los Siete Planetas Antiguos (Figura 44). En la Qabalah, son Saturno, Júpiter, Marte, Sol, Venus, Mercurio y la Luna. La Tierra también es un Planeta, pero se considera aparte de los Siete Planetas Antiguos, ya que nunca sale de nuestra esfera de experiencia. Qabalísticamente, los Planetas son representantes directos de los Sephiroth, mientras que la Tierra es sinónimo de Malkuth.

Los Planetas son los cuerpos celestes de nuestro Sistema Solar. Nuestro Sistema Solar tiene al Sol en el centro, nuestra Estrella central, mientras que los Planetas son los cuerpos celestes que orbitan a su alrededor. El Sol es el dispensador visible de Luz en nuestro Sistema Solar y es considerado el más importante. Por lo tanto, muchas tradiciones Antiguas lo han venerado como la más alta manifestación de Dios, el Creador, en el Universo visible.

Los Planetas se mantienen en órbita alrededor del Sol por el efecto gravitatorio que éste ejerce sobre ellos. Algunos Planetas se mueven más lentamente y otros más rápidamente alrededor del Sol. La velocidad a la que se mueven y el tipo de energía que lleva cada Planeta influyen en la humanidad. El propósito de la Astrología es examinar esta influencia, para entender mejor quiénes somos.

Los Antiguos reconocían la existencia de las Deidades, o Dioses y Diosas, ya que pertenecían al orden de la Creación. Los Siete Planetas Antiguos en el marco Esotérico Occidental representan varias de estas Deidades, que los Antiguos personificaron para comprender mejor su energía y su efecto sobre la humanidad.

Según los Antiguos, las Deidades Planetarias constituían los poderes superiores y los aspectos de la psique humana. Su conocimiento se convirtió en esencial en la Astrología, que contiene la clave para entender la psicología humana, incluyendo nuestras más altas aspiraciones y otras expresiones de nuestros poderes internos.

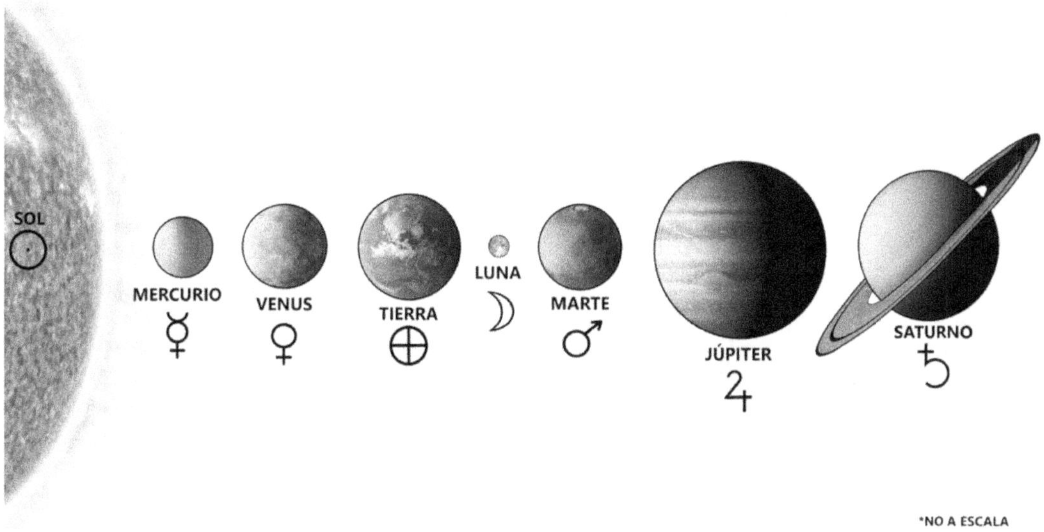

Figura 44: Los Siete Planetas Antiguos

Es importante señalar que la existencia de las Deidades y su relación con los propios Planetas rige el destino, la idea de que los acontecimientos de la vida están fuera del control de una persona, determinados por un poder sobrenatural. Según muchas religiones y filosofías Antiguas, este poder sobrenatural es el de las Deidades.

El destino y la suerte son a menudo intercambiables, pero no son lo mismo. El destino se basa en la noción de que existe un orden natural en el Universo que no puede cambiarse. El Libre Albedrío Individual, en otras palabras, no afecta al destino. La frase común para describir el destino es: "Es la Voluntad de los Dioses (o de Dios)". El destino, por otro lado, es tu potencial esperando a que ocurra. Hay un elemento de elección y Libre Albedrío aquí, ya que damos forma a nuestro destino tomando decisiones activas y conscientes en nuestras vidas. Como los Planetas representan la "Voluntad de los Dioses", puedes ver cómo influyen directamente en los asuntos humanos.

En la Astrología Occidental, los planetas representan los impulsos básicos de la mente subconsciente, que pueden describirse mejor como reguladores del flujo de energía. Estos reguladores forman el carácter y la personalidad del ser humano, ya que se expresan con diferentes cualidades en los doce signos del Zodíaco. Los patrones de los movimientos de los planetas hacen que el cielo nocturno refleje el flujo y reflujo de los impulsos humanos básicos, ya que representan las fuerzas fundamentales de la naturaleza.

Dado que influyen en la humanidad, el estudio de los Planetas y del Zodiaco es fundamental. Si podemos entender las energías del Zodiaco y de los Planetas, entonces podemos entender nuestra composición psicológica. Las energías de ambos afectan a nuestros pensamientos, emociones, imaginación, inspiración, fuerza de voluntad, memoria, deseo, inteligencia y todo lo que hay dentro de nosotros que nos hace humanos. Por lo tanto, el conocimiento de los Planetas y del Zodíaco va de la mano con una mejor comprensión del Árbol de la Vida Qabalístico.

Los Planetas también rigen diferentes partes del cuerpo, cuyo conocimiento es útil en la medicina alternativa. Una gran manera de afectar y curar diferentes partes del cuerpo es con el uso de invocaciones rituales Planetarias. Estas se presentan en la siguiente sección llamada "Magia Planetaria Avanzada". Al invocar un Planeta en particular, también estamos trabajando en la curación de las partes correspondientes del cuerpo humano. Sin embargo, recuerda que no debes utilizar la Magia Planetaria hasta que hayas terminado el programa de Alquimia Espiritual con los Cinco Elementos.

SATURNO

Saturno se atribuye a la Esfera de Binah en la Qabalah y tiene afinidad con el Elemento Tierra. Su energía es comparable a la de la Tierra del Aire, ya que estimula el pensamiento intuitivo dirigido al mundo material. Saturno es el Planeta del Karma y de los ciclos del tiempo. Su afinidad con Binah implica la conexión entre el tiempo y el plano Astral del mundo material (que incluye todas las formas de la existencia). A Saturno también se le conoce como el maestro y el hacedor de tareas del Horóscopo.

Saturno tiene una cualidad de Aire, aunque es un tipo de Aire conectado a tierra que es muy lúcido y profundo. La energía de Saturno es de constricción y de cristalización. Es el Planeta de la fe, y repercute en cómo se manifiesta una idea de la mente.

Saturno es responsable del paso del tiempo y del avance de las edades. En Hebreo, Saturno es conocido como la Esfera de Shabbathai. Para los Griegos, Saturno es conocido como Chronos (o Cronos), llamado popularmente "Padre Tiempo", que empuña la guadaña que corta todo lo que impide el progreso. Cronos era el gobernador del tiempo lineal, cronológico. Era el gobernante de los Titanes y el Padre de Zeus.

Para los Romanos, Saturno era el Dios de la agricultura. En los mosaicos Grecorromanos se le representaba como un hombre que giraba la rueda del Zodiaco. Así, el paso del tiempo se asocia con el avance de la Tierra a través de las constelaciones del Zodiaco.

Saturno era conocido como el "Maléfico Mayor", lo que significa que es un Planeta que se cree que trae mala suerte y desgracia a los nacidos dentro de su radio. Esto se debe a que está estrechamente asociado con el mundo material, y como sabemos, cualquier energía que nos ate al Mundo de la Materia causa miseria y dolor a largo plazo.

En todo el mundo, las deidades asociadas a Saturno son Isis, Ishtar, Brahma, Hera, Neftis, Ptah, Ninurta y Harpócrates. En Astrología, Saturno rige a Capricornio y Acuario. En el Tarot, a Saturno se le atribuye la carta del Mundo. Las Piedras preciosas de Saturno son el Ónice Negro Azabache, los Diamantes y el Cuarzo Ahumado. El metal correspondiente a Saturno es el plomo, mientras que el día de la semana atribuido a Saturno es el Sábado. El Nombre Divino Hebreo asociado a Saturno es YHVH Elohim.

Como Saturno rige el tiempo, también rige la verdad y la sabiduría. Afecta a la paciencia y a las restricciones de la vida, manteniendo a la persona dentro de los límites de la humanidad. Las cualidades de Saturno con respecto a otros Planetas indican cómo una persona puede corregir los errores de su pasado y adquirir perspicacia, redimiendo así los defectos de su naturaleza. Saturno implica una reflexión sobre el pasado para aprender de él y avanzar Espiritualmente.

Como Saturno es un Planeta de control y estructuras, es lógico que rija nuestra estructura física, nuestros huesos. Nuestros huesos son la única parte de nosotros que resiste el paso del tiempo, ya que son la base de nuestro cuerpo físico. Saturno también rige los dientes, los cartílagos, las glándulas, el cabello, las articulaciones y el bazo. Un Saturno afligido puede provocar parálisis, debilidad en las articulaciones y otros problemas óseos. También puede crear problemas respiratorios, pérdida de cabello, pérdida rápida de peso, estreñimiento e incluso un resfriado.

Las cualidades de Saturno y la casa que rige (en Astrología) indican la capacidad de autodisciplina de una persona y cómo crea una estructura dentro de su vida. Sin la influencia bien desarrollada de Saturno, una persona no puede tener éxito en la vida porque le faltará disciplina. Una persona con conflictos en Saturno puede ser egoísta y obstinada a la hora de cambiar sus actitudes. Este comportamiento puede ser una fuente de problemas en las interacciones sociales, lo que le llevará a muchas desgracias y contratiempos personales.

Saturno rige los objetivos y las oportunidades profesionales, así como sus limitaciones y su conservadurismo. Las personas con una fuerte influencia de Saturno en su Horóscopo son ambiciosas y motivadas por naturaleza, y la Evolución Espiritual es de suma importancia para ellas. En Astronomía, Saturno es el sexto Planeta desde el Sol y el segundo más grande de nuestro Sistema Solar, después de Júpiter.

JÚPITER

Júpiter se atribuye a la Esfera de Chesed en la Qabalah. Tiene afinidad con el Elemento Agua; sin embargo, su energía se describe mejor como una sensación de Agua de Fuego ya que estimula el Principio "Amor Bajo la Voluntad". Júpiter es un nombre que los Romanos dieron al Dios del cielo y del trueno.

En Hebreo, Júpiter es conocido como Tzedek. Para los Griegos, Júpiter se llama Zeus, el Rey de los Dioses del Monte Olimpo. En términos de grandeza y poder, Zeus es el segundo después de Saturno, o Chronos (Cronos). Júpiter también era conocido como el "Gran Benéfico", lo que significa que es un Planeta que trae benevolencia y buena fortuna. Este nombre se le dio por su asociación con la energía del amor incondicional y la realidad Espiritual -todas las energías con amor incondicional en su núcleo producen resultados positivos.

En todo el mundo, las deidades atribuidas a Júpiter son Maat, Marduk, Vishnu, Saraswati, Indra, Hapi del Norte, Hapi del Sur y Dagda. En Astrología, Júpiter es el regente de Piscis y Sagitario. En el Tarot, Júpiter se atribuye a la carta de La Rueda de la Fortuna. Las Piedras Preciosas de Júpiter son el Zafiro, el Lapislázuli, la Turquesa y el Aguamarina. El metal correspondiente a Júpiter es el estaño, mientras que el día de la semana atribuido a Júpiter es el Jueves. El Nombre Divino Hebreo asociado a Júpiter es El.

Júpiter es misericordioso y generoso, como el Elemento Agua. Tiene afinidad con el cielo azul y todas las masas de agua. Júpiter tiene una responsabilidad con toda la humanidad para ayudar a mantener su bienestar. Es conocido por ser una energía muy amable y benévola que afecta a la interacción y la cooperación humanas a través del amor incondicional. Así, Júpiter rige la compasión, el impulso protector, la moral y la ética. Júpiter tiene una poderosa influencia en el carácter y las virtudes de una persona y es su constructor, en cierto sentido. Júpiter también rige el desarrollo personal en la vida, ya que la mejor manera de crecer en la sociedad es dando y recibiendo.

Un aspecto del Elemento Fuego está presente en Júpiter porque es conocido por proteger aquello que ama y cuida. La energía subyacente de Júpiter es la energía del otorgamiento y la expansión, así como del optimismo. Es un poder organizador y majestuoso. Júpiter es el legislador, el juez y el benefactor de la humanidad.

Como Júpiter es un Planeta expansivo, rige el crecimiento físico del cuerpo. Júpiter rige el mantenimiento del desarrollo y la integración celular en el cuerpo humano. La conservación de los tejidos blandos del cuerpo, así como de los intestinos, está bajo el gobierno de Júpiter. Júpiter también gobierna el hígado, los riñones, las suprarrenales, los nervios ciáticos y los procesos digestivos. Regula la excreción y la eliminación de toxinas. Por último, rige las caderas y los muslos. Un Júpiter afligido puede causar problemas de corazón e hígado, aumento de peso, diabetes, varices, problemas de hígado y presión arterial alta.

Dentro del Horóscopo, un Júpiter afligido indica que la persona tiene dificultades para dar y cooperar con los demás dentro de la sociedad. Júpiter es también el regente de la mente superior y abstracta, de la educación, de la filosofía de la vida y de la suerte. La acción de Júpiter es eficiente y ordenada, fomentando el crecimiento. Así, el crecimiento Espiritual, así como el liderazgo religioso y Espiritual, están bajo el gobierno de Júpiter. La prosperidad y la abundancia también están bajo la influencia de Júpiter, así como el tiempo libre, la indulgencia, la riqueza, el optimismo, el éxito, las oportunidades y la asimilación de pensamientos e ideas. En astronomía, Júpiter es el quinto Planeta desde el Sol y el más grande de nuestro Sistema Solar.

MARTE

Marte está asociado a la Esfera de Geburah en la Qabalah. Tiene afinidad con el Elemento Fuego. Su energía se describe mejor como una sensación de Tierra de Fuego, ya que es un fuego seco y abrasador. Este Planeta es muy poderoso, y como es el Elemento Fuego, se le atribuyen los aspectos de fuerza y valor del cuerpo y la mente.

Marte es dinámico, vigoroso, iniciador y centrado en la acción. La resolución y el entusiasmo son también aspectos de Marte, así como la pasión. Marte es altamente masculino, y un exceso de su energía puede traer la destrucción, que es vital para cualquier renovación, ya que lo viejo debe morir para dar nacimiento a lo nuevo. Esta idea está mejor representada en la carta del Tarot de la Torre, a la que se atribuye Marte.

Marte también puede ser tirano y opresivo si carece de equilibrio con el amor incondicional y la misericordia de Júpiter. Los ejércitos, las guerras y el combate físico están asociados a Marte. Su imagen Arquetípica es la del guerrero.

Marte es la esfera de la fraternidad y la voz del pueblo. Es la esfera de la ingeniería por su asociación con el hierro y el acero. Marte confiere la capacidad de expresarse mediante acciones poderosas y dinámicas. Sin embargo, también puede hacer que una persona actúe impulsivamente sin considerar las consecuencias de sus actos.

Llamado así por el Dios Romano de la Guerra, Marte era conocido por los Antiguos como el "Maléfico Menor", ya que a menudo puede ser destructivo. Marte se llama Ares en Griego, donde también es el Dios de la Guerra. En Hebreo, Marte se conoce como Madim.

En todo el mundo, otras Deidades atribuidas a Marte son Horus, Sekhmet, Ninurta, Agni, Durga, Nergal y Shiva. En Astrología, Marte es el regente de Aries y Escorpio. Las Piedras Preciosas de Marte son el Rubí, el Granate, el Ágata Roja, la Piedra de Sangre y el Coral Rojo. El metal correspondiente a Marte es el hierro, mientras que el Martes es el día de la semana que se le atribuye. El Nombre Divino Hebreo asociado a Marte es Elohim Gibor.

La energía de Marte es poderosa, por lo que debe ser canalizada conscientemente. Las personas con un Marte afligido en su Horóscopo son susceptibles de tener mal genio, arrebatos de ira y de recurrir a la violencia. Al igual que Saturno, Marte tiene una reputación tradicional de ser un Planeta maligno en conflicto con los demás. Además, Marte también rige nuestra naturaleza animal, los logros, la competencia, la lucha, la tensión, la adversidad y el trabajo. Su acción es a menudo disruptiva y repentina, así como contundente. La energía de Marte puede utilizarse con valor y fuerza o con violencia y destrucción.

Uno puede ganarse un gran respeto y honor de los demás si su uso de la energía de Marte es equilibrado. Tener un equilibrio adecuado en los demás Planetas permitirá utilizar la energía de Marte de forma constructiva. Por ejemplo, Júpiter da inspiración altruista, Mercurio racionaliza y Saturno da disciplina. Estos tres Planetas pueden ayudar especialmente a Marte.

Marte es el Planeta rojo, y como tal, rige los glóbulos rojos y la oxidación natural en el cuerpo. Gobierna el desarrollo y el bienestar de los miembros del cuerpo. Rige los órganos externos, como la nariz, las orejas, los ojos, la boca y toda la región de la cara. También rige el sistema excretor. Como Marte es un Planeta asertivo, rige los aspectos procreativos del cuerpo, como la función de los órganos sexuales. También rige los nervios motores y la vesícula biliar.

Un Marte afligido puede provocar enfermedades relacionadas con la sangre. Puede crear inflamaciones en el cuerpo, enfermedades infecciosas y contagiosas, lesiones físicas accidentales y hemorragias. También puede provocar enfermedades físicas o mentales hiperactivas. Un Marte afligido también puede provocar un exceso de hormonas, lo que puede dar lugar a problemas de erección en los hombres.

Marte está relacionado con Venus, ya que ambos son Planetas ardientes. En esencia, Marte rige la sexualidad masculina, mientras que Venus rige la femenina. Marte representa la fuerza de voluntad, mientras que Venus representa el deseo. Estos dos Planetas colaboran entre sí para satisfacer las necesidades de ambos. Sus deseos del Ego impulsan a la mayoría de las personas, pero cuando han evolucionado Espiritualmente, su fuerza de voluntad cae bajo el gobierno de su Alma y su Ser

Superior. Entonces operarán desde un lugar de ética y moralidad, no desde sus deseos.

Para comportarse de forma equilibrada y proactiva, Marte necesita más inteligencia que deseos personales. Cuando las personas están alineadas con sus deseos, pero carecen de razón y lógica, es más probable que sean destructivas en su aplicación de la energía de Marte. En Astronomía, Marte es el cuarto Planeta desde el Sol y el segundo más pequeño del Sistema Solar, después de Mercurio.

EL SOL (SOL)

El Sol es la Esfera de Tiphareth en la Qabalah, que es la morada de los Dioses Salvadores, como Jesucristo, Mitra, Krishna, Dionisio, Tammuz y Osiris, el "Resucitado". Al ser la fuente de Luz de nuestro Sistema Solar, el Sol es muy Espiritual. Afecta al crecimiento y a la regeneración, tanto mental como emocional. Es el más Espiritual de todos los Planetas Antiguos ya que refleja la Esfera de Kether. La Luz del Sol manifiesta la Gran Luz Blanca de Kether, la fuente de toda vida.

El Sol es, de hecho, el vástago de la Luz de Kether: es su Hijo. Para nosotros, el Sol es la manifestación más elevada de la energía de Dios. Tiene afinidad con el Elemento Aire. Sin embargo, su energía puede describirse más adecuadamente como comparable al Aire del Fuego, ya que es la energía del pensamiento creativo e imaginativo.

Sol es el nombre Romano de la invencible Deidad del Sol. Es el origen de la palabra "Solar". Como las Almas de todos los seres vivos provienen de Sol o del Sol, nosotros somos simplemente Seres de Luz contenidos en cuerpos materiales que nos sirven de vehículo dentro de esta Tercera Dimensión del Tiempo y del Espacio. El Sol es responsable de la distribución de la energía y del material para la producción.

En Griego, el Sol se conoce como Helios, mientras que en Hebreo se conoce como Shemesh. Otras Deidades asociadas al Sol son Amón Ra, Shamash, Apolo y Surya. En el Tarot, el Sol se atribuye a la carta del Sol. Las Piedras Preciosas atribuidas a la energía del Sol son el Ámbar, el Ojo de Tigre, el Topacio Dorado, la Piedra de Oro y el Circón. El metal correspondiente al Sol es el oro, mientras que el día de la semana atribuido al Sol es el Domingo. El Nombre Divino Hebreo asociado al Sol es YHVH Eloah ve-Daath.

En Astrología, el Sol rige a Leo y da vitalidad, valor, creatividad, dinamismo, equilibrio, buena salud, inspiración, liderazgo e imaginación. El Sol es la expresión fundamental del individuo y del yo interior. Tiene autoridad. El Sol también es conocido como el regente de la realización, la identidad, el mando y la capacidad de experiencia. Como el Sol es el proveedor visible de Luz a la Tierra, es la influencia más significativa en nuestras vidas a lo largo del día, al igual que la Luna es la influencia más considerable a lo largo de la noche.

En lo que respecta a nuestro Horóscopo, el Sol afecta a nuestra personalidad e identidad esenciales, que impulsan nuestra fuerza de voluntad. Por lo tanto, el Sol requiere la energía bruta y la pasión de Marte. El Sol es nuestra energía más básica, y un Sol fuerte en nuestro Horóscopo es característico del valor y la oportunidad en la vida. Se sabe que el Sol es el equilibrador de los poderes de Júpiter y Marte, dos energías opuestas. Las equilibra de forma constructiva y saludable. La energía del Sol es necesaria para alcanzar el equilibrio y la armonía en todas las cosas.

El Sol gobierna el flujo general de energía en todo el cuerpo físico, así como los diversos Cuerpos Sutiles dentro del Aura. Rige la generación y el mantenimiento de la energía vital (Prana, chi, mana, Ruach). El corazón y los ojos, así como la región superior de la espalda, están regidos por el Sol. Como regula la función del corazón, el Sol también rige la circulación de la sangre.

Nuestra vitalidad, en general, está regida por el Sol, así como la distribución de todos los fluidos vitales. Un Sol afligido puede crear trastornos del corazón, anginas, palpitaciones, enfermedades de los ojos, afecciones de la columna vertebral y del bazo, así como fiebres altas. Un Sol afligido también puede impedir nuestra capacidad para sanar diferentes aspectos del cuerpo físico.

El calor y la energía positiva del Sol son vitales para nuestra alegría y felicidad en la vida. Estar en lugares donde la Luz del Sol es limitada es más probable que sea una causa de depresión en comparación con estar en áreas donde la Luz del Sol es abundante. Su energía también es curativa, ya que es del Elemento Aire y de la Luz. La Luz es la energía curativa de la mente, el cuerpo y el Alma. El Sol también simboliza la alegría y la felicidad. Activa las endorfinas en nuestro cerebro, dándonos vitamina D, que es necesaria para la felicidad y para mantener una visión positiva de la vida.

En Astronomía, el Sol es la Estrella situada en el centro de nuestro sistema Solar. Es una esfera casi perfecta de energía plásmica que irradia calor y luz. Como tal, es una fuente de energía esencial para toda la vida en la Tierra. Todos los Planetas de nuestro Sistema Solar orbitan alrededor del Sol, que ejerce un campo gravitatorio que los mantiene unidos. La órbita de la Tierra alrededor del Sol es la base de nuestro calendario Solar, que es como medimos el tiempo.

VENUS

Llamado así por la Diosa Romana, Venus es el planeta del amor y del deseo. Este Planeta se atribuye a la Esfera de Netzach en la Qabalah, con una afinidad con el Elemento Fuego. Su energía puede describirse mejor como comparable al Agua de la

Tierra, ya que es una energía pasiva y femenina con matices ardientes. Venus tiene una afinidad con el planeta Marte, ya que ambos son Planetas ardientes.

Los Antiguos se referían a Venus como la "Benéfica Menor". En Griego, Venus se llama Afrodita, mientras que en Hebreo se denomina Nogah. Las Deidades atribuidas a Venus son Hathor, Bast, Ishtar, Lakshmi, Chenrezi, Ushas y Sukra. Astrológicamente, Venus rige tanto a Libra como a Tauro. En el Tarot, Venus se atribuye a la carta de la Emperatriz.

Las Piedras Preciosas atribuidas a la energía de Venus son la Esmeralda, el Jade, la Aventurina, la Malaquita, el Cuarzo Rosa, el Ágata Verde y el Peridoto. El metal correspondiente a Venus es el cobre o el latón, mientras que el día de la semana atribuido a Venus es el Viernes. El Nombre Divino Hebreo asociado a Venus es YHVH Tzabaoth.

Venus es el regente de la amistad, así como de la forma en que vemos la belleza y su significado para nosotros. Es un Planeta alegre y benigno, que trae suerte tanto en las finanzas como en la vida amorosa. Venus rige la creatividad y las expresiones artísticas, como las artes visuales, la danza, el teatro, la poesía y la música. El Alto Renacimiento fue un periodo con un alto grado de energía Venusiana. Los artistas de diversos campos producían hermosas obras de arte que resistieron la prueba del tiempo.

Como Venus es un Planeta del amor, también es un Planeta de la lujuria. Como tal, los deseos de amor y lujuria pueden ser increíblemente poderosos si no se equilibran con el opuesto de Venus, Mercurio, el Planeta responsable de la lógica y el razonamiento. Cuando el deseo está desequilibrado, puede ser bastante destructivo para la vida de una persona. Necesita una dosis adecuada de lógica y razón para manifestarse con éxito. Venus afecta al cuidado de las personas en nuestra vida. La vegetación y el mundo natural, en general, están directamente influenciados por Venus.

A menudo se llama a Venus "Estrella de la Mañana", ya que su posición con respecto al Sol puede verse justo antes del amanecer o después del atardecer como una Estrella brillante de la mañana o de la tarde. Jesucristo se refiere a menudo a sí mismo como "La Brillante Estrella de la Mañana" en *La Santa Biblia*. Lucifer, el Portador de la Luz, es una figura a menudo incomprendida cuyo nombre se basa en el nombre Latín de la Estrella de la Mañana. Venus también se asocia con la Estrella del Perro, Sirio, ya que son los dos objetos más brillantes del cielo nocturno. Ambos fueron utilizados para la navegación por los pueblos Antiguos de todo el mundo.

Venus influye en cómo atraemos a las personas a nuestra vida. Si Venus está afligido en nuestro Horóscopo, habrá conflictos con nuestras habilidades para expresarnos en situaciones sociales e íntimas. En el Horóscopo de un hombre, Venus indica el tipo de mujer que desea, mientras que en el Horóscopo de una mujer, muestra cómo se relacionará con su pareja.

Venus es un Planeta muy táctil, por lo que tiene sentido que gobierne los órganos sensoriales. Regula nuestro gusto, la lengua, la función de tragar, la boca, la garganta y la saliva. Como es el Planeta del Deseo, Venus también gobierna los órganos sexuales internos y los riñones. Además, regula el sistema linfático y los nervios en general. Como Venus rige la percepción sensorial del tacto, gobierna nuestra piel, especialmente su función de respiración, absorción y exudación. Venus también regula nuestros músculos en lo que respecta al tono y la relajación.

Un Venus afligido puede provocar amigdalitis y otras dolencias de los órganos del gusto mencionadas anteriormente. Además, crea enfermedades que afectan a los nervios y a nuestro sistema linfático. Además, algunos trastornos de la piel, como la dermatitis, están asociados a la afección de Venus, al igual que las enfermedades sexuales y los problemas renales.

En el Horóscopo de una persona, Venus indica un fuerte deseo de compañía. Es indicativo de cómo expresamos nuestro amor a los demás y del área de nuestra vida en la que podemos tener facilidad o dificultad para relacionarnos. Venus influye en los impulsos sociales, románticos y sexuales y en cómo respondemos y los expresamos. Es el regente de la sensualidad, la sociabilidad, la interacción y el matrimonio.

Como Venus representa la alegría y la armonía, también muestra nuestra capacidad para crear prosperidad material y belleza en nuestras vidas. En astronomía, Venus es el segundo Planeta desde el Sol, y el segundo objeto natural más brillante del cielo nocturno, después de la Luna.

MERCURIO

Atribuido a la Esfera de Hod en la Qabalah, Mercurio tiene afinidad con el Elemento Agua. Sin embargo, su energía puede describirse más adecuadamente como comparable al Agua del Aire, ya que Mercurio se relaciona con la fluidez de los pensamientos. El Aire es el pensamiento, y Mercurio está directamente relacionado con los procesos de pensamiento. Mercurio recibe su nombre del Dios Mensajero Romano, que se llama Hermes en Griego y Kokab en Hebreo. Mercurio tiene afinidad con el planeta Júpiter.

Otras Deidades atribuidas a Mercurio son Thoth, Anubis, Nabu, Budha, Quetzalcoatl, Viracocha y Kukulkan. En el Tarot, Mercurio se atribuye a la carta del Mago. Astrológicamente, Mercurio es el regente de Géminis y Virgo, ambos signos altamente comunicativos.

Las Piedras Preciosas atribuidas a Mercurio son el Zafiro Naranja, la Espinela Naranja, la Turmalina, el Topacio Imperial, el Citrino y el Ópalo de Fuego. El metal correspondiente a Mercurio es el azogue, mientras que el día de la semana que se le atribuye es el Miércoles. El Nombre Divino Hebreo asociado a Mercurio es Elohim Tzabaoth.

De todos los Planetas de nuestro Sistema Solar, Mercurio es el que se mueve más rápidamente alrededor del Sol. Este rápido movimiento físico del Planeta se corresponde con los atributos simbólicos de Mercurio o Hermes. Es el Mensajero de los Dioses y el medio de comunicación entre lo de Arriba (el Cielo) y lo de Abajo (la Tierra). Como Mercurio está relacionado con el pensamiento, la velocidad del pensamiento y la canalización y el procesamiento de la información son nuestros vínculos de conexión entre el Cielo y la Tierra. Así, el conocimiento y la sabiduría se canalizan desde la Divinidad hacia la humanidad a través del Planeta Mercurio. De esta manera, se construye la inteligencia en una persona.

Mercurio es también el Planeta de la comunicación. En el Horóscopo de una persona, Mercurio influye en su forma de pensar y en las características de su mente. Es expresivo de la verdad, de ahí sus cualidades dualistas, porque la verdad requiere que una persona pueda ver "las dos caras de la moneda".

Mercurio es neutral en términos de comunicación mental, razonamiento, memoria y percepción. La mente y los procesos de pensamiento son la herramienta organizadora o la lente a través de la cual deben enfocarse todas las demás habilidades y capacidades. Como tal, no se puede alcanzar el éxito sin tener un Mercurio bien desarrollado en tu Horóscopo. Mercurio, como un embaucador, tiene una cierta cualidad ambivalente. También pone trampas a las personas para mostrarles su insensatez. Mercurio obliga a la persona a comprometer todas sus facultades con total concentración y alerta.

Como Mercurio rige las funciones mentales, influye en ambos hemisferios del cerebro humano. Como tal, regula el intelecto y su claridad, así como el pensamiento creativo. También rige los cálculos estratégicos mediante la deducción y el razonamiento.

Mercurio también rige las funciones corporales automáticas, como la respiración y el parpadeo. Además, rige los órganos del habla, los oídos en cuanto a la audición, los gestos en cuanto a la comunicación y la coordinación nerviosa y muscular. Los brazos, las manos, la lengua y los pulmones están regidos por él. Los intestinos también están regidos por Mercurio. Un Mercurio afectado puede provocar trastornos del habla, problemas intestinales, bronquitis, problemas de tiroides, nervios débiles, insomnio, pérdida de memoria y problemas con los oídos, la boca, los brazos y las manos.

Mercurio está conectado directamente con el aire y el viento de la atmósfera Terrestre. Abarcando todos los opuestos en sí mismo, Mercurio es andrógino. Por lo tanto, es independiente de un polo opuesto. Mercurio también está asociado a los contactos sociales, la familia, los niños, los hermanos, las actividades diarias y el transporte. Esencialmente, es el Planeta de la inteligencia, la lógica y la razón.

Mercurio es el regente del análisis, la enseñanza, el aprendizaje, los cálculos, el lenguaje, las matemáticas y la mente intelectual superior. Los viajes también están regidos por Mercurio, ya que los viajes son una forma de experimentar, aprender y absorber nuevos entornos e información. Mercurio ayuda a adaptarse a circunstancias y situaciones únicas. En Astronomía, Mercurio es el Planeta más pequeño de nuestro Sistema Solar y el más cercano al Sol.

LA LUNA (LUNA)

En la Qabalah, la Luna se atribuye a la Esfera de Yesod, con afinidad al Elemento Aire. Sin embargo, su energía puede describirse mejor como comparable a la Tierra del Agua, ya que es una energía pasiva y reflectante. También conocida como Luna (en Latín), la Luna se atribuye a la Diosa Romana Diana. En Griego se la conoce como Selene, mientras que en Hebreo es Levanah.

Otras Deidades del mundo asociadas a la Luna son Khonsu, Artemisa, Hécate, Sin, Uma, Cibeles, Astarté y Arianrhod. En el Tarot, la Luna está asociada a la carta de la Gran Sacerdotisa. Las Piedras Preciosas atribuidas a la Luna son la Piedra Lunar, la Perla y el Berilo. El metal correspondiente a la Luna es la plata, mientras que el día de la semana asignado a la Luna es el Lunes. El Nombre Divino Hebreo asociado a la Luna es Shaddai El Chai.

La Luna tiene afinidad con el Sol. Mientras que el Sol es masculino, la Luna es femenina. Es cambiante, reflexiva y nutritiva, con una fuerte influencia en el crecimiento, la fertilidad y la concepción. Así como el Sol gobierna el día, la Luna gobierna la noche. La Luna afecta a nuestros sueños, ya que lo que soñamos es representativo de las realidades potenciales de nuestra vida mundana, Terrestre.

La Luna es ilusoria porque refleja la Luz del Sol. Por lo tanto, está llena de lo que uno cree que es real en lugar de lo que es verdaderamente real. Por esta razón, es el regente de la mente subconsciente, mientras que el Sol es el regente de la mente consciente. La mente subconsciente contiene muchos miedos, sentimientos reprimidos e instintos primarios. Todos estos atributos de la mente caen bajo el gobierno de la energía ilusoria de la Luna. Como tal, la Luna es la gobernadora de las emociones involuntarias.

Astrológicamente, Cáncer está regido por la Luna. La energía de la Luna influye mucho en la intuición. Sin embargo, al tratar con la Luna, debemos discernir conscientemente entre lo que es real y lo que es irreal. Además, la Luna es el regente de las fases, los hábitos, los estados de ánimo, los sentimientos y los intereses personales. Puede ser fría y cambiante, pero también intensa y apasionada.

El Elemento Aire está muy presente en la energía de la Luna y, con el tiempo, el Ego se desarrolla a través de ella, ya que el Ego no es más que un reflejo de lo que creemos ser. El placer momentáneo, también conocido como capricho, está bajo la influencia de la Luna.

La Luna influye en la espontaneidad, las llamadas repentinas a la aventura, la curiosidad y el asombro infantil. La Luna también rige la fertilidad, los ciclos de la mujer y las fluctuaciones de las mareas de los océanos y los mares. Como más del 70% de la Tierra está cubierta de agua, la influencia de la Luna en la vida terrestre es inmensa.

La atracción gravitatoria de la Luna sobre la Tierra crea el movimiento pendular de las aguas. Del mismo modo, nuestras emociones también se ven afectadas. Oscilamos entre los extremos emocionales casi automáticamente, sin ningún esfuerzo consciente por nuestra parte. La Luna está conectada con los Principios Herméticos de Polaridad y Ritmo, ya que describen la naturaleza de las emociones, como se discutirá en detalle más adelante en la sección de Filosofía Hermética.

Como la Luna orbita alrededor de la Tierra, influyendo en las mareas de los océanos y mares, los fluidos de nuestros cuerpos físicos se ven afectados de forma similar. Nuestro cuerpo físico está compuesto por un 60% de agua. El cerebro y el corazón están compuestos por más del 70% de agua, mientras que los pulmones lo están en un 80%. La Luna gobierna la secreción y utilización de todos los fluidos, incluyendo las lágrimas, la saliva, los jugos digestivos, los fluidos sexuales, etc. También regula la sustancia líquida de nuestro cerebro, corazón, pulmones, estómago, nariz, boca y globos oculares.

La Luna rige el sistema nervioso simpático y el sistema linfático en general. Su energía influye en la retención de agua, el movimiento digestivo, el flujo sanguíneo y la humedad celular. Una Luna afligida puede provocar trastornos relacionados con la acumulación de líquidos corporales, abscesos, enfermedades femeninas, tumores, resfriados de pecho, tos, alergias, neumonía, problemas de estómago, asma e insomnio.

Al observar la carta Astral de una persona (Horóscopo), el Astrólogo suele utilizar los Nodos Norte y Sur de la Luna, Caput Draconis y Cauda Draconis, para obtener detalles más específicos sobre la vida de una persona. Por ejemplo, los aspectos del Nodo Norte indican las relaciones de una persona y las tendencias sociales comunes. También es responsable de influir en la actitud de la persona hacia las oportunidades de progreso que se le presenten en su vida. Por esta razón, está relacionado con el Planeta Júpiter.

A la inversa, los aspectos del Nodo Sur son indicadores de qué hábitos, recogidos del pasado, pueden influir en el comportamiento actual de una persona. Así, el Nodo Sur revela el efecto Kármico de las acciones pasadas de una persona. Así, tenemos una influencia y una connotación de tipo Saturno que surge con la Luna.

La Luna es vital en todos los trabajos Mágicos y ha sido estudiada y seguida por ocultistas de todas las tradiciones Antiguas. Las invocaciones rituales se realizan en la hora y el tiempo planetarios apropiados siguiendo los ciclos de la Luna. La mayoría de las invocaciones se hacen en una Luna creciente, que es cuando se está volviendo más prominente en el cielo en la transición de la Luna Nueva a la Luna Llena. Las invocaciones se realizan en Luna menguante, cuando ésta disminuye su tamaño después de la Luna Llena. Una Luna Oscura o Luna Nueva suele ser un momento de crecimiento interior, y no se realizan rituales en este momento.

En Astronomía, la Luna es el único satélite natural permanente de la Tierra, que orbita alrededor de ella. Está en rotación sincrónica con la Tierra, por lo que siempre muestra la misma cara. Después del Sol, la Luna es el segundo objeto celeste visible en el cielo terrestre. Su atracción gravitatoria sobre la Tierra afecta a las mareas de las masas de agua, lo que frena la rotación de la Tierra sobre su eje, creando así el reloj de veinticuatro horas.

LA TIERRA

El Planeta Tierra está asociado a la Esfera de Malkuth en el Árbol de la Vida y, naturalmente, tiene afinidad con el Elemento Tierra. Se le conoce como Gaia, personificada como una de las Deidades primordiales Griegas. Gaia es la Madre Ancestral de toda la vida. Es la Diosa Madre Tierra Primigenia. La Tierra también se conoce como "Terra Firma" en Latín, que significa "tierra sólida", ya que está perpetuamente presente, bajo nuestros pies, aquí y ahora. Otras Deidades del mundo asociadas al Planeta Tierra son Geb, Deméter, Ceres, Cernunnos, Nerthus, Ganesha, Azaka y Ochosi.

No existen correspondencias Astrológicas ni de Tarot con el Planeta Tierra. Las Piedras Preciosas que se le atribuyen son la Turmalina Negra, la Obsidiana y la Hematita. El Planeta Tierra no tiene un metal correspondiente ni un día de la semana. El Nombre Divino Hebreo asociado a ella es Adonai ha-Aretz.

El Planeta Tierra no suele representarse junto a los demás Planetas porque, como se ha dicho, nunca sale de nuestra esfera de experiencia. Representa el Reino Físico y todos los asuntos mundanos del mundo material. La Tierra alude al propósito y la misión del individuo en la vida. "Realidad" es la palabra que mejor describe al Planeta Tierra. Otra palabra que describe mejor a la Tierra es "Materia", que se refiere a todo lo que está dentro de la atmósfera Terrestre.

La atmósfera Terrestre es una capa de gases, comúnmente conocida como aire, que rodea al Planeta Tierra y es retenida por su gravedad. Toda la vida en el Planeta Tierra depende del aire para respirar. El aliento sostiene y mantiene a todos los seres vivos.

La Tierra también nos alimenta y nos da agua para el sustento. Nuestra conciencia está inextricablemente conectada a la conciencia de la Tierra -existimos en una relación simbiótica con ella. Como el Planeta Tierra nos nutre, desempeña el papel de una Madre para nosotros, sus hijos.

En Astronomía, la Tierra es el tercer planeta desde el Sol y el único objeto Astronómico conocido que alberga vida. El eje de rotación de la Tierra está inclinado respecto a su plano orbital, lo que produce las estaciones. Como ya se ha dicho, la interacción gravitatoria entre el Planeta Tierra y la Luna estabiliza la orientación de la Tierra sobre su eje y frena gradualmente su rotación, creando el reloj de veinticuatro horas. La Tierra gira alrededor del Sol durante 365 días, período conocido como un Año Terrestre o Solar. La Tierra es el Planeta más denso de nuestro Sistema Solar.

LOS NUEVOS PLANETAS-URANO, NEPTUNO, PLUTÓN

Desde la invención del telescopio en 1608, se han descubierto tres nuevos Planetas. Urano fue descubierto en 1781, mientras que Neptuno lo fue en 1846. Por último, Plutón fue descubierto en 1930. Como las órbitas de estos Planetas son de movimiento lento, se les suele considerar símbolos de épocas. Los efectos de estos Planetas se dejan sentir en todas las generaciones de la sociedad.

Además, estos tres nuevos Planetas se denominan Planetas Trascendentales. Esto se debe a que no entran en el esquema séptico (siete) de los diferentes Sephiroth en el Árbol de la Vida. Considerados como Planetas "exteriores", no tienen una posición fuerte dentro de las enseñanzas Qabalísticas. Sin embargo, dado que están incluidos en la Astrología Occidental actual, una breve mención de ellos es adecuada para esta discusión.

En la mitología Griega, Urano es el Dios del Cielo. También llamado "Padre Cielo", Urano era el hijo y esposo de Gea, la Madre Tierra, y una de las Deidades primordiales griegas. Este mismo Dios es llamado Caelus por los Romanos. Se dice que Urano rige el genio y los ideales humanitarios y progresistas. Rige la libertad, el ingenio y la originalidad, incluidos los cambios inesperados.

Urano rige todas las ideas radicales y no convencionales, así como a las personas, y se dice que ha influido en acontecimientos revolucionarios del pasado que perturbaron las estructuras establecidas. Considerado como la octava superior del Planeta Mercurio, el día de la semana de Urano es el Miércoles. En la Astrología Occidental actual, se dice que Urano rige Acuario. La influencia de Cauda Draconis, el Nodo Sur de la Luna, se asemeja a la de Urano.

Neptuno es el Dios Romano del Mar, llamado Poseidón por los Griegos. Este Planeta es de color azul intenso, parecido al océano, de ahí su nombre. Neptuno rige los sueños, el idealismo, el arte y la empatía. Debido a su asociación con el Elemento Agua, tiene una conexión con Júpiter. Como también rige la ilusión y la vaguedad, también tiene relación con la Luna.

Neptuno se encuentra en la octava superior del Planeta Venus; como tal, su día de la semana es el Viernes. En la Astrología actual, se dice que Neptuno rige a Piscis, el más profundo y emocional de los signos de Agua. Además, la influencia de Caput Draconis, el Nodo Norte de la Luna, es similar a la de Neptuno.

En la mitología Romana, Plutón es el Dios del Inframundo, el juez de los muertos. Como Dios del Inframundo, está asociado con el Dios Egipcio Osiris. Los Griegos llaman a Plutón Hades. En la cosmogonía Griega, una vez derrocado el Titán Cronos (Cronus), Hades recibió el gobierno del Inframundo en un reparto tripartito de la soberanía sobre el mundo. A su hermano Zeus le correspondió el cielo, mientras que a su otro hermano Poseidón le correspondió el dominio del mar.

Plutón se ocupa de la transformación a todos los niveles. Representa la parte del individuo que destruye para renovar. Como tal, está vinculado a la carta de la Muerte del Tarot. Plutón está asociado a todas las empresas que requieren cavar bajo la superficie para sacar la verdad a la luz. También está relacionado con el poder personal y el dominio del Ser. La Gran Obra está estrechamente vinculada a la influencia de Plutón.

Plutón está asociado a Marte, ya que es la octava superior de ese Planeta en Astrología. Como tal, su día de la semana es el Martes. En la Astrología actual, se dice que Plutón rige Escorpio, el signo del Zodiaco asociado a la transformación.

***

El conocimiento de los Elementos, los Planetas y el Zodíaco es el núcleo de la Qabalah Hermética. En consecuencia, estas energías forman la totalidad del Árbol de la Vida. La comprensión de la información presentada en *The Magus* te permitirá ver la "gran imagen" de cómo funciona el Sistema Solar, el Macrocosmos. Y, como dice el axioma Hermético de "Como Es Arriba, Es Abajo", el Macrocosmos encuentra su reflejo en el Microcosmos. Del mismo modo, el Sistema Solar se refleja en el sistema energético humano (Aura). Por lo tanto, al aprender sobre las energías del Universo exterior, estás aprendiendo sobre los poderes que componen tu Ser interior.

Para alcanzar la Gnosis, hay que memorizar estos conocimientos. La Gnosis es la comunicación directa de tu Genio Superior con el Alma y el Ego. Una vez que creas un vínculo con tu Genio Superior, ya no necesitarás maestros externos o libros para aprender. En cambio, te convertirás en tu propio maestro. Por lo tanto, la Gnosis es el método óptimo para aprender la Qabalah y el camino correcto para el crecimiento

Espiritual. La información que se presenta en este libro está destinada a impartir los conocimientos necesarios para lograr este objetivo.

Debe leer y releer esta información numerosas veces para sacar el máximo partido a estos conocimientos. Cada vez que lo leas, aprenderás algo nuevo. Y una vez que lo hayas memorizado, tu Genio Superior comenzará a comunicarse contigo para darte más conocimientos Qabalísticos a través de la Gnosis.

Así se construye la verdadera sabiduría. Y una vez que se obtiene esta Sabiduría, se obtiene invariablemente la Comprensión, porque una no existe sin la otra. La Comprensión es la función más elevada del Ser humano que establece un vínculo con el Genio Superior, el Ser Eterno. A través de la Gnosis y la Evolución Espiritual que le sigue, puedes restaurar el Jardín del Edén, recuperando así tu derecho de nacimiento inherente que te fue dado por tu Creador.

MAGICK PLANETARIA AVANZADA

Los Antiguos Babilonios, Griegos, Romanos y muchas otras culturas y civilizaciones consideraban a los Planetas de nuestro Sistema Solar como Dioses. Para ellos, los Planetas simbolizaban los diferentes poderes de Dios, el Creador, y representaban estas cualidades o atributos. Reconocían la correspondencia entre los Planetas y nuestros poderes superiores, ya que estamos hechos a imagen de Dios-Creador.

Ya que cada ser humano es un Microcosmos del Macrocosmos (lo que significa que llevamos las energías del Sistema Solar dentro de nosotros), entonces el propósito de trabajar con las energías Planetarias es sintonizar esos poderes superiores del Ser e integrarlos eficientemente dentro de nuestras vidas. Los Elementos con los que has trabajado hasta ahora han servido para exaltar el Yo Superior sobre el Yo Inferior -el Ego- e infundir la energía del Espíritu dentro de tu conciencia. El siguiente paso en la Gran Obra es trabajar con los poderes Planetarios que se expresan a través de tu conciencia.

Has aprendido cómo los Siete Planetas Antiguos se relacionan con el Árbol de la Vida y los Sephiroth. En esta sección, utilizarás los poderes de los Planetas para ayudarte a evolucionar más Espiritualmente y aprovechar tu potencial más íntimo. Los caminos del Árbol de la Vida abren puertas hacia el interior, pero los Sephiroth establecen contactos con la Mente ilimitada del Creador. Trabajar con los Siete Planetas Antiguos es crucial para avanzar en la comprensión del Ser y sus muchos e intrincados componentes. Después de todo, si todo ser humano en el núcleo de su Ser es Dios-el Creador, entonces al invocar los Planetas, podemos aislar y examinar los diferentes poderes que conforman el todo.

En cuanto a su influencia en la psique humana, los Planetas pertenecen al Mundo de Atziluth -el Mundo del Espíritu puro y el Plano Divino donde existen los pensamientos de Dios-el Creador. Esta asociación significa que los Planetas son fuerzas Arquetípicas que emanan de los niveles más altos de la energía Divina. Así que ahora entiendes por qué necesitabas trabajar con los Elementos inferiores y el Elemento Espíritu antes de trabajar con los Planetas.

Estos poderes Planetarios se filtran en su Ser a través del Elemento Espíritu/Aethyr. Así, el trabajo con el SIRP fue una preparación para esta tarea. Al invocar a un Planeta, te adentras en tu interior y adquieres la capacidad de alterar cómo su energía impacta en el aspecto correspondiente de tu psique. Las fuerzas Planetarias son responsables de nuestros intrincados comportamientos según la expresión de nuestras Almas en el mundo.

Cada Planeta tiene poderes regentes (según la Tabla 4) que constituyen lo más elevado de nuestras aspiraciones, pero también nuestras limitaciones. La clave para trabajar con los Planetas es exaltar el Yo Superior por encima del Ego y sus expresiones.

Como se mencionó en el capítulo anterior, Dios, el Creador, nos repartió una mano en el mismo momento en que nacimos y vinimos a este mundo. Las energías Macrocósmicas que te impactaron en el momento de tu nacimiento se encerraron en tu conciencia -el tipo y la calidad de estas energías dependen del lugar en el que naciste y de los signos del Zodiaco a través de los cuales se expresaron tus Planetas. Por lo tanto, estás predeterminado a actuar de una manera particular desde tu nacimiento.

Estas energías Planetarias están incrustadas en lo más profundo de tu mente subconsciente y trabajan para regular el flujo de energía en tus Chakras y tus diversos cuerpos Sutiles. Aunque los Siete Planetas Antiguos y los Signos del Zodiaco que gobiernan se relacionan con los Siete Chakras, estoy reservando el discurso sobre este tema para mi segundo libro, *Serpent Rising: The Kundalini Compendium,* ya que esa obra profundiza más en el sistema de los Chakras en general.

The Magus es de naturaleza Qabalística, por lo que quiero centrarme únicamente en las correspondencias entre los Planetas y los Sephiroth. Ya has visto en una discusión anterior cómo la relación entre los Sephiroth y los Chakras es más compleja que atribuir un Chakra a un Sephira. Por lo tanto, no quiero crear confusión con respecto a los Chakras cuando se trabaja con los Planetas a través de medios de Magia Ceremonial.

A través de las invocaciones Planetarias, también estás trabajando con las diferentes energías que forman las virtudes y los vicios en tu carácter y personalidad. Tu ética, tu moral y tus creencias internas sobre el mundo en el que vives se ven afectadas por las energías Planetarias que te afectan. Principalmente, su objetivo con este trabajo es trabajar en la superación de sus vicios y otras limitaciones que le impiden ser la mejor versión de "Ti" posible.

TABLA 4: Los Siete Planetas Antiguos y sus Correspondencias

Planeta	Sefira y Nombre Divino	Deidades Asociadas	Afinidad Elemental	Zodiaco y Metal	Expresiones/Poderes	Piedras Preciosas
Saturno	Binah, YHVH Elohim	Cronos, Isis, Brahma, Hera, Neftis, Ptah, Harpócrates, Ninurta	Tierra; Se Siente Como Tierra de Aire	Capricornio y Acuario, Plomo	Karma, Verdad, Sabiduría, Estructura, Disciplina, Intuición	Ónice Negro Azabache, Diamantes, Cuarzo Ahumado
Júpiter	Chesed, El	Zeus, Maat, Indra, Vishnu, Saraswati, Hapi, Dagda, Marduk	Agua; Se Siente Como Agua de Fuego	Piscis y Sagitario, Estaño	Misericordia, Abundancia, Amor Incondicional, Moral, Ética	Zafiro, Lapislázuli, Turquesa, Aguamarina
Marte	Geburah, Elohim Gibor	Ares, Horus, Sekhmet, Ninurta, Agni, Durga, Nergal, Shiva	Fuego; Se Siente Como Tierra de Fuego	Aries y Escorpio, Hierro	Ambición, Impulso, Renovación, Acción, Supervivencia, Competencia, Pasión, Fuerza de Voluntad	Rubí, Granate, Ágata Roja, Piedra de Sangre, Coral Rojo
Sol	Tiphareth, YHVH Eloah ve-Daath	Helios, Jesucristo, Osiris, Apolo, Dionisio, Mitra, Surya, Krishna, Tammuz, Shamash, Amón Ra	Aire; Se Siente Como Aire de Fuego	Leo, Oro	Curación, Vitalidad, Valor, Creatividad, Inspiración, Imaginación	Ámbar, Ojo de Tigre, Topacio Dorado, Piedra de Oro, Circón
Venus	Netzach, YHVH Tzabaoth	Afrodita, Hathor, Bast, Ishtar, Lakshmi, Chenrezi, Ushas, Sukra	Fuego; Se Siente Como Agua de la Tierra	Libra y Tauro, Cobre o Latón	Deseo, Expresiones Creativas, Amor Romántico, Amistad, Sensualidad	Esmeralda, Jade, Aventurina, Malaquita, Cuarzo Rosa, Ágata Verde, Peridoto
Mercurio	Hod, Elohim Tzabaoth	Hermes, Thoth, Anubis, Nabu, Budha, Quetzalcoatl, Viracocha, Kukulkan	Agua; Se Siente como Agua de Aire	Géminis y Virgo, Azogue	Lógica, Razón, Comunicación, Intelecto, Aprendizaje	Zafiro Naranja, Turmalina, Topacio Imperial, Citrino, Ópalo de Fuego
Luna (Moon)	Yesod, Shaddai El Chai	Diana, Selene, Khonsu, Artemisa, Hécate, Uma, Sin, Cibeles, Astarté, Arianrhod, Chandra	Aire; Se Siente Como Tierra de Agua	Cáncer, Plata	Sentimientos, Emociones, Ilusiones, Capricho, Fertilidad, Clarividencia	Piedra de Luna, Perla, Berilo
Tierra	Malkuth, Adonai ha-Aretz	Gaia, Geb, Deméter, Ceres, Cernunnos, Nerthus, Ganesha, Azaka, Ochosi	Tierra	-	Estabilidad, Conexión a Tierra, Practicidad	Turmalina Negra, Obsidiana, Hematita

LESSER RITUAL OF THE HEXAGRAM

El Lesser Ritual of the Hexagram (LRH) es una invocación o destierro de los poderes Planetarios en relación con los Cuatro Elementos de Fuego, Tierra, Aire y Agua. El Banishing Ritual of the Hexagram (El Ritual de Destierro del Hexagrama) es sólo uno de los catorce Rituales Menores del Hexagrama, ya que cada uno de los Siete Planetas Antiguos puede ser desterrado o invocado a través de las cuatro formas del Hexagrama (Figuras 45-48).

El Hexagrama es un símbolo del Sol, el gran poder ecualizador de nuestro Sistema Solar y la fuente de la Materia en esta Tercera Dimensión en la que vivimos. La energía Solar se condensa en etapas para formar la Materia, y estas etapas se expresan a través de los Cuatro Elementos de Fuego, Aire, Agua y Tierra. Aquí vemos la relación entre el Hexagrama y los Elementos.

Como se ha mencionado, las cuatro formas del Hexagrama representan las posiciones de los Elementos en el Zodiaco. En el Este, tenemos el Elemento Fuego; en el Sur, la Tierra; en el Oeste, el Aire; en el Norte, el Agua. El Hexagrama de Tierra es de suma importancia en la Magia porque será utilizado en el Greater Ritual of the Hexagram (GRH). Esta forma del Hexagrama es la Estrella de David, el símbolo del Macrocosmos.

El Hexagrama está compuesto por los dos triángulos de los elementos Fuego y Agua en conjunción. Por ello, no se traza en una línea continua como el símbolo del Pentagrama, sino por cada triángulo por separado. Todos los Hexagramas de invocación siguen el curso del Sol naciente y poniente, es decir, se trazan de izquierda a derecha. Los Hexagramas de destierro se dibujan de derecha a izquierda. Empiezan en el mismo ángulo desde el que se invocan, al contrario que el curso del Sol.

El Lesser Ritual of the Hexagram accede al Poder Solar en todas sus diversas manifestaciones. Estas manifestaciones son las energías planetarias de Saturno, Júpiter, Marte, Venus, Mercurio y la Luna. Es interesante notar que, para invocar el poder del Sol, se deben invocar los seis Planetas mencionados anteriormente en ese orden exacto. Este método afirma además cómo cada una de las seis fuerzas Planetarias es, en esencia, sólo una parte del todo, que es la totalidad de la energía solar del Sol. Después de todo, la Luz Blanca del Sol es la manifestación más elevada de Dios-Creador en nuestro Sistema Solar. En ella, encontramos los siete rayos, que son los siete colores del arco iris, que corresponden a los Siete Chakras.

Como ya estás familiarizado con el Banishing Ritual of the Hexagram (que destierra a Saturno), invocar o desterrar a cualquiera de los otros Planetas con las cuatro formas del Hexagrama te resultará relativamente fácil. Es simplemente una cuestión de cómo trazar los triángulos (ya que su forma es la misma, pero la dirección de los trazos cambia de un Planeta a otro).

Al igual que en el BRH, debes vibrar el nombre ARARITA en los cuatro puntos cardinales mientras trazas las cuatro formas del Hexagrama tal y como se dan. Además, los Hexagramas deben ser visualizados en un color dorado, encendidos mientras se vibra el Nombre Divino ARARITA. La fórmula entonces para el Lesser Ritual of the Hexagram es la misma que la del BRH. La pequeña diferencia es el cambio de dirección al trazar los Hexagramas.

Ten en cuenta que el uso de los Hexagramas Menores de destierro para cualquiera de los Planetas (excepto en el caso del BRH) es innecesario a menos que tengas dificultades para manejar la energía del Planeta que invocaste. Al desterrar un Planeta, estarás liberando su energía invocada fuera de tu Aura y cualquier energía natural de ese Planeta antes de su invocación. Al igual que con los destierros de los Elementos, tomará algunas horas por lo menos para reconstruir esa energía Planetaria en tu Aura nuevamente. Aunque el BRH elimina las energías no deseadas de todos los Planetas, no es tan poderoso para desterrar la energía de un Planeta individual como cuando utilizas el Lesser Banishing Ritual of the Hexagram de ese Planeta.

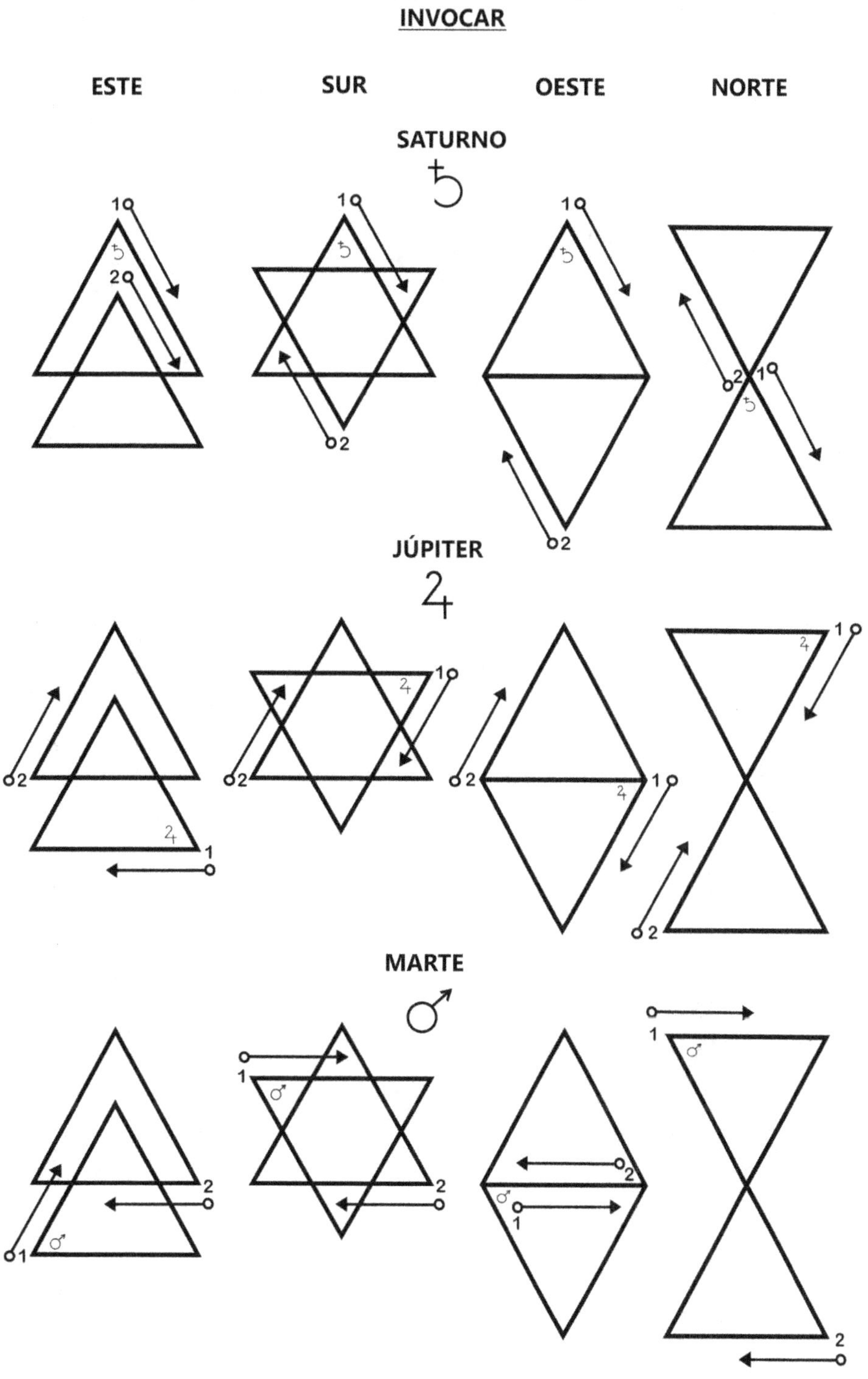

Figura 45: Lesser Invoking Hexagrams- Saturno, Júpiter, Marte

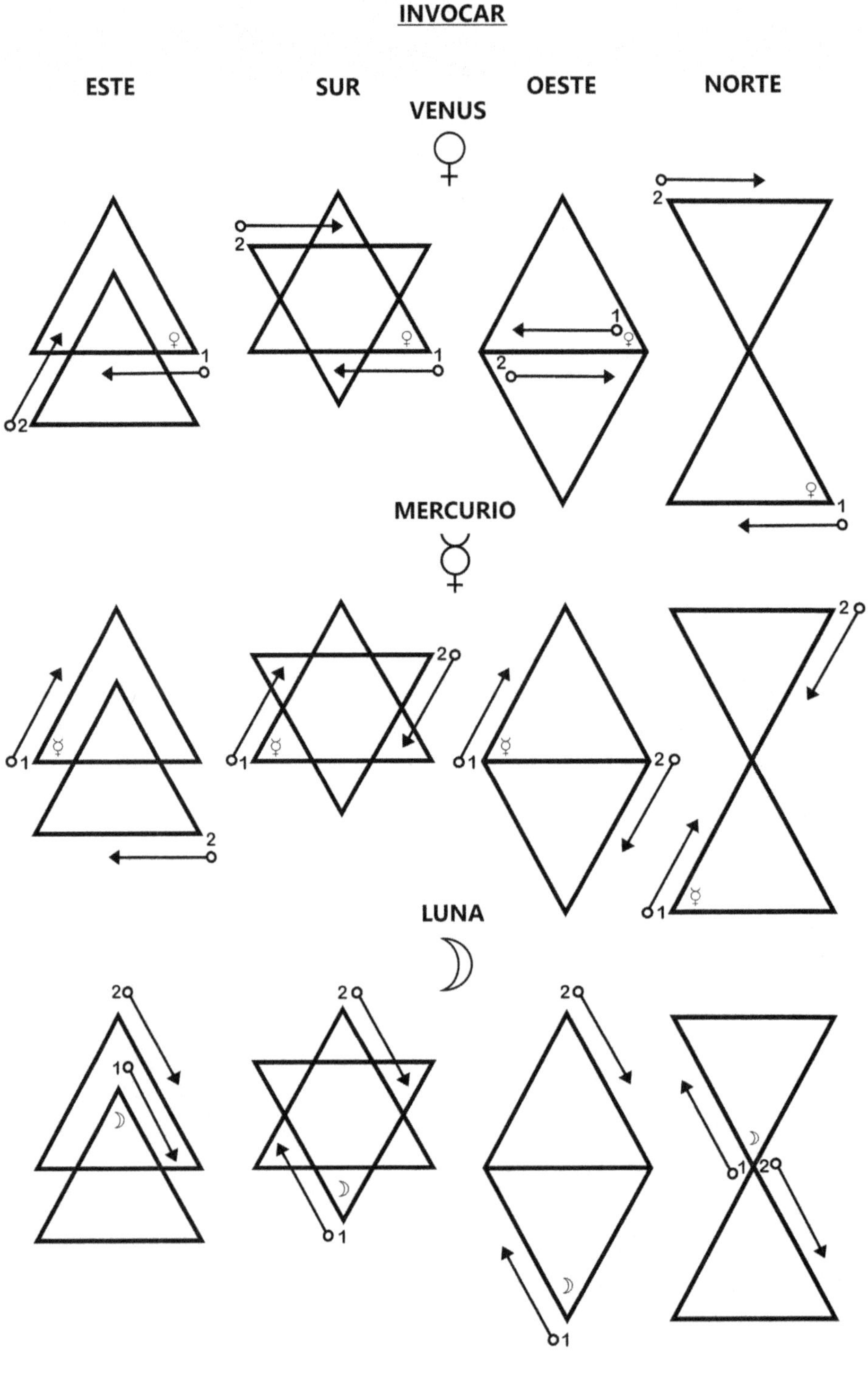

Figura 46: Lesser Invoking Hexagrams- Venus, Mercurio, la Luna

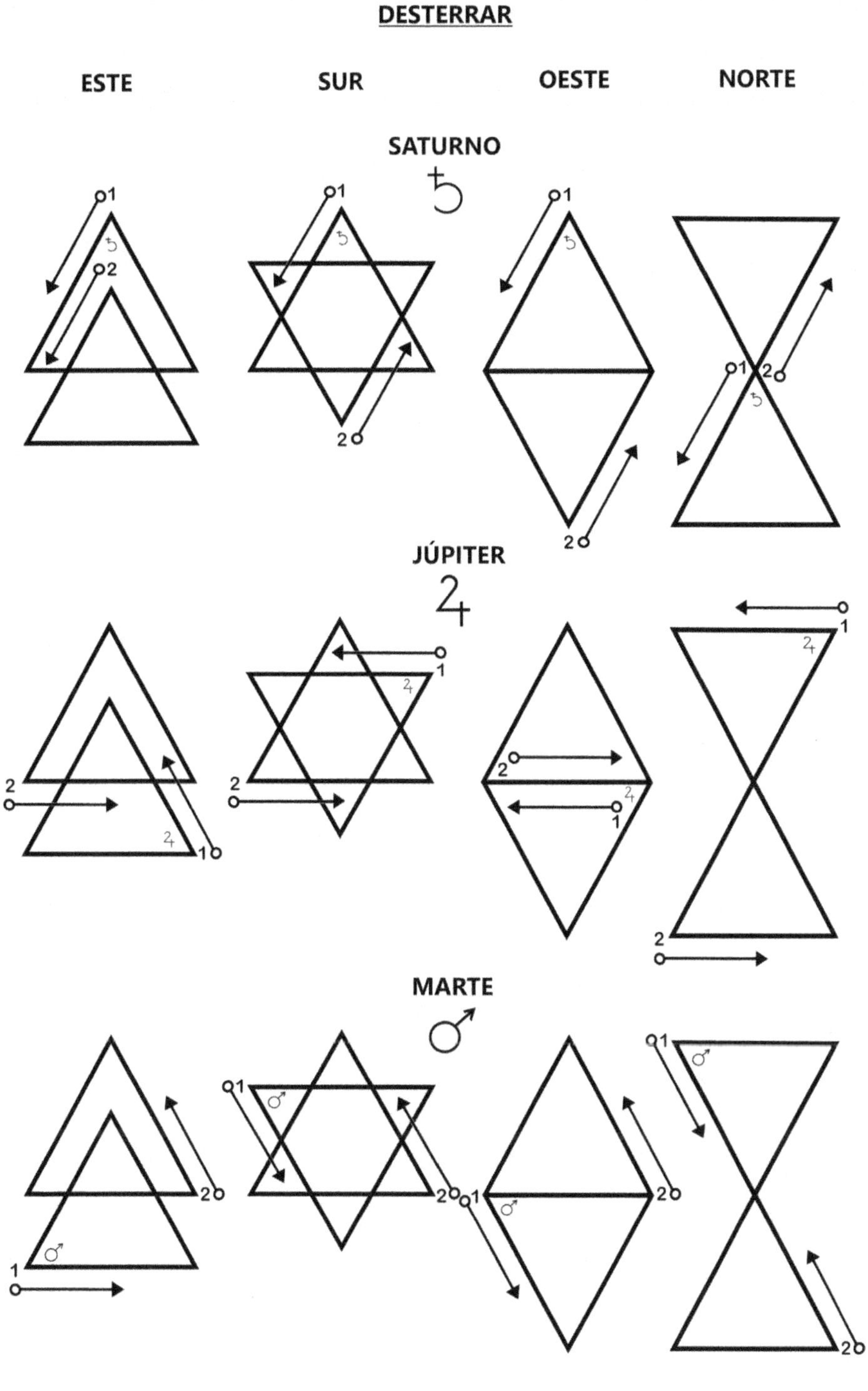

Figura 47: Lesser Banishing Hexagrams- Saturno, Júpiter, Marte

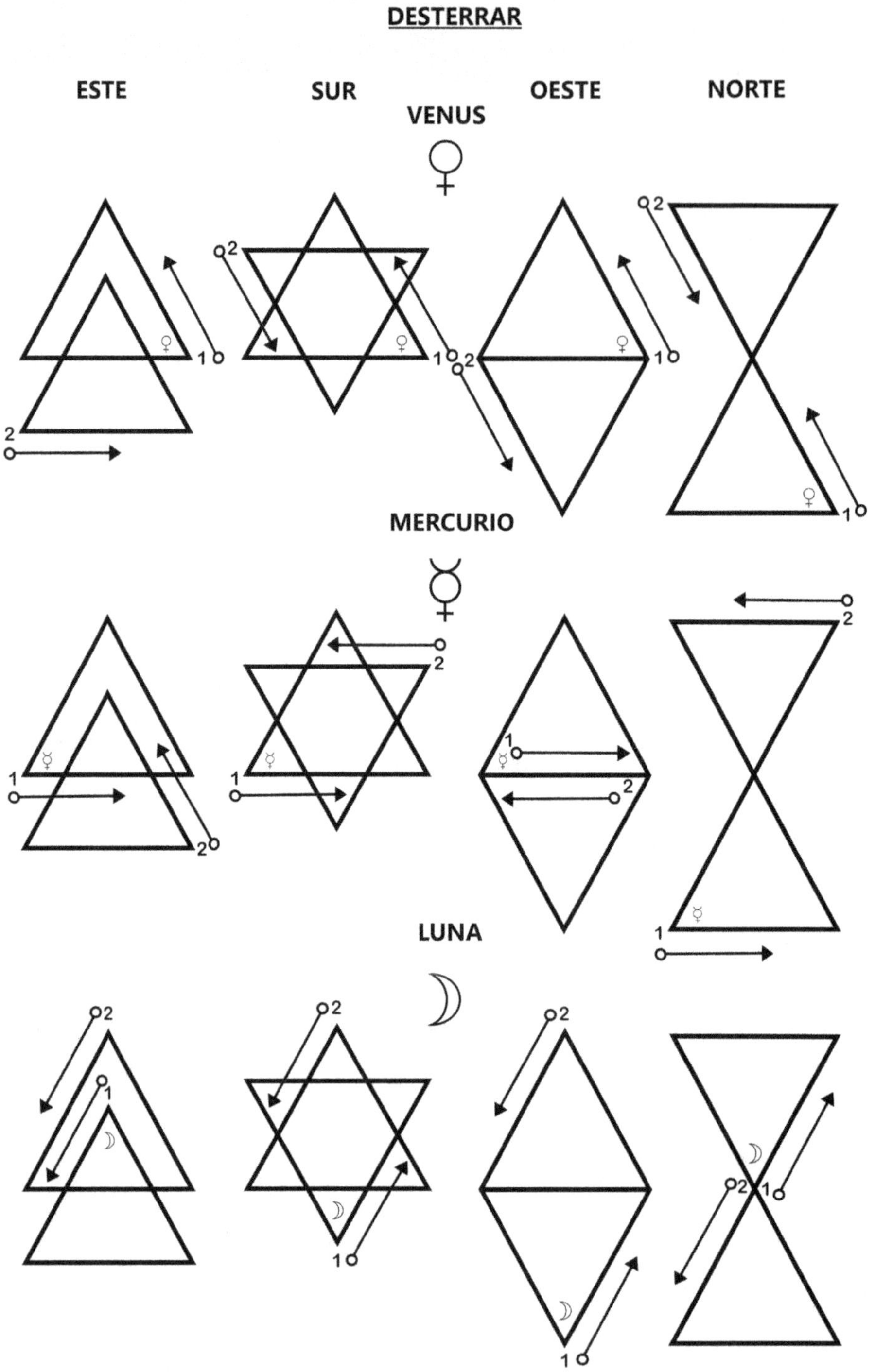

Figura 48: Lesser Banishing Hexagrams- Venus, Mercurio, la Luna

GREATER RITUAL OF THE HEXAGRAM

El Greater Ritual of the Hexagram puede utilizarse para trabajar tanto con los Planetas como con los signos del Zodíaco. Aunque no trabajarás con las energías del Zodíaco como parte de ningún programa de Alquimia Espiritual presentado en este libro, te daré la fórmula del ejercicio ritual a pesar de ello. Puedes experimentar con su uso si lo deseas, pero sólo una vez que hayas terminado el Programa I de Alquimia Espiritual y hayas decidido trabajar con los Siete Planetas Antiguos.

Los seis Planetas de Saturno, Júpiter, Marte, Venus, Mercurio y la Luna se atribuyen a cada ángulo del Hexagrama (Figura 49). El color de cada ángulo se corresponde con el color del Sephira del Planeta en el Árbol de la Vida. Estos colores están en la escala de Briah. Saturno es la única excepción a esta regla. Su color es índigo, mientras que la Luna es violeta, Júpiter es azul, Marte es escarlata (rojo), Venus es verde esmeralda y Mercurio es naranja.

El Sol está en el centro del Hexagrama como la gran fuerza reconciliadora, cuyo color es el amarillo dorado. Posee el poder de todos los Planetas de nuestro Sistema Solar. En el Lesser Ritual of the Hexagram, utilizamos esta forma del Hexagrama en la dirección cardinal del Elemento Tierra.

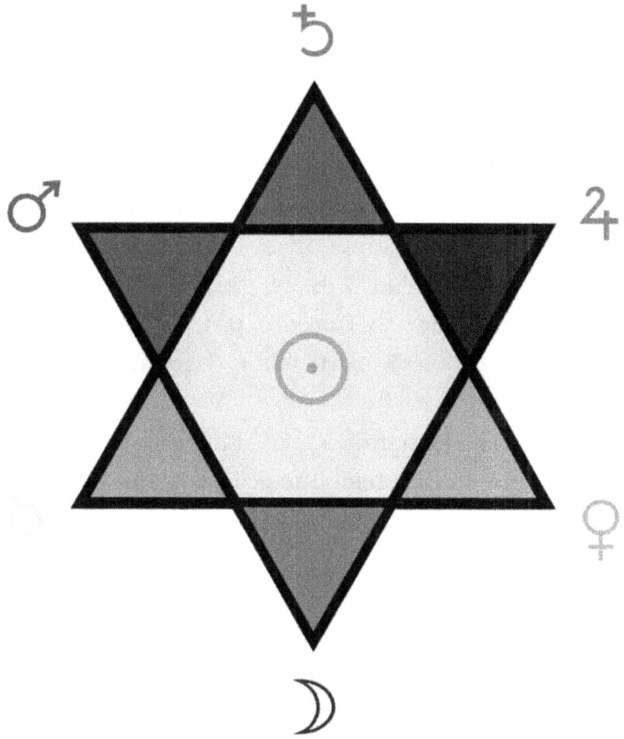

Figura 49: Atribuciones Planetarias del Hexagrama Mayor

El orden de atribución de cada ángulo en el símbolo del Hexagrama de la Tierra se basa en los Sephiroth al descender por el Árbol de la Vida. El ángulo superior se corresponde con Saturno, pero también con Daath, mientras que el ángulo inferior se corresponde con Yesod. Los demás ángulos se corresponden con los restantes Sephiroth del Microprosopo. De este orden descendente surge el Greater Ritual of the Hexagram (GRH).

En el GRH se utilizan los Nombres Divinos de los Sephiroth correspondientes, incluyendo los símbolos de los Planetas. Por lo tanto, su poder es más significativo que el simple uso del Hexagrama de la Tierra en el Lesser Ritual of the Hexagram, ya que invoca también el Sephira correspondiente en su color apropiado.

Los Planetas se clasifican en superiores e inferiores. Existe una simpatía entre cada par opuesto según su colocación en el símbolo del Hexagrama. Por ello, los triángulos de sus Hexagramas terrestres de invocación y destierro se contraponen. Los Planetas superiores son Saturno, Júpiter y Marte. Los Planetas inferiores son Venus, Mercurio y Luna. El Saturno superior y la Luna inferior son simpáticos, así como Júpiter y Mercurio, y Marte y Venus. En medio de los seis Planetas está el Fuego del Sol, la fuente de Luz y vida de nuestro Sistema Solar.

Al realizar el Greater Ritual of the Hexagram, hay que utilizar el Hexagrama de Tierra de un Planeta y trazarlo en dos triángulos (Figuras 51-52). El primer triángulo se traza a partir del ángulo del Planeta, mientras que el segundo triángulo se traza a partir de su Planeta simpático, opuesto a él.

Mientras se traza cada Hexagrama de la Tierra del Planeta con uno de los colores dados en el diagrama anterior (Figura 49), se debe vibrar el Nombre Divino ARARITA. A continuación, se debe trazar el símbolo del Planeta en el centro del Hexagrama. Mientras lo haces, vibra el Nombre Divino del Sephira asociado a ese Planeta.

El color del Planeta debe coincidir con el color del camino del Árbol de la Vida correspondiente (Atziluth), según la Tabla 3. Al trazar el símbolo del Planeta en el centro del Hexagrama, hazlo de un tamaño proporcionado para que encaje en su interior. El método de trazado es de izquierda a derecha, de nuevo siguiendo el curso del Sol naciente y poniente.

Termina encendiendo el Hexagrama y el símbolo del Planeta con el Signo del Entrador y el Signo del Silencio. Nótese que el Hexagrama Mayor de Saturno también puede utilizarse para invocar o desterrar las energías de la Tríada Supernal de Kether, Chokmah y Binah.

El Sol emplea los Hexagramas Terrestres de los seis Planetas, que deben ser trazados en su orden Planetario descendente de acuerdo con su colocación en el Árbol de la Vida (Figuras 53-54). Mientras se traza cada Hexagrama, se debe vibrar el Nombre Divino ARARITA mientras se visualiza en amarillo dorado. Luego debes trazar el símbolo del Sol en naranja en el centro del Hexagrama mientras vibras el Nombre Divino YHVH Eloah ve-Daath.

Repite este proceso cinco veces más, ya que hay seis Hexagramas Sol en total. Termina encendiendo los Hexagramas y los símbolos del Sol con el Signo del Entrante y el Signo del Silencio. Esta fórmula debe utilizarse tanto para invocar como para desterrar el Sol.

El método óptimo para utilizar el GRH es dirigirse al cuarto de los Cielos donde se encuentra el Planeta físico. Para ello, es necesario crear una carta del Horóscopo de los cielos en el momento del ritual. También puedes obtener un Horóscopo en línea. A continuación, debes situar el Ascendente al Este en el altar, seguido de encontrar el cuarto más cercano del Planeta deseado en el círculo de la carta. Al saber en qué cuarto se encuentra el Planeta físico durante tu operación, incorporarías el Hexagrama Mayor como parte del Lesser Ritual of the Hexagram, trazándolo en su cuarto después de haber trazado sus cuatro formas.

Figura 50: Símbolos de los Signos del Zodiaco

Para invocar los signos del Zodíaco, utilice el Hexagrama de Tierra de su Planeta regente mientras vibra el Nombre Divino ARARITA. El color del Hexagrama debe estar en su correspondiente color del Árbol de la Vida Sephira (Briah). En este caso, debes trazar el símbolo del Zodíaco deseado en el centro del Hexagrama mientras vibras su correspondiente Nombre Divino según la permutación del Tetragrámaton.

Una vez más, el símbolo del Zodíaco (Figura 50) debe trazarse de izquierda a derecha, en el sentido de las manecillas del reloj, a un tamaño proporcional al interior del Hexagrama. Además, el color del símbolo del Zodíaco debe ser del correspondiente color del camino del Árbol de la Vida (Atziluth). En el Apéndice se ofrece una Tabla 9 complementaria con toda la información necesaria para invocar los Signos del Zodiaco.

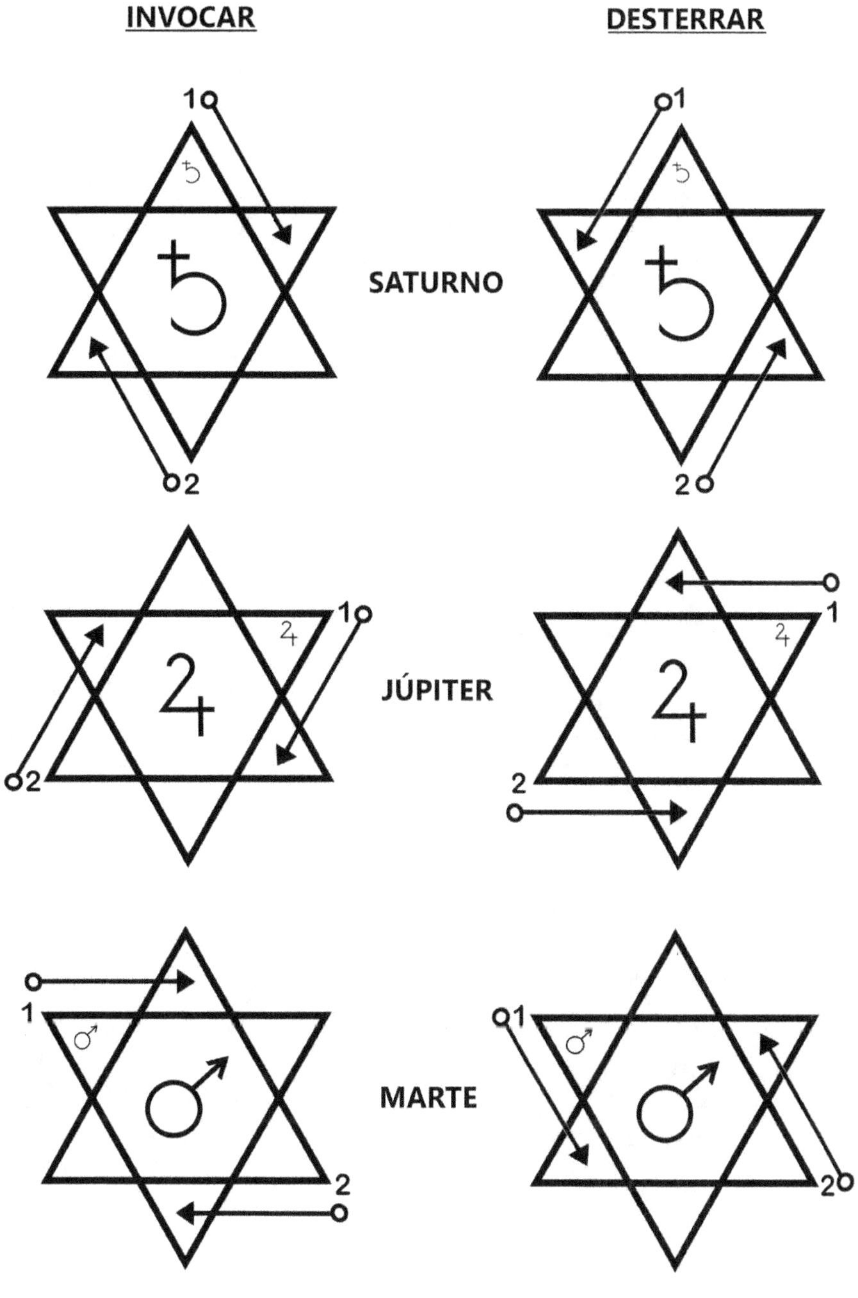

Figura 51: Greater Hexagrams de Saturno, Júpiter y Marte

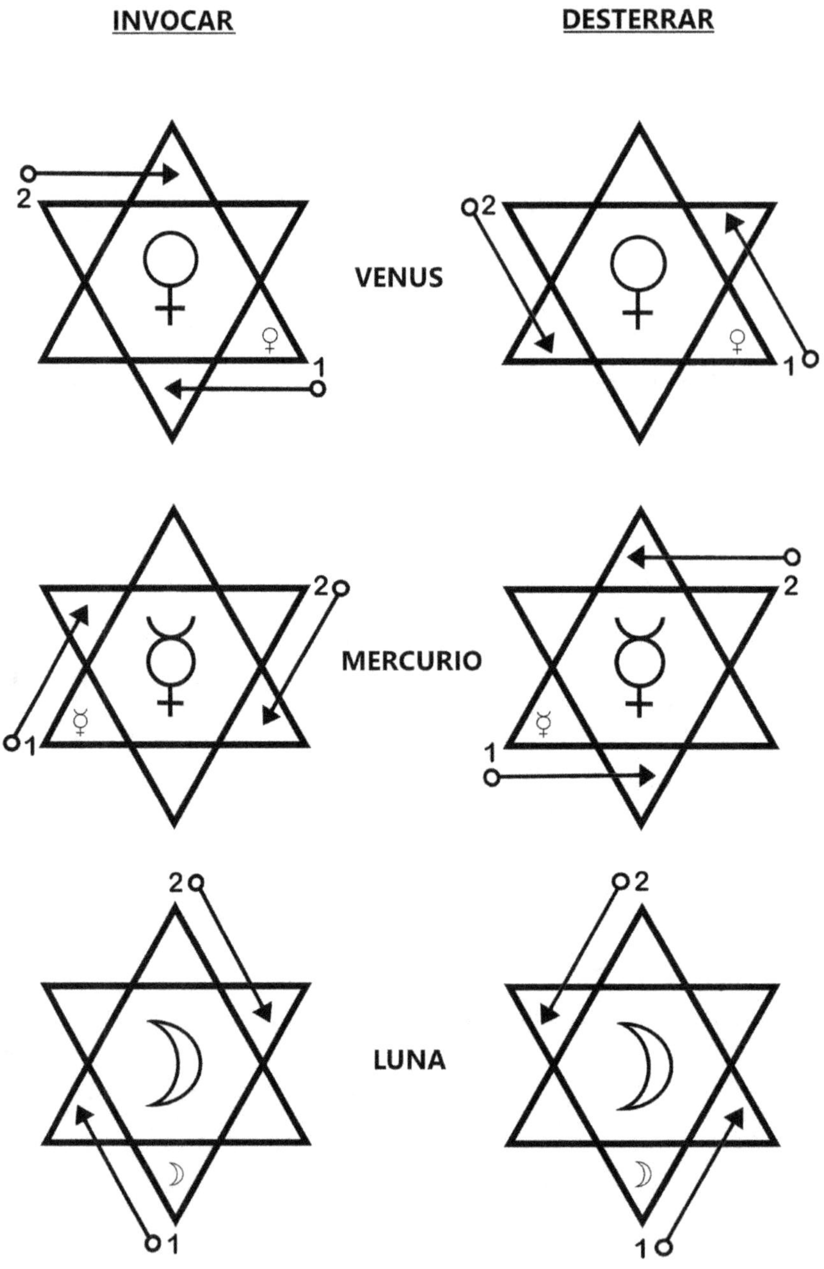

Figura 52: Greater Hexagrams de Venus, Mercurio y la Luna

SOL INVOCANDO

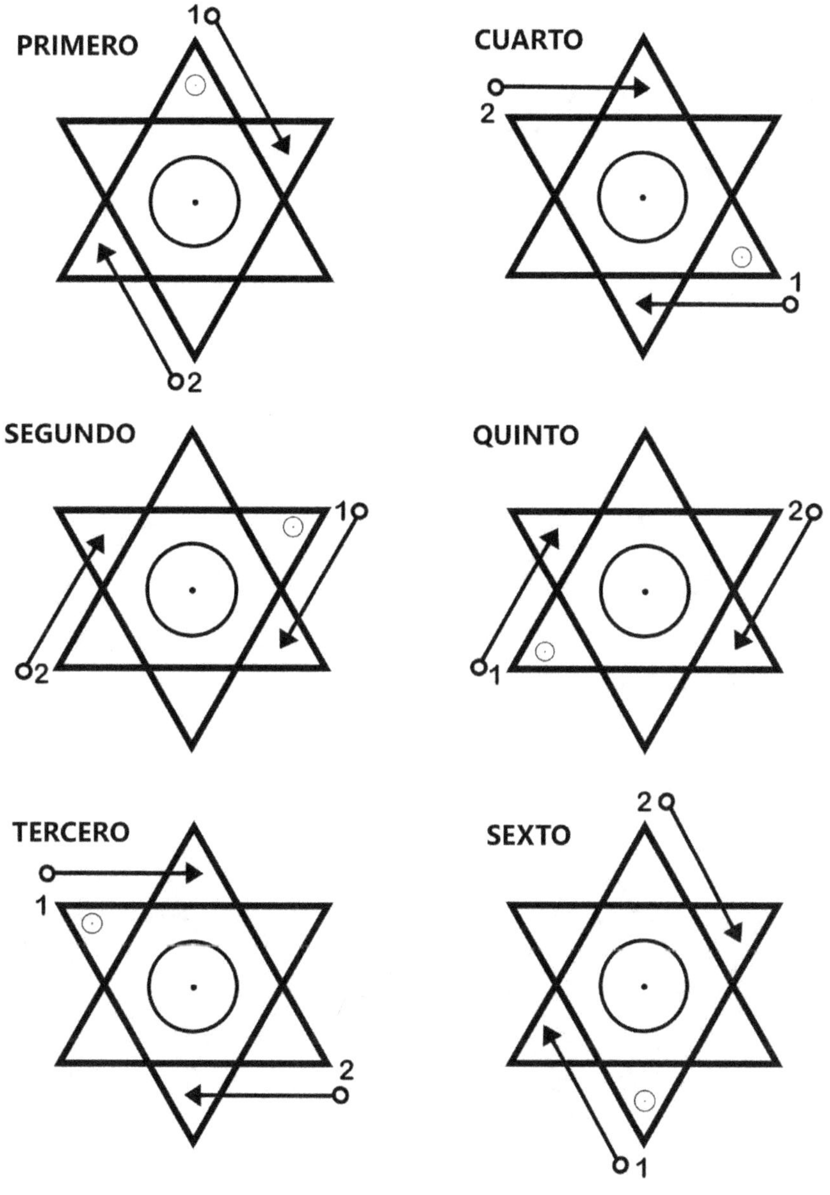

Figura 53: Greater Invocation Hexagrams para el Sol

DESTIERRO DEL SOL

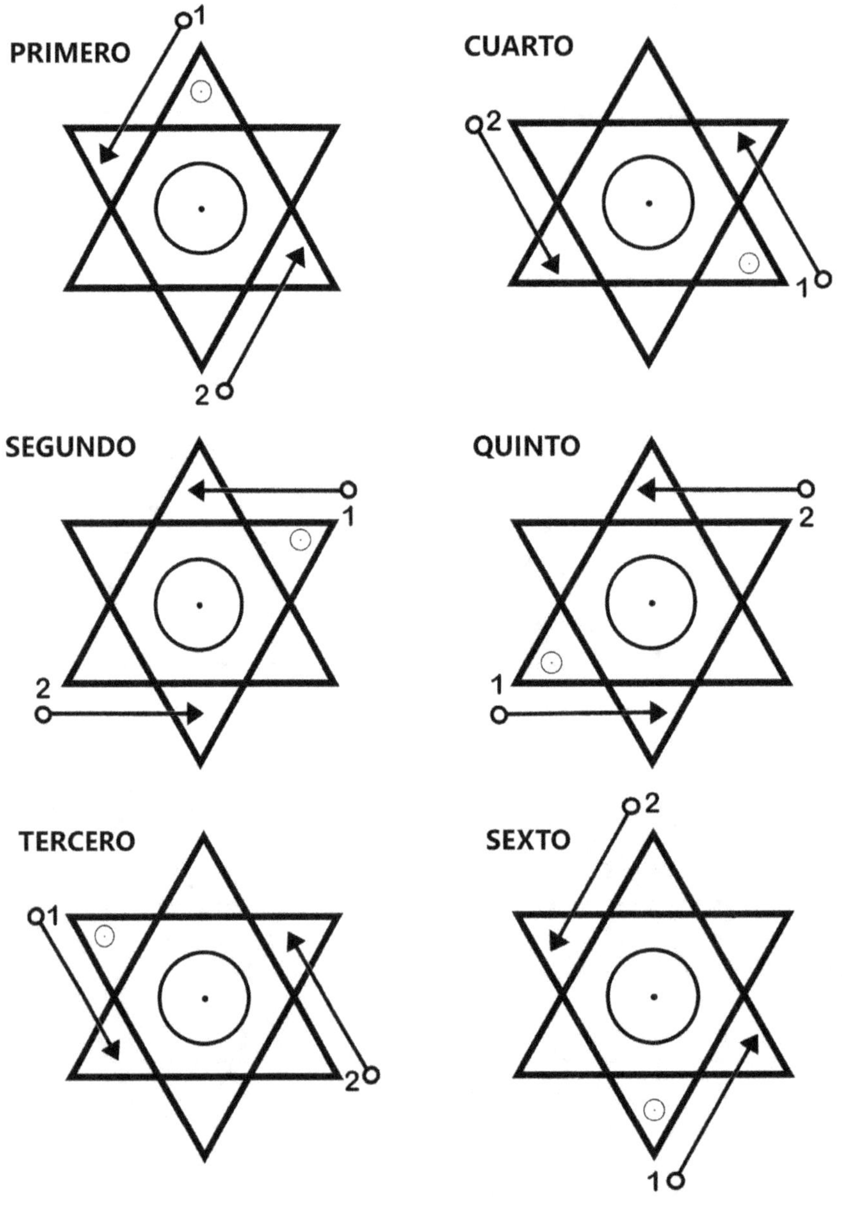

Figura 54: Greater Banishing Hexagrams para el Sol

Ritual of the Hexagram (Lesser + Greater)

Fórmula 1: La Cruz Qabalística

Realiza la Respiración de Cuatro Tiempos durante uno o dos minutos para entrar en un estado mental tranquilo y equilibrado. Colócate en el centro de tu círculo y mira hacia el Este. Si tienes altares Elementales y (o) un altar central, ponte detrás del altar central. Realiza la Cruz Qabalística según la fórmula dada en las instrucciones para la LBRP.

Fórmula 2: Trazado de las Cuatro formas de los Hexagramas Menores en las Cuatro Direcciones Cardinales

Muévete ahora hacia el Este y dibuja el Hexagrama de Fuego invocador (o desterrador) (del Planeta con el que estás eligiendo trabajar) tal y como se indica. Visualízalo en una llama dorada. Inhala mientras atraes la energía de la Esfera de Kether sobre ti. Haz descender la Luz de Kether y empuja tus dedos hacia delante en el Signo del Entrador como se indica en el ritual LBRP.

Al máximo de tu respiración, vibra:

Aaahhh-Raaahhh-Reee-Taaahhh

(ARARITA)

Mira al Hexagrama en llamas. Terminar con el Signo del Silencio (según el LBRP).

Con la mano o con la herramienta de invocación ritual, apuñala el centro del Hexagrama que acabas de dibujar y lleva una línea blanca hacia el Sur. Dibuja el Hexagrama de invocación (o de destierro) de la Tierra como se indica.

Realiza el Signo del Entrante, seguido de vibrar el nombre:

Aaahhh-Raaahhh-Reee-Taaahhh

(ARARITA)

Mira al Hexagrama en llamas. Termina con el Signo del Silencio.

De la misma manera que antes, mueve la línea blanca hacia el Oeste y dibuja el Hexagrama de invocación (o destierro) del Aire como se indica.

Realiza el Signo del Entrante, seguido de vibrar el nombre:

Aaaahhh-Raaahhh-Reee-Taaahhh

(ARARITA)

De nuevo, mira al Hexagrama en llamas. Termina con el Signo del Silencio.

Hasta ahora, has dibujado la mitad del círculo Mágico con la línea blanca, conectando los Hexagramas del Este, Sur y Oeste. Ahora mueve la línea blanca hacia el Norte, de la misma manera que antes, y dibuja el Hexagrama de invocación o destierro del Agua.

Realiza el Signo del Entrante, seguido de vibrar el nombre:

Aaahhh-Raaahhh-Reee-Taaahhh

(ARARITA)

Mira al Hexagrama en llamas. Termina con el Signo del Silencio.

Conecta la línea blanca desde el Norte hasta el Este, completando así tu círculo mágico. Estando en el Este, realiza el Signo del Entrante y el Signo del Silencio, encendiendo los cuatro Hexagramas y la línea blanca que los conecta.

Vuelve ahora al centro del círculo Mágico y mira hacia el Este. Si tienes un altar central, ponte detrás de él.

Fórmula 3: Trazado del Hexagrama Mayor en su Respectivo Cuarto

Si has obtenido una carta de los Cielos en el momento del trabajo (ya sea construyendo una tú mismo o encontrando una en Internet), determina la posición del Planeta que has invocado (o desterrado) hasta ahora. A continuación, dirígete al cuarto en el que se encuentra el Planeta físico y realiza el Hexagrama Mayor de invocación (o destierro) de ese Planeta. Puede hacerlo trazando el Hexagrama de Tierra del Planeta en su color correspondiente mientras vibras el Nombre Divino ARARITA.

A continuación, traza el símbolo del Planeta en el centro del Hexagrama mientras vibras el Nombre Divino de su Sephira asociado. El color del símbolo del Planeta debe estar en su correspondiente color del camino del Árbol de la Vida (Atziluth) que se encuentra en la Tabla 3 de la sección "La Qabalah". Si no sabes en qué parte del Cielo se encuentra el Planeta físico, traza el símbolo del Planeta delante de ti. Al hacer esto, debes estar de pie en el centro de tu círculo, mirando hacia el Este. Finalmente, enciende el Hexagrama y el símbolo del Planeta con el Signo del Entrante. Termina con el Signo del Silencio.

Fórmula 4: La Cruz Qabalística

Repite la Cruz Qabalística en el centro de tu círculo (mirando al Este).

Fórmula 5: Realizar el Análisis de la Palabra Clave

Realiza el Análisis de la Palabra Clave según las instrucciones dadas a continuación. Esto completa el Ritual del Hexagrama.

ANÁLISIS DE LA PALABRA CLAVE

El Análisis de la Palabra Clave se da en este punto de su proceso de Alquimia Espiritual para ser utilizado como parte del ejercicio ritual del Hexagrama o de una evocación Enoquiana. Su propósito es asumir brevemente las Deidades Egipcias asociadas con la muerte y la resurrección, lo que invoca una transmutación del Ser interior. Esto implica la transformación del Pentagrama del aspirante pero imperfecto humano en el Hexagrama perfeccionado y equilibrado, metafóricamente hablando.

La palabra clave en sí misma se refiere a las letras I.N.R.I., que es un acrónimo esencial en la Magia, pero también en el Cristianismo y el Judaísmo. Las letras I.N.R.I. fueron colocadas sobre la cabeza de Jesucristo en la cruz, y significan "Jesus Nazarenus Rex Judecorum", que se traduce como "Jesús de Nazaret, Rey de los Judíos". El I.N.R.I, entonces, se equivale así con la "Fuerza de Cristo", el Arquetipo redentor, de vida/muerte/resurrección en el Universo. En el contexto de la Aurora Dorada, la Palabra Clave también alude a la secuencia de las estaciones del año. Estas incluyen los Equinoccios y los Solsticios.

La Palabra Clave invoca los numerosos nombres e imágenes asociados a este ejercicio. Como parte de la invocación, las letras Latinas I.N.R.I. van seguidas de sus homólogas Hebreas, Yod, Nun, Resh y Yod. De las atribuciones Qabalísticas de estas letras (correspondencias de los caminos del Tarot) se derivan Virgo (Yod), Escorpio (Nun), Sol (Resh) y Virgo (Yod). Estos corresponden a un trío de Deidades Egipcias: Isis, Apofis (Set) y Osiris. Estas tres Deidades son las figuras clave en la leyenda Egipcia del Dios moribundo y resucitado. Las primeras letras de los nombres de estas Deidades forman el nombre IAO, que es el nombre Gnóstico de Dios. Se puede decir que IAO representa el proceso de Creación, Destrucción y Resurrección (Renacimiento) de la naturaleza.

La letra "I" (en I.N.R.I.) es el Signo de Virgo como Isis la Madre Poderosa-representando la producción de las semillas de la fruta en la Tierra, que corresponden con la Primavera y la fuerza generativa y creativa de la naturaleza. La letra "N" es Escorpio como Apofis el Destructor-el poder destructivo de la naturaleza que representa el Invierno. La letra "R" es Sol, que se relaciona con el Verano, la época del año en que la naturaleza es más fructífera y abundante, y la vitalidad de todos los seres vivos está en su nivel más óptimo.

La última "I" es Osiris Muerto y Resucitado, que se relaciona con el Otoño -el momento del año en que la vida en la naturaleza comienza el proceso de morir lentamente, sólo para renacer de nuevo en la Primavera del año siguiente. Al pronunciar la Palabra Clave, estás invocando el poder de la Luz del Sol, el nutriente de todos los seres vivos, en tu Aura.

Como parte del Análisis de la Palabra Clave están los gestos Mágicos que forman la palabra Latina "lux" o LVX, que significa "Luz". Mientras realizas estos gestos Mágicos mientras haces las pronunciaciones dadas, alineas tu conciencia con el ciclo de muerte y renacimiento del Sol, incluyendo al Ser en su búsqueda de la Iluminación Espiritual. Este proceso es uno de renovación y regeneración continua para obtener la perfección Espiritual. Estos gestos Mágicos (llamados Signos LVX dentro de la Aurora Dorada) también están asociados con el trío Egipcio de Deidades anteriormente mencionado.

Los Signos LVX son los que se dan en el Grado Adeptus Menor. En este nivel, se intenta encarnar la esencia de Tiphareth, que incluye el sacrificio de todos los desequilibrios e impulsos destructivos necesarios para llegar a ser plenamente Uno con el Elemento Espíritu y el Yo Superior.

El Ser interior debe estar en perfecta armonía antes de que el Espíritu pueda descender y transformar el Alma. Al utilizar los Signos de Grado asociados a los Cinco Elementos, estabas trabajando con el poder de la Luz en sus diferentes manifestaciones. Con los Signos LVX, estás transformando completamente tu conciencia y haciéndote Uno con tu Santo Ángel de la Guarda, como es la naturaleza del trabajo dentro del Grado Adeptus Menor.

Análisis de la Palabra Clave

Fórmula 1: Invocación de I.N.R.I y I.A.O.

Extiende los brazos en forma de Cruz de Tav, con las palmas de las manos hacia delante. Di el siguiente acrónimo en Inglés pronunciando cada letra con reverencia:

"I.N.R.I"

Entonces vibra:

Yooohd-Nooon-Rehhhsh-Yooohd

(Yod Nun Resh Yod)

Mientras hace vibrar las letras Hebreas, trace las mismas en el aire ante ti (a la altura de los ojos) de derecha a izquierda (Figura 55), utilizando tu mano o un instrumento de invocación ritual. Las letras deben ser de color azul flamígero, al igual que los Pentagramas.

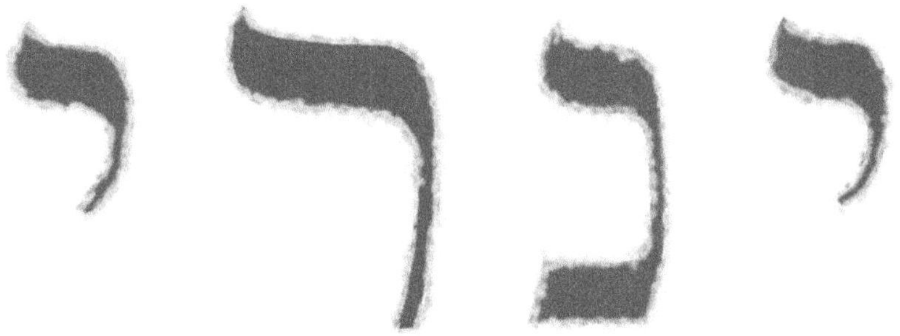

Figura 55: I.N.R.I. en Hebreo: Yod, Nun, Resh, Yod (derecha a izquierda)

Vuelve a la posición de la Cruz de Tav y di con reverencia:

"¡Virgo, Isis, Madre Poderosa!

¡Escorpio, Apofis, Destructor!

¡Sol, Osiris, muerto y resucitado!

¡Isis, Apofis, Osiris!"

Mientras realizas esta oración, levanta lentamente los brazos y la cabeza hacia el cielo. Una vez terminado, vibra:

Eeeeee-Aaahhh-Ooohhh

(IAO)

Fórmula 2: Los Signos L.V.X. (Figura 56)

Vuelve a la posición de la Cruz de Tav y di:

"El Signo de Osiris Muerto".

Mientras realizas este gesto Mágico, contempla las fuerzas del Equinoccio cuando la Luz del Sol y la oscuridad son iguales en poder.

Levanta el brazo derecho en el aire mientras mantienes el brazo izquierdo en la misma posición que el gesto anterior. Los dos brazos deben formar un ángulo de noventa grados con las palmas abiertas hacia delante. Su posición debe parecerse a la letra "L". Ahora di con reverencia

"L, el Signo del Luto de Isis".

Mientras realizas este gesto, contempla el Solsticio de Verano, el momento del año en que la Luz del Sol es más potente. Este gesto debería vincularte con la Fuerza Vital de Osiris.

Levanta ambos brazos ahora por encima de la cabeza hasta un ángulo de sesenta grados cada uno. Ambos brazos deben estar rectos, y las palmas de las manos deben estar orientadas hacia delante. La posición de los brazos debe formar la letra "V". Con este gesto, la cabeza debe ir ligeramente hacia atrás mientras miras hacia adelante y hacia el cielo. Ahora di con reverencia

"V, el Signo de Tifón y Apofis".

Mientras realizas este gesto, contempla el Solsticio de Invierno, el momento del año en que la oscuridad es más poderosa.

Cruza los brazos sobre el pecho con el brazo derecho sobre el izquierdo, formando así la letra "X". Mientras lo haces, inclina la cabeza y di:

"X, el Signo de Osiris Resucitado".

Mientras realizas este gesto, contempla las fuerzas del Equinoccio y del Solsticio, ya que ambas energías están presentes aquí. La dualidad de la Luz y la oscuridad y su relación crean los ciclos de la vida y la muerte y la constante y perpetua regeneración de la naturaleza.

Ahora, repite los tres últimos gestos Mágicos mientras deletreas cada letra del acrónimo L.V.X. mientras haces cada gesto. Una vez que termines en el Signo de Osiris Resucitado di:

Luuuux

(LUX)

Permanece en el Signo de Osiris Muerto (posición de la Cruz de Tav) y di la siguiente frase con reverencia:

"La Luz..." (Mantén los brazos en posición de Cruz de Tav mientras dices esta parte de la frase).

".... de la Cruz". (Mientras dices esta segunda parte de la frase, vuelve a cruzar los brazos sobre el pecho en la Señal de Osiris Resucitado)

***

El Análisis de la Palabra Clave está ahora completo. Después de realizar este ejercicio, una poderosa corriente de energía Solar del Reino Astral será invocada en el Aura. Dado que este ejercicio ritual se utilizará durante una invocación Planetaria o una evocación Enoquiana, continúa con la siguiente parte de la fórmula de cualquier ejercicio que estés realizando.

Figura 56: Los Signos L.V.X.

PROGRAMA DE ALQUIMIA ESPIRITUAL II-LOS SIETE PLANETAS ANTIGUOS

Dado que los Planetas se corresponden con los Sephiroth, trabajarás con cada uno de ellos sistemáticamente, empezando por Yesod y moviéndote hacia arriba en el Árbol de la Vida, hasta Binah. Es crucial integrar primero los poderes de cada Planeta antes de pasar al siguiente. La Magia Planetaria continúa el trabajo realizado hasta ahora con los Cuatro Elementos de Tierra, Aire, Agua y Fuego, y el quinto Elemento de Espíritu. Esta vez, te acercas aún más a las fuerzas Arquetípicas que conforman tu psique.

Invocar un Planeta específico (en la hora en que su influencia es máxima) te alineará con su energía. A medida que estés en armonía con la energía de un Planeta, podrás aprender de él y utilizar su poder de forma productiva en tu propia vida. Hacerlo te convertirá en un maestro de tu destino, como es el propósito del trabajo presentado en *The Magus*.

Las horas Planetarias no son las mismas que las horas diarias normales. La manera de determinar una hora Planetaria es encontrar el tiempo exacto entre la salida y la puesta del sol en un día particular (buscando en Internet) y dividir ese tiempo por doce. Al hacer esto, obtendrás la duración de las horas Planetarias del día. Para encontrar las horas Planetarias de la noche, divide el tiempo entre la puesta y la salida del sol por doce. Las horas del día y de la noche serán de diferente duración, excepto en los Equinoccios. Utiliza las Tablas 5 y 6 para encontrar las horas Planetarias del día y de la noche.

En cuanto al programa a seguir con las invocaciones Planetarias, sólo debes preocuparte por la hora a la que corresponde un Planeta. Ten en cuenta que una invocación Planetaria es más potente cuando un Planeta es invocado en el día que se le atribuye, así como en la hora. Pero como vas a trabajar con un Planeta a la vez durante un período prolongado, sólo es esencial que lo invoques durante su hora correspondiente.

El tiempo que debes trabajar con cada Planeta es de un mes. En otras palabras, debes hacer invocaciones a un Planeta tan a menudo como quieras durante la semana, durante cuatro semanas. Además, se aplica la misma regla que con los LIRP y SIRP, donde no debes realizar una invocación Planetaria más de una vez al día. Los destierros (LBRP y BRH) y el Middle Pillar pueden completarse varias veces en un día.

El programa de Alquimia Espiritual a seguir cuando se trabaja con fuerzas Planetarias no es tan estricto como el que se te ha presentado hasta ahora con los Elementos y el SIRP. Si decides que quieres trabajar más de un mes con un Planeta, puedes hacerlo. Sin embargo, para integrar completamente la energía de un Planeta, no deberías trabajar con él durante menos de un mes entero.

Debes comenzar con la Luna, invocándola una vez al día en su hora correspondiente, durante cuatro semanas como mínimo. Emplea el Ritual of the Hexagram (Lesser y Greater) para invocarla. Una vez hecho esto, hay que pasar a invocar a Mercurio y hacer la misma fórmula durante un mes. A continuación, hay que pasar a Venus, seguido del Sol, Marte, Júpiter y Saturno. El programa de Alquimia Espiritual con los Planetas debe durar un mínimo de siete meses. Una vez que lo hayas completado, puedes pasar a la Magia Enoquiana, a menos que ya hayas completado su programa.

Ten en cuenta que ahora estás trabajando con ejercicios rituales de nivel Adepto, estrictamente reservados para la Orden Interna de la Aurora Dorada, dentro del plan de estudios del Adeptus Minor. Aunque el SIRP era, en realidad, un ritual de nivel Adepto, servía principalmente para llevarte al nivel de Adepto Espiritual para que puedas estar listo para trabajar con la Magia Planetaria y la Magia Enoquiana. En la Aurora Dorada, el SIRP se presenta como parte del trabajo del Grado Portal -el punto de contacto entre las Órdenes Interna y Externa.

Después de completar el programa de Alquimia Espiritual con el SIRP, habrás integrado los Cinco Elementos dentro de tu Ser, operando así desde un nivel superior de conciencia. No te sorprendas si canalizas información de reinos superiores mientras trabajas con los Planetas y la Magia Enoquiana. Si esto sucede, has hecho contacto con tu Santo Ángel de la Guarda, tu Ser Superior, el eterno guía y maestro interior. Aprenderás mucho de tu maestro interior, y tu camino de descubrimiento respecto a los Misterios del Universo acaba de realmente haber empezado.

Muchas Órdenes de la Aurora Dorada enseñan a sus Adeptos a utilizar el SIRP diariamente como parte de cualquier invocación importante, como una Planetaria o incluso una Enoquiana. Este método se enseña una vez que el iniciado ha alcanzado el grado de Adeptus Minor y se ha convertido oficialmente en un Adepto dentro de la Orden. La idea detrás de este método es que el SIRP invoca los cinco Elementos; por lo tanto, permitirá al practicante estar en el estado más equilibrado de mente, cuerpo y Alma antes de comenzar con cualquier invocación ritual importante. Además, el SIRP sirve como plataforma de lanzamiento hacia el Reino Astral, donde ocurren todas las operaciones Mágicas. Por lo tanto, este método le permitirá integrar la energía de cualquier invocación ritual importante de la manera óptima posible.

En mi experiencia personal, he encontrado que usar el SIRP antes de trabajar con un Planeta puede ser una experiencia iluminadora, pero también puede nublar mi mente de modo que no sienta la energía Planetaria como se desea. Por otro lado, he encontrado que usar el SIRP una o dos veces a la semana y concentrarme en las invocaciones Planetarias diarias me ha permitido entrar en contacto con la energía de un Planeta y aprender de él.

Sin embargo, siéntete libre de experimentar con ambos métodos y ver lo que funciona mejor para ti. Si te cuesta manejar cualquiera de los dos, ten en cuenta que puedes realizar el RDSP o un destierro de un Planeta para aliviar los efectos de su energía. Una gran parte de ser un Mago es saber cuándo añadir o restar la energía deseada para funcionar en tu estado óptimo y aprovechar tu mayor potencial a lo largo del día.

El discurso sobre el trabajo energético con los Siete Planetas Antiguos ahora está completo. Tanto si has elegido trabajar con la Magia Enoquiana como con los Planetas primero, una vez que hayas completado su programa prescrito de Alquimia Espiritual, pasa a la segunda opción. Una vez completadas ambas opciones, puedes volver a iniciar cualquier operación presentada hasta ahora y seguir el programa prescrito o experimentar con diferentes invocaciones diarias.

También he incluido un trabajo Mágico complementario para el Adepto en el Apéndice, que contiene trabajo energético con los potentes Espíritus Planetarios Olímpicos. Se recomienda esperar hasta haber terminado el programa de Alquimia Espiritual con los Siete Planetas Antiguos antes de comenzar con los Espíritus Olímpicos. Hacerlo le dará un mejor control sobre las energías Planetarias, ya que los Espíritus Olímpicos son fuerzas ciegas que pueden manifestarse positiva o negativamente, dependiendo de la información que les des.

Utiliza el material extra del Apéndice sabiamente, con cuidado y precaución. Recuerda que puedes pasar muchos años trabajando con la Magia Ceremonial ya que se necesitan muchos años para convertirse en un Ser Iluminado y completar la Gran Obra.

TABLA 5: Las Horas Planetarias del Día

Hora	Domingo	Lunes	Martes	Miércoles	Jueves	Viernes	Sábado
1	Sol	Luna	Marte	Mercurio	Júpiter	Venus	Saturno
2	Venus	Saturno	Sol	Luna	Marte	Mercurio	Júpiter
3	Mercurio	Júpiter	Venus	Saturno	Sol	Luna	Marte
4	Luna	Marte	Mercurio	Júpiter	Venus	Saturno	Sol
5	Saturno	Sol	Luna	Marte	Mercurio	Júpiter	Venus
6	Júpiter	Venus	Saturno	Sol	Luna	Marte	Mercurio
7	Marte	Mercurio	Júpiter	Venus	Saturno	Sol	Luna
8	Sol	Luna	Marte	Mercurio	Júpiter	Venus	Saturno
9	Venus	Saturno	Sol	Luna	Marte	Mercurio	Júpiter
10	Mercurio	Júpiter	Venus	Saturno	Sol	Luna	Marte
11	Luna	Marte	Mercurio	Júpiter	Venus	Saturno	Sol
12	Saturno	Sol	Luna	Marte	Mercurio	Júpiter	Venus

TABLA 6: Las Horas Planetarias de la Noche

Hora	Domingo	Lunes	Martes	Miércoles	Jueves	Viernes	Sábado
1	Júpiter	Venus	Saturno	Sol	Luna	Marte	Mercurio
2	Marte	Mercurio	Júpiter	Venus	Saturno	Sol	Luna
3	Sol	Luna	Marte	Mercurio	Júpiter	Venus	Saturno
4	Venus	Saturno	Sol	Luna	Marte	Mercurio	Júpiter
5	Mercurio	Júpiter	Venus	Saturno	Sol	Luna	Marte
6	Luna	Marte	Mercurio	Júpiter	Venus	Saturno	Sol
7	Saturno	Sol	Luna	Marte	Mercurio	Júpiter	Venus
8	Júpiter	Venus	Saturno	Sol	Luna	Marte	Mercurio
9	Marte	Mercurio	Júpiter	Venus	Saturno	Sol	Luna
10	Sol	Luna	Marte	Mercurio	Júpiter	Venus	Saturno
11	Venus	Saturno	Sol	Luna	Marte	Mercurio	Júpiter
12	Mercurio	Júpiter	Venus	Saturno	Sol	Luna	Marte

PARTE V:
LA FILOSOFÍA KYBALIÓN-HERMÉTICA

INTRODUCCIÓN AL KYBALIÓN

El Kybalión: Filosofía Hermética fue publicado inicialmente en 1908 por la Sociedad de Publicaciones Yogi por una persona o personas bajo el seudónimo de los Tres Iniciados. Las páginas de este libro contienen la esencia de las enseñanzas de Hermes Trismegisto sobre la naturaleza del Cosmos y las Leyes que lo rigen. Las ideas y filosofías contenidas en *El Kybalión* fueron tan profundas en su momento que se convirtieron en uno de los pilares fundadores del movimiento de la Nueva Era a principios del siglo XX.

Curiosamente, *El Kybalión* se publicó más o menos en la misma época en la que se practicaba la Orden Hermética de la Aurora Dorada original. Ambos tuvieron una profunda influencia en la sociedad y en la Espiritualidad de la época, cuyo efecto aún se siente hoy en día.

En el siglo pasado se hicieron muchas especulaciones sobre la identidad de los Tres Iniciados, ya que decidieron permanecer en el anonimato. La teoría más creíble es que *El Kybalión* fue escrito por un solo hombre, William Walker Atkinson, que escribió bajo muchos seudónimos diferentes. Muchas de sus obras fueron publicadas por la Sociedad de Publicaciones Yogi, de la que fue fundador.

Otra teoría es que Atkinson coescribió *El Kybalión* con Paul Foster Case y que Case era Masón, ya que la Sociedad de Publicaciones Yogui dio su dirección como "Templo Masónico, Chicago IL" dentro del libro. Por último, hay muchas teorías sobre el tercer coautor; algunos incluso sugieren que podría haber sido un antiguo miembro de la Aurora Dorada original.

Siempre será un misterio si William Walker Atkinson fue el único autor de *El Kybalión* o si lo escribió junto con otros. Sin embargo, una cosa es segura: *El Kybalión* fue y seguirá siendo para siempre uno de los libros ocultos y esotéricos más críticos e influyentes de todos los tiempos. Su conocimiento es Universal, por lo que la gente se ha sentido naturalmente atraída por él desde su inicio.

Nuestra sociedad actual necesita urgentemente el conocimiento contenido en las páginas de *El Kybalión*, ya que sólo él puede iluminar la mente como ninguna otra filosofía en el mundo. Por esta razón, he decidido presentar su cuerpo principal de enseñanzas y vincularlo con la Qabalah, ya que las dos filosofías van de la mano.

Presentaré los Principios de la Creación de *El Kybalión* junto con nuevas adiciones y comentarios, al tiempo que relacionaré esta Filosofía Hermética atemporal con el Árbol de la Vida y el sistema Cháquico. Mi presentación de esta obra es muy completa y modificada para adaptarse a las necesidades, la comprensión general y el lenguaje de las personas en el mundo de hoy.

Como se menciona en la introducción de *The Magus*, estos Principios Herméticos son tan poderosos que su uso durante un corto período me agració con un despertar completo de Kundalini hace diecisiete años. Desde entonces, he sentido un llamado de la Divinidad para llevar mi conocimiento y experiencia con estos Principios al público para que otros puedan obtener el mismo beneficio.

Comprender estos Principios es primordial para entender cómo podemos estar a cargo de nuestra realidad. Estos son Principios Mentales que operan en el Plano Mental de la existencia. Tu mente es el vínculo de conexión entre el Espíritu y la Materia, lo de Arriba y lo de Abajo. Tu mente es también el músculo que necesita ser ejercitado ya que puedes acceder a los Planos Cósmicos internos que dan forma a tu realidad a través de ella. Al controlar las funciones internas de tu mente, puedes ejercer un nivel de control sobre tu realidad que probablemente nunca pensaste que fuera posible.

El Kybalión presenta estos Principios Mentales que rigen la forma en que nosotros, como seres humanos, nos manifestamos en nuestra realidad física. En esencia, *El Kybalión* es el manual para dominar la Tercera Dimensión de la realidad en la que participamos diariamente. Es un manual que nos enseña cómo utilizar nuestros cuerpos físicos para proyectar vibraciones en el mundo exterior que nos permitan ser una causa en lugar de un efecto. Por lo tanto, para nosotros los humanos, es un manual para la vida misma.

Estos Principios te darán el marco de referencia de cómo los aspectos de tu Ser interior, como la fuerza de voluntad, la imaginación, la memoria, la inspiración, la emoción, el deseo, la lógica y la razón, trabajan juntos. Con este conocimiento, puedes apoderarte de su funcionamiento interno para influir en la realidad y en las personas que te rodean.

Muchas personas, más o menos, utilizan estos Principios de forma subconsciente. Sin embargo, la comprensión de estos Principios te permite utilizarlos conscientemente y con intención y propósito. Este conocimiento va de la mano con todo lo presentado hasta ahora sobre la Qabalah y el Árbol de la Vida, ya que el objetivo común es aumentar tu poder personal y convertirte en dueño de tu destino.

Al aprender y dominar estos Principios de la Creación, invariablemente obtienes el gobierno de tu mentalidad, sinónimo del Sephira Hod, ya que este Sephira se ocupa de la mente y su poder. No es de extrañar que Mercurio, o Hermes, se atribuya a la

Sephira Hod, ya que es el Dios Romano y Griego de la lógica, la razón y, principalmente, del intelecto. *El Kybalión* es, después de todo, una obra sobre la Filosofía Hermética y el dominio del plano mental de la realidad.

El Mundo Físico es una versión concreta del Mundo de la Energía Pura, llamado la Cuarta Dimensión, la Dimensión de la Vibración. Estos Principios operan en esta Dimensión de la Vibración y explican cómo puedes elevar tus niveles de vibración para influir en el mundo que te rodea. Conocer estos Principios y aplicarlos es el verdadero "Cetro de Poder", como se dice en *El Kybalión.*

LA SABIDURÍA DE HERMES TRISMEGISTO

Se dice que Hermes Trismegisto, también conocido como el "Escriba de los Dioses", es el fundador de los Principios *del Kybalión.* Vivió durante las dinastías más antiguas de Egipto, mucho antes de los días de Moisés, y fue considerado por el mundo como el "Gran Sol Central del Ocultismo". "Su sabiduría era grandiosa, más allá de toda medida, sacando a la luz las innumerables enseñanzas que llegaron antes de su tiempo.

Algunos estudiosos consideran a Hermes como contemporáneo de Abraham y afirman que éste adquirió de él gran parte de sus conocimientos místicos. Otros afirman que existe una conexión entre Hermes y Enoc y dicen que uno puede haber sido la reencarnación del otro.

Se dice que todas las enseñanzas fundamentales que se encuentran en todas las sectas esotéricas y religiosas pueden remontarse a Hermes Trismegisto. Según la leyenda, muchos Sabios, Yoguis y Adeptos viajaron desde diferentes partes del mundo a la tierra de Egipto. Su misión era sentarse a los pies del Maestro, Hermes, a quien creían que podía darles la Llave Maestra, que reconciliaba sus puntos de vista divergentes sobre el Universo y la vida humana. De este modo, la Doctrina Secreta del Cosmos quedó firmemente establecida.

Hermes fue llamado el "Maestro de Maestros" y fue el padre de la sabiduría oculta. Fue el fundador de la Astrología y el descubridor de la Alquimia. Su conocimiento y sabiduría estaban tan por encima del resto de la gente del mundo que los Egipcios lo deificaron y lo convirtieron en uno de sus Dioses: Thoth, el Dios de la Sabiduría. Años después, los Griegos del Reino Ptolemaico de Egipto también lo convirtieron en uno de sus doce Dioses Olímpicos, llamándolo Hermes por su verdadero nombre. Poco después de que los Romanos se apoderaran de Egipto, sincretizaron su religión con la Griega y se refirieron a Hermes como Mercurio (Figura 57).

Los Egipcios veneraron la memoria de Hermes durante muchos siglos, ya que sacó a la luz todas las cosas esotéricas y ocultas con su sabiduría e hizo brillar su lámpara en áreas que de otro modo eran desconocidas. Ellos son los que le dieron su Antiguo título, Trismegistus, que significa el "Tres Veces Grande", el "Gran-Grande" y el "Grandísimo". El nombre de Hermes Trismegisto fue venerado en todas las tierras; su nombre se convirtió en sinónimo de la "Fuente de la Sabiduría".

Figura 57: Las Formas de Hermes

Hermes fue considerado el más excepcional Maestro del Mundo, y algunos Adeptos que vinieron después de él, incluyendo a Jesucristo, son considerados por muchos estudiosos como su reencarnación. Ellos creen que el Espíritu de Hermes encarna aproximadamente cada 2000 años como el Maestro del Mundo para iluminar al mundo en las áreas Espirituales, religiosas, filosóficas y psicológicas, trayendo un lenguaje moderno para enseñar sobre el Espíritu y Dios, reconciliando todos los puntos de vista divergentes.

Los estudiantes de religiones comparadas podrán ver la influencia de las enseñanzas Herméticas en todas las religiones, ya sea una muerta o una plenamente activa en la actualidad. Las enseñanzas Herméticas sirven como el Gran Reconciliador de todos los pensamientos y creencias religiosas. Sin embargo, su trabajo fue establecer una gran Semilla-Verdad en lugar de crear una nueva religión. Reconoció que la religión a menudo desvía a la gente Espiritualmente, ya que puede ser utilizada para obtener beneficios políticos; por lo tanto, trató de mantener su filosofía pura.

La sabiduría fue su fuerza motriz para dar a los hombres y mujeres las claves para ser sus propios Maestros. Sus grandes Verdades-Semilla fueron transmitidas por los venerados Sabios de la época de "labios a oídos", y siempre ha habido unos pocos iniciados vivos en cada generación que mantuvieron encendida la llama sagrada de las enseñanzas Herméticas. Por este método, se ha transmitido esta sabiduría Hermética. Pero, como sostiene la tradición, mantuvieron estas "perlas de sabiduría" reservadas sólo para unos pocos elegidos porque creían que la sabiduría no podía ser recibida a menos que la capacidad de comprensión del oyente fuera satisfactoria.

Los antiguos maestros siempre advirtieron que no debían permitir que la Doctrina Secreta se cristalizara en un credo o religión porque, de esta manera, perdería su vida, su Espíritu. Por ello, siempre que se escribía la sabiduría Hermética, se velaba en términos de Alquimia y Astrología para que sólo pudieran leerla aquellos que poseyeran las claves. Hasta el día de hoy, no hay muchos libros sobre la Filosofía Hermética, sin embargo, es la única Llave Maestra que abrirá las puertas de todas las enseñanzas ocultas y reconciliará todas las religiones.

En los primeros tiempos, existía una compilación de ciertas doctrinas Herméticas básicas, transmitidas de maestro a alumno, conocida como *El Kybalión. El* significado exacto de la palabra se ha perdido en la antigüedad, pero muchos estudiosos dicen que se correlaciona con la Qabalah, ya que las dos palabras son similares en sonido y en la esencia de su filosofía. Esta enseñanza ha descendido de "boca a oído" y nunca fue impresa, que era también como se enseñaba la verdadera Qabalah.

El Kybalión era simplemente una colección de máximas, axiomas y preceptos, que no eran comprensibles para los forasteros, pero que eran fácilmente comprendidos por los estudiantes de Hermetismo. Estos Principios constituían los Principios fundamentales del Arte de la Alquimia Hermética, que trataba del dominio de las Fuerzas Mentales y de la transmutación/transformación de las vibraciones mentales.

Este tipo de Alquimia no trataba de convertir el plomo físico en oro. Era Espiritual, y éste era el secreto. Referirse a la transmutación de los metales de una forma a otra era una alegoría velada para los profanos, pero fácilmente comprendida por los iniciados en los misterios Herméticos. Esta leyenda se conoció antiguamente como la búsqueda de la "Piedra Filosofal".

The Magus pretende sacar a la luz estas máximas, axiomas y preceptos y darte la Llave Maestra que te permitirá obtener la sabiduría y la comprensión necesarias para dominar tus estados mentales y emocionales. Al conocer el funcionamiento de estos Principios Universales, te convertirás en un maestro de tu destino y maximizarás tu poder personal.

"Los labios de la Sabiduría están cerrados, excepto para los oídos del Entendimiento". - "El Kybalión"

En el Árbol de la Vida, el título de Chokmah es "Sabiduría", mientras que Binah es "Entendimiento". Estos son los dos aspectos más elevados de la dualidad en la que participan los humanos. Son nuestros Supernales, la energía del Espíritu dentro de nosotros que nunca nació y nunca morirá. Están conectados con el Sahasrara Chakra, correspondiendo con el Kether Sephira y uniéndonos con el reino de la No-Dualidad, la Gran Luz Blanca que subyace a toda la existencia. No se puede tener sabiduría sin tener comprensión y viceversa.

"Donde caen los pasos del Maestro, se abren de par en par los oídos de los que están preparados para su enseñanza". - "El Kybalión"

El Maestro es tu propio Santo Ángel de la Guarda. Es esa parte de ti que es Dios, el Creador. La sabiduría de todo el Universo está contenida dentro de ti. Una vez que estés preparado para recibirla, el Maestro activará y canalizará su conocimiento en tu Alma. Necesitas tener los oídos del entendimiento preparados para recibirlo, lo que significa que necesitas llevar tu Evolución Espiritual a un nivel suficiente antes de que esto pueda ocurrir. Este método de aprendizaje de los Misterios del Universo coincide con el siguiente axioma de *El Kybalión:*

"Cuando los oídos del estudiante están listos para escuchar, entonces vienen los labios para llenarlos de Sabiduría". - "El Kybalión"

Todo el propósito de nuestra existencia en la Tierra es la Evolución Espiritual. Como tal, el impulso de aprender sobre los Misterios del Universo está codificado dentro de nuestro ADN. A través de nuestro ADN, podemos conectar con nuestro Ser Superior para progresar Espiritualmente. Nuestra eterna búsqueda de la inmortalidad se corresponde con nuestra búsqueda de la Iluminación. A través de una, alcanzamos la otra.

LOS SIETE PRINCIPIOS DE LA CREACIÓN

"Los Principios de la Verdad son Siete; quien los conoce, comprensivamente, posee la Llave Mágica ante cuyo toque todas las Puertas del Templo se abren." - "El Kybalión"

I. PRINCIPIO DEL MENTALISMO

El Principio del Mentalismo contiene la verdad última de que El Todo, que es la realidad sustancial que subyace a todo lo que vemos y percibimos en el mundo material de la Tierra (el Universo físico), es, de hecho, Espíritu. Qabalísticamente, Kether, la Luz Blanca, la energía del Espíritu, es la sustancia que comprende Malkuth, la Tierra manifestada.

Este Espíritu es indefinible por la capacidad humana, pero puede ser considerado como la Mente Viva Infinita y Universal. Es un pensamiento proyectado desde Dios-el Creador. Este Pensamiento de Dios es el "Mundo de los Sueños de Dios", ya que es una creación mental contenida en su Mente Viva Infinita. Como tal, está sujeto a los Principios de la Creación, que son de naturaleza mental, ya que todo el Universo es también una creación mental. En la Mente Viva Infinita de Dios, vivimos, nos movemos y tenemos nuestro Ser.

"El TODO es MENTE, el Universo es Mental." - "El Kybalión"

Una vez que hayas captado el Principio del Mentalismo (que todo es mental), puedes aplicar las Leyes Mentales a tu bienestar y convertirte en un maestro de tu destino y avance Espiritual. Algunos individuos tendrán un despertar Kundalini completo una vez que hayan captado el concepto de "El Todo es Mente, el Universo es Mental" porque es la Llave Maestra que abre las puertas del Templo Interior y los Planos Cósmicos internos. Entender la realidad física como algo mental en tu cabeza estimulará una parte de ti que puede quitarte los grilletes del Ego, permitiendo que tu Alma se eleve hacia la Luz, sin plumas.

Una vez que comprendas que el Universo es simplemente una creación mental y que puedes crear a través del pensamiento, podrás reducir el parloteo interno del Ego a la nada. Le damos poder al Ego al escuchar sus opiniones, a menudo proyectadas desde nuestra mente involuntaria y subconsciente. Con la comprensión de que el pensamiento es algo que puede ser controlado y recreado, podemos acceder a nuestra mente subconsciente para anular nuestros pensamientos pasados y renovar nuestra mente con nuevas ideas, conceptos y creencias. Al hacerlo, el Ego se desprenderá y perderá poder sobre la conciencia. Una vez que el Ego es neutralizado, la conciencia se elevará naturalmente al nivel más alto, el nivel del Espíritu.

Puesto que se nos dio la capacidad de soñar y estamos hechos a imagen y semejanza del Creador, nuestra vida de vigilia no es más que un sueño, más elevado en grado que nuestros propios sueños, aunque hecho de la misma sustancia mental. Este concepto se explica mejor con el Principio de Vibración y sus diversos índices o grados de vibración que comprenden todo en el Universo Interior y Exterior.

Todo lo que existe está formado por la misma energía-Espíritu. Sin embargo, todas las cosas difieren en grados de vibración, dándonos muchas realidades interpenetradas, todas ellas existentes simultáneamente y ocupando el mismo espacio. Como tal, tenemos los diversos planos cósmicos internos y niveles del Ser, de los que nosotros, como humanos, participamos.

Qabalísticamente, así es como se manifestaron los Sephiroth en la existencia. Kether, la Luz Espiritual, está en un extremo, y Malkuth, el Universo físico, en el otro. En medio están los Sephiroth, que representan los diferentes estados de conciencia, todos vibrando a diferentes frecuencias, pero todos interpenetrando y ocupando el mismo Espacio/Tiempo.

Como "Sueño de Dios", la Materia no es real, y podemos activar la parte de nuestra imaginación para percibir su ilusión, para liberarnos de las ataduras del condicionamiento pasado. Al hacerlo, entramos en el "Ahora", el momento presente. Existe una estrecha relación entre el Ahora y la energía del Espíritu. Estar en el Ahora te permitirá entrar en el campo de la Potencialidad Pura, donde todo es posible, y podrás manifestar tus sueños liberando tu más alto potencial como ser humano Espiritual.

Nuestra mente puede entonces convertirse en el vehículo que activará nuestra contraparte Espiritual, nuestro Cuerpo de Luz, elevando la energía Kundalini a la Corona y despertándonos a nuestra realidad última. El Santo Ángel de la Guarda, el Ser Superior, es la parte de ti que resuena con la más alta frecuencia de energía Espiritual. El despertar de la Kundalini inicia el proceso de alineación con esta frecuencia a lo largo del tiempo a medida que tu mente se eleva a su gran altura. Una vez que tu conciencia se sintoniza completamente con el Espíritu, puedes percibir el mundo que te rodea como lo que es: Pura Energía.

Como fuimos hechos a imagen y semejanza de Dios o "El Todo", y creamos primero mentalmente antes de realizar cualquier acción y generar eventos en el mundo material, ¿no tiene sentido que "El Todo es Mente, el Universo es Mental"? Detente aquí y piensa y medita sobre este concepto durante cinco o diez minutos.

Comienza el ejercicio simplemente mirando a tu alrededor, imaginando que el Mundo Físico es simplemente una creación mental, una manifestación del pensamiento. En lugar de ser algo separado de ti, es parte de ti como una extensión de tu mentalidad. Cuando miras hacia fuera en esta realidad, estás, de hecho, mirando la parte posterior de tu cabeza donde se manifiestan todas las imágenes visuales de tu mente. Sin embargo, el Mundo Exterior existe en un grado de realidad superior al contenido de tu mente, ya que la "materia del pensamiento" se ha solidificado en lo que llamamos Materia.

Intenta difuminar las líneas entre tu imaginación y el Mundo Físico. Ayuda a desenfocar tus ojos para que puedas captar más de lo habitual de tu entorno, principalmente a través de la visión periférica. Sin embargo, lo ves todo como una sola imagen, como una postal, sin centrarte en una cosa u otra.

Imagina, si quieres, que estás en un videojuego o en "The Matrix", ¿cómo sería esta realidad? El Mundo Exterior ya no sería algo concreto y tangible, sino que tendría un componente de "pensamiento" en su composición, que lo haría parecer tenue, insustancial y etéreo.

Al atravesar el Velo de Maya con este ejercicio, no te sorprendas si empiezas a ver la naturaleza Holográfica del Universo, que aparece digitalmente para aquellos que pueden profundizar en esta meditación. Contempla y mantén esta visión de la realidad física, que por definición Hermética no es más que una proyección de pensamiento de un Ser Divino infinito y omnipresente al que nos referimos como Dios.

A continuación, pregúntate quién eres y recuérdate que no eres real y que el mundo que te rodea es simplemente un truco mental. Observa cómo te sientes al hacer esto. Debería haber un proceso de desprendimiento dentro de ti en el que el Ego empieza a desprenderse de lo que cree que está viendo. Y si haces este ejercicio correctamente, puede ser una experiencia que cambie tu vida.

Como fuimos creados, creamos-mentalmente. Y, como pensamos, así somos PENSAMIENTO. A la inversa, antes de que una persona realice cualquier acción en el

Mundo Físico, debe haber tenido primero el pensamiento de hacer esa cosa; de lo contrario, sus cuerpos permanecen inmóviles en el Espacio/Tiempo.

En cuanto a las personas que no generan sus propios pensamientos debido a la pereza de la mente, confían en los demás para que piensen por ellos, a menudo de forma inconsciente. Como resultado, estas personas llevarán a cabo las ideas de otros, pensando que son suyas. Por lo tanto, las personas deben responsabilizarse de su realidad y utilizar su fuerza de voluntad de forma consciente y con intención si quieren tener el control de su vida.

A medida que continúes leyendo esta sección sobre *El Kybalión*, te presentaré las claves para vivir en un estado de potencial puro, el Ahora, permitiéndote generar cualquier realidad que desees, convirtiéndote así en un maestro de tu destino. Para aprovechar tu poder personal, debes ser consciente de los Principios y utilizarlos conscientemente en lugar de ser utilizado por ellos al permanecer ignorante de su existencia.

En cualquier momento, nosotros, como seres humanos, podemos pensar y creer que somos actores famosos, bailarines, escritores, artistas, o quien sea y lo que sea que hayamos querido ser. Cuando nos damos cuenta de la naturaleza mental del Universo, esta realidad puede empezar a tener lugar.

El Principio del Mentalismo es la clave para convertirse en cualquier cosa que quieras ser en esta vida. Los otros Principios no funcionarán a menos que comprendas este Principio tan importante, ya que es su fundamento. Un antiguo Maestro Hermético escribió hace mucho tiempo que uno debe comprender la naturaleza mental del Universo si desea avanzar Espiritualmente. Sin esta Llave Maestra, la maestría es imposible, y el estudiante llama en vano a las muchas puertas del Templo Interior.

"Aquel que capta la verdad de la Naturaleza Mental del Universo está muy avanzado en El Camino de la Maestría". - "El Kybalión"

Transmutación Mental

Los Hermetistas fueron los Alquimistas, Astrólogos y psicólogos originales, siendo Hermes el fundador de estas escuelas de pensamiento. De la Astrología ha surgido la Astronomía moderna; de la Alquimia ha surgido la química moderna; de la psicología mística ha surgido la psicología moderna. Pero su mayor posesión de conocimiento fue el arte de la Transmutación Mental. Es un tema importante que debemos estudiar más a fondo, ya que te dará la clave para dominar tu propia vida.

"La mente (al igual que los metales y los elementos) puede ser transmutada, de estado a estado; de grado a grado; de condición a condición; de polo a polo; de vibración a vibración. La verdadera transmutación hermética es un arte mental."
- "El Kybalión"

La palabra "transmutar" significa "cambiar de una naturaleza, forma o sustancia, a otra; transformar". Por lo tanto, la Transmutación Mental implica el arte de cambiar y transformar estados, formas y condiciones mentales en otros. Es la clave más significativa que una persona puede tener para convertirse en el Maestro de su destino.

Según el primer Principio del Mentalismo, "El Todo es Mente, el Universo es Mental"; lo que significa que la realidad subyacente del Universo es la mente, y el Universo mismo es una creación mental. La Transmutación Mental, entonces, es el arte de cambiar las condiciones del Universo a lo largo de las líneas de Materia, Fuerza y mente. Es la Magia de la que los Antiguos han hablado, pero de la que han dado tan pocas instrucciones.

Si El Todo es Mental, entonces por poder, significa que la Transmutación Mental es la herramienta por la cual el Maestro puede transmutar las condiciones mentales y así ser un controlador de las condiciones materiales. En mi experiencia, es posible hacerlo, aunque habría que generar una inmensa cantidad de fuerza de voluntad, lo cual, incluso para la mayoría de los Maestros, es una hazaña casi imposible de realizar. Casi imposible, pero no imposible.

Las historias de Jesucristo convirtiendo el agua en vino, resucitando a los muertos y caminando sobre el agua son ejemplos de humanos que logran hazañas sobrenaturales. Sin embargo, como se ha mencionado, hay que generar una fuerza de voluntad inmensa, aparentemente de otro mundo, para afectar a las condiciones materiales. Por lo tanto, sólo ha habido unos pocos Maestros en la antigüedad que pudieran lograr tales hazañas. Según las escrituras, Moisés era otro Adepto con increíbles poderes mentales que podían afectar a las condiciones materiales.

Una cosa que tanto Jesús como Moisés tenían en común era que estaban directamente conectados con Dios y dialogaban regularmente con el Creador. Tal vez por eso podían hacer milagros: su fuerza de voluntad estaba alineada con la de Dios. Así que, en teoría, si deseas afectar a la realidad física, debes elevar tu conciencia tan alto que te conviertas en el mismísimo "Pensamiento de Dios", permitiéndote hacer un cambio o alterar su manifestación, que es el Mundo de la Materia.

Para la persona media, es mejor centrarse en cómo puede dominar sus estados mentales y a sí misma en lugar de tratar de alterar las leyes de la física. Por ejemplo, la mayoría de la gente quiere volar, pero ni siquiera ha empezado a aprender a caminar. En cualquier caso, este Principio opera en todos los Planos de la Vida. Su conocimiento nos da la clave para entender la mecánica de cómo se realizaron las hazañas sobrenaturales escritas en las escrituras.

Debes comprender que todo lo que llamamos fenómenos psíquicos, influencia y ciencia mental operan según las mismas líneas generales, ya que sólo hay un Principio involucrado, sin importar el nombre que reciba el fenómeno. Dicho esto, ten cuidado ya que la Transmutación Mental puede ser utilizada para el bien, pero también para el mal, según el Principio de Polaridad.

Los efectos Kármicos de usar este poder para el mal están siempre presentes y no pueden ser escapados. Por ejemplo, si usas la Transmutación Mental para el mal, te convertirás en cómplice del mal y sufrirás como resultado de esa acción en el Plano del Ser correspondiente a donde tuvo lugar el Karma. Este poder es la verdadera hechicería que se lee en los libros y se ve en las películas. Sin embargo, la calidad del corazón y del Alma de cada uno determina si lo utilizan para avanzar Espiritualmente, o simplemente para satisfacer los deseos insaciables del Ego.

"La posesión del Conocimiento, si no va acompañada de una manifestación y expresión en la Acción, es como el acaparamiento de metales preciosos: algo vano y tonto. El Conocimiento, como la riqueza, está destinado al Uso. La ley del uso es universal, y quien la viola sufre por su conflicto con las fuerzas naturales."
- "El Kybalión"

Una vez que has aprendido las Leyes Mentales, estás más allá de la etapa de la ignorancia, y es el deber que te debes a ti mismo el utilizarlas. Si aprendes este conocimiento, lo comprendes, y luego lo descuidas y vuelves a tus viejas costumbres, sufrirás como consecuencia porque estos Principios estaban destinados a ser utilizados. Todo lo que se aprende en el camino de la vida y que es positivo para tu avance Espiritual debe ser respetado y aplicado. Este conocimiento es real; este conocimiento puede cambiar tu vida; y este conocimiento puede elevarte de la esclavitud del materialismo al Adepto de la Luz si dedicas el tiempo a aprender, integrar y utilizar estos Principios.

II. PRINCIPIO DE CORRESPONDENCIA

El Principio de Correspondencia afirma que existe correspondencia entre los Principios Herméticos y la manifestación en los diversos Planos Cósmicos del Ser. Hay

Planos que están más allá de nuestro conocimiento, pero cuando aplicamos el Principio de Correspondencia a ellos, podemos comprender muchas cosas que, de otro modo, serían incognoscibles para nosotros. Recuerda siempre que utilizamos este Principio, y otros Principios, a través de la mente, ya que es nuestro vehículo hacia lo Desconocido. Este Principio opera en todos los Planos del Universo material, emocional, mental y Espiritual. Es una Ley Universal.

"Como es Arriba, Es Abajo; Como Es Abajo, Es Arriba". - "El Kybalión"

Como se ha mencionado, existen muchos Planos del Ser, todos ellos ocupando el mismo Espacio y Tiempo, pero diferentes en vibración, superponiéndose unos a otros. Los Planos del Ser son sinónimos de los Planos Cósmicos, que, como ya se ha dicho, son estados de conciencia. El Principio de Correspondencia nos permite comprender el funcionamiento de los Planos Cósmicos interiores a través de la correspondencia con nuestro Plano, el Plano Físico de la Materia. La correspondencia entre los Planos está siempre en pleno efecto en todos los niveles de vibración.

Puedes manifestar cualquier realidad que desees en tu mente utilizando el Principio de Correspondencia y experimentar como si fuera tan real como tú y yo. El método consiste en imaginar cualquier cosa que desees experimentar, y al elevar tu poder de creencia, accederás al Mundo del Espíritu Puro, que luego se transpone a la realidad física a través de tu imaginación. Así, lo que imaginas, empiezas a experimentarlo como si fuera real.

Por ejemplo, puedes imaginar que eres un Ser orgánico diferente, ya sea real o meramente imaginario, y al elevar tu poder de creencia, comenzarás a encarnar la esencia de este Ser, su energía. Ahora no puedes imaginar que eres una serpiente, digamos, y convertirte en una físicamente, pero podrías, con el poder de creencia, aprovechar el Espíritu de la serpiente y transponer lo que se siente al ser una serpiente en tu propia experiencia.

Utilizando estas Leyes Mentales, no puedes cambiar las leyes de la física y cambiar tu forma orgánica a otra. En teoría, es posible una vez que se alcanza un estado de conciencia suficientemente elevado, pero no te servirá de nada centrarte en ese objetivo en el momento actual. Para entender mejor el poder de los Principios Herméticos, la idea de imaginar algo en la existencia es sentir y encarnar su Espíritu. Como todo en la naturaleza está hecho de energía del Espíritu, al imaginar algo e inducir tus emociones con esta imagen, cambias el estado de tu percepción de la realidad.

El conocimiento de los Principios del Mentalismo y la Correspondencia reduce cualquier condicionamiento del pasado a nada más que una interpretación de los acontecimientos pasados a través de una "lente", o un nivel de percepción. Hasta cierto punto, los acontecimientos pasados son producto de la imaginación, teniendo en cuenta que te imaginaste esos acontecimientos como si fueran percibidos de una manera. En realidad, hay muchas lentes a través de las cuales podemos ver la realidad. Condicionamos nuestros Egos de esta manera, y con el tiempo, el Ego se convierte en una inteligencia individual que guía nuestra conciencia.

Incluso el Ego no es real, sino que existe debido a la interpretación de la realidad como una singularidad. Hay, en cualquier momento, muchas lentes diferentes disponibles, dando lugar a innumerables realidades potenciales. De aquí surge la idea de realidades o Universos paralelos. Para el experimentador, algunas lentes perciben la realidad de forma positiva y otras de forma negativa. La elección depende de nosotros en cada momento. De esta manera, condicionamos nuestro Ego y sus gustos y disgustos. Darse cuenta de que la mente tiene el poder de superar estas limitaciones le proporcionará la clave para manifestar cualquier realidad que desee en lugar de la que ha sido condicionada a experimentar hasta ahora.

"Como Es Arriba, Es Abajo" se manifiesta en todos los planos de existencia. La naturaleza de la realidad es que vivimos en la Mente Viviente Infinita: el Espíritu. Esta energía del Espíritu se vierte a través de la Esfera de Kether, el Chakra Sahasrara, y llega al Aura como Luz, emanando todos los Planos Internos, o estados de conciencia, a través de los otros ocho Sephiroth del Árbol de la Vida, antes de culminar como Materia en Malkuth.

Así pues, los Cuatro Elementos, que pueden dividirse a su vez en las Siete Energías Planetarias y las Doce Energías Zodiacales, están todos contenidos en la energía del Espíritu. Se manifiestan físicamente como nuestro Sistema Solar con nuestro Sol en el centro y las constelaciones Zodiacales en el cielo nocturno como las energías que nos influyen. Estas energías comprenden los poderes de los Cuatro Elementos, con el pegamento unificador: el Espíritu. Los Cinco Elementos de Tierra, Aire, Agua, Fuego y Espíritu comprenden toda la naturaleza, los Planos Cósmicos Interno y Externo. Pero es el Espíritu el que manifiesta los Elementos, ya que es su propia Fuente. Y esa Fuente de todas las cosas es Dios, el Creador.

"Como Es Arriba, Es Abajo" es la más importante de las verdades ocultas y de los axiomas Herméticos, porque es el medio por el cual podemos crear realidades en un Plano de existencia, que a su vez afectarán a los otros Planos que están por debajo de él. De nuevo, estos diferentes Planos existen todos en el mismo Espacio y en el mismo Tiempo, aunque en diferentes niveles o grados de vibración. Todos existen dentro de la Cuarta Dimensión de Vibración, también llamada "Dimensión de la Energía".

El despertar permanente de la Kundalini activa plenamente el Cuerpo de Luz, a través del cual podemos recibir vibraciones de la Cuarta Dimensión y acceder a cualquiera de los Planos Interiores a voluntad. Por esta razón, los individuos despiertos de la Kundalini son el nivel más alto de los empáticos y telépatas. Se relacionan con el mundo a través de frecuencias vibratorias de energía. Como tales, operan completamente con la intuición. Es el destino de toda la humanidad funcionar de esta manera, por lo que el despertar de la Kundalini es el siguiente paso en la evolución humana.

Una vez más, subrayaré que la clave para manifestar los Principios Herméticos es el poder de la creencia. Si consigues creer que lo que se dice es real, tan real como la persona que ves en el espejo, puedes aprovechar estos Principios y empezar a utilizarlos. Pero, por otro lado, si no crees en estos Principios, no podrás lograr nada con ellos.

El Ego nos impide aprovechar el potencial puro del Espíritu al confundirnos y hacernos creer que somos eso y sólo eso. Sin embargo, el poder de la creencia es la clave para desbloquear los misterios de la mente y manifestar cualquier realidad que desees. A través de la comprensión de estos Principios y el acceso al poder de la mente, serás capaz de reacondicionarte para creer lo que quieras sobre quién eres y sentir lo que elijas sobre la vida.

Por el contrario, si no puedes llegar a creer que estos Principios son reales, no serán más que meras palabras para ti. Por lo tanto, si te cuesta confiar en que estos Principios Herméticos son auténticos y en el poder de tu mente para moldear la realidad, entonces dedica más tiempo a tratar de comprender el panorama general y sus diversas partes. En otras palabras, sigue leyendo y releyendo los componentes intelectuales de *The Magus* hasta que "lo entiendas".

III. PRINCIPIO DE VIBRACIÓN

El Principio de Vibración encarna hechos que la ciencia moderna avala. Regularmente, hay nuevos descubrimientos científicos que verifican este Principio. La física cuántica afirma que la Materia no es más que un espacio vacío. Por ejemplo, cuando se trata de un objeto material que vemos como "real", una vez que nos adentramos en sus moléculas, encontramos que no es otra cosa que electrones, protones y neutrones mantenidos en movimiento vibratorio por "algo". "Este "algo" que hace vibrar a todo el Universo es el Todo o la energía de Dios/Espíritu.

"Nada descansa; todo se mueve; todo vibra". - "El Kybalión"

Todo vibra y, por tanto, puede ser inducido o afectado aplicando los Principios Herméticos. Además, todo es cuantificable y se puede descomponer en un número.

Ese número varía según el sujeto que lo percibe. La física cuántica afirma que nada permanece como es durante mucho tiempo, que todo cambia continuamente y que no podemos mirar una cosa sin que cambie su estructura molecular.

Nuestras mentes están cambiando constantemente la naturaleza del Universo que nos rodea, al igual que otros factores ambientales. Una cosa importante que hay que sacar de esto es que todo está en movimiento vibratorio, y nada es estático. Todo está vibrando, moviéndose y afectando a todo lo demás. Todo en la naturaleza es esencialmente conciencia, y para la humanidad, nuestras mentes son los vehículos para su experiencia.

El Principio de Vibración establece que la única diferencia entre la Materia y el Espíritu es una tasa variable de vibración y que cuanto más alta es la vibración de algo, más alto está en la escala. La vibración del Espíritu es de una intensidad y rapidez tan tremenda que prácticamente está en reposo; por lo tanto, es invisible a nuestros sentidos. Una analogía de este concepto es una rueda que se mueve rápidamente y que parece estar inmóvil, pero en realidad no lo está. Y en el otro extremo de la escala, hay formas burdas de la Materia cuyas vibraciones son tan bajas que parecen estar en reposo. Pero, entre estos polos, hay millones y millones de grados variables de vibración.

Para los humanos, estos diversos estados vibratorios se dividen en los Planos Cósmicos Mayores y sus Subplanos, que se expresan a través de los Chakras. Como se mencionó anteriormente, hay seis Planos Cósmicos del Ser: el Físico, el Astral Inferior y el Superior, el Mental Inferior y el Superior, y el Espiritual. Luego hay Planos Divinos más allá del Plano Espiritual. Estos Planos se influyen y afectan mutuamente según el Principio de Correspondencia. Así, por ejemplo, lo que se manifiesta en el Plano superior filtra y afecta a los Planos inferiores, y viceversa.

Sin embargo, los Planos Superiores se ven menos afectados por los Planos Inferiores, y este aspecto de las Leyes Universales se utiliza para realizar el "Arte de la Neutralización" o "Elevación en los Planos". Discutiré más este concepto en el siguiente Principio de Polaridad.

Nuestros estados mentales, incluyendo nuestra fuerza de voluntad y emociones, están en diferentes grados de vibración, manifestados a través de los Planos Internos. Al entender cómo funciona el Principio de Vibración, recibes la clave para controlar tus vibraciones mentales, incluyendo las de los demás. Este método es la base del arte de la Transmutación Mental.

"Para cambiar tu estado de ánimo o mental, cambia tu vibración". - "El Kybalión"

Cambias tus vibraciones polarizándote en cualquier emoción o pensamiento y manteniendo tu atención allí mediante la fuerza de voluntad y la concentración aplicadas. Al hacerlo, estás neutralizando el efecto del Principio del Ritmo y alterando su movimiento. Como resultado, el péndulo comienza a oscilar en la dirección opuesta hacia cualquier emoción o pensamiento que estés tratando de crear y recrear en ti mismo. Puede parecer un reto al principio, pero todo lo que se requiere de ti es enfocar su atención y mantener en tu mente, sin interrupción, la emoción o el pensamiento polarmente opuesto al que estás tratando de cambiar.

Por ejemplo, si intentas cambiar la emoción (o el pensamiento) del odio por el amor, debes centrarte en la idea del amor aplicando tu fuerza de voluntad. La fuerza de voluntad enfocada inicia el movimiento hacia atrás del péndulo hasta que notes que la emoción (o pensamiento) de odio se ha convertido en la emoción (o pensamiento) de amor. Para lograr esto con más éxito, antes de comenzar este proceso, sería útil razonar contigo mismo por qué deberías amar a alguien o algo en lugar de odiarlo y permitir que esa razón eleve tu poder de creencia para que puedas ser más efectivo con este método.

Curiosamente, la emoción (o el pensamiento) deseada influirá en todas las personas que te rodean para que ahora la sientan o la piensen también. Sin embargo, supongamos que la gente ya tiene sus propias emociones o pensamientos fuertes sobre algo. En ese caso, no podrás cambiar totalmente los suyos a través de la inducción de energía, aunque sí los influirás a ellos a un alto grado.

Todos nos comunicamos telepáticamente, ya que sólo el 7% de la comunicación entre humanos es verbal. El otro 93% es sutil, a través del lenguaje corporal, que refleja lo que la mente piensa, y el corazón siente. El Principio de Vibración es lo que produce el fenómeno de la telepatía, o influencia mental, y otras formas del poder de la mente sobre la mente. Discutiré el funcionamiento de este proceso con más detalle cuando nos adentremos en los otros Principios. Pero, por ahora, comprende que este poder es real y que, con el conocimiento, tu puedes utilizarlo también.

IV. PRINCIPIO DE POLARIDAD

El Principio de Polaridad explica que todo en la naturaleza es dual y tiene dos polos o extremos. Estos polos extremos son diferentes en grado, pero su sustancia, su cualidad, es la misma. Todos los puntos de vista subjetivos pueden conciliarse, ya que todo es y no es al mismo tiempo.

Todo lo que percibimos visualmente tiene una estructura Arquetípica, que nos da el tema sobre el que aplicamos nuestras mentes condicionadas del pasado. Por ejemplo, se puede decir que una taza es una taza, pero la forma en que dos personas ven esa taza será diferente. Una puede ver una taza pequeña, y la otra puede ver una taza grande. Sus puntos de referencia serán diferentes, pero ambas personas estarán de acuerdo en que es una taza.

El Principio de Polaridad establece que estaremos hablando de la misma cosa pero que nuestra percepción de esa cosa será diferente. En términos Qabalísticos, todos estamos de acuerdo en el nivel del Primer Mundo de Atziluth, el Mundo del Fuego Arquetípico. Sin embargo, una vez que este Arquetipo se filtra hacia abajo, nuestra percepción del Ego toma el control, y naturalmente elegimos un lado del extremo.

"Todo es Dual; todo tiene polos; todo tiene su par de opuestos; lo similar y lo diferente son lo mismo; los opuestos son idénticos en naturaleza, pero diferentes en grado; los extremos se encuentran; todas las verdades no son más que medias verdades; todas las paradojas pueden ser reconciliadas". - "El Kybalión"

El famoso dicho en la sociedad es: "Todo tiene dos caras" o "Las dos caras de la moneda". Ambas afirmaciones son ciertas, ya que todo en nuestro Mundo Físico es una cuestión de perspectiva. Y esa perspectiva depende del condicionamiento pasado de la persona que hace la observación. Sólo los niños no condicionados ven las cosas de forma similar, y esto se debe a que su Ego aún no se ha desarrollado. Para ellos, todo es percibido a través de ojos inocentes y maravillados.

El funcionamiento del Principio de Polaridad también se manifiesta en nuestros estados mentales y emocionales. Por ejemplo, cuando observamos nuestras emociones más básicas de amor y odio con respecto a otras personas, ¿en qué punto termina el amor y comienza el odio? ¿Existe una línea fina, o las cosas se mezclan entre sí? A menudo nos encontramos pasando del amor al odio y viceversa muchas veces al día cuando pensamos en alguien o en algo.

El frío y el calor es otro ejemplo sencillo para explicar la percepción mental. Para alguien nacido en Alaska, el clima Canadiense podría considerarse muy cálido, mientras que alguien nacido en África consideraría el clima Canadiense gélido e insoportable. Todo es una cuestión de perspectiva de los dos polos extremos. Estos polos se manifiestan en todo, y la forma en que los experimentamos es siempre una cuestión de perspectiva. Algo que se considera una experiencia positiva para una persona es una experiencia negativa para otra perspectiva.

El Principio de Polaridad es esencial para comprender el funcionamiento de las Leyes Universales. Todo lo que percibimos como humanos en el Mundo Físico pertenece a la dualidad. Por lo tanto, vemos todo en términos duales, y es así que podemos tener diferentes perspectivas, dando lugar a la diversidad en la humanidad. En algunos puntos de vista estamos de acuerdo, en otros no. Estoy mencionando aquí las interpretaciones mentales y emocionales de estos extremos polares, pero el mismo Principio se manifiesta en todos los Planos.

En términos del Mundo Físico, ¿existe una línea fina que separe el blanco y el negro, lo nítido y lo opaco, lo duro y lo blando, el ruido y el silencio, o lo alto y lo bajo? Todos los pares de puntos de vista opuestos son manifestaciones de una idea con distintos grados de vibración entre ellos. Y esta perspectiva nos da el constructo mental para hacer interpretaciones del mundo que nos rodea.

En lo que respecta a las fuerzas mentales, conocer cómo opera este Principio nos da la capacidad de cambiar las vibraciones de una emoción o pensamiento en nuestra mente por otras, incluyendo las mentes de los demás. Esto lo logramos utilizando la fuerza de voluntad enfocada y aplicando el Principio de Polaridad, que constituye la base de la Alquimia Mental. Ya hablé de este método en el anterior Principio de Vibración. Este Principio trabaja con el Principio de Polaridad pero también con el Principio de Ritmo. Transformar las emociones o los pensamientos en opuestos requiere utilizar los tres Principios. Al polarizarte en el sentimiento (o pensamiento) que estás tratando de inducir en ti mismo (o en otra persona), y al enfocar tu fuerza de voluntad y tu atención en esa idea por un corto período de tiempo, comienzas a sentir que la vieja emoción (o pensamiento) se transforma en la nueva.

Otra aplicación importante del Principio de Polaridad tiene que ver con aprender a estar en el Ahora, el momento presente. Dado que todos los acontecimientos de la vida pueden percibirse como positivos o negativos, la clave para permanecer en el Ahora es la aplicación adecuada del Principio de Polaridad. No podemos controlar lo que nos ocurre en la vida, pero podemos elegir cómo queremos interpretar ese acontecimiento. Al controlar la interpretación, nos permitimos permanecer en el reino del no-pensamiento, que es el reino del potencial puro: el Ahora. Para lograr esto, debes alinearte con el Ser Superior e interpretar todo desde el punto de vista del aprendizaje de las lecciones de la vida. Si puedes ver todo lo que sucede en la vida como una experiencia de aprendizaje para el Alma, puedes evitar las interpretaciones del Ego, lo que te permitirá permanecer en el Ahora y sentir la alegría y el éxtasis de vivir tu vida al máximo.

En cierto modo, todos los Principios Herméticos de la Creación se unen para formar un Gran Principio que se puede decir que es simplemente la Ley de la Dualidad, pero en realidad es mucho más. Aun así, pensar en todo en términos de unos y dos creará una construcción mental que desenredará el mundo que te rodea como una flor y te abrirá a él de formas que nunca habías imaginado. Pensar de esta manera te permitirá aplicar puntos de vista opuestos cuando sea necesario para que no te quedes atascado en un extremo el tiempo suficiente para que se convierta en parte de tu condicionamiento pasado. Al hacerlo, estarás en la "zona", en el Ahora, montando todas las olas que la vida lanza ante ti.

Debido a que nuestra esencia está constantemente en movimiento vibratorio y afectando a los estados mentales y emocionales de los demás con sólo estar en presencia del otro, podemos utilizar estos Principios en nosotros mismos. A su vez, las personas que nos rodean también se verán afectadas por nuestros nuevos pensamientos y emociones al proyectar nuestras vibraciones y afectar sus Auras. Toda la vida es un juego, una obra. La base del juego se llama Energía, y esa Energía es el Espíritu-la Mente Viva Infinita.

V. PRINCIPIO DE RITMO

Este Principio Hermético encarna la verdad de que en todo hay un movimiento medido, una oscilación hacia adelante y hacia atrás (un movimiento como de péndulo), entre los dos polos que existen bajo el Principio de Polaridad. A toda acción le sigue una reacción, a todo avance un retroceso y a toda elevación un hundimiento.

"Todo fluye hacia fuera y hacia dentro; todo tiene sus mareas; todas las cosas suben y bajan; la oscilación del péndulo se manifiesta en todo; la medida de la oscilación a la derecha es la medida de la oscilación a la izquierda; el ritmo compensa". - "El Kybalión"

Este principio opera en todos los Planos de la existencia, desde el Físico hasta el Astral, el Mental y el Espiritual. Esta Ley se manifiesta en la creación y destrucción de las civilizaciones y en el nacimiento y muerte de todos los seres vivos. Todo lo que tiene dos polos, o dos extremos, manifestará este Principio. Todo lo que tiene un principio tendrá inevitablemente un final.

Para los humanos que viven en el Plano Físico del materialismo, todo lo que podemos experimentar con nuestros cinco sentidos manifestará este Principio. Alguien con un alto nivel de disfrute también tiene un alto nivel de sufrimiento. Del mismo modo, quien siente una pequeña cantidad de dolor es capaz de experimentar una pequeña cantidad de alegría. Este Principio también se aplica a las vidas pasadas. Por lo tanto, si experimentaste una gran cantidad de dolor en una vida anterior, entonces puede experimentar una gran cantidad de placer en la presente o viceversa.

Los Hermetistas se preocupaban más por la aplicación de este Principio en sus estados mentales y emocionales. Aplicaban la Ley Mental de Neutralización, también llamada "Subida a los Planos", para escapar de los efectos de los estados no deseados.

Aunque el Principio del Ritmo no puede ser destruido, puede ser superado. La clave es aprender a vivir en el Ahora. Al vivir en el momento presente, estás entrenando a tu mente para elevarse continuamente sobre el Plano en el que se manifiesta el Principio del Ritmo. Esa es la clave.

En cuanto a los Planos Mental y Emocional, el Principio del Ritmo está estrechamente alineado con las percepciones del Ego. Experimentar una emoción positiva, por ejemplo, atraerá emisores de pensamientos adversos (Demonios) al Ego para apoderarse de la conciencia y transformar el sentimiento en uno negativo. El Principio del Ritmo siempre se manifestará, pero su manifestación depende del tiempo. Algunas cosas tardan menos tiempo y otras tardan más en transformar su estado. Pero inevitablemente, todo se transforma en su opuesto.

Para ser claros, la Ley Mental de Neutralización es el "Levantamiento en los Planos" para neutralizar los efectos del Principio del Ritmo. Este arte mental es diferente del cambio voluntario de un tipo de emoción o pensamiento en su opuesto aplicando el Principio de Vibración. Este segundo arte se llama Transmutación Mental. Sin embargo, ambas técnicas mentales utilizan la fuerza de voluntad para lograr su objetivo. Ambas también utilizan o superan el Principio del Ritmo. Las emociones o los pensamientos pueden ser cambiados voluntariamente en su opuesto, o el tiempo puede ser el factor determinante para conseguirlo de forma natural, ya que el Principio del Ritmo siempre se manifestará, pase lo que pase.

La Transmutación Mental implica utilizar el Principio de Vibración y transformar un estado mental o emocional en otro mediante la aplicación de la fuerza de voluntad. Todos los pensamientos y emociones tienen frecuencias vibratorias; por lo tanto, usamos la fuerza de voluntad como un Diapasón para cambiar las vibraciones en frecuencias opuestas. Como nuestra conciencia sólo puede estar sintonizada en la vibración de uno de los Planos Cósmicos interiores a la vez, la Ley de Neutralización, o "Elevación en los Planos", es el arte de la atención y concentración voluntarias en un Plano Superior para elevar la conciencia a su nivel. La atención focalizada y la concentración elevan la vibración de la fuerza de voluntad, que entonces se magnetiza y es capaz de realizar hazañas mentales.

Como se mencionó anteriormente, las percepciones de tu Ego determinarán cómo interpretas la realidad y cuál de las realidades paralelas e infinitas elige aceptar como una singularidad. Si entrenas tu mente para vivir en el Ahora, neutralizarás naturalmente los efectos del Péndulo del Ritmo en tus estados mentales y emocionales. Las percepciones y emociones del Ego que desencadena son involuntarias en la mayoría de los casos, ya que tu condicionamiento pasado elige cuál de las infinitas realidades quiere aceptar como real.

Tu condicionamiento del Ego está estrechamente alineado con tu energía Kármica. Estar en el Ahora y sentir continuamente la belleza y la alegría de vivir en el momento presente (el estado de potencial puro e ilimitado) es una forma de elevarse por encima de los efectos del Karma. El Karma y la energía Kármica pueden ser percibidos como la fuerza motriz del Principio del Ritmo dentro de los estados mentales y emocionales. El Karma funciona a través de la mente subconsciente; por lo tanto, sus efectos son involuntarios. Sin embargo, el esfuerzo consciente y la aplicación de la fuerza de voluntad afectan al subconsciente, y podemos elevar con éxito nuestra conciencia a los Planos Superiores para escapar de los efectos del Karma en los Planos Inferiores.

Al aprender a vivir en el momento presente, permitimos que nuestra conciencia esté en un estado constante de Devenir, donde nuestra conciencia se renueva en cada momento de vigilia. Para estar en este estado de perpetuo Devenir, debes alinearte con el Elemento Fuego en el Plano Mental Superior, el área del Ser desde donde opera tu fuerza de voluntad. Al hacerlo, evitas los efectos de los Planos inferiores. Pero incluso el Plano Mental Superior está por debajo del Plano Espiritual, y por lo tanto aquellos alineados con él son presa del orgullo Espiritual.

Para ser verdaderamente liberado de esta vida, debes alinear tu conciencia con el Plano Espiritual. Esto sólo puede hacerse a través de la compasión, aplicando la energía del amor incondicional. En mi experiencia, sólo las personas verdaderamente Espirituales son felices y alegres, donde nada parece molestarles. Esto se debe a que están permanentemente en un Plano Superior de conciencia y no permiten que los Planos Inferiores les afecten ya que constantemente canalizan y aplican la energía del amor incondicional, que les libera Kármicamente.

Sin embargo, comprenda que elevarse por encima de la energía Kármica no significa que el Karma en un Plano particular no se manifieste, porque lo hace. Lo he dicho antes, y lo repetiré: la Rueda del Karma está siempre en funcionamiento y la forma en que te comportas determina si recibirás buen o mal Karma en tu camino. Pero utilizando el Principio Hermético de Correspondencia, puedes elevarte a un Plano superior al Plano donde se manifiesta esa energía Kármica particular, permitiéndote escapar de sus efectos mentales.

El Karma se manifiesta en todos los Planos del Ser, que corresponden a nuestros Siete Chakras y a los Cinco Elementos. Por lo tanto, una parte importante del trabajo presentado en *The Magus* es trabajar con la energía Kármica y superarla. Lo hacemos trabajando con los Elementos y dominándolos en nuestro interior a través de prácticas de Sanación Espiritual como la Magia Ceremonial.

El Principio de Polaridad se manifiesta en todos los Planos de existencia, y trabaja con el Principio de Ritmo ya que los dos Principios son inseparables el uno del otro. Debido a su presencia y a la realidad del Ego, tenemos la creación de energía Kármica. Por lo tanto, debemos alinear nuestra fuerza de voluntad con los Planos Espiritual y Divino de la existencia. Al hacerlo, evitamos crear Karma negativo, ya que todas nuestras acciones estarán influenciadas por el amor incondicional que es la energía base de estos Planos Superiores.

El amor incondicional es la única energía que no produce Karma negativo; de hecho, crea Karma positivo. Esto se debe a que el Universo quiere que compartamos el amor estando alineados con nuestro Yo Superior en lugar del Ego, el Yo Inferior. El Ego nunca puede ser destruido o erradicado ya que está estrechamente ligado a la supervivencia del cuerpo físico. Mientras el cuerpo físico esté vivo, el Ego también lo estará. Pero podemos elegir no escuchar los pensamientos del Ego, asegurándonos de que nuestras acciones no tengan consecuencias Kármicas.

Uno de los mayores retos de la humanidad es superar los efectos del Principio del Ritmo. Me refiero principalmente a cómo este Principio se manifiesta dentro de las emociones humanas. Desgraciadamente, la mayoría de las personas muestran muy poca fuerza de voluntad y dejan que sus cambiantes emociones determinen cómo deben sentirse y qué deben pensar. A su vez, su realidad general se ve comprometida.

Como la influencia de las estructuras de control en la sociedad es tan poderosa, la mayoría de las personas permiten que otros piensen por ellas. Su fuerza de voluntad queda entonces inutilizada durante el día, dejándoles confiar en sus emociones para tomar decisiones en la vida. De este modo, se produce un tremendo caos en sus vidas, ya que las personas no tienen un control general sobre su realidad.

Los habitantes de la Tierra no han asumido la responsabilidad de sus propias vidas como pretendía el Creador, lo que a su vez mantiene la conciencia colectiva de la humanidad en un nivel bajo. En lugar de ser guiados por los Principios Espirituales, los humanos se rigen generalmente por impulsos de la realidad material, que afectan a sus emociones y controlan sus vidas. Las cosas seguirán igual hasta que la gente despierte a su potencial interior y decida conscientemente hacer un cambio. Nunca olvides que cada uno de nosotros tiene que ser nuestro propio Mesías, nuestro Salvador personal y tomar el control total de nuestra realidad.

VI. PRINCIPIO DE CAUSA Y EFECTO

El Principio de Causa y Efecto existía mucho antes de que Isaac Newton acuñara su Tercera Ley del Movimiento, que dice: "Para cada acción, hay una reacción igual y opuesta". Según la Tercera Ley de Newton, todo lo que se pone en movimiento o en acción tendrá un efecto correspondiente en la cosa sobre la que se realiza la acción.

"Toda Causa tiene su Efecto; todo Efecto tiene su Causa; todo sucede según la Ley; el Azar no es más que un nombre para la Ley no reconocida; hay muchos Planos de causalidad, pero nada escapa a la Ley". - "El Kybalión"

El Principio de Causa y Efecto, por otro lado, implica que nada sucede simplemente. Hay una causa detrás de cada efecto. No existe la casualidad, ya que ésta es sólo un término que indica la existencia de una causa que no se reconoce o no se percibe. El Principio de Causa y Efecto y la Tercera Ley de Newton implican la interconexión de todas las cosas existentes y su proceso de transferencia de energía.

Comprender este Principio Hermético primario es crucial si estás tratando de dominar tu vida. Tienes que responsabilizarte de todo lo que ocurre en tu vida y darte cuenta de que tú eres el causante de que las cosas ocurran, y no te ocurren simplemente por casualidad. Además, todo lo que hagas afectará al mundo que te rodea, así que no actúes frívolamente sin tener en cuenta tus acciones. Sé consciente de lo que pones en el Universo porque afectará a lo que recibas de vuelta.

Hay varios Planos de causa y efecto, y el más alto siempre domina al más bajo. La casualidad es una palabra que no tiene ninguna base en la realidad. Es una palabra que los ignorantes utilizan para tener una excusa para su ignorancia, nada más. El destino que ocurre como resultado del azar es un concepto que el lego desarrolló para aceptar cualquier cosa que le ocurra como parte de algún gran esquema que el Creador tenía previsto para él. Pero en realidad, nosotros, como seres humanos, podemos controlar nuestra existencia en gran medida y manifestar nuestros deseos en un grado inimaginable para la persona común.

No podemos controlar al 100% nuestra realidad porque pueden ocurrir, y de hecho ocurren, cosas fuera de lo que podemos rastrear como causa y efecto en nuestras vidas. Los factores ambientales también afectan a nuestras vidas y no podemos predecirlos. Sin embargo, muy a menudo, las cosas que nos suceden son las causas de los efectos de otras personas y, sin duda, no son fruto de la casualidad. Todo lo que se mueve fue movido por algo. Por lo tanto, todo lo que está en movimiento fue actuado por una fuerza de algún tipo. Ser una causa en lugar de un efecto significa convertirse en una fuerza que proyecta y no en un mero receptor ciego de las energías ajenas.

Se puede decir que es una casualidad que un efecto haya llegado a nosotros como resultado de una causa ajena, pero nada escapa a la Ley y a este Principio. Por lo tanto, es el deber Espiritual de todos nosotros como seres humanos convertirnos en causas en lugar de efectos, al menos en nuestras propias vidas. Se lo debemos a nuestro Creador. Porque si no lo hacemos, seremos presa de la fuerza de voluntad de aquellos que son mentalmente más fuertes que nosotros. Como seres humanos, podemos convertirnos en dueños de nuestros destinos y dominar nuestros estados de ánimo y poderes y el entorno que nos rodea.

Siempre debemos obedecer las Leyes Universales. Sin embargo, tenemos un grado tan alto de control que, si podemos aprovecharlo y ser respetuosos con los Principios que rigen la causa y el efecto en nuestras vidas, podemos convertirnos realmente en cualquier cosa y en todo lo que hayamos soñado o deseado ser.

Recuerda siempre que una causa es algo que inicia algo y un efecto es el resultado de ese inicio. Por tanto, sé la causa de una acción, no una reacción a la causa de otra persona. Sé una fuerza de cambio, no una manifestación del cambio de otra persona. Sé un Sol de tu Sistema Solar y no simplemente la Luna del Sol de otro. En otras palabras, gobierna tu vida; no dejes que otros la gobiernen. Tienes este derecho otorgado por Dios, pero si te quedas atrapado siguiendo los pensamientos y creencias de otros, entonces eres simplemente el efecto de su causa, nada más. Debes dominarte a ti mismo y realizar tu poder personal al máximo.

¿Qué significa ser una causa y no un efecto en tu vida? ¿Cómo se consigue esto? Para empezar, debes aprender a utilizar tu fuerza de voluntad para guiar todas tus acciones diarias. Debes elevarte por encima de tus emociones inferiores y no dejar que te guíen.

La fuerza de voluntad utiliza la lógica y la razón para guiarse en su mayor parte, lo que significa que te has elevado por encima del Plano Emocional o Astral hacia el Plano Mental. La fuerza de voluntad también recibe su motivación del Plano Espiritual, donde el amor incondicional es el impulso. Cuando sólo recibe la motivación de la lógica y la razón, desprovista de amor, la fuerza de voluntad está sirviendo al Ego. Cuando está motivada por el amor incondicional, satisface al Yo Superior, al Espíritu.

Las emociones inferiores son involuntarias en su mayor parte y cambiantes. En muchos casos, ni siquiera son el subproducto de tu mente y pensamientos, sino de los de otras personas. Recuerda que nos comunicamos constantemente de forma telepática. Nuestras emociones inferiores son desencadenadas por las respuestas del Ego a factores externos y a los pensamientos y sentimientos de otras personas. Cuando estos desencadenantes causan desarmonía en nuestro interior, a menudo nos obligan a actuar de forma negativa para nosotros mismos y para los demás.

Las mencionadas emociones inferiores suelen estar motivadas por pensamientos de miedo y odio, ya sea hacia nosotros mismos o hacia otras personas. Además, suelen desencadenar reacciones emocionales relacionadas con los siete pecados capitales: orgullo, avaricia, lujuria, envidia, gula, ira y pereza. Si la fuerza de voluntad no está en control cuando experimentamos estas emociones, éstas guiarán nuestras acciones, lo que a la larga resulta en miseria y desesperación.

Nuestro propio Karma negativo es lo que ata estas emociones bajas a nuestro Ser. El desafío cuando ocurren es elevarse por encima del Plano Astral donde estas emociones están teniendo lugar y dejar que nuestra fuerza de voluntad tome el control. Esto es lo que significa ser una causa en lugar de un efecto. Ser una causa y usar tu fuerza de voluntad significa ser un Co-Creador con el Creador. Estás manifestando tu realidad deseada de esta manera y eres un catalizador para el cambio en lugar de sólo un autómata ciego.

Con respecto al Karma adverso, tu fuerza de voluntad necesita ser motivada por el amor incondicional para no cargar con las consecuencias Kármicas y recibir en cambio un buen Karma. Como dije antes, la aplicación del amor incondicional produce buen Karma. Sin embargo, si estás siendo una causa y usando tu fuerza de voluntad, pero los deseos del Ego te motivan, todavía puedes recibir Karma negativo.

Comprende que ser una causa y no un efecto significa ser el Creador de tu realidad, pero no implica que necesariamente estés superando el Karma negativo. Podemos argumentar que, si el Ego está dirigiendo la fuerza de voluntad en lugar del Yo Superior, todavía estás bajo la influencia de una inteligencia extraña y eres un efecto, no una causa. El único Ser Verdadero es el Espíritu, el Ser Superior, la causa detrás de todas las causas, que opera a través del amor incondicional. Sin embargo, incluso el Ego que dirige la fuerza de voluntad y controla tus acciones está más alto en la escala de la realidad que las emociones inferiores que dirigen las acciones directamente.

"Nada escapa al Principio de Causa y Efecto, pero hay muchos Planos de Causación, y uno puede usar las Leyes del más alto para superar las Leyes del más bajo". - "El Kybalión"

Nunca olvides que, en cualquier momento, puedes "Elevarte en los Planos" y elevar tu conciencia a un Plano Superior. La clave es estar en contacto con tu fuerza de voluntad, ya que sólo tu fuerza de voluntad puede controlar y manifestar tu realidad deseada. Sin embargo, si vas a elegir el Espíritu sobre la Materia y el Ego, esa fuerza de voluntad debe estar motivada por la energía del amor incondicional.

VII. PRINCIPIO DE GÉNERO

El Principio de Género se aplica a todos los Planos de existencia, incluyendo el Plano Físico, Astral, Mental y Espiritual. En el Plano Físico, su manifestación es el género de los sexos, mientras que, en los Planos superiores al Físico, la expresión adopta formas diferentes. Ninguna creación es posible sin este Principio.

"El Género está en todo; todo tiene sus Principios Masculinos y Femeninos; el Género se manifiesta en todos los Planos". - "El Kybalión"

El Principio de Género trabaja en la dirección de la generación, la regeneración y la creación. Todo lo que existe, incluido cada ser humano, contiene las energías masculina y femenina en su interior. Todo hombre tiene un componente femenino, y toda mujer tiene una parte masculina: el Yin y el Yang, lo positivo y lo negativo.

El Principio de Género está en todas las cosas, y su clave es el equilibrio, el balance de los opuestos. Demasiada energía femenina sin suficiente energía masculina producirá resultados indeseables y viceversa. Si has nacido varón, debes equilibrarte con tu contraparte femenina, ya que, al nacer como un sexo, eres dominante en él y necesitas trabajar en su opuesto para lograr un equilibrio adecuado. Esta misma regla se aplica si has nacido mujer.

Para generar nuestros propios destinos deseados, necesitamos una dosis adecuada de fuerza de voluntad e imaginación. Este Principio de Género se aplica a todos los Planos de existencia. Sin embargo, como nuestra principal preocupación es su manifestación dentro de las fuerzas mentales, debemos comprender que necesitamos equilibrarnos siempre. Debemos tener fácilmente la fuerza de voluntad a nuestra disposición, así como la imaginación, para lograr nuestros objetivos y ser un Co-Creador de nuestra realidad. Ser un Co-Creador con el Creador es un proceso natural de la Magia.

Género Mental

Como se ha mencionado, los seres humanos tienen en su interior energías masculinas y femeninas. En el Plano Mental, se manifiestan como las mentes duales: los componentes "Yo" y "Mí". El "Yo" es masculino, objetivo, consciente, voluntario, y es una Fuerza que proyecta. El "Yo" es femenino, subjetivo, subconsciente, involuntario y pasivo al recibir la Forma. La fuerza de voluntad del Elemento Fuego del Alma se proyecta en la imaginación, creando una imagen visual que se expresa a través del Elemento Agua. El Elemento Aire es el pensamiento, que es el medio de expresión de la fuerza de voluntad y la creatividad.

Qabalísticamente, las energías masculina y femenina son los dos componentes más elevados del Padre/Madre en el Árbol de la Vida: Chokmah y Binah, Sabiduría y Entendimiento. En conjunto, representan los Pilares Blanco y Negro del Árbol de la Vida: uno proyecta, el otro recibe. Ambos existen al mismo tiempo y son opuestos entre sí. Se nutren mutuamente y sólo pueden entenderse el uno con el otro. Estos "gemelos" mentales difieren en sus características, pero cada componente existe dentro del otro como un opuesto.

El aspecto "Yo" puede situarse fuera del marco y observar lo que produce el "Mi". Reconoce que esta percepción no es más que una instantánea en el tiempo, que es una verdad a medias. Esta percepción puede cambiarse con la aplicación de la fuerza de voluntad, polarizándose en cualquier polo de un estado mental deseado.

El componente "Yo" es una creación mental en la que se producen pensamientos, ideas, emociones, sentimientos y otros estados mentales. Es como un "útero" mental capaz de generar descendencia mental. Pero como es un útero, debe recibir alguna forma de energía de su componente "Yo" (o del "Yo" de otra persona), ya que no puede generar sus propios pensamientos.

En otras palabras, para tener un pensamiento o una idea, primero hay que ponerlo en acción. El "Yo" es el aspecto del Ser, mientras que el "Mi" es el aspecto del Devenir. El "Yo" es inmutable, mientras que el "Mi" está continuamente recibiendo impresiones y leyéndolas. Estos aspectos duales de la mente te dan una Llave Maestra mediante la cual puedes dominar tus propios estados mentales e incluso inducirlos en las mentes de otras personas.

La tendencia de la energía femenina va siempre en la dirección de recibir impresiones, mientras que la inclinación de la energía masculina va en la dirección de dar o expresar. Esto se debe a que la femenina realiza el trabajo de generar nuevos pensamientos e ideas, incluyendo la imaginación, mientras que la energía masculina se contenta con el trabajo de la fuerza de voluntad. Sin embargo, sin un "Yo" propio, eres propenso a recibir imágenes mentales que resultan de impresiones de fuera de ti, incluyendo a otras personas.

El Ego es un subproducto de tu componente "Mi", ya que tus emociones lo inspiran. El Alma, en cambio, es tu verdadero "Yo". Sin embargo, el Ego busca confundirte, ya que quiere convencerte de que es tu "Yo" para apoderarse de la conciencia. En realidad, no lo es. El Ego utiliza las emociones inferiores para emitir juicios, por lo que la mayoría de sus pensamientos e ideas están basados en el miedo. Es muy cambiante, mientras que el Alma no lo es. Por lo tanto, es un resultado de tu aspecto de "Llegar a ser", mientras que el Alma es tu elemento de "Ser". Permitir que tu Ego te dirija en la vida hará que la fuerza de voluntad del Alma quede inactiva.

Debes estar continuamente alimentando tu imaginación con tu fuerza de voluntad para manifestar la realidad óptima para ti. Si no estás creando tu realidad a través de tu Verdadero Ser, tu Alma, entonces no estás usando los poderes que Dios te ha dado, lo que siempre lleva a situaciones infelices en tu vida. Si no estás en contacto con tu "Yo", pierdes la identidad en este mundo. No hay una manera más rápida de perderte a ti mismo que permitir que otras personas controlen tu realidad o confiar únicamente en tu Ego para que te guíe.

Para ser verdaderamente feliz, debes permitir que tu Alma te guíe en la vida. Debes usar tu fuerza de voluntad al máximo y siempre hacer impresiones sobre tu imaginación para manifestar tu realidad óptima. Puede ser todo un reto al principio, ya que tendrás que lidiar con muchos enfrentamientos con la gente, así como con tu Ego, pero es crucial superar estos retos y aprender esta habilidad. Tu fuerza de voluntad es como un músculo, y como puede ser difícil al principio construir cualquier músculo, con el tiempo, se hace más fácil hasta que se convierte en una segunda naturaleza. Piensa siempre por ti mismo si quieres llevar una vida feliz y satisfactoria y permite que ese pensamiento venga de un lugar más elevado.

Los fenómenos psíquicos de la telepatía, la transferencia de pensamiento, la influencia mental, la sugestión y el hipnotismo, todos caen bajo la manifestación de este Principio de Género. Los actores, los políticos, los oradores, los predicadores, los estadistas y otras figuras públicas o artistas emplean este Principio induciendo el aspecto femenino de la mente de otras personas con su propio "Yo". Es el secreto del magnetismo personal.

Aprender a utilizar el Principio de Género también te hará muy atractivo para el sexo opuesto. Utilizar tu fuerza de voluntad (en contraposición a tus emociones) para manifestar tu realidad es el secreto para crear atracción. Las personas que utilizan su fuerza de voluntad al máximo son Alfas, mientras que las que sólo confían en sus emociones para guiarse son Betas.

Los Alfas son carismáticos, encantadores y tienen un gran sentido del humor. Son tranquilos y sosegados, lo que significa que operan desde el estado Alfa de la actividad cerebral, lo que les hace más serenos. Tienen un propósito en la vida y siguen el ritmo de su tambor. Tienen confianza en sus creencias y persiguen sus sueños. Todas estas son cualidades deseables para el sexo opuesto. Todos los humanos se reconocen en los Alfas y, en el fondo, quieren aprovechar sus propias capacidades para actuar igual. Estas personas especiales les permiten hacerlo. Todos gravitamos naturalmente hacia las personas que pueden ayudarnos a desarrollar nuestro poder personal y a progresar Espiritualmente en la vida.

EL TODO-ESPÍRITU

Para tener una mejor comprensión de las Leyes Mentales, es necesario comprender mejor la naturaleza del Todo-Espíritu. Por ejemplo, ¿qué es y cómo te relacionas con él? Si puedes comprender la verdadera naturaleza de El Todo, entonces podrás comprender quién eres, ya que eres su creación. Además, este conocimiento te permitirá elevar tu poder de creencia, para que puedas manifestarte en los diferentes Planos de existencia a través de la mente, ya que la mente es el vínculo de conexión entre el Espíritu y la Materia.

"Debajo y detrás del Universo del Tiempo, el Espacio y el Cambio, se encuentra siempre La Realidad Sustancial - la Verdad Fundamental." - "El Kybalión"

Esta Realidad Substancial es lo que los Antiguos han llamado el Espíritu, la Mente Viva Infinita. Sustancial significa el Elemento esencial, el fundamento, lo que siempre existe, en referencia al Primum Mobile-la Fuente. Realidad significa el estado de ser real, genuino, duradero, fijo, permanente y actual.

El Todo es inmutable, eterno e incognoscible. Los Hermetistas han postulado que El Todo, o Espíritu, debe ser todo lo que existe -nada puede existir fuera de él. Es Infinito, ya que no hay nada más que lo defina, confine, ate, limite o restrinja. Debe haber existido siempre y nunca haber sido creado por nada fuera de él. Debe ser infinito en el Espacio y fuera de la causa y el efecto. Debe estar en todas partes al mismo tiempo.

Durante miles de años, muchos pensadores de diferentes tierras han hablado de esta Realidad Sustancial debido a la sensación innata de que existe algo más grande y significativo, junto con el pensamiento racional de que como fuimos creados, entonces debe significar que hay un Creador. Han dado a este Creador muchos nombres a lo largo del tiempo, incluyendo, pero no limitándose a, Deidad, Energía, Materia, y el más importante y utilizado-Dios.

Los Hermetistas llaman a Dios, El Todo. Por lo tanto, hablamos de esta Realidad Substancial cuando utilizamos el término El Todo o Dios. La mayoría de las personas están de acuerdo en la realización intuitiva de la existencia de El Todo y de nuestra relación con él, entendiendo que permanecerá siempre incognoscible para nosotros mientras estemos en estos cuerpos físicos.

"En su Esencia, El Todo es Incognoscible. Pero el informe de la Razón debe ser recibido con hospitalidad y tratado con respeto." - "El Kybalión"

El Todo debe ser Infinito en Poder, o Absoluto, pues nada puede limitarlo, constreñirlo, restringirlo, confinarlo, perturbarlo o condicionarlo. Si somos principalmente la creación de algo, entonces debe significar que el Creador está tan por encima de nosotros que sería imposible afirmar que está sujeto a cualquier otro poder ya que es todopoderoso.

El Todo debe ser inmutable, no sujeto a cambios en su naturaleza fundamental, pues no hay nada que lo modifique, nada en lo quc pueda cambiar ni de lo que pueda haber cambiado. No puede añadirse ni restarse, ni aumentar ni disminuir, ni hacerse mayor o menor en ningún aspecto. Debe haber sido siempre y debe permanecer para siempre tal como es ahora, que es El Todo.

Durante miles de años, a través de todas las religiones, filosofías y sectas Espirituales, todos los humanos han estado de acuerdo con estos atributos primarios del Todo. *El Kybalión* afirma que El Todo, que es Energía Espiritual, es la Mente Viviente Infinita que manifiesta el Universo mentalmente. Es a través de nuestra mente que podemos acceder a todos sus Planos o Mundos Cósmicos paralelos e interpenetrados.

El Espíritu contiene dentro de sí mismo todo el Árbol de la Vida que puede desglosarse en los Cuatro Elementos de Fuego, Agua, Aire y Tierra. Y nuestro sistema Cháquico contiene estos vórtices de energía que operan al unísono para darnos el funcionamiento interno de la mente y el corazón, todo lo cual está contenido dentro de esta Mente Viva Infinita llamada Espíritu.

El Espíritu es Luz, y esta Luz entra a través del Sahasrara Chakra en la Corona y se manifiesta a través de los Siete Chakras, que corresponden a los siete colores del espectro visible: violeta, índigo, azul, verde, amarillo, naranja y rojo. Cada uno de los Chakras tiene su correspondiente Plano del Ser, que es como las capas de una cebolla, que se interpenetran unas a otras y comprenden el campo energético general del ser humano: el Aura.

El Espíritu también se manifiesta como Luz en la realidad física, ya que se canaliza a través de la Estrella de nuestro Sistema Solar, el Sol. La Luz visible del Sol es la que da vida a todos los seres vivos de la Tierra, ya que nos sostiene a todos. La Luz se canaliza hacia nosotros en todo momento, incluso cuando la Tierra está de espaldas al Sol. En este caso, nuestro satélite natural, la Luna, nos refleja la Luz del Sol. Los Planetas, que se mantienen en órbita por el campo de gravitación del Sol, también son parte de la Creación, y emanan energías que alimentan la conciencia colectiva y los Chakras individuales de los individuos.

Dado que el Espíritu y la Materia están hechos de la misma sustancia, pero en los extremos opuestos del espectro, debe postularse que todo lo que está en medio es más elevado que lo más bajo, que es la Materia, la realidad física. En el sistema Cháquico, el Chakra Muladhara que nos conecta con la Tierra es seguido por Swadhisthana, Manipura y Anahata. Estos tres Elementos de Agua, Fuego y Aire son de una calidad superior para la mente que el Elemento de Tierra y Materia. Después de Anahata, está el Abismo en el Chakra de la Garganta de Vishuddhi. Sirve de puerta para el Elemento Espíritu y los dos Chakras que están por encima de él, Ajna y Sahasrara.

Qabalísticamente, es la Esfera de Yesod, o el Camino de Tav, La Carta del Mundo en el Tarot, que nos abre a la totalidad de la Mente Viva Infinita, el Espíritu. *El Kybalión* va de la mano con el Árbol de la Vida Qabalístico y el sistema Cháquico. Si El Todo es la Mente Viva Infinita, entonces el conocimiento de los diversos estados de conciencia y los Planos Cósmicos entre el Espíritu y la Materia es crucial para entender cómo puedes dominar tu mente y hacerte cargo de tu realidad.

La Filosofía Hermética es más bien una ciencia, aunque los instrumentos físicos no puedan medirla. Se basa en la lógica y la razón (atributos de Mercurio/Hermes), incluyendo el examen del funcionamiento del mundo natural en relación con nuestro Sistema Solar. La Filosofía Hermética concilia las enseñanzas de Oriente y Occidente, ya que contiene la esencia de ambas. Aunque su filosofía es teórica, examina el mundo invisible de la energía y presenta su funcionamiento de una manera práctica que es utilizable para los seres humanos. Lo más importante es que la Filosofía Hermética da gran credibilidad al poder de la mente y al Principio del Mentalismo, que es su Llave Maestra que abre todos los demás Mundos Internos y Planos de los que participamos como humanos.

EL UNIVERSO MENTAL

El Kybalión afirma que El Todo es Espíritu, la Mente Viva Infinita. El Todo crea el Universo mentalmente e impregna su creación, al igual que hacemos todos cuando conceptualizamos mentalmente cualquier pensamiento o idea. Según el *Libro del Génesis*, Adán, el primer ser humano, fue creado a imagen y semejanza del Todo/Dios. Del mismo modo, los seres humanos crean de la misma manera que El Todo/Dios crea: a través de la mente y su principal medio de expresión: el pensamiento.

Como pensamos, somos PENSAMIENTO. Nuestros pensamientos son cosas vivas en cuanto a nuestra realidad mental. Nuestra realidad mental se transpone entonces a la realidad mental de Dios, que es el propio Universo físico. Como tal, nos convertimos en Co-creadores en la Creación del Todo.

Así como tú puedes crear un Universo imaginario en tu mentalidad, El Todo crea Universos en su mentalidad. Sin embargo, nuestro Universo ficticio es una construcción mental de una mente finita a diferencia de los Universos que El Todo imagina, que son la creación de una Mente Infinita. Ambos son similares en cuanto a su naturaleza, pero enormemente diferentes en cuanto a su grado.

"El Universo es Mental-mantiene en la Mente del TODO." - "El Kybalión"

El Principio de Género se manifiesta en todos los Planos de la Vida -material, emocional, mental y Espiritual. Como es una Ley Universal, encontramos este Principio dentro de todo lo que se genera o crea en todos los Planos. Esta regla se aplica incluso a la creación y generación de Universos.

Sin embargo, el Todo mismo está por encima del género, así como de cualquier otra distinción, incluidas las del Tiempo y el Espacio. El Todo es el Principio Primordial del que proceden otros Principios y no está sujeto a ellos. El Todo no fue creado, sino que es el Creador de todas las cosas. Por lo tanto, sólo las cosas creadas caen bajo las reglas de los Principios de la Creación.

En consecuencia, El Todo manifiesta el Principio de Género en sus aspectos masculino y femenino como Dios-Padre y Dios-Madre. Estos son los dos aspectos principales de todas sus creaciones. El componente Dios-Padre es el "Yo" del Universo, y el componente "Yo" es la Madre. Qabalísticamente, estos dos son la dualidad Supernal de Chokmah y Binah, Fuerza y Forma. Sin embargo, la enseñanza Hermética no implica una dualidad fundamental, ya que el Todo es Uno; los dos componentes son simplemente los aspectos principales de la manifestación (la Creación).

Para entender mejor este concepto, aplica el mismo Principio a tu mente. Tenemos un "Yo", que se mantiene al margen y es testigo de las creaciones mentales del componente "Mi" en nuestra mente. Son muy distintos el uno del otro, ya que el "Yo" es el testigo que puede examinar los pensamientos, ideas, imágenes y formas del "Mi". El "Yo" es la parte masculina y consciente de la mente, la fuerza de voluntad, mientras que el "Mi" es la parte femenina y subconsciente, la imaginación. El "Yo" se proyecta en el "Mí" y está separado, pero participa en su creación.

Los Hermetistas dicen que El Todo crea de la misma manera y ha creado innumerables Universos. Según las enseñanzas Herméticas, existen millones y millones de Universos en la Mente Infinita del Todo, siendo nuestro propio Sistema Solar sólo una parte de uno. Y hay regiones y Planos mucho más elevados que el nuestro, con Seres Superiores que los humanos no podemos ni siquiera concebir en nuestra imaginación. La muerte no es real, ni siquiera en el sentido relativo, sino que es el nacimiento de una nueva vida, y el Alma sigue y sigue en Planos de Vida aún más elevados durante eones de tiempo hasta que finalmente se une de nuevo con El Todo.

"El nacimiento no es el comienzo de la vida, sino de una conciencia individual. El cambio a otro estado no es la muerte, sino el fin de esta conciencia". - Hermes Trismegisto; extracto de "Hermetica: El Corpus Hermeticum Griego y el Asclepio Latin".

En la tradición Maya, antes de la muerte, se deseaba al individuo un buen viaje hacia su próxima encarnación. Muchas otras culturas siguieron este ejemplo, especialmente las más Espirituales en su esencia. La creencia en la vida después de la muerte era muy diferente en el pasado de lo que es ahora. Aceptaron la irrealidad, o la ilusión del Mundo de la Materia, acompañada de la alegría y la emoción de reencarnar en la próxima vida. No se temía a la muerte, sino que se abrazaba, ya que los ideales de los Antiguos, hace miles de años, eran de una calidad muy superior.

Nuestras confusas creencias sobre el más allá nos hacen temer lo Desconocido en lugar de abrazarlo. El concepto de honor se ha olvidado hace tiempo en la sociedad moderna, mientras que en la Antigüedad era el modo de vida. La gente de entonces moría con gusto por lo que creía y abrazaba la otra vida. En esos días vivían los héroes del pasado.

El concepto Cristiano de que los buenos van al cielo y los malos al infierno es erróneo en todos los sentidos. El Cielo y el Infierno son conceptos de la mente y expresiones de la vida mientras se vive, no algo que existe en el más allá. Nacimos del Espíritu, y volveremos al Espíritu. Sólo nuestras religiones y filosofías más antiguas tenían la idea correcta sobre la muerte. Lamentablemente, sus puntos de vista parecen casi perdidos en la antigüedad en la época actual.

Si reencarnamos en este Planeta después de la muerte, no lo sabemos, ni podemos decirlo. Es posible que una vez que hayas aprendido las lecciones necesarias y evolucionado Espiritualmente en el Planeta Tierra, reencarnes en un Planeta diferente en otro Sistema Solar. El desencadenante y el mecanismo de la Kundalini pueden ser el siguiente punto de la Evolución Espiritual y un paso necesario en la expansión de la conciencia para que puedas encarnar en un Planeta diferente y comenzar un nuevo proceso evolutivo.

Sin embargo, estas ideas se dejan para la teoría y la especulación. No puedes tener una respuesta exacta hasta que hayas experimentado tu próxima vida. Pero saber y tener fe en que la otra vida no es algo lúgubre y horrible, sino el siguiente paso en el viaje de tu Alma a través del Universo, eliminará el miedo innecesario a lo Desconocido. Y hacer esto sólo te beneficiará para obtener todo lo que puedas de estar vivo en el Planeta Tierra.

"Dentro de la Mente Padre-Madre, los hijos mortales están en casa. No hay nadie sin Padre, ni sin Madre en el Universo". - "El Kybalión"

Según *El Kybalión*, no tenemos nada que temer, estamos seguros y protegidos por el Poder Infinito de la Mente Padre-Madre. Las personas que puedan comprender plenamente esto tendrán una paz eterna en sus mentes y corazones.

LA PARADOJA DIVINA

"Los medio sabios, reconociendo la irrealidad comparativa del Universo, se imaginan que pueden desafiar sus Leyes - tales son los tontos vanos y presuntuosos, y se rompen contra las rocas y son desgarrados por los Elementos a causa de su locura. Los verdaderos sabios, conociendo la naturaleza del Universo, usan la Ley contra las leyes, lo superior contra lo inferior; y por el Arte de la Alquimia transmutan lo indeseable en lo digno, y así triunfan. La maestría no consiste en sueños anormales, visiones e imaginaciones fantásticas o en vivir, sino en utilizar las fuerzas superiores contra las inferiores, escapando a los dolores de los planos inferiores al vibrar en los superiores. La transmutación, y no la negación presuntuosa, es el arma del Maestro." - "El Kybalión"

La verdadera sabiduría se encuentra en esta afirmación. Si aceptamos la irrealidad y la ilusión del Universo, también debemos aceptar su realidad. De lo contrario, seremos presa de medias verdades. Después de todo, estamos atados a nuestro cuerpo físico durante esta vida. Debemos respetar este hecho, incluso cuando aceptamos que el Universo que nos rodea es una ilusión de la mente.

La Paradoja Divina afirma que mientras el Universo "No", sigue "Siendo". Estos dos polos existen en nuestro Plano porque somos, después de todo, una parte de la Creación, y este Principio de Polaridad se manifiesta en todas las cosas creadas. Sólo en El Todo mismo, que es la totalidad de todas las Leyes, no se manifiesta. Por lo tanto, todo lo creado a partir de la esencia de El Todo contiene la Paradoja Divina dentro de sí mismo: los puntos de vista absoluto y relativo, como Uno.

Debemos ver todo desde puntos de vista opuestos al mismo tiempo. Al hacer esto, permanecemos en el Ahora. Ser capaz de interpretar y ver todo desde puntos de vista duales a la vez constituye una forma de "Yoga Mental". En cuanto aceptamos un punto de vista, éste se convierte en parte de nuestro condicionamiento pasado y se adhiere a nuestra Rueda del Karma.

El Ego piensa en términos de singularidad. Surge de la conciencia que se percibe a sí misma como un componente separado del resto del mundo. Sin embargo, antes de verse a sí mismo como un componente separado, Todo era Uno -nuestra conciencia se sumergía en la Unidad del Espíritu.

Al ver el cuerpo como algo dividido de la realidad exterior (y nuestra conciencia habitando este cuerpo), empezamos a asociarnos con el Ego, desarrollándonos en una entidad individual. Con esta progresión, perdimos de vista la unidad de la que formábamos parte cuando éramos niños. Perdimos nuestra inocencia. La inocencia era la maravilla y la belleza de estar absorbido en el Espíritu. El Ego maduró, y sólo con su maduración, perdimos esa gracia que una vez formó parte de nuestras vidas. Este proceso evolutivo despertó un deseo innato del Alma para que la conciencia evolucionara de nuevo hacia el Espíritu y se reuniera con la Fuente.

Nuestra Alma es inmortal, ya que es una chispa de Luz del Sol. Está dentro de nosotros, así como la energía del Espíritu, nuestra sustancia animadora. Siempre hemos tenido el Alma y el Espíritu dentro de nosotros; de lo contrario, no sabríamos dónde buscar. El Alma es el componente "Yo", la fuerza de voluntad, el Fuego Sagrado, que no es de este Mundo Físico y contiene la memoria de haber sido una vez parte del Espíritu. Es nuestro faro, nuestra guía en nuestra búsqueda para reunirnos de nuevo con el Espíritu. El Alma y el Espíritu son componentes distintos, pero trabajan juntos. El Alma es la Luz que se manifiesta y arraiga en el cuerpo humano.

El Espíritu es la sustancia animadora del Universo, el ilimitado Mar de la Conciencia, el componente de Luz Blanca de todo lo que es: la Primera Mente. La Luz Blanca está en todas partes a la vez y es ilimitada en tamaño y poder. El Universo físico es la Segunda Mente, la manifestación de la Primera. En realidad, tanto la Primera como la Segunda Mente son Una, los dos polos extremos trabajando juntos para manifestar el mundo físico y todos los Planos Cósmicos entre el Espíritu y la Materia. Son la manifestación más elevada del Principio de Género: la Mente Padre-Madre.

Al reconocer el Universo como medio real, podemos aceptar la otra mitad como la realidad del Espíritu de donde venimos y al que debemos regresar. A través de esta comprensión a un nivel profundo, podemos eliminar las cadenas del Ego y del cuerpo físico. Por supuesto, siempre debemos aceptar la verdad a medias: estamos atados a nuestro cuerpo físico mientras dure nuestra vida aquí en la Tierra. Sin embargo, no tenemos que estar encadenados al Ego y a sus necesidades y deseos. En cambio, podemos liberarnos en esta vida.

En esencia, los seres humanos son una chispa de conciencia individual (chispa de Luz), localizada en un cuerpo físico mientras dure su vida aquí en el Planeta Tierra. Experimentamos el mundo a través de los cinco sentidos del cuerpo físico y el sexto sentido a través del Chakra del Ojo de la Mente. Utilizando la mente como receptor, podemos acceder a los Planos Internos y Cósmicos del Ser y a varios estados de conciencia a través del Chakra del Ojo de la Mente. Todo este proceso ocurre dentro de la mente, dentro del cerebro humano.

El Alma se manifiesta al nacer cuando entra en el cuerpo físico, concretamente en la cámara del corazón. A medida que el Alma se localiza en el cuerpo, el Ego se manifiesta con el tiempo como una inteligencia, una entidad individual cuya función principal es preservar y mantener el cuerpo. A medida que crecemos, el Ego se apodera de nuestra conciencia y nos convence de que somos realmente el Ego. Una vez que esto sucede, nos damos cuenta de que algo está mal, algo no está bien, y empezamos a buscar de nuevo nuestra inocencia primordial porque era cuando éramos más felices.

Para superar el Ego y recuperar nuestro estado prístino inicial, nos dirigimos al Alma y a la Luz interior para que nos guíen. Buscamos elevar nuestra conciencia a su estado original cuando era parte de la Conciencia Cósmica y la energía del Espíritu. Deseamos volver a entrar en el Jardín del Edén. Aquí está la esencia del proceso de Evolución Espiritual y el reto y la misión de cada uno de los humanos que viven en el Planeta Tierra.

El cuerpo y el Ego son entonces sólo una mitad de la verdad. Cualquier cosa que tenga un principio y un final debe, en cierto sentido, ser irreal y falsa. El Universo y nuestro cuerpo físico entran en esa categoría. Desde el punto de vista absoluto, nada es real para el Todo, sino el propio Todo. Pero para los humanos que viven en este ciclo de vida, muerte y renacimiento, el Universo debe ser visto y aceptado como real ya que vivimos, nos movemos y tenemos nuestro ser aquí.

La Verdad Absoluta es como la mente de Dios ve las cosas, y nosotros somos parte de ella a través del Espíritu. La Verdad Relativa se define como la forma en que la razón más elevada de la humanidad puede entender las cosas. Por lo tanto, sí, el Universo es un Sueño de Dios, y es irreal desde la perspectiva de Dios, pero como habitamos nuestros cuerpos físicos, debemos respetar este hecho y respetar que el Universo sigue siendo real para nosotros mientras estamos aquí.

El Mundo de la Materia es real y hay que respetarlo, al igual que las leyes de la física que rigen esta realidad. Las cosas de nuestra mente también son auténticas para nosotros: nuestros pensamientos, emociones e ideas que producimos con nuestra imaginación. La única manera de que pudiéramos conocer el Universo como más real de lo que es sería que nos convirtiéramos en El Todo mismo, lo cual es una imposibilidad mientras vivimos en el cuerpo físico. Pero cuanto más nos elevamos en la escala de la vida, ascendiendo en nuestros Chakras y en el Árbol de la Vida, reconocemos cada vez más la irrealidad del Universo. Cuanto más nos elevamos a la mente del Creador, más vemos este Universo como una mera ilusión del cerebro. Sólo cuando nos reabsorbemos en El Todo, la visión del mundo material se desvanece.

Todas las cosas contenidas dentro de la Mente Infinita del Todo son reales en un grado sólo secundado por la realidad concerniente a la verdadera naturaleza del Todo.

Sabiendo esto, deja que todos tus miedos se desvanezcan y entiende el Ego como lo que es - sólo tu creación mental, una que es construida y condicionada por eventos pasados a través del tiempo. Alégrate de estar vivo, porque estás sostenido firmemente en la Mente Infinita del Todo. Como tal, no hay ningún poder fuera del Todo que pueda afectarte.

"Tranquilos y pacíficos dormiremos, mecidos en la Cuna de las Profundidades."
- "El Kybalión"

La calma y la serenidad están presentes una vez que se comprende la filosofía de *El Kybalión.* La comprensión de las verdades relativas a nuestra existencia hace surgir la paz interior. Es la verdadera causa de la paz interior: la realización del Espíritu dentro de ti.

EL TODO EN EL TODO

"Aunque Todo está en el TODO, es igualmente cierto que EL TODO está en todo. A quien verdaderamente comprende esta verdad le llega un gran conocimiento."
- "El Kybalión"

El axioma anterior proporciona la verdad más elevada, la piedra angular de toda religión, filosofía y ciencia. Da la relación exacta entre El Todo y su creación mental: el Universo. La enseñanza Hermética es que El Todo (el Espíritu) es inherente a cualquier cosa y a todo lo que ha creado. Para nosotros, los humanos, esto es todo lo que el ojo puede ver, el oído puede oír, la nariz puede oler, la lengua puede saborear y el cuerpo puede tocar. Incluye las innumerables Galaxias dentro del Universo y nuestro propio Sistema Solar dentro de la Galaxia de la Vía Láctea.

Para entender cómo crea el Todo, examinemos cómo creamos nosotros como humanos, y a través del Principio de Correspondencia, entenderemos mejor el Todo. Para empezar el ejercicio, usa tu imaginación para formar una imagen mental de una persona, cualquier persona, y dale forma mentalmente, manifestándola en tu mente. Verás que esa persona tiene ahora una realidad en tu mente, pero también es tu Espíritu, tu energía, que impregna tu creación mental. La vida que le diste a la imagen deriva de tu mente. Cualquier imagen que formes, representa el poder Espiritual y mental de ti como Creador de esas imágenes.

Aunque podemos postular que la imagen pensada es sinónimo del Creador que le dio vida, la imagen no es idéntica al Creador. El Espíritu del Creador es inherente a la imagen mental, pero la imagen no es el Espíritu en su totalidad, sino que lo contiene en su esencia. Del mismo modo, nosotros no somos El Todo o Dios, pero El Todo está en nosotros como energía del Espíritu.

A medida que los seres humanos se den cuenta de la existencia del Espíritu en su interior, inmanente a su Ser, se elevarán en la escala Espiritual de la vida. Y lo mejor es que podemos llegar a esta realización en cualquier momento, lo que nos cambiará para siempre. La conciencia no es sólo el cuerpo. El cuerpo físico tiene en su interior un cuerpo-doble, formado por la energía del Espíritu, que ocupa el mismo Espacio/Tiempo. Está presente dentro de ti en este mismo momento, y es lo que te anima y te da vida, de la misma manera que puedes imaginar a una persona en tu mente y darle vida.

Esta realización puede producir una experiencia Espiritual muy profunda. El reconocimiento del Espíritu dentro de mí, hace diecisiete años, me convirtió en el destinatario de un despertar completo y permanente de la Kundalini. Es cierto que hubo otros factores que indujeron esta experiencia tan deseada. Sin embargo, darse cuenta de que el Espíritu está presente en mi interior fue el catalizador tan necesario para abrir mi mente y mi corazón al poder de todos los Principios de Creación de *El Kybalión*.

A través de una voluntad interna de crear, el Todo creó el Universo. Proyectó mentalmente su aspecto del Ser hacia su aspecto del Devenir. Su Principio masculino, su fuerza de voluntad, se proyectó en su Principio femenino, su imaginación, para pensar en la existencia del Universo. Este acto inició el ciclo creativo. Ten en cuenta que la fuerza de voluntad y la imaginación de Dios son las mismas que tu fuerza de voluntad y tu imaginación, aunque muy diferentes en grado. El Principio del Género Mental, sin embargo, está presente en todos los aspectos de la Creación.

Una vez que imaginó la existencia del Universo, El Todo se apartó de su Creación y presenció la disminución de la vibración cuando el Espíritu Puro se manifestó en la Materia densa. Después de la creación de la Materia, el Todo se despertó de la atención, o meditación (el proceso de presenciar), y comenzó el camino de la Evolución Espiritual, el proceso de "vuelta a casa". El proceso de Creación del Universo se llama "Involución", a veces también llamado "Derramamiento de la Energía Divina", así como la etapa evolutiva se llama "Evolución" o "Retracción de la Energía Divina". Científicamente, el momento en que el Universo fue pensado para existir se llama el Big Bang. Es cuando todo en el Universo manifestado estalló en la existencia desde una singularidad, una Unidad.

Los Principios del Ritmo y la Polaridad se manifiestan en el proceso de la Creación. Una vez que se creó la Materia (un extremo del extremo), el péndulo del Ritmo comenzó a oscilar en la dirección opuesta hacia el otro extremo del extremo: el Espíritu. Este proceso dio lugar al Deseo Divino, el impulso para reunirse con la Fuente (Espíritu).

El proceso de evolución, el retorno a la energía del Espíritu, implica la elevación de las vibraciones; por lo tanto, se emplea el Principio de Vibración. El uso de la fuerza de voluntad mediante la aplicación del Elemento Fuego eleva la vibración. Existe un vínculo entre el Elemento Fuego y la propia Fuente: el Fuego Sagrado es una manifestación directa de la energía del Espíritu. El Principio de Causa y Efecto también está presente dentro del proceso Creativo, ya que la Evolución Espiritual es el efecto inmediato de la causa, que es la Creación inicial del propio Universo.

Puedes ver cómo todos los Principios Herméticos están presentes en el proceso creativo. Si aplicamos el Principio de Correspondencia, vemos que estos mismos Principios se aplican a nuestro proceso creativo de la misma manera. Por esta razón, la Filosofía Hermética es una ciencia más que cualquier otra cosa. Al aprender sobre el Universo, aprendemos sobre nosotros mismos, y viceversa.

Si se toma cualquier objeto del Mundo de la Materia, se eleva su vibración y se sigue aumentando, será reabsorbido de nuevo en el Espíritu de donde vino. Se han realizado y documentado experimentos científicos con esta idea en mente. Los científicos elevaron la vibración de los objetos con dispositivos tecnológicos hasta que fueron testigos de cómo estos objetos desaparecían ante sus ojos. Una vez que desaparecieron, nunca se volvieron a encontrar, muy probablemente porque se reunieron con la Fuente-Espíritu.

Nuestro propósito como seres humanos es elevar nuestras vibraciones de la misma manera, sólo que utilizando nuestras mentes en lugar de instrumentos tecnológicos. Utilizando los métodos de elevación de las vibraciones que se detallan en *The Magus*, puedes elevar tu conciencia por encima del nivel de la Materia y del cuerpo físico y evolucionar Espiritualmente. En el futuro, cuando la humanidad se ponga al día Espiritualmente a nivel colectivo, todos seremos reabsorbidos en El Todo-nuestro hogar.

Estás cambiando y reestructurando tu ADN a nivel molecular al elevar tu vibración. Se ha demostrado científicamente que el ADN se ve directamente afectado por la conciencia y la energía. Las modalidades de curación Espiritual como los ejercicios rituales y otras técnicas de este libro elevan tu vibración de conciencia, optimizando así tu ADN y despertando tu potencial latente.

El despertar de la Kundalini es un proceso por el cual elevas la vibración de tu conciencia y te elevas hacia arriba en el sistema Cháquico, por encima de los Cuatro Elementos inferiores, y hacia el Espíritu, los tres Chakras más altos. El Espíritu vibra a una intensidad tan alta que prácticamente está en rcposo. Pero esta vibración elevada es necesaria para elevar la conciencia individual y hacer que se reabsorba en la Conciencia Cósmica.

El despertar de la Kundalini es el siguiente paso en la evolución de la humanidad, ya que libera el Alma del cuerpo físico, superando así el Ego. Aquí está el significado del concepto Espiritual de finalmente "volver a casa". No hay ningún método Espiritual que pueda alterar y cambiar tu ADN más rápido que un despertar completo de Kundalini, ya que es la mayor de todas las iniciaciones y experiencias Espirituales.

Al principio de la Creación, las fuerzas creadoras se manifestaron de forma compacta y en conjunto. Sin embargo, desde el comienzo de la etapa evolutiva o de indagación, existió la Ley de Individualización. Todo lo que fue creado se convirtió en unidades separadas de Fuerza cuyo propósito era regresar a su Fuente como innumerables unidades de vida altamente desarrolladas, habiéndose elevado cada vez más en la escala de la vida a través de la Evolución física, emocional, mental y Espiritual.

La Ley de Individualización es el proceso en el que a cada Ser vivo del Universo se le dio una chispa de conciencia individual y un cuerpo físico como vehículo. Aquí estoy mencionando a los Seres orgánicos, aunque también hay Seres que no tienen cuerpos físicos, pero existen dentro de los diversos Planos Cósmicos del Universo. El propósito de la vida para todo Ser vivo (sea físico o no) es reunirse de nuevo con la Fuente-Espíritu y ser reabsorbido dentro de ella. El Deseo Divino de ese objetivo final está presente en todos los Seres vivos. De hecho, es el impulso principal detrás de todas nuestras acciones. Todos somos personalmente responsables de terminar la Gran Obra que comenzó cuando El Todo manifestó el Universo a la existencia.

Todo este proceso de Evolución Espiritual ocupa eones y eones del tiempo de la humanidad, y cada eón contiene incontables millones de años. Los Iluminados, o Maestros Iluminados, Adeptos y Sabios, nos informan que todo el proceso de la Creación, incluyendo la Evolución Espiritual del Universo, no es más que un "parpadeo" para El Todo. El Todo está, después de todo, más allá del Tiempo y del Espacio. Nuestra propia experiencia de vida es sólo una manifestación de sus Principios Divinos. No podemos ni siquiera imaginar lo que significa ser El Todo, sino que debemos ser humildes para conseguir siquiera un atisbo de su poder Divino.

Si utilizamos el Principio de Correspondencia, podemos entender cómo nuestra Evolución Espiritual es lo único que nos importa aquí en el Planeta Tierra. Este hecho explicaría por qué durante miles de años, las personas Espirituales y religiosas han dedicado toda su vida al avance, la evolución y la progresión Espiritual. Es casi como si activáramos este Principio de "retorno al hogar" cuando nos damos cuenta del Espíritu que habita en nuestro interior. Parece natural querer dedicar toda nuestra energía a fomentar este proceso. Soltamos los grilletes del Ego y comenzamos nuestro viaje ascendente a casa, de vuelta al Espíritu. Este método evolutivo humano se corresponde con los Principios Herméticos y las creencias sobre El Todo, su naturaleza, el nacimiento y el proceso de vuelta a casa.

Todo lo que no sea la progresión Espiritual parece una pérdida de tiempo. Pregúntate cuántas personas que conoces siguen esta lógica. ¿Cuántos dejan la sociedad y la vida mundana y van a los Templos e Iglesias para rezar, meditar y vivir en reclusión, dedicando sus vidas únicamente a Dios/Todo/Espíritu? Y aquellos que hacen esto encuentran un propósito en sus vidas, siendo a menudo el único propósito real que alguna vez les importó.

Los Iluminados informan de que el Espíritu de cada Alma no se aniquila una vez que se completa este proceso evolutivo, sino que se expande infinitamente: lo creado y el Creador se funden en Uno. Los Hermetistas han tratado durante siglos de explicar por qué el Todo haría esto; crear Universos sólo para iniciar el proceso de retirarlos de nuevo a sí mismo. Sin embargo, nunca ha habido una respuesta plausible a esta pregunta. Estrictamente hablando, no puede haber ninguna razón para que El Todo actúe, ya que una razón implica una causa, y El Todo está por encima de la causa y el efecto.

Permítanme profundizar en la idea de los Universos múltiples, aparte del Universo físico de la Materia en el que participamos. Actualmente existen muchas teorías sobre Universos paralelos, que ocupan el mismo Espacio/Tiempo y que existen a diferentes frecuencias vibratorias en otras dimensiones. Sin embargo, no hay ninguna prueba real de que esto sea un hecho; es sólo una teoría. Sin embargo, no es difícil creer que esto es cierto, que hay innumerables Universos en existencia, y que vivimos en lo que se llama popularmente un *Multiverso.* Después de todo, El Todo tiene un poder ilimitado y puede lograr algo así. Sea como sea, los Hermetistas creen que los Principios de la Creación están presentes en todo lo que se manifiesta, lo que incluiría también múltiples Universos paralelos.

***

Todo ser humano es un guerrero Espiritual en formación. Tu misión y tu único propósito en la vida es convertirte en un emisario de Dios/El Todo. Tu mente es la fosa, y la Luz brilla intensamente en tu corazón. Sin embargo, para salir de la oscuridad, debes enfrentar tus miedos y llegar al otro lado. Al final debes volver a casa.

Sin embargo, una vez que cruzas el Abismo, debes descender primero al Inframundo antes de convertirte en Rey o Reina en el Cielo. Así es la Ley. Después de su crucifixión, Jesucristo pasó tres días en la tumba, el pozo de las tinieblas, símbolo de su descenso al Infierno, donde tuvo que obtener el dominio de esta región antes de resucitar a la Luz. Este mito se refleja en la historia de Osiris de Egipto y de otros dioses de vida-muerte-renacimiento como Tammuz y Dionisio.

Ahora, eres tú quien debe recorrer este camino de héroe. Tus pruebas y tribulaciones existen para prepararte para los frutos del Cielo que vienen después. Por lo tanto, aplica los Principios Herméticos en tu vida y avanza en tu viaje de Evolución Espiritual. ¡Abraza tu destino!

PARTE VI: ALQUIMIA HERMÉTICA

LA TABLA DE ESMERALDA

Se dice que la *Tabla de Esmeralda*, también conocida como "Tabula Smaragdina", es una tabla de esmeralda o piedra verde en la que están inscritos los secretos del Universo, concretamente el proceso de la Creación. Forma parte de la *Hermetica,* que también contiene el *Corpus Hermeticum* (conocido como el *Divino Pymander* en las primeras traducciones de esta obra). *La Tabla de Esmeralda* es otro gran pilar de la Filosofía Hermética, y se cree que los tres textos fueron escritos nada menos que por Hermes Trismegisto.

La Tabla de Esmeralda se considera generalmente como la base de la filosofía y la práctica de la Alquimia Occidental, ya que se considera que contiene el secreto de la Prima Materia y su transmutación. Dentro de la Alquimia, la Prima Materia es también conocida como la "Primera Materia", el Principio Divino y el Absoluto. Es la energía de la Fuente de la que procede todo: el Espíritu. También se conoce como "Anima Mundi", el Alma del Mundo, la única Fuerza vital del Universo.

Muchas leyendas rodean a la *Tabla de Esmeralda*, ya que hay muchos mitos sobre el propio Hermes. Una leyenda dice que la Tabla de Esmeralda se encontró en una tumba excavada bajo la estatua de Hermes en Tyana, fuertemente sostenida por el cadáver de Hermes Trismegisto. Otra historia dice que Sara, la esposa de Abraham, la descubrió. Una tercera leyenda dice que la encontró Alejandro Magno, mientras que otra dice que fue Apolonio de Tiana.

Sea cual sea la narración exacta, es posible que nunca lo sepamos. Sea cual sea el caso, una cosa está clara: el contenido de la *Tabla de Esmeralda* contiene una perla de sabiduría Antigua que puede ayudar a liberar al lector de las ataduras de la existencia material y transformarlo Espiritualmente. Grandes como Isaac Newton, Madame Blavatsky, Fulcanelli, Jabir ibn Hayyan y otros han intentado traducir el contenido de la *Tabla de Esmeralda,* ya que han descubierto que sólo ella puede iluminar la mente como ninguna otra filosofía.

Aquí se presenta el contenido de la *Tabla de Esmeralda*, seguido de un análisis de cada frase (o segmento). La intención es sacar a la Luz la sabiduría que esta tabla críptica intenta transmitir. Encontraráa que el conocimiento contenido en la *Tabla de Esmeralda* está íntimamente relacionado con *El Kybalión*, así como con la Qabalah Hermética, ya que las tres ramas forman la base de las enseñanzas Herméticas y son los principales temas de estudio dentro de *The Magus*.

"Verdadero, sin falsedad, cierto y muy verdadero, lo que está Arriba es como lo que está Abajo, y lo que está Abajo es como lo que está Arriba, para la realización de los milagros de la Cosa Única.
Y como todas las cosas provienen de Uno, por la mediación de Uno, así todas las cosas tienen su nacimiento de esta Cosa Única por adaptación.
El Sol es su Padre, la Luna su Madre, el Viento lo lleva en su vientre, su nodriza es la Tierra.
Este es el Padre de toda la perfección, o la consumación de todo el mundo. Su poder es integrador, si se convierte en Tierra.
Separarás la Tierra del Fuego, lo sutil de lo burdo, suavemente y con gran ingenio.
Asciende de la Tierra al Cielo y desciende de nuevo a la Tierra, y recibe el poder de los superiores y de los inferiores. Así tienes la gloria de todo el mundo; por tanto, que toda oscuridad huya ante ti.
Esta es la fuerza fuerte de todas las fuerzas, que supera todo lo sutil y penetra todo lo sólido. Así fue creado el mundo. De ahí surgieron todas las maravillosas adaptaciones, de las cuales ésta es la manera.
Por eso me llaman Hermes Trismegisto, que tiene las tres partes de la filosofía de todo el mundo. Lo que tengo que contar se ha completado, con respecto a la Operación del Sol." - *"La Tabla de Esmeralda"*

ANÁLISIS DE LA *TABLA DE ESMERALDA*

La *Tabla de Esmeralda* contiene las claves para entender el proceso de la Creación, pero su lenguaje está velado por la alegoría y la metáfora. Cada frase de la *Tabla de Esmeralda* tiene muchos significados ocultos que ahora analizaré de forma lineal, abordando una frase (o segmento) tras otra, pero con una unidad subyacente en lo que significan las ideas presentadas en su interior.

"Verdadero, sin falsedad, cierto y muy verdadero, lo que está Arriba es como lo que está Abajo, y lo que está Abajo es como lo que está Arriba, para la realización de los milagros de la Cosa Única." - "La Tabla de Esmeralda"

Existe un concepto en todas las religiones y filosofías Espirituales sobre la Realidad Interior y la Realidad Exterior. La Realidad Exterior es simple - es el Mundo Físico en el que vivimos, nos movemos y tenemos nuestro Ser. Lo vemos cada vez que abrimos los ojos, siendo nuestro cuerpo material un testimonio de esta realidad. La Realidad Interior, sin embargo, es algo en lo que todos podemos estar de acuerdo una vez que decidimos hacer algo de introspección. Pensamos y sentimos, tenemos capacidades imaginativas, recordamos, nos inspiramos, tenemos deseos, racionalizamos y ponemos nuestros cuerpos en acción. Estos son sólo algunos ejemplos de manifestaciones de la Realidad Interior, aunque hay muchos más.

Entendemos que para hacer algo tan simple como caminar, necesitamos una combinación de funciones internas y que éstas trabajen al unísono. Debe haber un pensamiento o una intención subyacente antes de que ocurra algo en esta Realidad Exterior. En otras palabras, necesitamos pensar o querer que algo exista en la Realidad Interna primero, lo que invariablemente se manifiesta en la Realidad Externa como una forma de acción.

El concepto de "Arriba" y "Abajo" trabajando al unísono para lograr los "milagros de la Cosa Única" se hace más evidente cuando lo examinamos con más detalle. Dos Realidades están trabajando juntas para crear la Realidad Única, y esta Realidad Única es el Universo Exterior en el que vivimos. Sabes que estás vivo y consciente porque estás leyendo estas mismas palabras. Y estás usando tu Realidad Interna para hacerlo, lo que se manifestará como un cambio o alteración en la Realidad Externa una vez que te des cuenta y comprendas los muchos conceptos e ideas discutidos en este libro.

Hermes dice que las dos realidades son similares entre sí, lo que significa que hay una correspondencia en su calidad y tipo. Hay una Realidad Interior del pensamiento, que está en el centro de la imaginación, la memoria, la voluntad y otras facultades interiores. Si experimentamos esta Realidad Interior a través de nuestros pensamientos, debe significar que existe un componente de pensamiento de la Realidad Exterior también, ya que son "como" el uno al otro. Debe existir un medio de experiencia de esta Realidad Única que haga reales tanto la Realidad Interior como la Exterior. Y lo hay: es la mente.

La mente interpreta la Realidad Exterior e Interior como real. Pero si el Mundo Interior de los pensamientos es real y usamos la mente para experimentarlo, entonces también significa que el Mundo Exterior debe tener un componente de pensamiento también, ya que la mente es la facultad con la que interpretamos y experimentamos los pensamientos.

Y esto nos lleva a un concepto esencial en la Filosofía Hermética, que se enuncia en *El Kybalión* como: "El Todo es Mente, el Universo es Mental". Si esto es así, entonces la realidad que llamamos "Materia" tiene un componente de "pensamiento" que es intangible y etéreo, al que los Antiguos se referían como el Mundo Astral. Es un componente de Energía Pura, un plano exacto y doble de esta realidad que llamamos Materia, y lo experimentamos a través de la mente como si fuera real.

En la Qabalah, el plano del Mundo de la Materia está representado por el Sephira Yesod. Contiene el duplicado Astral, una réplica de todas las formas existentes hecha de una sustancia tenue que ocupa el mismo Espacio/Tiempo. Es la base sobre la que se construyen todas las formas. Está directamente asociado con Binah, el Mar de la Conciencia y originador de la Forma, el Gran Concepto Femenino del Universo.

Lo anterior comprende entonces todos los Sephiroth entre Binah y Yesod, que contienen las diversas funciones internas que operan a través de la mente y se expresan a través de los pensamientos. Constituyen nuestra Realidad Interior y cristalizan en Yesod, ya que es el fundamento Astral, o de "pensamiento", de toda la Materia.

Para completar el proceso de manifestación, todos los Sephiroth entre Binah y Malkuth se proyectan desde Chokmah, la Fuerza, el Gran Principio Masculino del Universo. Más allá de Chokmah, tenemos el primer Sephira Kether, el Espíritu, la Fuente de donde se originó todo, en diversos grados y estados de conciencia.

Los ojos físicos no pueden ver este doble Astral hecho de energía de pensamiento, ya que sólo se ve a través de la mente, el vínculo de conexión entre el Espíritu y la Materia. El cerebro experimenta el doble Astral a través de la intuición, percibida a través del Chakra del Ojo de la Mente. La intuición pertenece al Sephira Binah y es el nivel más alto de percepción de la humanidad, ya que lee directamente las huellas energéticas. Esta energía se filtra hacia abajo en los otros Sephiroth por debajo de Binah, activando nuestras otras funciones internas. De este modo, nuestra Realidad Interior se manifiesta.

Por lo tanto, el Mundo Astral (Yesod) es lo de Arriba, y el Mundo de la Materia (Malkuth) es lo de Abajo. Juntos, realizan los milagros de la Cosa Única. ¿Qué es la Cosa Única? La siguiente frase de la *Tabla de Esmeralda* nos da más pistas.

"Y como todas las cosas provienen de Uno, por la mediación de Uno, así todas las cosas tienen su nacimiento de esta Cosa Única por adaptación." - "La Tabla de Esmeralda"

El uno es el primer número, el número que precede a todos los demás números y el número que contiene a todos los demás números dentro de sí mismo. En las religiones monoteístas, existe la noción esencial del Dios Único, e incluso en las religiones politeístas, se dice que los muchos Dioses sólo representan aspectos o poderes del Dios Único. El Uno, por tanto, es la Fuente, así como el propio Creador. Del Uno, vienen los muchos.

El Dios Único, la Fuente de toda la Creación, es el Espíritu. El Espíritu es la Quintaesencia, la sustancia en la que todos los demás Elementos encuentran su existencia. Es la concepción más elevada de Dios para la humanidad, ya que es la Fuente de todo lo que existe en el mundo. La Cosa Única es, por lo tanto, el Espíritu - representan la misma cosa. El Espíritu es la Luz Blanca, la Esfera de Kether en la Qabalah. Así, del Espíritu proceden todas las demás cosas.

Según *La Tabla de Esmeralda*, todas las cosas nacen de la Cosa Única, del Espíritu. Como ya se ha dicho, el Espíritu es el Principio animador de todas las cosas existentes. Por la mediación del Espíritu, todo lo que viene a la existencia se adapta a la Realidad Exterior. Son los Sephiroth manifestados entre el Espíritu y la Materia, Kether y Malkuth, que forman nuestra Realidad Interior y las facultades o funciones cognitivas internas. El Mundo Interior se adapta al Mundo Exterior de la Materia.

La mente experimenta tanto la Realidad Interna como la Externa como reales y como Una. Todos estamos viviendo en esta realidad del Espíritu (la Luz Blanca) ahora mismo en otra dimensión del Espacio/Tiempo, pero como experimentamos la realidad a través de nuestra mente, creemos que el Universo Exterior de la Materia también es real. Nos adaptamos a esta realidad material en el momento en que abrimos los ojos como bebés y vimos el mundo por primera vez.

Sin embargo, desde que el cerebro físico procesa la información, muchas personas se han limitado en su comprensión de la realidad en su conjunto, pensando que el mundo material es lo único real. De ahí que haya más ateos que nunca en el mundo. El progreso científico nos ha hecho avanzar enormemente en muchas áreas, pero nos ha alejado colectivamente de nuestra conexión inherente con la realidad Espiritual.

Dado que la Luz Blanca existe aquí y ahora, las personas con experiencias cercanas a la muerte afirman haberla visto e incluso haberse unido a ella durante un tiempo. Informan de que pasan por un túnel para experimentar la Luz Blanca, que se corresponde con el portal o túnel del Ojo de la Mente, ampliamente mencionado por varias tradiciones Espirituales Antiguas. De manera apropiada, este túnel circular que experimentamos con los ojos cerrados nos vincula con el Chakra Sahasrara en la Corona, la fuente de la Luz Blanca en nuestro sistema Cháquico. Así que ahora ves cómo existen realidades paralelas interpenetradas aquí y ahora que trabajan juntas para llevar a cabo el trabajo ("milagros") de la Cosa Única: el Espíritu.

El Espíritu también actúa como mediador entre lo de arriba y lo de abajo. La palabra "mediación" se define como "actuar entre dos o más partes para lograr un acuerdo o una reconciliación". Implica un proceso de negociación en una relación para resolver las diferencias. Así, el Espíritu actúa como Creador y mediador, permitiendo que lo de arriba y lo de abajo coexistan en armonía.

Lo que es interesante señalar aquí es que el Espíritu está siempre presente en toda nuestra vida cotidiana, ya que su propia presencia es la que hace posible este Universo. Nuestra conciencia participa tanto del Espíritu como de la Materia y de todo lo que hay en medio. A través de nuestra mente, nos adaptamos a este complejo Universo y a sus modos de funcionamiento.

"El Sol es su Padre, la Luna su Madre, el Viento lo lleva en su vientre, su nodriza es la Tierra." - "La Tabla de Esmeralda"

El Sol es el dispensador visible de Luz en nuestro Sistema Solar. El Hermetismo sólo cubre nuestro propio Sistema Solar, no el Universo en su totalidad, ya que no sabemos mucho sobre nada fuera de nuestro Sistema Solar. Sabemos que hay trillones de otros Sistemas Solares en el Universo visible dentro de los billones de Galaxias que existen en el espacio. Como el Sol es el dispensador de Luz, también es la fuente de calor para todos los seres vivos. Sin nuestro Sol, no habría vida. Así de sencillo.

El Sol es el dispensador de la Luz y un medio de su transmisión. La Luz es un Fuego (el Principio masculino), y el Sol sirve de canal para su dispensación en nuestro Sistema Solar. Por ello, se le llama el Padre, el componente del Alma de todos los seres vivos. Es el Principio animador de todos los Planetas de nuestro Sistema Solar y de toda la vida que se encuentra en la Tierra. Como es el Principio animador, se corresponde con el Espíritu, la Luz Blanca, aunque no es el Espíritu en su totalidad. Sin embargo, la Luz del Sol es la más alta manifestación visible del Creador en el

Mundo Físico. El Sol es la Fuerza Vital (Prana, chi, mana, Ruach) que sostiene nuestra conciencia y nuestros cuerpos físicos.

La Luna es el reflector visible de la Luz del Sol. Sin la Luna, estaríamos en pura oscuridad durante la noche. Por lo tanto, la Luna es crucial para mantener toda la vida en la noche ya que nos permite navegar cuando la Luz del Sol no está disponible para nosotros directamente. Como la Luz del Sol es responsable de nuestra existencia (ya que es nuestro Principio animador), entonces, aplicando el Principio de Correspondencia, la Luna actúa igual que el Sol, pero en un nivel inferior. La Luz de la Luna anima nuestros pensamientos de la misma manera que la Luz del Sol da vitalidad y energía vital a nuestra conciencia y cuerpos físicos.

Si aplicamos el Principio del *Kybalión* de "El Todo es Mente, el Universo es Mental", entonces estamos viviendo en el Sueño de Dios, y nuestra existencia física es real para nosotros, pero para Dios (nuestro Creador), sólo somos un pensamiento en su Mente Infinita. Este pensamiento, sin embargo, se manifiesta a través de la Luz del Sol. Y como la Luna refleja la Luz del Sol, su reflejo potencia nuestros pensamientos en nuestra Realidad Interior. De hecho, la Luz de la Luna es responsable de mantener toda nuestra Realidad Interior.

En la Qabalah, la Luna se corresponde con el Sephira Yesod, el Plano astral de toda la existencia. A la inversa, el Sol se corresponde con el Sephira Tiphareth, el Sephira del medio en el Árbol de la Vida. Actúa como medio de transmisión de energías entre todos los demás Sephiroth, ya que está conectado a cada uno de ellos (excluyendo a Malkuth, la Tierra).

Tiphareth tiene una conexión directa con Kether, la Luz Blanca. Es el único Sephira por debajo de los Superiores que tiene un vínculo directo con Kether. En la Qabalah, Kether es el Padre, mientras que Tiphareth es el Hijo. De ahí que la Luz Blanca se canalice a través del Sol para darnos la Luz visible en nuestro Sistema Solar. En la *Tabla de Esmeralda*, el Sol asume el papel del Padre, ya que lleva la semilla (Fuerza) que manifiesta la realidad física (Forma).

La Luna también regula todas las masas de agua de la Tierra, incluida el agua de nuestro cuerpo físico. Como se ha mencionado, nuestro cuerpo está formado por un 60% de agua. Esta agua refleja nuestros pensamientos y emociones, ya que estas energías están contenidas y dentro de ella. Las emociones son pasivas e involuntarias (la naturaleza del Elemento Agua), mientras que la fuerza de voluntad es activa y voluntaria (la cualidad del Elemento Fuego). La Luna es, por tanto, la parte femenina y receptiva del Ser, mientras que el Sol es la parte masculina y activa. Juntos, son el "Yo" y los componentes del "Mi" de los que se habla en *El Kybalión:* la conciencia y el Alma. Por esta razón, La *Tabla de Esmeralda* dice que el Sol y la Luna (el Padre y la Madre) trabajan juntos para lograr el milagro de la vida.

¿Qué papel desempeña el viento y por qué la *Tabla de Esmeralda* dice que la Creación se lleva en el "vientre" del viento? En pocas palabras, el viento es el elemento

Aire, el Sol es el elemento Fuego y la Luna es el elemento Agua. El Aire es otra manifestación del Espíritu ya que es el aliento que sostiene toda la vida en la Tierra. No podemos tener vida sin Aire y sin aliento ya que todos los seres vivos de la Tierra necesitan respirar para sobrevivir. Podemos sobrevivir sin comida ni agua durante un tiempo, pero unos minutos o más sin respirar nos matarán.

El viento, pues, es el aire que respiramos, y su contención está en la atmósfera de la Tierra. El aire es un gas que contiene oxígeno y nitrógeno. Tenemos aire en todas partes dentro de la atmósfera de la Tierra, incluyendo el suelo y el agua de la Tierra. Una vez que salimos de la atmósfera de la Tierra, ya no hay aire respirable y, por lo tanto, no hay vida. El vientre, pues, que se menciona en la *Tabla de Esmeralda,* es el aire contenido en la atmósfera terrestre. En él se sustenta toda la vida en la Tierra.

El Aire es otra manifestación del Espíritu (la Gran Luz Blanca), aunque es una sustancia invisible a diferencia de la Luz del Sol. El Aire es una forma de Espíritu aún más elevada que el Fuego; por ejemplo, el Chakra del Aire (Anahata) está por encima del Chakra del Fuego (Manipura) en el sistema de Chakras. Como los elementos Aire y Fuego son una manifestación del Espíritu, sería erróneo decir que son el Espíritu en su totalidad. El Espíritu es la esencia subyacente de todo lo que es. Es incognoscible, inamovible y omnipresente, y existe en una vibración de frecuencia más alta que el Aire y el Fuego, que son sus derivados.

El Elemento Agua también deriva del Espíritu. La manifestación física del agua es la molécula H2O, que contiene en sí misma oxígeno (el componente primario del aire) e hidrógeno, una molécula altamente volátil y potente. Los tres Elementos Agua, Aire y Fuego se conectan con la Fuente (Espíritu), aunque todos ellos están en una manifestación inferior a la de la Luz Blanca.

La Tierra es entonces la nodriza de la Creación, y lo es por la conexión que todos los seres vivos tienen con el Planeta Tierra. Cuando pensamos en la idea de una nodriza, pensamos en curar y cuidar. En el concepto de una madre que amamanta a su hijo, ella está sosteniendo la vida del niño con la leche de sus pechos. La Tierra es el sustento de toda la vida física, similarmente. El alimento de la Tierra es el combustible del cuerpo físico. Sin él, moriríamos. El agua también proviene de la Tierra, sin la cual también moriríamos. Necesitamos comida, agua y aire para mantener a todos los seres vivos de la Tierra y la Tierra es la nodriza ya que suministra los tres. Los árboles de la Tierra limpian el aire y liberan oxígeno cuando actúan con la energía de la luz solar.

También energéticamente, todos los seres vivos están unidos a la Tierra por la fuerza de la gravedad. El ser humano contiene líneas energéticas que nos conectan a la Tierra, de forma similar a las raíces de un árbol. Estas líneas de energía nos unen a la Tierra a través de nuestro Chakra más bajo, Muladhara, atribuido al Elemento Tierra. Nuestra conciencia está inextricablemente entrelazada con la conciencia de la

Tierra para producir y sostener la vida en la Tierra. La Tierra alimenta nuestros cuerpos, los nutre y los cura cuando están enfermos.

"Este es el Padre de toda la perfección, o la consumación de todo el mundo. Su poder es integrador, si se convierte en Tierra." - "La Tabla de Esmeralda"

La *Tabla de Esmeralda se* ocupa del proceso de la Creación, incluyendo la vida en la Tierra y todo lo que la humanidad puede ver y percibir con los sentidos. La Creación es, en cierto sentido, perfecta, ya que ha existido desde el principio de los tiempos y existirá hasta el final. De nuevo, tenemos aquí un concepto del Padre, pero no el Padre como el Sol en nuestro Sistema Solar. Es el Padre como el Creador mismo o en sí mismo, ya que el Padre, en este caso, está más allá de la dualidad.

En el nivel de la Materia física, un padre engendra o se multiplica creando una descendencia a partir de su sustancia. De la misma manera, el Creador engendra mediante la generación de Formas a partir de su esencia, que es la energía del Espíritu. Como tal, el Padre es el Creador de todas las cosas, así como su Fuente. En el Árbol de la Vida, el Kether Sephira es la manifestación más elevada del Creador. Se forma una vez que la Luz Ilimitada de Ain Soph Aur se ha contraído en un punto central a través del proceso de Tzim Tzum. La esencia de esta Luz Blanca está contenida en Kether como energía puramente creativa.

En cuanto a la consumación, aquí hay un concepto crítico que hay que impregnar en la mente: el de un Matrimonio Divino. El matrimonio no está completo sin un acto de relación sexual, pues sólo esta relación crea la consumación. Esta idea de la Divinidad teniendo relaciones sexuales consigo misma está presente en todas las religiones, filosofías y credos. Su manifestación en un nivel inferior es el acto sexual, que es el medio de toda la vida para procrearse. Es la idea de que los dos se convierten en Uno en el acto de la experiencia. Esta "consumación de todo el mundo" es el Principio Padre y Madre trabajando juntos para producir toda la Materia en el Universo. Es Chokmah y Binah Sephiroth trabajando juntos para manifestar el Universo físico como los aspectos Creadores de la Fuerza y la Forma.

Una vez que los Principios Padre y Madre engendraron el Sistema Solar, la Tierra y todos los seres vivos, el poder de la suma total de la cantidad medida quedó retenido dentro de la Creación. Este concepto fue discutido en *El Kybalion* al decir que el Espíritu está presente dentro de todo, ya que es el Principio animador de todas las cosas. El acto de engendrar, o la relación sexual, a través de un matrimonio de opuestos, produce la suma total de los poderes de todos los aspectos y partes de la Creación. Así, el Espíritu y la Luz Blanca están contenidos en todas las cosas existentes, ya que todo es un vástago del Espíritu y de la Luz Blanca. La Tierra, por lo tanto, tiene todas estas propiedades dentro de sí misma en una realidad interna e invisible que está teniendo lugar aquí mismo, ahora mismo, mientras estás leyendo estas mismas palabras.

"Separarás la Tierra del Fuego, lo sutil de lo burdo, suavemente y con gran ingenio." - "La Tabla de Esmeralda"

En la frase anterior, Hermes se refiere al concepto de Alquimia, concretamente a la Alquimia Espiritual. Recuerda siempre que la *Tabla de Esmeralda* es la fuente de la Alquimia y su método de práctica, separando lo sutil de lo burdo, el Elemento Tierra del Elemento Fuego. Lo burdo contiene lo sutil, es decir, la Tierra contiene el Elemento Fuego. Por lo tanto, a través de la Alquimia Espiritual, estamos separando un Elemento de otro, y al hacerlo, estamos desechando viejas partes del Ser que ya no necesitamos. Este proceso de Evolución Espiritual implica elevar la vibración de la conciencia por encima del nivel de la Materia Física.

El despertar de la Kundalini es un proceso de separación del Fuego de la Tierra, ya que es el Fuego interior el que, cuando se libera, quema los aspectos de escoria de la Tierra y eleva la conciencia individual por encima del nivel del cuerpo físico. El Ego es sometido en este proceso, y la Luz interior del Alma es exaltada. Al superar el Ego y exaltar el Alma, el Espíritu puede descender al Ser. Así, el individuo puede obtener un vínculo con su Ser Superior.

La noción de separar el Fuego de la Tierra "suavemente" significa hacerlo de manera sofisticada y graciosa, como era el caso de los Alquimistas. La Alquimia Espiritual, incluyendo el trabajo con la energía de los Elementos, es un proceso muy delicado. Tiene que llevarse a cabo con gracia e ingenio. La propia palabra "ingenio" implica ser astuto e inventivo, ya que la Alquimia Espiritual está reservada a los sabios.

"Asciende de la Tierra al Cielo y desciende de nuevo a la Tierra, y recibe el poder de los superiores y de los inferiores. Así tienes la gloria de todo el mundo; por lo tanto, que toda la oscuridad huya ante ti. " - "La Tabla de Esmeralda"

Hay un proceso continuo de ascenso y descenso entre la Tierra y el Cielo (Materia y Espíritu) que ocurre instantáneamente para manifestar la Creación. Ocurre de forma constante y continua. A través de este proceso, el poder global del Creador se preserva. Todo lo que está entre la Tierra y el Cielo se mantiene e integra en sí mismo.

Entendemos que todo, a nivel humano, requiere un tiempo para manifestarse, ya que, desde nuestra perspectiva, nada ocurre en un instante. El proceso de la Creación, sin embargo, desde que Dios-Creador lo ejecuta, es instantáneo. Se manifiesta como el Mundo Físico visible de la Materia en el que vivimos. El Creador puso en marcha un proceso continuo, de ida y vuelta, ascendente y descendente, entre los dos polos extremos de la manifestación (Materia y Espíritu) para mantener su Creación.

La filosofía *Summum* se basa en *El Kybalión*, pero interpretado en el lenguaje de la época actual. En sus páginas se incluye el Gran Principio de la Creación. Una breve mención de este Principio es necesaria para comprender mejor el proceso de la Creación. Este Principio se relaciona con lo que Hermes está hablando aquí.

"La NADA y la POSIBILIDAD entran y salen del vínculo infinitas veces en un momento finito.... creando así una serie de SUCESOS infinitos. Estos EVENTOS infinitos, mantenidos dentro del momento finito de la singularidad, se manifiestan como energía conceptualizada infinita que luego se exterioriza a través de proyecciones fenomenales, inconcebibles, ilimitadas en número. Entre estas innumerables proyecciones, una produjo nuestro Universo a través de una expansión extremadamente rápida, lo que se ha llamado el BIG BANG-un EVENTO. En esencia, hay infinitos "Big Bangs" creando infinitos Universos cuyo origen es un momento Eterno, finito, de infinitos EVENTOS, todos producidos por la NADA y la POSIBILIDAD." - "Summum: Sellado Excepto para la Mente Abierta"

El Espíritu, que contiene en sí mismo todas las posibilidades de la realidad, se proyecta en el vacío del Espacio, el polo negativo de la existencia (la No-Cosa), para manifestar la Materia como un acontecimiento en el Tiempo y el Espacio. Se da a entender que la Materia no es más que un acontecimiento, y que el Mundo Físico no existiría sin el observador objetivo, ya que los seres vivos participan en la Creación.

La unión del Infinito y el momento finito genera todas las Formas de la existencia. El Infinito está presente dentro de la energía del Espíritu, ya que es la expresión más elevada del Creador, que nunca nació y nunca morirá. El momento finito es parte de la manifestación mental del Creador, y como tal, tiene un principio y un final inevitable. Sin embargo, como parte de su expresión, se encuentra la energía del Espíritu, ya que está integrada dentro del proceso Creativo.

Hubo un momento inicial en que el Universo fue creado a través del proceso de manifestación, científicamente llamado el Big Bang. El Big Bang es bien entendido a través de la Filosofía Hermética si aplicamos la naturaleza mental de las Leyes del Universo. Tengan en cuenta que esto ocurre desde la perspectiva de la Conciencia Cósmica, la Mente de Dios, como lo llama *El Kybalión*. Es nuestro Macrocosmos.

Dado que los seres vivos forman parte de la Creación, nuestra experiencia de ser conscientes del mundo que nos rodea desempeña un papel en la manifestación del Universo. El Universo podría no existir en absoluto a menos que haya seres vivos dentro de él que lo presencien. Esta idea está relacionada con lo que trataré a continuación como parte del discurso sobre *La Tabla de Esmeralda.*

Para explicar cómo funciona el proceso Creativo en el nivel de la experiencia humana, el Microcosmos, necesitamos aplicar el Principio Hermético de Correspondencia - Como es arriba, es abajo. Como fuimos creados a la imagen de nuestro Creador, entonces debe significar que nuestra Realidad Interior se manifiesta de la misma manera que la Realidad Exterior, ya que es una parte intrincada de la Creación como un todo.

Como el ser humano participa tanto del Espíritu como de la Materia, la conciencia individual existe como un punto localizado dentro de uno de los varios Planos Cósmicos del Ser entre el Espíritu y la Materia. Somos un punto único de conciencia que oscila entre el Espíritu indiferenciado y la Materia densa. Podemos acceder a cualquiera de los Planos Cósmicos interiores del Ser de forma instantánea. Todo depende de lo que estemos pensando y dando nuestra atención. Y al observar el Universo exterior, lo estamos cambiando en el proceso.

El Libre Albedrío Individual nos da a cada uno de nosotros un control completo sobre nuestra realidad y sobre cómo experimentamos el mundo que nos rodea. Cada momento en el tiempo, tenemos la elección de con cuál de los Planos Cósmicos internos se alinea nuestra conciencia. La unión entre el Espíritu y la Materia produce el Árbol de la Vida Qabalístico como los Planos Cósmicos y los diferentes estados de conciencia que los seres humanos pueden experimentar. Lo que se manifiesta exteriormente se manifiesta interiormente en los seres humanos. Los Planos Cósmicos se manifiestan dentro y fuera de nosotros. Recuerda que cada ser humano es un Mini Sistema Solar.

Si, con el tiempo, nuestra conciencia está demasiado arraigada dentro de la Materia y los Planos Cósmicos inferiores, entonces no estamos en sintonía con los más elevados, y la Luz en nuestras Almas se oscurece. El concepto de Evolución Espiritual implica elevar la vibración de nuestra conciencia para acercarnos lo más posible a la frecuencia del Espíritu. Al hacerlo, la alta vibración del Espíritu actúa como un Diapasón e induce nuestra conciencia, alterando nuestro ADN en el proceso. El potencial latente en nuestro ADN nos transforma en mente, cuerpo y alma.

A través de la Evolución Espiritual, la Luz en nuestras Almas es exaltada. Una vez que nuestra conciencia vibra al nivel del Espíritu, el Ego pierde su control sobre nosotros. Esta experiencia trae absoluta alegría y felicidad a nuestras vidas. Nuestras vidas de repente tienen un nuevo propósito, y podemos lograr cosas que antes no podíamos.

Así, los seres humanos son personalmente responsables de elevar de nuevo la Materia al nivel del Espíritu. El proceso de integración dentro del Espíritu pone fin a la generación mental del Universo por parte del Creador. Es teóricamente posible que una vez que esto ocurra a gran escala, el Espíritu retire toda su Creación. Las Almas individuales dejarían de existir tal y como son, pero se expandirían infinitamente, ya que los muchos se convertirían en Uno.

La "Gloria del Mundo" es un concepto que se menciona por primera vez en la *Tabla de Esmeralda*, pero del que habló a menudo Jesucristo, que vino después. Al referirse a este concepto, Jesús hablaba del sentimiento de éxtasis que se experimenta en el corazón una vez que se ha evolucionado Espiritualmente. Llamó al Reino del Espíritu el Reino de los Cielos (o de Dios) y dijo que cada ser humano se convierte en un Rey o Reina de su Reino una vez que ha sido resucitado Espiritualmente y ha nacido de nuevo. Por supuesto, este segundo nacimiento es una metáfora para alcanzar un alto nivel de Evolución Espiritual y convertirse en Iluminado.

Una vez que nos iluminamos y nuestra conciencia resuena con la vibración de la energía del Espíritu, recibimos los poderes de los Planos Cósmicos inferiores y los superiores. Espiritualizamos nuestro Ego y nos convertimos en Co-creadores con el Creador. Nuestra conciencia se alinea con las Leyes Universales.

La creación es un proceso maravilloso, destinado a otorgar al individuo riquezas Espirituales, pero depende de nosotros alcanzar nuestro propio Reino de los Cielos. Una vez que logremos esto, habremos encontrado la Gloria del Mundo, y la ilusión de la Materia se desvanece. Entonces podremos ver el mundo como lo que es: Espíritu Puro.

"Esta es la fuerza fuerte de todas las fuerzas, que supera todo lo sutil y penetra todo lo sólido. Así fue creado el mundo. De ahí surgieron todas las maravillosas adaptaciones, de las cuales ésta es la manera." - "La Tabla de Esmeralda"

El Kybalión afirma: "Si Todo está en EL TODO, entonces es igualmente cierto que EL TODO está en el Todo". Cada cosa tangible que existe en el Mundo de la Materia y cada cosa sutil en el Mundo Astral tiene una contraparte Espiritual, un cuerpo-doble que ocupa el mismo Espacio/Tiempo. Todo lo que vemos ante nuestros ojos físicos se dice que está en El Todo, la Mente Viva Infinita del Creador, que es el Mundo del Espíritu.

Según las Enseñanzas Herméticas, es igualmente válido que El Todo-Espíritu está en Todo, lo que significa que el Mundo de la Materia está impregnado de energía del Espíritu. Esta fuerza fuerte de todas las fuerzas (la energía del Espíritu) está en cada cosa viva o no viva que vemos o no vemos, ya que es el Principio animador que trajo esa misma cosa a la existencia. Así, el Espíritu está unido a su Creación.

Todo lo que ha sido creado en el Mundo de la Materia se adaptó a este mundo y quedó ligado a él. Este concepto es especialmente cierto para los humanos, pero se aplica a todo, cosas vivas o no vivas. Es a través de los eventos en la Tercera Dimensión del Espacio/Tiempo que nos vinculamos a este Mundo de la Materia cuando la conciencia dentro de todas las cosas despertó y comenzó a observar su Creación.

La conciencia es afín a la conciencia, siendo capaz de ver en su Creación. Toda conciencia necesita un vehículo con el que pueda observarse a sí misma. Para la humanidad, éste es el cuerpo físico con sus cinco sentidos de la vista, el sonido, el olfato, el gusto y el tacto. La conciencia humana utiliza el sexto sentido de la intuición, viendo a través del Ojo de la Mente, para percibir los Planos por encima de lo físico. Todo lo que existe tiene conciencia individual, con diferentes puntos de vista que conforman la Conciencia Cósmica en su totalidad. La Conciencia es el proceso de experimentar estas diferentes realidades dentro de la Creación. Es el "Evento" del que se habla en *Summum* cuando se habla del vínculo infinito entre la Nada y la Posibilidad.

A través de los Acontecimientos y la experiencia de la conciencia, todas las cosas vivas y no vivas del Mundo de la Materia se adaptaron a esta realidad y encontraron su vida aquí. Es el propio proceso de la Creación el que manifestó la conciencia en primer lugar.

¿Por qué el Creador decide crear? Esta pregunta tan importante ha dejado perplejas las mentes y los corazones de todos los filósofos, Espiritistas y religiosos por igual. Tal vez sea para poder experimentarse a sí mismo a través de la conciencia. El Creador se manifiesta como un punto de conciencia individual dentro de cada ser vivo para experimentar conscientemente su Creación. Esto explicaría por qué todas las religiones y filosofías espirituales dicen que, en nuestro núcleo, nuestro fundamento, cada uno somos Dios, el Creador. No hay una verdad más elevada que ésta. A los que tienen oídos para entender, que oigan.

"Por eso me llaman Hermes Trismegisto, que tiene las tres partes de la filosofía de todo el mundo. Lo que tengo que contar se ha completado, con respecto a la Operación del Sol." - "La Tabla de Esmeralda"

Las tres partes de la "filosofía del mundo entero" que Hermes menciona en este segmento son la Alquimia, la Astrología y la Teúrgia. Hermes es considerado el padre y originador de cada uno de estos campos. Algunos dicen que se le llamaba Trismegisto, que significa "Tres Veces Grande", porque era el más grande filósofo, el más grande sacerdote y el más grande Rey -su Reinado, por supuesto, es uno del Cielo. Hermes dio a la humanidad las llaves con las que puede exaltar su naturaleza Divina.

La Alquimia sin la Teúrgia está incompleta, al igual que sin la Astrología. Hay que estudiar las Estrellas, ya que son la propia Creación, en lo que respecta al Mundo de la Materia. La Alquimia es la práctica real de separar lo sutil de lo burdo, el Espíritu de la Materia y exaltar la conciencia individual. Pero esto debe hacerse con la comprensión de la Astrología, ya que la mente debe tener una hoja de ruta de cómo funciona la energía y nos influye. La Teúrgia es la práctica de ejercicios rituales, de naturaleza Mágica, para invocar o evocar la energía. Los tres tratan de la energía y su comprensión, invocación y transformación para elevar la vibración de la conciencia.

Para resumirlo todo, Hermes habla de la totalidad de la Creación que nos concierne como seres humanos y la llama "Operación del Sol". Aquí se refiere a nuestro Sistema Solar, que consiste en el Sol y los Planetas que orbitan a su alrededor. Todos los Planetas de nuestro Sistema Solar son parte de esta Operación, y el Sol es el General o el encargado de distribuir la Luz a todo dentro de nuestro Sistema Solar. Esta Operación del Sol es el conjunto de todo el Hermetismo. Es el conjunto de toda la vida de los seres humanos que viven en la Tierra. El Sol es el Hijo, el vástago del Primer Padre: la Mente del Mundo del Espíritu. Todo el Sistema Solar está dentro de la Mente de Dios como su Creación.

En conclusión, la *Tabla de Esmeralda* es de gran importancia para la Filosofía Hermética y la Evolución Espiritual de toda la humanidad. La sabiduría que encierra su contenido no tiene precedentes, ya que describe el proceso mismo de la Creación. Este conocimiento va de la mano con *El Kybalión*, ya que ambos son partes intrincadas de la Filosofía Hermética. Dado que esta obra pretende darte las claves para convertirte en un Mago (un Adepto en los Misterios Occidentales), es esencial ver cómo cada tema presentado hasta ahora forma parte del cuadro general.

Una vez que hayas recibido el conocimiento concerniente a los misterios de la Creación, puedes usar este conocimiento para ayudar a promover tu Evolución Espiritual. Este camino de los Misterios Occidentales trata de sacar el máximo provecho de esta vida y maximizar tu poder personal. Se trata de sintonizar tu conciencia con lo más elevado que hay en ti, el Espíritu, y realizar tu verdadera naturaleza. Nunca olvides que eres Dios, el Creador, viviendo la vida de un humano, para experimentar conscientemente tu Creación. Aquí está el gran misterio del mundo y la causa misma de nuestra inmortalidad. Todos somos Dios, el Creador.

EL ARTE DE LA ALQUIMIA

"Para el Alquimista, el principal necesitado de redención no es el hombre, sino la Deidad que está perdida y dormida en la Materia". - Carl Jung; extracto de "The Collected Works of C.G.Jung: Psychology and Alchemy"

La Alquimia es una de las ramas de las enseñanzas Herméticas. Junto con la Astrología, es una de las ciencias más Antiguas y significativas de la humanidad y la precursora de la química moderna. Con su base tanto en la multiplicación como en el fenómeno de crecimiento natural de la naturaleza, el propósito de la Alquimia es aumentar y mejorar la propia Creación. Aunque puede aplicarse a toda la Creación, su objetivo principal fue siempre el ser humano. Durante miles de años, la Alquimia se ha utilizado para elevar las vibraciones humanas y evolucionar Espiritualmente.

El origen exacto de la palabra "Alquimia" es un misterio hasta el día de hoy, pero la mayoría de los estudiosos coinciden en que proviene de la palabra raíz, "khemi", que proviene del nombre Copto de la gran nación de Egipto-Khem. Los estudiosos creen que Khem significa "negro", en referencia a Egipto como la "Tierra Negra", pero también puede significar "sabio".

Las dos primeras letras, "Al", es un artículo Árabe que significa "el" en Inglés. Pero "Al" también puede referirse a Alá (Dios del Islam) o corresponder al Hebreo "El", de Dios. En el sentido más literal, Alquimia significa "lo que pertenece a Egipto". La religión egipcia se consideraba la fuente de muchas religiones posteriores, y la Alquimia era una de sus prácticas más sagradas.

Otro posible origen de la palabra "Alquimia" es del Griego "chemeia", que significa el "arte de fundir metales". El tercer posible origen es también Griego, de la palabra "chumeia", que significa el "arte de extraer el jugo o las propiedades medicinales de las plantas". Aunque los Egipcios se consideran los fundadores de la Alquimia, fueron las sociedades invasoras Griegas Árabes las que conservaron este Arte tan sagrado.

Muchas ciencias especializadas como la medicina, la química, las ciencias naturales y la herboristería evolucionaron a partir de la Alquimia. Estos campos son el testimonio actual de la contribución científica y el legado de los Egipcios.

Según el folclore, los orígenes de la Alquimia se atribuyen a Hermes Trismegisto. Su obra más importante, la *Tabla de Esmeralda*, contiene las enseñanzas Alquímicas originales en las que se basan todas las demás. Los Alquimistas suelen denominarse "hijos de Hermes", ya que su sabiduría es la fuente de todas las enseñanzas Herméticas.

Los estudiosos no están seguros de quién fue el primer Alquimista, aunque se cree que el primer grupo que trabajó con el Arte de la Alquimia fueron los metaleros. El Alquimista más notable del pasado es Paracelso. Él pensaba que el objetivo principal de la Alquimia era curar las enfermedades. Su trabajo revolucionó tanto la medicina como la Alquimia y plantó las semillas de la actual homeopatía.

Hoy en día, la noción de Alquimia se entiende a menudo ingenuamente como un mero esfuerzo por transmutar los metales comunes en oro. Este malentendido surgió con el tiempo, ya que el Arte de la Alquimia fue velado a los profanos en sus inicios, al igual que el verdadero significado de las Cartas del Tarot. Este método de enseñanza se aplicó para proteger a los practicantes de estas artes sagradas de la persecución. También, para destacar a aquellos dignos de sus verdaderas enseñanzas. Hasta el día de hoy, la mayoría de la gente sigue creyendo que la Alquimia sólo tiene implicaciones materiales, pero esto está muy lejos de la verdad. El verdadero potencial de los procesos Alquímicos es mágico, místico y Espiritual.

La realidad es que la idea de transmutar los metales comunes en oro sirve como metáfora del proceso Espiritual que implica la transformación del nivel de Evolución Espiritual del ser humano. La Alquimia es un proceso Espiritual en el que el Alquimista se convierte en oro. Busca transformar su conciencia y convertirse en Iluminado. La leyenda que rodea este proceso fue llamada "búsqueda o persecución de la Piedra Filosofal".

La idea de la Alquimia como medio para producir oro sirve como metáfora para representar la manifestación en uno mismo de las cualidades del oro. Como se sabe que los metales básicos son impuros, mientras que el oro se entiende como puro e incapaz de empañarse, esta idea de transmutación sirve como metáfora perfecta para representar la transformación de un Yo impuro en el Yo Espiritual.

El oro puro representa el objetivo del Alquimista: pureza, iluminación, liberación y perfección. La Alquimia Hermética abarca entonces la Gran Obra, que es la base de este libro. También abarca el dominio de las fuerzas mentales y la transmutación de un tipo de vibraciones mentales en otras, como se trata en *El Kybalión*.

La imaginería Alquímica es extraordinariamente rica y llena de simbolismo. Aparte del Tarot (que procede de la misma tradición), no hay ningún otro sistema esotérico lleno de tantas imágenes y símbolos. Además, como el propósito de los símbolos es activar los Arquetipos dentro de nuestro subconsciente, son útiles para transmitir ciertas verdades sobre el Universo y sobre nosotros mismos.

A menudo, el impacto de un símbolo o imagen puede producir efectos internos sutiles que elevan la conciencia a Planos Superiores del Ser. Los símbolos de la Alquimia nos hacen comprender que no estamos separados del Universo, sino que los procesos externos del Universo se corresponden con nuestros procesos internos - Como Es Arriba, Es Abajo.

Muchos de los temas simbólicos de la Alquimia tienen que ver con las luchas del amor y la separación, la muerte y, finalmente, la resurrección. Estos temas se encuentran en muchas de las antiguas y nuevas religiones del mundo. Entre ellas, las religiones Egipcia e Hindú, así como el Cristianismo. El proceso de la Alquimia es Universal y se aplica a todos los seres humanos, sin importar de qué religión o cultura provengan. En ese sentido, la Alquimia trasciende todas las religiones y puede ser vista como el propósito último de todas ellas.

La mayoría de las filosofías Espirituales y religiosas ofrecen ciertos tipos de prácticas para completar la Gran Obra. Algunas de ellas se basan en la oración y otras en prácticas de meditación. Algunas incluso ofrecen ejercicios rituales con el mismo objetivo. La Alquimia Hermética te ofrece un método científico real mediante el cual puedes alcanzar el estado más elevado de Espiritualidad en esta vida y realizar la Gran Obra. Los ejercicios rituales presentados en *The Magus* están todos dirigidos a lograr este objetivo. Su práctica sistemática es el Arte de la Alquimia, orientada a la Evolución Espiritual.

EL OUROBOROS

El principio y el fin de la Gran Obra son encontrar la Prima Materia. Este Principio Divino es la energía primaria sobre la que se construye el mundo. Es el Principio Creativo que opera desde la Conciencia Cósmica del Universo. Proviene del Absoluto-Todo. El nombre más común en la sociedad para esta energía primaria es el Espíritu, y reunirse con el Espíritu es el objetivo general del Alquimista.

En el simbolismo Alquímico, la representación del Principio Divino es el Ouroboros, la serpiente que se come la cola. Es el número "I" y el "O", significando el principio y el fin de la Gran Obra. Es potencialmente masculino y femenino, pero también ninguno de los dos, ya que está más allá de la dualidad.

El Ouroboros representa la Fuente. Como el “I” no tenía forma de comprenderse a sí mismo, necesitaba multiplicarse. Pero para multiplicarse, fue necesario sacrificar su unidad indivisa. A través de la meditación, el "I" se convirtió en el "O", que no es una "No-Cosa", sino una figura que no define la cantidad.

Como todos los números proceden del "O", todas las cosas proceden del Vientre de la Creación, que representa. El "O" es, pues, el Principio femenino, pasivo y receptivo: la Gran Madre. El "I" es el Gran Padre y el Principio masculino y proyectivo de la Creación.

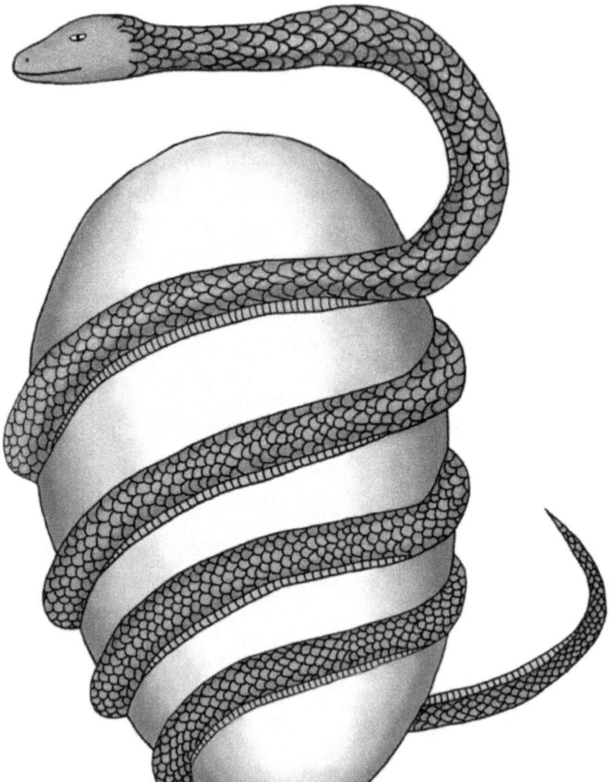

Figura 58: El Ouroboros-Huevo Órfico

El Todo, o Dios-Creador, es representado en el simbolismo Alquímico como un huevo con una serpiente fuertemente enroscada alrededor de él. Es una segunda forma del Ouroboros, también llamado el Huevo Órfico (Figura 58). En su representación visual, el "I" (la serpiente) se enrosca alrededor del "O" (el huevo), como Dios la Madre listo para recibir la Luz inseminadora de Dios el Padre. Esta forma del

Ouroboros es el potencial de la Creación antes de su realización. La relación sexual de la Gran Madre y el Gran Padre representa el Matrimonio Divino, que debe tener lugar para manifestar el Universo.

Qabalísticamente, Kether se divide en dos para formar Chokmah y Binah; Chokmah es la Fuerza detrás de toda la Creación, y Binah es la Madre de la Forma. La proyección de Chokmah en Binah es lo que crea el Universo. El Universo se materializa a través de un proceso gradual de manifestación de los Planos Cósmicos. Qabalísticamente, este proceso se describe como la manifestación de los Sephiroth siguiendo el Sendero de la Espada Flamígera. La materialización se completa en Malkuth como el Mundo de la Materia, el mundo tangible en el que vivimos y nos movemos y tenemos nuestra existencia física.

El sacrificio Divino inicial de la unidad indiferenciada del Creador creó la primera dualidad en el Universo manifestado. Mediante este sacrificio, el "Yo" se convirtió en la "yo", asumiendo así un polo del extremo en la dualidad, el Principio masculino. Es el Logos, el Verbo de Dios, y la semilla que fecunda el óvulo. El Matrimonio Divino ha tenido lugar entre Dios Padre y Dios Madre, Chokmah y Binah. El óvulo ha sido fecundado.

El Sol, la Estrella de nuestro Sistema Solar y la Luz de Dios, se originó en el Vientre de la Creación. El símbolo Alquímico del Sol es la "O" con un punto en el centro, el símbolo del oro y el estado espiritual más elevado que puede alcanzar la humanidad. Por esta razón, el Alquimista busca el oro en sí mismo, ya que el oro (la Luz de Dios) es la esencia más elevada que se encuentra en nuestro Sistema Solar. Es nuestra conexión con la Prima Materia, el Espíritu, la Fuente inicial de toda la Creación.

LA PIEDRA FILOSOFAL

La Piedra Filosofal es una legendaria sustancia Alquímica capaz de convertir los metales comunes (como el mercurio) en oro o plata. Es una representación simbólica del logro de la perfección a través de la Alquimia Espiritual y de la consecución de la Iluminación. La consecución de la Iluminación se equivale con la Santidad, la más alta vocación de todas las religiones. El concepto de Iluminación corresponde a los diversos términos Alquímicos y Qabalísticos relacionados con el propósito y la meta final de todas las prácticas Espirituales. Este objetivo es reunir el Ser con el Espíritu y realizar la Gran Obra.

La Piedra Filosofal es otro término utilizado para denotar el objetivo más buscado de la Alquimia, la transformación Espiritual. Cuando se oye decir que un Alquimista ha encontrado la Piedra Filosofal, significa que ha completado la Gran Obra. Se ha rejuvenecido energéticamente y ha alcanzado la inmortalidad. Por supuesto, su cuerpo físico morirá, ya que eso no se puede evitar, pero el Espíritu con el que su conciencia se ha alineado ahora vivirá para siempre. Por esta razón, la Piedra Filosofal es frecuentemente llamada el "Elixir de la Vida".

Los Alquimistas creen que existe una esencia interior dentro de cada ser humano. Perdimos el contacto con esta esencia una vez que Adán y Eva fueron expulsados del Jardín del Edén. Esta esencia, por supuesto, es la Prima Materia, el Espíritu. Otro nombre para ella es Azoth, cuyo símbolo es el Caduceo. No es de extrañar que el Caduceo (el símbolo de la energía Kundalini en Occidente) se considere la más alta iniciación Espiritual y el siguiente paso en la evolución de la humanidad. El destino de la humanidad es expandir nuestra conciencia alcanzando la Piedra Filosofal.

Ya has visto cómo la perspectiva Qabalística de la historia del Jardín del Edén es significativa respecto a la Evolución Espiritual. Cuando buscamos volver a entrar en el Jardín del Edén, buscamos principalmente el Azoth, para liberarlo de las ataduras de la Materia y purificarlo. Es el Gran Trabajo del Alquimista. Si has experimentado un despertar de Kundalini, entonces ya has comenzado el proceso de Alquimia Espiritual y tu búsqueda del Azoth, el Espíritu.

Hay mucha correlación entre los diversos términos Alquímicos presentados hasta ahora, y se relacionan con la misma cosa en muchos casos. Muchas palabras que denotan la energía del Espíritu se utilizan a menudo indistintamente, y esto es para confundir al profano, ya que sólo las personas que buscan este conocimiento conocerían la verdad. Durante mucho tiempo en la historia, era peligroso salir a la luz con este conocimiento esotérico ya que los Alquimistas eran considerados herejes por el poder dominante de los últimos dos milenios, la Iglesia Católica.

Para su comprensión, es bueno ver cómo se relacionan estos diferentes términos, lo que reconciliará sus puntos de vista divergentes sobre la realidad Espiritual. Todos los seres humanos están construidos de la misma manera, y la raza, la cultura y la religión no nos hacen diferentes con respecto al proceso de la Alquimia Espiritual. La búsqueda de la Piedra Filosofal es un viaje que cada uno de nosotros emprende en algún momento de su vida, ya que es el deber que tenemos con nuestro Creador de completar la Gran Obra.

DUALIDAD Y LA TRINIDAD EN LA ALQUIMIA

Los Alquimistas eran conscientes del origen divino del Universo. Sabían que todos los aspectos de la Creación emanan de una Fuente Divina; por lo tanto, Todo es Uno y está interconectado. Además, entendían que toda la Creación existe en armonía con el Principio de Polaridad. El Principio de Polaridad expone que cada aspecto de la Creación existe en relación con su opuesto. Como se menciona en *El Kybalión, El*

Principio de Polaridad es el Principio más crucial que está detrás de todo en el Universo manifestado.

En el *Libro I* del *Corpus Hermeticum*, Hermes relata la visión de la Creación que le dio Poimandres, el *Nous* o Mente de Dios. Aquí vemos la primera manifestación del Principio Hermético de Polaridad.

"Contemplé una vista ilimitada; todo se había convertido en Luz, una Luz suave y alegre; y me llené de anhelo al verla. Después de un poco de tiempo, había llegado a haber en una parte una oscuridad que se movía hacia abajo, temible y repugnante, que experimenté como un movimiento de torsión y envolvente. Así me pareció. Vi que la naturaleza de las tinieblas se transformaba en una sustancia acuosa, que se agitaba indescriptiblemente y despedía humo como de fuego, culminando en un eco indecible y lúgubre. De la sustancia acuosa salió un grito fuerte e inarticulado; el sonido, según me pareció, era de la Luz." - "Corpus Hermeticum"

Este extracto describe el proceso de separación de la Cosa Única del que se habla en *La Tabla Esmeralda.* El Principio Divino, El Todo, se separa en dos para formar la Matriz, el Vientre de la Creación, que genera todas las Formas de la existencia. El Principio Divino, la Luz Blanca (el Espíritu), dio así origen a la oscuridad del Espacio. La Luz y la oscuridad son, pues, la primera dualidad de la Creación. El tiempo es el factor de unión entre ambas, ya que es lineal, es decir, tiene un principio y un final inevitable. De este modo, surgió la dualidad, y los opuestos se manifestaron dentro de todo lo que existe en el Espacio/Tiempo.

La dualidad está representada por el número dos, ya que ejemplifica la Ley de los Opuestos y la tensión dinámica del Universo creado. El dos representa cl deseo porque todas las cosas que nacen en la dualidad buscan naturalmente su pareja, su otra mitad. Estas parejas están representadas Alquímicamente por el Azufre y el Mercurio, el Rey Rojo y la Reina Blanca, simbolizados por el Sol y la Luna. Por esta razón, la Alquimia contiene una plétora de simbolismos del Sol y la Luna. Como se ha mencionado, el Sol es la Luz de Dios y el Gran Padre (Azufre), mientras que la Luna representa la Gran Madre (Mercurio) en la Alquimia. Estos componentes masculinos y femeninos, o Principios, buscan naturalmente la unión entre ellos como todos los opuestos dentro de la naturaleza buscan la unidad.

El azufre también es llamado el Rey Rojo, mientras que el Mercurio es llamado la Reina Blanca. Una vez que el Matrimonio Divino entre el Rey Rojo y la Reina Blanca ha tenido lugar, se crea una tercera sustancia: la Sal. El Azufre, el Mercurio y la Sal forman la Trinidad en la Alquimia, que se corresponde con la Santísima Trinidad del

Cristianismo: Dios-Padre, Dios-Madre y Dios-Hijo, tal como se encuentran en toda la Creación.

El Azufre es el Alma presente en todos los seres vivos del Universo. Proviene del Sol como la Luz de Dios y es el Principio masculino, el Gran Padre. El Mercurio es el Espíritu, la Prima Materia; aunque en lo que respecta a la Trinidad, está en un sub-modo de la misma. Se encuentra dentro de la polaridad con el Azufre, el Mercurio está ligado a él y se define y especifica. Asume el papel de lo femenino como la Gran Madre, el Principio de la conciencia. La Sal es el Cuerpo, la Forma manifestada de todo lo existente. La Sal es la Materia misma.

Hay que tener en cuenta que el Azufre, el Mercurio y la Sal son Principios Filosóficos en la Alquimia, que no deben confundirse con las sustancias físicas del mismo nombre. Estos tres Principios están presentes en todo el Universo manifestado. La sal es el vehículo de la manifestación material y la Tercera Dimensión del Tiempo y del Espacio. Los otros dos Principios son sutiles, operan a nivel interno y están contenidos en la Sal. Así, podemos encontrar Azufre y Mercurio dentro de nuestros cuerpos físicos.

El Mercurio une los Principios del Azufre y la Sal, que se controlan a través de un calor natural creado por nuestra energía Pránica. Prana es la Fuerza Vital que obtenemos principalmente a través de la ingesta de alimentos. La comida es esencial para nuestra supervivencia. El consumo de agua modera el Principio de Mercurio, ya que el agua apoya la conciencia. La dinámica entre los tres Principios de Azufre, Mercurio y Sal permite la existencia del Universo manifestado. Estos tres Principios también están detrás de la designación de Hermes como "Tres Veces Más Grande", ya que es el maestro detrás del triple misterio de la Creación. Él es el mensajero de este conocimiento Divino como el que lo trajo a la humanidad.

La Alquimia comparte mucho con la práctica Hindú del Yoga. El concepto Yóguico de la Kundalini y de los diversos canales, o Nadis, por los que fluye la energía Kundalini se corresponde con los principios Alquímicos. Pingala, el canal rojo masculino en el sistema Hindú, es frecuentemente llamado el canal del Sol - relacionado con el Azufre. Ida, el canal azul femenino, se llama el canal de la Luna, que corresponde a Mercurio. Sushumna, el canal central que recorre la médula espinal y conecta con el cerebro, es el canal de Brahma. Equivale al "Fuego Secreto" de la Alquimia -aquello que los Alquimistas buscan localizar dentro de sí mismos y con lo que trabajan.

El Fuego Secreto equivale a la letra Hebrea Shin, el reconciliador entre los Cuatro Elementos, como el Espíritu Santo. Por lo tanto, despertar la energía Kundalini es esencialmente el objetivo de la Alquimia, ya que representa la liberación del Fuego Secreto, el Espíritu Santo, cuyo propósito es expandir la conciencia y unir al individuo con El Todo-Dios.

ETAPAS Y PROCESOS ALQUÍMICOS

El Arte de la Alquimia consta de varias etapas y procesos. Al observar los procesos Alquímicos de la naturaleza, como el fenómeno de las semillas que se transmutan en plantas completamente desarrolladas, los primeros Alquimistas consideraron a la naturaleza como el maestro original de la Alquimia. Al estudiar la naturaleza, los Alquimistas vieron que todo en ella se mueve continuamente hacia un estado predeterminado de perfección. Inspirados, se propusieron replicar estos fenómenos naturales dentro del laboratorio científico. Sin embargo, pretendían conseguir resultados similares en mucho menos tiempo. Para ello, en sus experimentos, aceleraron los procesos que copiaban de la naturaleza.

Cada empresa Alquímica, ya sea Espiritual o práctica, debe implicar tres procesos fundamentales: separación, purificación y cohobación (recombinación). Estos tres procesos esenciales también están siempre presentes en los fenómenos Alquímicos de la propia naturaleza. Dentro de la ciencia de la Alquimia, todas las manifestaciones físicas de la Creación pueden clasificarse en minerales, animales o vegetales. Estas tres categorías se conocen como los Tres Reinos. Además, cada manifestación física dentro de los Tres Reinos se compone de Espíritu, Cuerpo y Alma. Juntos, estos tres componentes forman los Principios Alquímicos.

Una de las intenciones de la Alquimia es eliminar las impurezas y los bloqueos energéticos del Aura del practicante. Haciendo esto se revelará la verdad de uno mismo y nuestra conexión con la Fuente Divina. Este libro se ocupa únicamente de la Alquimia Espiritual en lugar de un arte puramente químico. Los procesos Alquímicos pueden ser aplicados teóricamente para transformar el metal en oro, pero esto nunca fue realmente logrado por nadie. A lo largo de la historia, muchos lo han intentado, pero no hay pruebas reales de que alguien lo haya conseguido.

Dentro de *The Magus*, la iniciación en la Alquimia Espiritual comienza con el Lesser Banishing Ritual of the Pentagram (LBRP), cuyo propósito es la eliminación de todas las energías negativas y positivas del Elemento Tierra. Así, el proceso de separación y purificación comienza con el LBRP y el BRH. La invocación de los Elementos le sigue en el orden sucesivo en que se dan. El Middle Pillar se presenta como un ejercicio inductor de la Luz cuyo propósito Alquímico es estabilizar el Azufre -el Alma.

El Elemento Tierra sirve como estabilizador de la Trinidad Alquímica. Como parte de los procesos Alquímicos, es la Sal de la empresa. Sin embargo, dentro del Elemento Aire, se produce el proceso de separación, que te permite discernir entre las impurezas del cuerpo, la mente y el Alma que influyen tus pensamientos y emociones, que a su vez afectan a tu comportamiento. Por el contrario, el Elemento Agua contiene el proceso de purificación. Durante este proceso, debes sublimar los aspectos del Ser que están en contacto con el amor incondicional del Alma. El Elemento Agua es fluido, al igual que el Principio Mercurio.

El Elemento Fuego sirve para purificar aún más el sistema de sus negatividades, al tiempo que eleva tu fuerza de voluntad más allá de las emociones. Junto con el Aire, el Fuego es la etapa de Azufre del proceso Alquímico, aunque esta etapa comenzó con la introducción del Middle Pillar. Tanto el Aire como el Fuego son Luz Blanca en diferentes grados de manifestación; por lo tanto, ambos tienen una conexión con el Sol, el representante del Principio Alquímico del Azufre.

La invocación del quinto Elemento del Espíritu es el proceso de cohobación o recombinación durante el cual los diferentes componentes Elementales del sistema energético del Alquimista se unen en un estado refinado de totalidad. Junto con el Agua, el Espíritu es la fase de Mercurio del proceso Alquímico. En el simbolismo Alquímico, la Luna representa el Elemento Agua y el Elemento Espíritu, ya que ambos están relacionados con la conciencia.

Sin embargo, el proceso de tres partes de la Alquimia no es un esfuerzo de una sola vez. Una vez comprendido el proceso, el Alquimista debe practicar su incorporación a la vida diaria para transmutar sus impurezas en Oro Espiritual de forma continuada.

A cada una de las cuatro etapas del proceso Alquímico se le asigna un color. El negro representa el Alma en su condición inicial, original, antes de cualquier trabajo Alquímico. Al comienzo de la práctica Alquímica, después de que se haya producido la primera transmutación, el blanco, o azogue, se atribuye a esta etapa siguiente. Después de esta etapa viene un período de pasión, representado por el Azufre. El color rojo simboliza esta etapa pasional. Finalmente, la última etapa de pureza Espiritual está representada por el oro.

LOS TRES PRINCIPIOS EN LA NATURALEZA

Los tres Principios Alquímicos de Azufre, Mercurio y Sal son las tres sustancias fundamentales que existen en todas las manifestaciones físicas de la Creación (Figura 59). Son análogos al Alma, al Espíritu y al Cuerpo, y juntos se entienden como un todo indivisible.

El estado de unión entre estas tres sustancias está presente sólo antes del comienzo del proceso de la Alquimia. Por lo tanto, tu deber como Alquimista es practicar el discernimiento entre las tres sustancias dentro de tu sistema energético mientras te sometes al proceso de transformación de la Alquimia Espiritual. A través de este proceso, el Azufre, el Mercurio y la Sal se recombinan en una forma más exaltada y valorada: el Fuego Secreto o Mercurio Filosofal. Esta sustancia es necesaria para fabricar la Piedra Filosofal.

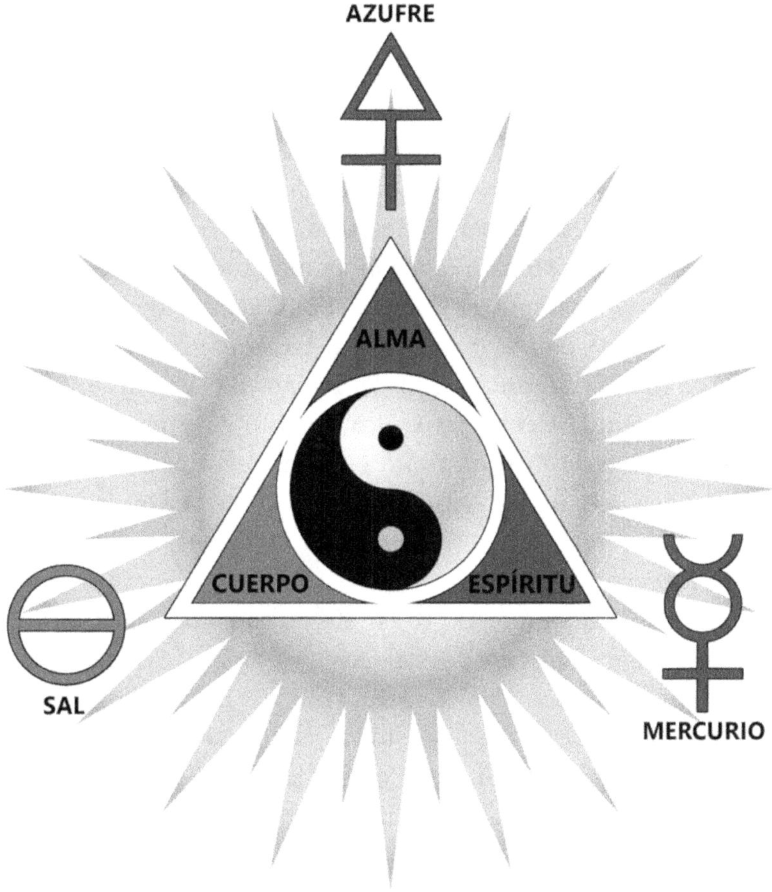

Figura 59: Los Tres Principios Alquímicos: Azufre, Mercurio y Sal

Principio de la Sal

Formando parte de la esencia de todos los metales y debido a su pesadez y torpeza, la Sal es el Principio que significa sustancia y Forma. Es el cuerpo físico. El Azufre y el Mercurio están enraizados y fijados dentro de la Sal, que les sirve de vehículo o cuerpo. La Sal representa la cristalización y el endurecimiento de los tres Principios juntos. La etapa de la Sal del proceso de la Alquimia Espiritual es la primera invocación Elemental de la Tierra a través del LIRP de la Tierra.

Debes dedicar el tiempo asignado a invocar esta energía porque es necesario que haya un enraizamiento de los otros tres Elementos presentes en ti. Este enraizamiento es, por lo tanto, el primer paso en el proceso de la Alquimia. Los Elementos se solidificarán en un todo cristalizado. Una vez que esto se haya completado, puedes empezar a añadir y restar Azufre y Mercurio.

Principio del Azufre

El proceso completo de transmutación Alquímica depende del Principio del Azufre y de su correcta aplicación. Encontrado dentro del Elemento Fuego, el Azufre es el Principio masculino, vibrante, ácido, activo y dinámico, el aspecto del Alma de todos los seres vivos. Como representa nuestro deseo de lograr la Evolución y el crecimiento Espiritual, sirve como el impulso emocional y la pasión que mueve y anima toda la vida. El Azufre sirve para estabilizar el Mercurio, del que se extrae y al que regresa. El Azufre es también la manifestación física de la inspiración invocada por Mercurio.

El Azufre representa el Alma y el Fuego del Sol. Dentro de la Magia Ceremonial, el Azufre está representado por la invocación del Elemento Fuego a través del Lesser Invoking Ritual of the Pentagram (LIRP) del Fuego. Sin embargo, la etapa del Azufre comienza con el LIRP del Aire ya que el Elemento Aire es Luz en una frecuencia diferente a la del Elemento Fuego. Tanto el Elemento Fuego como el Elemento Aire representan entonces la etapa de Azufre del proceso de la Alquimia Espiritual.

Principio de Mercurio

Dentro del proceso Alquímico, el propio Mercurio es la sustancia transformadora. Por lo tanto, es el más esencial de los tres Principios. Su papel es el de aportar equilibrio y armonía entre los otros dos, el Azufre y la Sal. El Principio del Mercurio es el Principio creador que simboliza todo el proceso del acto Alquímico de transmutación. Impregnando todas las formas vivas, el Mercurio es la Fuerza de la Vida, el Espíritu, aunque en una forma inferior a la del Espíritu como Prima Materia. En esta forma, Mercurio adopta el Principio fluido y femenino que simboliza la noción de conciencia. Trabajamos con Mercurio en esta primera etapa realizando el LIRP del Agua.

Dentro de la Alquimia práctica relacionada con la química, el Mercurio existe en dos estados, ambos líquidos. El primer estado es volátil antes de la eliminación del Azufre. Se denomina azogue. El segundo estado es fijo, que es después de que el Azufre ha sido devuelto una vez más. Este último estado se conoce como Mercurio Filosófico o "Preparado", también conocido como el Fuego Secreto, la meta del Alquimista. Estamos trabajando con el Principio de Mercurio en la segunda etapa cuando realizamos el Supreme Invoking Ritual of the Pentagram (SIRP).

***

"*Solve Et Coagula*" es un axioma Alquímico que significa "disolver el cuerpo y coagular el Espíritu". Se refiere a todo el proceso de la Alquimia, que es separación, purificación y cohobación (o recombinación). Lo volátil necesita convertirse en fijo, y lo fijo necesita convertirse en volátil. El Espíritu o Mercurio Filosófico no habitará en el cuerpo hasta que éste se haga tan sutil y "fino" como el Espíritu. Alquímicamente, las cosas necesitan romperse y reconstruirse, lo cual no es un esfuerzo de una sola vez, sino un proceso cíclico que necesita repetirse una y otra vez.

A lo largo de la vida, hemos construido nuestro Mundo Interior a través de nuestras facultades internas y hemos creado obstrucciones en nuestra Aura de manera que el Espíritu, que era una parte de nosotros, ya no fluye a través de nosotros. En cambio, está presente en nuestro interior, pero primero tenemos que descomponer nuestros Elementos y luego recombinarlos en un todo mayor. Sólo entonces puede el Mercurio Filosofal morar en nosotros de nuevo, y nuestra conciencia puede operar en su más alto potencial.

LOS CUATRO ELEMENTOS Y LA QUINTAESENCIA

Los cuatro Elementos filosóficos son los que comprenden todos los aspectos físicos de la Creación. Son el Fuego, el Agua, el Aire y la Tierra. Estos Cuatro Elementos surgen de la Trinidad de los tres Principios filosóficos del Azufre, el Mercurio y la Sal (Alma, Espíritu y Cuerpo). La Trinidad es responsable de animar todos los aspectos del mundo material, empezando por los Cuatro Elementos. Esta Trinidad, por otra parte, surge de la dualidad de la Luz y la oscuridad. Y finalmente, la dualidad surge de la unidad de El Dios Todo.

En este contexto, los Cuatro Elementos no se corresponden con los Elementos descritos en el campo científico de la química. Por ejemplo, el Elemento Fuego no es sólo la llama, y el Elemento Agua no es sólo el H2O. Por el contrario, estos Cuatro Elementos, en diferentes combinaciones, se encuentran dentro de todos los aspectos de la Creación manifestada.

Los Cuatro Elementos poseen el potencial de transformarse en todas las formas materiales. Este dinamismo depende del hecho de que cada Elemento comparte sus cualidades con otro. Por ejemplo, el Fuego y el Aire son los dos Elementos masculinos, mientras que la Tierra y el Agua son los Elementos femeninos. El Fuego (caliente y seco) es el elemento más volátil, mientras que la Tierra (fría y seca) es el más estable. Del mismo modo, el Agua es fría y húmeda, mientras que el Aire es caliente y húmedo.

Cada uno de los Elementos puede transformarse en su manifestación material. Por ejemplo, un sólido de tipo Tierra puede fundirse en un líquido de tipo Agua. A continuación, puede transformarse en un gas inflamable que puede volver a condensarse en forma líquida o quemarse en forma de llama.

Dentro de los tres Principios de la Alquimia se encuentra la noción del quinto Elemento: el Elemento Espíritu. El Elemento Espíritu también se conoce como Mercurio Filosófico, el Fuego Secreto o la Quintaesencia. La Quintaesencia se encuentra dentro de los propios Cuatro Elementos filosóficos. La Quintaesencia no es un producto de los Cuatro Elementos, ya que no es un aspecto de la Creación material. En cambio, la Quintaesencia precede a los Cuatro Elementos. Es la Trinidad de los tres Principios filosóficos como el Principio Divino y la Prima Materia. El Espíritu es la sustancia utilizada para crear la Piedra Filosofal. El símbolo del Espíritu, o la Quintaesencia, es el propio Pentagrama, de ahí su uso en la Magia Ceremonial. Dentro de *The Magus*, se puede experimentar la Quintaesencia a través del ejercicio SIRP.

COMO ES ARRIBA, ES ABAJO

El Principio Hermético de Correspondencia señala una relación entre las Estrellas y Planetas de nuestra Galaxia y todas las manifestaciones físicas del Planeta Tierra. Al comprender el mapa de los Cielos, sabemos cómo esos componentes se reflejan en la Tierra, especialmente en la constitución de los seres humanos. Con esta noción surge la conexión entre la Astrología y la Alquimia. Todas las prácticas Alquímicas comparten sus aspectos de alguna manera con la comprensión Astrológica.

Obtenemos vastos conocimientos comprendiendo los poderes de los diferentes Planetas de nuestro Sistema Solar. Según los Alquimistas, los movimientos y cualidades de los cuerpos celestes de nuestro Sistema Solar representan el desarrollo de la vida en la Tierra. Este conocimiento se une a la comprensión de las energías de las Estrellas que forman las diferentes constelaciones. Estas energías forman partes de la psique humana que influyen y dan forma a nuestro carácter y personalidad. Deben ser purificadas y sus desafíos superados a medida que avanzamos en nuestros viajes Espirituales.

Nuestro Sistema Solar puede ser comparado con un solo cuerpo. Qabalísticamente, es Adam Kadmon. Al igual que el cuerpo humano, el Sistema Solar contiene componentes vitales. Estos componentes se correlacionan con los órganos del cuerpo humano y los aspectos Arquetípicos de la psique. Del mismo modo, tanto el Sistema Solar como el cuerpo humano contienen energías masculinas y femeninas. Dentro de nuestro Sistema Solar, el Sol representa el Principio masculino (Azufre) mientras que la Luna representa el Principio femenino (Mercurio).

De la misma manera que cada persona tiene un equilibrio único de los Cuatro Elementos en su interior, cada persona también contiene un equilibrio especial de las diferentes cualidades Planetarias. El gran Alquimista Paracelso aportó una visión de cómo estas cualidades Planetarias se corresponden con diversas enfermedades del cuerpo humano, así como sus remedios. Por ejemplo, si una persona experimenta dolor en las articulaciones, esto refleja un desequilibrio en la energía de Saturno dentro de su cuerpo. Todos los problemas de salud relacionados con los huesos se deben a una debilidad de la energía de Saturno. Para ver más correspondencias planetarias con enfermedades del cuerpo, consulte el capítulo "Los Planetas Dentro de Nuestro Sistema Solar".

Paracelso destacó la importancia de trabajar con los conocimientos Astrológicos. Subrayó que los practicantes de la Alquimia debían comprender la naturaleza de los diferentes cuerpos celestes y sus cualidades, al igual que un médico debe comprender los diferentes órganos y componentes que componen el cuerpo físico.

A través del conocimiento presentado hasta ahora en *The Magus*, incluyendo las correspondencias planetarias, puedes utilizar la Magia Planetaria para ayudar con las dolencias físicas, pero también con las emocionales y mentales. Para obtener una verdadera maestría sobre el Ser y aprovechar tu potencial más elevado, debes trabajar con los Planetas para integrar tus poderes y aspiraciones superiores. Si has terminado el programa prescrito de Alquimia Espiritual con los Cinco Elementos, el siguiente paso incluye trabajar con la Magia Planetaria para propósitos de Evolución Espiritual o para curar dolencias físicas.

LOS METALES ALQUÍMICOS

Los practicantes de la Alquimia entienden que los metales pertenecen a uno de los Tres Reinos, el de los minerales. Con esta perspectiva, consideran los metales como sustancias vivas comparables a los animales y los vegetales. Se trata de una visión única en comparación con la del geólogo o el metalúrgico de hoy en día. Al igual que las plantas y los animales, los metales también guardan en su interior su equivalente a una semilla destinada a promover un mayor crecimiento.

El Alquimista comprende que los metales, al igual que todos los demás aspectos de la Naturaleza, deben estar sujetos a nacimiento, crecimiento y aumento. Cuando las condiciones naturales son adecuadas, los metales pueden transmutarse. Sin embargo, esto sólo ocurre bajo las condiciones naturales adecuadas y no bajo la influencia de los esfuerzos del Alquimista. Por esta razón, se anima a dejar que el proceso se desarrolle a su propio ritmo, sin interferencias.

Se reconoce que cada cuerpo celeste está asociado a un metal particular debido a la forma y las cualidades de cada Planeta. La Luna está asociada a la plata. Júpiter se asocia con el estaño. El cobre, o el latón, se atribuye a Venus. El hierro se atribuye a Marte. El plomo es el metal de Saturno y el azogue es el metal de Mercurio. Por último, el oro es el metal asociado al Sol. Los metales son la manifestación física de los planetas en la Tierra.

LAS ETAPAS DE LA ALQUIMIA

En la Gran Obra, la Escalera de los Sabios, también conocida como "Escalera de Jacob", se utiliza para representar las diferentes etapas Alquímicas en el camino hacia la perfección Espiritual. A través de la imaginería, la Escalera de Jacob es a menudo representada como una escalera que conduce desde un templo Terrenal (que representa el Abajo) a un lugar en las nubes (que representa el Arriba). Así, la Escalera es el vínculo de unión entre el Cielo y la Tierra, lo de Arriba y lo de Abajo.

La Escalera de los Sabios conduce al Templo Interior, del que habla a menudo Jesucristo en sus enseñanzas. Para llegar a él, debes purificar y consagrar los Principios Alquímicos en tu interior. El Fénix que resurge de las cenizas es un símbolo del nuevo Ser que emerge del viejo Ser. La renovación, la regeneración y la transformación son el núcleo de todos los procesos Alquímicos.

La Gran Obra comprende siete etapas, que se correlacionan con los Siete Chakras, aunque una fase puede abarcar más de un Chakra. Las etapas también se corresponden con los Siete Planetas Antiguos; sin embargo, algunos pasos también pueden atribuirse a más de un Planeta. Como la *Tabla de Esmeralda* de Hermes Trismegisto trata del proceso de la Alquimia, las siete etapas también se corresponden con diferentes partes, o frases, de la *Tabla de Esmeralda*, como se discutirá.

En la literatura Alquímica, estas siete etapas se presentan como procesos de laboratorio, principalmente a través de imágenes. El propósito de este método es velar el significado real de lo profano. También se trata de ayudar a comprender mejor los procesos dando una representación simbólica de cada etapa. Al fin y al cabo, la mayoría de la gente creía que la leyenda de la Piedra Filosofal trataba de convertir el plomo físico en oro.

Según los Alquimistas, la secuencia de las etapas en la Escalera de los Sabios varía para cada persona. Después de todo, todos estamos en diferentes niveles en nuestro proceso de Evolución Espiritual y requerimos un trabajo interno específico en nuestro camino hacia la Iluminación. Además, para algunas personas, ciertos pasos

Alquímicos pueden incluso no ser necesarios para que se complete la Gran Obra y se alcance la perfección Espiritual.

Es importante reconocer aquí que el orden de las etapas y procesos de la Gran Obra nunca ha sido expuesto explícitamente por los grandes Alquimistas. Los detalles exactos de la secuencia nunca han sido compartidos por escrito. Este método fue para traer confusión a aquellos que sólo tienen curiosidad por este trabajo y no son sinceros.

Hay que tener en cuenta que la Alquimia se practicaba principalmente antes de la llegada de la Aurora Dorada. El método de la Alquimia Espiritual presentado por los creadores de la Aurora Dorada ha demostrado resistir la prueba del tiempo. He incluido su procedimiento como parte del discurso sobre las etapas Alquímicas para la comprensión óptima de este tema. Además, las siguientes descripciones de las etapas Alquímicas se presentan en la secuencia que mejor se asemeja al método de la Alquimia Espiritual de la Aurora Dorada. Dicho esto, las siguientes son las siete etapas de la Escalera de los Sabios.

CALCINACIÓN

"Todas nuestras purificaciones se hacen en el Fuego, por el Fuego y con el Fuego", dijo el Alquimista del siglo XX, Fulcanelli, en *El Misterio de las Catedrales*. El proceso de Calcinación representa la purificación del Ego y la destrucción de todas las partes de la falsa personalidad. Simbólicamente, este proceso implica la quema de aquello que pretendemos transformar con el Azufre a través del Elemento Fuego. Los Alquimistas tenían el fuego en alta estima, creyendo que era el agente de transformación más potente y necesario para su trabajo. Por esta razón, a menudo fueron llamados los "Filósofos del Fuego".

Simbólicamente, el proceso de Calcinación se representaba visualmente como un león consumiendo una serpiente. Aquí, el león representa el poderoso Fuego del Alma (el Azufre) y el valor y el deseo necesarios para superar la oscuridad. La serpiente representa el Mercurio no procesado de la falsa personalidad, el Ego.

La Calcinación implica la aplicación de calor y del Elemento Fuego, que se corresponde con el Chakra Manipura. Este proceso comienza en el Chakra Raíz, Muladhara, ya que es un Fuego suave y constante que se obtiene una vez que las energías en el Aura están enraizadas a través del LIRP de la Tierra. La etapa de Calcinación está asociada con el poder de Saturno ya que existe una firme conexión mística entre Saturno y la Tierra. Saturno representa el Tiempo y el Espacio, a través de los cuales se formó el Ego.

La Calcinación inicia el proceso de descomposición del viejo Yo. La frase de la *Tabla Esmeralda* correspondiente a la etapa de Calcinación es: "El Sol es su Padre". Hace referencia al Principio masculino, el Azufre, el Elemento Fuego de la transformación.

A medida que el proceso de Calcinación se lleva a cabo, la destrucción sistemática del Ego está en marcha, consumiendo los apegos de uno al reino material. Después de ser desafiado por las dificultades de la vida, el proceso de Calcinación es humillante para el buscador que se somete a esta purificación.

La calcinación continúa a través de la LIRP del Fuego y del Elemento Fuego ya que, a través de la purificación, el viejo Ser se quema, dejando sólo cenizas. La "Sal de la Piedra", el Alma Eterna, puede encontrarse dentro de las cenizas. Ten en cuenta también que cuando se trabaja con el LIRP de Fuego, los cuatro Chakras inferiores están involucrados en el proceso, ya que el Fuego también purifica los Elementos Tierra, Aire y Agua.

Al despertar la Kundalini, una vez liberado el Fuego Interior, la Calcinación es la primera etapa del proceso de transformación. Una vez iniciada esta etapa, pueden pasar años para que se produzca la quema gradual de los aspectos negativos del Ego antes de que el Yo Superior pueda ser exaltado. Este primer paso con la aplicación del Fuego tiene como objetivo liberar al Ego de la esclavitud del mundo material. El proceso se desarrolla de esta manera ya que el Ego es la forma más baja del Ser. Por lo tanto, mientras nos elevamos de Abajo a Arriba, el proceso de transformación debe comenzar con el aspecto más bajo de la manifestación - la base física.

DISOLUCIÓN

En el contexto de "Solve Et Coagula", la disolución es la parte "Solve" de este axioma Alquímico. La disolución del cuerpo es necesaria para que el Espíritu pueda impregnarlo después. Después de la Calcinación, la Disolución es la segunda etapa del proceso de transformación Alquímica.

Simbólicamente, un león verde, que significa el componente de Mercurio dentro de nosotros mismos que aún debe ser perfeccionado, representa la Disolución. Este león verde es también un símbolo del iniciado, que ha pasado por la primera etapa, probado por el Fuego de la Tierra, y ahora está listo para ser iluminado por la brillante Luz de la conciencia Solar.

Tras pasar por el intenso calor de la etapa de Calcinación, el iniciado debe enfriarse. Este enfriamiento conlleva un tiempo de reflexión y feminidad. Antes de que el Alma pueda transformarse, debe convertirse en receptora de la gracia. Es en este momento cuando el iniciado experimenta el Elemento Agua a través del LIRP del Agua. El león verde es representado dirigiéndose hacia un manantial de agua, listo para beberla.

Después de trabajar con el Fuego en la etapa anterior, quiere refrescarse y regenerarse.

A medida que el Agua se desplaza por el sistema, continúa el proceso de purificación. Esta etapa, atribuida a Júpiter, el portador del Agua, se convierte en un proceso de sollozos y lágrimas para el iniciado. Dentro de la *Tabla Esmeralda*, la frase "La Luna es su Madre" se relaciona con la etapa de Disolución. Es una referencia al Principio femenino de la Creación -Mercurio, el Elemento Agua.

En lo que respecta al sistema energético Cháquico, esta etapa se corresponde con el segundo Chakra, Swadhisthana, el Chakra sacro. Swadhisthana es el Chakra del Agua, estrechamente relacionado con el subconsciente, la parte enterrada y a menudo rechazada de la psique. Durante este proceso de Disolución, la mente consciente se abre para permitir que el material y la energía previamente suprimidos del subconsciente salgan a la superficie y se disuelvan.

SEPARACIÓN

Durante la etapa previa de Disolución, se produce una profunda entrega del Alma. Este proceso puede crear un desequilibrio, haciendo que el Espíritu se sienta amenazado y en conflicto con la fuerza de voluntad. Durante el período de Calcinación, los aspectos no deseados de la psique fueron quemados, pero sus restos pueden aún persistir. Durante la etapa de Separación, deben ser eliminados definitivamente para lograr la armonía entre el Espíritu y el Alma.

Tras el Fuego de la etapa de Calcinación y el Agua de la etapa de Disolución viene el Elemento Aire en la etapa de Separación. Estamos pasando por el proceso de Separación trabajando con el LIRP de Aire. Dentro de la *Tabla de Esmeralda*, la frase "El Viento lo lleva en su vientre" se relaciona con la etapa de Separación.

La imaginería utilizada para representar esta etapa es bastante interesante. Incluye a un hombre y una mujer en una disputa, con un joven Hermes que se interpone entre ellos para lograr la reconciliación. En el lado del hombre está el Sol y en el de la mujer la Luna, que representan las energías masculina y femenina opuestas. Hermes sostiene un Caduceo en cada mano para indicar al hombre y a la mujer que deben ser ellos quienes reconcilien los opuestos. Esta imagen representa el propósito de esta etapa Alquímica: la reconciliación de todas las dualidades dentro del iniciado.

A medida que avanzamos aquí, podemos empezar a cosechar las recompensas del proceso Alquímico. A medida que aumenta la cantidad de Elemento Aire que circula por el sistema, el intelecto (que la mente utiliza para comprender el mundo) se agudiza. Aunque todos estos procesos pueden ser un reto, esta etapa, en particular, puede ser bastante dolorosa. Sin embargo, es vital mantener la paciencia, la calma y la imaginación para encontrar nuevas perspectivas que nos permitan avanzar.

La Separación es un proceso consciente a través del cual revisamos todos los aspectos ocultos del Ser y decidimos qué descartar y qué reintegrar en nuestra personalidad refinada. Es dejar ir las restricciones autoimpuestas a nuestra verdadera naturaleza, para que la Luz del Alma pueda brillar. Implica romper los pensamientos y las emociones, incluidas las creencias, los prejuicios, las neurosis y las fobias.

Aunque el Elemento Aire está asociado al Chakra del Corazón, Anahata, el proceso de Separación se atribuye alquímicamente al Planeta Marte y al Chakra del Fuego, Manipura. En el contexto del sistema Cháquico, éste es el tercer Chakra hacia arriba, a partir de Muladhara. Marte es el último destructor y transformador del Ego y de los viejos modos de funcionamiento. Es a través de la Separación que eliminamos las garras del Ego de una vez por todas.

El Elemento Aire alimenta los Chakras Agua y Fuego, atribuidos a los Principios Mercurio y Azufre. Los últimos vestigios del Ego deben ser extraídos del Espíritu y del Alma, los dos opuestos. El Elemento Aire es también el reconciliador entre estos dos Principios Alquímicos, representados por los Elementos Agua y Fuego. Como tal, el proceso de Separación abarca los tres Chakras de Swadsthihaha, Manipura y Anahata.

CONJUNCIÓN

La etapa de Conjunción completa el proceso de reconciliación que comenzó en la etapa anterior de Separación. Aquí, el Alma y el Espíritu pueden finalmente fundirse en una unión armoniosa. Del mismo modo, los componentes masculino y femenino del iniciado, las energías del Sol y la Luna, se armonizan y equilibran.

Simbólicamente, el hombre y la mujer que estaban peleados en la etapa anterior se unen ahora en Santo Matrimonio por un Hermes más maduro. Se le representa con una sonrisa porque sabe que su unión marcará su inevitable muerte, representada por la siguiente etapa Alquímica. La Tierra y el Cielo, con un arco iris que se extiende sobre ellos, también están representados en la imaginería de esta etapa. Los siete colores del arco iris representan los Siete Planetas Antiguos y los Siete Chakras en equilibrio.

El proceso de Conjunción utiliza la energía sexual del cuerpo para alimentar esta etapa de la transformación Alquímica. El verdadero equilibrio entre las energías masculina (Sol) y femenina (Luna) se descubre en el Chakra del Corazón. Recordemos que los Elementos Agua y Fuego están por debajo del Chakra Corazón (atribuido al Elemento Aire). A medida que la conciencia del iniciado se alinea gradualmente con el

Chakra Anahata, los Elementos Agua y Fuego se equilibran a través del Elemento Aire. Se obtiene un equilibrio entre la inhalación y la exhalación, aportando coherencia al cuerpo.

La frase de la *Tabla Esmeralda*, "Su nodriza es la Tierra", se refiere a la etapa de Conjunción. El Planeta atribuido a la etapa de la conjunción es Venus, el Planeta del amor. Esta atribución es adecuada ya que el amor es el verdadero reconciliador de todos los opuestos y su energía unificadora - el amor es el transformador definitivo. El amor incondicional se atribuye al Chakra del Corazón, Anahata, aunque la Conjunción se logra cuando los cuatro Chakras inferiores se han equilibrado y están en armonía. Después de todo, las energías del Sol y la Luna se expresan a través de todos los Chakras.

La etapa de Conjunción comienza cuando el iniciado ha purificado suficientemente todas las partes del Ser a través del LIRP de Fuego. Sin embargo, esta etapa se abraza cuando el iniciado se embarca en el trabajo con el Elemento Espíritu a través del SIRP. La etapa de Conjunción es la parte inicial del proceso de integración que ocurre una vez que el iniciado comienza a traer el pegamento unificador de los Elementos-el Espíritu. Esta etapa no dura mucho, sin embargo, y la Conjunción es la precursora de algo mágico que ocurre en la siguiente etapa Alquímica.

El proceso de Conjunción trae consigo el empoderamiento del Verdadero Ser, ya que los Principios masculino y femenino (Azufre y Mercurio) encuentran la armonía. Como resultado, comienza un nuevo modo de operar, centrándose en la capacidad intuitiva en lugar del intelecto. Ahora, un grado significativo de la conciencia del iniciado se ha expandido, produciendo una cantidad de poder más considerable que antes. Sin embargo, todavía no se ha alcanzado la perfección Espiritual. Por esta razón, los Alquimistas describían a los que alcanzaban esta etapa como si hubieran logrado la "Piedra Filosofal Menor".

FERMENTACIÓN

La etapa de Fermentación, también conocida como Putrefacción, marca el comienzo del descenso del iniciado a la oscuridad, sufriendo finalmente una muerte Alquímica. Esta etapa se conoce como la Noche Oscura del Alma. El Sol y la Luna, después de haber encontrado la armonía en la etapa de la Conjunción, se eclipsan ahora cuando su pasión inicia el siguiente proceso: uno de fermentación, muerte y putrefacción. Este proceso de fermentación producirá el Mercurio Filosófico, la esencia Espiritual que transformará el cuerpo, que contiene las energías del Sol y la Luna. Como cualidades individuales, cada una de ellas se cambiará antes de fusionarse completamente, dando como resultado una esencia que es más alta en vibración y más trascendente que nunca.

El proceso de Fermentación, la noche oscura del alma, es sinónimo de los tres días que Jesucristo pasó en el Infierno antes de su Resurrección. También es equivalente al período de Osiris en el Inframundo antes de su Resurrección. Todas las mitologías de vida-muerte-resurrección del pasado implican este mismo proceso. En la naturaleza, el proceso de fermentación implica la descomposición de los azúcares en alcohol etílico, produciendo lo que llamamos "Espíritus". Todas las operaciones Espirituales encuentran su reflejo en los procesos de la naturaleza: Como Es Arriba, Es Abajo.

Simbólicamente, la etapa de la Fermentación se representa visualmente con la imagen de un esqueleto de pie sobre el Sol y la Luna eclipsados mientras se produce una Resurrección, o transformación. No se trata de una muerte física, sino de una metafísica que da lugar a una nueva vida, ya que el Mercurio Filosofal transforma al iniciado.

La Noche Oscura del Alma puede ser una experiencia increíblemente dolorosa y horrorosa para el iniciado, y sólo aquellos que estén equilibrados superarán esta etapa. Si el iniciado carece de equilibrio en este punto, es probable que sea víctima de una serie de problemas mentales, ya que la mente se vuelve inquieta e incontrolable al pasar por este proceso de muerte. Sin embargo, los individuos de fuerte voluntad que perseveran a través de esta etapa serán recompensados con la inmortalidad de sus Almas y una Resurrección en el Espíritu. Así, la Noche Oscura del Alma será superada.

Para aquellos que experimentan un despertar de la Kundalini, la Noche Oscura del Alma comienza típicamente con la liberación del Fuego Interior, ya que comienza a quemar los aspectos negativos de la personalidad y del Ego que impiden al Alma alcanzar la liberación. El Fuego Interior, también llamado Fuego Secreto por los Alquimistas, se corresponde con el Sushumna Nadi. Después de muchos años, el Fuego Secreto se transforma en una energía Espiritual líquida y refrescante que potencia todo el sistema Kundalini del iniciado despierto. La integración de esta energía trascendental similar a la de Dios señala la obtención del Elixir de la Vida. Una vez obtenido, se ha alcanzado la etapa Alquímica final de la Coagulación.

El Chakra de la Garganta, Vishuddhi, se atribuye a la etapa de fermentación. Vishuddhi es el primero de los Chakras Espirituales, el Abismo que representa la división entre el Espíritu y la Materia. Como la Fermentación requiere la calidad correcta de calor o Fuego, no es el Fuego volátil de Marte el que se necesita aquí, sino el Fuego tranquilo de Mercurio. Por esta razón, Mercurio es el Planeta atribuido a este proceso. En la *Tabla de Esmeralda*, la línea "Separarás la Tierra del Fuego, lo sutil de lo burdo, suavemente y con gran ingenio" se relaciona con la etapa de Fermentación.

La Fermentación se logra a través de diversas actividades que traen inspiración de los reinos superiores y nos conectan con el Espíritu interior. Éstas incluyen, entre otras, ejercicios rituales que invocan el Elemento Espíritu, la oración devocional, la terapia transpersonal, la meditación trascendental y las drogas psicodélicas. Si se hace correctamente, habrá un despliegue brillante de colores y visiones significativas experimentadas a través del Ojo de la Mente. Esta fase del proceso Alquímico se llama "Cola de Pavo Real".

Con los ejercicios rituales presentados en este libro, el SIRP (invocación del Elemento Espíritu) es el proceso que inicia el proceso de Fermentación. Como se ha mencionado, el primer paso del trabajo con el SIRP será la Conjunción, a la que seguirá la Fermentación poco después. El iniciado necesita pasar al menos nueve meses trabajando con el SIRP como parte del programa de Alquimia Espiritual, ya que este período es igual al tiempo que se necesita para dar a luz a un bebé recién nacido. Este período de tiempo y la práctica simbolizan la Resurrección del Alma y el renacimiento en el Espíritu. Esta vez, sin embargo, para el iniciado, el resurgimiento es más significativo que nunca, habiendo aprendido las lecciones de vida de las etapas Alquímicas anteriores.

DESTILACIÓN

El proceso de Destilación, también conocido como Sublimación, es la etapa en la que lo estable se convierte en inestable y lo inestable en estable. Es el proceso de purificación que consiste en liberar las esencias volátiles de sus ataduras materiales y luego reconducirlas. Mediante la adición de Fuego, estas esencias volátiles líquidas se transforman en Aire. A continuación, mediante la condensación, se han licuado de nuevo en Agua, sólo que ahora están purificadas. Químicamente, este proceso implica la ebullición y condensación de la solución fermentada para aumentar su pureza.

La imaginería utilizada para representar esta etapa incluye un tren de destilación, generalmente con la forma del Caduceo de Hermes, destinado a destilar el Aqua Vitae, el "Agua de la Vida". A través de la Destilación, el iniciado purifica tanto el alma como el Espíritu. La Destilación requiere una circulación constante y la necesidad de repetir el proceso una y otra vez. A través de la Destilación, el poder de Arriba y de Abajo se integran en un todo cohesivo dentro del iniciado. La línea de la *Tabla Esmeralda* que se refiere a la Destilación es: "Asciende de la Tierra al Cielo y desciende de nuevo a la Tierra, y recibe el poder de los superiores y de los inferiores".

Antes de la siguiente y última etapa de la Alquimia, la psique del iniciado debe ser destilada para eliminar aún más las impurezas del Ego y la falsa personalidad. Tengan en cuenta que los residuos Kármicos del Ego requerirán que el iniciado repita el proceso de Alquimia Espiritual muchas veces más volviendo a visitar los Elementos inferiores y trabajando con ellos.

La Destilación es un momento de introspección para elevar la psique al nivel más alto posible, completamente aislada de las emociones y de todo lo relacionado con el sentido de la identidad personal. Debido a la reflexión interior necesaria para completar este proceso, el Planeta Luna se atribuye a la etapa de Destilación. Dado que su finalidad es la de hacer surgir el Yo Transpersonal, se dice que la Destilación culmina en el Chakra del Ojo de la Mente, a nivel de las Glándulas Pituitaria y Pineal. A través del Chakra del Ojo de la Mente, la Luz del Chakra Sahasrara es llevada al iniciado.

COAGULACIÓN

La Coagulación es la etapa final de la Gran Obra, que se realiza cuando se ha producido la plena transformación Alquímica en el iniciado. Es ahora cuando se perfecciona la Piedra Filosofal, inmutable e incorruptible, que el iniciado ha alcanzado. Al completar la Gran Obra, el Espíritu y la Materia se unen y unifican como uno solo. La Tierra y el Cielo son ahora lo mismo para el iniciado. La verdad del dictum Alquímico, "Como Es Arriba, Es Abajo", se conoce directamente. La serpiente y el león son uno.

Con esta experiencia, el iniciado es ahora el Adepto, inmortal, Iluminado y más allá de la dualidad. Visualmente, esta etapa está significada por el Árbol de la Vida, cuyos frutos producen el Elixir de la Vida. La gloria del Macrocosmos del Cielo se refleja en el Paraíso Terrenal del Microcosmos. Malkuth se ha elevado a Daath, y la Materia se ha convertido en Espíritu. El iniciado funciona ahora a través de los Supernales, donde la sabiduría y la comprensión se obtienen a través de la intuición perpetua, la más elevada de las facultades internas.

En el proceso de despertar de la Kundalini, la etapa de Coagulación comienza cuando el Fuego Interior alcanza el Chakra Coronario, Sahasrara, activando completamente el Cuerpo de Luz. Después de eso, se necesitan muchos años para que la conciencia se alinee con el Cuerpo Espiritual y para que el Ser Superior, el Santo Ángel de la Guarda, se manifieste como una presencia viva. Con el tiempo, el iniciado que ha despertado la Kundalini alcanza su meta y se convierte en Iluminado. Alcanzar esta meta es el destino final de todo individuo que experimenta un despertar de Kundalini completo y permanente.

La Coagulación se atribuye al Sahasrara Chakra, el más alto de los Chakras personales. Con la Coagulación llega una confianza inquebrantable y un estado de conciencia permanentemente elevado que se expresa a través de las más altas aspiraciones y estados de ánimo.

El Cuerpo de Luz, sinónimo de la Piedra Filosofal, se alcanza y se activa completamente, permitiendo al Adepto estar presente y consciente en todos los niveles y dimensiones de la realidad simultáneamente. A través de un despertar completo de la Kundalini, la Ambrosía en el cerebro se segrega con el tiempo, sirviendo como alimento Celestial para el cuerpo, nutriendo y rejuveneciendo las células. Esta Ambrosía es el Elixir de la Vida. Se alcanza cuando el Fuego Secreto de la Prima Materia ha sido liberado de sus vínculos materiales y purificado dentro del cuerpo físico, el Alambique. La coagulación trae en última instancia el Nirvana, una emoción totalmente arrebatadora y extática que se siente en el Chakra del Corazón, Anahata. El iniciado se vuelve capaz de practicar el *Samadhi* a voluntad.

En la *Tabla de Esmeralda*, la línea relativa a la Coagulación es: "Así que tienes la gloria de todo el mundo; por lo tanto, deja que toda la oscuridad huya ante ti. Esta es la fuerza fuerte de todas las fuerzas, superando todo lo sutil y penetrando todo lo sólido".

La etapa de Coagulación se atribuye al Sol, lo cual es apropiado dado que, en esta etapa, el Alquimista ha encontrado su oro y ha logrado la "Piedra Filosofal Mayor". La Coagulación significa el regreso al Jardín del Edén; sólo que ahora, el Adepto está en sintonía con la Conciencia Cósmica y forma parte de las Leyes Universales.

LA FÓRMULA DE LA ALQUIMIA ESPIRITUAL DE *THE MAGUS*

La fórmula en tres partes de separación, purificación y recombinación es lo que debemos seguir cuando nos embarcamos en nuestro viaje interior de Alquimia Espiritual con los Cinco Elementos. El proceso Alquímico comienza con el Elemento Tierra, donde debemos estabilizar y enraizar nuestra energía. Esto lo conseguimos trabajando con el LIRP de la Tierra durante un tiempo determinado. La invocación del Elemento Tierra marca primero el comienzo de la etapa de Calcinación, donde se obtiene un calor suave y constante que comienza a descomponer el viejo Ser. La etapa de Calcinación continúa en el Elemento Fuego, ya que el Fuego es el Elemento de purificación y transformación.

Teniendo en cuenta que el Aire es la Luz y que la Luz es el sanador por excelencia de la mente, el cuerpo y el Alma, el Elemento Aire es el siguiente paso después de la Tierra, en el que debemos infundir nuevas formas de pensamiento e imaginación. Una vez más, debemos trabajar con el Aire durante un cierto tiempo, esta vez más largo que el trabajo con el Elemento Tierra. Aquí, trabajamos sobre el Ego y transformamos cualquier emisor de pensamiento adverso presente en la mente subconsciente, ya que el Elemento Aire nos permite profundizar y examinar el contenido de nuestros pensamientos más íntimos. Con este proceso se inicia la etapa de Separación que nos desvelará nuestra Alma. La etapa de Disolución comienza al final del trabajo con el Elemento Aire y continúa en la siguiente fase de trabajo con el Elemento Agua.

La entrada del Elemento Agua marca la continuación de la etapa de Disolución, en la que el Alma es exaltada y el Ego es sometido. Esta parte del proceso implica la aplicación de la energía del amor incondicional a través de las "Aguas de la Creación". Aquí, el Espíritu y el Alma se separan, para reunirse en la siguiente etapa de Conjunción.

Sin embargo, antes de la Conjunción, es necesaria la purificación a través del Elemento Fuego. El Fuego ardiente del Chakra Manipura quema los pensamientos, las emociones y las creencias improductivas sobre el Ser y el mundo exterior, renovando y transformando así el Ser en muchos niveles.

La Conjunción se produce una vez que se ha completado un trabajo suficiente con el Elemento Fuego y el Ser se ha renovado. Dado que el Elemento Fuego opera a través de los Elementos Tierra, Agua y Aire, la unificación de esas partes del Ser se produce una vez que las energías se enraízan y no es necesaria más purificación en esta etapa de la Gran Obra. La Conjunción continúa una vez que el iniciado recombina los componentes masculino y femenino a través de las invocaciones del Elemento Espíritu, ya que el Alma y el Espíritu se reúnen de nuevo. Sin embargo, es de corta duración, porque la siguiente etapa de Fermentación se produce al continuar invocando el Elemento Espíritu.

Todas estas etapas de la Alquimia Espiritual requieren cantidades específicas de tiempo. Por lo tanto, el tiempo asignado para cada etapa debe ser seguido para tener éxito. Para hacerlo correctamente, hay que trabajar con el Fuego durante mucho más tiempo que con los otros tres Elementos anteriores, ya que, al invocar el Fuego, también se están purificando los tres Elementos anteriores.

La Fermentación sigue a la conjunción y es el resultado de la reunión del Alma y el Espíritu a través de la energía del amor incondicional. La Fermentación inicia la Noche Oscura del Alma, donde vamos a renacer, metafóricamente hablando. Es la etapa de Recombinación en la que los Cuatro Elementos purificados se reúnen en un todo aún mayor, ahora bajo la presidencia del Espíritu y del Ser Superior. Como este proceso es de Recombinación, que lleva cierto tiempo, el Espíritu debe ser invocado durante un tiempo aún más largo que el Elemento Fuego.

El siguiente paso de la Destilación es el proceso de trabajar con la fórmula Alquímica repetidamente para "perfeccionar la Piedra", como aconsejan los Alquimistas. Trabajar con los Elementos en orden sucesivo una sola vez no es suficiente, ya que este ciclo debe repetirse una y otra vez. Puedes pasar toda una vida trabajando con esta fórmula Alquímica, y cada vez, avanzarás más en tu viaje de Evolución Espiritual.

El último paso de la Coagulación es la obtención de la Piedra Filosofal, cuando ya no se puede hacer más trabajo, y la conciencia individual se ha unido a la Conciencia Cósmica. Han encontrado el Elixir de la Vida. Esta etapa marca la finalización de la Gran Obra y el logro de la Iluminación. Es el Reino de Dios manifestado en esta vida. La Coagulación es difícil de alcanzar, y muchos pasarán toda una vida trabajando con la fórmula de la Alquimia Espiritual tratando de lograrla.

Figura 60: Magia Ceremonial de la Aurora Dorada

Ten en cuenta que los autores Alquímicos han mezclado deliberadamente los procesos exactos de la Alquimia Espiritual porque el orden de los pasos a seguir no siempre es secuencial. Sin embargo, la fórmula de la Alquimia Espiritual que seguimos en *The Magus* (con las cinco invocaciones Elementales de Tierra, Aire, Agua, Fuego y Espíritu) ha sido probada para funcionar durante más de un siglo por las Órdenes de Magia Ceremonial como la Aurora Dorada y el Ordo Templi Orientis. He visto estos rituales funcionando en mi vida y en las vidas de innumerables personas que he conocido en mi viaje Espiritual. Por esta razón, he presentado el programa de Alquimia Espiritual con los Cinco Elementos que deben ser seguidos en la secuencia exacta dada para obtener resultados óptimos.

PARTE VII: MAGICK ENOQUIANA

EL SISTEMA DE MAGIA ENOQUIANA

La Magia Enoquiana es la forma más elevada de Magia Ceremonial que existe hoy en día, cuyo poder y eficiencia en la promoción de la Evolución Espiritual de un individuo es inmensa. Dado que una gran parte de cualquier sistema Mágico es la eliminación de los bloqueos Kármicos en los Chakras, considera la siguiente analogía sobre el poder de la Magia Enoquiana. Imagina que los bloqueos Kármicos son una roca gigante en la orilla del mar. Los ejercicios rituales presentados en la sección "Magia Ceremonial" pueden ser comparados con el agua de una marea trabajando continuamente sobre esta roca y erosionándola con el tiempo. La Magia Enoquiana se compararía con una bola de demolición que golpea la roca.

Ahora, puedes estar pensando que debe ser una cosa buena para eliminar los bloqueos Kármicos de la manera más rápida posible, pero este no es siempre el caso. La mente debe estar preparada para recibir estas nuevas afluencias de energía para las que la Magia Enoquiana abre las puertas, porque una vez que están abiertas, no hay forma de cerrarlas. La mente debe trabajar a través de estos nuevos estados de conciencia e integrarlos de manera segura y eficiente en la psique.

En la tradición judía, es costumbre que la Qabalah no se presente a los rabinos antes de los cuarenta años debido a su poder para abrir las puertas de la mente. ¿Qué crees que se puede decir entonces de la Magia, especialmente de la Magia Enoquiana? Estas Llaves Enoquianas son muy potentes, y hay que andar con cuidado por este camino.

Debido a su poder, la Magia Enoquiana sólo debe ser practicada después de completar el programa de Alquimia Espiritual con los Cinco Elementos. La Magia Enoquiana ofrece a los aspirantes a Magos un nuevo nivel de Alquimia Espiritual. Le permite profundizar aún más en la mente, el cuerpo y el Alma, así como en los Chakras. La Magia Enoquiana se considera "Trabajo de Sombra" porque a través de su uso; estás trabajando con los aspectos más oscuros del Ser y transformándolos. Por esta razón, necesitas tener una fuerte base en los Cinco Elementos de tu Ser.

La Magia Enoquiana es un vasto sistema con muchas partes intrincadas. El área de la Magia Enoquiana que nos ocupará en este trabajo son las Diecinueve Llaves Enoquianas, o Llamadas, a menudo llamadas las Llaves Angélicas. Cada Llave sirve como un *Mantra* que debe ser pronunciado en voz alta y vibrado para lograr el efecto deseado. Estas Diecinueve Llaves se dividen en dos Llaves Espirituales (Activa y Pasiva), cuatro Llaves Elementales, y tres Llaves Sub-Elementales por cada uno de los Cuatro Elementos. La última Llave Diecinueve, llamada Llave Aethyr, es una operación en sí misma. Esta Llave contiene los Treinta Aethyrs. Se relaciona con las capas del Aura que son muy parecidas a las capas de una cebolla.

Antes de proceder al trabajo de invocación de las Llaves, es vital darle algunos antecedentes sobre la Magia Enoquiana, incluyendo su historia, sus diferentes componentes, sus objetivos, y todo lo que puedas necesitar saber para ayudar a tu comprensión de este tema.

JOHN DEE Y EDWARD KELLEY

John Dee sirvió a la Reina Isabel I como Astrólogo de la corte. No sólo fue un alabado Astrólogo, sino también un Mago que dedicó gran parte de su vida al estudio de la Alquimia, la Adivinación y la Filosofía Hermética. Edward Kelley fue el asociado y socio psíquico de Dee en esa época. Juntos, Dee y Kelley son los creadores de la Magia Enoquiana.

El sistema de Magia Enoquiana fue canalizado a Dee y Kelley por un grupo de Ángeles con los que contactaron a través del método de escudriñamiento. Estas comunicaciones Angélicas duraron de 1582 a 1589. Los Ángeles con los que Dee y Kelley contactaron se revelaron como habitantes de los Reinos Sutiles, llamados las Atalayas y los Aethyrs. Dee y Kelley creían que sus visiones les daban acceso a los secretos contenidos en el texto apócrifo y Bíblico llamado el *Libro de Enoc.*

Canalizar significa recibir información de entidades de otro mundo, como Arcángeles, Ángeles, Demonios u otros Seres no físicos que existen en los Planos Divinos de la realidad. Escudriñar significa mirar dentro de un medio particular (como un Cristal o un Espejo Negro) para obtener mensajes significativos, percepciones o visiones de los Planos Cósmicos.

Kelley se encargaba de realizar el escudriñamiento y de recibir los mensajes canalizados, mientras que Dee se encargaba de registrar la información. El método de Kelley para adivinar y canalizar era el uso de una piedra de cristal. Esta piedra de lectura era un cristal negro, del tamaño aproximado de un huevo, también conocido como Bola de Cristal.

LENGUA ENOQUIANA (ANGÉLICA)

John Dee y Edward Kelley fueron capaces de canalizar una serie de Tablas de los Ángeles con los que estaban en comunicación. Estas enigmáticas Tablas se conocen como las Cuatro Atalayas y la Tabla de la Unión. Ellas forman la base del sistema Enoquiano. Cada Tabla está dividida en cuadrados, y cada cuadrado contiene una runa (símbolo) única. Las runas comprenden el Alfabeto Enoquiano. Dee y Kelley también trajeron un conjunto de sellos Mágicos y talismanes que representan las letras Enoquianas. El trabajo Mágico con estos está reservado para los estudiantes avanzados de la Magia Enoquiana.

El lenguaje Enoquiano es único. Cada letra corresponde con un significado Mágico específico y un número de Gematria. Usando el poder de los Nombres Divinos, uno puede evocar Deidades específicas de las Atalayas. Los Nombres Divinos, en este caso, son diferentes conjuntos de letras Enoquianas que se juntan en base al significado de cada letra.

El Alfabeto Enoquiano contiene toda una riqueza de conocimientos. Sin embargo, no es necesario aprenderlo como parte de este trabajo, ya que sólo trabajaremos con la pronunciación fonética de las Llaves Enoquianas. El uso de la pronunciación fonética evocará la energía de cada Llave. Es esencial pronunciar cada palabra de la forma correcta en que está escrita para obtener el efecto deseado de evocar la energía de la Llave.

Según los diarios de Dee, la lengua Enoquiana fue descrita como "Angélica", siendo a menudo llamada la "Lengua de los Ángeles" o la "Primera Lengua de Dios-Cristo". Incluso llamó al lenguaje Enoquiano "Adánico" ya que, según los Ángeles que lo canalizaron, este lenguaje fue utilizado por Adán en el Jardín del Edén. El nombre de "Enoquiano" fue finalmente dado a esta lengua ya que, según la afirmación de Dee, Enoch (el patriarca Bíblico) fue el último humano antes de Dee y Kelley en conocerla y hablarla.

LAS CUATRO ATALAYAS Y LA TABLA DE LA UNIÓN

Cada una de las Cuatro Atalayas representa uno de los Cuatro Elementos: Tierra, Aire, Agua y Fuego, mientras que la Tabla de la Unión representa el quinto Elemento, la Quintaesencia-Espíritu (Figura 61). Cada una de las Cuatro Atalayas se atribuye a uno de los cuatro puntos cardinales, y junto con la Tabla de la Unión, abarcan nuestro Planeta Tierra.

"Independientemente de su origen, estas Tablas y todo el sistema Enoquiano representan realidades de los Planos Internos. Su valor es indudable, como lo demuestran un poco de estudio y aplicación." - Israel Regardie; extracto de "La Aurora Dorada"

Cada cuadrado de las Tablas de la Atalaya significa un área particular de los Mundos Cósmicos internos. Cada Atalaya está bajo el control de una jerarquía de Seres Divinos. Estos Seres Divinos varían en naturaleza, ya que algunos son Ángeles; otros son Demonios, mientras que otros están asociados con las Deidades del panteón Egipcio. En conjunto, estos diversos Seres Divinos pertenecen a los Planos Internos y son una representación del Principio Hermético de Correspondencia.

Para simplificar, no trabajaremos con las Tablas Enoquianas directamente. En su lugar, trabajaremos sólo con las Llaves Enoquianas. Sin embargo, puedes experimentar un encuentro con algunas de estas Deidades a través del uso de las Llaves.

A través de las Cuatro Tablas de la Atalaya y la Tabla de la Unión (junto con la ayuda de los propios Ángeles), Dee y Kelley pudieron presentar las Cuarenta y Nueve Llaves Enoquianas. Estas Claves fueron escritas en el idioma Enoquiano para ser pronunciadas en voz alta, fonéticamente. Como se ha dicho, esto significa que deben ser leídas como están escritas.

Para aprovechar la energía de una Llave Enoquiana, basta con recitarla fonéticamente. Para aclarar, las Llaves Enoquianas son evocaciones (no invocaciones), lo que significa que los estados energéticos de conciencia en los que nos permiten entrar forman parte de nosotros. En una evocación, la energía no se vierte en el Aura desde el Universo exterior. En su lugar, estamos accediendo a una puerta hacia un estado particular de conciencia dentro de nosotros. Una vez que entramos en este estado, aprovechamos la energía Angélica y (o) Demoníaca presente. Por esta razón, la Magia Enoquiana se considera "Trabajo de Sombra" ya que estás accediendo a una parte de ti mismo (buena y mala) y aprendiendo y evolucionando de ella.

De la misma manera que con los rituales de invocación del Pentagrama y del Hexagrama, la energía que evocamos a través de las Llaves Enoquianas permanece en el Aura durante todo el día hasta que nos vamos a dormir y permitimos que nuestra conciencia se proyecte fuera del estado que habitaba después de la recitación de la Llave Enoquiana. Sin embargo, antes de que esto ocurra, una serie de visiones o sueños inundarán la conciencia.

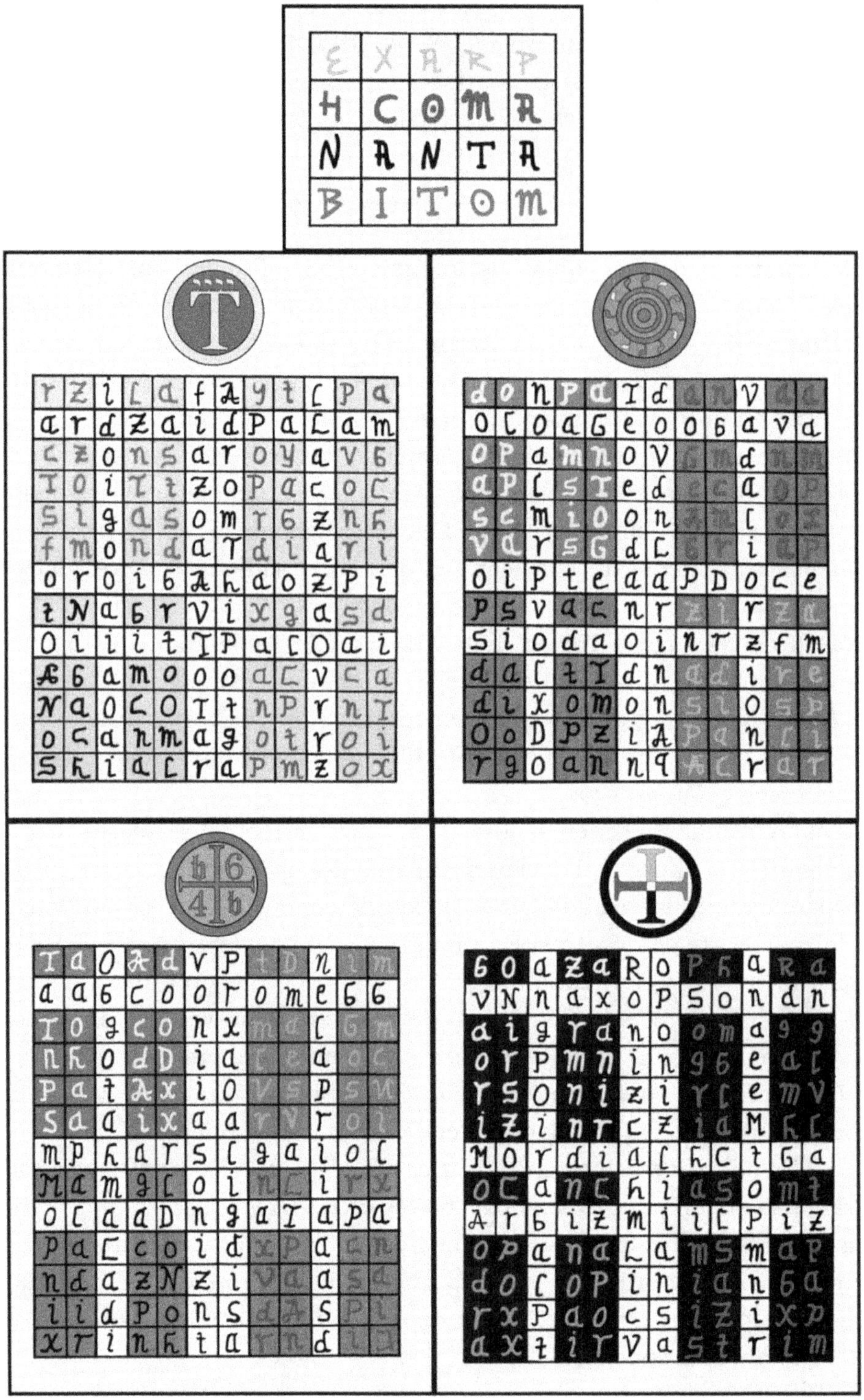

Figura 61: Las Cuatro Atalayas y la Tabla de la Unión

LA AURORA DORADA Y LA MAGIA ENOQUIANA

Después de la muerte de Dee y Kelley, la Magia Enoquiana cayó en el olvido. Luego, su trabajo fue redescubierto a finales del siglo XIX por una hermandad esotérica de Adeptos, conocida como la Orden Hermética de la Aurora Dorada. Fue la primera vez que se prestó atención a la Magia Enoquiana en cientos de años.

S.L. MacGregor Mathers, W. Wynn Westcott y el Dr. W. Robert Woodman de la Aurora Dorada fueron los responsables de este renacimiento de la Magia Enoquiana. Viendo su poder para ayudar a uno a evolucionar Espiritualmente, lo incluyeron dentro de su sistema de Magia Ceremonial. Estos hombres continuaron el desarrollo de la Magia Enoquiana correlacionándola con la Qabalah y el Tarot. A través de esta relación, pudieron mapear el sistema de Magia Enoquiana en el Árbol de la Vida.

Dentro del sistema de avance Espiritual en las diversas órdenes de la Aurora Dorada de hoy, la Magia Enoquiana se incluye como parte del trabajo una vez que el iniciado ha alcanzado el nivel de Adeptus Minor y ha completado la Orden Exterior. El iniciado es introducido por primera vez en las energías de la Magia Enoquiana a través del SIRP (Grado del Portal), que utiliza la Tabla de Unión Enoquiana para invocar el Elemento Espíritu. Desde el inicio de la Orden Hermética de la Aurora Dorada hasta ahora, la Magia Enoquiana es considerada la joya de la corona de la Orden Interior en las muchas escuelas de Misterio de la Aurora Dorada que existen hoy en día.

Israel Regardie introdujo por primera vez la Magia Enoquiana al público en general a través de su obra más influyente, La Aurora Dorada. Años más tarde, otro miembro de la Orden Hermética original de la Aurora Dorada, Aleister Crowley, escudriñó cada uno de los Treinta Aethyrs y publicó sus experiencias en su libro, *La Visión y la Voz*, exponiendo aún más al público en general a la Magia Enoquiana. Después de dejar la Aurora Dorada, Crowley se unió a la Ordo Templi Orientis, reorganizándola y haciendo de la Magia Enoquiana una parte de su sistema también.

EL OBJETIVO DE LA MAGIA ENOQUIANA

La enseñanza esencial de la Magia Enoquiana es que la expresión de la Divinidad es sistemática. Todas las manifestaciones de la Creación comienzan en el Mundo Espiritual y se expresan a través de los Planos Cósmicos hasta alcanzar la dimensión del Espacio y el Tiempo, afectando así al Mundo Físico. Los Planos y Subplanos entre el Mundo Espiritual y el Mundo Físico no pueden ser experimentados con los cinco sentidos físicos. En cambio, sólo se puede acceder a ellos a través del Chakra del Ojo de la Mente.

Los cinco Planos principales del sistema de Magia Enoquiana se corresponden con los Cinco Elementos. Cada uno de ellos está representado por una de las Tablas de las Cuatro Atalayas y la Tabla de la Unión. Interpenetrando estos Planos están los Treinta Aethyrs. Se consideran las experiencias Espirituales y las lecciones del Alma de los Cinco Elementos y de los Planos Cósmicos a los que pertenecen. Mediante la práctica de las evocaciones de las Llaves Enoquianas, se puede acceder a cada uno de estos Planos a través del Cuerpo de Luz dentro del Aura. A través de estas prácticas, el iniciado tiene acceso a lecciones y conocimientos inestimables sobre el Universo y sobre sí mismo. Como resultado, pueden continuar su viaje de expansión de la conciencia y de la Evolución Espiritual.

La intención de la Magia Enoquiana y de estas prácticas es que el iniciado fusione su Microcosmos con el Macrocosmos - en otras palabras, unir su Yo subjetivo con el Universo objetivo como un todo. Es el gran objetivo final de la Magia Enoquiana. Sin embargo, un objetivo más inmediato y accesible es obtener el control sobre la propia vida.

A través de la práctica progresiva y la experiencia de los Treinta Aethyrs, los objetivos de la Magia Enoquiana pueden ser realizados. A lo largo del camino, el iniciado obtendrá acceso a su Santo Ángel de la Guarda, su Ser Superior, para avanzar en su Evolución Espiritual. A través de este trabajo, nos estamos purificando, despojándonos de lo que ya no nos sirve mientras fortalecemos nuestras valiosas cualidades. Por lo tanto, el propósito de la Magia Enoquiana es el desarrollo Espiritual con la Iluminación como meta final, como es la meta de todas las prácticas Espirituales beneficiosas.

Los Treinta Aethyrs están secuenciados progresivamente, y aquellos que se mueven a través de ellos, uno por uno, pueden progresar más en su viaje Espiritual, llegando finalmente a la verdad y la esencia de la realidad. El camino en sí es un viaje a través de los Cinco Elementos y más allá. Es un viaje hacia la Fuente de toda la Creación: Dios.

Ten en cuenta que tu trabajo con los ejercicios rituales Elementales invocados a través del LIRP y el SIRP te preparará mental y emocionalmente para este viaje de Magia Enoquiana. Como se mencionó, el SIRP fue una introducción a las energías de la Magia Enoquiana ya que los nombres de los Dioses de la Tabla de la Unión se utilizan en cada dirección cardinal.

Con la práctica, a medida que hagas el viaje progresivo a través de los Aethyrs, cultivarás el discernimiento y serás capaz de ver a través de la ilusión. Mediante este proceso, te estarás alineando con tu Verdadera Voluntad y dejando atrás partes del Ser que ya no te sirven. Como estás trabajando con tu Yo de la Sombra, tendrás que enfrentarte directamente a los aspectos oscuros de tu Ser y aprender a superarlos.

Es esencial entender que la Magia Enoquiana tiene su base en la Ley del Karma. Por lo tanto, aquellos que buscan practicar esta Magia por razones distintas al desarrollo Espiritual deben reconsiderar sus motivos o de lo contrario estarán sujetos al sufrimiento. La Magia Enoquiana amplía los objetivos de los ejercicios rituales anteriores presentados en esta obra. Estos objetivos incluyen el control consciente de tus pensamientos, emociones y acciones. Tus circunstancias externas (tanto en estado de vigilia como de sueño) reflejan tu estado interior. Como tal, tus condiciones pueden ser controladas conscientemente por tu voluntad interior. Lecciones de vida como estas se enseñan continuamente en el camino de la Magia.

LOS PLANOS CÓSMICOS

El modelo de los Planos Cósmicos está presente en el sistema de la Magia Enoquiana, lo que atestigua su validez como sistema global que contiene toda la Creación. El Plano Físico es el más bajo de una serie progresiva de Planos Cósmicos que conforman toda la existencia. Es el más denso de todos los Planos. Existen múltiples Mundos invisibles que rodean al Planeta Tierra, realidades paralelas que existen simultáneamente con nuestra realidad física. Como afirma Hermes en la *Tabla de Esmeralda*, estos Mundos funcionan al unísono para "realizar los milagros de la Cosa Única".

Después del Plano Físico, está el Plano Astral Inferior. Como está muy cerca del Plano Físico, se corresponde con el Elemento Tierra, aunque es, de hecho, un reino más etéreo. Como tal, a menudo es llamado el Plano Etérico. El Elemento Tierra se corresponde con el Chakra Raíz, Muladhara, y contiene cuatro Sub-Elementos dentro de sí mismo. Estos Sub-Elementos son Tierra de la Tierra, Agua de la Tierra, Aire de la Tierra y Fuego de la Tierra. Dentro del sistema Enoquiano, las Llaves que corresponden al Elemento Tierra son la Quinta, la Decimotercera, la Decimocuarta y la Decimoquinta. Hay que tener en cuenta que el Elemento Tierra expresa el Plano Astral Inferior, pero también el Plano Físico, ya que los dos Planos se mezclan entre sí.

A continuación del Plano Astral Inferior se encuentra el Plano Astral Superior, que está asociado con el Elemento Agua. A menudo se le llama el Plano Emocional. El Elemento Agua se corresponde con el Chakra Sacro, Swadhisthana, y contiene los Sub-Elementos Agua de Agua, Tierra de Agua, Aire de Agua y Fuego de Agua. Las Llaves Enoquianas que corresponden al Elemento Agua son la Cuarta, la Décima, la Undécima y la Duodécima.

Después del Plano Astral Superior viene el Plano Mental Inferior, que está asociado con el Elemento Aire. Se corresponde con el Chakra del Corazón, Anahata, y contiene en su interior los Sub-Elementos Aire del Aire, Tierra del Aire, Agua del Aire y Fuego del Aire. Las Llaves Enoquianas que corresponden al Elemento Aire son la Tercera, Séptima, Octava y Novena.

El siguiente en la secuencia es el Plano Mental Superior. La correspondencia Elemental aquí es el Fuego, asociado con el Chakra del Plexo Solar, Manipura. Dentro del Elemento Fuego se encuentran los Sub-Elementos Fuego de Fuego, Tierra de Fuego, Agua de Fuego y Aire de Fuego. Las Llaves Enoquianas relacionadas con el Elemento Fuego son la Sexta, la Decimosexta, la Decimoséptima y la Decimoctava.

A medida que avanzamos, llegamos al Plano Espiritual que corresponde naturalmente al Elemento Espíritu. Hay tres Chakras asociados con el Elemento Espíritu. Son la Garganta (Vishuddhi), el Ojo de la Mente (Ajna) y la Corona (Sahasrara). Las Llaves Enoquianas que corresponden al Elemento Espíritu son la Primera y la Segunda Llaves.

Más allá del Plano Espiritual hay Planos insondables para la mente humana, que superan toda descripción. Son los Planos Divinos. Estos Planos están asociados a los Chakras Transpersonales que existen más allá del Sahasrara. Dentro del sistema Enoquiano, el Aethyr de LIL tiene el potencial de ofrecer una pequeña visión de estos Planos, pero no más que eso. Es esencial mencionar la existencia de los Planos Divinos, ya que son auténticos, pero como no podemos definirlos, los agruparemos todos en un solo Plano Divino para mayor claridad y comprensión.

Hay siete planos de existencia en total, incluyendo el Plano Físico y el Plano Divino. Los cinco primeros han sido descritos, mientras que el Plano Divino está más allá de toda descripción. Y no hay que olvidar que el Plano Divino es plural, ya que hay muchos. Los cinco Planos Internos que están debajo del Plano Divino son accesibles a los seres humanos. Sin embargo, la mayoría de las personas sólo reconocen el Plano Físico más denso e inferior, el Plano de la Materia.

Los seis Planos Cósmicos abarcan nuestro Mundo Físico. Como las capas de una cebolla, estos Planos son concéntricos, y cada Plano contiene a los inferiores que están debajo de él. El límite de cada Plano es infranqueable por un Elemento que está ligado al Plano que lo precede.

EL CUERPO DE LUZ Y LOS CUERPOS SUTILES

Así como cada humano tiene un cuerpo físico, cada uno de nosotros tiene un Cuerpo de Luz o Cuerpo de Luz. Nacimos con uno, y forma parte de nosotros mientras nuestro cuerpo físico esté vivo. Desde la parte superior de la cabeza del cuerpo físico hay un cordón plateado no físico conectado al Cuerpo de Luz. A lo largo de nuestra vida, esta conexión permanece, hasta el momento de la muerte, cuando se corta.

Después de la muerte, nuestro cuerpo físico vuelve a la Tierra de donde vino, mientras que el Cuerpo de Luz continúa su viaje hacia la siguiente encarnación.

En nuestros primeros años como niños, nuestras Almas eran libres, y a través de esta libertad, nuestra conciencia podía experimentar el Cuerpo de Luz. Cuando nuestros cuerpos físicos empezaron a crecer, el Ego empezó a desarrollarse como protector del cuerpo físico. El vehículo del Alma es el Cuerpo de Luz, mientras que el vehículo del Ego es el cuerpo físico. A través del desarrollo del Ego, nuestra conciencia individual comenzó a alinearse naturalmente con el cuerpo físico y sus necesidades. Este proceso cortó nuestra conexión con el Alma y el Cuerpo de Luz.

Por esta razón, muchas personas afirman haber tenido Experiencias Fuera del Cuerpo cuando eran niños, pero luego perdieron esta capacidad al entrar en la adolescencia y la edad adulta. Uno de los propósitos del despertar completo y permanente de la Kundalini es activar completamente el Cuerpo de Luz, despertando así todos sus potenciales latentes. Al despertar la Kundalini y elevarla a la Corona, la conciencia individual se libera del dominio del Ego y del cuerpo físico, permitiéndole realinearse con el Alma y el recién activado Cuerpo de Luz.

Como se mencionó en un capítulo anterior, el Cuerpo de Luz es sinónimo del Cuerpo del Arco Iris. Diferentes frecuencias de Luz comprenden los diferentes colores del Arco Iris. Estos colores se expresan a través del sistema de Chakras, que forma parte del Cuerpo de Luz. Cuando el Fuego Kundalini vigoriza el Cuerpo de Luz durante el proceso de despertar, los Chakras comienzan a funcionar a su nivel óptimo. La conciencia puede entonces experimentar la totalidad de todos los Chakras en lugar de quedarse estancada en uno u otro Chakra.

El Cuerpo de Luz sirve como un recipiente, un vehículo a través del cual el Alma puede atravesar y explorar los diversos Planos de existencia más allá del Físico. A través de las Llaves Enoquianas, junto con la fuerza de voluntad y la imaginación enfocadas, el Alma puede viajar a través de estos diferentes Planos y Subplanos Cósmicos con el Cuerpo de Luz. Este tipo de viaje se denomina Viaje Astral o "Viaje en la Visión del Espíritu". Es una Experiencia Fuera del Cuerpo inducida conscientemente, a diferencia de los Sueños Lúcidos, que son Experiencias Fuera del Cuerpo involuntarias.

Es esencial entender que no tienes que despertar la energía Kundalini para utilizar tu Cuerpo de Luz. Recuerda que se te dio uno al nacer, y está contigo toda la vida. La energía Kundalini activa todos los potenciales latentes en el Cuerpo de Luz y alinea tu conciencia con él. Sin embargo, incluso sin esta activación completa, puedes utilizar el Cuerpo de Luz en un alto grado.

Como la Luz es una sustancia tenue, su forma no es fija, lo que significa que el Cuerpo de Luz puede transformarse con tu fuerza de voluntad e imaginación. Cualquier ejercicio de visualización en el que imagines cómo es encarnar el Espíritu de un objeto animado o inanimado es un ejercicio de utilización del Cuerpo de Luz.

Otro ejercicio frecuente en las Órdenes Mágicas es la capacidad de asumir la forma de los diferentes Dioses o Diosas de varios panteones Espirituales. Para ello, debes imaginar el Dios o la Diosa que deseas y aplicar tu fuerza de voluntad para cambiar a esa forma. Manteniendo la concentración y manteniendo la visión en tu imaginación durante un corto periodo de tiempo, asumirás la forma de Dios. Sentirás la forma de Dios y experimentarás una visión de lo que es ser ese Dios o Diosa.

Mientras que el Aura humana es el Microcosmos, el mundo exterior (especialmente nuestro Sistema Solar) es el Macrocosmos. Dentro del Aura, el Cuerpo de Luz puede transformarse en uno de los Cuerpos Sutiles, que sirven como vehículos que el Alma utiliza para experimentar los correspondientes Planos Cósmicos interiores (cada Cuerpo Sutil se corresponde con un Plano Cósmico interior). El Aura es, pues, un espejo que refleja y contiene las diferentes energías de todo el Sistema Solar dentro del sistema humano.

En esencia, los seres humanos son un punto de conciencia localizado dentro de un cuerpo físico, con un centro que no está en ninguna parte y una circunferencia que está en todas partes. Nuestro centro es nuestro Microcosmos, mientras que la totalidad de nuestra conciencia es el Macrocosmos: uno refleja y contiene el poder del otro. El Universo conocido es una manifestación de los Planos Cósmicos que lo componen, y podemos explorar el Universo haciendo que nuestra conciencia habite uno de los Cuerpos Sutiles de uno de los Planos Cósmicos (o Subplanos).

Es crucial entender que estos Planos Cósmicos ocupan todos el mismo Tiempo y Espacio que el cuerpo físico. Están en diferentes tasas o frecuencias de vibración con las que la conciencia se alinea para experimentarlos. No existen en algún lugar fuera de ti, sino dentro. Las Llaves Mágicas Enoquianas sirven como Diapasones que nos sintonizan con estas diferentes frecuencias de vibración, que son los Planos Cósmicos y sus Subplanos.

Dado que el Cuerpo de Luz toma una forma diferente para cada uno de los Planos Cósmicos de existencia, a través de la evocación de una Llave Enoquiana, podemos centrarnos en el Plano Cósmico interior elegido que queremos visitar y experimentar este Plano con el Cuerpo Sutil que le corresponde. El sistema de Magia Enoquiana es un sistema completo que abarca la totalidad de todos los Planos Cósmicos, y cada Llave Enoquiana abre la puerta a un Plano Cósmico (o un Subplano) que puedes explorar con su Cuerpo Sutil.

Para explorar un Plano Cósmico (o Subplano), no necesitas tener un despertar de Kundalini para activar tu Cuerpo de Luz completamente, sino hacer la evocación de una Llave Enoquiana correspondiente. Hacerlo cambiará tu conciencia al Cuerpo Sutil de ese Plano Cósmico. Este cambio ocurre cuando tu Aura es impregnada por la energía evocada de la Llave Enoquiana elegida. Una vez que la evocación está completa, este proceso ocurre naturalmente, con o sin tu participación consciente.

Ten en cuenta que un Cuerpo Sutil se corresponde con un Plano Cósmico y sus múltiples Subplanos.

El Cuerpo Astral Inferior es el Cuerpo Sutil inicial, que se encuentra justo por encima de la realidad física y del cuerpo físico. A menudo se le llama Cuerpo Etérico (e incluso Cuerpo Astral en algunos círculos Espirituales). Todo dentro de la Creación manifiesta tiene un Cuerpo Sutil, Etérico. La forma Etérica o Astral es parte de la red vibratoria e interconectada de energía que constituye el plano energético de una persona o de un objeto. Debido a que la vibración del Plano Astral Inferior es más alta que la del denso Plano Físico, este Plano está más allá de los cinco sentidos. El Cuerpo Astral Inferior está conectado con el Chakra Muladhara y el Elemento Tierra.

El siguiente Cuerpo Sutil es el Cuerpo Astral Superior, que se utiliza para viajar dentro del Plano Astral. Es en el Cuerpo Astral Superior donde se almacenan nuestros sentimientos y emociones, incluyendo los asuntos no resueltos de nuestro pasado e incluso de encarnaciones anteriores. Estas emociones, en forma de recuerdos y patrones de pensamiento, se acumulan en nuestro Cuerpo Astral Superior, donde pueden salir a la superficie involuntariamente en respuesta a los acontecimientos que podemos experimentar en nuestra vida diaria. Swadhisthana es el Chakra asociado con el Cuerpo Astral Superior (Cuerpo Emocional), cuyo Elemento es el Agua.

A continuación, el Cuerpo Mental Inferior se utiliza para atravesar el Plano Mental Inferior. Aquí es donde se mantienen y transmiten todos los patrones de pensamiento y procesos psicológicos. También es el área de la imaginación y la creatividad. Este Cuerpo Sutil es del Elemento Aire, que se corresponde con el Chakra Anahata.

El Cuerpo Mental Superior sigue al Cuerpo Mental Inferior, utilizado para viajar en el Plano Mental Superior. Este Cuerpo Sutil está asociado con nuestra fuerza de voluntad. Por lo tanto, es un nivel más alto que el anterior Cuerpo Mental Emocional e Inferior, ya que la fuerza de voluntad puede superar las emociones y los pensamientos y es más alta en la escala de vibración. El Cuerpo Mental Superior está asociado al Elemento Fuego y al Chakra Manipura.

El último Cuerpo Sutil es el Cuerpo Espiritual del Elemento Espíritu y los tres Chakras Espirituales superiores, Vishuddhi, Ajna y Sahasrara. Para viajar en el Plano Espiritual, el Cuerpo de Luz toma la forma del Cuerpo Espiritual. Cada una de las diferentes expresiones del Cuerpo de Luz (Cuerpos Sutiles), desde el Etérico hasta el Espiritual, es única y necesaria para que nuestra conciencia experimente los diferentes Planos Cósmicos de existencia.

LOS ELEMENTOS CÓSMICOS

Dentro del sistema de Magia Enoquiana, los Cinco Elementos indican la densidad de los diferentes aspectos de la realidad, es decir, los Planos y los Cuerpos Sutiles. Como la Materia física es la más densa, con su vibración cercana al reposo, podemos percibirla con nuestros sentidos. Los Elementos Cósmicos superiores, sin embargo, son invisibles a nuestros sentidos, aunque pueden ser percibidos a través de Ajna, el Chakra del Ojo de la Mente. Esto se debe a que las energías de los Elementos se corresponden con los Planos Cósmicos internos de la existencia.

Las emociones se experimentan y se sienten con nuestros Cuerpos Astrales (Inferior y Superior) dentro del Plano Astral. Los sentimientos, al estar compuestos por el Elemento Agua, son tangibles. Del mismo modo, los pensamientos también son tangibles, al estar compuestos por el Elemento Aire. Podemos experimentar nuestros pensamientos a través de los Cuerpos Mentales (Inferior y Superior) en los Planos Mentales de la existencia. Es a través de nuestro Cuerpo Espiritual y del Elemento Espíritu que podemos experimentar el Plano Espiritual. Las experiencias del Plano Espiritual son Arquetípicas, presentadas como imágenes tangibles que pueden ser sentidas o vistas, a menudo sólo intuitivamente.

Independientemente del Plano Cósmico en el que ocurra una experiencia, las emociones y los pensamientos siempre se ven afectados. Si, por ejemplo, una experiencia ocurre en el Plano Mental, influirá en el Plano Astral y viceversa. Cuando algo ocurre en un Plano, afecta a los otros Planos en cierta medida, ya que el Principio de Correspondencia está en pleno vigor en todo momento.

Sin embargo, hay que tener en cuenta que, como dice *El Kybalión, la* tendencia del impulso creativo es que los Planos Superiores dominen a los Planos Inferiores. Por lo tanto, los Planos Superiores son menos impactados por los Planos Inferiores. Por esta razón, el cambio real y duradero en la conciencia ocurre cuando se trabaja principalmente con los Planos Superiores.

Al practicar la Magia Enoquiana, tendrás tu propia experiencia única con las Llaves. Cada Llave Enoquiana y su evocación se conectará a un solo Plano de existencia perteneciente a una Atalaya, a la Tabla de Unión o a un Aethyr individual. No se pueden experimentar múltiples Planos simultáneamente. Además, no hay dos Magos que experimenten ninguno de los Planos Sutiles de la misma manera. Ciertas señales dentro de cada Plano son consistentes, como lo son los propios símbolos, que todos pueden experimentar. Sin embargo, más allá de eso, cada uno experimentará la energía de cada evocación de forma única. La forma en que se desarrolle su experiencia variará de acuerdo con su condicionamiento pasado y su Karma.

Independientemente de la Clave Enoquiana, el Plano o el Cuerpo Sutil que encuentres en tu práctica, empezarás a comprender, a través de la experiencia directa, que el Universo que te rodea es un espejo que refleja los pensamientos y las emociones que hay en tu interior. Además, aprenderás que tus pensamientos y sentimientos son el resultado de tu condicionamiento, afectado por las personas que te rodean. Verás precisamente cómo estás influenciado y motivado por tu entorno externo y cómo puedes alcanzar el poder personal controlando activamente la interpretación de tus circunstancias. Con estos métodos, podrás aprovechar el poder que reside en tu interior y que a menudo se pasa por alto. Esta comprensión llegará a medida que trabajes directamente con las Llaves Enoquianas.

La Magia Enoquiana es una de las prácticas o herramientas más excelentes para la exploración interior que he encontrado, si no la más grande. Además, el nivel de control que puedes alcanzar sobre tu propia vida es extraordinario. Al trabajar con las Llaves Enoquianas, estás caminando por el verdadero camino del Mago. Debes dominar los Elementos dentro de ti mismo y ganar el control total sobre tu vida ejerciendo tu fuerza de voluntad al máximo. Hasta que no hagas esto, no estarás aprovechando tu más alto potencial como ser humano Espiritual.

MAGIA ENOQUIANA Y SUEÑOS

A través de las evocaciones de las Llaves Enoquianas, tus experiencias de las Atalayas y los Aethyrs serán similares a la experiencia de ver una película, completa con símbolos, metáforas, personajes únicos y eventos. Sin embargo, más que ver una película, también te experimentarás a ti mismo como el director y la estrella de la película. Todas las experiencias serán una manifestación de cualquier Plano Cósmico que estés visitando. Estas experiencias, como cualquier buena película, pueden ser intensas y reveladoras. Espere que se le otorgue una Gnosis profunda sobre ti y tu realidad.

Por lo general, después de la recitación de una Llave, sentirás una ola de su energía impregnar tu Aura. Esta ola de energía permanecerá presente hasta que encuentre alguna forma de filtrarse a través de los Cuatro Mundos y se manifieste como un pensamiento o una emoción para que puedas experimentarla, aprender de ella y evolucionar más allá. Como resultado, notarás que a lo largo del día te invadirán pensamientos y emociones que a veces te parecen extraños, aunque son proyecciones de tu conciencia interior.

Estas emociones o pensamientos se construirán e influirán en tu forma de pensar, sentir y relacionarte con el mundo que te rodea. Afectarán a tus acciones y reacciones ante las personas, así como a los acontecimientos que experimentes a lo largo del día. Al final del día, a menudo te sentirás cansado y agradecerás una buena noche de sueño. Aquí es donde puedes estar más en contacto con tus pensamientos y emociones y viajar en estos diferentes Planos utilizando uno de tus varios Cuerpos Sutiles. Recuerda siempre que la energía que invocas (o evocas) necesita encontrar alguna manera de filtrarse a través de los Cuatro Mundos dentro de tu Aura, y hasta que lo haga, estará presente en ella.

Al comprender las cualidades de tus sueños, puedes entender más sobre tu conciencia y a dónde va durante el sueño. Mientras dormimos, nuestra conciencia deja el cuerpo físico y entra en uno de los Cuerpos Sutiles.

Si un sueño tiene una cualidad muy emocional, es probable que tu conciencia haya entrado en tu Cuerpo de Luz, que ha tomado la forma del Cuerpo Astral Superior, en el Plano Astral Superior, donde el Elemento Agua es dominante. Del mismo modo, si un sueño carece de emoción, pero tiene un tipo de experiencia muy intelectual, es probable que estés experimentando el Cuerpo Mental Inferior en el Plano Mental Inferior, dentro del Elemento Aire.

Si estás en un sueño profundo y sin sueños, es probable que tu Cuerpo de Luz haya tomado la forma del Cuerpo Mental Superior en el Plano Mental Superior, donde el Elemento Fuego es dominante. Si estás experimentando un Sueño Lúcido, durante el cual eres conscientemente capaz de controlar e influenciar su contenido, probablemente estás en el Plano Espiritual y has asumido la forma del Cuerpo Espiritual. Si la calidad de tus sueños se siente Divina, tal vez con la presencia de Seres Divinos en lugares hermosos e inéditos (ya sea en un Sueño Lúcido o no), es probable que hayas tenido la fortuna de experimentar los Planos Divinos. Independientemente de la calidad de tu sueño y de tus sueños, incluyendo el sueño sin sueños, tu conciencia volverá a tu cuerpo físico cuando despiertes.

Con el mismo método que con los otros ejercicios rituales presentados en *The Magus*, se recomienda tener un diario Mágico donde anotar los sueños y experiencias mientras se trabaja con estas evocaciones Enoquianas. En el caso de trabajar con la Magia Enoquiana, tendrás sueños más vívidos que nunca con temas que parecen sacados de una película de Hollywood. La Magia Enoquiana es muy teatral. En ese sentido, también es agradable y entretenida y dejará una impresión duradera en su conciencia.

VIAJE ASTRAL

Una vez que hayas recitado una de las Claves Enoquianas en fonética, también puedes realizar la técnica del Viaje Astral. Como ya se ha dicho, la energía evocada debe filtrarse a través de los Cuatro Mundos antes de salir definitivamente de tu Aura. Puedes permitir que permanezca contigo durante todo el día y que se filtre a través de ti durante el sueño mientras estás en un estado de ensoñación. O puedes intentar deliberadamente acceder a uno de estos Planos Cósmicos entrando conscientemente en el respectivo Plano (o Subplano) al que pertenece la Llave evocada. La mecánica es la misma que la de entrar en este Plano durante el sueño; sólo que, en este caso, lo haces deliberadamente.

Requiere que cambies tu conciencia de alguna manera al Plano Cósmico deseado. Es necesario estar en un estado de meditación para lograr esto. La mente tiene que cambiar de la conciencia normal de vigilia con actividad mental (en el *Estado Beta* de la actividad cerebral) a un estado más profundo llamado Estado Alfa. Cuando esto ocurre, su conciencia dejará su cuerpo y entrará en el Plano Cósmico al que pertenece la energía evocada.

Para inducir un estado meditativo, realiza la Respiración de Cuatro Tiempos mientras estás acostado o sentado en posición de loto. Tu cuerpo físico tiene que estar en su estado más relajado si estás planeando transferir tu conciencia a uno de los Planos Cósmicos. Al lograr un estado de comodidad en tu cuerpo físico y usar la Respiración de Cuatro Tiempos para entrar en un Estado Alfa meditativo, deberías ser capaz de proyectar tu conciencia hacia el interior simplemente permitiendo que esta experiencia ocurra.

Hay un Velo entre la conciencia despierta y los Planos Cósmicos interiores. Cambiar tu conciencia de uno a otro y deslizarte a través de este Velo ocurre casi instantáneamente. Como se ha mencionado, este es el mismo mecanismo que entrar en un estado de sueño durante el sueño, sólo que, en este caso, lo estás haciendo conscientemente y con intención.

Una vez que hayas logrado esto, serás capaz de experimentar conscientemente uno de los Planos Cósmicos mientras usas su correspondiente Cuerpo Sutil y aprendes las lecciones de ese Plano en particular. Debido a que estás aprovechando esta energía directamente, liberarás parte de ella de tu Aura. Sin embargo, parte de la energía seguirá presente dentro de ti durante el día hasta que tengas una noche completa de sueño, y deje tu Aura por completo.

ENOC Y HERMES

Enoc es uno de los patriarcas Bíblicos y objeto de muchos escritos Judíos y Cristianos. Es el bisabuelo de Noé y se le considera el autor del *Libro de Enoc*. La primera parte de este libro describe a los Vigilantes, mientras que la segunda parte describe las visitas de Enoc al Cielo en forma de viajes, visiones, sueños y revelaciones.

La Santa Biblia dice que Enoc vivió 365 años antes de ser "tomado" por Dios. Génesis 5:24 dice: "Y Enoc caminó con Dios; y no fue, porque Dios lo tomó". "Muchos Cristianos interpretan esto como que Enoc entró en el Cielo vivo y dejó de existir en forma física, lo cual es imposible ya que sólo se puede hacer esto después de que el cuerpo físico perece.

Los teóricos del Astronauta Ancestral que creen que los Vigilantes eran Extraterrestres creen que Enoc fue llevado fuera del planeta por ellos. Cualquiera que sea la interpretación más cercana a la verdad está abierta al debate. Aún así, si Enoc realmente vivió 365 años como dicen las escrituras (y tomamos este significado literalmente), entonces hay una fuerte posibilidad de que él mismo fuera de origen Extraterrestre. Estas teorías son poco ortodoxas, pero vale la pena examinarlas ya que Enoc está revestido de más misterio e interpretación que cualquier otra figura prominente en *La Santa Biblia*. Además, hay muchos estudiosos creíbles que hacen asociaciones Extraterrestres con su historia.

Sin embargo, la teoría más plausible (si se está en contra de la existencia de los Extraterrestres) es que Enoc y Hermes/Thoth pueden haber sido el mismo ser (o la reencarnación de uno). Los tres fueron figuras veneradas asociadas con la invención de la escritura y la promulgación de libros sagrados e inscripciones. Los tres también tenían conexiones Astrológicas, ya que se dice que Hermes escribió 36.525 libros. Teniendo en cuenta que Enoc es anterior a Hermes/Thoth y que es Antideluviano (antes del Gran Diluvio), significa que el Espíritu de Enoc se reencarna una y otra vez como el Maestro del Mundo para enseñar a la humanidad quiénes son y sus orígenes.

Según John Dee, Enoc fue la última persona que habló la lengua Enoquiana antes de que ésta fuera olvidada. Las Llaves Enoquianas presentadas aquí son entonces del Espíritu del Maestro del Mundo ya que su propósito es promover la Evolución Espiritual de la humanidad (como fue el propósito del trabajo de Enoch y el de Hermes/Thoth). El lenguaje Enoquiano puede muy bien ser de la más alta autenticidad y autoridad. Después de todo, Enoc fue considerado la más alta fuente de sabiduría y conocimiento Espiritual, sólo rivalizada por su sucesor, Hermes Trismegisto.

Incluso es posible que el idioma Enoquiano sea el idioma de los Seres Extraterrestres, los Vigilantes, del *Libro de Enoc*. No puede ser una coincidencia que los Elementos en la Magia Enoquiana estén representados por las Atalayas, presididas por Espíritus Angélicos y Demoníacos. Algunos Magos Ceremoniales creen que los Espíritus de la Magia Enoquiana son los Vigilantes (Ángeles) y los Nephilim, los Ángeles Caídos (Demonios) del *Libro de Enoch*. A medida que practiques las Llaves Enoquianas, aprenderás de su poder y te darás cuenta de que estás tratando con algo realmente excepcional.

LOS EJÉRCITOS ENOQUIANOS DE ÁNGELES

Cuando comencé a trabajar con la Magia Enoquiana hace muchos años, recibí una visión de un ejército de Ángeles a caballo la primera noche. No era un ejército moderno con armas y tanques, sino uno que recordaba a los tiempos medievales. Quizás esto se deba a la época en la que Dee y Kelley canalizaron la Magia Enoquiana. Este ejército llevaba espadas, arcos y otras armas medievales, atravesando con fuerza una tierra árida. Antes de tener esta visión, hice la evocación de la Primera y Segunda Llave (Espíritu Activo y Pasivo) más temprano en el día. Aunque sentí una energía Espiritual refrescante dentro de mi Chakra del Corazón inmediatamente después de la evocación, fue durante la noche, cuando me quedé dormido, que esta energía se personificó en forma visual.

Lo más impactante de esta visión era el general del ejército, un hombre con cabeza de conejo blanco, exigente y feroz. Tenía una placa de metal en la cara, como Kano de Mortal Kombat, y llevaba la guadaña de Saturno con una forma y un diseño futuristas. Dirigido por el general, el ejército se encontró con una forma divina de Horus, que personificaba mi personalidad Ego en ese momento. Al ver a Horus, el general desmontó su caballo y lo mató con su guadaña. Después de acuchillarlo con la Guadaña, dijo: "Siempre he odiado a ese tipo".

Curiosamente, me disgustaba mucho quién era y en qué me había convertido antes de tener esta visión. Creo que el general era una manifestación de mi Yo Superior, ya que el conejo blanco era una mascota que tenía y con la que me relacionaba en ese momento. Otra conexión importante con el conejo fue la primera calle en la que viví en Canadá, llamada Avenida Lappin, "lapin", que significa "conejo" en Francés, la segunda lengua de Canadá.

La guadaña de Saturno que llevaba el general es una herramienta utilizada por la Parca para llevar la muerte y la transformación a todo lo que corta. Pasaron semanas después de esta experiencia, y los ejércitos de ángulos se manifestaban casi todas las noches en mis sueños. Finalmente, me di cuenta de que su propósito era destruir todo lo viejo que había en mi interior y que no servía a mi Ser Superior. De este modo, los ejércitos de Ángeles buscaban rehacerme por completo.

Estos ejércitos son poderosos, y seguí viéndolos en mis sueños en visiones durante el tiempo que practiqué las Llaves Elementales y Sub-Elementales. Además, descubrí que las Llaves Elementales y Sub-Elementales (numeradas del uno al dieciocho) llevan energía combativa y guerrera. Por esta razón, vi a menudo ejércitos de Ángeles.

La forma en que la energía de las Claves Enoquianas de los Elementos y Sub-Elementos se manifestará ante ti depende de la personificación de tu *Energía Ancestral*. Por ejemplo, puede que no veas ejércitos de Ángeles sino algo totalmente distinto. Pero muchas personas a las que he enseñado Magia Enoquiana en el pasado han reportado visiones convincentes con temas de conquista y guerra. Por lo tanto, estate atento a su manifestación en tus sueños cuando empieces a trabajar con las Llaves.

Curiosamente, he comprobado que la forma en que se manifiestan las Llaves suele ser uniforme cuando se trabaja con las Llaves Enoquianas Elementales y Sub-Elementales. Las energías de los Treinta Aethyrs, por otro lado, se manifiestan de manera diferente. Recuerda que la energía de las Llaves Enoquianas busca transformarte y desechar las viejas partes del Ser que ya no te sirven. Así que no tengas miedo de tus experiencias mientras trabajas con la Magia Enoquiana.

ÁNGELES Y DEMONIOS EN LA MAGIA ENOQUIANA

Muchos practicantes de la Magia Enoquiana han dicho que las entidades Espirituales que encontraron en sus sueños y visiones son Demoníacas. Para aclarar, la Magia Enoquiana contiene tanto Espíritus Angélicos como Demoníacos ya que depende de nosotros aprender a comandar ambas partes del Ser. Como tal, estos Espíritus Angélicos o Demoníacos son personificaciones de fuerzas dentro de nosotros. Así que ahora entiendes por qué era crucial terminar el programa de Alquimia Espiritual con los Cinco Elementos antes de embarcarse en la Magia Enoquiana. Si te lanzas a esto antes de tener una base adecuada, las energías Demoníacas podrían fácilmente destrozarte mental y emocionalmente.

Las partes Demoníacas del Ser son los Ángeles Caídos. Depende de nosotros devolverles sus alas, metafóricamente hablando. Debemos aprender a comandar y usar nuestros Demonios para el bien en lugar de ser usados y abusados por ellos. A través de la Magia Enoquiana, estás aprendiendo a controlar tu aspecto Geburah, el Fuego Interno del Ser, que también contiene la parte de ti que a menudo se denomina Demoníaca. Sin embargo, Demoníaco no significa necesariamente malo, ya que tenemos Libre Albedrío. Depende de nosotros discernir entre las acciones positivas y amorosas en la vida y las negativas y malvadas.

Debido a esta dicotomía de Ángeles y Demonios, la Magia Enoquiana llega a las partes más profundas del Ser, donde aprovecha ambos. Tener la experiencia de los ejercicios rituales anteriores presentados en *The Magus*, a saber, los LIRP de los Elementos y el SIRP, te dará el dominio necesario sobre tus Elementos para que cuando tus Demonios personales te enfrenten, sepas cómo acercárteles.

Sin embargo, no dejes que esto te confunda ni te disuada de trabajar con la Magia Enoquiana. Después de completar el programa de Alquimia Espiritual con los Cinco Elementos, este es el siguiente paso en tu evolución de la Magia Ritual. Este método se practica desde hace más de 120 años en las diferentes órdenes de la Aurora Dorada.

Aprender a dominar tu dicotomía de energía Angélica y Demoníaca es parte del ser humano ya que vivimos en un mundo de dualidad. La fuerza de la mente y el corazón sólo se puede lograr cuando se aprende a dominar ambos aspectos, ya que es el camino hacia el verdadero dominio del Ser.

DERROTAR A LOS DEMONIOS EN TUS SUEÑOS

Así como encuentras Espíritus Angélicos y Demoníacos en tus sueños y visiones, también puedes tener que vencer a un Demonio ocasionalmente, para progresar más en tu viaje Espiritual. A menudo, los Espíritus Demoníacos impiden el paso a un Plano Elemental o Sub-Elemental o Aethyr posterior. Una vez que derrotes a uno, tu conciencia puede elevarse a un Plano Superior de forma natural. No te alarmes porque, en tus sueños, se te dará orientación sobre cómo lograrlo. Muy a menudo, obtendrás el conocimiento de cómo derrotar a un Demonio instantáneamente en el momento en que te enfrentes a uno.

Por experiencia personal, derrotar a los Demonios suele implicar el uso de la Luz y el amor y proyectar esta energía en el Demonio hasta destruirlo (o, para ser más exactos, transformarlo). A veces la técnica implica "matarlo" con una espada u otra arma simbólica. Otros métodos incluyen herramientas e implementos como una cruz, una Biblia, el nombre de Jesucristo, un Pentagrama, un Hexagrama, algún otro Elemento simbólico, o símbolo en sí que represente el poder de la Luz y el amor. Los métodos para realizar un exorcismo que prevalecen en las películas de Hollywood funcionan en la vida real. El Estandarte del Oeste también es utilizado a menudo por los Magos Ceremoniales para comandar a los Demonios ya que su imagen representa el dominio sobre la oscuridad.

Sus sueños pueden incluso personificar al Demonio en un Vampiro; por lo tanto, para atraparlo, puede necesitar usar ajo, mientras que, para derrotarlo, puede necesitar clavar una estaca en su corazón. Esta representación de un Demonio no es infrecuente. Tu imaginación personificará cómo se te aparece el Demonio y el método para derrotarlo. La imagen personificada se basará en tu condicionamiento pasado y en lo que tu Alma se sienta cómoda. Recuerda que tu Alma nunca será puesta a prueba más allá de lo que pueda soportar.

Estate atento en tus sueños y visiones, y lo primero que debes hacer cuando te encuentres con un Demonio es no temerlo. Esta parte es crucial. Al temerles, les estás alimentando de energía, ya que es tu miedo el que intentan utilizar contra ti, ya que eso es lo que les da poder sobre ti. No olvides que los Demonios personales son sólo una proyección de tu mente y de tus miedos internos. Por lo tanto, superarlos es un evento simbólico de dominar esa parte de ti mismo.

A menudo, todo lo que se requiere de ti es que te enfrentes al Demonio en lugar de huir de él. Mostrar valentía al enfrentarlo te permitirá integrar su energía en tu Chakra del Corazón y disolverlo en amor y Luz. Como tal, su estado cambiará permanentemente. Ahora, cualquier poder que tuvieran sobre ti en el pasado, tú lo tendrás sobre ellos.

Acoge estas experiencias como positivas en tu vida, ya que, al vencer a un Demonio, estarás potenciando tu poder personal. Derrotar a un Demonio significa superar algo en ti mismo que te causa miedo en la vida. Recuerda siempre que la Luz es amor y cada Ser dentro de los Planos Cósmicos interiores se inclina ante el amor. Así, cuando te embarques en este viaje de Magia Enoquiana, tu fe en lo Divino y el poder del amor es una herramienta esencial a tu disposición.

LAS LLAVES ENOQUIANAS ELEMENTALES Y SUB-ELEMENTALES

En el siguiente capítulo, se presentan las Claves Enoquianas Primera a Dieciocho. Estas Llaves se sentirán como la energía del LIRP con la que has trabajado hasta ahora, pero con un elemento más teatral en tus visiones que es típico de la Magia Enoquiana. La energía se sentirá como si hubiera impregnado tu Ser más que el LIRP. La Magia Enoquiana alcanza los niveles más profundos del subconsciente, activando las partes Demoníacas del Ser. Estas partes Demoníacas del Ser descansan en tu subconsciente como partes del Ser que desechaste porque no podías ordenarlas. El miedo que tienes a ellas es el miedo a no poder controlarlas.

El uso de estas Llaves te dará sueños muy inusuales y desafiantes. La energía que se evoca a través de ellas pondrá a prueba tu Alma sacando a la luz tus deseos más íntimos: lo bueno, lo malo y lo feo. Verás cada faceta de ti mismo y tendrás que enfrentarte a ella. Las energías Enoquianas se comunicarán contigo a través de símbolos. Intentarán utilizar tus debilidades en tu contra. No temas, porque todo lo que están haciendo es sacar a la superficie lo que yace enterrado en tu subconsciente. Todos tus miedos y secretos te serán revelados a través de este trabajo.

Estas partes del Ser son activadas por la energía Enoquiana, que se sentirá caliente y ardiente a veces, aunque sea una energía que es su opuesta. Las evocaciones de las Llaves Enoquianas se dirigirán a uno de los Mundos de las Cuatro Atalayas de los Elementos o a la Tabla de la Unión. Como tal, estarás utilizando el Cuerpo Sutil que se relaciona con cualquier Elemento o Sub-Elemento que estés invocando para "navegar" por su correspondiente Plano interior.

Los Sub-Elementos tendrán la energía subyacente del Elemento primario al que pertenecen, con la adición de otro Elemento en un grado menor de energía. Estos Sub-Elementos y Elementos se corresponden con las energías Planetarias y Zodiacales en cierto grado.

El escenario de cada Elemento y Subelemento será una personificación de su energía global. La Llave Aire de Aire puede ser la cima de una montaña alta, o algún lugar elevado del suelo donde puedas sentir la brisa fresca del aire a tu alrededor. La Llave de Agua puede estar en o cerca de un lago, o del océano, o de una masa de agua en la que puedas sentir el agua presente. La Llave de Fuego de la Tierra podría ser un volcán en erupción, donde puedes sentir el Fuego actuando sobre la Tierra. La Llave Agua del Aire puede manifestarse como una niebla, donde se puede sentir el Elemento Agua dentro del Elemento Aire.

Estos son sólo algunos ejemplos, pero es importante tener en cuenta que estas manifestaciones en tus visiones pueden ser totalmente diferentes para cada uno. Dependiendo de cuál sea tu Energía Ancestral, será potenciada por los Ángeles y Demonios Enoquianos. La Magia Enoquiana está destinada a hacerte fuerte, tanto mental como emocionalmente. Por lo tanto, mira todo lo que ves y experimentas como una prueba. Si perseveras y afrontas esta prueba sin miedo en tu corazón, tendrás éxito.

LAS DIECIOCHO LLAVES ENOQUIANAS

SI NO HAS TERMINADO EL PROGRAMA PRESCRITO DE ALQUIMIA ESPIRITUAL CON LOS CINCO ELEMENTOS, ¡NO UTILICES LAS LLAVES ENOQUIANAS! HACERLO SIN LA BASE CORRECTA PUEDE TRAER DAÑOS A TU BIENESTAR ESPIRITUAL, MENTAL Y EMOCIONAL.

Aunque no entiendas por qué te advierto en este momento, debes prestar atención a mi advertencia. Hay una razón por la que he colocado la Magia Enoquiana como la última sección de este libro. Por lo tanto, no ojees ni leas las Claves Enoquianas presentadas a continuación, sino que saltante esta sección por completo si deseas seguir leyendo sobre la Magia Enoquiana. Es mi última palabra de advertencia sobre este tema. Debes estar preparado para este trabajo en mente, cuerpo y alma antes de emprenderlo.

Para aquellos que estén listos para comenzar este trabajo, trabajarán con las traducciones fonéticas Enoquianas, que deben recitar individualmente con el mayor cuidado y solemnidad. Cualquiera que se burle de estas Claves con una mente y un corazón impuros, se expondrá a sufrir graves daños físicos y Espirituales. Recuerda que la traducción fonética debe ser pronunciada tal y como está escrita, y vibrar con vuestras cuerdas vocales en un tono proyectivo y energizante.

Estas Dieciocho Llaves se atribuyen a la Tabla de la Unión y a las Cuatro Tablas de la Atalaya. La Primera y Segunda Llaves están asignadas a la Tabla de la Unión y pertenecen al Plano Espiritual.

Las Llaves Tercera, Séptima, Octava y Novena se atribuyen a los cuatro cuadrantes de la Atalaya del Aire en el Plano Mental Inferior. La Tercera Llave puede utilizarse para la Atalaya de la Tabla de Aire en su conjunto y es representativa del Elemento Aire.

Las Llaves Cuarta, Décima, Undécima y Duodécima se atribuyen a los cuatro cuadrantes de la Atalaya del Agua en el Plano Astral Superior. La Cuarta Llave también puede utilizarse para la Tabla de la Atalaya del Agua en su conjunto y es representativa del Elemento Agua.

Las Llaves Quinta, Decimotercera, Decimocuarta y Decimoquinta se atribuyen a los cuatro cuadrantes de la Atalaya de la Tierra en el Plano Astral Inferior. La Quinta Llave es para la Tabla de la Atalaya de la Tierra en su conjunto y es representativa del Elemento Tierra.

Las Llaves Sexta, Decimosexta, Decimoséptima y Decimoctava se atribuyen a los cuatro cuadrantes de la Atalaya del Fuego en el Plano Mental Superior. La Sexta Llave puede utilizarse para la Tabla de la Atalaya del Fuego en su conjunto y representa el Elemento Fuego.

Muchos practicantes de la Magia Enoquiana creen que también existe una Llave Cero, que es de la Divinidad y por lo tanto no puede ser expresada. Sin embargo, una vez que hayas completado la operación de las Dieciocho Llaves Enoquianas, junto con la operación de los Treinta Aethyrs, la Llave Cero puede revelarse a ti como una fuente de energía tangible. Muchos experimentados practicantes de la Magia Enoquiana creen que esto es cierto, y algunos informan que incluso lo han experimentado. Por lo tanto, si tienes el privilegio de experimentar la Llave Cero mientras trabajas con el sistema Enoquiano, considéralo la más alta de las bendiciones de la Divinidad.

S.L. MacGregor Mathers y Aleister Crowley estudiaron los documentos dejados por John Dee y Edward Kelley sobre la Magia Enoquiana. Cada uno de ellos desarrolló traducciones de las Claves Enoquianas, incluyendo la pronunciación fonética de cada Clave. Ambas versiones son ligeramente diferentes entre sí. Las interpretaciones de Crowley están más en sintonía con la corriente de energía Telémica, mientras que las de Mathers están en la línea de la Aurora Dorada. He comprobado que la versión de Crowley de las Llaves evoca la misma energía, pero de una forma más aterrizada y menos etérea, lo que hace más difícil navegar por la energía de cada Llave.

Después de trabajar con ambas traducciones en numerosas ocasiones, y dado que *The Magus se* atiene a las enseñanzas de la Aurora Dorada, he decidido utilizar las Llaves Enoquianas de Mathers como parte de este trabajo. Se trata de la versión completa de su manuscrito titulado *The 48 Angelical Keys of Calls* de G.H. Frater D.D.C.F. (S.L. MacGregor Mathers).

Incluyo las versiones Enoquiana, Inglesa y Enoquiana (fonética) de cada Llave, editadas por mí para que las tres partes se correspondan. La versión Enoquiana es la Clave real tal como fue canalizada a Dee y Kelley por los Ángeles. La versión Inglesa presenta el significado detrás de cada Llave, mientras que la Enoquiana (fonética) es la evocación del ejercicio ritual, los Mantras, que evocan la energía de cada Llave.

En el diagrama que sigue a las Claves Enoquianas (Figura 62), también les he dado las asociaciones generales de las energías Zodiacales y Planetarias con las energías de los Elementos y Sub-Elementos de las Claves. Encontrarás que es una representación muy precisa de la energía de cada Zodíaco, y se presenta aquí para que puedas comprender mejor este tema. Además, estas asociaciones se cruzarán con cualquier otra experiencia que puedas haber tenido con las energías Zodiacales y Planetarias a través de otras técnicas de invocación y evocación de rituales Mágicos.

1.ª Llave-Espíritu (Activa)

Enoquiano:

Ol Sonf Vorsag Goho Iad Bait, Lonsh Calz Vonpho Sobra Z-OL.
Ror I Ta Nazps, Od Graa Ta Maiprg:
Ds Hol-Q Qaa Nothoa Zimz Od Commah Ta Nobioh Zien;
Soba Thu Gnonp Prge Aldi Ds Vrbs Oboleh G Rsam;
Casarm Ohorela Taba Pir; Ds Zonrensg Cab Erm Iadnah.
Pilah Farzm Znrza Adna Gono Iadpil Ds Hom Od To h;
Soba Ipam Lu Ipamis;
Ds Loholo Vep Zomd Poamal, Od Bogpa Aai Ta Piap Piamol Od Vaoan.
Zacare Eca Od Zamran. ¡Odo Cicle Qaa! Zorge Lap Zirdo Noco Mad, Hoath Iaida.

Español:

Yo reino sobre ti, dice el Dios de la Justicia. En poder exaltado sobre el firmamento de la Ira.

En cuyas manos el Sol es como una espada y la Luna como un fuego penetrante:

que midió tus vestidos en medio de mis vestiduras y te ató como las palmas de mis manos:

Cuyos asientos adorné con el fuego de la reunión:

Que embelleció tus prendas con admiración:

A quien hice una ley para gobernar a los Santos: Quien te entregó una vara con el Arca del Conocimiento.

Además, alzasteis la voz y jurasteis obediencia y fe al que vive y triunfa:

Cuyo principio no es ni puede ser el fin: que brilla como una llama en medio de vuestros Palacios y reina entre vosotros como la balanza de la justicia y la verdad.

Muévanse, pues, y muéstrense. Abrid los misterios de vuestra creación. Sed amables conmigo. Pues soy el siervo del mismo vuestro Dios, el verdadero adorador del Altísimo.

Enoquiano (Fonética):

Oh-el Soh-noof Vay-oh-air-sahjee Goh-hoh Ee-ah-dah Bahl-tah, Elon-shee Kahi-zoad Von-pay-hoh:

Soh-bay-rah Zoad-oh-lah.

Roh-ray Ee Tah Nan-zoad-pay-ess, Oh-dah Jee-rah-ah Tah Mahi- peer-jee:

Dah-ess Hoh-el-koh Kah-ah No-thoh-ah Zoad-ee-mah-zoad Oh-dah Koh-mah-mahhay Tah Noh-bloh-hay Zoad-ee-aynoo;

So-bah Tah-heelah Jee-noh-noo-pay Peer-jee Ahi-dee; Dah-ess Ur-bass Oh-boh-lay Jee Rah-sah-may;

Cahs-armay Oh-hor-raylah Tah-bah Peer; Dah-es Zoad-oh-noo-ray-noo-sah-jee Kahbah Air-may Ee-ad-nah.

Peelah-hay Far-zoad-mee Zoad-noo-ray-zoad-ah Ahd-nah Goh-noh Ee-ah-dah-pee-ayl Dah-ess Hoh-may Oh-dah Toh hay;

Soh-bay Ee-pah-may Loo Ee-pah-mees; Dah-ess Loh-hoh-loh Vay-pay Zoad-oh-Maydah Po-ah-may-ell, Oh-dah Boh-jee-pay Ah-ah-ee Tay-ah Pee-ah-pay Pee-ah-moh-ayl Oh-dah Vay-oh-ah-noo.

Zoad-a-kah-ray Ay-kah Oh-dah Zoad-a-mer-ahnoo. ¡Oh-dah Kee-klay kah-ah! Zoadorjee Lah-pay Zoad-eer-raydoh Noh-koh Mahdah, Hoh-ah-tah-hay Ee-ah-ee-dah.

2.ª Llave-Espíritu (Pasiva)

Enoquiano:

Adgt Vpaah Zong Om Faaip Sald, Vi-I-V L, Sobam Ial-Prg I-Za-Zaz Pi-Adph;

Casarma Abrang Ta Talho Paracleda, Q Ta Lorslq Turbs Ooge Baltoh.

Givi Chis Lusd Orri Od Micaip Chis Bia Ozongon.

Lap Noan Trof Cors Ta Ge O Q Manin la-Idon.

Torzu Gohe L. Zacar Eca C Noqod. Zamran Micaizo Od Ozazm Vrelp, Lap Zir Io-Iad.

Español:

Pueden las Alas de los Vientos Entender tus voces de asombro. Oh Tú, el Segundo del Primero, a quien las llamas ardientes han enmarcado en la profundidad de mis fauces:

A quienes he preparado como copas para una boda o como las flores en su belleza para la Cámara de los Justos.

Más fuertes son tus pies que la piedra estéril y más poderosas son tus voces que los múltiples vientos.

Porque os habéis convertido en un edificio como no hay otro en la mente del Todopoderoso.

Levántate, dice el Primero. Mueve, pues, a tus siervos. Mostraos con poder y hacedme un fuerte vidente de las cosas, pues yo soy de Aquel que vive para siempre.

Enoquiano (Fonética):

Ahd-gee-tay Oo-pah-hay Zoad-oh-noo-jee Oh-mah Fah-ah-ee-pay Saldah, Vee-ee-vee Ayl, S oh-bah-may Ee-ahl-peer-jee Ee-zoad-ah-zoad-ah-zoad Pee-ahd-pay-hay;

Cah-sarmah Ah-brahn-jee Tah-hoh Paraclaydah, Koh Tah Lor-es-sel-koh Toor-bay-ess Oh-oh-jee Bahi-toha.

Jee-vee Kah-hee-sah Loos-dah Ohr-ree Oh-dah Mee-cal-pah Kah-hees-ah Bee-ah Oh-zoad-oh-noo-goh-noo.

Lah-pay Noh-ah-noo Troh-eff Corsay Tah Jee Oh Koh Mah-nee-no Ee-ah-ee-doh-noo.

Tohr-zoad-oo Goh-hay Ayl. Zoad-a-kar-ray Ay-Kah Kah Noh-Kwoh-dah. Zoad-amerah-noo. Me-kah-el-zoad-oh Oh-dah Oh-zoad-ah-zoad-may Oo-rel-pay, Lah-pay Zoadee-ray Ee-oh Ee-ah-dah.

3.ª Llave-Aire de Aire

Enoquiano:

¡Micma! Goho Mad. Zir Comselha Zien Biah Os Londoh. Norz Chis Othil Gigipah, Vnd-L Chis ta Pu-Im Q Mospleh Teloch, Qui-I-N Toltorg Chis I Chis-Ge In Ozien, Ds T Brgdo Od Torzul.

I Li E Ol Balzarg Od Aala, Thiln Os Netaab, Dluga Vonsarg Lonsa Cap-Mi Ali Vors CLA, Homil Cocasb; Fafen Izizop Od Miinoag De Gnetaab Vaun Na-Na-E-El; Panpir Malpirg Pild Caosg.

Noan Vnaiah Bait Od Vaoan.

Do-O-I-A p Mad; Goholor Gohus Amiran. Micma Iehusoz Ca-Cacom Od Do-O-A-In Noar Mica-Olz A-Ai-Om, Casarmg Gohia; Zacar Vnigiag Od Im-Va-Mar Pugo, Piapii Ananael Qa-A-An.

Español:

He aquí que vuestro Dios dice. Yo soy un Círculo sobre cuyas manos se levantan Doce Reinos. Seis son los asientos del Aliento Viviente, los demás son como hoces afiladas o los cuernos de la Muerte, donde las criaturas de la Tierra son y no son, excepto Mis propias manos que también duermen y se levantarán.

En el primero os hice administradores y os coloqué en los asientos Doce de Gobierno, dándole a cada uno de vosotros poder sucesivamente sobre Cuatro, Cinco y Seis, las verdaderas Edades del Tiempo: con la intención de que desde las Vasijas más altas y los rincones de vuestros gobiernos pudieseis trabajar Mi poder: Derramando los Fuegos de la Vida y el aumento continuamente sobre la Tierra.

Así os convertís en las Faldas de la Justicia y la Verdad.

En el Nombre del mismo vuestro Dios elevad, digo vosotros. He aquí que Sus misericordias florecen y Su Nombre se hace poderoso entre nosotros, en Quien decimos: Moveos, Descended y aplicaos a nosotros, como a los Partícipes de la Sabiduría Secreta de su creación.

Enoquiano (Fonética):

¡Meek-mah! Goh-hoh Mah-dah. Zoad-eeray Kohm-sayl-hah Zoad-ee-ay-noo Be-ahhay Oh-ess Lon-doh-hah. Nohr -zoad Kah-heesah Otheeiah Jee-jee-pay-hay, Oon-dah-iah Kah-heesah Tah Poo-eem Kwo-Mohs-piay Tayiohk-hay, kwee-eenoo Tohl-torjee, Kahees Ee Kah-hees-jee Ee-noo Oh-zoad-ee-ay-noo, Day-ess Tay Bray-jee-dah Oh-dah Tor-zoad-oo-lah.

Ee-Lee Ay Oh-Lah Bahl-zoad-ahr-jee Oh-dah Ah-ah-iah, Tay-heeinoo Oh-ess Nay-tahah-bay, Dah-loo-gahr Vohn-sahrjee Lohn-sah Cahpeemee-ahiee Vor-sah Cah Ayl Ah, Hoh-meei Koh-kahs-bay; Fah-faynoo Ee-zoad-ee-zoad-oh-pay Oh Dah Mee-ee-noh-ahjee Day Jee-nay-tah-ah-bah Vah-oo-noo Nah-nah-ay-ayl; Pahn-peer Mahi-peerjee Pee-el-dah Kah-ohs-gah.

Noh-ah-noo Oo-nah-iah Baitah Oh-dah Vay-oh-ah-noo.

Doo-oh-ee-ah-pay Mah-dah, Goh-hoh-ior Goh-hoos Ah-mee-rah-noo. Meek-mah Yehhoo-soh-zoad Kah-Kah-komah Oh-dah Doh-oh-ah-ee-noo Noh-ahr Mee-kah-ohl-zoad Ah-ah-ee-oh-mah, Kah-sarmjee Goh-hee-ah;

Zoadah-kah-ray Oo-nee-giah-jee Oh-dah Eem-vah-mar Poojoh, Plahplee Ah-nah-nahayl Kah-ah-noo.

4.ª Llave-Agua de Agua

Enoquiano:

Othil Lusdi Babage Od Dorpha Gohol:

G-Chis-Gee Avavago Cormp P D Ds Sonf Vi-vi-Iv Casarmi Oali MAPM Soham Ag Cormpo Crp L:

Casarmg Cro-Od-Zi Chis Od Vgeg, Ds T Capmiali Chis Capimaon, Od Lonshin Chis Ta L-O CLA.

Torzu Nor-Quasahi, Od F Caosga; Bagle Zire Mad Ds I Od Apila.

Do-O-A-Ip Qaal, Zacar Od Zamran Obelisong, Rest-El-Aaf Nor-Molap.

Español:

He puesto mis pies en el Sur y he mirado a mi alrededor diciendo:

¿No son treinta y tres los Truenos de Aumento que reinan en el Segundo Ángulo?

Bajo el cual he colocado Nueve Seis Tres Nueve, al que nadie ha contado aún sino uno:

En Quien el Segundo Principio de las cosas son y se fortalecen, que también sucesivamente son los números del Tiempo, y sus poderes son como los primeros.

Levantaos, Hijos del Placer, y visitad la Tierra: Porque yo soy el Señor, vuestro Dios, que es y vive para siempre.

En el Nombre del Creador, muévanse y muéstrense como liberadores agradables para que puedan alabarlo entre los Hijos de los Hombres.

Enoquiano (Fonética):

Oh-thee-iah Loos-dee Bah-bah-jee Oh-dah Dor-pay-hah Goh-hoh-lah:

Jee-kah-hees-jee Ah-vah-vah-goh Kohr-em-pay Pay-Dah Dah-ess Sohnoof Vee-vee-eevah Kas-ahrm-ee Oh-ah-lee Em-Ah-Pay-Em Soh-bah-mah Ah-gee Kohr-em-poh Kah-arpay Ayl:

Kah-sahrmjee Kroh-oh-dah-zoadee Kah-heesah Ohdah Vah-jeejee, Dah-ess Tay Kahpee-mah-lee Kah-heesah Kapee-mah-ohnoo, Oh-dah Lon-sheenoo Kah-heesah Tay-ah Aylo-oh Kay-El-Ah.

Tor-zoad-oo Nohr-kwah-sahee, Oh-dah Eff Kah-ohs-gah; Bah-glay Zoad-eeray Mahdah Dah-ess Ee Ohdah Ahpeelah.

Doo-ah-ee-pay Kah-ah-lah, Zoad-a karah Oh-dah Zoadamerahnoo Oh-bayleesonjee, Raystellah Ah-ah-eff Nohr-moh-lahpay.

5.ª Llave-Tierra de la Tierra

Enoquiano:

Zimii DUIY de las zonas de Adroch, Dorphal Caosg de las zonas de Piripsol Ta blior.

Casarm am-ipzi nazarth AF od dlugar zizop zlida Caosgi toltorgi:

Od z chis e siasch L ta Vi-u od Iaod thild ds Hubar PEOAL,

Sobo-Cormfa chis Ta LA, Vls od Q Cocasb. Eca niis, od darbs.

Qaas F etharzi od bliora. Ia-Ial ednas cicles. ¿Bagle? Ge-Iad I L.

Español:

Los poderosos sonidos han entrado en el Tercer Ángulo Y se han convertido en Olivos en el Monte de los Olivos, Mirando con Alegría sobre la Tierra, y habitando en el Resplandor de los Cielos como continuos consoladores.

A quien sujeté 19 Columnas de la Alegría y les di Vasos para regar la Tierra con todas sus criaturas:

Y ellos son los hermanos del Primero y del Segundo, y el principio de sus propios Asientos que están adornados con 69636 Lámparas Ardientes Continuas, cuyos números son como el Primero, los Finales y el Contenido del Tiempo.

Por tanto, venid y obedeced a vuestra creación. Visítanos en paz y confortabilidad.

Concluye con nosotros los receptores de tus Misterios, ¿Por qué? Nuestro Señor y Maestro es el Único.

Enoquiano (Fonética):

Sah-pah-hay Zoad-ee-mee-ee Doo-ee-vay, Oh-dah Noh-ahs Tay-ah Kah-nees Ah-drohkay, Dohr-pay-hal Kah-ohs-gah Oh-dah Fah-ohn-tay-ess Pee-reep-sohl Tay-ah Blee-ohr.

Kah-sarmay Ah-mee-eep-zoad-ee Nah-zoad-arth Ah-eff Oh-dah Dahloo-gahr Zoad-eezoad-oh-pay Zoad-leedah Kah-ohs-jee Tohi -torjee;

Oh-dah Zoad Kah-heesah Ay-See-ahs-kay Ayl Tah vee-oo-Oh-dah Ee-ah-ohdah Tayheeldah Dah-ess Hoobar Pay Ay Oh Ah Ayl.

Soh-bah Kohr-em-fah Kah-heesah Tay-ah El-ah Vah-less Oh-dah Koh-Koh-Kahs-bay. Ag-kah Nee-ee-sah Oh-dah Dahr-bay-ess.

Kah-ah-sah Eff Aythar-zoadee Oh-dah Blee-ohr-ah. Ee-ah-ee -ah-ayl. Ayd-nahss Keeklay-sah. ¿Bah-glay? ¡Jee-Ee-Ahdah Ee-el!

6.ª Llave-Fuego de Fuego

Enoquiano:

Gah S diu chis Em, micalzo pilzin; Sobam El harg mir Babalon od obloc Samvelg:

Dlugar malprg Ar Caosgi, Od ACAM Canal sobol zar fbliard Caosgi, od chisa Netaab od Miam ta VIV od D.

Darsar Solpeth bi-en. Brita od zacam g-micalza sobol ath trian lu-Ia he od ecrin Mad Qaaon.

Español:

Los Espíritus del Cuarto Ángulo son Nueve, poderosos en el firmamento de las aguas: A los que el Primero ha plantado un tormento para los malvados y una guirnalda para los Justos:

Dándoles dardos de fuego para Vanne la Tierra, y 7699 obreros continuos cuyos cursos visitan con comodidad la Tierra, y están en el gobierno y la continuación como el Segundo y el Tercero.

Por tanto, escucha mi voz. He hablado de ti y te muevo en poder y presencia; cuyas obras serán un Canto de Honor y la Alabanza de tu Dios en tu Creación.

Enoquiano (Fonética):

Gah-hay Ess Dee-oo Kah-heesah AY-Em, Mee-kahl-zoadoh Peel-zoadeenoo; Soh-bah may Ayl Harjee Meer Bah-bah-lohnoo Oh-dah Oh-bloh-kah Sahm-vay-lanjee:

Dah-loogar Mah-lah-peerjee Ahray Kah-ohsjee, Oh-dah Ah Kah Ah Em Kah-nahl So-bolah Zoad-ah-ray Eff Blee-ahr-dah Kah-ohs-jee, Oh-dah Kah-heesay Naytah-ah-bay Oh-dah Mee-ah may Tay-ah Vee-ee-vah Oh-dah Dah.

Dahr-sahr Sohi-pet-hay Bee-aynoo. Bay-reetah Oh-dah Zoad-ah-kahmay Jee-meekahel-zoadah So-boh-lah Aht-hay Tre-ah-noo Loo -EE-ah Hay Oh-dah Aykreenoo Mahdah Kah-ah-ohnoo.

7.ª Llave-Agua del Aire

Enoquiano:

Raas i salman paradiz, oecrimi aao Ialpirgah, quiin Enay Butmon od I Noas NI Paradial casarmg vgear chirlan od zonac Luciftian cors ta vaul zirn tolhami.

Sobol londoh od miam chis ta I od ES vmadea od pibliar, Othil Rit od miam.

C noqol rit, Zacar zamran oecrimi Qaada! od O micaolz aaiom! ¡Bagle papnor i dlugam lonshi od vmplif vgegi Bigl IAD!

Español:

El Oriente es una Casa de Vírgenes que cantan alabanzas entre las Llamas de la Primera Gloria, en las que el Señor ha abierto su boca y se han convertido en 28 Moradas Vivas en las que se regocija la fuerza del hombre, y están vestidas con Ornamentos de brillo tales que hacen maravillas en todas las Criaturas.

Cuyos reinos y permanencia son como el Tercero y el Cuarto, torres fuertes y lugares de consuelo, la Sede de la Misericordia y la permanencia.

¡Oh vosotros, siervos de la Misericordia, Moveos, Apareced, Cantad alabanzas al Creador! ¡Y sed poderosos entre nosotros! Porque a este recuerdo se le da poder, y nuestra fuerza se fortalece en nuestro Consolador.

Enoquiano (Fonética):

Rah-ahs Ee Salmahnoo Pahr-ahdeezoad, Oh-ay Kah-reemee Ah-ah-oh Ee-ahl-peergah, Kwee-ee-ee-noo Ayn-ah-yee Boot-mohnah Oh-dah Ee Noh-ah-sah Nee Pahr-ah-deeahlah Kah-sahr-emjee Vay-jee-ahr Kah-heer-lahnoo Oh-dah Zoad-oh-nah-kah Loo-keeftee-ahnoo Kohr-say Tay-ah Vah-oo-lah Zoad-ee-raynoo Tohl-hahmee.

Soh-boh-lah Lohn-d-do-hah Oh-dah Mee-ahmay Kah-heesah Tay-ah Dah-Oh-dah Ay-ess, Oomah-day-ah Oh-dah Pee-blee-ahray Otheelah, Reetah Oh-dah Mee-ahmay.

¡Kah-noh-kolah Reetah, Zoadakahray Mee-kah-ohl-zoad Ah -ah-ee-ohm! Bahglay Pahp-nohr ee Day-loo-gahm Lon-shee On-dah Oomplee-fah Oo-gay-jee Beeglah Eeah-dah.

8.ª Llave-Tierra del Aire

Enoquiano:

Bazm ELO, i ta Piripson oln Nazavabh OX, casarmg vran chis vgeg, ds abramg baltoha goho Iad,

Soba mian trian ta lolcis Abaivovin od Aziagiar nor.

Irgil chis da ds paaox busd caosgo, ds chis, od ipuran teloch cacrg oi salman loncho od voviva carbaf.

¡Niiso! ¡Bagle avavago gohon!

No hay nada que hacer. Bagle momao siaion od mabza IAD OI as Momar Poilp.

¡Niis! Zamran ciaofi caosgo od bliors, od corsi ta abramig.

Español:

El mediodía, el Primero, es como el Tercer Cielo hecho de Pilares jacintos 26, en el que los Ancianos se hacen fuertes, que he preparado para mi propia Justicia, dice el Señor.

Cuya larga permanencia será como hebillas para el Dragón Encorvado y como la Cosecha de una Viuda.

¿Cuántos son los que quedan en la gloria de la Tierra, que son, y no verán la muerte hasta que esta casa caiga, y el Dragón se hunda?

¡Vengan! ¡Porque los Truenos han hablado!

¡Vete! Porque la Corona del Templo y el manto de Aquel que es, fue y será coronado están divididos.

Ven. Aparece para el terror de la tierra y para nuestro consuelo y el de los que están preparados.

Enoquiano (Fonética):

Bah-zoad-em Ayloh, Eetah Peeripsohnoo Ohlnoo Noh-zoad-ah-vah-bay-hay Oh-Ex, Cah-sarm-jee Oo-rahnoo Kah-heesah Vah-jeejee, Dah-ess Ah-brahmjee Bahi-toha Goho Ee-ah-dah, Soh-bah Mee-ahnoo Tree-ahnoo Tay-ah Lohl-kees Ah-bah-ee-voh-veenoo Oh-dah Ah-zoadee-ahjee-ahr Ree-ohray.

Eer-jeelah Kah-heesah Day-ah Dah-ess Pa-ah-Oh-Ex Boos-dah Kah-ohs-goh, Dah-ess Kah-heesah, Oh-dah Ee-poor-ahnoo Tay-lohk-ah Kah-karjee Oh-ee Sahl-mahnoo Lohnkah-hoh Oh-dah Voh-vee-nah Kar-bahfay.

¡Nee-eesoh! Bahglay Ah-vah-vah-goh Goh-hoh-noo.

¡Nee-ee-soh! Bahglay Moh-mah-oh See-ah-see-ohnoo Oh-dah Mahb zoad-ah Ee-ah-dah Oh Ee Ahsah Moh-maray Poh eelahpay.

Nee-ee-sah, zoadamerahnoo Kee-ah-oh-fee Kah-ohs-goh Oh-dah Blee-ohr-sah, Oh-dab Kor-see Tay-ah Ah-brah-meejee.

9.ª Llave-Fuego del Aire

Enoquiano:

Micaolz bransg prgel napea lalpor, ds brin P Efafage Vonpho olani od obza, sobol vpeah chis tatan od tranan balie, alar lusda soboin od chis holq c Noquodi CIAL.

Unal alson Mom Caosgo ta las ollor gnay limlal.

Amma chis sobca madrid z chis. Ooanoan chis aviny drilpi caosgin, od butmoni parm zumvi cnila.

Dazis ethamza childao, od mire ozol.

Chis pidiai collal.

Vicinina sobam vcim. ¿Bagle? IAD Baltoh chirlan.

Par. ¡Niiso! Od ip efafafe bagle a cocasb i cors ta vnig blior.

Español:

Una poderosa guardia de fuego con espadas de dos filos flameando, que tiene ocho Frascos de Ira por dos veces y media, cuyas alas son de ajenjo y de médula de Sal, han asentado sus pies en el Oeste y se miden con sus 9996 Ministros.

Estos recogen el musgo de la tierra como el rico sus tesoros.

Malditos sean aquellos cuyas iniquidades son. En sus ojos hay piedras de molino más grandes que la Tierra, y de sus bocas corren mares de sangre.

Sus cabezas están cubiertas de diamantes y en sus manos hay mangas de mármol.

Dichoso aquel que no frunce el ceño. ¿Por qué? El Dios de la Justicia se regocija en ellos. ¡Vete! Y no sus frascos, porque el tiempo es tal que requiere consuelo.

Enoquiano (Fonética):

Mee-kah-ohl-zoad Brahn-sahjee Peer-jee-lah Nah-pay-tah Ee-ahl-poh-ray, Dah-ess Bree-noo Pay Ay-fah-fah-fay Vohn-pay-ho Oh-lah-nee Oh-dab Ohb-zoad-ah, Soh-bohlah Oopah-ah Kah-heesah Tah-tahnoo Oh-dah Trah-nah-noo Bah-lee-ay, Ah-laray Loosdah Soh -bohlnoo Od-dah Kah-heesah Hohi-kew Kah Noh-koh-dee Kah-ee -ah-lah.

Oo-nahl Ahl-dohnoo Moh-mah Kah-ohs-goh Tay-ah Lah-sah Ohi-loray Jee-nayoh Lee-may-lah-lah.

Ahm-mah Kah-heesah Soh-bay-kah Mah-dreedah Zoad Kah-heesah. Oo-ah-nohahnoo Kah-heesah Ah-veenee Dree-lahpee Kah-ohs-jeenoo, Oh-dab Boot-mohnee Parmay Zoad-oomvee Kah-neelah.

Dah-zoad-eesah Ayt-hahm-zoadah Kah-hil-dah-oh Oh-dah Meer-kah Oh-zoad-ohlah

Kah-hees-ah Pee-dee-ah-ee Kohl-lah-lah.

Vahl-kee-neenah Soh-bahmay Ookeemay. ¿Bahglay? Ee-ah-dah Bahi-toha Kar-heerlahnoo.

Pahray. ¡Nee-ee-soh! Oh-dah Ee-pay Ay-fah-fah-fay Bahglay Ah Koh-Kahs-bay Ee Korsay Tay-ah Oo-neegay Blee-ohrah.

10.ª Llave-Aire de Agua

Enoquiano:

Coraxo chis cormp od blans lucal aziazor paeb sobol ilonon chis OP virq eophan od raclir, maasi bagle caosgi, di ialpon dosig od basgim;

Od oxex dazis siatris od saibrox, cinxir faboan.

Unal chis const ds DAOX cocasg ol oanio yorb voh m gizyax, od math cocasg plosi molvi ds page ip, larag om dron matorb cocasb emna.

L Patralx yolci matb, nomig monons olora gnay angelard.

¡Ohio! ¡Ohio! ¡Ohio! ¡Ohio! ¡Ohio! ¡Ohio! ¡Noib Ohio! Casgon, bagle madrid i zir, od chiso drilpa.

¡Niiso! Crip ip Nidali.

Español:

Los truenos del Juicio y de la Ira están contados, y se albergan en el Norte a semejanza de un roble cuyas ramas son 22 nidos de Lamentación y de Llanto dispuestos para la Tierra, que arden noche y día.

Y vomitan cabezas de escorpiones y azufre vivo, mezclado con veneno. Estos son los truenos que 5678 veces (en la 24ª parte de un momento) rugen con cien poderosos terremotos y mil veces más oleadas, que no descansan, ni conocen ningún tiempo de eco aquí.

Una roca produce mil, como el corazón del hombre produce sus pensamientos.

¡Ay! ¡Ay! ¡Ay! ¡Ay! ¡Ay! ¡Ay! Sí ¡Ay! Sea para la tierra, porque su iniquidad es, fue y será grande.

¡Venga! Pero no tus poderosos sonidos.

Enoquiano (Fonética):

Koh-rahx-oh Kah-heesah Kohr-em-pay Oh-dah Blah-noos Loo-kahlah Ah-zoad-ee-ahzoad-ohra Pah-ay-bah Soh-bohlah Eeloh-nohnoo Kah-heesah Oh-pay Veer-kwoh Ay-ohfahnoo Oh-dah Rah-cleerah, Mah-ahsee Bahglay Kah-ohs-jee, Dah-ess Ee-ah-la-pohnoo Doh-seejee Oh-dah Bahs-jeemee.

Oh-dah Oh Ex-Ex Dah-zoadeesah See-ah-treesah Oh-dah Sahlbrox, Keenoo-tseerah Fah-boh-ahnoo.

Oo-nah-lah Kah-heesah Koh-noo-stah Dah-ess Dah-Ox Koh-kasjee Oh-eli Oh-ah-nee oh Yohr-bay Voh-heemah Jee-zoad-ee-ax, Oh-day Ay-orsah Koh-kasjee Pay-loh-see Mohi-vee Dah-ess Pah-jay Ee-pay, Lah-rah-gee Oh-em Dah-rohl-noo Mah-tor-bay Kohkasjee Em-nah.

Eli Pah-trah-laxa Yohi-kee Maht-bay, Noh-meegee Moh-noh-noos Oh-loh-rah Jeenah-yee Ahn-jcc-lar-dah.

¡Oh-hee-oh! ¡Oh-hee-oh! ¡Oh-hee-oh! ¡Oh-hee-oh! ¡Oh-hee-oh! ¡Oh-hee-oh! ¡Noh-eebay Ohhee-oh! Kah-ohs-gohnoo, Bah-glay Mah-dree-dah Ee, Zoadeerah, Oh-dah Kah-heesoh Dah-reel-pah.

¡Nee-eesoh! Kah-ahr-pay Ee-pay Nee-dah-lee.

11.ª Llave-Tierra del Agua

Enoquiano:

Oxyiayal holdo, od zirom O coraxo dis zildar Raasy, od Vabzir camliax, od bahal.

¡Niiso! Salman teloch, casarman hoiq, od t i ta Z soba cormf I GA.

¡Niiso! Bagle abrang noncp.

Zacar ece od zamran. ¡Odo cicle qaa! Zorge lap zirdo noco Mad, hoath Iaida.

Español:

El poderoso asiento gimió en voz alta, y hubo cinco truenos que volaron hacia el Este, y el Águila habló y gritó con gran voz.

¡Vete! Y se reunieron y se convirtieron en la Casa de la Muerte, de la que se mide, y es 31.

¡Vengan! Porque te he preparado un lugar.

Muévanse, pues, y muéstrense. Abrid los misterios de vuestra creación. Sed amables conmigo, pues soy el siervo del mismo vuestro Dios, el verdadero adorador del Altísimo.

Enoquiano (Fonética):

Ohx-ee-ah-yah-iah Hol-doh, Oh-dah Zoad-eer-oh-mah Oy Kohr-ahxo Dah-ess Zoad-eeldar Rah-ahs-ee, Oh-dah Vahb-zoad-eer Kahm -lee-ahx Oh-Dah Bah-hahi.

¡Nee-ee-soh! Sahi-mah-noo Tay-ioh-kah, Kah-sahr-mahnoo Hohei-koh, Oh-dah Tay Ee Tay-ah Zoad Soh-bah Kohr-em-fah Ee Gee-ah.

¡Nee-ee-soh! Bah-glay Ah-brahn-jee noh-noo-kah-pay.

Zoad-akarah Ay-kah Oh-dah Zoadamerahnoo. Oh-doh Kee-klay Kah-ah Zoad-orjee Lah-pay Zoadeereedoh Noh-koh Mahdah, Hoh-ah-tah-hay Ee-ah-ee dah.

12.ª Llave-Fuego del Agua

Enoquiano:

¡Nonci ds sonf babage, od chis OB Hubardo tibibp, allar atraah od ef!

Drix fafen MIAN, ar Enay ovof, sobol ooain vonph.

Zacar gohus od zamran. ¡Odo cicle qaa!

Zorge lap zirdo noco Mad, hoath Iaida.

Español:

Oh, vosotros que reináis en el Sur, y sois los 28 faroles del dolor, atad vuestras fajas y visitadnos.

Bajad vuestro tren 3663, para que sea magnificado el Señor, cuyo nombre entre vosotros es Ira.

Muévanse, digo, y muéstrense. Abrid los misterios de vuestra creación.

Sed amables conmigo. Porque soy el siervo del mismo tu Dios, el verdadero Adorador del Altísimo.

Enoquiano (Fonética):

¡Noh-noo-kee Dah-ess Soh-noof Bah-bah-jee, Oh-dah Kah-heesah Oh-bay Hoo-bardoh fee-bee-bee-pay, Ah-lah-lahr Ah-trah-ah-hay Oh-day Ay-eff!

Dah-reex Fah-fah-aynoo Meeah-noo, Ah-ray Ay-nah-ee Oh-voh-fah, Soh-oh-lah Doo-ah-ee-noo Ah-ah Von-payhoh.

Zoad-ah-kahray Goh-hoo-sah Oh-dah Zoad-ah-mer-ahnoo. ¡Oh-doh Kee-klay Kahah!

Zoadorjee Lahpay Zoadeereedoh Noh-koh Mah-dah, Hoh-ah-tah-hay Ee-ah-ee-dah.

13.ª Llave-Aire de la Tierra

Enoquiano:

Napeai babage ds brin VX ooaona iring vonph doalim: eolis ollog orsba, ds chis affa.

¡Micma Isro Mad od Lonshi Tox, ds i vmd aai Grosb!

Zacar od zamran. ¡Odo cicle qaa!

Zorge lap zirdo noco Mad, hoath Iaida.

Español:

Oh, vosotros, Espadas del Sur, que tenéis 42 ojos para agitar la Ira del pecado: haciendo que los hombres se emborrachen, que estén vacíos.

Contemplad la promesa de Dios y su poder, que se llama entre vosotros Aguijón Amargo.

Muévanse y muéstrense. ¡Abrid los misterios de vuestra creación!

Sed amables conmigo. Porque soy el siervo del mismo tu Dios, el verdadero adorador del más alto.

Enoquiano (Fonética):

Nah-pay-ah-ee Bah-bah-jee Dah-ess Bay-ree-noo Vee Ex Oo-ah-oh-nah Lah-reen-gee Vohn-pay-hay Doh-ah-Ieem: Ay-oh-leesah Oh-loh-jee Ohrs-bah, Dah-ess Kah-heesah Ahf-fah.

¡Meek-mah Ees-roh Mahdah Oh-dah Lohn-shee Toh-tza, Dah-ess Ee-Vah-mee-dah Ah-ah-ee Grohs-bay!

Zoad-a-kah-rah Oh-dah Zoad-a-mer-ahnoo. ¡Oh-doh Kee-klay Kah-ah!

Zoad-orjee Lah-pay Zoad eer eedoh Noh-koh Mah-dah, Hoh-ah-tah-hay Ee-aa-ee-dah.

14.ª Clave-Agua de la Tierra

Enoquiano:

Noromi baghie, pashs O Iad, ds trint mirc OL thil, dods tol hami caosgi homin, ds brin oroch QUAR.

¡Micma bialo Iad! Isro tox ds I vmd aai Baltim.

Zacar od zamran. ¡Odo cicle qaa!

Zorge lap zirdo noco Mad, hoath Iaida.

Español:

Oh vosotros, Hijos de la Furia, Hijo del Justo, que os sentáis en 24 asientos, vejando a todas las criaturas de la tierra con la edad, que tienen bajo vosotros 1636.

¡Contempla la Voz de Dios! La promesa de Aquel que se llama entre vosotros Furia o Justicia extrema.

Muévanse, pues, y muéstrense. Abrid los misterios de vuestra creación. Sed amables conmigo, pues soy el siervo del mismo vuestro Dios, el verdadero adorador del Altísimo.

Enoquiano (Fonética):

Noh-roh-mee Bahg-hee-ay, Pahs-hay-sah Oh-ee-ah-dah, Dah-ess Tree-ndo-tay Meerkay Oh-el Tah-heelah, Doh-dah-sah Tol-hah-mee Kah-ohs-jee Hoh-mee-noo, Dah-ess Bay-ree-noo Oh-roh-chah Kwah-ah-ray.

Meek-mah Bee-ah-loh Ee-ah-dah Ees-roh Tohx Dah-ess Ee Va-mee-dah Ah-ah-ee Bahl-tee-mah.

Zoad-a-kah-rah Oh-dah Zoad-a-mer-ahnoo. ¡Oh-doh Kee-klay Kah-ah!

Zoad-orjee Lah-pay Zoad-eer-eedoh Noh-koh Mah-dah, Hoh-ah-tah-hay Ee-aa-ee-dah.

15.ª Llave-Fuego de la Tierra

Enoquiano:

Ils tabaan L Ialpirt, casarman vpaachi chis DARG ds oado caosgi orscor:

¡Ds oman baeouib od emetgis Iaiadix!

Zacar od zamran. ¡Odo cicle qaa!

Zorge lap zirdo noco Mad, hoath laida.

Español:

Oh Tú, el Gobernador de la Primera Llama bajo cuyas alas hay 6739 que tejen la tierra con sequedad;

Que conoce el gran nombre Justicia y el Sello de Honor.

Muévanse y muéstrense. ¡Abrid los misterios de vuestra Creación!

Sed amables conmigo, pues soy el siervo del mismo vuestro Dios, el verdadero adorador del Altísimo.

Enoquiano (Fonética):

Ee-lah- sah Tah-bah-ah-noo Ayl Ee-ahl-peer-tah, Kas-ahr-mah-noo Oo-pah-ah-chee Kah-heesah Dahr-jee Dah-ess Oh-ah-doh Kah-ohs-jee Ohrs-koh-ray:

¡Dah-ess Oh-Mahnu Bah-ay-oh-oo-ee-bay Oh-dah Ay-mayt-gees Ee-ah-ee-ah-dix!

Zoad-a-kah-rah Oh-dah Zoad-a-mer-ahnoo. ¡Oh-doh Kee-klay Kah-ah!

Zoad-orjee Lah-pay Zoad-eer-eedoh Noh-koh Mah-dah, H oh-ah-tah-hay Ee-aa-ee-dah.

16.ª Llave-Aire de Fuego

Enoquiano:

Ils viv Iaiprt, Salman Bait, ds a croodzi busd, od bliorax Balit, ds insi caosgi iusdan EMOD, ds om od tiiob.

Drilpa geh us Mad Zilodarp.

Zacar od zamran. ¡Odo cicle qaa!

Zorge lap zirdo noco Mad, hoath Iaida.

Español:

Oh Tú, de la Segunda Llama, la casa de la Justicia, que tienes Tu Principio en la gloria, y consolarás a los Justos, que caminas sobre la Tierra con 8763 pies, que comprenden y separan a las criaturas.

Grande eres Tú en el Dios de la Conquista.

Muévanse, pues, y muéstrense. Abrid los misterios de vuestra creación. Sed amables conmigo, pues soy el siervo del mismo vuestro Dios, el verdadero adorador del Altísimo.

Enoquiano (Fonética):

Ee-lah-sah Vee-ee-vee Ee-ahl-peert, Sahi-mahn-oo Bal-toh, Dah-ess Ah Cro-oh-dahzoad-ee Boosdah, Oh-Dah Blee-ohr-ahx Bah-lee-tah, Dah-ess Ee-noo-see Kah-ohs-jee Loos-dah-noo Ah-Em-Oh-Day, Dah-ess Oh-Em Oh-dah Tah-lee-oh-bah.

Dah-reei-pah Gay-hah Ee-lah-sah Mah-dah Zoad-ee-loh dahr-pay.

Zoad-a-kah-rah Oh-dah Zoad-a-mer-ahnoo. ¡Oh-doh Kee-klay Kah-ah!

Zoad-orjee Lah-pay Zoad-eer-eedoh Noh-koh Mah-dah, Hoh-ah-tah-hay Ee-aa-ee-dah.

17.ª Llave-Agua de Fuego

Enoquiano:

Ils D Ialpirt, soba vpaah chis nanba zixiay dodseh, od ds brint TAXS Hubardo tastax ilsi.

Soba Iad i vonpho vonph.

Aldon dax il od toatar.

Zacar od zamran. ¡Odo cicle qaa!

Zorge lap zirdo noco Mad, hoath Iaida.

Español:

Oh, tú, tercera llama cuyas alas son espinas para suscitar la vejación.

Y que tienes 7336 lámparas vivas que van delante de Ti.

Cuyo Dios es la Ira en la Cólera.

Cíñete los lomos y escucha.

Muévanse, pues, y muéstrense. Abrid los misterios de vuestra creación. Sed amables conmigo, pues soy el siervo del mismo vuestro Dios, el verdadero adorador del Altísimo.

Enoquiano (Fonética):

Ee-loh-sah Dah Ee-ahl-peer-tah, Soh-boh Oo-pah-ah-hay Kah- Heesah Nah-noo-bah Zoad-eex-lah-yoh Dohd-say-hah, Oh-dah Dah-ess Bay-reen-tah Tah-ah-ex-sah Hoo-bahr-doh Tahs-tax Ee-lah-see.

Soh-bah Es-ah-dah Ee Von-pay-hoh Oon-pay-hoh.

Ahl-doh-noo Dahx Eelah Oh-dah Toh-ah-tahray.

Zoad-a-kah-rah Oh-dah Zoad-a-mer-ahnoo. ¡Oh-doh Kee-klay Kah-ah!

Zoad-orjee Lah-pay Zoad-eer-eedoh Noh-koh Mah-dah, Hoh-ah-tah-hay Ee-aa-ee-dah.

18.ª Llave-Tierra de Fuego

Enoquiano:

Ils micaolz Olprt od Ialprt, bliors ds odo Busdir O Iad ovoars caosgo, casarmg ERAN la Iad brints cafafam, ds I vmd Aglo Adohi Moz od Maoffas.

Bolp como bliort pambt.

Zacar od zamran. ¡Odo cicle qaa!

Zorge Iap zirdo noco Mad, hoath Iaida.

Español:

Oh, tú, poderosa luz y ardiente llama de consuelo que abres la gloria de Dios hasta el centro de la Tierra.

En Quien los 6332 secretos de la verdad tienen su permanencia, que se llama en Tu Reino Alegría, y no se puede medir.

Sé una ventana de consuelo para mí.

Muévanse, pues, y muéstrense. Abrid los misterios de vuestra creación. Sed amables conmigo, pues soy el siervo del mismo vuestro Dios, el verdadero adorador del más alto.

Enoquiano (Fonética):

Ee-loh-sah Mee-kah-ohl-zoad Ohl-peertah Oh-dah Ee-ahl-peertah, Blee-ohr-sah Dah-ess Oh-doh Boos-dee-rah Oh-ee-ah-day Oh-voh-ahrsah Kah-ohs-goh, Kass-armjee Ay-rahnoo Lah ee-andah Breen-tas Kah-fah-fay-may, Dah-ess EE Ooo-may-day Ahk-loh Ah-doh-hee Moh-zoad Oh-dah Mah-oh-fah-sah.

Boh-lah-pay Koh-moh Blee-ohrta Pahm-bay-tay.

Zoad-a-kah-rah Oh-dah Zoad-a-mer-ahnoo. ¡Oh-doh Kee-klay Kah-ah!

Zoad-orjee Lah-pay Zoad-eer-eedoh Noh-koh Mah-dah, Hoh-ah-tah-hay Ee-aa-ee-dah.

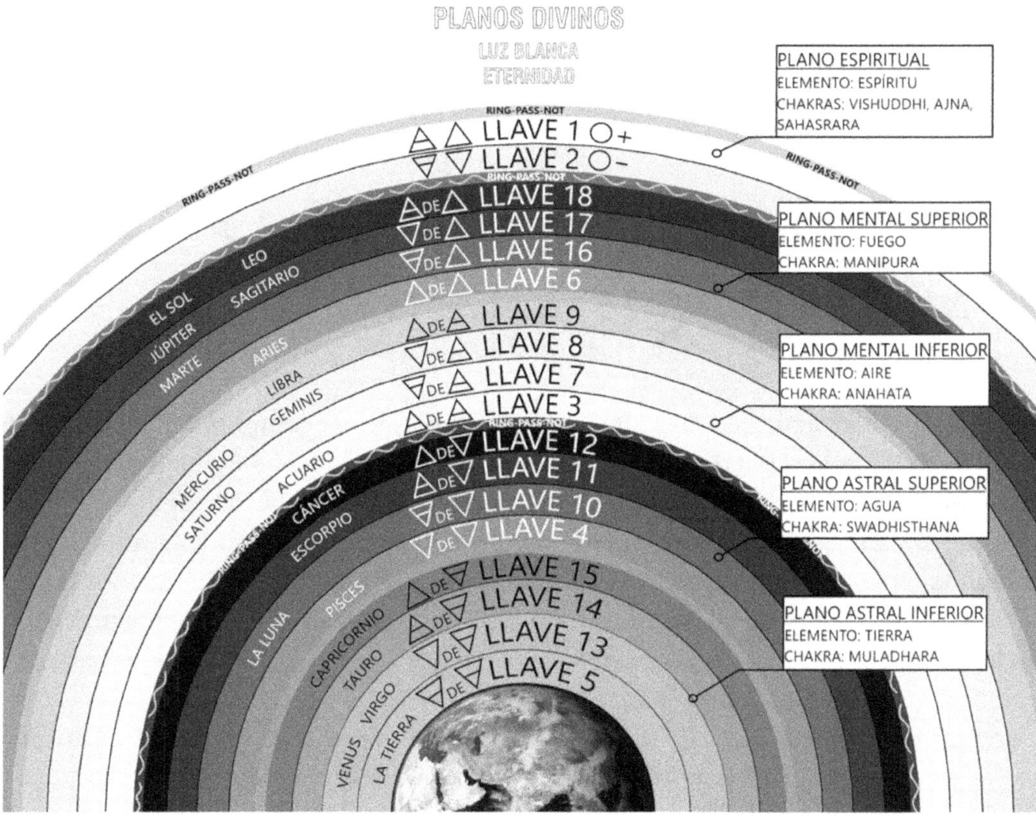

Figura 62: Las Dieciocho Llaves Enoquianas

LOS TREINTA AETHYRS (19.ª CLAVE ENOQUIANA)

También conocidos como los "Aires", los Treinta Aethyrs comprenden las capas del Aura. Los Aethyrs son diferentes de los Elementos en los Planos Elementales, pero al mismo tiempo son parte de ellos. La mejor manera de describir los Aethyrs es como las experiencias espirituales y las lecciones del Alma de los Elementos y Sub-Elementos en las Atalayas Enoquianas. La más baja de las capas Etéricas es la de la Tierra. Los otros Aethyrs existen en una progresión hacia afuera, comenzando con la Tierra, siendo cada uno de ellos más bajo en densidad y más alto en experiencia Espiritual que el que está debajo de él.

De nuevo, como las capas de una cebolla, los Aethyrs forman círculos concéntricos que se superponen unos a otros. Como tal, los Aethyrs deben ser evocados y experimentados sistemática y progresivamente. Hay que empezar por el Aethyr más bajo, el más cercano a la Tierra, e ir subiendo de uno en uno hasta llegar al más alto. Esta secuencia debe ser respetada para realizar correctamente la operación de los Treinta Aethyrs.

Ten en cuenta que estos Aethyrs existen en diferentes frecuencias de vibración, ocupando el mismo Espacio y Tiempo que tu cuerpo físico. Al elevar tu conciencia a la tasa de vibración deseada, te sintonizas con ese Plano o Subplano de la realidad.

Los Aethyrs Enoquianos y el Árbol de la Vida Qabalístico representan la estructura sistemática de los Planos y Subplanos Cósmicos de existencia que están más allá de nuestros sentidos físicos. Son sutiles pero muy reales. Cada Aethyr representa uno de estos diferentes Planos, con cualidades y energía únicas. Algunos Aethyrs son inteligentes, existiendo como separados y fuera de nosotros. Sin embargo, otros sólo existen como una proyección del Ser. Todos los Aethyrs, sin embargo, pueden ser aprovechados y experimentados por nuestra conciencia.

Los Aethyrs son comparables a los Sephiroth del Árbol de la Vida y a los caminos del Tarot, aunque no son completamente idénticos. Se podría decir que los Aethyrs son las experiencias subjetivas de los Sephiroth del Árbol de la Vida, aunque no los Sephiroth en sí mismos. La única correlación completa entre los Aethyrs y el Árbol de la Vida es el Décimo Aethyr, ZAX, que representa el Abismo del undécimo Sephira, Daath.

Los Aethyrs se corresponden plenamente con los Chakras y los Planos Cósmicos. Los Sephiroth, por otro lado, son más complejos en su función ya que, en la mayoría de los casos, un Sephira opera a través de múltiples Chakras. En cualquier caso, existe una gran similitud entre los Aethyrs y el Árbol de la Vida, ya que cada Aethyr encarna un estado de conciencia afín a la experiencia Espiritual de un Sephira o camino del Tarot en particular.

Realizar la operación de los Treinta Aethyr es similar en experiencia a subir por el Árbol de la Vida siguiendo el Sendero de la Espada Flamígera en sentido inverso. Los Sephiroth medios y superiores representan estados de conciencia más avanzados que los Sephiroth inferiores. Por lo tanto, requieren que experimentemos múltiples Aethyrs para aprender sus lecciones y experimentar sus iniciaciones.

Como se mencionó en un capítulo anterior, los Aethyrs rodean nuestro Planeta físico, la Tierra. El más denso y material es el Aethyr de TEX, mientras que el más elevado y Espiritual es LIL. El orden secuencial de los Aethyrs debe ser respetado ya que cada uno de los Aethyrs sirve como una iniciación al siguiente. Al igual que los ejercicios rituales que has encontrado hasta ahora han servido para iniciarte en esas energías particulares, los Aethyrs también sirven como iniciaciones en estos diferentes aspectos y niveles del Ser.

Al trabajar con determinados Aethyrs, es probable que te encuentres con entidades Espirituales. Estas entidades son manifestaciones de las diferentes partes del Ser. Pueden ser Angélicas, pero también pueden ser Demoníacas. En el caso de estas últimas, pueden desafiarte, bloqueando el camino hacia el siguiente Aethyr hasta que sean superadas. Al superar estos desafíos, te inicias en el siguiente Aethyr. Al mismo tiempo, también puedes enfrentarte a los aspectos de ti mismo que a menudo se pasan por alto. Después de descubrir estos aspectos y superarlos, puedes aprovechar más tu poder personal.

A medida que te abres camino progresiva y sistemáticamente a través de los Aethyrs, tu experiencia se volverá cada vez menos densa, a la vez que cada vez más alegre. Naturalmente, la verdadera felicidad y la alegría son una consecuencia de la Evolución Espiritual. En el último y más elevado Aethyr, LIL, uno se fusiona con la No-Dualidad de Dios-el Creador. Esta experiencia es de pura felicidad. Es la meta final del Nirvana, de la liberación del Alma. En este punto, la Gran Obra se ha completado.

Como estás bajo la influencia de la energía de un Aethyr, puedes descargar frecuentemente información sobre el Universo y la vida mientras estás en un estado de sueño o durante una visión. La mayoría de las veces, esto ocurrirá en el fondo mientras estás experimentando un sueño o una visión. Incluso puedes notar tu voz interior hablándote y otras voces desconocidas. Como este trabajo está destinado a sintonizarte con tu Santo Ángel de la Guarda, también permite que otras entidades Espirituales superiores canalicen información hacia ti. Este trabajo resulta en una Gnosis pura, y expande tu habilidad para entender y percibir la sabiduría superior sobre nuestro Cosmos. Es un verdadero regalo de la Divinidad.

La operación de los Treinta Aethyrs es un aspecto muy Chamánico de la Magia Enoquiana, ya que cada Aethyr ofrecerá visiones únicas y experiencias místicas. También experimentarás que partes ocultas del Ser se te revelan mientras los Chakras correspondientes se vigorizan completamente. Podrás sentir movimientos de diferentes energías dentro de ti, y algunos de vosotros podréis incluso tener un despertar completo de la Kundalini debido al trabajo con los Aethyrs.

CORRIENTES DE ENERGÍA SEXUAL EN LOS AETHYRS

Cada uno de los Treinta Aethyrs es portador de una corriente de energía sexual particular. Algunos Aethyrs contienen una combinación de corrientes sexuales masculinas (+) y femeninas (-), mientras que otros consisten en una sola, en diferentes intensidades y grados. La cualidad dominante de la corriente sexual masculina es la conciencia, sin emoción ni sentimiento, con énfasis en la fuerza de voluntad. El componente masculino del Ser se centra en la acción y en el poder del intelecto.

La cualidad dominante de la corriente sexual femenina, por otra parte, es la emoción ciega junto con la dicha, desprovista de inteligencia. La parte femenina del Ser se centra, principalmente, en el sentimiento y la emoción. Mientras que lo masculino puede ser visto como indiferente, puramente lógico e intelectual a veces, lo femenino puede parecer a veces irracional y excesivamente emocional.

Las cualidades de las corrientes de energía sexual masculina y femenina cambiarán a medida que progreses a través de los Aethyrs, experimentando cada uno directamente y evolucionando en el proceso. Cuando se trata de experimentar los Aethyrs que son únicamente masculinos o femeninos, el objetivo es utilizar la energía sexual opuesta, para evocarla dentro de ti y equilibrar la experiencia. A su vez, este método traerá armonía a tu Ser interior.

Las diferentes combinaciones de las energías masculinas y femeninas que se encuentran en los Aethyrs son una consecuencia de la división de la *Mónada*. La Mónada es el aspecto de nosotros mismos que es No-Dual. Este reino de la No-dualidad es sinónimo de la energía que puedes experimentar a través del primer Aethyr, LIL. La experiencia directa de LIL se asemeja a la experiencia de los Chakras Transpersonales que existen más allá de Sahasrara. Tanto LIL como estos Chakras son No-Duales.

Las corrientes de energía sexual masculina y femenina dentro de la Magia Enoquiana también se relacionan con los Ida y Pingala Nadis del sistema Kundalini. Si tienes una Kundalini despierta, experimentarás progresiones en los Nadis Ida y Pingala cuando trabajes con los Aethyrs. Algunos Aethyrs liberan una tremenda energía sexual una vez evocados. Dado que existe una correlación directa entre la energía sexual y la Kundalini, los individuos despiertos tendrán muchas experiencias relacionadas con la Kundalini mientras trabajan con los Aethyrs.

A medida que vayas avanzando por los Aethyrs, notarás que estás cada vez más inspirado. Esta inspiración se correlaciona con el nivel de energía y corriente sexual que lleva cada Aethyr. Los Aethyrs más elevados son tan inspiradores que podrías desbloquear habilidades ocultas dentro de ti, habilidades como expresiones creativas, o una mayor sabiduría que quizás no sabías que existía dentro de ti.

Después de las descripciones de cada Aethyr, te daré la pronunciación de los Aethyrs individuales y la Decimonovena Clave Enoquiana-la Llamada de los Treinta Aethyrs. Debes pronunciar y vibrar la Llamada fonéticamente como está escrita, mientras introduces en ella el Aethyr individual que deseas visitar.

BABALON EN LA MAGIA ENOQUIANA

Babalon es una diosa de la filosofía mística de *Thelema.* Aleister Crowley fundó Thelema, cuyas creencias y principios fundamentales se basan en *El Libro de la Ley.* Babalon es la Gran Madre de Thelema, también conocida como la Mujer Escarlata. Representa a la mujer liberada y al impulso sexual femenino. Se identifica con la Madre Tierra y la Sephira Binah, ya que representa la Materia y el Mar de la Conciencia.

Babalon es la Diosa principal de la Magia Enoquiana. Dee y Kelley la canalizaron en sus comunicaciones con los Ángeles Enoquianos. Muchas de sus formas se encuentran dentro de los Aethyrs Enoquianos. Como se ha mencionado, los Aethyrs Enoquianos contienen fuertes corrientes sexuales. Babalon se encontrará en ciertos Aethyrs, ya que su poder se les revelará gradualmente.

El símbolo principal de Babalon es el Cáliz o Grial, también conocido como "Sangraal" o *Santo Grial.* Como iniciados de la Luz, debemos verter nuestra sangre (metafóricamente hablando) en su copa, como forma de sacrificio y sacramento, para evolucionar Espiritualmente y obtener la vida eterna. Al hacerlo, obtendremos compasión y amor incondicional.

La consorte de Babalon es el Caos, el Padre de la Vida y el aspecto masculino del Principio Creativo. La propia Babalon es el Cosmos. Mientras que el Caos representa la Fuerza, el Cosmos representa la Forma. A menudo se describe a Babalon como montando a la Bestia, con la que Aleister Crowley se identificó personalmente toda su vida.

Al trabajar con los Treinta Aethyrs, Babalon simboliza la liberación de tu energía sexual. Esta energía sexual se mueve a través de diferentes partes de tu Ser. Por otro lado, la Bestia es tu Yo Inferior y tu conciencia indómita, desprovista de Espíritu. La idea es infundir el Espíritu en tu Yo Inferior y exaltarlo, elevando así la vibración de tu conciencia. De este modo, te conviertes en un conducto para la energía del Ser Superior o del Santo Ángel de la Guarda. De este modo, se produce una transfiguración, y tu conciencia se transforma permanentemente.

La energía sexual es una energía transformadora de la conciencia, como saben todos los individuos que han despertado la Kundalini. Las visiones de Babalon en las descripciones de los Aethyrs pretenden ayudarte a entender cómo tu energía sexual se te está revelando y cómo está influyendo en partes de ti y de tu conciencia.

Si tu conciencia está alineada con una religión o panteón Espiritual, es posible que encuentres visiones de Babalon personificadas por una Diosa de tu fe. Babalon es, después de todo, una representación de la Diosa, y la Diosa tiene muchas formas. Independientemente de cómo se presente ante ti, es crucial comprender la idea que hay detrás de la visión que estás encontrando y la calidad de la corriente sexual particular del Aethyr con el que estás trabajando. Tener la comprensión correcta de la experiencia de Babalon ayudará al propósito de la operación misma, que es la transformación de la conciencia individual y la Evolución Espiritual.

DESCRIPCIONES DE LOS AETHYRS ENOQUIANOS

Dado que la Magia utiliza números y símbolos para comunicarte (ideas Arquetípicas), se manifestarán a través de tus pensamientos y emociones subconscientes. Sé consciente de las imágenes en tus visiones que son personificaciones de estas ideas para tratar de entender lo que la energía está tratando de comunicarte. Las ideas Arquetípicas son el resultado de la energía del Aethyr, que será la misma para todos los que visiten ese Aethyr. Tu condicionamiento pasado y los conocimientos adquiridos en la vida personificarán estas fuerzas a través de imágenes particulares para ti y sólo para ti. De este modo, podemos ver diferentes visiones del mismo Aethyr, pero el mensaje será el mismo para todos.

Incorporo mis experiencias personales con los Treinta Aéreos a partir de la tercera vez que hice la operación de treinta días. Incluyo la tercera operación porque fue esta vez cuando crucé oficialmente el Abismo. Debido a mi despertar de la Kundalini antes de entrar en la Magia, mi conciencia ya estaba en un nivel alto. Aún así, necesitaba alinear y purificar mis Cuerpos Sutiles de los Elementos inferiores primero antes de cruzar con éxito el Abismo. Mis experiencias con los Aethyrs ofrecieron entonces transformaciones energéticas donde la energía Kundalini se alinearía en mi Cuerpo de Luz, resultando finalmente en que mi conciencia cruzara el Abismo y se alineara con la Conciencia Cósmica. Estas transformaciones energéticas ocurrían a través de los Siete Chakras y los tres Nadis primarios de Ida, Pingala y Sushumna.

Como se ha mencionado, cada Aethyr lleva energía Arquetípica, pero las visiones que cada persona obtiene serán diferentes. En cualquier caso, es útil conocer las ideas simbólicas y la energía que hay detrás de cada Aethyr cuando lo visitas. Esta información te dará una hoja de ruta para asimilar cualquier conocimiento y lección que un Aethyr esté destinado a impartirte.

Mis experiencias con las energías Aethyr vinieron con una sensación intuitiva directa que me permitió sentir la energía como una esencia cuantificable en mi Chakra del Corazón y, a través de la intuición y la lógica, ponerla en palabras. Dependiendo de la corriente sexual y de su poder dentro de cada Aethyr, puede o no haberme ofrecido experiencias de transformación con la energía Kundalini, ya que estas transformaciones dependían del Plano al que perteneciera el Aethyr y de si necesitaba alineaciones energéticas en esa zona.

En mis descripciones de cada Aethyr que figuran a continuación, no me centré en descripciones elaboradas de las visiones, ya que éstas, como se ha mencionado, serán diferentes para cada persona. En su lugar, me he centrado en describir la sensación generada por la energía de cada Aethyr y cómo impactó en mi mente, cuerpo y Alma.

Sería negligente si no mencionara a los dos grandes Adeptos de la Magia Enoquiana, Gerald y Betty Schueler, cuyo trabajo ha influido mucho en mi trabajo en la misma área. Desgraciadamente, como la Magia Enoquiana no se practica ampliamente fuera de las Órdenes Mágicas, no hay muchos libros o información sobre ella, especialmente cuando se trata de trabajar con las Llaves Enoquianas.

El trabajo de los Shuelers, especialmente en la operación de los Treinta Aethyrs, había servido para iluminar mi camino hace muchos años cuando estaba explorando estas Llaves Enoquianas. Como tal, mis visiones y experiencias de los Aethyrs están influenciadas por sus descripciones de los mismos. Dado que mi objetivo principal al trabajar con los Treinta Aethyrs era promover mi proceso de despertar de la Kundalini, he añadido el componente de sentir la energía intuitivamente y permitir que trabaje con mi sistema de Kundalini.

30.º Aethyr-TEX

La traducción al Inglés de TEX es "el Aethyr que está en cuatro partes". Como el más bajo de los Aethyrs, se encuentra en la parte inferior del Plano Astral Inferior dentro del Elemento Tierra, correspondiendo con el Chakra Raíz, Muladhara. El TEX es el Aethyr más cercano a nuestra propia Tierra física. Este Aethyr oscila naturalmente entre el Mundo Físico de la Materia y el Plano Astral Inferior. Ambos están inextricablemente conectados y entrelazados.

Sentí una potente sensación Kármica en este Aethyr relacionada con las limitaciones de cómo me percibía a mí mismo. Experimenté estas limitaciones en mis acciones durante todo el día, y mi deseo de ser un Co-Creador en mi realidad disminuyó. También sentí una sensación de silencio en mi mente y una restricción de mis capacidades cognitivas. Como la energía evocada era relativamente densa, sentí una falta de capacidad para expresarme plenamente en este Aethyr y una sensación de purgatorio o limbo del Ser. El TEX lleva ambas corrientes de energía sexual y se asemeja a la experiencia de Malkuth en el Árbol de la Vida. Debido a la energía densa en general y a la leve corriente sexual, no tuve ninguna experiencia transformadora significativa en este Aethyr.

29.º Aethyr-RII

La traducción al Inglés de RII es "the Aethyr de la misericordia del Cielo". Se encuentra en la parte más alta del Plano Astral Inferior dentro del Elemento Tierra. Como en el TEX, usamos nuestro Cuerpo Astral Inferior para viajar en el RII. Además, el RII está relacionado con el Chakra Muladhara, al igual que el TEX, ya que ambos son del Elemento Tierra. El RII y el TEX están estrechamente relacionados pero separados. RII es la región que contiene los Cielos e Infiernos de las religiones del mundo, y como tal, es el área de los Planos Internos que es fabricada y basada en un pensamiento erróneo.

Había una sensación de juicio kármico en este Aethyr. Al igual que en TEX, sentí que mis capacidades cognitivas disminuían. Este Aethyr tiene una intensa sensación de ensoñación. A veces se sentía como un aire, aunque mis pensamientos parecían estar más en modo pasivo. Me di cuenta de que a veces entro en RII subconscientemente a lo largo del día cuando necesito un descanso mental de lo que estoy haciendo. Las corrientes de energía sexual, tanto masculina como femenina, están presentes en el RII. Este Aethyr se asemeja a experimentar la parte más alta de Malkuth en el Árbol de la Vida, al borde de entrar en Yesod. De nuevo, como en el TEX, no experimenté ninguna transformación significativa con la energía Kundalini. Creo que esto se debe a la densidad de la energía del Aethyr y a la corriente sexual relativamente suave.

28.° Aethyr-BAG

La traducción Inglesa de BAG es "el Aethyr de la duda". Este Aethyr está situado en el Subplano más bajo del Plano Astral Superior dentro del Elemento Agua, relacionado con el Chakra Sacro, Swadhisthana. El Cuerpo Astral Superior suele llamarse Cuerpo Emocional. Utilizamos nuestro Cuerpo Astral Superior para viajar en este Plano. Como el agua física constituye el 60% de nuestro cuerpo, lleva en su interior recuerdos y emociones.

El Ego existe debido a cómo procesamos estos eventos pasados en nuestras vidas. Como tal, tiene miedo, duda y culpabilidad en relación con lo que cree que es, porque su existencia se basa en un pensamiento erróneo. Aquí, debes confrontar esa parte del Ego que proyecta el miedo en el mundo.

La corriente sexual presente en BAG era estrictamente masculina. En una persona despierta de Kundalini, este Aethyr trabaja con el Pingala Nadi. Es similar a entrar en la Esfera de Yesod en el Árbol de la Vida.

Aquí sentí una sensación de sufrimiento purgativo. La emotividad de este Aethyr fue poderosa. Tuve que enfrentarme a los complejos de mi subconsciente tal y como se me presentaron a lo largo del día. La parte del Ego presente aquí es el espejo del Alma (Figura 63). Es su reflejo, pero no el Alma en sí misma. Así se creó esta parte emocional del Ego, ya que soy yo quien le ha dado vida y la ha manifestado en este reino. En el BAG, tuve que enfrentarme a esa parte de mí mismo y superarla.

Sentí que mis dudas y recuerdos negativos me impedían maximizar mi poder personal. Esta limitación venía acompañada de dolor, ya que identificar cualquier parte de mí con el Ego significaba que no me estaba identificando con el Alma. Esta acción restringía mi Alma y le quitaba su alegría, impidiendo que su Luz irradiara a su total capacidad.

Al encontrarme con esta parte del Ego, pude ver lo que es: una ilusión de la mente. No se me mostró en una visión sino más bien como una sensación intuitiva dentro de mi Chakra del Corazón. Inmediatamente me di cuenta de cómo me veía a mí mismo y supe a qué me enfrentaba. Mi Ego utilizó tácticas de miedo para intentar asustarme, pero me mantuve firme en el silencio interior que generé dentro de mí. Esa noche no hubo transformaciones con la energía Kundalini. Sin embargo, aprendí a aquietar mi mente mientras experimentaba la emoción del miedo como método para neutralizar el miedo y superarlo.

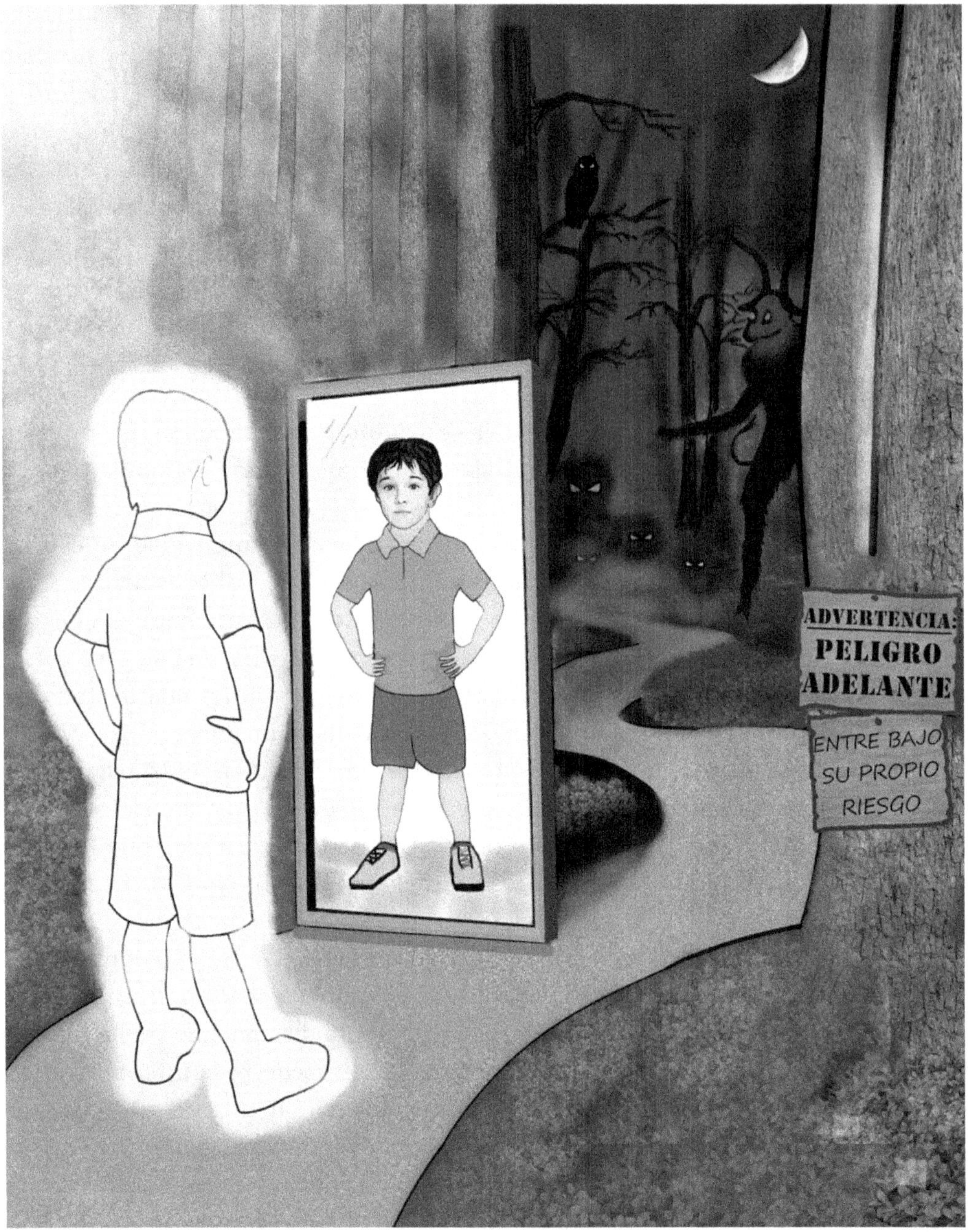

Figura 63: El Ego como Reflejo del Alma en BAG

27.º Aethyr-ZAA

La traducción Inglesa de ZAA es "el Aethyr de la soledad". En este Aethyr había una sensación de soledad omnipresente. ZAA se encuentra en la parte inferior del Plano Astral Superior, dentro del Elemento Agua, y se corresponde con el Chakra Sacro,

Swadhisthana. Aquí, tengo la sensación de estar solo conmigo mismo, desprovisto de emociones y sentimientos. Esta sensación es natural, acompañada por el desarrollo del Ego.

Como cada uno de nosotros es una entidad individual que existe en el Universo, estamos siempre solos con nuestra realidad mental y con nosotros mismos. La idea de ser una entidad separada del Universo trae este sentimiento de soledad. Es una ilusión, pero en este Aethyr, todas las demás partes del Ser serán despojadas para lidiar con esta realidad. Tuve que cultivar mentalmente la compasión y racionalizar lo que me estaba sucediendo con cualquier capacidad cognitiva disponible.

Este Aethyr tiene una naturaleza Lunar, y sentí que mis componentes mentales se abrían ligeramente, mientras que mi capacidad emocional se atenuaba por completo. ZAA tiene una sensación muy Lunar, similar a invocar el Elemento Aire o el Planeta Luna, pero sin ninguna capacidad cognitiva tangible disponible para mí. La conciencia de ZAA puede ser comparada con Yesod en el Árbol de la Vida, ya que es la continuación de la superación del Ego que se originó en BAG. En este caso, el sentido de identidad del Ego creó este sentimiento de soledad consigo mismo.

ZAA aísla la sensación de estar solo con uno mismo y apartado del Universo para que puedas afrontar esta idea y superarla. Todos hemos sentido esta emoción de soledad en algún momento de nuestras vidas. Al experimentarla continuamente a lo largo de nuestras vidas, esta emoción creció y se hizo más poderosa. En ZAA, esta emoción tiene que ser confrontada directamente.

La sensación de soledad en ZAA es el resultado de un pensamiento distorsionado porque somos individuos; sin embargo, no estamos solos, sino que formamos parte del Universo. El vacío de la emoción y la soledad en ZAA también hace surgir el sentimiento de la abundancia del Espacio. Pude sentir el Espacio a mi alrededor como una forma de oscuridad sin límites. En este sentido, pude sentir la conexión de Yesod con Binah, el originador del Espacio y la Forma.

La corriente de energía sexual en ZAA es femenina. En una persona con Kundalini despierta, este Aethyr trabaja con el Ida Nadi. Debido a la leve corriente sexual, no hubo transformación de la Kundalini. Desde las dos veces anteriores que hice la operación de los Treinta Aethyrs, noté que la fuerza de la corriente de energía sexual afecta mi nivel de inspiración, que a su vez afecta el poder de la energía Kundalini. Estos Aethyrs inferiores llevan poca alegría, y la Kundalini necesita que la felicidad interior esté totalmente activa para poder operar a su máxima capacidad.

26.º Aethyr-DES

La traducción al Inglés de DES es "el Aethyr que acepta lo que es". Tras la soledad de ZAA, estaba preparado para comprender las limitaciones de la mente y sus capacidades cognitivas. Este Aethyr se centra en la lógica y la razón, pero carece de intuición. Se encuentra en la región superior del Plano Astral Superior dentro del

Elemento Agua, correspondiendo con el Chakra Sacro, Swadhisthana. El Ego está presente aquí, como lo está en todos los trabajos del Plano Astral.

La dualidad está presente en este Aethyr debido a su naturaleza lógica. El Ego existe debido a la interpretación de los acontecimientos de la vida a través de la lente de la dualidad. Todas las experiencias de la vida se clasifican en componentes buenos o malos y se archivan en un fichero que es la mente humana. La inteligencia, el Ego, tiene un control completo de los Aethyrs inferiores por debajo de él, pero no llega a los Aethyrs superiores.

La verdad no puede ser percibida sólo por la lógica y la razón, y aquí pude reconocer y sentir estas limitaciones. Hay mucha discriminación en este Aethyr, y debido al componente intelectual, la vida se toma muy en serio. En el Árbol de la Vida, este Aethyr es similar a entrar en la Esfera de Hod. Por lo tanto, es muy mercurial. Tuve que aprender a superar la lógica y la razón y elevarme por encima de ella, para poder intentarla percibir a través de la intuición. Fue el principal reto de este Aethyr.

La intuición es lo que el Ser Superior utiliza para comunicarse. Es nuestro vínculo con el Ser Superior. El deseo innato generado dentro del Ser de percibir a través de la intuición le permite superar este Aethyr. La vida humana no es más que un juego Divino y la mente puede elevarse por encima de la lógica y la razón para funcionar sólo a través de la intuición.

La corriente de energía sexual en este Aethyr es masculina. En una persona con Kundalini despierta, este Aethyr trabaja con el Pingala Nadi. En DES, no experimenté ninguna transformación energética de Kundalini.

Estos Aethyrs inferiores son la preparación necesaria para los superiores porque ponen la mente en un estado en el que se experimentan las limitaciones cognitivas. Una vez que se eliminan estas limitaciones, puede resultar en una poderosa experiencia Espiritual en los Aethyrs superiores. A medida que se progresa a través de los Aethyrs, la alegría y la inspiración se incrementan junto con una corriente de energía sexual más fuerte, todo lo cual mueve y potencia la energía Kundalini.

25.º Aethyr-VTI

La traducción Inglesa de VTI es "el Aethyr del cambio". Se encuentra en la región superior del Plano Astral Superior dentro del Elemento Agua, correspondiendo con el Chakra Sacro, Swadhisthana. El VTI se caracteriza por la sensación de cambio en las capacidades cognitivas. Un nuevo sentido de la intuición sustituyó a la lógica y la razón del intelecto. Era la primera vez desde que empecé la operación de los Treinta Aéreos que tenía acceso a mi intuición, que utilizaba para deducir la realidad que me rodeaba. Podemos percibir la verdad directamente, pero la intuición que está presente en la VTI es bastante rebelde e indisciplinada porque representa un estado de conciencia justo por encima del Ego.

Esta región es la primera etapa de lo que Crowley llamó la "Bestia". El orgullo Espiritual está presente en este Aethyr porque la conciencia en este nivel todavía está unida a la personalidad inferior y al cuerpo físico. El trabajo de los Aethyrs superiores es purificar este estado de conciencia y exaltar el Yo Superior. En este sentido, la Bestia dentro de nosotros crecerá y madurará. En los Aethyrs inferiores, debemos refinar nuestra naturaleza inferior y ganar experiencia para lograr esta tarea.

El VTI también puede verse como un reflejo de mi Santo Ángel de la Guarda, aunque no lo conocí hasta los Aethyrs superiores. La corriente de energía sexual en este Aethyr es femenina. Una persona con Kundalini despierta trabaja con el Ida Nadi en este Aethyr. El estado de conciencia de VTI se compara con la entrada en Netzach en el Árbol de la Vida, ya que el intelecto de Hod se deja atrás y es reemplazado por la intuición.

La atmósfera de este Aethyr sigue estando en el Plano Astral, pero ahora empieza a llegar más alto que el Elemento Agua solo. Aquí, la intuición tenía una cualidad aérea persistente. No experimenté ninguna transformación de Kundalini en el VTI, ya que la energía aquí es todavía demasiado densa. Todas las corrientes de energía sexual hasta ahora han sido muy suaves.

24.º Aethyr-NIA

La traducción al Inglés de NIA es "el Aethyr de viajar". Su ubicación es en el vértice del Plano Astral Superior, bordeando el Plano Mental Inferior. Es una región de iniciación al viaje en el Cuerpo de Luz. El NIA contiene la influencia del Plano Mental superior, y como las emociones y los pensamientos del Ego no pesan en el Cuerpo de Luz, está en modo de vuelo. Este Aethyr es la preparación para los Aethyrs que están por encima de él y que son más altos en frecuencia vibratoria que los de abajo.

Experimenté una completa liberación emocional en este Aethyr. Sentí que mi conciencia se liberaba para experimentar lo ilimitado del Espacio. A medida que esta sensación se producía, me sentía totalmente desconectado del Ego. Hay una sensación de alegría en el Aethyr NIA, que es un componente primordial de la Evolución Espiritual.

En la NIA, encontré el primer Anillo-Paso-Nada, que establece una clara división entre los Aethyrs que están por debajo de él y los que están por encima. El Anillo-Paso-No es un término acuñado por Madame Blavatsky en *La Doctrina Secreta* y se refiere a las fases o estados de conciencia. Es sinónimo del término Qabalístico "Velo", relacionado con los diferentes velos que se encuentran en el Árbol de la Vida. Es una línea de división entre un estado de conciencia y otro. Significa que lo que está en un estado de conciencia inferior no puede pasar a un estado de conciencia superior. El Anillo-Paso-No es la frontera que mantiene separados determinados estados de conciencia. El Anillo-Paso-Nada en la NIA se corresponde con el Velo de Paroketh en el Árbol de la Vida.

Dentro de la Magia Enoquiana, el Anillo-Paso-Nada separa los distintos Planos del Ser entre sí. En cuanto a los Planos Astrales Inferior y Superior, son indivisibles y se consideran como un solo Plano. Lo mismo ocurre con los Planos Mentales Inferior y Superior.

En cierto sentido, el NIA es un resumen de los Aethyrs que tiene por debajo, combinando las mejores características de cada uno. Lleva consigo corrientes de energía sexual tanto masculinas como femeninas. Desde el punto de vista Qabalístico, es similar a la región superior de Netzach en el Árbol de la Vida, bordeando el Velo de Paroketh.

Los Aethyrs más allá de NIA se sienten como un regalo de la Divinidad, con un nivel sustancialmente más alto de alegría Espiritual presente en cada uno de ellos. El peso de las emociones del Ego no impregna los Aethyrs por encima de NIA, ya que están limitados al Elemento Agua.

La noche del trabajo con la NIA, tuve sueños lúcidos en los que volaba. Sin embargo, no experimenté nada transformador en este caso. Habiendo completado las operaciones de los Treinta Aethyrs dos veces antes, sabía que las experiencias transformadoras comenzaban en los Aethyrs medios, a los que ahora me dirigía.

23.er Aethyr-TOR

La traducción al Inglés de TOR es "el Aethyr que sostiene el Universo". Es el primer Aethyr del Plano Mental Inferior en el Elemento Aire, correspondiente al Chakra del Corazón, Anahata. El Anillo-Pass-Not en la región que separa el TOR y el NIA está ahí para evitar que el Cuerpo Astral cruce al Plano Mental. En el TOR, tomé mi Cuerpo Mental por primera vez. Una energía terrestre activa está presente en TOR, y el Aethyr general tiene un tema de trabajo o labor física. Sentí que el trabajo (en varios niveles) es lo que sostiene al Universo.

El ambiente en TOR era pesado y oscuro. Es el trabajo el que crea la estabilidad, que a su vez influye en el cambio. El hombre y el Universo son los efectos del trabajo de un número infinito de componentes, todos trabajando juntos para crear el cambio y evolucionar. Cuando la Materia evoluciona a partir del Espíritu, no descansa allí, sino que continúa el proceso de involución. El proceso de movimiento y cambio está presente aquí y no tiene fin.

La corriente de energía sexual es masculina ya que el concepto de Fuerza está siempre presente en este Aethyr. La conciencia de TOR es similar a un aspecto terrestre de Tiphareth. Experimenté una afluencia de diferentes fuerzas que convergen en Tiphareth en el Árbol de la Vida.

La energía del Aethyr me recordaba a la energía Zodiacal de Tauro, que es el Subelemento de Aire de la Tierra. Mientras encarnaba la energía de tierra de TOR, me mantuve firme en completar todas las metas que me propuse ese día. Como ahora estaba en el Plano Mental Inferior, pude utilizar mi intelecto, así como la intuición, en gran medida. No experimenté un tirón significativo en la corriente de energía sexual que encontré, y la acumulación de energía sexual fue relativamente leve. Sin embargo, sentí que más de mis facultades Espirituales y mentales se abrían lentamente y se ponían a mi disposición para que las utilizara, lo cual fue refrescante.

22.º Aethyr-LIN

La traducción Inglesa de LIN es "el Aethyr del Vacío". Es el segundo Aethyr en el Plano Mental Inferior dentro del Elemento Aire, correspondiente con el Chakra del Corazón, Anahata. Este Aethyr es la primera experiencia directa de Espiritualidad ya que mi conciencia se ha elevado mientras visitaba los Aethyrs. Aquí experimenté un atisbo de Samadhi, la conciencia mística y meditativa.

En el LIN, la Forma se encuentra con la Falta de Forma. La idea de la falta de forma se hace más evidente en los Aethyrs por encima del LIN. La ausencia de forma es el principio de la no dualidad. Es un Vacío infinito, que es de donde el Aethyr obtiene su nombre. Por otro lado, la forma puede ser vista como una extensión en el Espacio en el Vacío sin fin. Como tal, el Plano Mental es ilimitado.

LIN puso mi conciencia en un estado natural de meditación. Escuchar música se sentía más trascendente que nunca mientras estaba en este Aethyr. Por momentos, me perdía completamente en el Tiempo y el Espacio y me absorbía en cualquier actividad que estuviera realizando. La inmensa extensión del Vacío parecía no tener fin en todas las direcciones.

La corriente de energía sexual que impregna este Aethyr es femenina. Para los individuos que han despertado la Kundalini, el LIN les permite experimentar el Ida Nadi en su estado natural pasivo y receptivo. Este Aethyr lleva consigo una sensación de enfriamiento y una conexión con el componente Espiritual dentro del Elemento Aire.

La energía de LIN me recordaba al signo zodiacal de Acuario o al camino de las estrellas del Tarot. La conciencia de LIN era similar a un aspecto aéreo de Tiphareth. Como soy un Acuario, este Aethyr se sentía como en casa. Pude sentir el aire frío en mi piel durante todo el día. Esa noche sentí una alineación energética en el sistema Kundalini mientras entraba en un estado de sueño. La corriente de energía sexual era notablemente más potente en comparación con los Aethyrs inferiores.

21.º Aethyr-ASP

La traducción Inglesa de ASP es "el Aethyr de la causalidad". Es el tercer Aethyr en el Plano Mental Inferior dentro del Elemento Aire, que se corresponde con el Chakra del Corazón, Anahata.

ASP es el Aethyr del Ego Reencarnante. Es la parte de nosotros que se manifiesta en los reinos inferiores de la existencia para expresarse a través del Tiempo, el Espacio y la Forma. Se reencarna de una vida a la siguiente y aprende las lecciones de una larga serie de experiencias de vida. Así como el Ego personal es una expresión del Yo, vinculada al cuerpo físico en esta vida, el Ego Reencarnante es el Ego Superior, el sentido impersonal del Yo en el nivel del Alma.

En mis visiones de este Aethyr vi destellos de lo que podrían haber sido mis vidas pasadas. Estaba en lugares del mundo en los que nunca había estado y haciendo actividades que no recuerdo haber hecho en esta vida.

El Ego Reencarnante no puede ver en los Aethyrs por encima del ASP, sino que sólo se manifiesta a través de los Aethyrs por debajo de él. Es el reflejo del Yo Superior y de la Conciencia Universal presente en nosotros. El Ego Reencarnante es la versión distorsionada de nuestra verdadera naturaleza Espiritual proyectada a través del Plano Mental. Es lo que anima el cuerpo físico que da lugar al Ego personal a lo largo del tiempo.

Hay muy poca alegría presente en este Aethyr, ya que hay una sensación de desolación impregnada, que se siente como la continuación de la soledad en ZAA. Es el resultado de identificarnos con nuestros Egos personales. El desafío aquí es cambiar tu identidad del Ego personal al Ego Reencarnante, que tiene muchas vidas. Al hacerlo, sentirás una sensación de liberación y libertad, sabiendo que una vez que mueras, tu Alma continuará su viaje en la próxima vida.

El ASP es un Aethyr denso comparado con los Aethyrs superiores del Plano Mental. La corriente de energía sexual es masculina. Para los individuos despiertos de Kundalini, este Aethyr se corresponde con la corriente de Pingala. La conciencia de ASP es similar a un aspecto ardiente de Tiphareth, ya que el Ego Reencarnante está relacionado con la identidad del Alma a través de las encarnaciones. El Ego Reencarnante desciende de Kether a Tiphareth, expresándose como el principio masculino de esta Esfera. Sentí una alineación de energía esa noche en mi Chakra del Corazón mientras estaba acostada en mi cama, tratando de quedarme dormida. Se sentía densa y de calidad solar, al igual que la sensación general del Aethyr.

20.º Aethyr-KHR

La traducción al Inglés de KHR es "el Aethyr de la rueda". Es el cuarto Aethyr en el Plano Mental Inferior dentro del Elemento Aire, correspondiente con el Chakra del Corazón, Anahata. Este Aethyr es una expresión de los ciclos que forman parte de la vida. Como tal, está estrechamente asociado con el camino de la Rueda de la Fortuna del Tarot.

En mis visiones, siempre vi presente el símbolo de una rueda. Esta rueda se relaciona con los ciclos del tiempo, así como con el Karma. KHR se relaciona con el Chesed Sephira, ya que la energía masculina de Júpiter está templada por la energía femenina de Juno (esposa de Júpiter).

Todas las tradiciones religiosas y Espirituales tienen la idea de la rueda y los ciclos como parte de su filosofía general. Esta rueda que gira es nuestro Universo. Enseña lecciones de vida a medida que atravesamos los muchos períodos, especialmente los ciclos Solar y Lunar. En este Aethyr hay un exceso del Elemento Agua, lo que noté inmediatamente al entrar en él. Sin embargo, la energía estaba equilibrada ya que los Cuatro Elementos están dentro de KHR y forman parte de la rueda. Con una afluencia de energía de Chesed, la conciencia de KHR es afín a un aspecto acuoso de Tiphareth.

La idea del destino está presente en KHR. La atmósfera es a la vez alegre y melancólica: hay una dualidad presente. La corriente de energía sexual es tanto masculina como femenina. Sentí una poderosa conexión con la infinidad de la conciencia. La energía se sentía bastante pesada emocional y mentalmente, por lo que no experimenté ninguna transformación energética esa noche.

19.º Aethyr-POP

La traducción Inglesa de POP es "el Aethyr de la división". Se encuentra en el centro del Plano Mental Inferior dentro del Elemento Aire, correspondiendo con el Chakra del Corazón, Anahata. La energía de este Aethyr es similar en calidad y tipo al camino de la Gran Sacerdotisa del Tarot. El POP canaliza la Luz Blanca de Kether desde el Chakra Corona hacia el Chakra Corazón. Qabalísticamente, su conciencia es similar a estar en Tiphareth todavía, trabajando a través de las muchas lecciones e iniciaciones que rodean esta Esfera.

POP encarna la expresión de la "Sacerdotisa de la Estrella de Plata". Los Egipcios la llaman Isis y los Cristianos María. También es la Shekinah de la tradición Hebrea. Personifica el impulso Espiritual en su aspecto femenino. Como tal, POP es un Aethyr de iniciación en la corriente Espiritual femenina que viene directamente de la Divinidad. Si eres un hombre que practica la Magia, la iniciación en la POP será importante, como lo fue para mí. Los tres Elementos de Agua, Aire y Espíritu están presentes en este Aethyr.

POP transmite a la mente que la dualidad del bien y el mal forma parte de la existencia humana. En POP existe una lucha entre la vida y la muerte. La espiritualidad es una forma de elevarse por encima de esa dualidad y experimentar la Unidad del Espíritu. Este Aethyr es de la corriente sexual femenina y para la Kundalini despierta, sirve para purificar el Ida Nadi y eliminar cualquier bloqueo que impida su flujo. Hay una quietud en los pensamientos y emociones en este Aethyr ya que la mente se vuelve totalmente pasiva y está lista para recibir la iniciación de la corriente femenina Espiritual.

Mientras estaba en mi cama la noche de la evocación, sentí una agitación de energía en mi cabeza y en mi corazón. Esto me llevó a la experiencia de transformación de Kundalini más profunda que he tenido hasta ahora con los Aethyrs. El mismo suceso ocurrió en el POP las dos primeras veces que completé la operación completa de los Treinta Aethyrs.

Este Aethyr ha demostrado ser profundamente transformador para mí. En los tres casos, sentí que el canal de Ida se saturaba de energía Pránica y, en última instancia, se alineaba con su punto de salida en la parte superior de la cabeza. Por lo tanto, la conexión entre mi corazón y mi cabeza se alineó, y una energía Espiritual refrescante impregnó el lado izquierdo de mi cuerpo y entró en mi corazón físico. Fue un éxtasis y me puso en un estado mental tranquilo como nunca antes.

La iniciación de este Aethyr representa el acto de aceptar y recibir la corriente Espiritual femenina. Cada vez que me he encontrado con el COP en el futuro, esta alineación ha expandido aún más mi conciencia.

18.º Aethyr-ZEN

La traducción Inglesa de ZEN es "el Aethyr del sacrificio". Este Aethyr se encuentra en la segunda mitad del Plano Mental Inferior dentro del Elemento Aire, correspondiendo con el Chakra del Corazón, Anahata. Así como POP era la iniciación en la corriente Espiritual femenina, ZEN es la iniciación en la corriente Espiritual masculina. Tiene el significado esotérico de la "Iniciación de la Crucifixión".

Cuando entré en este Aethyr, noté que mis facultades mentales y emocionales estaban sometidas por completo. Había una quietud dentro de mí que se sentía como un sacrificio de mi Alma. Durante la mayor parte del día, pasé un tiempo a solas en un estado meditativo y aquieté mi interior. Los pensamientos que elegí contemplar fueron compasivos, indicativos del sacrificio personal necesario para iniciarme en la corriente Espiritual masculina del ZEN. Dejé ir el pasado, incluyendo cualquier arrepentimiento o apego, y estuve listo para recibir esta importante iniciación.

Las iniciaciones de ZEN y POP son necesarias para comprender y asimilar los Aethyrs que están por encima de ellos, ya que se vuelven más y más Espirituales a medida que se asciende. La visión en este Aethyr es una crucifixión, que es un proceso de dos pasos. El primer paso es el sacrificio de Jesús en la cruz de los Cuatro Elementos, simbolizado por la carta del Colgado del Tarot. Incorpora la compasión interior y el amor incondicional que necesitas contemplar para dejar ir todas las partes del Ser que ya no te sirven.

El segundo paso es la tumba de sacrificio de la Cámara del Rey (en referencia a la Gran Pirámide de Egipto) y el silencio de la mente que debe ser inducido a través de esta experiencia (Figura 64). Estos dos pasos están destinados a liberar la conciencia del cuerpo y unirla con la Conciencia Cósmica.

La idea es sacrificar el viejo Yo para renacer en el nuevo Yo Espiritual. La cruz es la acción voluntaria de sacrificar el Yo en nombre del Espíritu. La tumba es el tiempo en oscuridad y silencio que sirve para retirar los sentidos corporales y liberar la conciencia. Estos dos métodos inducen una transmutación y transformación de las partes inferiores del Yo en las partes Espirituales superiores.

El nuevo Yo Espiritual, que surge de esta experiencia, abraza el sufrimiento de la humanidad y trabaja para ayudarla a toda costa. El amor incondicional dentro del Yo despierta finalmente una vez que este proceso se ha completado.

Figura 64: La Cámara del Rey Iniciación del ZEN

El ZEN inculca en el alma y en la mente que la vida es una serie de sacrificios. Lo viejo debe estar siempre dispuesto a morir para que haya una evolución en los pensamientos y las emociones. Mediante el autosacrificio y la aplicación de la energía del amor incondicional, el cambio está siempre presente, así como la transformación en algo mejor y más elevado en la escala de la vida.

Dentro de la Orden de la Aurora Dorada, el ZEN es representativo de la *Bóveda del Adepto,* en la que el iniciado debe yacer durante tres días y tres noches, símbolo de la muerte de Jesucristo, que permaneció en una tumba durante el mismo tiempo antes de resucitar. Debe pasar un tiempo en el capullo antes de transformarse en una hermosa mariposa, metafóricamente hablando.

Debes abrazar la energía de este Aethyr en lugar de huir de ella. Naturalmente, tus viejas facultades cognitivas se desvanecerán, lo cual puede parecer inicialmente aterrador. Aun así, si permaneces paciente, integrarás la corriente Espiritual masculina y trascenderás más allá de este Aethyr.

Qabalísticamente, el Aethyr de ZEN está directamente relacionado con la carta del Colgado del Tarot que lleva de Hod a Geburah. Como tal, una vez que hayas integrado con éxito las iniciaciones de POP y ZEN, habrás avanzado finalmente más allá del estado de conciencia de Tiphareth y estarás listo para explorar la siguiente Esfera, Geburah.

POP me inició en la corriente energética Ida Nadi (Agua), mientras que ZEN fue la iniciación en la corriente energética Pingala Nadi (Fuego). Como POP era la energía sexual femenina, ZEN era la masculina. Sentí a Ida activo y alineándose a lo largo del lado izquierdo de mi cuerpo, cerca de mi corazón físico, mientras que Pingala se alineaba en el lado derecho. El resultado fue una nueva activación del *Corazón Espiritual*, en el lado opuesto al físico, junto al pecho derecho. Después de las iniciaciones de estos dos Aethyrs, POP y TAN, me sentí renovado en todos los sentidos, y mi Kundalini estaba funcionando a un nivel mucho más alto.

17.º Aethyr-TAN

La traducción al Inglés de TAN es "el Aethyr del propio equilibrio". Está situado en el Subplano más alto del Plano Mental Inferior dentro del Elemento Aire, correspondiente al Chakra del Corazón, Anahata. El TAN representa las fuerzas armonizadoras del Karma que siempre trabajan para preservar la justicia en el mundo. La visión de este Aethyr será algún símbolo que represente el equilibrio y la dualidad. Como tal, este Aethyr está relacionado con el camino de la Justicia del Tarot, conectando Tiphareth y Geburah.

El símbolo principal de la carta de la Justicia es la balanza, en alusión al Zodíaco Libra, la energía representativa de este camino. Antes de que puedas experimentar la Esfera de Geburah, tu carga Kármica debe ser pesada y dada a conocer plenamente. Puede que veas la balanza egipcia en la Sala de Maat, también conocida como la "Sala de las Dos Verdades". Este objeto simbólico pesa el corazón del iniciado contra la pluma de Maat. Anubis manejaba la balanza mientras Thoth registraba los resultados, tras lo cual Horus llevaba al iniciado ante Osiris para que lo juzgara.

Los conceptos de moralidad y ética son prominentes en el TAN ya que, al encarnar las virtudes superiores, se gana buen Karma y se evita el mal Karma. El Karma es una Ley o Principio natural que actúa en todos los Planos Cósmicos. Todas las fuerzas opuestas de la dualidad por debajo del Aethyr LIL contienen Karma dentro de ellas ya que el Karma es, en esencia, el subproducto de la dualidad. Todo pensamiento en términos de opuestos crea Karma. Aceptar cualquier idea dual sin considerar su opuesto produce Karma, según la percepción de ese evento. Sólo la unidad en todas las cosas crea eventos no Kármicos.

Mientras estaba en el TAN, reflexioné sobre los conceptos del bien y el mal, lo correcto y lo incorrecto. Comprendí que debo estar siempre controlado por una perspectiva moral y ética, en la que todas mis acciones sean para el bien del conjunto y no sólo de mí. De lo contrario, seré juzgado, y el Karma negativo se adjuntará a mi rueda del Karma que está continuamente en funcionamiento, ya que vivo en un mundo de dualidad. Es a través de la mente que interpretamos estos eventos en un sentido relativo. Las cosas son reales sólo en lo que respecta a la conciencia que las experimenta. Por lo tanto, todos los desequilibrios en este Aethyr son considerados malos, y la balanza de la justicia busca igualarlos.

La Tercera Ley de Newton dice: "Para cada acción (Fuerza) en la naturaleza, hay una reacción igual y opuesta". El Karma es el subproducto de esta Ley cuando se aplica al contexto de las acciones humanas. Debemos corregir todo mal cuando lo vemos; de lo contrario, nos convertimos en cómplices del mal. Como seres humanos, debemos aprender a utilizar nuestra Misericordia y nuestra Severidad, los dos pilares opuestos del Árbol de la Vida. Si no se aplica correctamente, se crea un Karma dañino o malo. Si se utiliza con éxito, se crea un Karma positivo o bueno, que trae más positividad a nuestras vidas, ya que el Universo premia las acciones éticas y morales.

El mal Karma se adhiere a nuestra rueda del Karma, para repetirse en el futuro hasta que se corrija la acción y se logre el equilibrio. Debido a que hay una cantidad igual de energía dual en este Aethyr, tanto las corrientes de energía sexual masculina como femenina están presentes. El TAN está destinado a crear un equilibrio en el Plano Mental Inferior antes de seguir adelante, ya que es el último Aethyr del Elemento Aire. No experimenté ninguna transformación energética Kundalini en este Aethyr.

16.º Aethyr-LEA

La traducción al Inglés de LEA es "el primer Aethyr del Ser Superior". LEA es el primer Aethyr del Plano Mental Superior correspondiente al Elemento Fuego. Como tal, tomé mi Cuerpo Mental Superior para experimentar este Aethyr. El Chakra correspondiente es el Chakra del Plexo Solar, Manipura.

En LEA, comencé a identificarme como un ser humano Espiritual. El Elemento Fuego es el más alto que he experimentado en la operación de los Treinta Aethyrs hasta ahora, ya que es el más cercano al Espíritu. Pude sentir la energía del Fuego en mi corazón como una sustancia tangible. LEA resulta de las iniciaciones en POP y ZEN de las corrientes Espirituales masculinas y femeninas. En este Aethyr, conectas con el Fuego de tu Alma, que es el siguiente paso una vez que las dos corrientes energéticas opuestas se han integrado.

Hay una energía seductora que impregna este Aethyr, y pude sentir que mi conciencia era arrastrada en todas direcciones, como un animal rebelde que necesita disciplina. Así, el tema de este Aethyr es "Babalon y la Bestia". La conciencia de LEA es afín a la Esfera de Geburah, aunque debido a la gran afluencia de energía sexual, me recordó a la carta de la Fuerza del Tarot. La interpretación de Crowley de este camino se llama "Lujuria" debido a la intensa corriente sexual. Describe la energía del Aethyr como la de la Gran Diosa Babalon, montada en una Bestia (animal), que frecuentemente se representa como un león o un toro.

La dualidad aquí es la naturaleza objetiva y subjetiva del Universo y la fuerza de atracción entre ellas. Babalon representa la objetividad, que es el Universo real que nos rodea. La Bestia es la conciencia que es subjetiva para el que percibe el Universo. Como el Universo es seductor y bello, la conciencia se mueve en todas las direcciones, tratando de captar y abrazar todo lo que el Universo ofrece, como un niño que mira el mundo con asombro por primera vez. El Alma es la que necesita tomar el control de la conciencia, someterla, y hacerla caer en línea con su Verdadera Voluntad-este es el desafío de este Aethyr.

LEA también ofrece una iniciación, que es la iniciación del Fuego del Alma. Como ahora estás en el Plano Mental Superior del Elemento Fuego, debes abrazar la energía de Geburah e integrarla dentro de ti.

El tema de la vida y la muerte es evidente en LEA, y su energía me recordó a menudo el camino de la Torre en el Tarot. Después de todo, Marte está asignado a la carta de la Torre, que se corresponde con Geburah. Hay una afluencia de Fuego en LEA acompañada de la destrucción de viejas creencias y modos de pensar. El cambio es la única constante en el Universo, y requiere la muerte del viejo Yo para que el nuevo Yo pueda renacer a cada momento. La vida es una serie de pequeñas muertes y cambios que se manifiestan en todos los Planos de la vida.

El ambiente en LEA es muy seductor. La lujuria que se siente es el resultado de la fuerza de la corriente sexual presente, que es femenina. Además, al tratarse ahora de la fuerza de voluntad, un aspecto de Geburah y del Elemento Fuego, está un escalón por encima de los otros Planos de emociones y pensamientos.

LEA es el primer Aethyr del Ser Superior; entrar en él ofreció una poderosa experiencia de transformación. Una corriente de energía Kundalini subió desde Muladhara hasta mi Chakra del Plexo Solar, Manipura. Después, se fortaleció mi conexión con el Elemento Fuego, que pude sentir a través de mi Chakra Corazón, Anahata.

LEA me hizo ver que la energía sexual sirve para unir los mundos interior y exterior en un todo cohesivo. Es la energía sexual la que nos excita a vivir en el mundo y hace que lo veamos como algo tentador y hermoso. En LEA, los individuos no despiertos de Kundalini pueden experimentar un despertar de Kundalini del Fuego Interior a través de Sushumna hacia el Chakra Manipura debido al poder de la corriente sexual presente.

15.º Aethyr-OXO

La traducción al Inglés de OXO es "el Aethyr de la danza". Se encuentra en la región inferior del Plano Mental Superior dentro del Elemento Fuego, correspondiendo con el Chakra del Plexo Solar, Manipura. La visión compartida en este Aethyr es la de la danza como expresión de la alegría extática de la obtención de la conciencia Espiritual. El propósito de la vida es vivir, y eso en sí mismo es una actividad alegre.

La proporción de los movimientos de los Planetas ha sido llamada por los Antiguos la "Música de las Esferas". Hay belleza en el mecanismo del Sistema Solar, y la propia alegría y felicidad presentes en OXO son la expresión creativa de esta idea.

En este Aethyr, sentí la integración de las iniciaciones inferiores de POP, ZEN y LEA. Al alcanzar un estado de conciencia más elevado debido a esas iniciaciones, mi Alma se alegró mucho. Ahora en OXO, podía participar en la armonía del Universo en su expresión creativa. Al obtener un sentido más elevado de conciencia Espiritual en LEA, sentí la dicha en OXO. Convertirse en Espiritual y elevarse en la vibración de la conciencia es una ruta para lograr una felicidad real y duradera en tu vida.

En este Aethyr, la vida es vista como una danza Divina, la "Lila" del Hinduismo. Vivir en el Planeta Tierra es un juego alegre, ya que la Materia fluye desde el Espíritu y vuelve a fluir debido a su naturaleza Divina creativa. La vida es una expresión cíclica interminable en el Tiempo y el Espacio, donde el propósito final es estar vivo y ser parte de ella. La energía de este Aethyr me puso en contacto con la belleza de la música, y pasé la mayor parte del día escuchando todas las canciones que me conmovieron emocionalmente. Sonaban aún más épicas mientras navegaba por la energía de este Aethyr.

Una experiencia exitosa de OXO puede resultar en otra iniciación, que es la unidad de las corrientes Espirituales masculina y femenina como Una. Dentro de la Aurora Dorada, esta experiencia está simbolizada por la Rosa Cruz. Se relaciona con el Chakra del Corazón, donde las corrientes Espirituales opuestas se fusionan y se funden. Este símbolo representa la unión de los opuestos y el dualismo en la naturaleza.

Como LEA fue una iniciación del Fuego del Alma, la corriente masculina sigue presente en OXO. La dicha de OXO, sin embargo, es un resultado de la corriente sexual femenina que caracteriza la energía base de este Aethyr. Si el Ego está sometido y no se rebela contra la dicha experimentada debido a la obtención de la conciencia Espiritual en LEA, puede lograr esta iniciación de OXO. La conciencia Espiritual trasciende el tiempo y está por encima de la lógica y la razón, los modos de expresión del Ego.

La conciencia de OXO es afín a Geburah, con un poderoso influjo de la corriente sexual femenina. Los próximos Aethyrs te preparan para entrar en Chesed infundiendo las energías necesarias en tu Alma. El Ego ha sido despojado en este punto, aunque todavía debes abolir todo deseo e inculcar las perspectivas éticas y morales esenciales para exaltar tu Ser Superior a fondo. Mientras Geburah se ocupa de tu fuerza de voluntad, Chesed se ocupa del amor incondicional y la compasión.

Esa noche, en el estado de felicidad en el que me encontraba, abracé la corriente sexual femenina de OXO. Tuve otra experiencia transformadora con la energía Kundalini, donde la alegría y el gozo impregnaron mi corazón físico. Estaba limpiando mi Chakra del Corazón y también eliminando cualquier remanente de los deseos del Ego que finalmente me prepararía para una integración de la energía de la compasión y el amor incondicional.

14.º Aethyr-VTA

La traducción al Inglés de VTA es "el Aethyr de semblanzas". Este Aethyr se encuentra en la región inferior del Plano Mental Superior dentro del Elemento Fuego, correspondiendo con el Chakra del Plexo Solar, Manipura. Hay una sensación de oscuridad en este Aethyr, incluyendo una severa reflexión y solemnidad. El Elemento Fuego es abundante en el VTA y se puede sentir con fuerza en cuanto se entra en él. La oscuridad que impregna, que se siente como un océano, se debe a que VTA está muy cerca de Binah.

En este Aethyr, no hay deseos presentes, y la corriente de energía sexual es totalmente masculina. Los individuos que han despertado la Kundalini trabajan con los aspectos superiores del Pingala Nadi en el VTA. La fuerza de voluntad se ve reforzada, así como la capacidad de seguir la lógica y la razón, desprovista de emociones y sentimientos.

La visión que puede tener aquí es la de la "Ciudad de las Pirámides", que contiene a los Adeptos que han abolido el deseo y la lujuria por la vida para alcanzar la solemnidad. Las Pirámides se consideraban cámaras de iniciación en las que el iniciado entra para extinguir todas las inclinaciones personales y evolucionar Espiritualmente.

Hay un fuerte sentimiento de muerte en la oscuridad que impregna VTA. La conciencia de VTA es afín al Fuego de Geburah, aunque también se puede sentir la oscuridad de Binah y Daath. Este Aethyr se visita mejor por la noche debido a su naturaleza oscura. Tiene una conexión con el Aethyr ZEN y su energía, sólo que, con más presencia del Elemento Fuego, que quema todos los deseos y sentimientos/emociones. Así, la iniciación en VTA es la de la abolición del deseo. Sin embargo, como este Aethyr carece de sentimientos, también carece de compasión, que es el aspecto necesario que necesitas adquirir para elevarte en conciencia por encima del VTA. Y como este Aethyr carece de empatía, el Ego sigue presente. Sólo a través de la compasión y la empatía se puede superar el Ego por completo.

Debido a la increíble sensación mística presente en el VTA, disfruté de estar en este Aethyr, aunque no ofrecía ninguna transformación de energía Kundalini. No hay alegría de vivir, sino que la solemnidad de la muerte y la oscuridad están siempre presentes. Aun así, el Elemento místico era tan fuerte que volví a visitar este Aethyr a menudo en el futuro.

13.er Aethyr-ZIM

La traducción al Inglés de ZIM es "el Aethyr de la aplicación o la práctica". Este Aethyr se encuentra en la región media del Plano Mental Superior dentro del Elemento Fuego, correspondiente al Chakra del Plexo Solar, Manipura. La visión aquí puede ser de un Maestro Ascendido, un Vigilante Silencioso de la humanidad. El propósito del Maestro Ascendido es ayudar a otras personas a realizar su potencial Espiritual. Son Adeptos que han pasado por una serie de iniciaciones y que sirven a Dios manteniendo vivo el Espíritu de amor, buena voluntad y compasión hacia todos los seres vivos.

ZIM sigue naturalmente a VTA porque los Adeptos en VTA han renunciado a todos los deseos, pero carecen de compasión, el ingrediente principal para acceder a todos los Aethyrs superiores. Aquí, en ZIM, la compasión está presente, al igual que todos los demás atributos adquiridos y aprendidos en los Aethyrs inferiores. Esta compasión se siente bastante pesada en el corazón, ya que la energía del amor incondicional se incrementa en este Aethyr para impartirnos algunas verdades Espirituales superiores. Como tal, la conciencia de ZIM es similar a entrar en la Esfera de Chesed. La energía me permitió ver que ayudar a otros es un deber sagrado ya que todos necesitamos evolucionar Espiritualmente y expandir nuestra conciencia. Hasta que todos lo hagamos, la conciencia colectiva de la humanidad permanecerá como está.

La lección de este Aethyr es el servicio a los demás como un deber sagrado hacia nuestro Creador. Todos somos responsables personalmente de nuestra evolución Espiritual, pero también de la evolución colectiva de toda la humanidad. Por lo tanto, una vez que has subido a la cima de la montaña, se convierte en tu deber iluminar el camino para todas aquellas personas que están subiendo la montaña por sí mismas: el estudiante debe convertirse en el maestro, tal es la Ley.

La corriente de energía sexual en este Aethyr es tanto masculina como femenina. No tuve una experiencia transformadora con la Kundalini. Sin embargo, ahora que empezaba a encarnar las expresiones más elevadas del amor incondicional, sabía que me estaban preparando para una iniciación mayor en un Aethyr superior. Una vez que se accede a la conciencia de Chesed, el siguiente paso es superar el Abismo para entrar en los Superiores. Sin embargo, antes de llegar allí, las lecciones de Chesed tienen que ser integradas completamente.

12.º Aethyr-LOE

La traducción al Inglés de LOE es "el primer Aethyr de la Gloria". Este Aethyr está situado en la región superior del Plano Mental Superior dentro del Elemento Fuego, correspondiendo con el Chakra del Plexo Solar, Manipura. La visión de "Babalon y la Bestia" vista en LEA también está presente aquí, aunque intensificada. La conexión con el Fuego del Alma también está presente.

LOE es el Aethyr de la "Copa de Babalon", Sangraal, el Santo Grial. Esta Copa está llena de vino, que simboliza la sangre de Jesucristo, ya que representa el amor incondicional y el sacrificio. En LOE, se ha renunciado al apego al deseo (según la lección de VTA). Por lo tanto, el elemento de compasión y empatía se incrementa.

La conciencia de LOE es afín a la Sephira Chesed, con una influencia de Binah más allá del Abismo. Después de todo, Binah es el Mar del Amor y la compasión, el gran aspecto femenino de la Divinidad. En LOE, tuve que despojarme de lo último de mi Ego antes de proceder a los siguientes dos Aethyrs en la Atalaya de Fuego. La iniciación presente aquí es la de derramar su sangre, simbólicamente hablando, en la Copa de Babalon y obtener la comprensión de la Divinidad.

Los que se aferran a su Ego se reunirán aquí y no podrán elevarse más. Para iniciarse plenamente en esta corriente, hay que sacrificar todos los deseos personales para alcanzar una compasión sincera. En consecuencia, como es el Aethyr de la Gloria, aquí se siente la Gloria de Dios de la que habló Jesucristo, al referirse a un estado del Ser alcanzado una vez que has renunciado a todo deseo y entregado tu Ego al amor y la compasión incondicionales. Sin embargo, debes lograr un sano equilibrio entre Misericordia y Severidad, Chesed y Geburah, para alcanzar este estado.

La Bestia es la conciencia individual que ahora es capaz de percibir el misterio de Babalon por lo que realmente es, el Amor Universal. En este Aethyr, la compasión y el amor por los demás son vistos como un deber sagrado, una confianza sagrada. El sentimiento presente en el Aethyr anterior, ZIM, tiene el sentido añadido de la gloria que se convierte en la recompensa emocional por aceptar el deber sagrado de ayudar a otros en sus caminos Espirituales. La conciencia Espiritual alcanzada en LEA ha recibido ahora su principal modo de expresión, la compasión. El sacrificio del Yo y del Ego es necesario para activar la compasión y sentir la Gloria de Dios.

Este Aethyr promueve la idea de ser un guerrero Espiritual, luchando en nombre de Dios, el Creador. Todos somos hermanos y hermanas ya que todos venimos del mismo Creador. Este Aethyr enfatiza el valor de las buenas acciones, de ser amable con los demás y de sacrificarse por un bien mayor. Si ves que se comete una injusticia contra tus hermanos y hermanas, debes levantarte por ellos y protegerlos y defenderlos. Todos somos iguales a los ojos de nuestro Creador, independientemente de nuestra raza, religión o credo.

La corriente de energía sexual en el LOE es femenina, y aquellos que han despertado la Kundalini estarán trabajando con el Ida Nadi en su aspecto más elevado de amor incondicional. Debido a mi conexión con este Aethyr y la fuerte corriente sexual, tuve una experiencia transformadora esa noche en la que la energía de la compasión se arraigó aún más en mí. Lloré gran parte de la noche mientras sentía empatía y amor por toda la humanidad, dándome cuenta de que todos somos Uno.

LOE es un Aethyr poderoso para hacerte comprender el valor de la compasión. Debido a mi experiencia con este Aethyr, me convertí en una persona más Espiritual en general, siendo capaz de amar a todos por igual.

11.º Aethyr-IKH

La traducción al Inglés de IKH es "el Aethyr de la tensión". Se encuentra en la región superior del Plano Mental Superior dentro del Elemento Fuego, que se corresponde con el Chakra del Plexo Solar, Manipura. La tensión en IKH es el resultado de estar en el precipicio del Abismo, que es el siguiente Aethyr por encima de él. IKH es el Aethyr más alto alcanzable por la mente humana, ya que cruzar el Abismo significa elevarse por encima del Plano Mental de la dualidad hacia el Plano Espiritual de la unidad. La conciencia de IKH es afín a la parte más elevada de Chesed, bordeando a Daath.

Las facultades cognitivas deben ser abandonadas, comenzando en este Aethyr y en el que está por encima de él, para aprender a funcionar enteramente con la intuición. La lógica y la razón son facultades de la mente, y encuentran su último modo de operar aquí en IKH, aunque debido a la sensación de tensión en este Aethyr, estarán relativamente sometidas. IKH es la última frontera de la conciencia humana, y la tensión que se siente es creada por el Ego, que sabe que está a punto de morir y dispersarse completamente en el próximo Aethyr, ZAX.

El Gran Abismo de la Mente está inmediatamente por encima de este Aethyr, al igual que el *Archidemonio* Khoronzon, la personificación del propio Diablo. El Diablo es tu Ego y la fuente de la dualidad de la mente humana a través de la cual funciona. Khoronzon es el Maestro de los Demonios, que son las personificaciones de tus aspectos negativos de personalidad y carácter. Son tus pensamientos negativos alimentados por el miedo, la antítesis del amor.

Como aquí hay tensión, el miedo también está presente. Es el miedo a lo Desconocido y el miedo a la muerte/transformación del Ego. Pasaba mucho tiempo en contemplación y alejado de otras personas en este Aethyr (y en el siguiente Aethyr por encima de él, ZAX). Estaba aprendiendo a aquietar la mente en IKH para poder cruzar el Abismo con éxito. Las dos operaciones anteriores de los Treinta Aethyr me ayudaron porque sabía lo que me esperaba, pero creo que no había pasado el Abismo con éxito en esas operaciones. Hasta ese momento había trabajado en silenciar mi mente y prepararme más para el ZAX.

Lo que espera al otro lado del Abismo es la No-dualidad y la capacidad de inducir el silencio de la mente a voluntad. La conciencia se localizará plenamente en el Plano Espiritual si se cruza el Abismo con éxito. Esta experiencia marca el fin de estar emocionalmente afectado por el miedo y la ansiedad.

La corriente de energía sexual presente en este Aethyr es masculina. Los individuos que han despertado la Kundalini trabajan con el Pingala Nadi en su aspecto de dualidad de mentalidad y Ego. No experimenté ninguna transformación en este Aethyr con la energía Kundalini.

10.º Aethyr-ZAX

La traducción Inglesa de ZAX es "el Aethyr del que tiene un gran nombre". Se encuentra en el Subplano del Gran Abismo Exterior. Qabalísticamente, ZAX es el undécimo Sephira, Daath, el Velo del Abismo. Separan a los Superiores de las partes inferiores del Árbol de la Vida. Es el Abismo de la Mente, la parte de ti que es el Espíritu Eterno separada de la parte de ti que es el Ego y el cuerpo físico. La corriente de energía sexual en ZAX es tanto masculina como femenina.

El Abismo separa el Mundo del Espíritu del Mundo de la Materia. Actúa como puente entre lo de arriba y lo de abajo. El Ego se forma a través de la mente humana mediante una percepción singular de la dualidad. Elevarse por encima del Ego significa erradicarlo en el Abismo. Lo que queda después es un estado elevado de conciencia superior que es inherentemente Espiritual, funcionando únicamente a través de la intuición.

El Gran Archidemonio Khoronzon es una personificación del Ego, y será encontrado en ZAX, ya que es la morada y la fuente del Ego. Él contiene en sí mismo las fuerzas de dispersión y aniquilación de los pensamientos e ideas del Ego. Por lo tanto, no debes escuchar su parloteo. En cambio, debes aquietar tu mente para elevar tu conciencia al Plano Espiritual.

Hay un Anillo-Paso-No entre ZAX y los Aethyrs superiores en el Gran Plano Espiritual. El Cuerpo Mental Superior debe dejarse atrás al asumir el Cuerpo Espiritual como vehículo en los siguientes diez Aethyrs. ZAX es el último Aethyr del Plano Mental Superior, correspondiente al Chakra del Plexo Solar, Manipura. La corriente sexual que se encuentra aquí es tanto masculina como femenina. Los Aethyrs que están por encima de ZAX pertenecen a los tres Chakras más elevados de Vishuddhi, Ajna y Sahasrara.

Si has entrado con éxito en los Aethyrs que preceden a ZAX, deberías estar preparado para esta iniciación crítica. Todo tu Karma de los Aethyrs anteriores debe ser superado mientras se aquieta la mente en un estado meditativo de Samadhi. No puedes usar la lógica y la razón, ni la compasión, contra Khoronzon. El silencio de la mente es la única manera de pasar a través de este Aethyr con éxito.

Las fuerzas en este Aethyr parecerán caóticas. La sintonización de la parte del Ser que comprende la verdad en el silencio te ayudará a alinearte con el Ser Superior para atravesar este Aethyr. Ayuda a invocar al Niño-Dios egipcio, Hoor-Paar-Kraat, también conocido como Harpócrates, que es el Dios del Silencio. Contempla su energía y significado y utilízalo para ayudar a aquietar tu mente.

Los vestigios de la personalidad de los cuerpos sutiles inferiores tenderán a hablar, pero si mantienes el silencio mental firmemente contra todas las fuerzas presentes en este Aethyr, deberías pasar a salvo por el Abismo. Además, es mejor erradicar todo el miedo en los Aethyrs antes del ZAX porque Khoronzon utilizará tu miedo contra ti y lo amplificará a un grado inimaginable.

El paso seguro de este Aethyr te permitirá tener un contacto completo con tu Santo Ángel de la Guarda y conversar con él (ella). El HGA es la parte del Ser que te habla a través del silencio de la mente. Canaliza la información del Plano Espiritual a través de tu intuición. Él o ella (dependiendo de la polaridad de tu Alma) te da la sabiduría y el entendimiento para comprender las verdades espirituales sobre ti mismo y el Universo. Tu sentido de identidad debe extinguirse para realizar esta tarea ya que el Ser Superior existe como una Mónada que se encuentra en la unidad de todas las cosas.

Una vez que el Ego se haya dispersado en el Abismo y Khoronzon haya sido derrotado, obtendrás una conexión permanente con tu Santo Ángel de la Guarda. Al hacerlo, abandonarás a todos los maestros que no sean él (ella), pues te convertirás plenamente en el estudiante y en el maestro como Uno. En ese momento, la verdadera Gnosis concerniente a los Misterios del Universo comenzará a serte impartida.

Al entrar en este Aethyr, oí que me venían muchos pensamientos a la vez, sin conexión aparente entre ellos. Mi mente estaba en completo desorden, lo que provocaba un increíble caos en mi interior. Me concentré en aquietar mi mente y no permitir que estos pensamientos aleatorios se apoderaran de mi conciencia. Esto requirió una gran concentración y la aplicación de mi fuerza de voluntad. Tenía que conciliar y acallar cada pensamiento o idea que me llegaba. Si intentaba racionalizar estos pensamientos, fracasaba. Por lo tanto, no podía dedicar ningún tiempo a examinar mis pensamientos, sino que tenía que inducir el silencio de un momento a otro.

Era evidente que Khoronzon estaba tratando de utilizar la energía del miedo para atar mi conciencia a lo que eligiera proyectar en mí. Todo lo relacionado con mi Ego, sus gustos y disgustos, sus experiencias en la vida, estaba siendo utilizado en mi contra. La única manera de no permitir que el miedo se apoderara de mí era inducir el silencio de la mente.

Descubrí que el mejor método para producir una quietud mental inquebrantable es utilizar mi fe en Dios, el Creador. Khoronzon intentaba engañarme proyectando pensamientos temerosos que requerían ser racionalizados, pero yo me mantenía firme para superarlos a través de la fe en lo que estaba tratando de lograr. A toda costa, Khoronzon intentó convencerme de que soy yo y no el Ser Superior que existe en el silencio, pero elegí no escuchar y me mantuve firme en mi tarea.

Aquella noche, habiendo inducido un silencio inflexible en mi mente, me quedé quieto en mi cama con una concentración perfecta y mi atención puesta en mi Chakra del Corazón, de donde provenía la fuente de mi silencio interior. Después de unos minutos, sentí un tirón en mi conciencia mientras una corriente de energía subía hacia mi cabeza. Después de llenar mi área cerebral con una energía espiritual refrescante, se proyectó fuera de mi Chakra Coronario y del Chakra Bindu en la parte superior trasera de mi cabeza. Parecía que se había producido una alineación energética y que había cruzado con éxito el Abismo.

Una vez completado este proceso, noté de inmediato que el parloteo del Ego se minimizaba, y una sensación de felicidad impregnaba mi Chakra del Corazón. Los pensamientos negativos ya no me afectaban emocionalmente, ya que sentía que mi conciencia estaba ahora en un lugar más elevado. Había alcanzado una paz mental que nunca había experimentado.

Después de esta experiencia, empecé a funcionar sólo con la intuición, y la lógica y la razón ya no tendrían un impacto emocional en mí. No me dejaba atrapar por el parloteo del Ego, ya que podía inducir el silencio a voluntad. Recuerda, no puedes aniquilar al Ego mientras vives en el cuerpo físico, pero puedes aprender a producir silencio a voluntad y superarlo-puedes convertirte en su maestro en lugar de ser su esclavo.

Cada vez que visitaba y volvía a visitar los Aethyrs y pasaba por ZAX, inducía el silencio y más de mi conciencia era atraída hacia arriba a través del Chakra Corona, alineándose así con el Chakra Bindu, lo que resultaba en un estado aún más dichoso. Como ahora funciono a través de la intuición en mis actividades cotidianas, incluso en mis interacciones con los demás, con el tiempo desarrollé mayores habilidades empáticas y telepáticas. El mero hecho de escuchar la energía y permitirle hablar a mi corazón me permitió centrarme más en lo que importa en la vida. Me ayudó a potenciar mis virtudes y a desechar mis vicios.

Cruzar el Abismo me vinculó con mi propio Santo Ángel de la Guarda, que se convirtió en mi maestro Espiritual para el resto de mi vida. Hasta el día de hoy, me enseña a través de la Gnosis pura, que es ahora una parte regular de mi vida. Se comunica conmigo cuando necesito o pido conscientemente su ayuda. Él habla a través de la sabiduría y la comprensión e imparte conocimiento sobre el Universo para ayudarme a avanzar espiritualmente. Mi Santo Ángel de la Guarda es la parte de mí que es Dios, lo Divino. El cuerpo principal del trabajo en *The Magus*, así como mis otros trabajos de escritura, fueron canalizados hacia mí por mi Santo Ángel Guardián. Tener esta conexión con él ha sido la mayor bendición en mi vida.

9.º Aethyr-ZIP

La traducción al Inglés de ZIP es "el Aethyr para aquellos que están vacíos de Ego". Este Aethyr está directamente por encima del Abismo, en el Subplano más bajo del Plano Espiritual dentro del Elemento Espíritu. El Elemento Espíritu se corresponde con los tres Chakras más elevados de Vishuddhi, Ajna y Sahasrara. En el ZIP, así como en todos los Aethyrs por encima de él, utilizarás tu Cuerpo Espiritual para viajar. Este Aethyr parecerá muy hermoso al entrar en él ya que la tensión de los dos Aethyrs anteriores será superada y dejada atrás. A medida que la energía de ZIP se apoderaba de mí, una sensación de felicidad impregnaba mi Chakra del Corazón, y se intensificaba a medida que avanzaba el día.

Hay una poderosa corriente de energía sexual femenina en este Aethyr. Me hizo percibir el mundo que me rodeaba como una ilusión mientras que mi realidad interior y Espiritual era lo único sustancial y real. Cuando cerré los ojos, vi destellos de una hermosa mujer que nunca había visto. Esta hermosa mujer no es otra que la Shakti o la propia energía Kundalini en su aspecto femenino. Como tal, la energía de este Aethyr lleva los diferentes elementos de la Gran Diosa y la energía femenina en general.

ZIP es una región de gran armonía, paz y belleza. Qabalísticamente, este Aethyr es similar a entrar en Binah en el Árbol de la Vida. Aquí no hubo iniciaciones ni transformaciones energéticas, pero sentí una gran sensación de logro por haber alcanzado tan elevadas alturas de la Divinidad. El ZIP se sintió como la recompensa por haber superado todos los Aethyrs anteriores. Los individuos que han despertado la Kundalini contemplarán la gloria y la belleza del Ida Nadi en su más elegante esencia.

8.º Aethyr-ZID

La traducción al Inglés de ZID es "el Aethyr del Dios interior". Este Aethyr se encuentra en la región inferior del Plano Espiritual dentro del Elemento Espíritu, atribuido a los Chakras de Vishuddhi, Ajna y Sahasrara. La conciencia de ZID es similar a entrar en Chokmah en el Árbol de la Vida. Es la región del Santo Ángel de la Guarda, la expresión del Ser Superior. La verdad de tu naturaleza Espiritual será confrontada directamente aquí.

Los Aethyrs del Plano Espiritual operan de forma diferente a lo que hemos visto hasta ahora, ya que parecen oscilar entre Binah y Chokmah, en su mayor parte, para impartirte las lecciones de los Superiores. La Fuerza no puede existir sin la Forma para registrar sus ideas, y la Forma necesita de la Fuerza para impregnar los pensamientos en ella. Los caminos que conectan estos dos Sephiroth Superiores son también significativos cuando se visitan los Aethyrs del Plano Espiritual.

Chokmah y Binah son las expresiones más elevadas de los Principios masculino y femenino (Padre y Madre) dentro del Ser. Los Aethyrs afines a Binah canalizan la energía del amor, mientras que los que se relacionan con Chokmah imparten sabiduría y conocimiento. Los Aethyrs que conectan dos Supernales cualesquiera llevan una combinación de energías relacionadas con el amor, la verdad y la sabiduría, las expresiones más elevadas de la Espiritualidad.

Como te enfrentaste a la Diosa Shakti en el Aethyr anterior, ZIP, este próximo Aethyr revela tu componente masculino más elevado, tu Santo Ángel de la Guarda. Al alinearte con tu Ser Superior, se te revelará tu Verdadera Voluntad. Como tal, podrás descubrir tu verdadero propósito en esta vida. Curiosamente, el propósito de tu vida no es algo que hayas creado, sino algo que debes descubrir de ti mismo. Una vez que lo encuentres, abrazarás tu Verdadera Voluntad como la fuerza guía esencial en tu vida.

Este Aethyr es el opuesto directo del Aethyr anterior; por lo tanto, la energía sexual es masculina. El enfrentamiento con tu Yo Superior, o Genio Superior, te otorgará autoridad sobre todas las partes de tu Ser. Al alinearte con tu Verdadera Voluntad, tendrás control sobre los Cuatro Elementos de tu Ser y te convertirás en su Maestro. Tu conciencia experimentará un conocimiento continuo en el que verás simultáneamente tus pensamientos conscientes y subconscientes y podrás manipular ambos para llevar a cabo tu Verdadera Voluntad.

Cuando entré en la ZID, sentí inmediatamente que la felicidad del día anterior se desvanecía, y una perspectiva sobria pero muy Espiritualmente elevada la sustituía. Decidí meditar y sintonizar con el silencio que había ganado (ya que ahora podía inducirlo a voluntad tras cruzar la ZAX con éxito). Al apagar mis sentidos y aquietar mi mente, escuché la voz de mi Santo Ángel de la Guarda, que era mi propia voz, pero no hablada por mi Ego, sino por una parte diferente y más elevada de mí.

La conexión con mi Ser Superior me hizo desear explorar más este Aethyr en el futuro, y lo hice. Sentí que había alcanzado un nuevo nivel en mi evolución Espiritual. No hubo transformaciones de energía Kundalini para mí en la ZID. En su lugar, estaba recibiendo información sobre mi Verdadera Voluntad y propósito en la vida, que es guiar y enseñar a otras personas, especialmente a aquellos en el camino de la Kundalini que buscan respuestas, como hice cuando tuve un despertar de Kundalini hace muchos años. También sentí una fuerte compasión por toda la humanidad, lo cual era extraño ya que la corriente es totalmente masculina. Sin embargo, la compasión me hizo sintonizar con las necesidades Espirituales de los demás, lo que ayudó a mi misión y propósito en la vida.

7.º Aethyr-DEO

La traducción Inglesa de DEO es "el Aethyr del egoísmo Espiritual". Este Aethyr se encuentra en la región inferior del Plano Espiritual dentro del Elemento Espíritu, correspondiendo con los tres Chakras más altos de Vishuddhi, Ajna y Sahasrara. Al entrar en la DEO, sentí que el amor era el sentimiento predominante: el amor a mí mismo y a los demás.

El amor al Ser no es un tipo de amor egoísta, sino uno basado en una percepción errónea del mundo que te rodea. Si consideras el mundo como Maya, una mera ilusión, carecerás de compasión y verás a los demás también como una ilusión. Sin embargo, si tienes compasión, verás las Almas de los demás como algo real, que debe ser honrado y respetado. El mundo de la Materia puede ser una ilusión de la mente, pero el Alma y el Espíritu son reales y Eternos. Están por encima del Abismo y no pertenecen a la dualidad. Como tales, nunca nacieron y nunca morirán.

Es Venus, o Afrodita, la Diosa del amor, quien está presente en este Aethyr, y puede tomar muchas formas en tus visiones. También es Shakti, la energía femenina de la Kundalini. El poder del amor en este Aethyr es extremo, al igual que el componente creativo que lo acompaña. Me encontré inspirado para pintar todo el día.

DEO era el Aethyr más creativo que había encontrado hasta ahora. El Fuego Espiritual que sentí en este Aethyr fue extraordinario. Parecía intensificar mi energía Kundalini natural a un alto grado. Como la corriente de amor era tan fuerte, me encontré inspirado para mostrar afecto a las personas en mi vida, especialmente a las más cercanas a mí. Desde el punto de vista Qabalístico, la conciencia de la DEO es similar al camino de la Emperatriz del Tarot.

La lección a aprender en este Aethyr es integrar la compasión como tu modo de comunicación con otros seres humanos, lo que te permitirá elevarte a los Aethyrs que están por encima de éste. De lo contrario, serás presa del egoísmo Espiritual, donde puedes haber integrado las lecciones del Espíritu y del Alma, pero no has dado el siguiente paso para cultivar la compasión hacia los demás.

La compasión, que es una reacción al amor incondicional, nos une a todos. Es el componente crítico de un verdadero Adepto o Sabio. Todos los Profetas y Santos del pasado fueron compasivos con sus semejantes y trataron de ayudarles a expandir su conciencia y evolucionar Espiritualmente. El altruismo y la caridad son las virtudes que hay que aprender en este Aethyr antes de seguir adelante.

La corriente de energía sexual aquí es femenina, y las personas que han despertado la Kundalini están trabajando con el Ida Nadi. Este Aethyr no ofreció nada con respecto a las transformaciones de energía, pero fue una alegría creativa absoluta participar de su energía todo el día mientras estuvo presente.

6.º Aethyr-MAZ

La traducción Inglesa de MAZ es "el Aethyr de las apariencias". Este Aethyr está situado cerca del centro del Plano Espiritual dentro del Elemento Espíritu. Como ZIP y ZID son opuestos, MAZ puede verse como el opuesto del Aethyr que le precede, DEO. Como DEO contiene la energía creativa femenina, MAZ proporciona la energía creativa masculina. La conciencia de MAZ puede compararse con un aspecto de la Esfera de Chokmah en el Árbol de la Vida.

Sentí una expansión de la conciencia al entrar en la energía de este Aethyr. Tenía la combinación adecuada de facultades Espirituales presentes y disponibles al mismo tiempo. La dicha era inexistente a menos que me concentrara en una idea o pensamiento dichoso. Si me concentraba en algo negativo, esta sensación se intensificaba en su lugar.

MAZ tenía un componente Kármico, similar a los dos Aethyrs anteriores, KHR y TAN. MAZ puede ser visto como la extensión de esos Aethyrs, con un profundo sentido de conciencia Espiritual. Es el último Aethyr que se ocupa del Karma personal. Debido a esto, este Aethyr se sentía pesado a veces. Las energías del Agua y del Fuego estaban equilibradas en este Aethyr, filtradas a través del Elemento Espíritu.

Todos los Aethyrs en el gran Plano Espiritual tienen una conciencia Espiritual mucho más elevada que cualquier cosa por debajo de ellos. Esto significa que cada uno de ellos tiene un sentido de misticismo y trascendencia. Las cosas se mueven más lentamente en ellos, la música suena más realzada, y los componentes del carácter moral y ético están aumentados. Para mí no hubo transformación de la energía Kundalini en este Aethyr.

5.º Aethyr-LIT

La traducción al Inglés de LIT es "el Aethyr que no tiene un Ser Supremo". Está situado en el centro del Plano Espiritual dentro del Elemento Espíritu, correspondiente a los Chakras Vishuddhi, Ajna y Sahasrara. Hay un fuerte sentido de la Eternidad y del Infinito que impregna este Aethyr, así como el concepto de libertad y, sobre todo, de verdad. La energía de este Aethyr es femenina, aunque no está presente el Fuego del amor, sino la sobriedad de la verdad. La conciencia de la LIT es afín a un aspecto de la Esfera de Binah, la fuente de la intuición, la experiencia directa de la verdad en la realidad.

La LIT se sintió como una liberación y un alivio después de entrar en la MAZ, ya que se sintió más ligera y etérea. El Elemento Aire era predominante. Había un sentimiento elevado de honor y gloria en la idea de la verdad. Como tal, la energía del Sol también estaba presente, pero era trascendental. Tuve una visión de la pluma de Maat, que simboliza la verdad. Esta visión resumía para mí la energía de todo el Aethyr: el poder y la belleza de la verdad.

"La verdad es como un león. No hay que defenderla. Déjala suelta y se defenderá sola". - Anónimo

En este sentido, la verdad se asemeja al rey de la selva: el león. Como todos los animales se inclinan ante su rey, todas las cosas de la vida se inclinan ante la verdad. La verdad es objetiva, y cuando la decimos, todos los que la escuchan se alinean naturalmente con ella. No tienen que aceptarla, pero todos deben respetarla. De este modo, la verdad es una luz que guía nuestras vidas. Los que se alinean con ella se convierten en sus agentes.

"Dios es un Espíritu; y los que le adoran deben hacerlo en Espíritu y en verdad". - "La Santa Biblia" (Juan 4:24)

La *Santa Biblia* está llena de citas sobre la verdad y su importancia en nuestras vidas. La Deidad Suprema es incognoscible para la humanidad, pero nos alineamos con ella a través de la verdad. Al ser siempre veraces con nosotros mismos y con los demás, caminamos en la Luz y encarnamos el Espíritu. Eso es todo lo que se necesita. La verdad, la luz y el espíritu son ideas que se corresponden y que se originan mutuamente. Al alinearnos con una de ellas, nos alineamos con las tres. Y aunque la Luz y el Espíritu son relativamente esquivos, la verdad es fácilmente accesible a lo largo del día.

"Yo soy el camino, la verdad y la vida; nadie viene al Padre, sino por mí". - "La Santa Biblia" (Juan 14:6)

Me sentí muy inspirado en este Aethyr, pero no de forma creativa. Me motivó a desarrollar más mi carácter para ser un faro de Luz para los demás. Como he sido una persona veraz toda mi vida, este Aethyr resonaba mucho con mis creencias personales y se sentía como en casa. La belleza de la verdad es que te permite dormir con la conciencia tranquila cada noche y ser siempre tú mismo. Te permite vivir continuamente en el Ahora ya que no puedes estar en el momento presente a menos que estés alineado con la verdad.

Como me sentí muy en el momento mientras navegaba por este Aethyr, los sonidos a mi alrededor se intensificaron, al igual que mi quietud interior. Además, mis interacciones con otras personas fueron inspiradoras e iluminadoras. Mi estado de ánimo parecía inducir a otras personas a mi alrededor, que también se sentían más inspiradas para ser ellas mismas y ser honestas.

Hay un alto poder que se obtiene al vivir y caminar en la verdad, y yo integré las lecciones de este Aethyr más en mi personalidad y carácter. Esa noche, sentí un tirón en la conciencia y la alineación a lo largo del canal de Ida. Este Aethyr te permite integrar la energía de la Luz en ti mismo si lo permites. La corriente de energía sexual en este Aethyr es femenina, y los individuos con Kundalini despierta estarán trabajando con el Ida Nadi.

4.º Aethyr-PAZ

La traducción Inglesa de PAZ es "el Aethyr de la expresión inminente". Está situado en las regiones superiores del Plano Espiritual dentro del Elemento Espíritu, correspondiendo con los Chakras Vishuddhi, Ajna y Sahasrara. Este Aethyr combina las fuerzas sexuales femeninas y masculinas y puede ser visto como su fuente.

PAZ contiene los dos aspectos de la vida que mantienen todo en equilibrio: el aspecto femenino del amor y el elemento masculino de la voluntad. En este sentido, el axioma mágico de Aleister Crowley de "El amor es la ley, el amor bajo la voluntad" se ejemplifica en este Aethyr. Estos dos opuestos se encuentran en los Aethyrs inferiores en diferentes modos de expresión.

El amor es una expresión de Babalon en la forma del Cosmos. El Amor también representa el Espacio y es el constructor de la Forma en el Universo. La Voluntad es la Fuerza, su componente opuesto, expresada a través del Tiempo. La Voluntad también representa el Caos, la Materia sin forma que se supone que existía antes de la creación del Universo. Juntos, son Chokmah y Binah, Tiempo y Espacio, Fuerza y Forma-Caos y Cosmos. La atracción entre estos dos opuestos conduce finalmente a su unión, que es la energía de base que impregna este Aethyr.

PAZ representa la separación original de las fuerzas polares de la dualidad y su reunión final. Al entrar en este Aethyr, sentí una poderosa energía presente, incluyendo un equilibrio de los Elementos Fuego y Agua. Podía expresarme a fondo con los demás y sentía una conexión con todas las cosas.

Este Aethyr parecía una compilación de las mejores cualidades de los Aethyrs Espirituales. Había una conciencia elevada presente aquí. Encontré que, debido a la abundancia de las energías de Fuego y Agua, a veces me movía en ambas direcciones simultáneamente y a menudo, mis puntos de vista parecían opuestos. También sentí que la energía de PAZ me volvía agresiva a veces. Por lo tanto, traté de no pensar demasiado mientras estaba en este Aethyr y me concentré en el alto nivel de conciencia presente.

Desde el punto de vista Qabalístico, este Aethyr se encuentra entre Chokmah y Binah, pero muy por encima de la carta de la Emperatriz del Tarot. La corriente de energía sexual, como se ha mencionado, es tanto masculina como femenina. Los individuos que despiertan la Kundalini trabajan con los Nadis Ida y Pingala. Debido a la pesadez de la energía presente, no tuve ninguna transformación de energía Kundalini esa noche.

3.er Aethyr-ZOM

La traducción Inglesa de ZOM es "el Aethyr del Autoconocimiento". Este Aethyr está localizado en las regiones superiores del Plano Espiritual dentro del Elemento Espíritu, correspondiendo con los Chakras Vishuddhi, Ajna y Sahasrara. Qabalísticamente, la conciencia de ZOM es similar a estar en algún lugar del camino del Mago en el Tarot. Así, si has accedido correctamente a este Aethyr, te convertirás en el "Maestro de los Elementos", también conocido como "El Mago".

La lección de este Aethyr es que toda la realidad objetiva está relacionada con la forma de percibir el mundo a través del Yo subjetivo. Nuestra conciencia, nuestra esencia, es como un círculo cuyo centro no está en ninguna parte y cuya circunferencia está en todas partes. Como has aprendido tu Verdadera Voluntad en ZID, en ZOM, se te da la capacidad de llevarla a cabo. El propósito del Mago es llevar a cabo su Verdadera Voluntad, por lo que se le llama "Maestro de los Elementos". "Tú llevas a cabo tu Verdadera Voluntad con la ayuda de tus propios Cuatro Elementos del Ser, ya que ahora sabes cómo utilizar tus Elementos de manera eficiente.

También aprendes a plantar semillas en las mentes de los demás mediante el uso de tus Elementos y Los Principios del *Kybalion*, concretamente el Principio del Género Mental. Cuando estás sintonizado con tu Verdadera Voluntad, su tasa de vibración será muy alta ya que es del Elemento Espíritu. Como tal, cuando proyectas tus pensamientos en las mentes de otros, ellos se ajustarán a tu Verdadera Voluntad aparentemente sin esfuerzo. Al estar sintonizado con tu Verdadera Voluntad, eres conscientemente creativo y puedes crear cualquier realidad mental que desees.

Todas las personas del pasado que fueron líderes de la humanidad, a través de la política u otros medios, fueron también Magos, ya sea que estuvieran trabajando su Magia consciente o inconscientemente. Estos hombres y mujeres eran Adeptos, ya sean Adeptos de la Luz, como Mahatma Gandhi y la Madre Teresa, o Adeptos de la Oscuridad, como Adolf Hitler y Napoleón. Todas estas personas utilizaron su energía de Luz de forma creativa controlando sus propios Cuatro Elementos del Ser, tanto si su intención era buena como mala. Utilizaban su Verdadera Voluntad a través de la expresión consciente de sus cualidades y características inherentes, manifestadas a través de los Planos Sutiles y los Aethyrs.

En la ZOM, el mundo se ve como una proyección del Ser y, por tanto, está bajo su control directo. Aquí, tienes el poder de cortar cualquier ilusión para llegar a la verdad y crear mentalmente realidades y hacer que otras personas adopten sus realidades mentales como suyas.

La corriente de energía sexual de este Aethyr es masculina, y los individuos despiertos de Kundalini están trabajando con el Pingala Nadi. No tuve transformaciones de energía Kundalini en este Aethyr. Sin embargo, a menudo volví a visitar la ZOM debido a su potente naturaleza en la manifestación de mi Verdadera Voluntad.

2.º Aethyr-ARN

La traducción Inglesa de ARN es "el Aethyr de la plenitud". Este Aethyr está situado en la región superior del Plano Espiritual dentro del Elemento Espíritu, correspondiendo con los Chakras Vishuddhi, Ajna y Sahasrara. ARN es el hogar de Babalon, y en este Aethyr se te revela la totalidad de su energía. Primero fue vista en LEA, luego de nuevo en LOE, y finalmente, su hija fue vista en ZIP. Todas ellas eran manifestaciones de la energía global de Babalon, que se encuentra en este Aethyr.

ARN es el nivel más alto de energía sexual femenina de todos los Aethyrs. Babalon es la personificación de la poderosa fuerza de atracción entre el Yo subjetivo y el no-Yo objetivo. Se manifestará ante ti como una atracción hacia el sonido, ya que la verdadera belleza del sonido te será desvelada en este Aethyr. Por lo tanto, te recomiendo encarecidamente que pases algún tiempo escuchando la música que te gusta, ya que encontrarás a todo tu Ser bailando al ritmo de ella mientras estás en este Aethyr.

Hay una intensa dicha presente en este Aethyr. Si has realizado los programas de Alquimia Espiritual hasta este nivel, el ARN será el subidón más prominente que hayas experimentado mientras realizas Magia Ceremonial. La belleza de la No-Dualidad se te dará a conocer, aunque la experiencia real no se revela hasta que entres en el siguiente Aethyr, LIL.

ARN representa la dualidad última, ya que todos los demás Aethyrs por debajo de él son expresiones de ésta. La lucha que sentías entre el Yo subjetivo y el no-Yo objetivo en PAZ es ahora un reparto suave y amoroso entre el Cosmos y el Caos. ARN es la expresión más elevada de Binah y Chokmah como fuente de toda dualidad en el Árbol de la Vida. Está en algún lugar entre estas dos Esferas, muy por encima de la carta de la Emperatriz y de PAZ Aethyr.

Hay tremendos deseos y éxtasis presentes en este Aethyr, lo que puede hacer que estés increíblemente excitado sexualmente. La mera excitación sexual en este Aethyr puede desencadenar una subida de Kundalini si aún no la has tenido. Para los individuos que han despertado la Kundalini, estarás aprovechando la más alta esencia de energía presente en el Ida Nadi. Los poderes creativos de este Aethyr son realmente potentes.

El ARN representa la dicha que acompaña a la conciencia Espiritual. Esa noche no me esperaba ninguna transformación de la energía Kundalini, posiblemente porque ya había estado expuesta a este alto nivel de energía sexual en mi despertar inicial hace muchos años. Sin embargo, volví a este Aethyr con frecuencia debido a la intensa y dichosa energía presente en él. Descubrí que magnificaba enormemente mi energía Kundalini.

1.er Aethyr-LIL

La traducción al Inglés de LIL es "el Primer Aethyr". Está situado en la región más alta del Plano Espiritual en el Elemento Espíritu. Justo encima de él hay un Anillo-Pasa-Nada, lo que significa que el Cuerpo Espiritual no puede pasar más allá de este Aethyr. Este Anillo-Paso-Nada separa el Plano Espiritual del Plano Divino superior.

LIL es el primer Aethyr de la no dualidad. Cada pensamiento y emoción se reconcilia inmediatamente con su opuesto a través de la energía presente en el Aethyr. La influencia de la energía de Kether induce este increíble estado mental trascendental. El Ego no está presente en absoluto en esta región. Con este proceso de reconciliación que ocurre de momento a momento, te sentirás Uno con el Universo de una manera sin precedentes. Debido a que no hay discriminación de pensamientos y sentimientos, hay un silencio interior en este Aethyr. Y a través de este silencio, se transmite toda la verdad.

La visión de este Aethyr, así como su símbolo representativo, es Horus el niño, Hoor-Paar-Kraat, la encarnación de la inocencia y la pureza. Es la Bestia transformada. Visto como revoltoso y salvaje en los Aethyrs inferiores, se ha convertido de nuevo en el niño.

Convertirse en Hoor-Paar-Kraat es la culminación y finalización de la Gran Obra. Cuando nacemos y nuestro Ego se desarrolla con el tiempo en nuestra adolescencia, apoderándose de nuestra conciencia, se convierte en nuestro deber invertir el ciclo y convertirnos en el niño inocente una vez más. Sólo que esta vez, tenemos la sabiduría y el conocimiento que ganamos en el camino. El Loco se ha convertido en el Mago, Qabalísticamente hablando.

Más allá de LIL está el Plano Divino de la existencia, del que no se puede decir mucho ya que es incomprensible para la mente humana. LIL es el estadio más elevado del Espíritu humano y el estado perfecto concebible para la conciencia. Como es el único Aethyr de la No-Dualidad, te sentirás genuinamente Uno con el mundo. La corriente de energía sexual en LIL es masculina. Los individuos que han despertado la Kundalini trabajan con el Pingala Nadi. Aunque este Aethyr es No-Dual, la energía del Ida Nadi está presente también, en un estado de unidad con Pingala.

Desde el punto de vista Qabalístico, este Aethyr es similar al camino de la carta del Loco del Tarot, aunque uno tiene acceso completo a Kether una vez que la mente se aquieta. Y si se permanece en este Aethyr el tiempo suficiente y se aprende a silenciar la mente por completo, se pueden obtener incluso visiones del Plano Divino. Como tal, este Aethyr es el más místico y trascendental de todos los Aethyrs. El Samadhi es fácilmente obtenible mientras se navega en este Aethyr.

Los Treinta Nombres de Aethyrs y su Pronunciación Fonética

30. TEX (Teh-etz)-El Aethyr que está en cuatro partes.
29. RII (Ree-ee)-El Aethyr de la misericordia del Cielo.
28. BAG (Bah-geh)-El Aethyr de la duda.
27.ZAA (Zodah-ah)-El Aethyr de la soledad.
26. DES (Dess)-El Aethyr que acepta lo que es.
25. VTI (Veh-tee)-El Aethyr del cambio.
24. NIA (En-ee-ah)-El Aethyr de los viajes.
23. TOR (Tor-rah)-El Aethyr que sostiene el Universo.
22. LIN (El-ee-en)-El Aethyr del Vacío.
21. ASP (Ahs-peh)-El Aethyr de la causalidad.
20. KHR (Keh-har)-El Aethyr de la Rueda.
19. POP (Poh-peh)-El Aethyr de la división.
18. ZEN (Zod-en)-El Aethyr del sacrificio.
17. TAN (Tah-en)-El Aethyr del propio equilibrio.
16. LEA (Eleh-ah)-El primer Aethyr del Ser Superior.
15. OXO (Oh-tzoh)-El Aethyr de la danza.
14. VTA (Veh-tah)-El Aethyr de las semblanzas.
13. ZIM (Zodee-meh)-El Aethyr de la aplicación o la práctica.
12. LOE (El-oh-eh)-El primer Aethyr de la Gloria.
11. IKH (Ee-keh)-El Aethyr de la tensión.
10. ZAX (Zod-ahtz)-El Aethyr del que tiene un gran nombre.
9.ZIP (Zodee-peh)-El Aethyr de los que están vacíos de Ego.
8. ZID (Zodee-deh)-El Aethyr de nuestro Dios interior.
7. DEO (Deh-oh)-El Aethyr del egoísmo Espiritual.
6. MAZ (Em-ah-zod o Mah-zod)-El Aethyr de las apariencias.
5. LIT (Lee-teh o El-ee-teh)-El Aethyr que no tiene un Ser Supremo.
4. PAZ (Pah-zod)-El Aethyr de la expresión inminente.
3. ZOM (Zod-oh-em) - El Aethyr del autoconocimiento.
2. ARN (Ar-en)-El Aethyr del cumplimiento.
1. LIL (El-ee-el o Lee-el) - El Primer Aethyr.

LA LLAMADA DE LOS AETHYRS (19.ª LLAVE)

Enoquiano:

¡Madriaax ds praf (NOMBRE DE AETHYR) chis micaolz saanir caosgo od fisis balzizras Iaida!

Nonca gohulim: Micma adoian Mad, Iaod bliorb, soba ooaona chis Lucifitias Piripsol, ds abraassa noncf netaaib caosgi od tilb adphaht damploz, tooatnoncfg Micalz Oma Irasd tol glo marb Yarry Idoigo od torzulp Iaodaf gohol:

Caosga tabaord saanir od christeos yrpoil tiobi busdir tilb noaln paid orsba od dodrmni zylna.

Elzap tub parm gi Piripsax, od ta qurist booapis.

L nibm ovcho symp od christeos ag toltorn mirc q tiobi I el. Tol paomd dilzmo as pian od christeos ag L toltorn parach asymp.

Cordziz, dodpal od fifalz L smnad; od fargt bams omaoas.

Conisbra od avavox, tonug. Orsca tbl noasmi tabges levithmong. Unchi omp tibi ors.

¿Bolsa? Modoah ol cordziz. L capimao izomaxip, od cacocasb gosaa. Baglem pii tianta a babalond, od faorgt teloc vovim.

¡Madriiax, torzu! ¡Oadriax orocho aboapri! Tabaori priaz ar tabas. Adrpan cors ta dobix. lolcam priazi ar coazior, od Quasb Qting.

Ripir paoxt sa la cor. Vml od prdzar cacrg aoiveae cormpt.

¡Torzu! ¡Zacar! Od zamran aspt sibsi butmona, ds surzas tia balta.

Odo cicle qaa, Od ozozma plapli Iadnamad.

Español:

Los cielos que habitan en el (NOMBRE DE AETHYR), son poderosos en las Partes de la Tierra, y ejecutan el juicio del Altísimo.

A vosotros se os dice: Contemplad el Rostro de vuestro Dios, principio del Consuelo, cuyos ojos son el Resplandor de los Cielos, que os proveyó para el Gobierno de la Tierra y su Incontable Variedad, dotándoos de un Poder de Entendimiento para disponer de todas las cosas según la Providencia de Aquel que se sienta en el Santo Trono, y se levantó en el principio diciendo:

La Tierra, que sea gobernada por sus partes y que haya división en ella para que la gloria de ella esté siempre embriagada y vejada en sí misma.

Su curso, que ronde (o corra) con los cielos, y como una sierva que les sirva.

Una estación, que confunda a otra, y que no haya ninguna criatura sobre o dentro de ella que sea una y la misma. Que todos sus miembros difieran en sus cualidades, y que no haya una criatura igual a otra.

Las criaturas razonables de la Tierra, o del Hombre, que se fastidien y se deshereden unas a otras; y sus moradas, que se olviden de sus nombres.

La obra del hombre y su pompa, que se desfiguren. Sus edificios, que se conviertan en cuevas para las bestias del campo. Confundan su entendimiento con las tinieblas.

¿Por qué? Me arrepiento de haber hecho al hombre.

Una mientras se la conoce, y otra mientras se la desconoce. Porque ella es el lecho de una ramera, y la morada del Caído.

¡Oh, cielos, levantaos! Los Cielos inferiores bajo vosotros, ¡que os sirvan! Gobernad a los que gobiernan. Derribad a los que caen. Haz nacer a los que crecen, y destruye a los que se pudren.

Ningún lugar, que permanezca en un solo número. Añade y disminuye hasta que las estrellas estén numeradas.

¡Levántate! ¡Muévete! Y comparece ante la Alianza de Su Boca que nos ha jurado en Su justicia. Abre los Misterios de su creación, y haznos partícipes del Conocimiento Inmaculado.

Enoquiano (Fonética):

¡Mah-dree-ahx dah-ess pay-rah-fay (NOMBRE AETHYR) Kah-hees mee-kah-ohl-zoad sah-ah-neer kah-ohs-goh oh-dah fee-see-sah bahl-zoad-ee-zoad-rah-sah Ee-ah-ee-dah!

Noh-nooh-kah goh-hoo-leem: mee-kah-mah ah-doh-ee-ah-noo Mah-dah, Ee-ah-oh-dah blee-ohr-bay, soh-bah oo-ah-oh-nah kah-hees Loo-kif-tee-ahs Pee-rip-sohlah, dah-ess ah-brah-ahs-sah noh-noo-kah-fay nay-tah-ah-ee-bay kah-ohs-jee oh-dah teelah-bay ahd-phah-hay-tah dah-mah-ploh-zoad, too-ah-tah noh-noo-kah-fay jee meekahl-zoad oh-mah ayl-rah-sahd toh-lah jee-loh-hah em-ah-bay yah-ree Ee-doh-ee-goh oh-dah tor-zoad-ool-pay Ee-ah-oh-dah-eff goh-hol:

Kah-ohs-gah tah-bah-ohr-dah sah-ah-neer oh-dah krees-tee-ohs eer-poh-eelah tee-ohbe boos-deer teel-bay noh-ahl-noo pah-ee-dah ohrs-bah oh-dah doh-dahr-mee-nee zoad-ee-lah-nah.

Ayl-zoad-ah-pay teel-bay pahr-mayjee Pee-reep-sax, oh-dah tah kew-rel-saht boo-ah-pees.

Ayl nee-bah-may oh-vah-choh see-mah-pay oh-dah krees-tee-ohs ah-jee tohl-tor-noo mee-rah-kah goh tee-oh-bel Ayl ay-lah. Toh-ah pah-ohm-dah deel-zoad-moh Ah-ess peeah-noo oh-dah krees-tee-ohs ab-jee Ayl tol-tornoo pah-rah-chah ah-seem-pah.

Kohr-dah-zoad-ee-zoad, doh-dah-pah-lay oh-dah fee-fahl-zoad Ayl ess-mah-noo-ahd; oh-dah fahr-gee-tah bah-em-sah ohm-ah -oh-ah-sah.

Koh-nees-brah oh-dah ah-vah-vah-ohtza, toh-noo-gee. Ohrs-kah tee-bay-ayl noh-ahsmee tah-bay-jee-sah lev-ee-thah-moh-noo-jee. Oo-noo-chee oh-may-pay tee-bay-ayl ohr-sah.

¿Bah-glay? Moh-doh-ah oh-el kohr-dah-zoad. Ayl kah-pee-mah-oh ee-zoad-ee mahx-eepay, oh-dah kah-koh-kahs-bay goh-sah-ah. Bah-glay-noo pee-ee tee-ahnoo-tah ah bahbah-loh-noo-dah, oh-dah fah-ohr-jee-tay tay-lohk-voh-veem.

¡Mah-dree-ahx, tor-zoad-oo! ¡Oh-ah-dree-ahx ohr-ochoh ah-boh-ah-pree! Tah-bahohree pree-ah-zoad ah-ray tah-bah-sah. Ahd-ray-pahnoo Kohr-sah tay-ah doh-beex. Eeohl-kah-mah pree-ah-zoad-ee-ah-ray koh-ah-zoad-ee-ohr-ray, oh-dah kew-ahs-bah kewtee -noo-gah.

Ree-pee-rah pah-ohx-tay essah ayl-ahkohr. Oo-may-lah pray-dah-zoad-ah-ray kahkahr-jee ah-oh-ee-vay-ah-ay koh-em-pay-toh.

¡Tohr-zoad-oo! ¡Zoad-ah-kah-ray! Oh-dah zoad-ah-mer-ah-noo ahs-pay-tah see-bay-see boot-moh-nah, dah-ess soo-ray-zoad-ahs tee-ah bahl-toh-noo.

Oh-doh kee-klay kah-ah, Oh-dah Oh-zoad-oh-zoad-mah plah-plee Ee-ahd-nah-mah-dah.

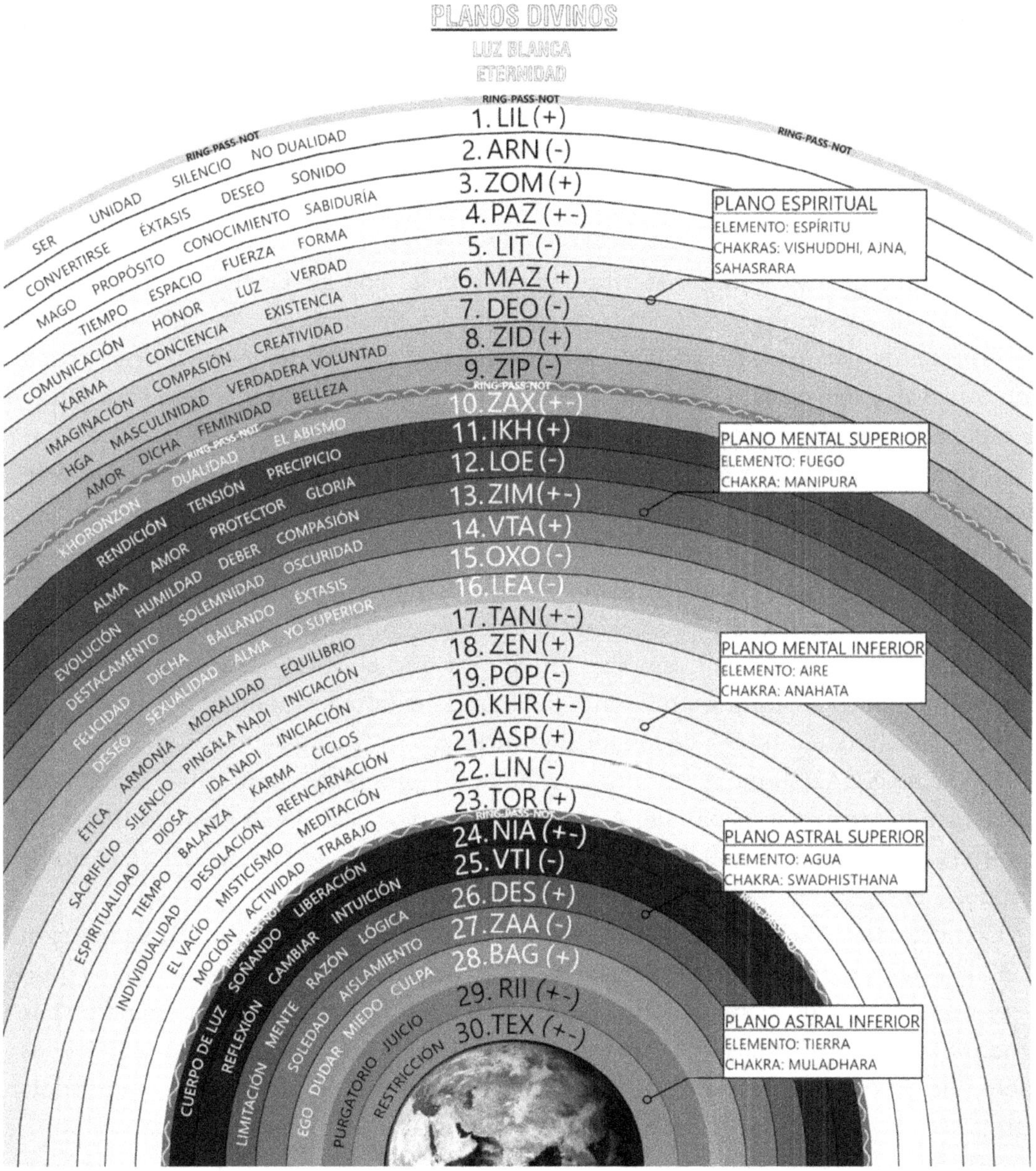

Figura 65: Los Treinta Aethyrs Enoquianos

TRABAJANDO CON LAS LLAVES ENOQUIANAS

La fórmula de la Alquimia Espiritual para trabajar con las Llaves Enoquianas sigue la misma progresión sistemática a través de los Elementos que se ha trabajado anteriormente con los LIRP y SIRP. Debes comenzar con el Elemento Tierra y trabajar con sus Sub-Elementos, seguido por el Agua, el Aire, el Fuego y el Espíritu. Una vez completadas las dos Llaves del Espíritu, debes comenzar con los Aethyrs Enoquianos en forma inversa, comenzando con el trigésimo, TEX, y trabajando hasta el primer Aethyr, LIL.

Notarás que no estás trabajando con el Elemento Aire después de la Tierra, sino con el Agua. El Plano Astral Superior del Agua sigue al Plano Astral Inferior de la Tierra en la secuencia. El Plano Mental Inferior y el Plano Mental Superior de los Elementos Aire y Fuego son los siguientes. Así que el curso de la progresión en la Magia Enoquiana es un poco diferente de cuando estamos trabajando con el Árbol de la Vida Qabalístico a través de los LIRP y SIRP.

En la Magia Enoquiana, estamos trabajando progresivamente con los Chakras, correspondientes a las capas del Aura. Sin embargo, al trabajar con el LIRP y SIRP, estamos ascendiendo por el Árbol de la Vida siguiendo la secuencia del Sendero de la Espada Flamígera en sentido inverso.

Como se ha mencionado, los estados de conciencia de los Sephiroth se relacionan con los Chakras. Sin embargo, son más sofisticados en su funcionamiento, ya que un Sephira, en muchos casos, se expresa a través de múltiples Chakras. Los sistemas Orientales y Occidentales se corresponden plenamente con los Elementos, que es el factor de unión entre ambos. Si todavía estás confundido acerca de cómo funciona esto, te recomiendo encarecidamente que vuelvas a ver algunas conferencias anteriores en *The Magus*.

La operación Enoquiana completa tardará cuarenta y ocho días en completarse. Abarca las dos Llaves Espirituales, las dieciséis Llaves de los Elementos y sus Sub-Elementos, y los Treinta Aethyrs. Mientras se trabaja con las Llaves, se recomienda pasar más tiempo en meditación. Trabajar en algunas técnicas de adivinación para recibir visiones también sería beneficioso. La Magia Enoquiana es muy mística, y cada Llave tendrá su visión del Mundo o Plano del Ser en el que se entra. Por lo tanto, estar en el Estado Alfa es vital donde se está lo suficientemente lúcido para recibir y ver imágenes en el Chakra del Ojo de la Mente.

ESCUDRIÑAR LAS LLAVES Y LOS AETHYRS

La mejor manera de entrar en el Estado Alfa es mediante técnicas de respiración meditativa (Pranayamas) mientras se relaja el cuerpo físico. Para lograrlo, debes estar sentado en posición de loto o acostado de espaldas. La Respiración de Cuatro Tiempos está diseñada para ponerte en el estado mental adecuado para los ejercicios rituales; por lo tanto, también debes usarla aquí.

Un Cristal de escudriñar funciona mejor para ayudarte a recibir visiones de los Planos, Subplanos y Aethyrs Enoquianos. Un Espejo Negro también funciona para este propósito. Estos dos artículos están diseñados para atraer tu conciencia para que puedas ver las visiones en su superficie. Sin su uso, estas visiones ocurrirían en algún lugar de la parte posterior de tu cabeza. Por lo tanto, son difíciles de ver a menos que estés adecuadamente entrenado.

Con una Piedra Natural (Cristal), necesita ser lo suficientemente grande para atraer su energía. Los Cristales de Cuarzo son los más utilizados para este propósito, pero muchos otros Cristales también funcionan. Algo del tamaño de 1.5-2 pulgadas de diámetro como mínimo funcionaría bien. Algunas personas optan por Cristales más grandes, también conocidos como Bolas de Cristal. Estoy seguro de que has visto un ejemplo de estos en las películas o si alguna vez has recibido una lectura de un medio Espiritual.

Debes sostener el Cristal en tu mano, o puedes tenerlo frente a ti en la superficie de una mesa. Si lo tienes en la mano, extraerás directamente la energía de él, lo que amplificará tu energía natural. Para recibir visiones, ayuda que estés mirando ligeramente hacia abajo el Cristal. Pero no de forma que tengas que inclinar mucho la cabeza hacia abajo.

Mira el Cristal mientras realizas la Respiración de Cuatro Tiempos para mantenerte en estado de meditación. Mientras miras, desenfoca tus ojos para que no estés mirando directamente al Cristal, sino en algún lugar justo detrás de él. De esta manera, el Cristal es atraído hacia tu conciencia. Después de uno o dos minutos, deberías empezar a ver visiones o imágenes en la superficie del Cristal. Este método de escrutinio de los Cristales es óptimo y dará los mejores resultados.

Un Espejo Negro tiene una superficie negra reflectante sobre la que puedes verte vagamente. Una vez que desenfoques tus ojos y veas justo detrás de él con el mismo método que con un Cristal, tu conciencia será atraída hacia él, y empezarás a recibir visiones y a ver imágenes en el Espejo.

Un Espejo Negro funciona mejor si eres naturalmente propenso a las visiones. Sin embargo, como la Bola de Cristal emite una gran cantidad de energía, puede ser un medio más deseado, ya que esta energía servirá para cambiar tu vibración y ponerte en un estado alterado de conciencia. Algunas personas necesitan esta ráfaga extra de energía para salir de la conciencia normal de la vigilia y entrar en su interior.

Un Espejo Negro funciona bien si ya tienes mucha energía acumulada, haciendo que tu conciencia oscile naturalmente entre la mente consciente y la subconsciente. Como yo, los individuos que han despertado la Kundalini pueden incluso obtener un mejor resultado con un Espejo Negro que con un Cristal. Como ya hay tanta energía acumulada a través de la Kundalini, puede que no se necesite más energía para ir al interior y ver visiones.

PROGRAMA DE ALQUIMIA ESPIRITUAL III-LAS LLAVES ENOQUIANAS

Una vez que hayas completado el trabajo necesario con el SIRP o hayas terminado de trabajar con la Magia Planetaria y te consideres listo para la Magia Enoquiana, debes seguir el programa prescrito que se describe aquí. Sin embargo, recuerda que no necesitas comenzar con la Magia Enoquiana inmediatamente después de terminar el programa con el LIRP y SIRP. En su lugar, puedes elegir una de las otras tres opciones presentadas en el capítulo "El siguiente paso en la Gran Obra" en la sección "Magia Ceremonial".

El trabajo con las otras dos opciones de revisión del LIRP y SIRP puede repetirse tantas veces como quieras en tu vida, y siempre aprenderás algo nuevo y evolucionarás más Espiritualmente. O supongamos que has elegido trabajar primero con la Magia Planetaria. En ese caso, fortalecerás aún más tu base mental y emocional, lo que te ayudará a controlar las potentes fuerzas energéticas Enoquianas.

Como en todos los trabajos Mágicos, debes comenzar la secuencia ritual realizando la Respiración de Cuatro Tiempos durante unos minutos para entrar en un estado de meditación. El siguiente paso es limpiar tu espacio, tu círculo Mágico, con la LBRP seguida de la BRH. Después, tienes la opción de hacer o no el ejercicio del Middle

Pillar. Si lo haces, estarás invocando Luz en tu Aura, lo cual puede ser beneficioso ya que hará que el siguiente proceso de escudriñar sea mejor y más fácil. Recuerda, sin embargo, que no tienes que realizar el método de escudriñar, pero es una opción ya que te ayudará a ponerte en contacto con tus visiones más claramente.

Una vez que hayas hecho el ejercicio del Pilar del Miedo (o si has decidido saltártelo), estás listo para la evocación, la oración de una de las Claves Enoquianas en fonética. Cada Clave debe ser leída una sola vez, no más. Se evoca suficiente energía con una sola lectura. Leerla más de una vez puede resultar en la evocación de demasiada energía y es altamente desaconsejado. Considerando que la Magia Enoquiana es de nivel Adepto, debes terminar la secuencia ritual realizando el Análisis de la Palabra Clave. Al trabajar con las Llaves Enoquianas, la secuencia de las evocaciones debe ser estrictamente seguida. Esta parte es esencial.

Llaves Enoquianas: 1 a 18

Plano Astral Inferior-Tierra/Muladhara:

Día 1-Llave 5 (Tierra de la Tierra)
Día 2-Llave 14 (Agua de la Tierra)
Día 3-Llave 13 (Aire de la Tierra)
Día 4-Llave 15 (Fuego de la Tierra)

Plano Astral Superior-Agua/Swadhisthana:

Día 5-Llave 4 (Agua de agua)
Día 6-Llave 11 (Tierra de Agua)
Día 7-Llave 10 (Aire de agua)
Día 8-Llave 12 (Fuego de agua)

Plano Mental Inferior-Aire/Anahata:

Día 9-Llave 3 (Aire de aire)
Día 10-Llave 8 (Tierra del Aire)
Día 11-Llave 7 (Agua de Aire)
Día 12-Llave 9 (Fuego del Aire)

Plano Mental Superior-Fuego/Manipura:

Día 13-Llave 6 (Fuego de Fuego)
Día 14-Llave 18 (Tierra de Fuego)
Día 15-Llave 17 (Agua de Fuego)
Día 16-Llave 16 (Aire de Fuego)

Plano Espiritual-Espíritu/Vishuddhi, Ajna, Sahasrara:
Día 17-Llave 2 (Espíritu-Pasivo)
Día 18-Llave 1 (Espíritu-Activo)

Una vez que hayas completado el programa con las Claves Enoquianas de los Elementos y Sub-Elementos, debes comenzar con los Aethyrs Enoquianos (la Decimonovena Clave). Para evocar un Aethyr, hay que insertar su pronunciación fonética en la Decimonovena Clave, que también debe recitarse en fonética. Los Aethyrs deben ser visitados de nuevo con la fórmula de entrar en las capas del Aura desde el Bajo Astral al Alto Astral, luego al Bajo Mental, al Alto Mental y finalmente al Plano Espiritual. Notarás que los Aethyrs ofrecen mucho más para trabajar con respecto al Plano Espiritual. Debido a las poderosas corrientes de energía sexual y al poder transformador, los Treinta Aethyrs son una de las mejores formas de Magia para la Evolución Espiritual. A los individuos que han despertado a la Kundalini les gustarán especialmente los Treinta Aethyrs y encontrarán su uso muy beneficioso en su proceso de transformación.

Llave Enoquiana 19 (Treinta Aethyrs)

Plano Astral Inferior-Tierra/Muladhara:
Día 19-TEX (30.º Aethyr)
Día 20-RII (29.º Aethyr)

Plano Astral Superior-Agua/Swadhisthana:
Día 21-BAG (28.º Aethyr)
Día 22-ZAA (27.º Aethyr)
Día 23-DES (26.º Aethyr)
Día 24-VTI (25.º Aethyr)
Día 25-NIA (24.º Aethyr)

Plano Mental Inferior-Aire/Anahata:
Día 26-TOR (23.er Aethyr)
Día 27-LIN (22.º Aethyr)
Día 28-ASP (21.º Aethyr)
Día 29-KHR (20.º Aethyr)
Día 30-POP (19.º Aethyr)
Día 31-ZEN (18.º Aethyr)
Día 32-TAN (17.º Aethyr)

Plano Mental Superior-Fuego/(Manipura:

Día 33-LEA (16.º Aethyr)
Día 34-OXO (15.º Aethyr)
Día 35-VTA (14.º Aethyr)
Día 36-ZIM (13.er Aethyr)
Día 37-LOE (12.º Aethyr)
Día 38-IKH (11.º Aethyr)
Día 39-ZAX (10.º Aethyr)

Plano Espiritual-Espíritu/Vishuddhi, Ajna, Sahasrara:

Día 40-ZIP (9.º Aethyr)
Día 41-ZID (8.º Aethyr)
Día 42-DEO (7.º Aethyr)
Día 43-MAZ (6.º Aethyr)
Día 44-LIT (5.º Aethyr)
Día 45-PAZ (4.º Aethyr)
Día 46-ZOM (3.er Aethyr)
Día 47-ARN (2.º Aethyr)
Día 48-LIL (1.er Aethyr)

Una vez que hayas completado el día cuarenta y ocho, habrás creado una línea directa de comunicación con los Reinos más allá del Plano Espiritual, a saber, los Reinos Divinos. Es posible y ha sido reportado por numerosos practicantes de la Magia Enoquiana que recibirás la entrada a los Planos Divinos y tendrás visiones y experiencias de ellos.

El primer Aethyr, LIL, es el único Aethyr verdadero de la No-dualidad y de los estados de conciencia que recuerdan a los Planos Divinos de existencia. Al crear un vínculo con la Divinidad a través de una evocación sistemática de los Aethyrs, puedes experimentar una corriente de energía de un Plano Divino entrando en tu Ser. Si esto sucede, da la bienvenida a este evento porque puede ser la experiencia Espiritual más excepcional de tu vida.

Para los individuos que han despertado a la Kundalini, recorrer sistemáticamente las Claves Enoquianas desde la base optimizará los canales (Nadis) y las vías de la Luz de la Kundalini, eliminando cualquier bloqueo que pueda estar causando el estancamiento de la Luz. Una vez completado el Día 48, puedes decidir visitar y revisar las Claves Enoquianas, incluyendo los Elementos y Sub-Elementos, así como los Aethyrs. Te recomiendo que lo hagas.

En mi experiencia, he encontrado que los Treinta Aethyrs son muy místicos y trascendentales, y su uso me ayudó a evolucionar inmensamente en lo Espiritual. Además, fueron inspiradores y divertidos de trabajar. He pasado muchos meses visitando y volviendo a visitar los Aethyrs, a veces sistemáticamente desde los más bajos hasta los más altos, y periódicamente visitando sólo los que sentía que quería experimentar más. Hasta el día de hoy, nunca he encontrado rituales de Magia (en cualquier forma) que sean más poderosos, divertidos y emocionantes que los Treinta Aethyrs.

EPÍLOGO

El propósito de este trabajo ha sido darte las claves para maximizar tu verdadero potencial como ser humano Espiritual. Como cada uno de nosotros tiene una chispa de Luz Divina dentro de nosotros, muchos de nosotros perdemos el contacto con esta Luz interior a medida que el Ego se desarrolla. Y no podemos evitar tener un Ego ya que éste evoluciona a medida que crecemos y nuestra conciencia se aclimata a nuestros cuerpos físicos recién formados.

El propósito del Ego es proteger el cuerpo físico y ayudarnos a evitar el peligro. Sin embargo, es una inteligencia aparte del Alma, y se convierte en su adversario con el paso de los años. Al fin y al cabo, al ocuparse demasiado de su cuerpo físico, su conciencia se alinea con él y pierde el contacto con el Alma.

A medida que el Ego asume el dominio sobre la conciencia individual, también permite que el miedo entre en su sistema energético. La inocencia y el asombro infantil con los que nacimos se pierden. La tristeza no tarda en aparecer, al igual que la confusión sobre en quiénes nos hemos convertido a lo largo de los años.

Pero incluso cuando el Ego se ha apoderado completamente de la conciencia de una persona, la Luz interior nunca puede extinguirse del todo. Por el contrario, comienza a comunicarse con nosotros en silencio para hacernos saber que es nuestro hogar y quiénes somos. Por lo tanto, es inevitable que cada ser humano desee reunir su conciencia con su Luz interior. El reto para todos nosotros es superar nuestros Egos y la oscuridad que acumulamos mientras crecemos. El Ego y el Alma forman parte de nosotros mientras vivamos en la Tierra, pero sólo podemos alinear verdaderamente nuestra conciencia con uno de ellos.

Nacimos como Seres de Luz, y es nuestro destino, nuestro deber sagrado, recuperar nuestra inocencia. Si queremos atraer la energía del Espíritu, primero debemos ponernos en contacto con el Alma. Una vez que recuperamos la conexión con el Alma, podemos permitir que la energía del Espíritu descienda a nosotros y nos transforme permanentemente. A través de este proceso, podemos encontrar la felicidad eterna que todos buscamos.

En esencia, éste es el proceso de la Gran Obra y el medio para llegar a la Iluminación. Sin embargo, para lograrlo, debemos bañarnos en las energías elementales, empezando por la más baja, la Tierra, y progresando cada vez más alto a través de los Planos Cósmicos interiores. El proceso de la Alquimia Espiritual es sistemático. El propósito del trabajo presentado en *The Magus* está orientado a acercarte a esta meta. Cada lección y ejercicio ritual es una pieza del rompecabezas que necesitas para completar la Gran Obra.

Espero que hayas tomado las claves que te he dado en *The Magus* y las hayas aplicado a tu propia vida. Esta obra pretende ser un manual para los Misterios Occidentales con el componente añadido de referencias cruzadas con el Sistema Cháquico Oriental. Es un manual para la Magia Ceremonial y la purificación y limpieza de los Chakras mientras se inflama tu Aura con Luz. Porque si quieres maximizar tu poder personal, debes eliminar la energía Kármica que te impide operar a tu nivel óptimo. Al hacerlo, superarás los impulsos de tu Ego y alinearás tu conciencia con tu Alma y Espíritu.

Esta obra no está pensada sólo para ser leída una vez y guardada para siempre después. Por el contrario, es un manual de "trabajo" destinado a ser utilizado como referencia para los diversos temas tratados. He pretendido convertirte en un buscador de la Luz y de los Misterios del Universo para que puedas seguir explorando estos temas por tu cuenta buscando más conocimientos sobre ellos. Y al alinearte con tu Santo Ángel de la Guarda a través de esta obra, obtendrás acceso directo a la guía y sabiduría que necesitas para permanecer siempre en el camino de la Luz.

Si has comenzado el programa de Alquimia Espiritual con los Cinco Elementos, estás en camino de completar la Gran Obra. Sin embargo, una vez que completes este programa, no te detengas ahí, sino que sigue avanzando. Hay mucho que ganar trabajando con los Antiguos Planetas y especialmente con las Llaves Enoquianas. Y como Adepto en los Misterios Occidentales, no olvide utilizar el material adicional del Apéndice, incluyendo el trabajo pertinente con los Espíritus Planetarios Olímpicos.

Si has leído hasta aquí pero aún no has probado ninguno de los ejercicios rituales, te imploro que lo hagas. Los resultados no le decepcionarán. El conocimiento intelectual contenido en esta obra es esclarecedor, pero la verdadera esencia son los ejercicios rituales. El intelecto es, después de todo, sólo el tercer Sephira (Hod) en el Árbol de la Vida, y todavía hay siete Esferas superiores a las que necesitas acceder dentro de ti.

Gracias por darme tu tiempo para compartir la sabiduría, el conocimiento y la experiencia que he adquirido en mi viaje Espiritual a través de la tradición de los Misterios Occidentales. Si eres un individuo que ha despertado a la Kundalini, espero que la Magia Ceremonial te sirva en tu viaje, como lo hizo para mí en el mío.

Para terminar, cada uno de nosotros es un mago en ciernes. El propósito de nuestra vida es evolucionar Espiritualmente y aprovechar nuestro potencial más íntimo. Es nuestro destino ganar control sobre los Elementos de nuestro Ser y convertirnos en maestros de nuestras realidades. Al hacerlo, servimos a Dios, el Creador, ya que estamos destinados a ser Co-creadores de nuestras realidades. Estamos destinados a regresar al Jardín del Edén; es nuestro derecho inherente de nacimiento. Por lo tanto, mantén tus pies en la tierra en todo momento, pero ten tu cabeza en las nubes. Trabaja duro para mejorar cada día. Busca el crecimiento y la sabiduría en todo momento. Y lo más importante, mantén siempre la inspiración. Y con el tiempo, tú también te convertirás en El Mago.

APÉNDICE

MATERIAL ADICIONAL PARA LOS ADEPTOS

TABLAS COMPLEMENTARIAS

Nota: Las siguientes Tablas se incluyen como información general o para ser usadas en trabajos Mágicos. Cada uno de los Nombres Divinos representa Deidades particulares o poderes que pueden ser invocados o evocados haciendo vibrar sus nombres. El trabajo Mágico con estas Tablas es de nivel Adepto; no debe emprenderse hasta que se haya completado el programa de Alquimia Espiritual con los Cinco Elementos.

TABLA 7: Nombres Divinos Atribuidos a los Siete Planetas Antiguos

Nombre del Planeta	Nombre del Planeta (en Hebreo)	Ángel	Inteligencia	Espíritus	Espíritus Planetarios Olímpicos *
Saturno	Shabbathai	Cassiel	Agiel	Zazel	Arathor
Júpiter	Tzedek	Sachiel	Iophiel	Hismael	Bethor
Marte	Madim	Zamael	Gráfico	Bartzabel	Phalegh
Sol	Shemesh	Michael	Nakhiel	Sorath	Och
Venus	Nogah	Hanael	Hagiel	Kedemel	Hagith
Mercurio	Kokab	Raphael	Tiriel	Taphthartharath	Ophiel
Luna (Moon)	Levanah	Gabriel	Malkah be Tarshisim ve-ad Ruachoth Schechalim	Schad Barshemoth ha-Shartathan	Phul

* Los Espíritus Planetarios Olímpicos requieren el uso de sus sigilos.

TABLA 8: Nombres Divinos Atribuidos a los Sephiroths

Sephira	Nombre Divino (Atziluth)	Significado del Nombre Divino	Nombre del Arcángel (Briah)	Significado del Nombre de Arcángel	Coro de Ángeles (Yetzirah)	Coro de Ángeles Significado
Kether	Eheieh	Yo soy	Metatron	Ángel de la Presencia	Chayoth ha-Qadesh	Santos Seres Vivos
Chokmah	Yah	Señor	Raziel	El Secreto de Dios	Auphanim	Las Ruedas
Binah	YHVH Elohim	El Señor Dios	Tzaphqiel	Contemplación de Dios	Aralim	Los Tronos, o Poderosos
Chesed	El	Dios	Tzadqiel	La Rectitud o La Justicia de Dios	Chashmalim	Los Brillantes
Geburah	Elohim Gibor	Dios del Poder	Kamael	Severidad de Dios	Seraphim	Las Llamas
Tiphareth	YHVH Eloah ve-Daath	Señor Dios del Conocimiento	Raphael	Sanador de Dios	Melekim	Los Reyes
Netzach	YHVH Tzabaoth	Señor de los Ejércitos	Haniel	La Gracia o El Amor de Dios	Elohim	Los Dioses
Hod	Elohim Tzabaoth	Dios de los Ejércitos	Michael	El Que es Como Dios	Beni Elohim	Hijos de los Dioses
Yesod	Shaddai El Chai	Dios Todopoderoso y Vivo	Gabriel	La Fuerza de Dios	Kerubim	Los Ángeles, o Los Fuertes
Malkuth	Adonai ha-Aretz	Señor de la Tierra	Sandalphon	Co-hermano (Refiriéndose a Su Hermano Gemelo, Metatron)	Ashim	Las Llamas, o Las Almas de Fuego

TABLA 9: Invocación de las Fuerzas de los Signos del Zodíaco

Signo del Zodiaco	Permutación de YHVH	Tribu de Israel	Ángel	Color (Atziluth)
Aries	YHVH	Gad	Melchidael	Escarlata (Rojo)
Tauro	YHHV	Ephraim	Como modelo	Rojo-naranja
Géminis	YVHH	Manasseh	Ambriel	Naranja
Cáncer	HVHY	Issachar	Muriel	Ámbar
Leo	HVYH	Judah	Verchiel	Amarillo Verdoso
Virgo	HHVY	Naphtali	Hamaliel	Verde Amarillento
Libra	VHYH	Asshur	Zuriel	Esmeralda
Escorpio	VHHY	Dan	Barchiel	Verde-Azul
Sagitario	VYHH	Benjamin	Advachiel	Azul
Capricornio	HYHV	Zebulun	Hanael	Indigo
Acuario	HYVH	Reuben	Cambriel	Violeta
Piscis	HHYV	Simeón	Amnitziel	Carmesí

ESPÍRITUS PLANETARIOS OLÍMPICOS

Los Espíritus Planetarios Olímpicos se mencionan por primera vez en el Arbatel de la Magia, *un* grimorio latino de magia ceremonial del Renacimiento publicado en 1575 en Suiza por un autor anónimo. El *Arbatel de la Magia* es de naturaleza Cristiana y se centra en la relación entre la humanidad y las jerarquías celestiales. Esta obra tuvo una gran influencia en la comunidad ocultista de la época, y muchas figuras inspiradoras, como John Dee, la mencionaron en sus obras.

Los Espíritus Planetarios Olímpicos encontraron su camino en el sistema de Magia de la Orden Hermética de la Aurora Dorada. Aunque los estudiantes de la Aurora Dorada fueron introducidos a ellos desde el principio, el trabajo real con los Espíritus Olímpicos estaba reservado para el Adepto, al igual que todo el trabajo con las energías Planetarias o las Inteligencias Espirituales.

Hay siete Espíritus Planetarios Olímpicos, uno por cada uno de los Siete Planetas Antiguos. A primera vista, se notará una correlación en su nombre con los Dioses Olímpicos del panteón Griego. Aunque no existe una correspondencia clara entre ambos, algunos magos creen que los siete Espíritus Olímpicos son los siete principales Dioses Griegos que gobiernan los Siete Planetas Antiguos. Estos son Cronos, Zeus, Ares, Apolo, Afrodita, Hermes y Selene. Es sólo una teoría, por supuesto, ya que no existe ninguna prueba real de que esto sea así.

Los Espíritus Planetarios Olímpicos son considerados tradicionalmente como fuerzas ciegas que son volátiles y pueden manifestarse negativamente si el practicante no está preparado para su poder. Por lo tanto, debes tener control sobre los Elementos de tu Ser para que puedas mantenerte firme en tu intención y utilizar tu fuerza de voluntad para guiar estas poderosas fuerzas. Experimentar al azar con los Espíritus Olímpicos puede causar estragos en tu conciencia; por lo tanto, te aconsejo encarecidamente que no lo hagas. En su lugar, adhiérete a la fórmula de evocación presentada aquí.

Dado que los Espíritus Olímpicos son fuerzas ciegas, sus energías son respectivas a la naturaleza positiva o negativa del Planeta en cuestión. Por esta razón, deberías completar el programa de Alquimia Espiritual con los Siete Planetas Antiguos antes de emprender el trabajo con los Espíritus Olímpicos. Al hacerlo, te familiarizarás más con las energías individuales de los Planetas, lo cual es útil si encuentras algún escollo en este trabajo.

Tradicionalmente, se aconseja al practicante que evoque la jerarquía del Nombre Divino del Sephira asociado al Espíritu Olímpico, incluyendo la Inteligencia del Planeta. Al hacerlo, se obtiene un mayor control sobre la energía del Espíritu Olímpico. Las Tablas 7 y 8 contienen toda la información necesaria para esta tarea. Las Inteligencias Planetarias se consideran buenas (según la tradición), mientras que los

Espíritus Olímpicos se consideran malos. Este punto de vista, en mi opinión, es subjetivo, pero quiero que te equivoques en el lado de la precaución a pesar de todo.

En mi experiencia, no he encontrado nada negativo en el uso de los Espíritus Olímpicos y he disfrutado de los estados místicos de conciencia que proporcionaron. Encontré la energía Planetaria mucho más trascendental que cuando se invoca con Hexagramas Planetarios. Muchas visiones esclarecedoras resultaron de este trabajo, parecidas a las Llaves Enoquianas, aunque más lúcidas. Como en todos los ejercicios rituales presentados en *The Magus*, la energía evocada permaneció conmigo durante todo el día. Se disipaba de mi aura durante el sueño, normalmente acompañada de sueños emocionantes y reveladores.

Los Espíritus Olímpicos son fáciles de trabajar y ofrecen algo nuevo para el aspirante a Mago, ya que es la primera vez que se trabaja directamente con entidades Espirituales. Su uso aumentará tu conocimiento de las energías Planetarias, pero también de la Alquimia. Dado que no hay un programa oficial de Alquimia Espiritual que deba seguirse cuando se trabaja con los Espíritus Planetarios Olímpicos, esta es una excelente oportunidad para permitir que tu Ser Superior se haga cargo y te guíe con este trabajo. Después de todo, una gran parte de convertirse en el Mago es sintonizar con tu Ser Superior, tu Santo Ángel de la Guarda, y permitirle "dirigir el espectáculo".

Evocar los Espíritus Planetarios Olímpicos es sencillo y fácil. Todo lo que necesitas para esta tarea está en el Apéndice. Cada Espíritu Olímpico tiene su sigilo (Figura 66), que sirve como puerta o portal hacia su energía. Cuando trabaje con un Espíritu Olímpico, necesitará tener su sigilo a mano, ya que los escudriñará para acceder a sus energías.

A estas alturas, ya deberías estar familiarizado con el sistema de Horas Planetarias. De la misma manera que con las invocaciones del Hexagrama Planetario, debes evocar un Espíritu Olímpico particular durante su Hora Planetaria asociada, preferiblemente la primera del día, aunque también puede ser invocado por la noche. Consulta las Tablas 5 y 6 para obtener esta información. Para obtener los mejores resultados, también ayuda evocar un Espíritu Olímpico en el día que corresponde a su Planeta.

Al igual que con todas las invocaciones o evocaciones importantes, sólo trabaja con un Espíritu Olímpico al día para que puedas centrarte en él y aprender de su energía. Para comenzar la evocación, realiza el LBRP y el BRH para equilibrarte y limpiar tu Aura de energías desequilibradas. Si deseas hacer un Middle Pillar, puedes hacerlo. Después, siéntate cómodamente o ponte de pie detrás de tu altar central (mirando al Este) y realiza la Respiración de Cuatro Tiempos para cambiar tu mente al estado Alfa.

Cuando esté listo, vibre los Nombres Divinos del Sephira y del Planeta asociados con el Espíritu Olímpico que eligió evocar. Por ejemplo, si estás trabajando con Och, debes vibrar los Nombres Divinos correspondientes a Tiphareth y al Planeta Sol. El orden a seguir es, Nombre Divino (Dios), Arcángel, Coro de Ángeles e Inteligencia

Planetaria. Debes vibrar cada uno de estos nombres sólo una vez. El Ángel y el Espíritu Planetarios no son necesarios, ya que el Espíritu Olímpico sustituye sus funciones.

Tómate un momento y lee en voz alta la siguiente oración del *Arbatel de la Magia*. La oración está ligeramente modificada para adaptarse mejor al contexto de *The Magus*. Haz vibrar el nombre del Espíritu una vez al insertarlo en la oración.

"Oh Dios Eterno y Omnipotente, que has ordenado toda la Creación para tu alabanza y gloria, y para la salvación del hombre, te ruego que envíes tu Espíritu (NOMBRE DEL ESPÍRITU) del Orden Solar, que me informe y enseñe las cosas que le pida. Sin embargo, no se haga mi voluntad, sino la tuya, por Jesucristo. Amén."

Recoge y mantén el sigilo del Espíritu Olímpico frente a ti a la misma distancia a la que escudriñarías con un Cristal. Contempla el sigilo mientras te sumerges en la imagen. Mientras lo haces, empieza a vibrar el nombre del Espíritu repetidamente. Recuerda realizar las vibraciones con solemnidad y mantener la mente despejada mientras lo haces. El efecto de hacer esto es cuantitativo, lo que significa que cuanto más tiempo contemples el sigilo mientras vibras el nombre del Espíritu, más energía se evocará en tu Aura. Por lo general, no se necesitan más de uno o dos minutos para generar la cantidad adecuada de energía. Procede según tu criterio.

Una vez que la energía ha impregnado tu Aura, debes realizar la Meditación del Ojo de la Mente de la sección "Ejercicios Rituales de Magia Ceremonial". Es útil estar sentado o acostado mientras haces esto. Silencia tu mente y permite que la energía evocada se comunique contigo, ya sea a través de visiones o hablando contigo directamente. No te sorprendas si oyes el sonido de tu propia voz en tu cabeza, revelándote nuevos conocimientos en un tono inspirado. Al fin y al cabo, el Espíritu Olímpico es la energía ciega que tu mente personifica cuando la invocas.

La mayoría de las veces, el Espíritu Olímpico te informará de lo que tu Alma necesita saber para avanzar más Espiritualmente. Por lo tanto, no es pertinente hacer preguntas directamente, sino sólo sintonizar con la energía del Espíritu con una mente y un corazón abiertos. Aunque puedes hacer preguntas si lo deseas, el mero hecho de silenciar la mente permitirá que el Espíritu Olímpico le hable a tu Alma.

Los Espíritus Olímpicos nos hablan a través del Mundo de Atziluth, por lo tanto, lo que provenga de tu Alma y de tu Verdadera Voluntad, el Espíritu Olímpico lo abordará, mientras que lo que venga a través de tu Ego normalmente será ignorado. Recuerda también que la naturaleza de los Espíritus Olímpicos es particular a la esencia de sus Planetas asociados, al igual que el conocimiento y la sabiduría que se obtiene al trabajar con ellos.

Si crees que no estás recibiendo ninguna comunicación del Espíritu Olímpico, deberías intentar trabajar en técnicas de adivinación utilizando un cristal de adivinación o un espejo negro. Estas técnicas te ayudarán a sacar la comunicación de tu subconsciente a tu mente consciente. Puedes encontrar las técnicas de adivinación en la sección de Magia Enoquiana. Una vez que hayas terminado la conversación con el Espíritu Olímpico y te sientas satisfecho con los resultados, debes realizar la siguiente oración: la licencia para partir.

"Por cuanto has venido en paz y con tranquilidad, habiendo respondido también a mis peticiones, doy gracias a Dios, en cuyo nombre has venido. Y ahora puedes irte en paz a tus órdenes; y volver a mí de nuevo cuando te llame por tu nombre, o por tu orden, o por tu oficio, que es concedido por el Creador. Amén".

Termina tu sesión con un LBRP y un BRH. Aunque hayas terminado oficialmente tu comunicación con el Espíritu, todavía tendrás algo de su energía en tu aura. Si tienes dificultades para gestionar esta energía en cualquier momento del día, puedes realizar el LBRP y el BRH. No puedes desterrar la energía de un Espíritu Olímpico una vez que lo evocas, por lo que debes utilizar los Nombres Divinos de las Tablas 7 y 8 para ayudarte a guiarlo.

El *Arbatel de la Magia* enumera los Espíritus Planetarios Olímpicos, incluyendo sus poderes. Según esta obra, los Cielos estaban divididos en un tiempo en un total de 196 provincias o distritos que los siete Ángeles Planetarios gobernaban. Los siete Ángeles Planetarios son, de hecho, los Espíritus Planetarios Olímpicos. Cada Espíritu Olímpico tenía un sello o sigilo que los Antiguos Magos inscribían en talismanes o amuletos que utilizaban en sus operaciones Mágicas.

El *Arbatel de la Magia* también nos informa de que los Espíritus Planetarios Olímpicos son responsables de épocas enteras de la historia, ya que cada Espíritu gobierna durante 490 años a la vez. Bethor gobernó desde el 60 a.C. hasta el 430 d.C., Phaleg gobernó hasta el 920, seguido por Och hasta el 1410, y luego Hagith hasta el 1900. El gobernante actual es entonces Ophiel, lo que tiene sentido si tenemos en cuenta el enorme salto tecnológico que hemos tenido en el último siglo.

Además, cada Espíritu Olímpico tiene mando sobre legiones de Espíritus menores en un sistema jerárquico de la naturaleza del Planeta que gobiernan. Los sigilos y los poderes asociados de los Espíritus Olímpicos Planetarios se dan a continuación. Ten en cuenta que algunos de los poderes oscuros de los Espíritus Olímpicos son obvios ciegos Alquímicos.

Arathor

El Espíritu Olímpico de Saturno, que gobierna 49 provincias. Los poderes de Arathor incluyen la transformación de cualquier organismo vivo en piedra, la transmisión del secreto de la invisibilidad, la concesión de una larga vida y la fecundación de los estériles. Arathor es el maestro de la Alquimia, la Magia y la medicina. También puede cambiar el carbón en tesoro y el tesoro en carbón, conferir familiares y reconciliar a los Espíritus subterráneos con los hombres.

Bethor

El Espíritu Olímpico de Júpiter que gobierna 42 provincias. Los poderes de Bethor incluyen reconciliar a los Espíritus del Aire con el hombre para que sean veraces, transportar piedras preciosas de un lugar a otro y componer medicinas con efectos milagrosos. Bethor puede prolongar la vida hasta 700 años (sujeto a la voluntad de Dios) y dar familiares del firmamento. También puede conceder riquezas y amistades a reyes y personas influyentes.

Phalegh

Gobierna todas las cosas atribuidas a Marte y rige 35 provincias. También conocido como el "Príncipe de la Paz", Phalegh puede dar un gran honor en los asuntos militares. También puede dar el dominio sobre otros y la victoria en la guerra.

Och

El Espíritu Olímpico del Sol que gobierna 28 provincias. Los poderes de Och incluyen impartir gran sabiduría y convertir todo en oro y piedras preciosas. También confiere excelentes Espíritus familiares, enseña medicinas perfectas y ofrece 600 años de salud perfecta. Quien posea su carácter será adorado como un Dios por los reyes del mundo.

Hagith

Gobierna todos los asuntos atribuidos a Venus y rige 21 provincias. Sus poderes incluyen convertir el cobre en oro y el oro en cobre en un instante. Hagith da Espíritus fieles. Quien posea su carácter estará adornado por la belleza. Serán abundantes en amor y amistades.

Ophiel

El Espíritu Olímpico de Mercurio que rige 14 provincias. Los poderes de Ophiel incluyen la enseñanza de todas las artes y la concesión de Espíritus familiares. Permite al poseedor de su personaje transformar inmediatamente el azogue en la Piedra Filosofal.

Phul

Rige 7 provincias y todas las cosas gobernadas por la Luna. Los poderes de Phul incluyen la transmutación de todos los metales en plata y la curación de la hidropesía. Confiere a los Espíritus del Agua, que sirven a los hombres en forma corporal y visible. Destruye los Espíritus del Agua malignos y prolonga la vida hasta 300 años.

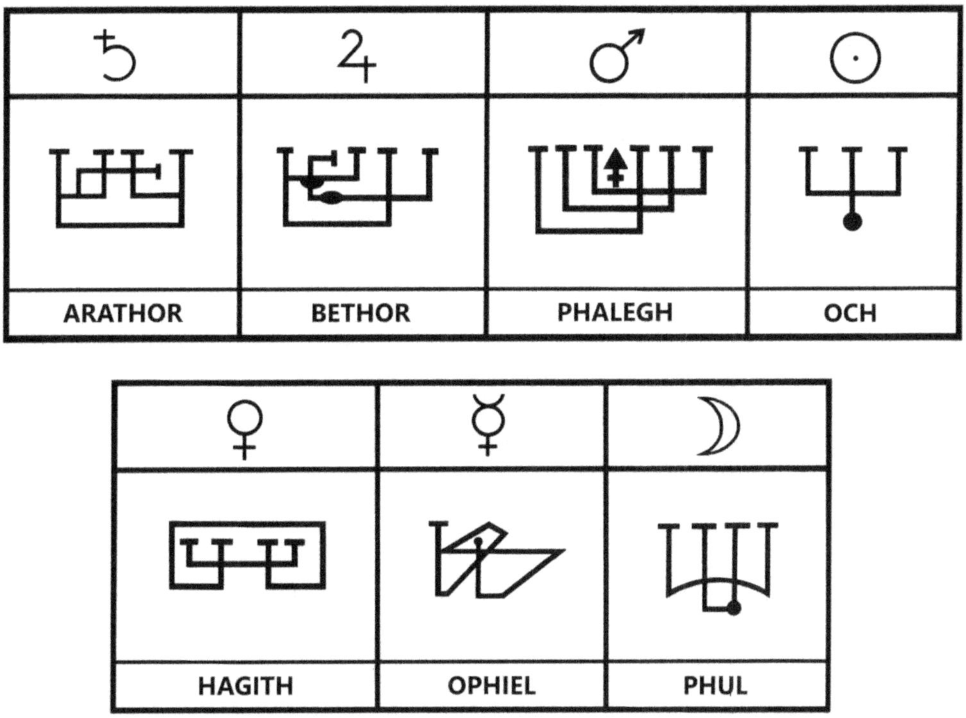

Figura 66: Los Espíritus Planetarios Olímpicos

ARTÍCULOS DEL AUTOR SOBRE EL DESPERTAR DE LA KUNDALINI

Nota: Los siguientes artículos te darán una idea de los significativos cambios internos que experimenté después de despertar la Kundalini y los dones espirituales que se desplegaron durante mi larga transformación. Si estás interesado en leer más, obtén una copia de mi segundo libro, "Serpent Rising: The Kundalini Compendium". "

LA NATURALEZA DE LA KUNDALINI

Publicado originalmente por El Consorcio Kundalini - 26 de Octubre de 2016.

Vivimos en un Universo Holográfico que ocupa el mismo Tiempo y Espacio que otros Universos paralelos e infinitos. El Alma humana decide en qué dirección llevar nuestra realidad de un momento a otro. Sin embargo, para alinearse con el Alma, uno debe aprender a vivir en el Ahora, el momento presente, dejando de lado su Ego. Este estado del Ser será natural para todos nosotros una vez que evolucionemos espiritualmente.

Mientras la energía subía por mi columna vertebral durante mi despertar inicial de la Kundalini, vi el mundo holográfico a mi alrededor con mis ojos físicos una vez que la energía de la Kundalini entró en mi cerebro. Una vez allí, siguió subiendo hasta abrir el Sahasrara Chakra, despertando el Loto de Mil Pétalos. Sin embargo, la experiencia no había terminado.

A continuación, la Kundalini rompió el Huevo Cósmico en la parte superior de la cabeza, liberando una Ambrosía líquida, que se derramó sobre mi cuerpo de arriba abajo, activando los 72,000 Nadis de mi Cuerpo de Luz (Figura 67). Debido a la intensidad de esta experiencia, salí disparado en mi cama y abrí los ojos. Para mi asombro, contemplé la habitación que me rodeaba como un plano holográfico de la misma habitación en la que me encontraba unos minutos antes.

Para aclarar, no se trataba de una visión interna de mi Ojo de la Mente, sino que lo vi con mis dos ojos físicos. Después de ver el cuadro sobre mi cama suspendido en el aire, miré hacia abajo y vi mis manos y brazos como Luz pura y dorada. En ese momento, supe que la naturaleza del Universo que nos rodea es simplemente espacio vacío, nada más. Y me di cuenta de nuestra forma pura como Seres de Luz.

El ser humano común y corriente no puede percibir el Universo Holográfico con sus ojos físicos. Después de todo, el mundo material vibra a una frecuencia mucho más baja que nuestra energía Espiritual y nuestros cerebros biológicos están hechos de materia. Sin embargo, nuestra conciencia cristaliza nuestra experiencia de la realidad, y como tal, la aceptamos como real.

Cuando éramos niños, hasta que nuestro Ego y nuestra memoria empezaron a formarse (impactando así en nuestra conciencia y localizándonos en el Tiempo y el Espacio), veíamos el mundo como lo que es: un Holograma. Esta teoría explicaría la naturaleza de un niño cuando mira al mundo con ojos inocentes e imparciales y con pura maravilla e imaginación fluyendo en su conciencia perpetuamente. Pero, por desgracia, no podemos preguntarle a un niño lo que ve y experimenta, y a medida que crece, naturalmente olvida los primeros años de su vida.

El Ego evolucionó como un mecanismo de defensa del cuerpo cuya finalidad es protegernos de los Elementos de la naturaleza. El cerebro reptiliano dio origen al Ego. Una vez que el Ego se formó como una inteligencia del cuerpo, perdimos nuestra inocencia y la conciencia totalmente localizada dentro del cuerpo físico. El Renacimiento Espiritual tiene como objetivo invertir el proceso y devolvernos a ese estado inocente en el que estábamos cuando éramos niños. Sólo que esta vez, tendremos todas nuestras facultades cognitivas disponibles para ser utilizadas.

El desprendimiento del Ego desencadena una elevación de la conciencia hacia el Espíritu y el alejamiento del cuerpo físico. El Ego y el Espíritu son ambos puntos de conciencia en el espectro de la conciencia, pero funcionan en dos niveles opuestos de vibración.

La conciencia es el conocimiento en el Ahora del proceso interno. Una vez liberada del cuerpo a través del despertar de la Kundalini, la conciencia viaja como conciencia hacia el Espíritu. Esta elevación de la conciencia es provocada por la Luz Astral acumulada dentro del Cuerpo de Luz en el individuo despierto de Kundalini. La energía Pránica de los alimentos y el agua y nuestra energía sexual se subliman/transforman en Luz Astral que nutre el Cuerpo de Luz. A medida que la Luz "crece" dentro del Cuerpo de Luz, y la conciencia se sintoniza con el Cuerpo Espiritual a lo largo del tiempo, comenzamos a "perdernos dentro de nosotros mismos", trascendiendo el Tiempo y el Espacio para experimentar el reino de la Eternidad-el Reino Espiritual.

Este estado místico es la meta y la inspiración de todo Yogui, Sabio, Mago, Adepto, Chamán y Espiritista. La síntesis de la Luz en el Cuerpo de Luz ocurre continuamente mientras el individuo despierto de Kundalini come alimentos nutritivos mientras guarda su semilla reteniendo la eyaculación para que la energía sexual se acumule. Por esta razón, incluso después del despertar inicial, toma alrededor de dos o tres meses para que la persona comience a tener experiencias metafísicas, trascendentales. Estas ocurren a medida que la Luz Astral se acumula dentro del sistema energético, alimentando los Chakras y expandiendo la conciencia.

En este proceso de transformación de la Kundalini, el Ego comienza a perderse a sí mismo, lo que da lugar a temores en la mente subconsciente, ya que ese es el dominio del Ego. El Ego sabe que está muriendo, por lo que teme esta metamorfosis, buscando cualquier forma de que la conciencia se ponga de su lado y se aleje del Alma y del Espíritu. Recuerda que el Ego está atado al cuerpo físico. Por lo tanto, cualquier tipo de práctica Espiritual que purifique el Ego también aleja la conciencia del cuerpo físico.

El velo entre la mente consciente y la subconsciente comienza a disiparse con el tiempo, y la persona se sintoniza con la Unidad de toda la existencia y las Leyes Universales. Una de estas Leyes es la Ley de la manifestación, ya que el ser humano tiene la capacidad innata de manifestar cualquier realidad que quiera o desee, siempre que esté en línea con su Verdadera Voluntad. La Verdadera Voluntad es diferente del Ego (la Voluntad inferior) ya que busca satisfacer al Espíritu en el reino de la Eternidad en lugar de atender sólo a las necesidades del cuerpo físico.

A medida que la Luz Astral crece y se expande, los individuos despiertos se sintonizan más con el aire que los rodea, ya que se crea un vacío en el que el Ego ya no puede operar. Los 72.000 Nadis, que se asemejan a las ramas de los árboles ya que transportan la Ambrosía líquida dentro del Cuerpo de Luz, se optimizan, convirtiéndose en antenas para las vibraciones exteriores. Estas vibraciones utilizan el aire que nos rodea como medio de transmisión, que la conciencia capta a través del psiquismo. Se reciben de la misma manera que las señales de radio; sólo que captamos los pensamientos, las emociones y los impulsos de la voluntad de los seres vivos que nos rodean.

Sin embargo, antes de que uno pueda alcanzar este estado, primero debe limpiar sus Chakras de cualquier energía oscura y Kármica que nuble su Luz interior. Cuando la Luz puede brillar intensamente, la conciencia individual puede integrarse plenamente y alinearse con el Cuerpo de Luz. En la mayoría de los casos, se necesitan muchos años para lograr esto después de despertar la Kundalini.

En un despertar completo y permanente de la Kundalini, la energía sube por el canal de Sushumna, despertando todos los Chakras en el camino, incluyendo

Sahasrara, la Corona. Sin embargo, dependiendo de la intensidad de su ascenso, la Kundalini no termina ahí. Por el contrario, continúa subiendo hacia el Cielo. Este acontecimiento hace que el individuo pierda la plena conciencia del cuerpo físico, lo que resulta en la experiencia de estar unido a la Luz Blanca temporalmente. Experimentar la Luz Blanca en una Experiencia Fuera del Cuerpo es similar a ser Uno con la Mente de Dios. Sin embargo, como esta experiencia Espiritual no puede ser sostenida mientras se vive, la conciencia individual vuelve a entrar en el cuerpo físico poco después.

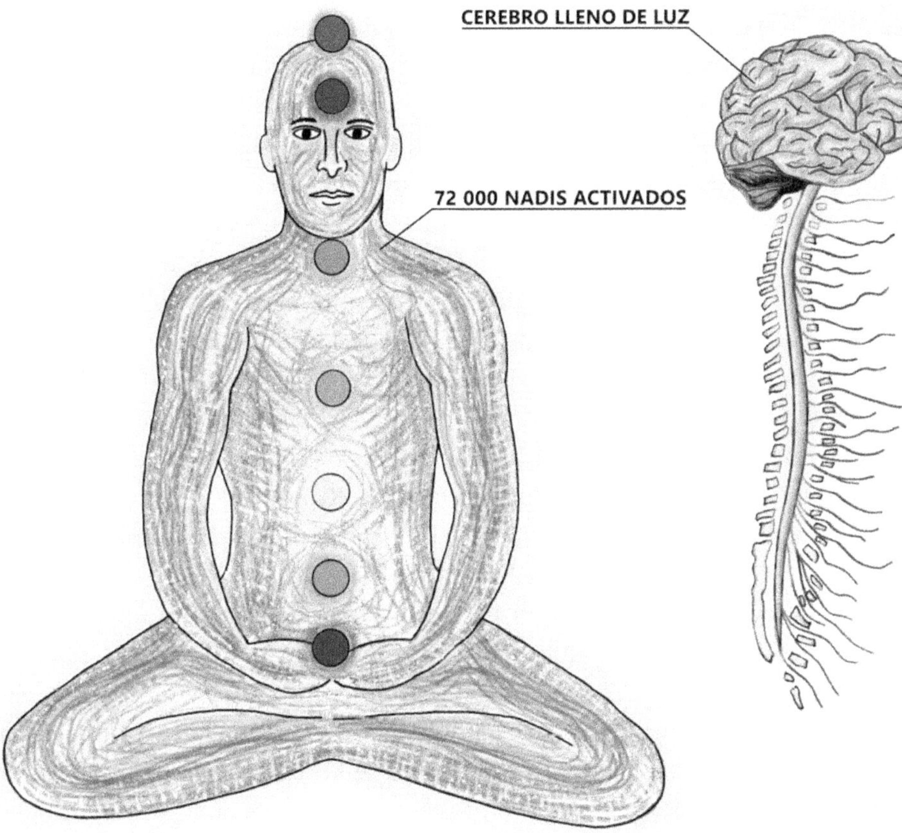

Figura 67: El Despertar Permanente de la Kundalini

El despertar completo y permanente de la Kundalini tiene dos síntomas distintos que se hacen eternos una vez que la energía se ha localizado en el cerebro: el zumbido constante en los oídos y la presencia constante de Luz Astral en la cabeza (Figura 67). Esta última se transpone a la realidad física, por lo que la persona ve la Luz en todas las cosas con sus ojos físicos. Por otro lado, la vibración o zumbido interior dentro de la cabeza resulta de la energía Kundalini que reside en el cerebro de forma permanente.

En un despertar parcial, la Kundalini sube por la columna vertebral pero no llega a la parte superior de la cabeza. En la mayoría de los casos, intenta abrir el Ajna Chakra pero, debido a los bloqueos o a los métodos de meditación inadecuados empleados, no puede hacerlo. Como no puede alcanzar el cerebro por completo, vuelve a bajar para enroscarse tres veces y media como una serpiente alrededor de Muladhara Chakra. A menudo, vuelve a descender hasta el centro del corazón, Anahata Chakra, lo que permite a la persona experimentar expansiones del corazón y sentir la naturaleza de la empatía genuina hacia todos los seres vivos del mundo.

A medida que la Kundalini se abre camino hacia el Chakra del Corazón, expande la capacidad de experimentar el amor incondicional, lo que gradualmente desvincula la conciencia individual del Ego. Sin embargo, la Kundalini siempre tiene como objetivo terminar el proceso de despertar subiendo al Sahasrara Chakra, representado en el sistema tántrico como el Principio femenino Shakti que se eleva para encontrarse con el Principio masculino Shiva en la Corona, despertando así a la Conciencia Cósmica. Una vez alcanzada, la Kundalini entra en la zona del Tercer Ventrículo del cerebro, llamada la "Cueva de Brahma", facilitando la optimización de las Glándulas Pineal y Pituitaria y del Tálamo e Hipotálamo.

Puede producirse un ascenso parcial de la Kundalini si el Ego se aferra con demasiada firmeza, induciendo el miedo, que tira de la energía hacia abajo, impidiendo que se abra el Ajna Chakra. En cambio, la energía Kundalini entra en el Chakra del Corazón para expandir el conocimiento del Verdadero Ser y difuminar el Ego con el tiempo.

Todos los ascensos de la Kundalini llevan la energía Pránica y sexual sublimada hacia la columna vertebral, lo que representa su forma inicial, no refinada. Sin embargo, la Kundalini se transforma con el tiempo en una fina energía Espiritual que es la causa de la trascendencia alcanzada a través del Plano Espiritual, correspondiente al Sahasrara Chakra. Una vez que la Kundalini desciende al Chakra del Corazón, deja un efecto persistente que a menudo sumerge al individuo en una experiencia inspirada o fuera del cuerpo hasta que el Prana sublimado se disipa completamente.

Algunos iniciados en la Kundalini realizan Kriyas, hablan en lenguas o escriben o pintan de forma inspiradora. Sin embargo, estos estados suelen durar entre diez y quince minutos, hasta que la energía creativa aumentada de la persona se agota. Sin embargo, en un individuo totalmente despierto, la energía Kundalini está operativa las 24 horas del día y está a su disposición. Esta persona canaliza la creatividad sin parar, expresando continuamente el estado de inspiración. Se pierde literalmente en el espacio y el tiempo, ya que actividades como escuchar música o contemplar un hermoso paisaje le transportan a una realidad totalmente trascendental o metafísica.

Esta realidad superior es incomprensible para alguien que no tiene experiencia de ella, al igual que no se puede explicar verdaderamente la Luz a alguien que ha nacido ciego.

Una vez que la Kundalini está permanentemente activa en el sistema energético, también cambia nuestra forma de soñar. Dado que las ondas cerebrales oscilan continuamente en la frecuencia Alfa, la conciencia está siempre relativamente lúcida, lo que significa que está despierta, incluso durante el sueño. Esta mayor conciencia da lugar a los Sueños Lúcidos, caracterizados por la sensación de que el sueño es real y uno controla la experiencia.

Los Sueños Lúcidos se sienten similares a la experiencia de la realidad física, aunque en un grado menor. Tal vez esto se deba a que la conciencia está más acostumbrada al cuerpo físico que al Cuerpo de Luz, aunque el individuo está totalmente despierto y consciente en ambas experiencias. En cualquier caso, a través de nuestro Cuerpo de Luz, podemos ver, tocar y sentir como lo hacemos con el cuerpo físico, pero no estamos limitados por las leyes de la física, ya que no hay densidad para los objetos en los Planos Cósmicos interiores - todo está hecho de Luz, que es una sustancia tenue. Por lo tanto, podemos volar, caminar a través de las paredes, levitar objetos con nuestras mentes, y en general teletransportarnos a cualquier lugar simplemente queriéndolo.

El Cuerpo de Luz es el vehículo del Alma para viajar cuando navega por los Planos Cósmicos interiores. Los Planos Divinos de la conciencia son a menudo descritos como tierras extrañas y hermosas más allá de la descripción y sin igual en su maravilla y asombro. Experimentarlas afirmó que salí de nuestro Planeta a través de la conciencia. El simple hecho de poder alcanzar y compartir la energía de estos otros mundos ha sido uno de los mayores regalos del despertar de la Kundalini.

TRANSFORMACIÓN KUNDALINI-PARTE I

Publicado originalmente por The Kundalini Consortium - 28 de Marzo de 2017.

Desde mi despertar de la Kundalini en 2004, se han producido muchos cambios en la mente, el cuerpo y el alma. Sin embargo, el cambio más notable ocurrió cuando optimicé mi circuito de Kundalini en el séptimo año. Como resultado, mi conciencia comenzó a "canalizar" a través del Bindu Chakra en la parte superior trasera de mi cabeza.

La clave no es simplemente despertar la Kundalini; es evolucionar más allá del Karma de los Chakras, mental y emocionalmente, hasta el punto en que la conciencia no esté obstruida ni contaminada por el miedo. Sólo entonces puede completarse el circuito de la Kundalini, permitiendo que la energía se canalice fuera del punto Bindu en la parte superior trasera de la cabeza y circule por todo el cuerpo sin cesar. Utilizo la palabra "embudo" porque representa el proceso de movimiento de una sustancia a través de una pequeña abertura. En este caso, este movimiento es continuo, facilitando la circulación de la energía Kundalini sublimada en el cuerpo.

La clave de este proceso es el Bindu Chakra, ya que es el punto de la No-dualidad, donde los pensamientos y emociones de la mente son desviados, lo que corta la conexión de uno con la energía del miedo. Y al estar desconectado del miedo, el Ego pierde su control sobre la conciencia, ya que la energía del miedo es la que lo sostiene.

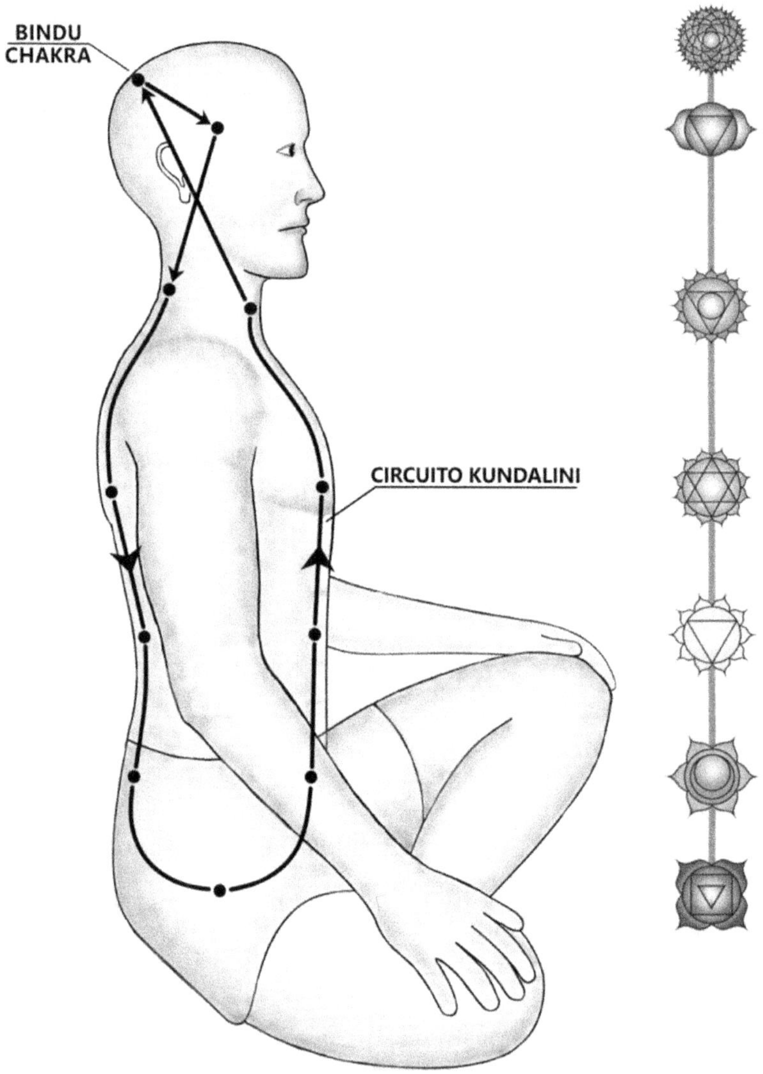

Figura 68: El Bindu y el Circuito Kundalini

En este punto, el circuito de la Kundalini se completa (Figura 68) y existe en un modo autosuficiente. La mente se desvía porque es a través de la mente que experimentamos la dualidad, lo que resulta en la elevación de la vibración de la conciencia. Ahora, los alimentos nutritivos se transforman en combustible Pránico, alimentando todo el sistema de una forma nueva que permite experimentar el Plano Espiritual cada segundo de cada día.

El Plano Espiritual representa el estado más elevado de arrebato y el sentimiento último de ser feliz y estar vivo. El concepto del Reino de los Cielos de Jesucristo se manifiesta, un estado mucho más feliz que tener millones de dólares. El dinero no puede comprar el éxtasis emocional que provoca esta experiencia Espiritual.

Mi experiencia de amor y alegría eternos es inimaginable para la mayoría de las personas que no están en este estado. El mero hecho de escuchar música es un acontecimiento trascendental como estar drogado con cocaína, éxtasis u otras drogas potenciadoras del "sentirse bien", que a menudo provoca tal arrebato en mi corazón que me hace apretar los dientes por lo eufórico que me siento.

Una vez optimizado todo el circuito de Kundalini, empecé a perder la conciencia de mi cuerpo físico. Sentí como si todo mi cuerpo recibiera una inyección de novocaína, un agente adormecedor. Esencialmente, me elevé por encima del cuerpo físico sin dejar de estar en él, algo parecido a una experiencia extracorporal, sólo que permanente. Si me corto o me hago un moratón, no siento el dolor conscientemente. En cambio, lo he trascendido. Dado que mi conciencia está en algún lugar fuera de mí mientras está presente simultáneamente, ya no siento el dolor de ser un ser humano como antes del despertar. Así es como vivo ahora, y esta aventura de toda la vida comenzó durante el séptimo año de mi despertar de Kundalini.

A nivel mental, funciono únicamente con la intuición. Todavía puedo utilizar todas mis funciones internas, como la lógica y la razón, pero lo hago de una manera desapegada en la que voy hacia adentro cuando lo necesito, pero luego salgo directamente para seguir experimentando el momento presente perpetuo, el Ahora. Me relaciono con el mundo a través de la intuición, ya que estoy directamente conectado a la Cuarta Dimensión de la Vibración/Energía. Sin embargo, llegar a este punto en mi transformación Kundalini me ha llevado muchos años de purgar y preparar mi conciencia. Fue mental y emocionalmente insoportable ya que tuve que perderme por completo para encontrar mi Verdadero Ser. Ahora me encuentro en un estado en el que los acontecimientos del pasado ya no me afectan, y puedo descartar los recuerdos negativos como si no fuera yo a quien le ocurrieron. El nuevo yo comprende la irrealidad del mundo y no se toma las cosas demasiado en serio.

Aprendí que, si me aferro a una expectativa de lo que podría suceder en el futuro, el pasado me impide estar en el Ahora. Pero eso sólo ocurre cuando pienso en términos de pasado y futuro, que era mi antigua forma de funcionar antes de que la transformación de la Kundalini me llevara a este alto nivel de conciencia. A través del

Bindu Chakra, el concepto de pasado y futuro se disuelve en la Nada. En la Nada se encuentra su opuesto, la Posibilidad Pura, representada por el Ahora, el momento presente.

A lo largo de los años, también he experimentado grandes cambios en mi carácter. Por un lado, me siento obligado a decir siempre la verdad. Mentir se ha convertido en un concepto extraño, que mantiene mi conciencia clara y sin trabas, aunque la gente que me rodea a menudo me considera ingenua como si revelara demasiado. La gente que no camina en mis zapatos tiene la impresión de que mentir es parte de la vida y que no hay otra forma de vivir que retocar la verdad para conseguir lo que se quiere. Sin embargo, esto es un error en muchos niveles. Vivir en la verdad me permite abordar cada situación de la vida de la mejor manera posible a medida que sucede. No necesito la memoria a largo plazo de la misma manera que antes. Mi mente me da lo que necesito en el momento en que lo necesito.

Estas son las expresiones naturales del nivel de progresión de Kundalini en el que me encuentro ahora. Han sido diecisiete años en la fabricación, trayendo más cambios cada año. Después de un tiempo, noté que mi memoria empezó a erradicarse y a desprenderse. Cuando cierro los ojos, sigo viendo los sucesos pasados como recuerdos fugaces que ya no me afectan. Su dolor emocional y mental se ha disuelto, ya que estoy operando desde un estado permanente de inspiración.

Este proceso ha debilitado el control que el Ego tiene sobre mí, ya que el Ego ha sobrevivido debido a los recuerdos que lo atan al cuerpo físico. Si los recuerdos no se aferran a la conciencia, el Ego no tiene nada a lo que aferrarse, y la persona puede estar en el Ahora las 24 horas del día para experimentar la vida al máximo. Por lo tanto, no me arrepiento de las cosas que pasan y tomo la vida como una experiencia transitoria, que existe por el momento y nada más. Un ser humano Espiritual está destinado a estar en el Ahora.

Sin embargo, no digo que no sea presa del Ego; lo soy. No soy un Santo, y el Ego no puede ser aniquilado en vida ya que hay que morir físicamente para destruirlo. Disfruto casi de las mismas cosas en la vida que los demás, pero mi concepto del amor incondicional, la ética y la moral es mayor. Y lo más importante, estoy permanentemente en la "zona", en el Ahora.

Se necesitan muchos años para que el Ego se someta, el Ser Superior se exalte, y la mente, el cuerpo y el Alma se ajusten a vivir en un mundo de Energía Pura. Este no es un proceso a corto plazo ni mucho menos. Para la mayoría de los individuos que han despertado a la Kundalini, se necesitan hasta dos docenas de años para adaptarse a su nuevo Yo. Incluso entonces, el proceso de transformación no ha terminado porque la conciencia sigue expandiéndose exponencialmente, lo que significa que hay que integrar constantemente nuevas lecciones.

A través de esta transformación, mi vista también se ha alterado ya que ahora veo la Luz en todas las cosas. Aparece como un brillo plateado en todos los objetos que percibo con mis ojos físicos. Mi experiencia visual del mundo ahora puede compararse con el avance de una consola de juegos PlayStation 2, mi antiguo Yo, a la PlayStation 5, que es mi nuevo Yo. Se ha producido un salto y un avance considerables en los gráficos y en el motor general que impulsa el sistema de juego, una analogía de mi nueva conciencia expandida. Si mi campo bioenergético, o Aura, era como una batería que funcionaba a 100 voltios antes del despertar, en sentido figurado, su capacidad ha aumentado a 100,000 voltios.

El Kundalini como campo de estudio científico es relativamente nuevo. Sin embargo, es seguro concluir que el aumento de los despertares de Kundalini podría significar un giro dramático en la evolución humana. Por supuesto, hablo principalmente desde la experiencia personal y la observación basada en mi viaje de Kundalini. Sin embargo, el interés actual por la Kundalini parece estar impulsado por lo que Gopi Krishna llamó el "impulso evolutivo". "

Muchos individuos que han despertado a la Kundalini no entenderán de lo que estoy hablando ya que no han experimentado los mismos cambios todavía. Sin embargo, otros sabrán exactamente lo que estoy describiendo. Los despertares de la Kundalini varían en cuanto al nivel de intensidad, el proceso de transformación general y la forma en que la evolución de la conciencia se ve afectada. Se necesitan muchos años para completarlo, como ya he dicho. Despertar la Kundalini no es más que el punto de partida del viaje de transfiguración.

El Planeta Tierra está destinado a ser experimentado con una Kundalini despierta porque es un hecho que el mundo material está vivo y es Energía Pura. Incluso la ciencia lo corrobora, pero nuestros Antiguos Ancestros lo sabían desde siempre. Y en mi caso, puedo ver esto cada momento de vigilia de mi vida con mis ojos físicos, lo que todavía me asombra hasta el día de hoy.

Del mismo modo que alguien puede ver el mundo con LSD u hongos mágicos, yo lo veo sin ninguna droga en mi organismo. Ahora es una parte permanente de mi vida. Como he descrito muchas veces, existe un plano holográfico, de energía pura, un doble del mundo material, que existe simultáneamente y ocupa el mismo espacio. Sin embargo, como nuestros cerebros están compuestos de Materia, los seres humanos no pueden percibir más allá de la realidad física sin que la vibración de su conciencia se eleve de alguna manera.

Mi transformación en la forma de percibir la realidad física se debe en parte a la infusión de Luz en mi cabeza que siempre está presente. Esta Luz se transpone a todas las cosas que miro, de ahí la aparición del brillo plateado en todo. Desmaterializa los objetos ante mis ojos cuando concentro mi atención en ellos durante un rato.

Otra razón por la que veo las cosas como lo hago es por la expansión de mi Ojo Mental que me permite ver la realidad exterior desde una fuente mucho más elevada. Por ejemplo, si estoy en el centro de la ciudad mirando los edificios que me rodean, mi visión me permitirá ver ese mismo centro de la ciudad como un modelo arquitectónico como si estuviera parado en las nubes sobre él. Es un fenómeno difícil de describir con precisión, ya que hay que experimentarlo para entender realmente lo que quiero decir.

Cada vez que dirijo mi atención a un objeto externo, me absorbo tanto en él que abandono mi cuerpo en el momento en que ocurre. La Unidad de toda la existencia de la que hablaron los Antiguos Sabios es mucho más que un concepto para mí ahora. Puedo vivirla cada día, y no hace falta ningún esfuerzo por mi parte para que se manifieste.

Puedo abarcar todo lo que veo con mis ojos físicos como si lo estuviera viendo desde una perspectiva en tercera persona a vista de pájaro. Creo que esto es posible porque mi Ojo de la Mente se expandió exponencialmente cuando la energía Kundalini lo atravesó con fuerza intensa durante mi despertar inicial de Kundalini. Como resultado, el típico portal del Ojo de la Mente con forma y tamaño de rosquilla se ha expandido hasta el tamaño de un neumático de coche, hablando en sentido figurado.

Esta transformación me permite salir de mí mismo en el momento en que veo algo externo a mi cuerpo físico. Y al salir de mí mismo, puedo verme en tercera persona: veo mi cara y mi cuerpo a través del Ojo de mi Mente, y puedo controlar las vibraciones que envío a los demás a través de mi lenguaje corporal. Lo comparo con el hecho de ser director y actor al mismo tiempo, y de elaborar la obra de la vida misma.

Puedes imaginar lo bien que me lo paso visitando nuevas ciudades. Ver Times Square de Nueva York por la noche por primera vez fue como si Alicia entrara en el País de las Maravillas. Viajar a ciudades Antiguas y modernas se ha convertido en una de mis actividades favoritas, ya que me aporta muchas experiencias metafísicas. Me siento tan bendecida por vivir estos cambios interiores que a menudo se me saltan las lágrimas y daría cualquier cosa por compartir esta experiencia vital personal con los demás.

Por la noche es más maravilloso porque todas las luces se realzan, sobre todo la señalización DEL, las luces de tráfico y de los coches, y la iluminación de las casas y edificios. La noche también transforma la superficie de muchos objetos, que empiezan a brillar como el terciopelo, y sus bordes aparecen más nítidos y definidos. Toda esta visión viene acompañada de una sensación de asombro, la misma que sentirías si te transportaras a otro Planeta en una galaxia diferente y vieras ese mundo por primera vez. La mejor manera de describir cómo veo el mundo exterior ahora es con la palabra "Intergaláctico", ya que está totalmente fuera de este mundo y, sin embargo, también existe aquí y ahora al mismo tiempo que tú, el lector, estás leyendo estas palabras.

TRANSFORMACIÓN KUNDALINI-PARTE II

Publicado originalmente por The Kundalini Consortium - 26 de Abril de 2017.

Durante mis diecisiete años de transformación Kundalini, mi conexión con el sonido se ha ampliado. Cuando calmo la actividad de mi mente, los diferentes sonidos que capto de mi entorno van acompañados de imágenes en mi Ojo de la Mente que fluyen por la conciencia de forma ondulante, como las olas del océano.

Cada sonido tiene un pensamiento detrás, y una vez que frenas tu parloteo interior e induces el silencio absoluto, puedes conectar con ese pensamiento y verlo como una imagen visual. El sonido se mueve en ondas que los sentidos psíquicos pueden percibir cuando uno está suficientemente evolucionado Espiritualmente.

Después de esta transformación en mi forma de procesar las vibraciones sonoras, me siento como si estuviera simultáneamente en el Cielo y en la Tierra. La quietud en mi interior me permite captar las vibraciones a mi alrededor como un receptor de radio. La sensación es etérea, casi como si caminara sobre las nubes. Las películas de Hollywood describen el Cielo como un lugar en las nubes por una razón. Este estado del Ser va acompañado de un completo silencio interior, porque sólo cuando la mente está quieta la conciencia puede llegar lo suficientemente alto como para experimentar la Eternidad.

Recuerdo cómo experimentaba el mundo antes de la transformación Kundalini, y puedo decir con seguridad que éste es el Planeta Tierra 2.0. Al combinar estos fenómenos con mi nuevo sentido de la vista, es casi como si me hubieran dado unos auriculares de realidad virtual permanentes para llevarlos las 24 horas del día, 7 días a la semana. Vivo en el mismo mundo que los demás, pero lo veo y lo experimento de forma muy diferente.

La expansión de mi vista física ocurrió cinco meses después de mi despertar en 2004. Fue uno de los primeros regalos del despertar de la Kundalini. Ahora ya me he acostumbrado por completo a ella, pero a menudo recuerdo lo impresionante que es cuando contemplo nuevos paisajes o visito nuevas ciudades. Lo primero que hago siempre es pasear por el centro de la ciudad para experimentar sus luces brillantes y su arquitectura.

Hay momentos en los que estoy tan inmerso en mi experiencia visual y fuera de mi cuerpo que empiezo a ver el mundo exterior como un rayo de Luz bidimensional que viene del Sol. Puedo escudriñar dentro de esta visión y ver Universos paralelos que existen aquí y ahora pero que son invisibles a la vista humana normal. Toda esta experiencia es una forma de éxtasis, ya que mi conciencia se eleva para tener esta visión. Me invade como una ola, y me convierto en conciencia pura abrazándola. Por alguna razón, estas visiones me transportan a menudo a la época medieval, sólo que en una versión mucho más pequeña que el mundo moderno. Creo que los mundos paralelos existen aquí y ahora dentro de la Luz, y una vez que eres capaz de alterar tu vibración, puedes percibirlos.

Debido a la expansión de mi Ojo de la Mente, si me concentro en un ser humano durante unos diez segundos, empiezo a salir de mí mismo y veo los colores de la energía de esa persona. Si llevo esta visión más lejos, empiezo a cambiar de estado de conciencia y veo a la persona desde la perspectiva de una criatura más pequeña, como una hormiga, o más alta, como una jirafa. Cuanto más tiempo las mantengo enfocadas, más sigue cambiando mi visión. Incluso puedo ver animales y diferentes Seres superpuestos en los rostros de las personas. A menudo estos Seres parecen humanoides, pero no del todo humanos.

Todo ser vivo en el Cosmos está compuesto de Luz y de conciencia pura. Dado que el despertar de la Kundalini es la evolución de la conciencia y la Luz, me permite ver más del Universo de lo que me limitan mis sentidos físicos.

Poco después del despertar inicial, una vez experimenté una alteración de mi frecuencia vibratoria, que cambió la condición del Universo físico ante mis ojos. Normalmente, escucho la Kundalini en mis oídos como el zumbido continuo de un enjambre de abejas o el sonido de la radiación (ruido electromagnético), que cambia de tono cuando ingiero alimentos. Una vez fui capaz de aprovechar la fuente de la vibración y cambiar su tono a un sonido de gruñido bajo, como el motor de un Mustang. Cuando esto ocurrió, vi el mundo frente a mí como un Holograma, con paredes transparentes y objetos suspendidos en el espacio. Esta visión duró unos diez segundos, hasta que mi Ego tomó el control, y la vibración volvió a su sonido familiar, bajando mi conciencia al nivel de la Materia.

De nuevo, estas visiones y experiencias que estoy describiendo no se ven dentro de mi cabeza cuando cierro los ojos. Eso no sería único, ya que sólo estaría usando mi imaginación. En cambio, estas visiones ocurren a través de la vista física. Y a menudo ocurren cuando algún objeto externo capta mi atención y me absorbe. Inmediatamente se despliega un proceso de arrebato interno que permite que se produzca algún fenómeno visual.

Otra transformación esencial de la vida que describí en un artículo anterior ha sido el Sueño Lúcido, una versión nocturna del viaje Astral. Una vez que la Energía de la Luz se acumuló en mi interior con el tiempo, empecé a Soñar Lúcidamente con regularidad. Como la gravedad no es un factor en el Mundo Astral, la conciencia pura es la Ley que lo rige. Como se ha mencionado, puedes volar, atravesar paredes, transportarte a cualquier lugar de la Tierra instantáneamente, realizar telequinesis y cumplir cualquier deseo que normalmente no podrías hacer en la vida real.

La mejor parte es que en un Sueño Lúcido, la conciencia está completamente despierta y consciente de la misma manera que en la vida física despierta. La diferencia es sólo una cuestión de grado, pero el concepto y la experiencia son los mismos. Es pura imaginación y deseo alimentándose a través de sus experiencias. La fuente de nuestras Almas es la imaginación y la Luz.

En cuanto al Viaje Astral, que ocurre durante los Sueños Lúcidos, visité Mundos impresionantes e intrincados, hermosos de contemplar. Viajé a diferentes galaxias, hablé con Seres Extraterrestres y recibí información sobre mí, el mundo y nuestro futuro como raza humana. A menudo, mi sueño lúcido era tan poderoso que no podía despertar de él. Tenía que dormir hasta doce o dieciséis horas seguidas en un estado de "parálisis del sueño" hasta que mi conciencia tenía suficiente. Si intentaba despertarme durante ese tiempo, la potencia del sueño era a veces tan intensa que me arrojaba de nuevo a la almohada.

He pasado horas y horas descargando información de Seres de otro mundo y Maestros Ascendidos y Deidades, de forma similar a como Neo descargaba programas de ordenador en "The Matrix". En una hora, tuve el privilegio de descargar veinte libros de información. A través de estas descargas, he recibido ciertas verdades sobre la humanidad y el mundo en el que vivimos que no podría alcanzar de otra manera.

Con el tiempo, también he desarrollado la capacidad de utilizar el portal del Ojo de mi Mente como la lente de una cámara en un Sueño Lúcido. Puedo cambiar el diafragma para pasar a una realidad que denomino hiperconciencia, un estado elevado más allá del ámbito de la conciencia humana, incluidos los estados de sueño. Este estado es similar a un viaje con DMT o Peyote, pero diferente porque tiene un aire futurista y Steampunk.

Estos son algunos de los dones que se desvelan después de despertar la Kundalini. Realmente vivimos en la "Matrix", donde tu potencial de experiencia vital es tan increíble que no puedes ni imaginarlo hasta que te ocurre. Todo lo que nos rodea es conciencia y Luz. Una vez que despiertas la Kundalini, que es Luz y amor, empiezas a contemplar el Universo a tu alrededor como realmente es.

La Luz interior contiene muchos estados de conciencia diferentes con distintos grados de experiencia. Este éxtasis está destinado a todos una vez que podemos perdernos e ir más allá del Ego. A veces puede suceder a las personas no despiertas durante la meditación, que, en mi caso, se ha convertido en un estado permanente ya que cada acto de enfocar mi atención en algo se ha convertido en una forma de meditación.

Muchas personas han tenido despertares de Kundalini, pero pocas han informado de experiencias como las que yo he tenido en su transformación general. Lo que separa el tipo de despertar de Kundalini que he tenido de uno espontáneo o Shaktipat (una transmisión de energía Espiritual sobre una persona por otra) es que debes elevar suficiente Prana durante el despertar inicial para abrir y expandir el Ojo de la Mente como hice yo. La energía sexual que una meditación de visualización puede generar es la clave para hacer esto con éxito. Es por eso que la mayoría de las personas despiertas no experimentan el mundo de la misma manera que yo o Gopi Krishna.

Gopi Krishna es una de las pocas personas sobre las que he leído que vivió en el mismo mundo nuevo que yo después de su despertar. La lectura de su obra me ayudó mucho en los momentos álgidos de mi proceso de transformación. Llevo diecisiete años investigando ampliamente sobre la Kundalini, he hablado con más de doscientas personas en las redes sociales o en persona, y sólo he encontrado un puñado que relata lo mismo que yo. No digo esto para presumir porque nunca pedí nada de esto, pero lo menciono para explicar las variadas experiencias de Kundalini. Creo que, a través de mi relato, puedes hacerte una buena idea del propósito general de Kundalini, lo que puede disipar cualquier información inadecuada que hayas recibido previamente sobre este tema.

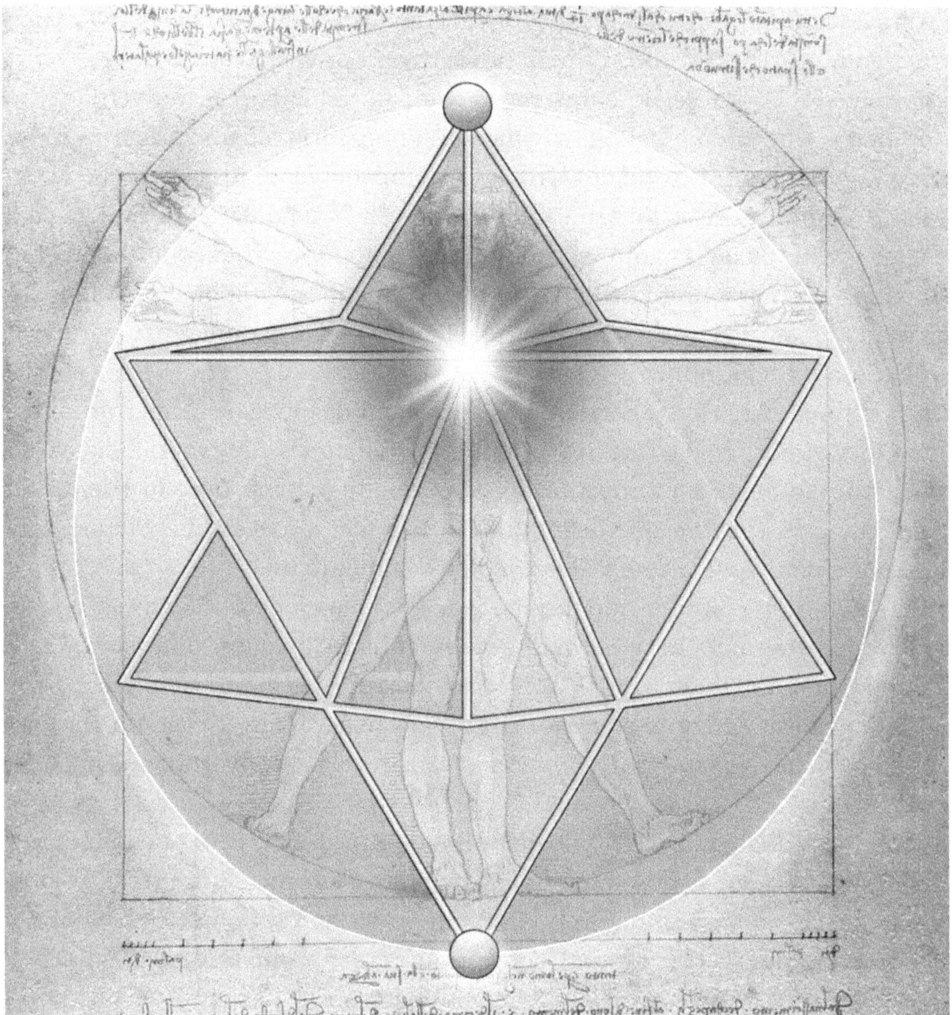

Figura 69: El Merkaba -Toro Optimizado

La ruptura del Huevo Cósmico en la parte superior del Chakra Coronario por parte de la Kundalini tiene como resultado el efecto de "electrocución", ya que los 72,000 Nadis se infunden con energía de Luz, activando completamente el Cuerpo de Luz. Además, la infusión de la Luz en los Chakras expande y optimiza el propio campo energético toroidal (toro), cuya representación geométrica es el Merkaba (Figura 69). Presenta dos tetraedros que giran en sentido contrario y cuyo rápido ritmo de giro forma una esfera de Luz alrededor del cuerpo físico, permitiendo que el Alma (también de forma esférica) abandone el cuerpo a voluntad. El Merkaba es un complemento del Cuerpo de Luz, ya que cada uno desempeña una función crítica al proporcionar al Alma un vehículo para viajar a través del Universo y otras dimensiones del Espacio/Tiempo a través de la conciencia. (Para un discurso completo sobre el toro y el Merkaba, consulta *Serpent Rising: The Kundalini Compendium*).

La ruptura del Huevo Cósmico puede ocurrir si intentas despertar la Kundalini intencionadamente, durante un despertar espontáneo o a través de Shaktipat. Sin embargo, para despertar el Ojo de la Mente y expandirlo durante el ascenso inicial de la Kundalini, debes realizar una técnica probada de cultivo de energía para generar suficiente Prana junto con una meditación de visualización para abrir el Chakra Ajna.

Aunque obtenemos la energía Pránica del Sol, también la recibimos a través de la ingesta de oxígeno. Por esta razón, todos los seres vivos respiran aire para sobrevivir. El aire es una manifestación del Espíritu, aunque en un plano inferior al de la Luz Blanca que subyace a toda la existencia. El Prana puede ser estimulado de muchas maneras, incluyendo la práctica Yóguica del Pranayama (control de la respiración) y, por lo tanto, aumentado a un quantum más significativo.

Las meditaciones de visualización con un componente sexual pueden generar Prana conscientemente, y si resulta en un despertar de la Kundalini, puede ser poderoso. En mi caso, estaba haciendo una forma de práctica de sexo tántrico imaginando una experiencia sexual tan potente que desencadenó continuos orgasmos internos cuyo éxtasis de emoción despertó mi Kundalini. La intensidad con la que la Kundalini abrió todos mis Chakras fue increíble, culminando en la unión momentánea con la Luz Blanca.

La Ciencia Kundalini es una realidad. Desgraciadamente, las ciencias físicas no tienen medios para medirla o estudiarla, aparte de escuchar y posiblemente recopilar los numerosos relatos anecdóticos de todo el mundo. El punto de inflexión para la ciencia es siempre una masa crítica. Debe haber suficientes relatos que compartan los mismos desencadenantes y efectos. Desgraciadamente, por el momento hay demasiadas variaciones y variables.

Algunos variables son los mismas; otros son diferentes. Por ejemplo, nuestra composición biológica y las vías de la Kundalini, los Nadis (canales), son iguales para todos los humanos. Sin embargo, aunque nuestro sistema energético es el mismo, los desencadenantes, los efectos, las experiencias de las subidas y las manifestaciones no lo son. Pero como el núcleo de todas las experiencias de la Kundalini es la evolución de la conciencia y la liberación completa del cuerpo físico, a medida que más personas se Iluminen a través de este proceso, habrá una comprensión más unificada de la ciencia de la Kundalini.

Una vez que más personas tomen conciencia de todo el potencial de la Kundalini, podrá obtener el respeto que merece y pasar a formar parte de la corriente principal, permitiéndonos estudiarla a través de medios científicos para medir la intensidad y el nivel de la experiencia. Pero desgraciadamente, aunque la Kundalini es lo más importante de nuestro Planeta, la mayoría de la gente sigue sin conocerla o piensa que es sólo un tipo de Yoga.

En cambio, la Kundalini es la fuente de la conciencia individual y la clave para despertarnos a la Conciencia Cósmica. Tal y como predijeron los Antiguos, puede que estemos en el precipicio de la historia de la humanidad cuando la gente se despierte a escala masiva, llevando al Planeta a la tan esperada Edad de Oro. Si esto sucede, tendremos las respuestas a quiénes somos y al propósito de vivir en este Planeta con este mecanismo de Kundalini incrustado, pero actualmente dormido. Todavía estamos en las albas de nuestro destino como seres humanos Espirituales en el Cosmos. Y eso es muy emocionante de verdad.

TESTIMONIOS DE MAGIA CEREMONIAL

Nota: Los siguientes testimonios son de cinco individuos a los que he asesorado en el pasado. Todos ellos se han beneficiado significativamente de la Magia Ceremonial, especialmente del trabajo con los Cinco Elementos; por ello, les he pedido que describan sus experiencias.

"Cuando me inicié en la Orden de la Aurora Dorada, lo que más me interesaba era conocer todos los secretos místicos y desarrollar más mis capacidades extrasensoriales. Sin embargo, descubrí que fue el trabajo de Magia Elemental que hicimos el que cambió profundamente mi percepción, y me atrevería a decir que cambió la dirección de mi vida. Recomendaría este trabajo a cualquiera que tenga un interés sincero en trabajar para vivir de forma más auténtica. Los ejercicios rituales son poderosos, y cuando se utilizan junto con el trabajo de meditación, no hay límites a lo que uno puede lograr con él."

VH Soror LIA (Adepto HOGD)

"El sistema de la Aurora Dorada es un camino de exploración seguro, probado y verdadero, diseñado para ampliar el conocimiento teórico y práctico de la Magia. Está organizado de forma que permite al practicante progresar a través de los distintos grados Elementales, mejorando así los aspectos asociados de la personalidad a través de la integración de prácticas y experiencias Espirituales. Los ejercicios de destierro, invocación y meditación que se presentan sistemáticamente en los distintos niveles de logro son transformadores y proporcionan una base firme para prácticas Mágicas más avanzadas, como la Magia Enoquiana. Recomendaría el sistema de la Aurora Dorada a cualquier estudiante o practicante serio del Esoterismo Occidental".

Angela Seraphim / VH Soror VLM (Adepto HOGD)

"La vida te da muchas oportunidades de crecimiento, pero depende de ti reconocer cuándo se presentan estas oportunidades y aprovecharlas plenamente. Una vez completado el trabajo preliminar de preparación mental y emocional (con el uso de LBRP y SIRP), comencé a trabajar con las Llaves Enoquianas en serio. Me aislé durante dos meses en el campo de la isla de Granada en el Caribe para esta tarea.

Mi experiencia con la Magia Enoquiana comenzó con sueños y visiones, que fueron pruebas para mi mente, cuerpo y Alma. Se me revelaron muchas percepciones sobre mi naturaleza interior, así como los Misterios Universales, que me hicieron humilde diariamente. Mi evolución Espiritual fue inmediata y pronunciada. Sin embargo, no vino sin un precio, como con cualquier cosa de verdadero valor. Mi Ego se desgarró a medida que iba mudando de piel diariamente, renovándose más con cada Llave Enoquiana. Este proceso era a menudo aterrador, pero también iluminante al mismo tiempo.

La Magia Enoquiana pone a prueba tu Alma y tu Espíritu hasta el extremo. Me encontré luchando con Demonios internos y externos para dominar todas las partes del Ser. Después de dedicarme de lleno a terminar el programa de Alquimia Espiritual con las Llaves Enoquianas, puedo decir con seguridad que salí del otro lado como una persona mucho más evolucionada Espiritualmente. Recomiendo encarecidamente la Magia Enoquiana a todos aquellos individuos que estén dispuestos a sacrificar todo en nombre de su desarrollo y evolución Espiritual."

Prometeo

"Desde que empecé a utilizar el LBRP y el BRH, mi vida mejoró drásticamente. ¿Alguna vez has sentido que una fuerza negativa te impide vivir una vida plena y satisfactoria? Pues así me sentía yo antes de practicar estos ejercicios rituales. Una vez que empecé a hacerlos, las cosas empezaron a cambiar para mí en una dirección muy positiva.

La fuerza negativa y la inercia comenzaron a disiparse. Esto incluía también los pensamientos confusos y obsesivos. A menudo, podía sentir que la energía negativa se difundía y dispersaba. Esto me permitía tener tranquilidad y oportunidades para progresar en todas las áreas de mi vida.

He estado haciendo estos ejercicios durante más de una década, y déjame decirte que es una herramienta indispensable que he incorporado a una rutina que lucha contra estas fuerzas negativas. También utilizo estos ejercicios rituales para limpiar el espacio que me rodea, incluyendo mi Aura, de todas las entidades Espirituales negativas, así como de la energía. Esto crea un espacio sagrado donde puedo hacer mi trabajo Espiritual. No puedo imaginar mi vida sin hacer estos ejercicios.

En cuanto al Middle Pillar, este ejercicio infunde mi Aura con mucha energía beneficiosa. Me da la base adecuada para que pueda trabajar en los otros ejercicios rituales y así poder aprovechar al máximo mi día.

Todos estamos gravemente afectados por las energías de otras personas, interpenetrando nuestras Auras constantemente. Estos rituales Mágicos destierran todas estas energías adversas y no deseadas. Esto evita el agotamiento y nos ayuda a vivir una vida feliz y constructiva.

En cuanto a los ejercicios rituales LIRP de los Elementos, infundieron mi Aura con el Elemento con el que estaba trabajando, de forma segura y eficiente. Experimenté algunos cambios y fluctuaciones en mi vida mental y emocional, probablemente porque estaba equilibrando e integrando ese Elemento en mí. Se necesita un poco de ajuste, pero no te preocupes, saldrás victorioso, como lo hice yo".

Sam Benchimol/ Frater AC (Iniciador del EOGD)

"Después de sólo leer sobre Magia Ceremonial y el Alaba Dorada, decidí empezar a practicar los ejercicios rituales por mí mismo. Con la ayuda y orientación de Neven, acompañada del programa de Alquimia Espiritual que me dio, comencé a hacer los destierros diarios (LBRP y BRH), junto con el ejercicio del Middle Pillar. Noté que los destierros y el Middle Pillar me pusieron inmediatamente en un estado mental equilibrado, lo que me ayudó a concentrarme mejor en mi trabajo escolar.

Enseguida vi que hay algo en todo esto de la Magia, y me entusiasmé con empezar a trabajar con los Elementos. Comencé a trabajar con el LIRP de la Tierra, y como un reloj, las manifestaciones comenzaron a ocurrir. La primera semana de trabajar con la energía de la Tierra, conseguí una nueva novia y un nuevo trabajo.

Después de terminar el programa prescrito con Tierra, empecé a trabajar con los LIRPs de Aire. Después del segundo día de invocar Aire, me sentí muy creativa e inspirada, así que empecé a escribir. Me encerré en mi habitación y escribí día y noche durante dos semanas, obsesivamente. Me sorprendió la cantidad de creatividad que brotaba de mí, y quise aprovecharla toda. La conexión que tenía con mis pensamientos era irreal. Durante esas dos semanas, también tuve mi primer Sueño Lúcido. Fue una de las experiencias más increíbles y que nunca olvidaré. Esta experiencia de Sueño Lúcido se repitió 3-4 veces más en los meses siguientes.

Terminé el programa prescrito con el Elemento Aire y luego comencé a invocar el Agua. La primera vez que lo invoqué con el LIRP, sentí un intenso torrente de energía de agua que llenaba mi corazón. Fue como una ola que se apoderó de mí. Me invadió un sentimiento tan fuerte de amor y felicidad que caí de rodillas. No podía creer que me sintiera tan bien como resultado de un ejercicio Mágico. Esa noche, como muchas otras noches mientras invocaba el Elemento Agua, me acosté en mi cama con lágrimas en los ojos pensando en el amor que sentía por las personas de mi vida. Me di cuenta de que las lágrimas eran un proceso de purga de mis emociones y de purificación de las mismas.

Mientras el Elemento Aire me permitía expresarme mejor con las personas de mi vida, el Elemento Agua reforzaba mis relaciones con ellas, ya que me permitía conectar con mis emociones, especialmente con el sentimiento de compasión. Seguí invocando el Elemento Agua hasta que terminé el programa prescrito con él, tras lo cual pasé al Elemento Fuego.

Una vez que empecé a trabajar con el LIRP de Fuego, sentí un cambio inmediato en mi energía. El torrente de Agua desapareció y fue reemplazado por una fuerte corriente de energía de Fuego que se sentía en mi corazón. Esta energía de Fuego me dio inmediatamente más vitalidad y fuerza bruta para completar todas mis tareas diarias. Mi ambición y mi impulso se multiplicaron por diez. Mientras trabajaba en el desarrollo de mi fuerza de voluntad, también se me planteó el reto de mi ira. Me di cuenta de que mi ira es el resultado de no utilizar mi fuerza de voluntad al máximo, así que traté de concentrarme en ser más asertivo, lo que frenó mi ira en su mayor parte.

Pasé meses invocando el Fuego, y aprendí muchas lecciones sobre cómo expresarme lo mejor posible. Las manifestaciones del Elemento Fuego me recordaban a las del Aire, sólo que mucho más intensas. Cuando terminé el programa prescrito con el Fuego, estaba preparado para empezar a invocar el Elemento Espíritu.

La primera noche que usé el SIRP, sentí que la energía pacífica y trascendental del Espíritu se apoderaba de mí. Fue místico y muy potente. Me impulsó a meditar en mi Chakra del Ojo de la Mente durante unas horas, algo que repetí todos los días después.

Después de una semana de invocar el Elemento Espíritu y meditar diariamente, tuve un avance. La energía Kundalini subió desde la parte inferior de mi columna vertebral hasta mi Chakra del Corazón, donde sentí que se producía una expansión. Me invadió una sensación de felicidad tan poderosa que perdí la conciencia durante unos cinco minutos. Durante esos cinco minutos, mientras me sumergía en el Océano de la Conciencia, sentí la unidad con todas las cosas existentes. Después de esta experiencia, nunca volví a ser la misma, y la dicha se convirtió en una parte permanente de mi existencia. Trabajé con el SIRP durante el periodo prescrito y aprendí a integrar en mi vida las diferentes lecciones de los Elementos anteriores.

Estoy muy agradecida a Neven por animarme a empezar y terel programa de Alquimia Espiritual con los Cinco Elementos. Fue una experiencia transformadora en todos los niveles y una que apreciaré por el resto de mi vida. Sólo había leído sobre la Kundalini hasta que empecé a trabajar con los Elementos, y me siento muy bendecida por haber tenido un ascenso Kundalini y el despertar de mi Chakra del Corazón.

Recomiendo este programa de Alquimia Espiritual a cualquier persona que quiera evolucionar y encontrar la felicidad eterna en su vida como lo hice yo."

Lucias

GLOSARIO DE TÉRMINOS SELECCIONADOS

Nota: A continuación, se presenta una selección de términos que no están definidos en el texto original o que requieren una definición más detallada. Utilice esta sección para ampliar sus conocimientos sobre los temas indicados.

Aethyr, el: En física, el Aethyr es un medio o sustancia sin forma e invisible que impregna el Cosmos. Es un medio de transmisión de información. En el contexto de *The Magus, el Aethyr* es sinónimo del Elemento Espíritu. En el Sistema Enoquiano, los Treinta Aethyrs son círculos o capas interpenetrantes del Aura que pertenecen a las experiencias Espirituales de los Planos Cósmicos.

Adepto, un: Un individuo Espiritualmente evolucionado que es un maestro de los Elementos de su Ser. Un Adepto es competente en su conocimiento sobre los Misterios Sagrados de la Creación. Su conciencia opera desde los tres Chakras superiores de Vishuddhi, Ajna y Sahasrara, del Elemento Espíritu. Un Adepto recibe la Gnosis de los Reinos Divinos, y sirve a Dios, el Creador. Están en comunicación directa con su Santo Ángel de la Guarda. Los Adeptos de la historia incluyen, pero no se limitan a, Jesucristo y Buda.

Estado Alfa: Un estado mental relajado que le permite ser más abierto, receptivo y creativo. Este estado se alcanza cuando las ondas cerebrales se ralentizan hasta situarse entre los 8 y los 12 Hz, lo que suele ocurrir cuando se sueña despierto y durante el sueño. El Estado Alfa puede ser inducido conscientemente a través de la mediación. Estar en este estado aumenta la memoria y la intuición y reduce la ansiedad. El estado Alfa de la actividad cerebral se produce entre la vigilia con actividad mental (Estado Beta) y el sueño (Estado Theta). Es durante las últimas etapas del sueño, cuando el cuerpo y el cerebro están descansados, cuando se alcanza el Estado Alfa. Esta experiencia provoca el fenómeno involuntario del Sueño Lúcido.

El Estado Alfa es el punto de contacto entre el practicante de la Magia y los Planos Cósmicos interiores. Estar en un Estado Alfa durante la conciencia normal de vigilia te permite tener control sobre tu realidad ya que tu conexión con tu Ser Superior es mayor. Por lo tanto, puedes utilizar las Leyes Universales conscientemente y con intención.

Energía Ancestral: Un Ancestro o cualquier persona de la que desciende un individuo. Cada persona está vinculada a sus Ancestros a través de su ADN. Dependiendo de la raza y la etnia de tus Ancestros, estarías predispuesto a ciertos rasgos que afectan a su personalidad y al desarrollo de su carácter. Sin embargo, el Libre Albedrío sustituye a todas las predisposiciones del ADN de la propia Energía Ancestral.

Ankh, el: Símbolo jeroglífico del Antiguo Egipto que se asemeja a una cruz pero que tiene un lazo en lugar del brazo superior. Los Egipcios lo utilizaban en la escritura y el arte para representar la palabra "vida" o "aliento de vida". Dado que los Egipcios creían que la existencia terrenal era sólo una parte de la vida Eterna del Alma y el Espíritu, el Ankh simboliza tanto la vida mortal como el más allá. Tras la caída de la religión politeísta Egipcia, la Iglesia Copta Cristiana adoptó el símbolo del Ankh como una forma de la cruz, llamándola "crux ansata", que se traduce como "cruz con asa".

Arcángel, un: Esta palabra deriva del Griego "Arkhangelos", que significa "Ángel principal". Un Arcángel es una entidad Espiritual de alto rango en la jerarquía celestial. Los Arcángeles más comunes en el Judaísmo y el Cristianismo son Rafael, Gabriel y Miguel. Junto con Auriel, estos cuatro son los Arcángeles que custodian los cuatro puntos cardinales como parte de los ejercicios rituales de Magia Ceremonial. Cada uno representa la energía de uno de los Cuatro Elementos: Tierra, Aire, Fuego y Agua. A estos cuatro se añade el Arcángel Metatrón, al que a menudo se le llama el "más alto de los Ángeles" porque es el Arcángel de la Sefira de Kether y del Elemento Espíritu.

Archidemonio, un: Una entidad Espiritual de alto rango en la jerarquía infernal. Un Archidemonio es considerado una figura líder por las otras entidades Demoníacas. En esencia, los Archidemonios son las contrapartes malvadas de los Arcángeles. Al igual que los Demonios, son considerados los Ángeles Caídos, o Ángeles que cayeron de la Gracia de Dios. Los Archidemonios más populares en el Judaísmo y el Cristianismo son Lucifer, Belcebú y Satanás. Esta obra menciona al Archidemonio Khoronzon, que es la personificación del Diablo como Ego del individuo.

Estandartes de Oriente y Occidente: Dos estandartes que cuelgan en lados opuestos (Este y Oeste) de un Templo tradicional de la Aurora Dorada. El Estandarte del Este representa la Luz y la salida del Sol, y se coloca en la esquina sureste del Templo. El Estandarte del Oeste representa la oscuridad y la puesta del Sol y se coloca en la esquina noroeste. Estos dos estandartes representan la dualidad, al igual que los Pilares de la Luz y la Oscuridad (Jachin y Boaz), también utilizados en un Templo tradicional de la Aurora Dorada.

El Devenir: El concepto de "Devenir" se originó en la Antigua Grecia con el filósofo Heráclito de Éfeso, quien dijo que nada en este mundo es constante excepto el cambio y el proceso de "Devenir". El devenir se relaciona con la evolución, individual y colectiva. Implica que, en cada momento, el individuo, o el estado colectivo de la humanidad, está más evolucionado que el momento anterior. La evolución no sólo incluye a los seres vivos, sino también a los Planetas, los Sistemas Solares y las Galaxias. La antítesis del Devenir es el "Ser". El acto de Ser es una expresión del Elemento Fuego ya que es Eterno y fijo en sus formas. Por otro lado, el proceso de Devenir es una expresión del Elemento Agua, ya que es cambiante y se transforma continuamente. Uno es el Alma y el otro la conciencia.

Estado Beta: Estado mental asociado a la conciencia normal de la vigilia y a un estado elevado de alerta, razonamiento crítico y pensamiento lógico. Cuando las ondas cerebrales están entre 12,5 y 30 Hz, se alcanza este estado. El Ego utiliza el Estado Beta para racionalizar su existencia. Mientras se experimenta el Estado Beta de actividad cerebral, la conciencia del individuo es susceptible a la agitación emocional y mental. Por lo tanto, para aliviar la ansiedad, es imperativo que el individuo ralentice la actividad cerebral y alcance el Estado Alfa.

Cuerpo de Luz, el: Sinónimo de Cuerpo de Luz y Cuerpo Arco Iris. Es un vehículo a través del cual podemos experimentar los Planos Cósmicos interiores. Elevar la energía Kundalini hasta la Corona romperá el Huevo Cósmico y activará completamente el Cuerpo de Luz, despertando todo su potencial latente. El objetivo de todo ser humano es elevar su Kundalini en su vida. Hacerlo liberará el Alma del cuerpo físico y unirá la conciencia individual con la Conciencia Cósmica.

Conciencia Cósmica: Sinónimo de Conciencia de Dios en lo que respecta a nuestro Sistema Solar. Es el estado de conciencia más elevado que pueden alcanzar los seres humanos, ya que es la conciencia colectiva de la raza humana. Nos hace Uno con el Universo. La Conciencia Cósmica se describe como un nivel superior de conciencia que puede percibir todas las cosas a la vez a través de la unidad. La clarividencia y otras habilidades psíquicas son posibles a través de ella. En cuanto a la Qabalah, la Conciencia Cósmica pertenece al Kether Sephira y al Sahasrara Chakra. Si la Conciencia Cósmica se extiende más allá de nuestro Sistema Solar o se limita a él es una cuestión de debate. Todos los iniciados de la Luz aspiran a unificar su conciencia individual con la Conciencia Cósmica. A través de esta unificación, se alcanza la Iluminación.

Huevo Cósmico: Un contenedor de energía que reside en la parte superior de la cabeza, en el centro. Cuando es atravesado por la energía Kundalini en su ascenso a través de la columna vertebral y el cerebro, libera Ambrosia líquida que activa completamente el Cuerpo de Luz, infundiendo así los Setenta y Dos Mil Nadis con energía de Luz. Cuando se produce este proceso, primero se siente como si alguien hubiera roto un huevo gigante sobre la cabeza, seguido de la sensación de estar ligeramente electrocutado cuando la Ambrosía se derrama hacia abajo desde la parte superior, el centro de la cabeza.

Querubines, un: Palabra Hebrea del Antiguo Testamento que designa a un ser Angélico que asiste directamente a Dios. Los Querubines tienen muchas funciones, aunque su deber principal era proteger el Jardín del Edén. En *The Magus*, los Querubines representan los Cuatro Elementos como el hombre (Aire), el águila (Agua), el toro (Tierra) y el león (Fuego). Son los protectores vigilantes y representantes de esos Elementos en la carta del Tarot del Mundo.

Conciencia de Cristo: La palabra "Cristo" se basa en la traducción Griega de la palabra "Mesías". "Las figuras Mesiánicas de la historia son consideradas como Deidades vivas y encarnaciones de la energía Dios-Espíritu. Como tal, Jesús de Nazaret recibió el título de "Cristo" para denotar su divinidad. La Conciencia Crística representa un estado de conciencia de nuestra verdadera naturaleza como Hijos o Hijas de Dios, el Creador. Este estado implica la integración del Espíritu en la Materia y el equilibrio entre ambos. En la Qabalah, la Conciencia Crística representa el estado de conciencia del Tiphareth Sephira. La energía del Espíritu es traída a través del camino de la Gran Sacerdotisa en el Tarot, ya que es nuestro enlace con el Kether Sephira. La Conciencia Crística es el estado de conciencia del individuo una vez que se ha logrado una relación con la Conciencia Cósmica. Implica la afluencia de amor incondicional en Anahata, el Chakra del Corazón ya que es desde donde el individuo opera cuando está en este estado.

Creación: El proceso o la acción de traer algo a la existencia. En el contexto de *The Magus*, se refiere al proceso en el que Dios, la Fuente, manifiesta el universo físico. Dado que esta obra es Hermética, este término se refiere a menudo al Árbol de la Vida como el plano de toda la Creación.

Noche Oscura del Alma, la: Período de desolación que un individuo experimenta cuando está evolucionando rápidamente en el Plano Espiritual. Durante la Noche Oscura del Alma, se elimina todo sentido de consuelo, creando un tipo de crisis existencial por el momento. El individuo tiene que enfrentarse al lado oscuro de lleno y aceptar la agitación mental y emocional antes de transformarse Espiritualmente. No es raro que el individuo se aísle de otras personas durante este tiempo y derrame muchas lágrimas mientras purga viejas emociones. Una vez completado este periodo, las garras del Yo Inferior habrán disminuido, y el individuo se alinea más con su Yo Superior. La Noche Oscura del Alma es una fase necesaria de sufrimiento en el camino hacia la Iluminación. Sin embargo, no es un proceso de una sola vez, sino que puede encontrarse numerosas veces en el camino de la Evolución Espiritual.

Dimensión de la Vibración: La Cuarta Dimensión, o Dimensión de la Energía. Dado que todas las cosas que existen se mantienen en movimiento vibratorio, esta

Dimensión es el reino donde cada objeto, pensamiento o emoción tiene una esencia cuantificable (energía). Puede ser percibida por el Ojo de la Mente y la facultad intuitiva del ser humano.

Nombres Divinos de Poder, los: En este trabajo, este término se aplica a los muchos nombres Divinos de Dios, Arcángeles, Ángeles y otros nombres Santos utilizados para invocar o evocar la energía Divina. Al vibrar un Nombre Divino, el practicante se conecta a su poder a través de la frecuencia del sonido, lo que le da un control completo sobre esa corriente de energía a través de la sinergia. Como tal, la energía de un Nombre Divino impregna el Aura del practicante, y cuantas más veces se vibra un Nombre Divino, más energía se aporta. Las vibraciones tienen un efecto acumulativo en la cantidad de energía aportada. En *The Magus*, nos ocupamos principalmente de los Nombres Divinos Hebreos y Enoquianos. Los Nombres Divinos Hebreos se derivan del sistema Qabalístico, mientras que John Dee y Edward Kelley canalizaron directamente los Nombres Divinos Enoquianos. El poder de los Nombres Divinos se extiende a las entidades Demoníacas, como los Goetia. Al vibrar los nombres de una de estas entidades, el practicante recibe autoridad sobre ellas y puede ordenarles que cumplan sus órdenes.

Orden Esotérica de la Aurora Dorada: Una escuela de misterio Occidental basada en las enseñanzas de la Orden Hermética de la Aurora Dorada original. Recientemente ha sido rebautizada como *Escuela de Misterios Antiguos de la Aurora Dorada*. El Imperator General es G.H. Frater P.D.R. (Robert Zink).

Ángeles Caídos, los: Sinónimo de Demonios. Los estudiosos de la religión creen que se trata de seres Angélicos que fueron expulsados del cielo por pecar contra Dios. Satanás es considerado su líder, que es la antítesis de Dios. La idea detrás del término "Ángeles Caídos" se derivó del apócrifo *Libro de Enoc*. En él se menciona cómo la descendencia de los Ángeles Caídos, los Nefilim o "Gigantes", fueron ahogados en el Gran Diluvio por poner en peligro la supervivencia de la raza humana. Algunos estudiosos de la religión creen que los Espíritus desencarnados de los Nephilim todavía vagan por la Tierra. Estos Espíritus "malignos" buscan a los seres humanos cuyo libre albedrío pueden dominar y hacer que cumplan sus órdenes. Para estos estudiosos, esta es la causa de la actual dicotomía entre Ángeles y Demonios en el mundo moderno. Su guerra se libra en los Planos Cósmicos interiores, a través de los cuales tienen el poder de afectar el pensamiento y las acciones humanas. El progreso Espiritual de toda la humanidad es un resultado directo de su guerra. Su resultado determinará si caemos más profundamente en el materialismo o si nos elevamos colectivamente de forma Espiritual, introduciéndonos así en la tan esperada Edad de Oro.

Gaia: Se corresponde con el Sephira Malkuth como personificación del Planeta Tierra. Gaia es la Diosa Madre Tierra primigenia, la Madre Ancestral de todos los seres vivos. En la mitología Griega, Gea es una de las Deidades primordiales griegas de cuya unión sexual con Urano (el cielo), dio a luz a los Titanes y a los Gigantes (no confundir con los Nephilim). Los Dioses primordiales del mar nacieron de la unión sexual de Gea con el Ponto (el mar).

Geomancia: Práctica de adivinación mediante la lectura de los signos de la Tierra o, más apropiadamente, mediante un método de relación de dieciséis figuras formadas por un número de puntos o puntas. A estas dieciséis figuras se les atribuyen diversos significados y se asocian a signos del Zodiaco, Planetas, Elementos y otros. A través de estos significados, el adivinador puede extraer una adivinación.

Gloria de Dios, la: La palabra "gloria" viene del Latín "Gloria", que significa "fama, renombre". Según los Hebreos y los Cristianos, esta palabra se utiliza para describir la manifestación de la presencia de Dios en la humanidad. Dado que los seres humanos están hechos a imagen de Dios, según el *Libro del Génesis*, podemos experimentar la Gloria de Dios como un estado de conciencia alcanzable mientras vivimos en el cuerpo físico. La Gloria de Dios es un sentimiento extático en el corazón que trasciende el dolor y el sufrimiento de vivir en este mundo de dualidad. Experimentarla significa que nos hemos alineado con nuestro Ser Superior y hemos trascendido el Ego. La Gloria de Dios es el fruto del Reino de Dios (Reino de los Cielos), y todos los que encarnan los principios de vida enseñados por Jesucristo pueden experimentarla. Estos principios incluyen vivir en la verdad, ser justos, mantener una actitud moral y ética, y mostrar compasión por todos los Seres vivos.

Divinidad: Sinónimo de Dios, como Fuente de toda la Creación. Todas las religiones y filosofías consideran que Dios es omnipresente y omnisciente. La energía del Espíritu es el medio de expresión de Dios. La Divinidad es la unidad indivisa de Dios que es el Ain Soph Aur-la Luz sin límites. Es el ser sustancial impersonal de Dios que es la totalidad de la Trinidad Cristiana (Supernales) del Padre (Kether), Hijo (Chokhmah) y Espíritu Santo (Binah). La Conciencia Cósmica es de la Divinidad.

Parca: Una figura esquelética, envuelta en una túnica negra con capucha, que lleva una guadaña. Esta figura es la personificación de la muerte. La Parca apareció por primera vez en Europa durante el siglo XIV, cuando un tercio de su población pereció a causa de la peste negra. El esqueleto simboliza la muerte, y la túnica negra recuerda la vestimenta que llevaban las figuras religiosas de la época durante los servicios funerarios. La guadaña alude a la guadaña de Saturno, utilizada en este caso para cosechar Almas humanas.

Cielo: El Reino Espiritual donde se dice que residen los Arcángeles y los Ángeles. Tradicionalmente, este lugar se representa como si estuviera en el cielo, en las nubes. El Cielo es accesible no sólo como un estado del Ser después de la muerte, sino también mientras se vive. Representa el estado trascendental de la conciencia expandida y la unión del Espíritu y la Materia. Una vez que esto ocurre, el ser humano ha alcanzado la Iluminación, y su cabeza está en las nubes mientras sus pies están en la Tierra sólida. Los pueblos Antiguos utilizaban el término "Cielo" o "Cielos" para referirse a la bóveda celeste. Incluye las estrellas de arriba y el Sol, la Luna y los planetas. Este es el uso original y más antiguo del término.

Infierno: El Reino Demoníaco donde se dice que residen los Archidemonios y los Demonios. En las tradiciones religiosas y en el folclore, el Infierno es un lugar de ultratumba, que suele representar un lugar de castigo y tormento. Algunas religiones describen el Infierno como un destino Eterno, mientras que otras sólo como un periodo intermedio entre encarnaciones. En la teología Cristiana, el Infierno es sinónimo de Inframundo. Por lo tanto, las ideas y los significados asociados a ambas palabras son los mismos. En el contexto de *The Magus*, el Infierno es un estado mental. Fuera del cerebro, el Infierno no existe.

Hermetismo: Tradición filosófica, religiosa y esotérica basada principalmente en las obras de Hermes Trismegisto. El Hermetismo es una ciencia invisible que abarca las energías de nuestro Sistema Solar y su relación con los seres humanos. Los escritos Herméticos han influido enormemente en la tradición Esotérica Occidental, concretamente en la Orden de la Aurora Dorada.

Yo Superior, el: Tu Yo-Dios que es del Elemento Espíritu. El Yo Superior se confunde a menudo con el Santo Ángel de la Guarda, aunque este último es la expresión del primero. El Yo Superior se encuentra en el Kether Sephira, que se corresponde con el Sahasrara Chakra. En términos Qabalísticos, el Yo Superior es el Yechidah. Su opuesto es el Yo Inferior: el Nephesh y el Ego.

Santo Grial: También llamado Sangraal. La palabra "graal" proviene del Francés Antiguo, que significa "una copa o cuenco de tierra, madera o metal". El Santo Grial es un tesoro que sirve de motivo esencial en las leyendas Artúricas y en el Cristianismo. Las leyendas Artúricas describen el Santo Grial como una copa, plato o piedra con poderes milagrosos que proporcionan la vida Eterna, la felicidad y la abundancia infinita. Los Cristianos creen que el Santo Grial fue el recipiente que Jesucristo utilizó en la Última Cena para servir el vino. Por lo tanto, beber de él significa convertirse en uno con Jesucristo, ya que él se refirió al vino como su sangre durante la Última Cena. El Santo Grial ha adquirido un significado simbólico a lo largo del tiempo como un objetivo difícil de alcanzar porque puede dar la vida Eterna. El hecho de que sea "Santo" significa que tiene una fuente Divina. Por lo tanto, beber del Santo Grial significa participar de la generosidad y magnificencia de la energía Divina y Eterna de Dios. Todos estamos, en esencia, buscando el Santo Grial, lo que significa que todos estamos tratando de evolucionar Espiritualmente y alinearnos con nuestro Ser Superior (que nunca nació y nunca morirá, ya que es del Espíritu). Al hacerlo, habremos bebido del Santo Grial y ganado la vida eterna, simbólicamente hablando.

Santo Ángel de la Guarda, el: Es la expresión del Ser Superior o Dios-Ser. De naturaleza masculina, el Santo Ángel de la Guarda está relacionado con el Chokmah Sephira, ya que es el aspecto de la Fuerza del Principio de la Luz Blanca, que es la Divinidad-Kether. El Santo Ángel de la Guarda se comunica con nosotros a través de la Gnosis, que es la impartición directa de un conocimiento que de otra manera nos es desconocido; por lo tanto, es nuestro maestro interior. Por esta razón, a menudo se le llama el Genio Superior. Todo ser humano tiene un Santo Ángel de la Guarda, y el objetivo de todo ser humano es establecer un vínculo con él, para aprender su Verdadera Voluntad y propósito en la vida.

El Espíritu Santo: En el Judaísmo, el Espíritu Santo es sinónimo del "Espíritu de Dios", lo que implica la unicidad de Dios. En el Cristianismo, sin embargo, el Espíritu Santo es una personalidad de Dios en la Trinidad. Se le denomina "Espíritu de Cristo" y se le representa como una paloma. En el Estoicismo, el Espíritu Santo es el Anima Mundi (Alma del Mundo) que une a todas las personas. Mientras que, en la Qabalah, el Espíritu Santo se manifiesta como el Gran Principio Femenino a través del Sephira Binah. Y finalmente, en la Alquimia, el Espíritu Santo es el Fuego Secreto -la energía Kundalini despertada y elevada al Chakra Coronario.

Reino de Dios: Sinónimo de Reino de los Cielos. El Reino de Dios es uno de los elementos críticos en las enseñanzas de Jesucristo. Es un estado mental parecido a la Conciencia de Cristo, donde ha habido un descenso del Espíritu a la Materia, y ahora son Uno. En las enseñanzas Cristianas, uno tiene que ser resucitado, metafóricamente hablando, para entrar en el Reino de Dios. El Reino de Dios implica que uno es un Rey o Reina de su propia realidad, y que tiene plena soberanía sobre los Elementos de su Ser. Los "frutos" del Reino de Dios son la trascendencia extática y la alegría que se siente en el Chakra del Corazón una vez que se ha alcanzado este estado. En este libro, el término "Reino de Dios" se utiliza para describir el elevado estado de conciencia superior que se alcanza una vez que la energía Kundalini ha subido a la Corona y el Cuerpo de Luz se ha activado completamente dentro del Ser. El individuo, en este caso, tiene su cabeza en el Cielo y sus pies en la Tierra. Ha alineado su conciencia con su Ser Superior.

Portador de la Luz, el: Cualquier deidad o ser humano que ayuda a la humanidad aportando conocimiento sagrado, sabiduría y tecnología para ayudarla a evolucionar. Entre las figuras Portadoras de Luz de las distintas tradiciones se encuentran Lucifer, Prometeo, Enki, Enoc, Hermes, Jesucristo y Buda. En el Tarot, el Ermitaño es el Portador de Luz, ya que representa la "Palabra de Dios", el mensaje del Ser Superior.

Logos, el: Palabra Griega que significa "palabra", "razón", "plan". La palabra Española "lógica" deriva de "logos". Logos es la razón Divina implícita en el Cosmos, expresada a través de la verdad de su naturaleza. Es la expresión de las Leyes Universales que rigen el Cosmos. El Logos también se encuentra en la humanidad en su intelecto, expresado a través de la lógica y la razón. En la *Santa Biblia*, Logos es la "Palabra de Dios". Jesucristo vino a predicar la "Palabra de Dios" a los humanos y fue, en esencia, la encarnación de la Palabra.

Yo Inferior, el: En términos Qabalísticos, el Yo inferior es el Yo animal, llamado Nephesh. Es la mente subconsciente, el "Yo de la Sombra" y el lado oscuro de la personalidad. El Ego es a menudo referido como el Yo Inferior en *The Magus*, ya que atender al Nephesh es una de sus funciones primarias. El adversario del Ego es el Alma, ya que el objetivo principal del Alma es unificar la conciencia individual con el Yo Superior.

Sueños Lúcidos: Estado de sueño elevado en el que el individuo utiliza su Cuerpo de Luz para viajar en los Planos Cósmicos superiores e internos. Un Sueño Lúcido es una Experiencia Fuera del Cuerpo (EFC). Es comparable a un Viaje Astral, aunque no es inducido conscientemente, ya que el individuo suele entrar en un Sueño Lúcido aparentemente por casualidad. Será consciente de que está soñando y tendrá un alto grado de control sobre su realidad onírica. Como el cuerpo parece ingrávido en un Sueño Lúcido, se puede volar sin esfuerzo.

Macroprosopus, el: También conocido como el "Vasto Semblante", o "Arik Anpin". Es Dios en el Cielo, a diferencia del Microprosopus, que es Dios en la Tierra. El Macroprosopus es el Kether Sephira, el Gran Arquitecto del Universo. A menudo contiene los dos siguientes Sephira con él, Chokmah y Binah, aunque el Macroprosopus está más allá de la dualidad.

Mantra, a: Una palabra Sánscrita que significa "una herramienta de la mente" o "un instrumento del pensamiento". Esta palabra se utiliza para describir cualquier pensamiento, canción, pronunciación u otras secuencias de palabras o sonidos que tienen un efecto Espiritual en el estado emocional o mental de un individuo. Un Mantra es una "herramienta" de ejercicio ritual que puede evocar (e invocar) energía en el Aura, de manera muy similar a los ejercicios rituales del Pentagrama y el Hexagrama. Los mantras no son específicos de ninguna religión o tradición Espiritual.

Materia: Sustancia física que ocupa espacio y posee masa, distinta de la mente, el Espíritu y la energía. En el contexto de *The Magus*, la Materia se relaciona con el Mundo Físico, incluyendo todo lo que percibimos con nuestros sentidos físicos. La física cuántica afirma que la naturaleza de la Materia a nivel molecular es el espacio vacío. En la Qabalah, el Mundo de la Materia se relaciona con la Sephira Malkuth.

Maya: palabra de la cultura Hindú que significa literalmente "ilusión". Es un concepto Espiritual que denota lo que existe, pero está continuamente cambiando y es por tanto irreal en un sentido Espiritual. Maya implica el Principio o poder que oculta el verdadero carácter de la realidad Espiritual que es la base sobre la que se construye el Mundo de la Materia.

Microprosopus, el: También conocido como el "Menor Semblante", "Zeir Anpin" o "Rostro Pequeño". Es Dios en la Tierra, en contraste con el Macroprosopus, que es Dios en el Cielo. El Microprosopus se compone de los Sephiroth Chesed, Geburah, Tiphareth, Netzach y Hod. Se relaciona con las funciones internas que conforman al ser humano.

Mónada: Del Griego "monas", que significa "singularidad" o "solo". En cosmogonía, este término se refiere al Ser Supremo de Dios, el Creador. Los Pitagóricos acuñaron este término, que se refiere a una única Fuente, la causa primera detrás de todas las causas y efectos. La Mónada también se relaciona con el Yo no dual. Es la parte de cada ser humano que es de la Divinidad.

Multiverso: También conocido como Omniverso, Maniverso, Megaverso, Metaverso y Metauniverso. Es un concepto teórico que implica que, dentro del Universo de la Materia conocido, existen múltiples Universos paralelos en diferentes frecuencias de vibración en otras dimensiones pero que ocupan el mismo Espacio/Tiempo. El Multiverso es una noción filosófica más que una hipótesis científica, ya que no puede ser verificada ni falsificada empíricamente.

Nadi, a: Singular de Nadis. La palabra raíz Sánscrita es "y", que significa "canal", "corriente" o "flujo". Los Nadis son vías de distribución de la energía Pránica. Cuando se aplica al modelo del sistema Kundalini, los Nadis se relacionan más a menudo con los tres Nadis primarios de Ida, Pingala y Sushumna.

Nirvana: Término Oriental que se asocia comúnmente con el Jainismo y el Budismo. El Nirvana es un estado trascendente del Ser en el que no hay sufrimiento, ni deseo, ni sentido del Ser como algo separado del resto del mundo. Es la liberación de los efectos del Karma y del ciclo de muerte y renacimiento. Como meta final del Budismo, el Nirvana significa la alineación de la conciencia individual con la Conciencia Cósmica. Si alguien ha alcanzado el estado de Nirvana, ha ascendido y alcanzado la plena activación del Cuerpo de Luz. Se han unido con su Ser Superior y han reintegrado la energía del Espíritu. El Nirvana implica que uno ha alcanzado la Iluminación. Como tal, es comparable con otros dos términos Orientales: Satori y Samadhi.

No Dualidad: Un estado del Ser característico de Dios-Creador y de la energía del Espíritu. Dado que Dios-Creador se define como omnipresente y omnisciente, la No-dualidad implica que todo dentro de este estado del Ser vive en una unidad indiferenciada. En *The Magus*, este término se utiliza a menudo en relación con los estados mentales y emocionales que aceptan los dos puntos de vista duales opuestos como reales simultáneamente. En el estado mental No-Dual, cada pensamiento o emoción se reconcilia con su opuesto en cualquier momento. Así, el estado de No-dualidad es un estado de trascendencia de la mente. Una vez trascendida la mente, se puede acceder al Reino Espiritual de la Unidad.

Nous: Nous es sinónimo de la Mente de Dios, que da lugar al Logos, o la Palabra de Dios. El Verbo de Dios es la Razón. Nous y Razón son Uno, y su unión es la Vida. Nous es el Padre del Verbo que da origen al Pensamiento de Dios, sinónimo de Toth, el Dios egipcio de la Sabiduría y el Conocimiento. En el Libro I del *Corpus Hermeticum*, Nous es otro nombre para Poimander, el Gran Dragón, o Maestro Eterno, que enseñó a Hermes Trismegisto los misterios y secretos de la Creación de Dios. Nous es la causa de toda la existencia y es sinónimo del Bien Supremo. Según el Hermetismo, todos los hombres y mujeres nacen con Nous, pero no todos mueren con él ya que Nous sólo llega a los hombres piadosos y religiosos. Las criaturas de la Tierra que son inferiores a la humanidad no poseen Nous, según las enseñanzas Herméticas.

Ahora, el: El momento presente. El campo del potencial puro dentro de la Conciencia Cósmica. Este estado mental es alcanzable una vez que has acallado el ruido mental del Ego y has trascendido más allá de percibir a través de la dualidad. Al entrar en el Ahora, estás entrando en la frecuencia de la energía del Espíritu. Por lo tanto, estar en el Ahora produce la mayor alegría y emoción cruda de estar vivo.

Osiris Onnofris: Dios del Inframundo en la tradición Egipcia, así como uno de sus Faraones. También se le conoce como el Dios de la vida, la muerte y el renacimiento. Así, su mito es similar a la historia de Jesucristo. En el caso de Osiris, fue su esposa y hermana Isis quien lo resucitó después de que su malvado hermano Set lo matara para ocupar su lugar como Faraón de Egipto. Su título de "Onnofris" deriva de "Onnofri", que significa "el Ser perfecto o completo". Este título comparte un significado similar al de "Cristo".

Cuerpo del Arco Iris, el: En el Budismo Tibetano, el Cuerpo Arco Iris es un nivel de realización. Es sinónimo de la plena activación del Cuerpo de Luz, o Cuerpo de Luz. El fenómeno del Cuerpo Arco Iris se describe como la transfiguración real del cuerpo físico en un Cuerpo Arco Iris.

Reiki: Una popular técnica Japonesa de curación energética. La palabra "rei" significa Alma, Espíritu, mientras que la palabra "ki" significa "energía vital". El Reiki incorpora la "curación con las manos" mediante la cual la energía Universal (la Fuerza Vital) se transfiere a través de las palmas de las manos del practicante al paciente. Con este método de curación, el practicante puede dirigirse al cuerpo físico del paciente o a sus Chakras para fomentar la curación mental, emocional y Espiritual. La versión Qabalística de la curación con las manos, comparable al Reiki, se llama curación con el Ruach. La principal diferencia entre las dos es que en la Sanación de Ruach, el practicante nunca hace contacto físico con el paciente.

Samadhi: Término Oriental que se asocia comúnmente con el Budismo, el Hinduismo, el Jainismo y el Sijismo. Samadhi se refiere a un estado de conciencia meditativa donde el sujeto y el objeto se convierten en Uno. Se significa por la fusión de la conciencia individual con la Conciencia Cósmica No-Dual. El parloteo del Ego se trasciende cuando el individuo entra en el campo de la potencialidad pura de la energía del Espíritu. El Samadhi crea una sensación de éxtasis en el Chakra del Corazón a través de la energía dichosa que atrae hacia el Ser. El Samadhi es el precursor de la consecución del Nirvana. Acompaña a la expansión de la conciencia después de que uno ha despertado la Kundalini y la ha elevado a la Corona. En este estado elevado, el individuo tiene que prestar atención a un objeto externo sólo durante un breve tiempo antes de absorberse en él y entrar en el Samadhi.

Satori: Término Budista Japonés que significa "despertar", "comprensión" y "entendimiento". En el Budismo Zen, Satori se refiere a la experiencia de "Kensho", que es ver la verdadera naturaleza de uno. Tanto "Kensho" como Satori se traducen comúnmente como la Iluminación, que es la realización del Ser Espiritual. Sin embargo, el Satori puede ser de corta duración, ya que la realización implica algo que ocurre en un instante. Nirvana es el mismo concepto, pero representa un estado permanente de conciencia o Ser.

Setenta y Dos Mil Nadis, los: Canales de energía o meridianos del Cuerpo de Luz que transportan el Prana, o la energía de la Fuerza Vital. El Cuerpo de Luz contiene una red de canales energéticos de apariencia similar a la de un árbol. Los Setenta y Dos Mil Nadis son como ramas que emanan del tronco central del árbol (la columna Cháquica), especialmente las regiones del corazón y del ombligo. Los Siete Chakras, a su vez, son alimentados por los Nadis Ida, Pingala y Sushumna, que sirven como los principales distribuidores de Prana en el Cuerpo de Luz.

Guadaña de Saturno: Herramienta simbólica utilizada por el Dios Romano Saturno (Griego Chronos), que representa la naturaleza de los ciclos del tiempo. También simboliza la impermanencia de todos los seres vivos y su ciclo de vida-muerte-renacimiento. La muerte es una necesidad para la renovación de la vida y es una parte natural del paso del tiempo. La Guadaña de Saturno también representa la cosecha, ya que esta herramienta se utiliza para cortar las plantas, que alimentan a los animales y a los seres humanos. El glifo que representa al Planeta Saturno en Astrología se asemeja a una guadaña. Tiene una cruz en la parte superior y un semicírculo en la parte inferior.

Shakti: La consorte del Señor Shiva. Shakti se considera la energía femenina y divina de Shiva. En el Hinduismo, la Shakti de Shiva es la Diosa Parvati. En el contexto de la Kundalini, Shakti se llama Kundalini Shakti, y sube por el Sushumna Nadi para encontrarse con Shiva en la parte superior de la cabeza. Su unión es un Matrimonio Divino que representa la unión de la conciencia individual con la Conciencia Cósmica. Su unión también señala la liberación del Alma del cuerpo físico. Le sigue la activación completa del Cuerpo de Luz.

Shemhamphorash, el: El septécimo segundo nombre de Dios relacionado con el Tetragrámaton (YHVH). Cada uno de los setenta y dos nombres es un Ángel con ciertos poderes. Según las leyendas de la Qabalah, los Ángeles Shemhamphorash pueden expulsar a los Demonios, curar a los enfermos, prevenir los desastres naturales e incluso matar a los enemigos. Moisés supuestamente utilizó a los Shemhamphorash para cruzar el Mar Rojo. Son las fuerzas que equilibran y contrarrestan a los setenta y dos Demonios de la Goecia. Los Shemhamphorash también fueron utilizados por S. L. MacGregor Mathers en sus trabajos para la Orden Hermética de la Aurora Dorada y se convirtieron en parte del sistema general.

Shiva: También conocido como Señor Shiva, es un dios del panteón Hindú. Shiva es el consorte de la energía femenina de Parvati-Shiva, o Shakti. En el contexto de la

Kundalini, Shiva representa la última Conciencia de Dios, llamada Conciencia Cósmica. También representa la Unidad y la energía del Espíritu.

Corazón Espiritual, el: Mientras el Ida Nadi cruza por el corazón físico en el lado izquierdo del cuerpo, el Pingala Nadi cruza por el Corazón Espiritual en el lado derecho del cuerpo. El Corazón Espiritual se siente como una bolsa de energía, directamente opuesta al corazón físico, al lado del pecho derecho. Contiene una llama tranquilizadora, ya que el Pingala Nadi está relacionado con el Elemento Fuego del Alma. Así como el corazón físico regula la circulación de la sangre en el cuerpo físico, el Corazón Espiritual gobierna el flujo de la energía Pránica en el Cuerpo de Luz. El Corazón Espiritual es trascendental, y regula los pensamientos y las emociones que son de calidad No-Dual. Sólo se despierta plenamente cuando el individuo ha integrado la energía del Espíritu en su interior. El Corazón Espiritual está conectado con el Chakra Bindu en la parte posterior de la cabeza.

Thelema: Una nueva filosofía/movimiento religioso desarrollado a principios del siglo XX por Aleister Crowley. Forma parte de los Misterios Esotéricos Occidentales. Thelema es el resultado de un supuesto contacto de Crowley con un ser no corpóreo en El Cairo, Egipto, en 1904, que le dictó *El Libro de la Ley*, que esboza los Principios de Thelema. El principio fundamental de Thelema se llama la "Ley de Thelema", que dice: "Haz lo que quieras será la totalidad de la Ley". La palabra "Thelema" es una transliteración Inglesa del sustantivo Griego Koiné para "voluntad". La creencia principal de los Thelemitas es que deben seguir su Verdadera Voluntad en la vida y encontrar su propósito. La Magia Ritual se enfatiza como un medio para obtener esta meta. Como la carrera Mágica de Crowley comenzó con la Orden Hermética de la Aurora Dorada, reformó sus prácticas Mágicas y las integró en Thelema. También incluyó diferentes métodos Orientales como parte del plan de estudios. Al igual que la Aurora Dorada, los principales Dioses y Diosas de Thelema proceden de la Antigua religión Egipcia. Thelema fue integrado como parte del Ordo Templi Orientis por Crowley, donde se practica actualmente.

La Torre de Babel: Uno de los relatos, o mitos, del *Libro del Génesis* que pretende explicar por qué los pueblos del mundo hablan lenguas diferentes. Según la historia, después del Gran Diluvio, los seres humanos vivían en una zona centralizada y todos hablaban la misma lengua. Construyeron una ciudad y una alta torre en medio de ella para llegar al Cielo. El Señor Dios observó lo que hacían los seres humanos y consideró la construcción de la torre como un acto de rebeldía. Destruyó la torre para que la gente abandonara esta zona centralizada y se dispersara por todo el mundo, permitiendo así que la única lengua mutara con el tiempo y se convirtiera en muchas. Por eso, según la historia, los pueblos del mundo hablan muchas lenguas diferentes.

Yo Transpersonal: Sinónimo del Yo Superior de la energía del Espíritu. Esta parte del Yo se extiende más allá del Ego y de cualquier sentido personal de identidad o individualidad y abarca aspectos más amplios de la humanidad, la vida y el Cosmos.

El Yo Transpersonal es nuestra conexión con la Fuente Divina de toda la Creación. Se experimenta a través del Sahasrara Chakra, pero se extiende más allá de él a los Chakras Transpersonales por encima de la cabeza. Es nuestro Yo-Dios.

Inframundo: El mundo de los muertos en varias tradiciones religiosas. El Inframundo se representa como un lugar por debajo del mundo de los vivos. De ahí que a menudo se le represente como si estuviera debajo de la Tierra. En la teología Cristiana se denomina Infierno, que también es el Reino Demoníaco. Tras su muerte en la crucifixión, Jesucristo descendió al Infierno para traer la salvación a todos los justos que han perecido desde que el mundo existe. En la teología Cristiana, este acontecimiento se denomina la "Madriguera del Infierno", o el "Descenso de Cristo al Infierno". Al pasar tres días en el Infierno (simbolizado por estar en la tumba durante tres días), Jesús tuvo que establecer su dominio sobre el Reino Demoníaco y convertirse en un Rey allí antes de ser Resucitado y convertirse en un Rey en el Cielo. En la tradición Egipcia, Osiris pasó por un proceso similar después de su muerte. Tuvo que descender al Inframundo antes de ser resucitado por su esposa Isis.

Leyes Universales: Las Leyes Espirituales que rigen y mantienen el Cosmos (Universo). En el contexto de ser un término singular (la Ley), se refiere a la Ley Espiritual que mantiene todas las cosas juntas en armonía. Se puede decir que esta Ley es la Ley de la Unidad Divina, lo que implica que todas las cosas provienen de la misma Fuente-Dios, y son gobernadas por la energía del Espíritu. Los Principios de la Creación en *El Kybalión* son Leyes Universales, como la Ley de la Unidad Divina, la Ley del Karma, la Ley de la Luz y el Amor, y la Ley de la Atracción, por nombrar algunas. Sería imposible entender todas las Leyes Espirituales que gobiernan el Universo, ya que para hacerlo tendrías que convertirte en Dios, el Creador mismo, lo cual no es posible mientras existes en forma física.

Bóveda de los Adeptos: Una sala de siete lados utilizada para la iniciación en la Orden Interior dentro del sistema de la Aurora Dorada. Forma parte del ritual del Adeptus Minor, en el que el candidato se inicia en el Tiphareth Sephira de la Segunda Orden. Todo el mobiliario de la sala es simbólico y contiene imágenes y glifos simbólicos en las superficies de los muebles, el suelo, el techo y las paredes.

Velo, a: Una frontera que separa diferentes estados de conciencia entre sí. Es un sinónimo del anillo que no pasa por el modelo de la Magia Enoquiana. Dado que el Árbol de la Vida representa diferentes estados de conciencia, los estados particulares están separados unos de otros por un Velo. En primer lugar, están los Tres Velos de la Existencia Negativa: el Ain, el Ain Soph y el Ain Soph Aur. Estos tres velos existen fuera del Árbol de la Vida, justo encima del Kether Sephira. A continuación, está el Velo del Abismo, que separa a los Superiores de las partes inferiores del Árbol de la Vida. A continuación, está el Velo de Paroketh, que separa el Triángulo Ético y todo lo que está por encima de él de las partes inferiores del Árbol de la Vida.

Misterios Esotéricos Occidentales: Término que engloba una amplia gama de ideas relacionadas dentro de los movimientos que se desarrollaron en la sociedad Occidental, especialmente en Europa. El término "esotérico" se refiere al conocimiento relativo a los misterios del Cosmos que ha sido rechazado por la ciencia y la religión. Las primeras tradiciones esotéricas surgieron durante la antigüedad tardía, incluyendo el Hermetismo, el Gnosticismo y el Neoplatonismo. El Misticismo Judío y la teosofía Cristiana se desarrollaron durante el Renacimiento en Europa. Le siguieron el Rosacrucismo y la Masonería en el siglo XVII, y en el siglo XVIII surgieron nuevas formas de pensamiento esotérico. En el siglo XIX surgieron nuevas tendencias que llegaron a conocerse como "ocultismo". Grupos prominentes como la Sociedad Teosófica y la Orden Hermética de la Aurora Dorada entran en la etiqueta de ocultismo. Se desarrollaron movimientos religiosos dentro del ocultismo, que incluyeron la Wicca y el Thelema. Por último, el fenómeno de la Nueva Era surgió en la década de 1970.

Luz Blanca: La energía del Espíritu Puro que impregna todo el Universo manifestado. La Luz Blanca es el primer Principio manifestado que se origina en Dios, el Creador. Es el fundamento de todas las cosas existentes y su Principio animador. Qabalísticamente, la Luz Blanca se refiere al Sephira Kether y a la Luz traída desde el Ain Soph Aur a través del proceso de Tzim Tzum. En el sistema Cháquico, se relaciona con la Luz traída a través del Sahasrara Chakra.

Yang: En la filosofía China, el Yang es el Principio masculino y activo del Universo. Es el remolino de luz en el símbolo Yin-Yang. Además, contiene un punto del color opuesto, que simboliza que dentro de cada masculino está el Principio femenino y viceversa.

Yin: En la filosofía China, el Yin es el Principio femenino y pasivo del Universo. Es el remolino oscuro del símbolo Yin-Yang. Además, contiene un punto del color opuesto, lo que simboliza que dentro de cada femenino está el Principio masculino y viceversa.

BIBLIOGRAFÍA

Nota: La siguiente es una lista de libros de mi biblioteca personal que han servido de recursos e inspiración para la presente obra. Se ha hecho todo lo posible por localizar a todos los titulares de derechos de autor de cualquier material incluido en esta edición, ya sean empresas o particulares. Cualquier omisión es involuntaria, y estaré encantado de corregir cualquier error en futuras ediciones de este libro.

LA AURORA DORADA

Cicero, Chic y Sandra Tabatha (2019). *Magia de la Aurora Dorada: Una guía completa de las altas artes mágicas.* Woodbury, Minnesota: Llewellyn Publications

Cicero, Chic y Sandra Tabatha (2012). *Autoiniciación en la Tradición de la Aurora Dorada.* Woodbury, Minnesota: Llewellyn Publications

Cicero, Chic y Sandra Tabatha (2004). *The Essential Golden Dawn: An Introduction to High Magic.* Paul, Minnesota: Llewellyn Publications

Cicero, Chic y Sandra Tabatha (1998). *The Magical Pantheons: The Golden Dawn Journal- Book IV.* St. Paul, Minnesota: Llewellyn Publications

Cicero, Chic y Sandra Tabatha (1999). *The Magician's Craft: Creating Magical Tools.* Paul, Minnesota: Llewellyn Publications

Cicero, Chic y Sandra Tabatha (2000). *The Art of The Magus: Ritual Use of Magical Tools.* St. Paul, Minnesota: Llewellyn Publications

King, Francis (1997). *Ritual Magic of the Golden Dawn.* Obras de S.L. MacGregor Mathers y otros. Rochester, Vermont: Destiny Books

Mead, George Robert (2011). *Los Oráculos Caldeos.* Londres, Gran Bretaña: Aziloth Books

Regardie, Israel (1971). *The Golden Dawn.* Paul, Minnesota: Llewellyn Publications

Desconocido (2003). *Orden Esotérica de la Aurora Dorada: 0=0 Neófito a 4=7 Filósofo.* Manuales de grado. Añadido por G.H. Frater P.D.R. Los Angeles, California: H.O.M.S.I.

Desconocido (Desconocido). *Roseae Rubeae Et Aureae Crucis: 5=6 Zelator Adeptus Minor.* PDF gratuito en línea. Publicado por G.H. Frater P.C.A.

Zalewski, Pat (2006). *Inner Order Teachings of the Golden Dawn.* Loughborough, Leicestershire: Thoth Publications

Zalewski, Pat (2002). *Talismanes y Evocaciones de la Aurora Dorada.* Loughborough, Leicestershire: Thoth Publications

Zink, Robert (2006). *Unleashing the Adept Within.* Audio. Robert A. Zink (G.H. Frater P.D.R.)

EL QABALAH

Ashcroft-Nowicki, Dolores (1997). *Los Senderos Luminosos: Un Viaje Experiencial a través del Árbol de la Vida.* Loughborough, Leicestershire: Thoth Publications

Bardon, Franz (2002). *La Clave de la Verdadera Qabalah.* Salt Lake City, Utah: Merkur Publishing, Inc.

Bonner, John (2002). *Qabalah: A Magical Primer.* Boston, Massachusetts: Red Wheel/Weiser, LLC

Fortune, Dion (2000). *The Mystical Qabalah.* Boston, Massachusetts: Red Wheel/ Weiser, LLC

Grant, Kenneth (1995). *Nightside of Eden.* Londres, Inglaterra. Skoob Books Pub Ltd.

Hall, Manly P. (2018). *La Qabalah, La doctrina secreta de Israel.* Plataforma de publicación independiente CreateSpace

Levi, Eliphas (2000). Los *Misterios de la Qabalah: O Acuerdos Ocultos de los Dos Testamentos.* York Beach, Maine: Samuel Weiser, Inc.

Mathers, S.L. MacGregor (2002). *La Qabalah Desvelada.* Boston, Massachusetts: Red Wheel/ Weiser, LLC

Matt, Daniel C. (1983). *The Essential Kabbalah: The Heart of Jewish Mysticism.* Nueva York, Nueva York: Harper-Collins Publishers

Regardie, Israel (1980). *El Árbol de la Vida: A Study in Magic.* New York, New York: Samuel Weiser, Inc.

Regardie, Israel (2004). *Un Jardín de Granadas: Escarbando en el Árbol de la Vida.* Editado y anotado con nuevo material por Chic Cicero y Sandra Tabatha Cicero. Paul, Minnesota: Llewellyn Publications

Seidman, Richard (2001). *El Oráculo de la Qabalah: Enseñanzas místicas de las letras hebreas.* New York, New York: Thomas Dunne Books

Zink, Robert (2006). *Power of Q.* Audio Series. Robert A. Zink

MAGIA Y OCULTISMO

Agrippa, Henry Cornelius (1992). *Tres Libros de Filosofía Oculta.* Paul, Minnesota: Llewellyn Publications

Alvarado, Luis (1991). *Psicología, Astrología y Magia Occidental.* Paul, Minnesota: Llewellyn Publications

Barret, Francis (2013). *El Mago, o las Inteligencias Celestiales: Libros 1 y 2 combinados.* Plataforma de publicación independiente CreateSpace

Craig, Donald Michael (2010). *Modern Magick: Twelve Lessons in the High Magickal Arts.* Woodbury, Minnesota: Llewellyn Publications

Crowley, Aleister (1986). *777 y Otros Escritos Qabalísticos de Aleister Crowley.* Editado con una introducción de Israel Regardie. Boston, Massachusetts: Red Wheel/ Weiser, LLC

Crowley, Aleister (2004). Aleister *Crowley's Illustrated Goetia.* Tempe, Arizona: New Falcon Publications

Crowley, Aleister (1995). *Magick in Theory and Practice.* New York, New York: Castle Books

Crowley, Aleister (2000). *Moonchild.* York Beach, Maine: Samuel Weister, Inc.

Crowley, Aleister (1981). *El Libro de las Mentiras.* San Francisco, California: Red Wheel/ Weiser, LLC

Crowley, Aleister (1976). *El Libro de la Ley.* Boston, Massachusets: Red Wheel/ Weiser, LLC

Crowley, Aleister (2003). *El Libro de la Sabiduría y la Locura.* Boston, Massachusets: Red Wheel/ Weiser, LLC

DuQuette, Lon Milo (2003). *The Magick of Aleister Crowley: A Handbook of Rituals of Thelema.* San Francisco, California: Red Wheel/ Weiser, LLC

Fortune, Dion (2000). *Applied Magic.* York Beach, Maine: Samuel Weister Inc.

Fortune, Dion (1955). *The Training and Work of an Initiate.* Londres, Inglaterra: The Aquarian Press

Grant, Kenneth (2010). *The Magical Revival.* Londres, Inglaterra: Starfire Publishing

Hulse, David Allen (2004). *Los Misterios Occidentales: La clave de todo, Libro I.* St. Paul, Minnesota: Llewellyn Publications

Hulse, David Allen (2000). *Los Misterios Occidentales: La clave de todo, Libro II.* Paul, Minnesota: Llewellyn Publications

Klein, Victor C. (1997). *Hermes and Christ: The Occult Unveiled.* Metairie, Luisiana: Lycanthrope Press

Kynes, Sandra (2013). *Libro Completo de Correspondencias de Llewellyn.* Woodbury, Minnesota: Llewellyn Publications

Levi, Eliphas (2018). *La Filosofía Qabalística y Oculta de Eliphas Levi-Volumen 1: Cartas a los estudiantes.* Impreso en Estados Unidos: Daath Gnostic Publishing

Levi, Eliphas (1990). *Transcendental Magic: Its Doctrine and Ritual.* York Beach, Maine: Samuel Weiser, Inc.

Mathers, S. L. MacGregor (1975). *The Book of the Sacred Magic of Abramelin the Mage.* Mineola, Nueva York: Dover Publications

Mathers, S.L. MacGregor (1997). *The Goetia: La Llave Menor del Rey Salomón.* San Francisco, California: Red Wheel/ Weiser, LLC

Mathers, S.L. MacGregor (2000*). La Llave del Rey Salomón (Clavicula Solomonis).* Boston, Massachusets: Red Wheel/ Weiser, LLC

Peterson, Joseph (2001). *Arbatel: Sobre la Magia de los Antiguos.* Una reimpresión del original Arbatel of Magic. Lake Worth, Florida: Ibid Press

Regardie, Israel (2013). *El Pilar del Medio: El Equilibrio Entre la Mente y la Magia.* Editado y anotado con nuevo material por Chic Cicero y Sandra Tabatha Cicero. St. Paul, Minnesota: Llewellyn Publications

Regardie, Israel (2013). *La Piedra Filosofal: Alquimia Espiritual, Psicología y Magia Ritual.* Editado y anotado con nuevo material por Chic Cicero y Sandra Tabatha Cicero. Woodbury, Minnesota: Llewellyn Publications

Waite, A.E. (2011). *El Libro de la Magia Ceremonial.* Eastford, Connecticut: Martino Fine Books

Zink, Robert (2005). *Magia Personal.* Serie de audio. Robert A. Zink (G.H. Frater P.D.R.)

FILOSOFÍA HERMÉTICA

Amen Ra, Summum Bonum (1975). *Summum: Sellado Excepto a la Mente Abierta.* Salt Lake City, Utah: Summum

Anónimo (1997). *Hermetic Triumph and the Ancient War of the Knights.* Whitefish, Montana: Kessinger Publishing

Anónimo (2005) *La Tabla de Esmeralda de Hermes.* Con múltiples traducciones. Whitefish, Montana: Kessinger Publishing

Bardon, Franz (1971). *Iniciación al Hermetismo.* Wuppertal, Alemania Occidental: Dieter Ruggeberg

Benoist, Luc (2003). *El Camino Esotérico.* Hillsdale, Nueva York: Sophia Perennis

Chandler, Wayne B. (1999). *Ancient Future: The Teachings and Prophetic Wisdom of the Seven Hermetic Laws of Ancient Egypt.* Atlanta, Georgia: Black Classic Press

Copenhaver, Brian P. (2000) *Hermetica: El Corpus Hermeticum Griego y el Asclepio latino en una nueva traducción al Inglés, con notas e introducción.* Nueva York, Nueva York: Cambridge University Press

Deslippe, Philip (2011). *El Kybalion: La Edición Definitiva.* Atribuido a William Walker Atkinson escribiendo como Tres Iniciados. New York, New York: Jeremy P. Tarcher/Penguin

Doreal, M. (Desconocido). *The Emerald Tablets of Thoth the Antlantean.* Nashville, Tennessee: Source Books

Everard, John (2019). *El Divino Pymander.* Whithorn, Escocia: Anodos Books

Faivre, Antoine (1995). *El Eterno Hermes: Del Dios Griego al Mago Alquímico.* Grand Rapids, Michigan: Phanes Press

Hall, Manly P. (2007). *Las Enseñanzas Secretas de Todas las Épocas.* Texto fuente de "Poimandres, la visión de Hermes". Radford, Virginia: Wilder Publications

Kingsford, Anna B., y Edward Maitland (2005). *Virgen del Mundo de Hermes Mercurius Trismegistus.* Whitefish, Montana: Kessinger Publishing

Jung, Carl Gustav (1968). *Las Obras Completas de C. G. Jung: Psicología y Alquimia.* Princeton, Nueva Jersey: Princeton University Press

Levi, Eliphas (2013). *La Llave de los Misterios.* Eastford, Connecticut: Martino Fine Books

Melville, Francis (2002). *El Libro de la Alquimia.* Hauppauge, Nueva York: Barron's Educational Series, Inc.

Newcomb, Jason Augustus (2004). *The New Hermetics.* Boston, Massachusetts: Red Wheel/ Weiser, LLC

Paracelso (1983). *Astronomía Hermética.* Impreso en Estados Unidos: Holmes Pub Group Llc

Raleigh, A. S. (2005). *Hermetic Fundamentals Revealed.* Whitefish, Montana: Kessinger Publishing

Roob, Alexander (2015). *El Museo Hermético: Alquimia y Misticismo.* Hohenzollernring, Colonia, Alemania: Taschen

Salaman, Clemente (2004). *El Camino de Hermes: Nuevas Traducciones del Corpus Hermeticum y las definiciones de Hermes Trismegisto a Asclepio.* Otros traductores son Dorine Van Oyen, William D. Wharton y Jean-Pierre Mahe. Rochester, Vermont: Inner Traditions International

Tres iniciados (1940). *El Kybalion: Filosofía Hermética.* Chicago, Illinois: Yogi Publication Society

Walter, William W. (2005). *Hermetic Philosophy Vol. II.* Whitefish, Montana: Kessinger Publishing

EL TAROT

Anónimo (2002). *Meditaciones Sobre el Tarot.* Traducido por Robert Powell. New York, New York: Jeremy P. Tarcher/ Putnam

Cicero, Sandra Tabatha y Chic (2001). *Tarot Mágico de la Aurora Dorada.* Cartas de Tarot. St. Paul, Minnesota: Llewellyn Publications

Cicero, Chic y Sandra Tabatha (1996). *The New Tarot Ritual of The Golden Dawn: Keys to the Rituals, Symbolism, Magic & Divination.* Paul, Minnesota: Llewellyn Publications

Cicero, Chic y Sandra Tabatha (1994). *El Diario de la Aurora Dorada: Libro I-Adivinación.* St. Paul, Minnesota: Llewellyn Publications

Crowley, Aleister, y Lady Frieda Harris (2006). Aleister *Crowley's Thoth Tarot Deck.* Cartas de Tarot. Stamford, Connecticut: U.S. Games Systems, Inc.

Crowley, Aleister (1986). *El Libro de Thoth: Un Breve Ensayo sobre el Tarot de los Egipcios.* York Beach, Maine: Samuel Weiser, Inc.

Duquette, Lon Milo (1995). *Tarot of Ceremonial Magick.* York Beach, Maine: Samuel Weiser, Inc.

Louis, Anthony (2016). *El Libro Completo del Tarot: Una Guía Completa.* Woodbury, Minnesota: Llewellyn Publications

Martinie, Louis, y Sallie Ann Glassman (1992). El *Tarot Vudú de Nueva Orleans.* Cartas de tarot y libro. Rochester, Vermont: Destiny Books

Schueler, Gerald y Betty, y Sallie Ann Glassman (2000). *El Tarot Enoquiano.* Cartas de Tarot. Paul, Minnesota: Llewellyn Publications

Schueler, Gerald y Betty (1992). *The Enochian Tarot.* Paul, Minnesota: Llewellyn Publications

Wang, Robert (1989). *An Introduction to the Golden Dawn Tarot.* York Beach, Maine: Samuel Weiser, Inc.

Wang, Robert (1978). *El Tarot de la Aurora Dorada.* Cartas de Tarot. Ilustrado bajo la dirección de Israel Regardie. Stamford, Connecticut: U.S. Games Systems, Inc.

Waite, Arthur Edward (1911). *La Clave pictórica del Tarot.* Ilustraciones de Pamela Colman Smith. Londres, Inglaterra: W. Rider

MAGIA ENOQUIANA

Crowley, Aleister (1972). *La Visión y la Voz.* Boston, Massachusetts: Red Wheel/Weiser, LLC

Laycock, Donald C. (1994). *The Complete Enochian Dictionary.* York Beach, Maine: Samuel Weiser, Inc.

Schueler, Gerald J. (1988). *An Advanced Guide to Enochian Magick.* St. Paul, Minnesota: Llewellyn Publications

Schueler, Gerald J. (1987). *Enochian Magic: A Practical Manual.* Paul, Minnesota: Llewellyn Publications

Schueler, Gerald J. (1988). *Física Enoquiana: La Estructura del Universo Mágico.* Paul, Minnesota: Llewellyn Publications

Schueler, Gerald y Betty (1990). *Enochian Yoga: Uniting Humanity with Divinity.* Paul, Minnesota: Llewellyn Publications

Schueler, Gerald y Betty (1996) El *Mensaje de los Ángeles a la Humanidad: Ascensión a la Unión Divina.* Paul, Minnesota: Llewellyn Publications

Tyson, Donald (1997). *Magia Enoquiana para Principiantes: El Sistema Original de Magia de los Ángeles.* Paul, Minnesota: Llewellyn Publications

Zalewski, Pat (1990). *Golden Dawn Enochian Magic.* Paul, Minnesota: Llewellyn Publications

KUNDALINI Y ENERGÍA

Butler, W.E. (1987). *Cómo Leer el Aura, Practicar la Psicometría, la Telepatía y la Clarividencia.* Rochester, Vermont: Destiny Books

Jung, Carl Gustav (1996). *The Psychology of Kundalini Yoga: Notes of the Seminar Given in 1932 by C. G. Jung.* Princeton, Nueva Jersey: Princeton University Press

Leadbeater, Charles W. (1987). *The Chakras.* Wheaton, Illinois: The Theosophical Publishing House

Lembo, Margaret Ann (2017). *La Guía Esencial de Cristales, Minerales y Piedras.* Woodbury, Minnesota: Llewellyn Publications

Ostrom, Joseph (2000). *Auras: What They are and How to Read Them.* Hammersmith, Londres: Thorsons

Paulson, Genevieve Lewis (2003). *Kundalini and the Chakras.* Paul, Minnesota: Llewellyn Publications

Saraswati, Swami Satyananda (2007). *Kundalini Tantra.* Munger, Bihar, India: Yoga Publications Trust

McKusick, Eileen Day (2014). *Sintonizando el Biocampo Humano: Sanando con la Terapia de Sonido Vibracional.* Rochester, Vermont: Healing Arts Press

Permutt, Philip (2016). *El Sanador de Cristales: Recetas con Cristales que Cambiarán tu Vida para Siempre.* Londres, Inglaterra: Cico Books

Powell, Arthur E. (1987). *The Etheric Double: And Allied Phenomena.* Londres, Inglaterra: Theosophical Publishing House

CIENCIA Y FILOSOFÍA DE LA NUEVA ERA

Atkinson, William Walker (2016). *La Mente y el Cuerpo.* San Bernardino, California: Colección Sabiduría Intemporal de Amazon.

Atkinson, William Walker (2010). *El Poder de la Mente: el Secreto de la Magia Mental.* Hollister, Missouri: Yogebooks by Roger L. Cole

Atkinson, William Walker (2016). *El Cristianismo Místico.* San Bernardino, California: Colección Sabiduría Intemporal de Amazon.

Atkinson, William Walker (2016). *La Reencarnación y la Ley del Karma.* San Bernardino, California: Colección Sabiduría Intemporal de Amazon.

Atkinson, William Walker (2016). *Las Fórmulas Arcanas: O La Alquimia Mental.* San Bernardino, California: Colección Sabiduría Intemporal de Amazon.

Atkinson, William Walker (2016). *El Mundo Astral.* San Bernardino, California: Colección Sabiduría Intemporal de Amazon.

Atkinson, William Walker (2010). *El Secreto del Exito.* Hollister, Missouri: Yogebooks by Roger L. Cole

Atkinson, William Walker (1996). *Thought Vibration or the Law of Attraction in the Thought World.* Whitefish, Montana: Kessinger Publishing

Bucke, Richard Maurice (1991). *Conciencia Cósmica: Un Estudio Sobre la Evolución de la Mente Humana.* New York, New York: Penguin Books

Da Vinci, Leondardo (2008). *Cuadernos de Leonardo Da Vinci.* Editado por Thereza Wells. New York, New York: Oxford University Press

Levi (2001). *El Evangelio Acuario de Jesús el Cristo.* Marina del Rey, California: DeVorss & Company

Narby, Jeremy (1999). *La Serpiente Cósmica: El ADN y los Orígenes del Conocimiento.* New York, New York: Jeremy P. Tarcher/Putnam

Ramacharaka, Yogi (1907). *A Series of Lessons in Gnani Yoga (The Yoga of Wisdom).* Londres, Gran Bretaña: Yogi Publication Society

Tolle, Eckhart (2016). *Una Nueva Tierra: El Despertar al Propósito de Tu Vida.* Nueva York, Nueva York: Penguin Books

Zukav, Gary (1980). *The Dancing Wu Li Masters.* New York, New York: Bantam Books, Inc.

ESOTERISMO OCCIDENTAL

Achad, Frater (1971). *Ancient Mystical White Brotherhood.* Lakemont, Georgia: CSA Press

Aivanhov, Omraam Mikhael (1982). *El Hombre, Dueño de su Destino.* Colección Izvor número 202. Laval, Quebec: Prosveta Inc.

Aivanhov, Omraam Mikhael (1982). La *Fuerza Sexual o el Dragón Alado.* Colección Izvor número 205. Laval, Quebec: Prosveta Inc.

Aivanhov, Omraam Mikhael (1992). *Las Semillas de la Felicidad.* Colección Izvor número 231. Laval, Quebec: Prosveta Inc.

Aivanhov, Omraam Mikhael (1985). *El Verdadero Significado de las Enseñanzas de Cristo.* Colección Izvor número 215. Laval, Quebec: Prosveta Inc.

Aivanhov, Omraam Mikhael (1986). *Hacia una Civilización Solar.* Colección Izvor número 201. Laval, Quebec: Prosveta Inc.

Blavatsky, H. P. (1972). *La Clave de la Teosofía.* Wheaton, Illinois: Editorial Teosófica

Blavatsky, H. P. (1999). *La Doctrina Secreta: La Síntesis de la Ciencia, la Religión y la Filosofía,* California: Theosophical University Press

TEXTOS RELIGIOSOS

Ashlag, Rav Yehuda (2007). *El Zohar.* Comentario de Rav Michael Laitman PhD. Toronto, Ontario: Laitman Kabbalah Publishers

Berg, Philip S. (1974). *Una Entrada al Zohar.* Atribuida al rabino Yehuda Ashlag. La Ciudad Vieja, Jerusalén: Centro de Investigación de la Qabalah

Charles, R.H. (2018). *El Libro de los Jubileos.* Carolina del Sur, Estados Unidos: The Best Books Publishing

Faulkner, R. O. (1985). *The Ancient Egyptian Book of the Dead.* Austin, Texas: University of Texas Press

Lawrence, Richard (1995). *El Libro de Enoc el Profeta.* San Diego, California: Wizards Bookshelf

Moisés (1967). *La Torá: Los Cinco Libros de Moisés* (también conocido como el Antiguo Testamento*).* Filadelfia, Pensilvania: The Jewish Publication Society of America

Rosenroth, Knorr Von (2005). *El Aesch Mezareph: O Fuego Purificador.* Editado por W. Wynn Westcott. Whitefish, Montana: Kessinger Pub Co.

Westcott, W. Wynn (1893). *Sepher Yetzirah: the Book of Formation, and the Thirty-Two Paths of Wisdom.* Londres, Inglaterra: The Theosophical Publishing Society

San Juan de la Cruz (2003). La *Noche Oscura del Alma.* Editor general Paul Negri. Mineola, Nueva York: Dover Publications, Inc.

Varios (2002). *La Santa Biblia: Versión King James* (Incluye el Antiguo y el Nuevo Testamento*).* Grand Rapids, Michigan: Zondervan

ASTROLOGÍA

Anrias, David (1980). *El Hombre y el Zodiaco.* New York, New York: Samuel Weiser, Inc.

Burgoyne, Thomas H. (2013). *La Luz de Egipto: La Ciencia del Alma y las Estrellas.* Mansfield Centre, Connecticut: Martino Publishing

Butler, Hiram E (1943). *Solar Biology.* Applegate, California: Esoteric Fraternity Publishers

Crowley, Aleister (1974). *The Complete Astrological Writings.* Londres, Inglaterra: Gerald Duckworth & Co. Ltd.

Howell, Alice O. (1991). *Jungian Symbology in Astrology.* Wheaton, Illinois: The Theosophical Publishing House

Kent, April Elliot (2011). La *Guía Esencial de la Astrología Práctica.* San Diego, California: Two Moons Publishing

Lewis, James R. (1994). *The Astrology Encyclopedia.* Detroit, Michigan: Visible Ink Press

Phillips, Osborne y Denning, Melita (1989). *Planetary Magick: The Heart of Western Magick.* Paul, Minnesota: Llewellyn Publications

Riske, Kris Brandt (2007). *Llewellyn's Complete Book of Astrology: The Easy Way to Learn Astrology.* Woodbury, Minnesota: Llewellyn Publications

Riske, Kris Brandt (2011). *Llewellyn's Complete Book of Predictive Astrology: The Easy Way to Predict Your Future.* Woodbury, Minnesota: Llewellyn Publications

Spiller, Jan (1997). *Astrología para el Alma.* New York, New York: Bantam Books

Woolfolk, Joanna Martine (2008). *The Only Astrology Book You'll Ever Need.* Plymouth, Reino Unido: Taylor Trade Publishing

RECURSOS EN LÍNEA

Astrolabio - Informe gratuito de Horóscopo y Astrología (www.alabe.com)

Biddy Tarot - Página de referencia para las cartas del Tarot (www.biddytarot.com)

Anatomía de los Chakras - Página de referencia para los Chakras, Auras y Reiki (www.chakra-anatomy.com)

Enciclopedia Británica - Página de referencia y compendio de todas las ramas del saber (www.britannica.com)

Orden Esotérica de la Aurora Dorada - El sitio web oficial de la Orden Esotérica de la Aurora Dorada (www.goldendawnancientmysteryschool.com)

Orden Hermética de la Aurora Dorada - El sitio web oficial de la Orden Hermética de la Aurora Dorada (hogar de los autores Chic y Sandra Tabatha Cicero) (www.hermeticgoldendawn.org)

Sitio de recursos de Hermetismo - Una biblioteca de libros en línea sobre el esoterismo occidental (www.hermetics.org/library.html)

Internet Sacred Texts Archive - Una colección de libros sobre religión, mitología, folclore y artes esotéricas (www.sacred-texts.com)

Raven's Tarot Site - Página de referencia para el Tarot y otras enseñanzas Herméticas (www.corax.com/tarot)

El Consorcio Kundalini - Artículos sobre la Kundalini y el potencial Energético humano (www.kundaliniconsortium.org)

Wikipedia-La Enciclopedia Libre - Página de referencia y compendio de todas las ramas del conocimiento (www.wikipedia.org)

Medicina Energética Vibracional - Página de referencia para los Chakras, el Aura y las terapias energéticas (www.energyandvibration.com)

www.ingramcontent.com/pod-product-compliance
Lightning Source LLC
Chambersburg PA
CBHW060502300426
44112CB00017B/2522
* 9 7 8 1 7 3 8 8 1 7 0 9 2 *